KB068766

民法論 V

金 載 亨 著

博 英 社

서 문

이 책에는 2011년 9월부터 2014년 5월까지 발표한 논문들이 실려 있다. 민법론 Ⅳ에는 법원의 판결을 소재로 해석론을 전개한 글이 많았던 반면, 이 책은 주로 입법론에 관한 글로 채워졌다. 필자는 민법개정위원, 「동산·채권 등의 담보에 관한 법률」 제정위원, 「채무자 회생 및 파산에 관한 법률」 개정위원 등으로 몇몇 입법 초안을 작성하거나 검토할 기회가 있었다. 이 책에 수록한 대부분의 논문은 그 과정에서 작성하거나 토론한 내용을 토대로 한 것이다.

성문법 국가에서 법률은 법학연구의 출발점이다. 법규정을 도외시한 해석론은 의미 있는 반향을 얻기 어렵다. 따라서 법률 그 자체를 바꾸는 입법은 법학연구에서도 큰 비중을 차지하여야 할 것이다. 그런데도 종전에 입법론에 관한 관심이나 연구가 매우 부족했던 것은 균형을 잃은 것이라고 할 수 있다.

법무부 민법개정위원회의 민법개정안이나 새로 제정·시행된 「동산·채권 등의 담보에 관한 법률」은 민법학계에서 입법에 관한 관심을 불러일으켰다. 민법개정안 중 대부분은 아직 국회에 상정되지 않은 상태이지만, 그 통과 여부와는 별개로 법안을 마련하는 과정에서 이루어진 논의들은 '현재 있는 법'을 이해하는 데에도 귀중한 자료라고 할 수 있다.

해석론과 입법론은 상호 보완관계에 있다. 해석론으로 해결할 수 없는 부분은 입법을 기다려야 하지만, 설득력 있는 입법안은 충실한 해석론을 기초로 한다. 사회의 변화에 따른 새로운 법률문제를 적절하게 규율하기 위해서든 우리 민법의 독자성을 찾기 위해서든 입법을 통하여 해결해야 할 문제는 적지 않다. 그동안 축적된 학계의 학문적 역량이 입법으로도 표출되어야 할 것이다. 우리 현실에 맞는 진일보한 민법전을 갖기를 소망하면서 이 책을 펴낸다.

이 책이 나오기까지 많은 분들의 도움을 받았다. 격려와 비판을 통하여 가르침을 주신 분들께, 그리고 소중하고 유익한 의견을 주신 분들께 감사드린다.

2015년 5월

김 재 형

목 차

1. 『동산·채권 등의 담보에 관한 법률』의 주요쟁점
— 제정안 작성과정의 논의를 토대로 —

2. 동산담보권의 법률관계

3. 부동산 유치권의 개선방안
—2011년 민법개정시안을 중심으로—

4. 채무불이행으로 인한 손해배상의 기준과 범위에 관한 개정방안

5. 채무불이행으로 인한 손해배상에 관한 민법개정안 —2013년 민법개정위원회에서 확정된 개정안을 중심으로—

6. 「손해배상액의 예정」에서 「위약금 약정」으로
— 특히 위약벌의 감액을 인정할 수 있는지 여부를 중심으로 —

7. IMF에 의한 구제금융 이후 민사법의 변화
—이자제한법, 도산법, 자산유동화법을 중심으로—

8. 2010년 민법 판례 동향

9. 2011년 민법 판례 동향

10. 2012년 민법 판례 동향

1. 『동산 · 채권 등의 담보에 관한 법률』의 주요쟁점*

—제정안 작성과정의 논의를 토대로—

Ⅰ. 서 론

2010. 6. 10. 법률 제10366호로 「동산 · 채권 등의 담보에 관한 법률」(이하 '동산 · 채권 담보법'이라 한다)이 제정되어 2년 후인 2012. 6. 11.부터 시행되고 있다.

법무부는 2008. 3. 5. 「동산 및 채권의 담보에 관한 특례법 제정 특별분과위원회」(이하 '위원회'라고 한다)를 구성하였다.[1] 위원회는 그로부터 1년이 지난 후인 2009. 3. 18. 법무부에 위원회안을 제출하였으며, 법률안의 명칭을 「동산 · 채권 등의 담보에 관한 법률」로 확정하였다.

---

* 이 논문은 2012월 10월 13일 「최근 특별법의 동향과 민사법적 과제」라는 주제로 개최한 한국민사법학회 추계학술대회에서 발표를 한 것을 수정 · 보완한 것이다. 사회자와 지정토론자인 박영복 교수님과 김규완 교수님을 비롯하여 유익한 의견을 주신 분들에게 감사드린다.

1) 2008. 3. 5. 법무부장관으로부터 처음에 위촉장을 받을 당시에는 위원장 하경효 교수와 위원 박휘일, 석광현, 지원림, 제철웅, 박동진 교수, 필자(이상 학계), 최병호 변호사와 장호현 기획재정부 정책조정총괄과장 총 9명이었다. 나중에 제7차 회의(6월 13일)부터 한민 변호사, 제9차 회의(7월 21일)부터 이재형 변호사가 위원회에 참여하였고, 그 밖에도 행정부처의 관련 공무원 등이 위원회에 참석하기도 하였다. 당시 법무심의관실에서는 이지원 검사가 담당하였다. 필자는 법안을 작성하고 위원회의 토론 결과를 토대로 다시 수정하는 일을 하였다. 그 후 법무부 법무심의관실(당시 담당검사 안형준)에서 법원행정처 사법정책실과 사법등기국, 법제처와 협의하는 과정과 국회 법제사법위원회 소위원회에서 법안을 심의하는 과정을 거쳤는데, 필자는 이 과정에도 계속 관여하였다.

법률을 새로 제정하는 것이기 때문에, 근본적인 문제부터 검토해야 했다. 법률의 기본적인 입장이나 방향을 어떻게 정할 것인지, 법률의 제목이나 규율범위를 어떻게 정할 것인지, 개별 규정을 어떠한 방식과 내용으로 정할 것인지에 관하여 심도 있는 논의를 거듭하였다. 오래 회의를 할 때에는 오전 10시에 시작하여 오후 6시에 끝나기도 하였다.

그 후 법무부에서 법원행정처 등과 협의를 하여 법안을 수정한 다음 2009. 7. 3. 입법예고를 하였고, 2009. 11. 3. 정부안으로 국회에 제출하였다. 법원행정처 및 법제처와 협의하는 과정에서도 법률의 세부적인 사항이 상당히 많이 수정되었다. 국회 법제사법위원회 소위원회에서 동산·채권 담보법의 인적 적용범위를 확대할 것인지 등 몇 가지 쟁점에 관하여 논란이 있었다. 이러한 과정을 거쳐 2010. 4. 29. 국회 법제사법위원회에서 법안을 수정가결하였고, 5. 19. 국회 본회의를 통과하였으며, 6. 10. 공포되었다. 대통령령인 「동산·채권 등의 담보에 관한 법률 시행령」은 2010. 10. 21. 제정되고, 대법원규칙인 「동산·채권의 담보등기 등에 관한 규칙」은 2011. 11. 17. 제정되어 법률에 따른 후속 작업도 마무리되었다.

금융기관에서는 은행거래약관을 개정하는 등 준비를 마친 다음 2012. 8. 8.부터 동산·채권 담보법에 따른 동산담보권과 채권담보권을 이용하여 담보대출을 하기 시작하였다. 법원행정처에서 집계하고 있는 동산·채권담보 통계를 보면, 2012. 6. 11.부터 8. 2.까지는 신청건수가 27건에 불과하였으나, 2012. 8. 3.부터 8. 9.까지 1주일 사이에 신청건수가 104건이나 되었으며, 2012년 8월 한 달 동안 신청건수가 500건이 넘었다. 2012. 6. 11.부터 11. 30.까지 누적 신청건수는 1,671건이다(아래 [표 1] 참조).[2] 위 기간 중 동산담보등기와 채권담보등기의 신청건수를 보면, 동산담보가 1,416건, 채권담보가 255건으로서 동산담보권이 채권담

2) 2012. 6. 11.부터 10. 31.까지 등기신청을 하였으나 취하 또는 각하된 사건은 33건에 불과하기 때문에, 등기신청을 하면 대부분 등기가 되고 있다고 볼 수 있다.

보권의 5배를 넘는다(아래 [표 2] 참조). 등기신청방법을 보면, 2012. 11. 30.까지의 총 신청건수 1,671건 중에서 e-Form으로 신청된 사건이 1,486건이고, 서면으로 신청된 사건이 185건이다(아래 [표 2] 참조).

[표 1] 동산담보권과 채권담보권의 등기사건[3)]

* 누적 합계는 2012. 6. 11.부터의 합계임

일 자	등기 신청			등기사항증명서 발급	
	e-Form	서 면	합 계	건 수	통 수
2012. 6. 11 - 7. 26	21	3	24	31	33
7. 27 - 8. 2	3	0	3	4	5
8. 3 - 8. 9	82	22	104	27	32
8. 10 - 8. 16	70	6	76	79	100
8. 17 - 8. 23	79	11	90	122	153
8. 24 - 8. 30	141	9	150	121	181
8. 31 - 9. 6	162	16	178	213	271
9. 7 - 9. 13	118	18	136	176	234
9. 14 - 9. 20	103	10	113	139	188
9. 21 - 9. 27	164	10	174	160	214
9. 28 - 10. 4	70	7	77	79	112
10. 5 - 10. 11	54	9	63	148	192
10. 12 - 10. 18	52	7	59	91	120
10. 19 - 10. 25	47	3	50	63	89
10. 26 - 11. 1	78	14	92	87	121
11. 2 - 11. 8	41	5	46	117	172
11. 9 - 11. 15	43	8	51	78	118
11. 16 - 11. 22	99	6	105	73	95
11. 23 - 11. 29	43	19	62	143	236
11. 30	16	2	18	16	21
누적 합계	1,486	185	1,671	1,967	2,687

3) 법원행정처의 통계자료를 토대로 작성한 것이다.

[표 2] 동산담보권과 채권담보권의 등기신청방법

신청방법 / 담보구분	e-Form			서 면	합 계
	비목록	목 록	소 계		
동 산	938	308	1,246	170	1,416
채 권	226	14	240	15	255
합 계	1,164	322	1,486	185	1,671

(2012. 11. 30.기준)

금융기관의 담보거래에서 부동산담보의 비중이 압도적으로 높고 동산담보나 채권담보는 매우 적게 이용되었다. 가령 2009년말 금융기관의 부동산담보는 573조 원으로서 전체 담보의 90%가 넘는데 비하여, 동산담보는 1,087억 원에 불과하였고 채권담보는 예수금담보 등이 상당수 이용되고 있으나 그 비중이 높지 않았다.[4] 그러나 2012. 8. 8.부터 2012. 11. 초까지 1,183개 업체가 모두 2,640억 원의 동산담보대출을 받았다.[5] 동산담보가 크게 증가하고 있다고 볼 수 있다. 채권담보권의 이용도는 높지 않지만, 장차 많이 이용될 것으로 생각된다. 따라서 이 법이 시행된 후 짧은 시간 내에 제도가 정착하기 시작하였다고 볼 수 있다.[6] 담보거래를 하는 당사자들이 이 제도가 종래의 동산·채권담보제도에 비하여 효율적이라고 판단하고 있다고 볼 수 있는데, 이는 무엇보다도 동산이나 채권에 관한 담보권을 명확하게 공시할 수 있다는 장점에 기인한다.[7] 이에 따라 종전에 이용되던 공장저당이나 양도담보가

4) 金載亨, "「동산·채권 등의 담보에 관한 법률」 제정안의 구성과 내용," 民法論 Ⅳ, 박영사, 2011, 236면(원래는 法曹 제638호(2009. 11)에 발표한 것임).
5) 매일경제 2012. 11. 8.자, "제2금융권도 동산담보대출 … 내년부터 자영업자도 대상"(http://news.mk.co.kr/newsRead.php?year=2012&no=736027 검색).
6) 법률신문 2012. 10. 25.자, 2면 "'동산·채권담보 등기신청' 자리 잡았다."(http://www.lawtimes.co.kr/LawNews/News/NewsContents.aspx?serial=68320&kind=) 참조.
7) 이 법에 따른 장점으로는 담보등기에 의한 공시를 함으로써 공시효과가 크다는 점, 담보목적물에 대한 선의취득으로 담보가치를 확보하지 못하게 되는 경우가 줄어들게 되는 점, 동산이나 채권에 담보권을 설정함으로써 담보권설정자와

신속하게 이 제도로 대체될 것으로 전망된다. 이와 같이 동산·채권 담보법이 많이 이용됨에 따라 점차 그 활용가능성에 대한 우려도 사라지고 좀 더 안정적으로 담보거래가 이루어질 것으로 생각한다.

필자는 2005년에 한국민사법학회 하계학술대회에서 발표한 논문 등에서 동산이나 채권에 관한 담보등록 또는 담보등기 제도를 도입할 것을 주장하였고,[8] 동산·채권 담보법의 제정과정에서 제정안의 내용 등을 설명하는 논문[9]에서 위원회의 회의내용을 간략하게 소개하기도 하였다. 그러나 회의내용을 상세히 소개한 자료가 공표되어 있지 않기 때문에 그 내용을 알려달라는 요청을 여러 차례 들었다.

동산·채권 담보법은 새로운 제정법으로서 동산담보와 채권담보에 관한 기본틀을 정하는 법률이기 때문에, 제정과정에서 많은 논의가 있었다.[10] 주요한 사항으로 ① 새로운 담보권의 도입 여부, ② 담보등기

담보권자의 균형을 도모한 점, 다수의 동산이나 채권을 한꺼번에 담보로 제공하는 것을 쉽게 한 점, 장래의 채권을 담보로 제공하는 것을 쉽게 한 점, 동산과 채권에 대해서도 순위를 정하여 담보를 설정할 수 있도록 하여 담보가치를 충분히 활용할 수 있도록 한 점, 근담보권을 설정할 수 있도록 한 점, 공동담보를 설정할 수 있도록 한 점, 담보권의 사적 실행을 허용하는 등 담보권의 실행을 쉽게 한 점 등을 들 수 있다.

8) 金載亨, "動産擔保制度의 改善方案 —登錄制度의 導入에 관한 試論—," 民事法學 제30호(2005. 12), 3면 이하; 金載亨, "UNCITRAL 「擔保去來에 관한 立法指針 草案」 논의," 比較私法 제13권 제 4 호(2006. 12), 41면 이하(모두 民法論 Ⅲ, 박영사, 2007에 재수록하였는데, 아래의 인용은 이 책의 면수로 한다).

9) 金載亨, "담보제도의 개혁방안 —동산 및 채권 담보를 중심으로—," 저스티스 제106호(2008. 9), 655-684면(金載亨, 民法論 Ⅳ, 박영사, 2011 재수록되어 있음. 이하 이에 따라 인용함); 金載亨, "「동산·채권 등의 담보에 관한 법률」 제정안의 구성과 내용"(주 4) 참조. 또한 석광현, "UNCITRAL의 담보권 입법지침과 우리나라의 동산·채권담보법제," 통상법률 제88호(2009. 8); 제철웅, "동산 및 채권담보 제도의 개정방향: 특정성 또는 특정가능성 원칙의 선택," 인권과 정의 제392호(2009. 4)도 참조.

10) 이 글에서는 필자가 작성하거나 위원회의 회의내용을 정리한 자료를 토대로 위원회에서 법안제정과정에서 논의한 사항을 소개하고, 필요한 경우에는 필자의 의견을 밝히고자 한다. 위 회의내용은 정리·공간되어 있지 않고 필자가 개인적으로 가지고 있는 자료를 토대로 작성한 것이다. 아래에서 '회의'라고 기재한 것은 위원회의 회의를 가리킨다.

의 도입 여부, 도입방식, 관장기관, ③ 담보약정의 범위 문제, ④ 인적 적용범위, ⑤ 담보목적물의 범위와 특정, ⑥ 담보권의 내용과 효력, ⑦ 담보권의 실행방법, ⑧ 담보등기와 선의취득 문제, ⑨ 기존 담보제도의 개선, ⑩ 실체법 규정에 대한 예외 규정을 둘 것인지 여부, ⑪ 지적재산권 담보권의 취급 등을 들 수 있다. 이 글에서는 제정과정에서 주요하게 논의했던 내용 중 법률의 기본입장에 관한 사항을 중심으로 소개하고 그 의미와 장래의 과제를 살펴보고자 한다.[11] 동산·채권 담보법의 제정 이후에 나온 논문에 관해서는 이 발표문에서 다루지 않고 여기에서는 위원회의 회의과정에서 논의된 사항을 정리하는 데 중점을 두고자 한다. 이 내용은 제정법률안으로 확정되었고 그 후 부처협의 등을 통하여 수정된 부분도 있으나, 위에서 다룬 기본입장에 관한 사항은 그대로 유지되었다.

Ⅱ. 동산·채권 담보법의 기본입장

1. 위원회는 2008. 3. 28. 개최된 2차 회의부터 법안에 관하여 구체적인 논의를 시작하였다. 먼저 새로운 법률을 제정하려는 이유는 다음과 같다. 첫째, 동산이나 채권을 담보수단으로 이용할 필요성이 높다. 그러나 동산담보와 채권담보는 부동산담보에 비하여 매우 적게 이용되고 있다. 따라서 동산이나 채권을 쉽게 담보로 제공할 수 있는 제도를

11) 인적 적용범위, 지적재산권(2011. 5. 19. '지식재산권'으로 용어 수정) 담보권, 담보등기의 관장기관, 담보권의 실행 등에 관해서도 위원회에서 많은 논의를 거쳐 결론을 도출하였다. 특히 담보등기의 관장기관과 담보권의 실행에 관해서는 제11차 회의(2008. 12. 16), 제12차 회의(2009. 1. 7)에서 논의를 많이 하였다(2008. 8. 22.에 열린 회의를 제11차 회의라고 할 수도 있는데, 이 회의에서는 필자가 금융계와 기업계의 인사 11명에게 위원회의 법안에 대하여 기본취지를 설명하고 의견을 들었고 이 회의에는 위원들 일부만 임의로 참석하였기 때문에, 제11차 회의라고 표시하지 않았다).

마련할 필요가 있다. 둘째, 동산이나 채권이 담보로 이용되지 않는 가장 큰 이유는 공시방법이 불완전하기 때문이다. 동산이나 채권의 경우에는 부동산과 달리 등기제도가 없다. 그렇기 때문에 질권을 설정하려면 질권자에게 점유를 이전해야 하고, 동산양도담보를 설정하려면 점유개정을 이용하는데 이는 공시방법으로서 안정성이 없다. 채권양도담보의 경우에도 채무자에 대한 통지 또는 채무자의 승낙이 사실상 공시기능을 제대로 발휘하지 못한다. 그리하여 동산이나 채권을 담보로 제공하기 위한 새로운 공시방법을 도입하여야 한다. 셋째, 동산담보와 채권담보에 관한 법적 규율이 미비한 점이 있다. 질권, 양도담보, 소유권유보부 매매, 금융리스 등의 여러 가지 담보제도가 있는데, 이 제도들이 질권을 제외하고는 명확하게 법에 규정되어 있지 않고, 이에 관한 판례나 이론 구성이 혼란스럽다. 따라서 이들 제도에 관한 규율을 판례와 학설에 계속 맡겨둘지, 아니면 입법에 의해서 문제를 해결할 것인지 문제된다.[12)]

법안의 구체적인 내용을 정하기 전에 우선적으로 정해야 할 가장 중요한 쟁점은 법안의 기본적인 구성에 관한 것이었다.[13)] 먼저 논의의 배경을 간략히 소개하고자 한다. 대법원 특수등기연구반에서는 2007년에 "동산 및 채권의 양도등기에 관한 특례법안"을 발표하였다.[14)] 이 법안은 동산양도의 성립요건 및 채권양도의 대항요건 등에 관하여 민법의 특례 등을 규정한 것으로, 민법과는 달리 양도등기제도를 도입할 것을 제안하고 있다. 필자는 동산 및 채권의 양도등기제도를 도입하는 것에 반대하면서 동산 및 채권에 관한 담보등기제도를 도입할 것을 제안하였다.[15)] 법무부 법무심의관실에서는 필자의 제안을 받아들였다.

---

12) 제2차 회의(2008. 3. 18)에서 필자가 법안의 기본방향에 관해서 발제를 하면서 발언한 내용이다.

13) 법안의 기본입장에 관해서는 제2차 회의(2008. 3. 18)부터 시작하여 계속 논의하였다.

14) 법원행정처, 동산 및 채권의 양도등기제도 도입을 위한 입법자료(2007. 11).

15) 위 주 8.

대법원 특수등기연구반에서 나온 안을 편의상 '법원안'이라고 부르기도 하나, 필자는 이 용어를 가급적 쓰지 않으려고 했다. 이것은 법원이 공식적으로 제안한 것이 아니기 때문에, 법원안이라고 부르는 것은 적절한 것은 아니다. 이 안은 양도등기제도를 도입한다는 점에 특징이 있기 때문에, '양도등기안'이라고 부르는 것이 바람직하다고 생각한다. 이에 비하여 필자는 동산과 채권을 담보로 제공한 경우에 담보등기를 할 수 있는 제도를 도입할 것을 주장한 것이기 때문에, '담보등기안'이라고 할 수 있다.[16)]

위원회에서 양도등기안을 토대로 논의를 할 것인지 아니면 담보등기안을 토대로 논의할 것인지 문제되었다.[17)] 양도등기안을 채택할 경우에 현재의 양도담보 등 소유권이전형 담보를 그대로 유지하면서 동산양도나 채권양도의 공시방법으로 양도등기를 도입하는 것이기 때문에, 위원회에서 이를 '소유권적 구성'이라고 불렀다. 이에 반하여 담보등기안에 따르면 동산 또는 채권에 관한 '담보' 또는 '담보권'을 창설하는 것이기 때문에, 위원회에서 이를 '담보권적 구성'이라고 불렀다. 이들 문제에 대하여 어떠한 입장을 채택할 것인지에 따라 법안의 전체적인 모습이 완전히 달라지기 때문에, 이 문제는 여러 차례 장시간 동안 토론을 하였다. 결론적으로 위원회에서 담보등기안, 나아가 담보권적 구성을 채택하기로 하였다.

2. 위원회에서 채택한 기본적인 입장은 다음과 같이 요약할 수 있다고 생각한다.

첫째, 새로운 담보권을 창설하되, 통일적인 담보권 개념을 채택하지는 않는다.

---

16) 위원회의 회의에서는 필자의 안을 법원안과 대비하여 법무부안이라고 부르기도 하였는데, 나중에 구체적인 조문화과정에서 수정을 거쳐 법무부안으로 확정되었다.

17) 이 문제는 특히 위원회의 제2차 회의(2008. 3. 18), 제3차 회의(2008. 4. 11), 제4차 회의(2008. 4. 25), 제5차 회의(2008. 5. 16) 등에서 계속 다루어졌다.

둘째, 동산이나 채권을 담보로 제공하는 경우에 담보등기를 하도록 하고, 동산이나 채권을 양도하는 경우에 양도등기를 하는 방안을 도입하지 않는다.

셋째, 기존의 동산 및 채권 담보제도는 당분간 그대로 존속시킨다.

위원회에서 위 세 가지 사항에 관해서 결정한 다음 세부적인 사항을 차례대로 논의한 것은 아니고 세부적인 논의를 하면서 기본입장이 정리가 된 부분도 있다. 그중 통일적인 담보권 개념을 채택하지는 않는 것은 쉽게 받아들여졌으나, 다른 문제에 관해서는 많은 토론을 거친 끝에 결론에 도달했다.

3. 동산이나 채권 등을 담보로 제공하는 경우에 담보권을 통일적으로 구성할 것인지 여부는 핵심적인 문제 중의 하나이다. 이것은 미국 통일상법전(UCC) 제 9 장에 있는 담보거래제도에서 시작되었는데, 미국에서는 1960년대에 통일적인 담보권 제도를 도입하였다. 종전에는 질권, 조건부 매매 등 다양한 담보제도가 이용되었으나, 미국 통일상법전에서 통일적인 담보제도를 도입하고 금융명세서를 공시하는 제도를 채택하면서 새로운 담보제도로 전환을 한다.[18] 이것은 동구 유럽 등 많은 나라에 영향을 미쳤고,[19] 독일 등 여러 나라에서 담보제도에 관한 개혁논의를 촉발시켰다.[20] 유엔국제거래법위원회에서도 담보거래에 관한 입법지침을 마련하였는데, 담보권에 관한 통일적 개념이 포함되어 있다.[21]

---

18) 이에 관하여 필자가 소개한 글로는 金載亨, "動産擔保制度의 改善方案"(주 8), 267면 이하.

19) EBRD, Model Law on Secured Transactions, 1994; Dahan/Simpson, "The European Bank for Reconstruction and Development's Secured Transactions Project," Kieninger ed., Security Rights in Movable Property in European Private Law, 2004, pp. 102-113.

20) 梁彰洙, "獨逸의 動産擔保改革論議," 서울대학교 法學 제44권 제 2 호(2003. 6), 1면 이하; 梁彰洙, "日本의 動産擔保改革論議," 民法硏究 제 9 권, 박영사, 2007, 161면 이하.

21) 유엔국제거래법위원회는 1966년 유엔총회에 의해 설립된 이래 국제거래에 관

일본에서는 초기에 미국과 같은 제도를 도입하자는 주장이 있었다. 그러나 논의를 계속하다가 통일적인 담보제도를 도입하지 않고 양도등기라는 형태로 공시제도만을 도입한다.[22] 동산이나 채권을 양도할 때 등기를 할 수 있도록 하였다는 점에서 중요한 변화이지만, 새로운 담보권 개념을 도입하지 않았다는 점에서 한계가 있다.

대법원 특수등기연구반에서 제시한 법안은 일본의 법률과 매우 유사하다. 세부적인 조항이 일본법과 다른 부분이 있으나, 주요한 내용에서는 큰 차이가 없다. 일본법은 다른 나라의 입법례와 달리 동산이나 채권을 담보로 제공하는 경우뿐만 아니라 동산이나 채권을 양도하는 경우에도 등기제도를 이용할 수 있도록 하면서 그 이용범위를 법인으로 제한하고 있는데, 대법원 특수등기연구반은 이 두 가지를 모두 받아들이고 있다.[23]

위원회에서는 동산, 채권 등을 담보목적물로 하는 새로운 담보권을 창설하기로 하였다.[24] 그러나 미국과 같은 통일적인 담보권 개념을 채택하지는 않았다. 통일적인 담보권 개념을 채택하면서 기존의 담보제도를 폐지하는 것은 담보법제에 혁명적인 변화를 가져올 것이다. 이를 수용할 것인지에 관해서는 세밀한 검토가 필요하다. 양도담보나 소유권유

한 협약, 모델법, 입법지침 등을 작성하고 있다. 제6작업그룹은 2002년부터 2007년까지 담보거래에 관한 입법지침을 완성하였다(회의자료는 http://www.uncitral.org/uncitral/en/commission/working__groups/6Security__Interests.html에 게시하고 있음). 그 후 유엔총회는 2008년 12월 회원국들이 담보법을 제정 또는 개정할 때 이를 고려할 것을 권고하는 결의를 하였다. A/RES/63/121. 상세한 것은 金載亨, "UNCITRAL 「擔保去來에 관한 立法指針 草案」 논의"(주 8), 301면 이하; 석광현, UNCITRAL 담보권 입법지침 연구, 법무부, 2010, 6면 이하.

22) 梁彰洙, "日本의 動産擔保改革論議"(주 20); 佐藤歲二·山野目章夫·山本和彦, 新擔保·執行法講座 第4卷, 民事法硏究會, 2009 참조.

23) 위 주 14.

24) 위원회에서 이 방안을 토대로 한 구체적인 논의는 제5차 회의(2008. 5. 16)에서 시작하였다. 그러나 당시에도 담보권으로 하는 것이 확정된 것은 아니고 그 후에도 이 법에 따른 담보권의 법적 성격에 관한 논의를 계속하였다. 가령 제8차 회의(2008. 6. 30).

보부 매매를 폐지하거나 억제할 경우에는 혼란과 비용이 초래될 수 있다. 그리하여 양도담보 등에 관한 입법적 규율에 관해서는 장래의 과제로 남겨 두었다. 위원회에서 동산이나 채권을 담보로 제공하는 경우에 담보등기를 하는 담보등기안을 채택하면서도, 기존의 동산 및 채권 담보제도를 직접적으로 변경하는 규정을 두지 않았다. 만일 동산·채권 담보법을 통하여 기존의 담보제도를 변경하려는 시도를 할 경우에 새로운 담보권과 담보등기를 창설하는 방안 자체가 좌절되거나 입법에 훨씬 더 오래 걸릴 것으로 생각했기 때문에, 양도담보 등의 개선에 관해서는 소극적인 태도를 취하였다. 그리고 기존의 담보제도의 개선은 법체계상으로도 민법 개정에 맡기는 것이 바람직하다고 생각했다.

동산·채권 담보법은 담보에 관한 등기를 한다는 점에서 일본 모델을 채택하지 않았다. 동산이나 채권을 담보로 제공하고 이를 등기하도록 하였다는 점에서 미국법의 영향을 받았다고 볼 수 있다.[25] 그러나 통일적인 담보권 개념을 채택하지 않는다는 점에서 미국 모델을 그대로 채택한 것은 아니다. 이것이 여러 모델을 종합하여 하나의 독자적인 체계를 만들어가는 '한국 모델'로 발전할 수 있을 것인가?

Ⅲ. 새로운 물권의 창설: 동산담보권과 채권담보권

1. 민법에서 동산이나 채권 등 권리에 관한 전형담보는 질권으로서, 그 목적물에 따라 동산질권과 권리질권으로 구분된다. 한편 비전형담보로 양도담보, 소유권유보부 매매, 금융리스 등이 이용되고 있는데, 이들이 물권법정주의와 관련하여 담보물권인지 논란이 되고 있다.

위원회에서는 일본법과는 달리 동산과 채권에 관하여 '담보권'이라는 명칭을 사용하면서 법률에 의한 새로운 담보권을 창설하기로 하였

25) 金載亨, "담보법의 현재와 미래," 민법론 Ⅳ, 박영사, 2011, 314면.

다. 법률이 제정된 현시점에서는 당연한 것으로 생각될 수도 있지만, '담보권'이라는 용어를 사용할 것인지에 관해서는 논란이 있었다. 법률의 명칭과 내용에서 '담보'라는 용어를 사용하여 새로운 법률이 담보법이라는 것을 명백히 하고자 하였다. 다만 가등기담보법에서 가등기담보와 양도담보라는 용어를 사용하고 있을 뿐이고 가등기담보권이나 양도담보권이라는 용어를 사용하고 있는 것은 아니므로, 굳이 동산·채권담보법에서 담보권이라는 용어를 사용하지 않고 담보라는 용어를 사용하는 방안을 검토하였다. 그런데 위원회의 논의과정에서 담보권이라는 용어를 사용하여 새로 도입하는 제도의 법적 성격을 분명히 하게 되었다.

위원회안에서는 새로운 담보권의 명칭으로 '등기담보권' 또는 '등록담보권'이라는 용어를 사용하였으나,[26] 그 후 법원행정처와 협의과정에서 '등록' 대신 '등기'라는 용어로 바꾸기로 하였고, 동산담보와 채권담보를 분리하여 동산담보권과 채권담보권이라는 용어를 사용하기로 하였다.[27] 동산·채권 담보법에서 담보권적 구성을 한 이유는 다음과 같다.

> "이와 같은 담보권적 구성이 소유권적 구성보다 당사자들의 실제 의도나 합리적인 이해를 더 잘 반영한다. 이와 달리 소유권적 구성은 담보를 설정할 목적으로 소유권을 이전하는 형식을 띠기 때문에, 담보목적에 비하여 너무 많은 권리를 이전하게 되고, 결국 실질과 형식의 괴리를 초래한다. 담보권적 구성을 채택한 것은 소유권적 구성에 따른 문제점을 없애기 위한 것이다. 또한 등기부에도 동산 및 채권에 관한 담보권이라는 사실을 공시하는 것이 당사자들의 실제 목적에 부합한다. 동산이나 채권을 담보로 제공하였는데도 소유권을 이전한 것처럼 공시하는 것은 실제보다 많은 권리를 이전하는 것처럼 공시하는 것이다."[28]

---

26) 제9차 회의(2008. 7. 21).

27) 위원회에서 동산담보와 채권담보라는 용어를 사용할 것인지, 동산등기담보와 채권등기담보라는 용어를 사용할 것인지 논란이 있었다. 제8차 회의(2008. 6. 30).

28) 金載亨, "「동산·채권 등의 담보에 관한 법률」 제정안의 구성과 내용"(주 4), 239면.

또한 동산양도담보를 설정한 경우에 판례는 신탁적 양도설에 따라 양도담보권자가 소유권을 신탁적으로 이전받는 것으로 보고 있으나,[29] 도산절차에서는 담보권자로 취급하고 있다.[30] 이는 채권양도담보의 경우에도 마찬가지이고, 소유권유보부 매매나 금융리스의 경우에도 유사하게 취급하고 있다.[31] 새로운 담보제도를 도입하면서 소유권으로 구성하더라도 도산절차에서는 담보권으로 취급될 것이다. 이와 같이 실체법과 도산법에서 법적 취급이 달라지는 것을 줄이는 것이 바람직할 것이다. 이 점에서도 담보권적 구성이 바람직하다고 보았다.

2. 동산담보권과 채권담보권은 새로운 유형의 담보물권이다.

동산담보권은 동산을 담보목적물로 하는 담보권이다(법 제2조 제2호). 개별동산은 물론 집합동산이나 장래에 취득할 동산도 담보목적물로 제공될 수 있다(법 제3조 제1항·제2항). 또한 질권과는 달리 담보권자에게 담보목적물에 대한 점유를 이전하지 않고 담보등기를 하면 동산담보권이 성립한다(법 제7조 제1항). 동일한 동산에 설정된 동산담보권의 순위는 등기의 순위에 따른다(법 제7조 제2항). 이는 "시간에서 앞서면 권리에서도 앞선다."라는 물권법의 원칙을 법규정화한 것이다. 따라서 하나의 동산에 순위가 다른 담보권을 설정하고 이를 공시할 수 있다.

채권담보권은 금전지급을 목적으로 하는 지명채권, 즉 금전채권을 담보목적으로 하는 담보권이다(법 제2조 제3호). 하나의 채권이든 다수의 채권이든 담보의 목적이 될 수 있다. 또한 장래에 발생할 채권도 담

29) 대판 1986. 8. 19, 86다카315(공 1986, 1218); 대판 1994. 8. 26, 93다44739(공 1994, 2514); 대판 1995. 7. 28, 93다61338(공 1995, 2958); 대판 2004. 10. 28, 2003다30463(공 2004, 1942).

30) 채무자 회생 및 파산에 관한 법률 제141조 제1항. 도산절차에서 양도담보권이나 가등기담보권을 담보권으로 법률에 명문으로 규정한 것은 1998년에 회사정리법을 개정할 당시부터이다. 金載亨, "倒産節次에서 擔保權者의 地位," 民法論 Ⅲ, 박영사, 2007, 208면.

31) 상세한 것은 金載亨(주 30), 207면 이하 참조.

보목적물로 제공될 수 있다(법 제34조 제2항). 민법상 지명채권에 대한 질권의 경우에는 확정일자 있는 통지나 제3채무자의 승낙이 있어야 제3채무자를 제외한 제3자에게 대항할 수 있지만, 채권담보권의 경우에는 채권담보등기를 하면 제3채무자를 제외한 제3자에게 대항할 수 있다(법 제35조 제1항). 다만 채권담보권으로 제3채무자에게 대항할 수 있으려면 제3채무자에게 통지를 하거나 제3채무자의 승낙이 필요하나, 채권담보권자도 등기사항증명서를 제3채무자에게 건네주는 방법으로 통지를 할 수 있도록 하였다(법 제35조 제2항).

3. 양도담보 등 그 명칭을 불문하고 담보약정을 한 경우에는 동산·채권 담보법에 따른 등기를 할 수 있다(이른바 "실질이 형식을 지배한다.").[32] 양도담보뿐만 아니라 소유권유보부 매매나 금융리스 등의 경우에도 동산·채권 담보법에 따른 등기를 할 수 있다.[33] 이와 같은 담보약정에 기하여 동산·채권 담보법에 따라 담보등기를 하면 원칙적으로 그 약정내용과 무관하게 동산·채권 담보법에 따른 담보권으로 취급하도록 하였다. 결국 당사자들이 사용하는 명칭이나 표현에 구애받지 않고 그 실질을 보아 담보의 기능을 수행하는 담보약정으로 볼 수 있

32) 이러한 내용은 필자가 법률안을 제안할 때부터 주장하였고 위원회에서도 비교적 쉽게 합의하였는데, 거래의 기능이나 실질에 따라 담보목적이 있으면 담보거래로 보아야 한다고 하였다. 이에 관한 논의는 제2차 회의(2008. 3. 18), 제8차 회의(2008. 6. 30), 제9차 회의(2008. 7. 21) 등에서 이루어졌다. 그리하여 법 제2조 제1호는 "담보약정"을 양도담보 등 명목을 묻지 아니하고 이 법에 따라 동산·채권·지식재산권을 담보로 제공하기로 하는 약정을 말한다고 정하고 있다. 위원회에서 논의하는 과정에서 양도담보뿐만 아니라 소유권유보부 매매, 금융리스도 열거하자는 의견도 있었으나, 현재의 규정으로 충분하다고 보아 위와 같이 규정하였다. 한편, 제9차 회의(2008. 7. 21)에서는 담보신탁에 관해서도 논의를 하였으나, 이에 관해서는 결론을 내리지 않았다.

33) 소유권유보부 매매나 금융리스에 관해서는 장차 세밀한 규정을 두는 것이 바람직하나, 이에 관하여 어떠한 방식으로 규정할 것인지는 쉽지 않은 문제이다. 그리하여 이 문제는 현행의 법상태에 따라야 할 것이지만, 당사자들이 명확한 공시를 위하여 동산·채권 담보법에 따른 등기를 한다면, 동산·채권 담보법에 따른 규율을 받게 될 것이다.

으면 동산·채권 담보법에 따라 담보등기를 할 수 있다. 당사자들 사이의 거래 또는 약정의 형식이 아니라 그 기능이나 실질에 따라 담보약정을 판단하는 것이기 때문에, 이 법은 담보에 대한 기능적 접근방법 또는 실질주의를 토대로 한 것이라고 할 수 있다.

그렇다면 기존의 양도담보 등은 동산·채권 담보법에 의하여 담보권으로 취급되는 것인지 문제된다. 위원회에서 기존의 양도담보의 법적 성질을 법률에서 정해야 할 것인지 논의하기도 하였다.[34] 그러나 동산·채권 담보법에 의하여 기존의 양도담보 등의 법적 성질을 변경하지는 않기로 하였다. 따라서 당사자들이 양도담보설정계약을 체결하고 점유개정약정을 한 경우에는 양도담보의 효력을 유지한다. 다만 당사자들이 동산·채권 담보법에 따라 담보등기를 하면 위에서 본 것처럼 담보권으로서의 효력을 발생하는 것이다. 즉, 동산·채권 담보법에 따라 담보등기를 한 경우에는 소유권이 아니라 우선변제권이 인정되는 등 담보권의 효력을 갖는 것이라고 보아야 한다.

만일 당사자들이 양도담보약정을 하면서 담보 목적으로 소유권을 이전하기로 하고 담보등기를 하는 경우에는 어떻게 되는가? 위원회에서 이러한 경우에 담보등기를 한 후에도 양도담보의 효력이 유지되어야 한다는 의견도 있었으나, 필자는 담보등기를 한 후에는 소유권이 이전되는 것이 아니라 담보물권이 설정된 것으로 보아야 한다고 주장하였다.[35] 이 법에 따라 담보등기를 한 경우에는 이 법에 따른 담보권이 설정된 것으로 보아야 할 것이다. 양도담보권자는 소유권을 이전받는데, 소유자가 동산담보권이나 채권담보권을 보유한다는 것은 허용될 수

34) 위원회에서 이 점에 관하여 명시적인 규정을 둘 것인지 검토하였다. 제 8 차 회의(2008. 6. 30). 그러나 법 제 2 조 제 1 호에서 담보약정에 관한 시기 제한을 하고 있지 않기 때문에, 명시적인 규정을 두지 않더라도 기존의 양도담보설정계약 등을 이 법에 따른 담보약정으로 볼 수 있을 것이다.

35) 이 법에 따라 담보등기가 된 경우에는 질권이나 양도담보의 효력이 소멸한다는 명문의 규정을 두는 것을 검토해 보아야 한다는 의견도 있었다. 제 8 차 회의(2008. 6. 30). 그러나 이와 같은 규정을 두지는 않았다.

없다. 담보권은 이른바 他物權으로서 다른 사람의 소유물에 대해서 설정된 물권이기 때문이다. 물론 이러한 결과만을 보면 사적 자치에 대한 제한으로 볼 수 있다.[36] 그러나 당사자들이 양도담보설정계약을 체결하고 소유권을 이전하려고 하였다면 현재와 같이 점유개정을 그대로 이용하면 되고 담보등기를 해서는 안 될 것이다. 이는 민법 제186조가 정한 물권법정주의에 따른 결과이다.

4. 동산·채권 담보법에 따라 담보에 관한 새로운 물권을 창설한 것이기 때문에, 물권법정주의에 따라 그 권리의 내용을 법률에 규정하여야 할 것이다. 이 경우에 민법의 규정을 준용할 수도 있고 상세한 규정을 둘 수도 있을 것이다. 민법 규정을 준용하는 경우에도 질권에 관한 규정을 준용할지, 저당권에 관한 규정을 준용할 것인지 문제된다. 또한 담보권의 실행에 관해서 민사집행법을 준용할 것인지 여부가 문제된다. 위원회에서 이 점에 관하여 논란이 있었는데, 일부는 민법 규정 등을 참고하여 새로운 규정을 만들고 일부는 민법 규정 등을 준용하는 방법으로 해결하였다. 즉, 민법상의 질권과 저당권에 관한 규정, 가등기담보 등에 관한 법률, 민사집행법의 관련 규정 중에서 이 법에 따른 담보권을 규율하는 데 적합한 조항을 선별하고 이를 적절하게 변형하여 규정을 만들었다. 그리고 민법 규정을 준용하는 것으로 충분한 경우에는 준용 규정을 두었다.[37]

민법에서 담보물권으로 유치권, 질권, 저당권을 규정하고 있는데, 이 권리들의 내용과 효력이 다르다. 이들과 공장 및 광업재단 저당법, 자동차 등 특정동산 저당법, 가등기담보 등에 관한 법률의 규정까지 비

---

36) 위원회에서 논의하는 과정에서 이와 같은 결과가 발생하는 것은 사적 자치를 제한하는 것이기 때문에, 담보등기제도를 도입하지 말고 양도등기제도를 도입하자는 의견도 있었다. 그러나 위에서 보았듯이 위원회에서 이 의견은 채택되지 않았다.

37) 중요한 내용에 관해서는 아래 Ⅳ.에서 다룬다.

교를 하면 매우 혼란스럽다. 이 법은 부수적으로 민법을 비롯한 여러 법률에 있는 담보권 규정을 정비할 필요가 있다는 것을 보여주고 있다고 볼 수 있다.

Ⅳ. 담보등기제도의 도입

1. 위 Ⅱ.에서 보았듯이 양도등기제도와 담보등기제도 중에서 어느 쪽을 선택할 것인지에 관하여 논란이 많았다. 이에 관한 논의내용을 소개하고자 한다.

(1) 먼저 양도등기제도와 담보등기제도의 장단점으로는 다음과 같은 사항이 지적되었다.

양도 목적에 제한을 두지 않고 양도등기를 할 수 있도록 하는 방안은 다음과 같은 장점이 있다. 첫째, 담보목적으로 양도를 한 것인지 통상적인 양도를 한 것인지 구별하기가 어렵기 때문에, 양도를 하든 담보를 설정하든 구분하지 않고 모두 등기를 할 수 있다. 둘째, 형식적인 심사권을 가진 등기관이 담보목적이 있는지 여부를 판단하기 어렵기 때문에 이 점에서도 유리하다. 셋째, 자산유동화가 많이 이용되는데, 유동화를 위해서 양도등기제도를 이용할 수 있다. 우리나라에서 1998년 자산유동화에 관한 법률을 제정하여 자산양도를 금융감독위원회에 등록하는 방식으로 해결하고 있다. 양도등기제도를 채택하면 자산유동화에 관한 법률이 적용되지 않은 경우에도 양도등기를 손쉽게 할 수 있게 될 것이다. 담보를 설정하는 경우에 한정하여 등기를 하도록 한다면 자산유동화를 위한 채권양도의 경우 등기제도를 이용할 수 없고, 이른바 진정 양도와 담보목적의 양도를 구별하는 문제를 둘러싸고 분쟁의 대상이 될 수 있기 때문에, 이를 구분하지 말고 등기를 할 수 있도록 하는 것이 바람직하다.

이와 달리 담보를 설정하는 경우에 한하여 담보등기제도를 도입하자는 두 번째 방안은 위 첫 번째 방안과는 정반대의 장단점이 있다. 먼저 담보를 설정하고 담보에 관한 등기를 하기 때문에, 담보로서의 효력이 발생한다는 점이 분명하게 된다. 즉 양도등기를 한 경우에는 등기부를 보고 양도를 한 것인지 담보를 설정한 것인지 알 수 없다. 담보등기제도는 등기부에 담보를 설정하였다는 것을 그대로 드러나게 한다. 둘째, 등기관은 형식적 심사권만 가지고 있기 때문에 담보등기를 신청하면 원칙적으로 신청한 것을 토대로 등기부에 기재를 한다. 실제로 당사자들이 어떤 목적을 가지고 있는지를 등기관이 심사할 권한이 없다. 따라서 위 두 가지 사항은 양도등기제도를 채택하는 장점이라고 볼 수 없다. 그러나 위에서 세 번째로 든 사항은 양도등기제도의 장점으로 볼 수 있고, 이 점이 유일한 장점으로 생각된다. 즉 담보를 설정한 경우에 한하여 등기를 하도록 하는 경우에 자산유동화를 포괄할 수 없는 문제가 있다. 담보등기제도를 채택한 경우에는 자산유동화를 포괄하기 위하여 나중에 개정을 하여야 할 것인지, 아니면 자산유동화와 관련하여 특별규정을 둘 것인지 문제가 될 수 있다.

위원회에서 담보등기제도를 채택하였다. 그 이유를 동산의 경우와 채권의 경우로 구분하여 살펴볼 필요가 있다.

(2) 동산에 관해서 양도등기제도를 도입하지 않은 이유는 다음과 같다. 첫째, 동산양도등기를 도입하는 것은 민법 제188조, 제189조, 제190조가 규정하는 인도 이외에 또 하나의 공시방법을 인정하는 것이다. 이와 같은 규정을 두려면 기본적으로 특별법에 둘 것이 아니고 민법에 규정을 두어야 된다고 생각한다. 가령 민법 제190조의2를 신설해서 규정을 두면 될 것이다. 둘째, 그와 같은 방식으로 규정을 하게 되면 동산·채권 담보법이 결국 담보법에 대한 특례를 인정한 것이 아니라 민법의 공시방법에 관한 특례를 인정하는 형태가 된다. 셋째, 그와 같이 통상적인 양도를 포함하면서 법률에서 담보의 효력에 관한 규정을 둔다

는 것은 법체계상 맞지 않는다. 넷째, 무엇보다도 그와 같은 필요성이 없다. 법률을 제정하려면 우선 필요성이 있어야 된다. 일본에서 동산에 관한 양도등기를 인정하는 방식으로 규정하지 않았다면 동산에 관한 양도등기를 인정하는 규정을 두자는 제안이 나오지 않았을 것으로 생각한다. 일본에서 2004년에 법률을 개정하여 동산양도에 관한 등기를 하도록 한 것인데,[38] 이와 같은 규정은 일본 이외의 다른 나라에서 찾기 힘들다. 일본에서도 진정 양도를 위하여 이 규정이 이용되는 경우는 많지 않고, 진정 양도로 등기를 하는 경우에도 실제로는 담보를 위해서 이용하고 있다.

(3) 한편 동산양도에 관해서는 법률의 적용범위에서 배제하고 다만 채권양도에 한하여 담보등기제도를 이용할 수 있도록 하는 방안에 관해서는 좀 더 신중하게 검토하였다.[39] 필자는 채권양도의 경우에 채권양도등기제도를 도입할 것을 주장한 바 있다.[40] 동산양도와 채권양도를 구분하여 접근하는 것이 체계상 부적합하다고 생각할 수도 있지만, 채권양도의 경우에는 등기제도를 도입할 필요성이 크기 때문에 이 문제는 동산양도의 경우와는 구분하여 검토해야 할 문제이다. 동산이나 채권 등에 관한 담보권을 등기에 의하여 공시하면서 다만 완전한 채권양도도 등기할 수 있는 경우들이 있다. 위에서 본 미국 통일상법전 제 9 장이나[41] 유엔국제거래법위원회의 담보거래입법지침은[42] 예금채권 등 일정한 채권을 제외하고는 채권의 완전한 양도도 등록을 할 수 있도록 하

38) 일본에서는 1998. 6. 12. "채권양도의 대항요건에 관한 민법의 특례 등에 관한 법률"을 제정하여 채권양도등기제도를 도입하였고, 2004. 12. 1. "채권양도의 대항요건에 관한 민법의 특례 등에 관한 법률의 일부를 개정하는 법률"에 의하여 동산양도등기제도를 도입하였는데, 법률의 명칭도 "동산 및 채권양도에 관한 민법의 특례 등에 관한 법률"로 변경되었다. 이 법에서 동산양도나 채권양도의 대항요건과 병렬적으로 새로운 등기제도를 도입하였다.

39) 제 8 차 회의(2008. 6. 30).

40) 金載亨, "채권양도등기제도의 도입방안에 관한 연구," 서울대학교, 2006. 8, 176면 이하.

41) 통일상법전 제9-102조 (1)항 (b)호.

42) A/CN.9/WG.Ⅵ/WP.31/Add.1. para 19 (a); 석광현(주 21), 75면 이하.

고 있다.

그러나 위원회에서는 채권양도에 관해서는 이 법의 적용대상으로 삼지 않고 민법 개정에 이 문제를 맡겨두었다.[43] 동산·채권 담보법에서 채권양도에 대해서도 등기를 할 수 있도록 한다면, 민법에 의한 채권양도의 공시방법, 자산유동화법에 의한 채권양도의 공시방법, 동산·채권 담보법에 의한 채권양도의 공시방법이 혼재함으로써 법분열이 발생한다. 채권양도의 경우에 등기에 의한 공시방법을 도입할 때 위 세 가지 공시방법을 아무런 제한 없이 선택적으로 인정할 것인지, 일정한 방법으로 경계 또는 구획을 둘 것인지 여부, 모든 종류의 채권양도에 대해서 일률적으로 등기제도를 도입할 것인지 아니면 예금채권이나 무기명채권의 경우에는 예외를 인정해야 할 것인지 등을 결정하여야 할 것이다. 동산·채권 담보법에서는 담보등기제도를 도입하고 채권양도등기제도는 그 다음 단계의 입법작업에 맡기기로 하는 '단계적 접근방법'을 채택한 셈이다.

(4) 법률에서 담보등기제도를 도입함으로써 담보권의 실체적 내용을 규정하는 등 발전가능성이 매우 높다. 그러나 양도등기방식으로 규정할 경우에는 일시적인 목적으로 이용되다가 "나중에 폐기될 수밖에 없는 법률"이 될 수밖에 없다. 이 점에서도 담보등기제도가 바람직하다고 보았다. 그러나 채권양도에 관한 등기제도를 도입할 것인지 여부는 채권양도에 관한 민법개정작업에서 다른 규정의 개정과 함께 미룬 것이다.

2. 등기를 어떠한 방식으로 할 것인지 문제된다. 부동산등기의 경우에는 물적 편성주의를 채택하고 있다(부동산등기법 제15조 제1항). 이에 따라 토지별로 또는 건물별로 부동산등기를 하고 있다. 동산이나 채권의 경우에는 동산 하나하나에 대하여 개별적으로 등기부를 편제한다는 것은 불가능하고 의미도 없다. 동산이나 채권에 관한 등기는 인적

43) 또한 金載亨, "담보제도의 개혁방안"(주 9), 200면 이하도 참조.

편성주의를 취할 수밖에 없다. 결국 담보권설정자를 기준으로 인적 편성주의에 따라 담보등기를 하도록 하였다(법 제2조 제8호).

V. 동산·채권 담보법과 민법 규정의 관계

1. 동산담보권 등과 기존의 양도담보의 관계

(1) 새로운 담보권과 기존의 담보제도를 병존시키기로 하였기 때문에, 두 제도의 관계를 어떻게 설정할 것인지는 매우 어려운 문제이다. 기존의 담보제도를 그대로 존속시킬 경우에 담보등기제도를 도입하는 목적이 실현될 수 있는가 하는 문제가 제기되었다. 담보등기제도를 도입하는 목적이 자금조달을 쉽게 하고 담보거래를 촉진하기 위한 것이다. 그런데 동산·채권 담보법에 따라 담보등기를 한 경우와 그렇지 않고 양도담보 등 기존의 담보를 이용하는 경우를 똑같게 취급하고 그 사이의 순위에서도 차이가 없으면 담보등기를 하면서까지 담보를 제공받고 돈을 빌려주려고 할지라는 의문이 제기된 것이다. 또한 양도담보를 그대로 둘 경우에 양도담보권자가 소유권을 보유하기 때문에, 담보등기제도를 이용하겠느냐는 의문이 제기되었다.[44]

이 문제에 관해서는 여러 차례 의견을 밝혔기 때문에,[45] 여기에서는 자세히 다루지 않겠지만, 담보등기제도는 등기에 의한 공시라는 점을 비롯하여 여러 가지 강점이 있다. 따라서 양도담보와 새로운 담보제도를 병존시키더라도 이용에는 별다른 문제가 없을 것이라고 생각한다. 양도담보로 제공되지 않고 있는 동산이나 채권이 양도담보로 제공된

44) 제5차 회의(2008. 5. 16).

45) 金載亨, "담보제도의 개혁방안"(주 9), 232면; 金載亨, "「동산·채권 등의 담보에 관한 법률」 제정안의 구성과 내용"(주 4), 242면.

동산이나 채권보다 월등하게 많다. 따라서 양도담보로 제공되지 않고 있는 동산이나 채권을 이 법에 따른 담보로 활용하도록 하는 것으로 동산담보나 채권담보가 크게 증가할 것이다. 이 법 시행 후에 이미 동산담보권이나 채권담보권이 많이 이용되고 있기 때문에, 이 법의 효용에 관한 논란은 더 이상 큰 의미가 없어져가고 있다.

(2) 동산담보권과 기존의 양도담보의 관계에 관하여 많은 논의가 있었다.[46] 하나의 동산에 대하여 민법상의 인도와 이 법에 따른 담보등기가 있는 경우에 그 순위를 정하여야 하는데, 이에 관해서는 동등하게 취급하기로 하였다. 법 제7조 제3항은 동일한 동산에 관하여 담보등기부의 등기와 인도(민법에 규정된 간이인도, 점유개정, 목적물반환청구권의 양도를 포함한다)가 행하여진 경우에 그 권리의 순위는 법률에 다른 규정이 없으면 그 선후에 따르도록 정하였다. 즉, 인도와 등기의 선후에 따라 그 권리의 순위를 정한 것이다.

동산담보권 또는 채권담보권과 기존의 양도담보제도의 관계를 살펴보면 다음과 같다. 먼저 동산에 대한 담보등기를 한 다음에 제3자에게 양도담보가 설정된 경우를 생각할 수 있는데, 이 경우에는 법 제7조 제3항에 따라 담보등기가 1순위이고 양도담보권자가 2순위가 될 것이다. 양도담보권자는 담보권이 있는 상태로서 소유권을 취득하게 된다. 이 경우에는 별다른 문제가 없다.

그런데 동산양도담보가 먼저 설정된 경우에는 문제가 달라진다. A가 동산에 관하여 B에게 양도담보를 설정한 후 다시 C에게 양도담보를 설정한 경우에는 C의 양도담보는 이중양도담보에 해당하는 것으로 효력이 없다는 것이 판례이다.[47] 이 논리를 동산담보등기를 한 경우에 그대로 적용하면, A가 B에게 양도담보를 설정한 다음 C에게 동산담보등기를

46) 제8차 회의(2008. 6. 30).

47) 대판 1988. 12. 27, 87누1043(공 1989, 244); 대판 2005. 2. 18, 2004다37430 (공 2005, 470) 등 다수.

설정한 경우에 양도담보권자인 B에게 소유권이 이전되기 때문에, C가 담보권을 취득할 수 없게 될 것이다. 이와 같이 되면 양도담보로 제공된 동산에 대해서는 동산담보권을 이용할 수 없다는 결과가 될 것이다.

이 문제를 해결하기 위하여 동산양도의 공시수단인 인도(양도담보의 경우에는 점유개정)보다는 담보등기에 우선순위를 주는 방안을 검토하였다.[48] 결국 이 방안은 양도담보권자에 비하여 등기담보권자에게 우선권을 부여하자는 것이다. 그러나 이 방안을 따를 경우 가령 양도담보가 설정된 이후에 양도담보설정자가 제3자에게 동산담보권을 설정해주면 양도담보권자가 담보목적물에 대한 우선적 지위를 박탈당하게 될 것이다. 즉, 담보설정자가 이 제도를 악용하여 진정한 권리자에게 피해를 줄 수 있다. 결국 이 방안을 채택하는 것은 법률관계에 혼란을 초래할 수 있고 제도를 악용하는 경우가 빈번하게 발생할 것으로 보아 이 방안을 채택하지 않았다. 한편 양도담보권자에게 담보권만 인정하는 방안도 생각해볼 수 있으나, 이에 관한 규정을 두는 것은 무리가 있다고 보아 이 문제는 결국 판례와 학설에 맡겨두기로 했다.

이 문제에 관해서 여러 의견이 나올 수 있을 것이다. 가령 동산양도담보에 관하여 기존의 판례에서 따르고 있는 신탁적 양도설에 따라 이 문제를 해결해야 한다는 견해도 있을 수 있고, 이와 달리 담보권설에 따라 이 문제를 해결해야 한다는 견해도 있을 수 있지만,[49] 새로운 이론구성도 가능할 것으로 생각된다.

양도담보권자가 소유권을 이전받은 것이기 때문에, 양도담보 설정 후에 동산담보권을 설정받은 사람은 아무런 권리를 취득할 수 없다고 볼 수도 있다.[50] 그러나 양도담보설정자가 담보를 설정할 권한을 유보

48) 이에 관해서는 담보권에 우선권을 주어야 한다는 의견과 이에 반대하는 의견이 대립하였다. 제8차 회의(2008. 6. 30).

49) 위원회의 회의에서 이와 같은 의견들이 개진되기도 하였다. 제8차 회의(2008. 6. 30).

50) 이와 같이 볼 경우에 양도담보권자가 소유권을 보유하고 있기 때문에, 양도담

하고 있는 것으로 이론구성할 여지도 있지 않을까 한다. 즉, 양도담보로 제공한 물건이나 채권이라고 하더라도 담보를 설정할 권한이 담보설정자에게 유보되어 있는 경우에는 양도담보설정자가 동산담보권이나 채권담보권을 설정할 수 있다고 볼 수 있을 것이다. 이는 양도담보설정자와 양도담보권자가 양도담보설정자에게 담보를 설정할 권한을 명시적으로 유보하기로 한 경우도 있을 수 있고, 묵시적으로 그와 같은 의사를 도출할 수도 있을 것이다. 또한 양도담보설정계약을 체결한 이후에 양도담보설정자에게 담보를 설정할 권한을 부여할 수도 있을 것이다. 이 경우 양도담보권자가 담보목적물에서 채권을 회수하고 남는 부분에 관하여 동산담보권자가 담보권을 취득하는 것으로 볼 수 있을 것이다.

위와 같은 태도는 동산의 이중양도담보를 무효로 보는 판례에 배치된다고 생각할 수 있다. 동산의 소유권을 두 사람이 보유하는 것은 허용되지 않겠지만, 양도담보권자가 파악하고 있는 동산의 교환가치를 넘는 부분에 한하여 동산담보권자가 담보권을 취득할 수 있다고 보는 것은 가능할 것으로 생각된다. 또한 동산·채권 담보법에서 법인 또는 상호등기를 한 자가 소유하는 재산에 한하여 담보로 제공해야 한다는 규정이 없기 때문에,[51] 위와 같은 해석이 법률상 허용되지 않는 것은 아니다.

2. 성립요건 대 대항요건

동산담보와 채권담보의 경우 등기의 효력을 어떻게 정할 것인지

보권자가 동산담보권을 설정할 수 있다고 볼 수도 있을 것이다. 제8차 회의(2008. 6. 30)에서 이 문제에 관하여 논의하기도 하였다.

51) 법안을 작성하는 과정에서 사업자의 동산, 채권, 지적재산권을 담보로 설정할 수 있다는 표현이 제시되기도 하였다. 필자는 사업자의 재산만을 담보로 제공할 수 있다고 규정할 경우 제3자 소유의 동산 등을 담보로 제공하는 것이 허용되지 않는다고 해석할 수 있다는 이유로 반대하였다. 제6차 회의(2008. 5. 30).

문제된다.[52] 담보등기를 성립요건으로 하는 방안, 담보약정을 성립요건으로 하고 담보등기를 대항요건으로 하는 방안, 동산담보의 경우에는 등기를 성립요건으로 하고 채권담보의 경우에는 등기를 대항요건으로 하는 방안을 생각할 수 있다.

먼저 동산담보와 채권담보를 통일적으로 규정하는 방안, 가령 위 두 경우 모두 등기를 대항요건으로 규정하거나 아니면 성립요건으로 규정하는 방안을 살펴보자. 두 경우를 통일적으로 규정하면 동산과 채권을 한꺼번에 담보로 제공하고 하나의 담보등기를 하는 것이 쉽게 된다. 이와 달리 동산과 채권에 관하여 하나의 담보등기를 하면서 동산담보권과 채권담보권의 효력을 다르게 규정하면 혼란이 발생할 수 있다.[53] 미국 통일상법전이나 UNCITRAL 담보거래입법지침은 담보약정을 하면 담보권의 효력이 생기고, 담보등기를 하면 제 3 자에 대해서 대항력이 발생한다고 정하고 있다.[54] 담보약정을 할 경우 담보권의 효력이 발생하는 것으로 규정하는 방안은 담보권의 성립을 앞당긴다는 점에서도 강점이 있다.

그러나 민법에서 동산질권의 경우에는 인도가 성립요건, 채권질권의 경우에는 확정일자 있는 통지 또는 승낙이 대항요건으로 규정하고 있다. 이에 맞추어 동산담보권의 경우에 담보등기를 성립요건으로 하고 채권담보권의 경우에 담보등기를 대항요건으로 하는 것이 바람직하다. 동산양도의 경우 인도를 성립요건으로 하면서 동산담보등기를 대항요

52) 이 문제는 제 8 차 회의(2008. 6. 30)에서 논의하였는데, 아래의 내용은 당시 필자가 발언한 내용을 요약한 것이다.

53) 그러나 동산담보권과 채권담보권의 성립요건을 다르게 규정하더라도 동산과 채권을 한꺼번에 담보로 제공하고 하나의 담보등기를 하도록 하는 것이 불가능한 것은 아니다.

54) 통일상법전은 제9-203조에서 담보권의 성립에 관하여 규정하고, 제9-308조 이하에서 담보권의 대항력에 관해서 규정하고 있다. UNCITRAL 담보거래입법지침에서는 제 2 장에서 담보권의 성립에 관해서 규정하고 제 3 장에서 제 3 자에 대한 효력에 관해서 정하고 있다. 석광현(주 21), 123면, 180면.

건으로 할 경우에는 위 두 경우가 충돌하는 문제를 해결하는 것이 매우 어렵기 때문이다.[55]

한편 채권담보권의 경우에 담보등기를 성립요건으로 정하는 것은 바람직한 방향이라고 할 수 없다. 채권담보의 경우까지 담보권의 성립을 담보등기를 한 때로 늦출 이유가 없고, 채권양도의 경우와 다른 태도를 취하는 것은 오히려 혼란을 초래하기 때문이다.

결국 민법 규정과의 충돌을 가급적 줄이는 것이 바람직하다고 보아 동산담보의 경우에는 담보등기를 성립요건, 채권담보의 경우에는 대항요건으로 정하기로 하였다. 그리하여 법 제7조 제1항은 "약정에 따른 동산담보권의 득실변경(得失變更)은 담보등기부에 등기를 하여야 그 효력이 생긴다."라고 정하고, 법 제34조 제1항은 "법인 등이 담보약정에 따라 금전의 지급을 목적으로 하는 지명채권을 담보로 제공하는 경우에는 담보등기를 할 수 있다."라고 정하였다.

3. 담보목적물의 확장 문제

(1) 집합동산의 담보

다수의 동산(장래에 취득할 동산을 포함한다)도 목적물의 종류·보관장소·수량을 정하거나 그 밖에 이와 유사한 방법으로 특정할 수 있는 경우에는 동산담보권을 설정할 수 있는데(법 제3조 제2항), 이는 동산양도담보에 관한 판례법리[56]를 수용한 것이다. 따라서 개별동산이든 집합동산이든 동산담보권의 목적물이 될 수 있다. 그런데 특정방법을 판례에서 인정하는 방법에 한정한 것은 아니고 "이와 유사한 방법으로 특정할 수 있는 경우"를 추가한 점에 주목하여야 한다. 따라서 담보목적물을 특정하는 방법은 목적물의 종류·보관장소·수량을 정하는 방

55) 金載亨, "動產擔保制度의 改善方案"(주 8), 294면.
56) 대판 1988. 10. 25, 85누941(공 1988, 1484) 등 다수.

법 이외에도 허용된다는 점을 분명히 하였다.

(2) 장래 채권

다수의 채권뿐만 아니라 장래 채권도 담보목적물로 명시하고 있다. 채무자가 특정되었는지 여부를 묻지 않는다. 다만 채권의 종류·발생원인·발생연월일을 정하거나 그 밖에 이와 유사한 방법으로 특정할 수 있어야 한다(법 제34조 제2항). 대법원은 장래 채권의 양도가 유효하려면 특정가능성과 발생가능성이 있어야 한다고 하나,[57] 동산·채권 담보법에 따라 채권담보권을 설정하는 데는 발생가능성을 요구하지 않고 있다. 이와 같이 장래의 채권을 담보로 제공할 수 있는 범위를 넓혔기 때문에, 장래 채권을 좀 더 안정적으로 담보로 제공할 수 있을 것이다. 이 규정은 채권양도에 직접 적용되는 것은 아니지만, 장래 채권의 양도에 관한 판례의 변경을 의도한 것으로 볼 수도 있다. 장래 채권의 양도의 경우에도 위 규정을 유추적용할 수 있다고 볼 수도 있을 것이다.

4. 담보목적물의 양수인의 지위

법 제32조는 담보목적물의 선의취득이라는 표제 하에 동산·채권담보법에 의하여 등기된 담보목적물의 소유권이나 질권을 취득하는 경우에 동산의 선의취득에 관한 민법 제249조부터 제251조의 규정을 준용하도록 정하고 있다.

동산담보권이 설정된 경우에 제3자가 담보설정자로부터 담보목적물의 소유권을 취득할 수 있는 것은 당연하다. 나아가, 제3자가 선의·무과실로 담보목적물을 양수하였다면 법 제32조의 규정에 따라 담보목적물에 관하여 담보권의 제한이 없는 소유권을 취득할 수 있다.

---

57) 대판 1991. 6. 25, 88다카6358(공 1991, 1993) 등. 이에 대한 비판으로는 金載亨, "根抵當權附債權의 流動化에 관한 法的 問題," 民法論 Ⅰ, 박영사, 2004, 473면; 梁彰洙, "將來債權의 讓渡," 民法研究 제7권, 박영사, 2003, 264면.

한편, 법무부안에서부터 동산담보권이 설정된 담보목적물의 소유권을 취득하는 경우에 대하여 동산의 선의취득 규정을 준용하고 있었다(2009. 7. 3. 입법예고안). 그런데 나중에 법원행정처 사법정책실의 의견에 따라 질권의 선의취득에 관한 부분이 추가되었다. 민법 제343조, 제249조가 질권의 선의취득을 인정하고 있으나, 동산담보권이 설정된 경우에 질권의 선의취득을 인정할 것인지는 별개의 문제이다. 질권의 선의취득에 관해서는 그 요건을 판단하는 과정에서 논란이 예상된다.

이와 같이 동산담보권이 설정된 목적물에 관하여 동산의 선의취득에 관한 민법 규정을 준용함으로써 담보등기의 실효성이 약화될 것이라는 우려가 있다. 논의과정에서 금융기관이 이 제도를 많이 이용할 수 있도록 담보등기가 있는 경우에 담보목적물의 선의취득을 인정하지 말자는 주장도 있었다.[58] 그러나 이 주장은 채택되지 않았다. 현재 민법상 동산거래에 선의취득을 인정하고 있기 때문에, 담보등기가 되어 있다고 하더라도 선의취득을 부정할 수는 없을 것이다. 동산·채권 담보법에서는 동산에 관한 담보등기가 있는 경우에도 담보목적물에 관하여 선의취득 규정을 준용하는 방안을 채택하였다. 즉, 동산담보권이 설정되어 있는 동산을 선의, 무과실로 취득한 경우에 그 양수인은 담보권의 제한이 없이 동산의 소유권을 취득할 수 있도록 한 것이다. 다만 동산에 관한 담보등기가 되어 있기 때문에, 다수의 집합적 동산에 관하여 동산·채권 담보법에 따라 동산담보권을 설정한 후 제3자에게 한꺼번에 위 동산을 처분하거나 담보로 제공한 경우에는 제3자에게 악의 또는 과실이 있다고 볼 수 있어서 위 규정이 적용되는 경우가 매우 드물 것이다.[59]

---

58) 이른바 전자식별표(RFID)를 도입하여 담보목적물을 관리할 것인지에 관하여 논란이 많았다. 그리하여 위원회의 제6차 회의(2008. 5. 30)에서는 RFID 관련 실무가의 의견을 듣기도 하였다. 이와 같은 제도를 도입하여 담보목적물을 관리할 경우에 선의취득이 대폭 감소할 것이라는 주장이 있었다.

59) 金載亨(주 4), 263-265면. 金載亨, "담보제도의 개혁방안"(주 9), 224면도 참조.

물론 집합적 동산에 담보권을 설정한 후에도 담보권설정자가 개별동산을 통상적인 방법으로 처분하는 것은 허용되고 이를 양수한 제3자가 그 소유권을 취득한다. 이 경우에 제3자가 개별동산에 대하여 소유권을 취득하는 근거를 선의취득의 법리에서 찾아야 하는 것은 아니다. 오히려 집합동산에 대한 담보설정계약에서 개별동산의 통상적인 처분을 예정하고 있다고 볼 수 있고, 따라서 담보설정자에게 개별동산에 대한 통상적인 처분권한이 있다는 점에서 제3자가 개별동산에 대하여 소유권을 취득하는 근거를 찾을 수 있다. 이에 관해서 통상적인 거래과정에서 담보목적물을 취득한 경우에 매수인은 담보의 부담 없이 목적물의 소유권을 취득한다는 방식으로 명시적인 규정을 두는 방안도 있다. 그러나 이와 같은 규정방식이 우리 민법 체계에서는 낯선 방식으로 관련 제도와의 관계를 면밀하게 검토할 필요가 있고, 이와 같은 규정이 없더라도 집합동산에 관하여 담보로 제공하는 계약에서 이 점을 명시하고 이를 등기하는 방식으로 해결할 수 있기 때문에, 이에 관한 명시적인 규정을 두지 않았다. 장래에 이에 관한 해석론과 실무운용이 축적된다면 그 표현을 가다듬어 명문의 규정을 둘 수 있을 것이다.[60]

---

60) 한편, 동산·채권 담보법에 따라 담보등기를 하는 경우에 담보권의 선의취득을 인정할 것인지 논란이 있었다. 동산담보권의 경우에는 인도 없이 등기만으로 선의취득을 인정하자는 주장이 있었으나, 위원회에서 이 주장을 채택하지 않았다. 동산담보등기가 무효인데도 그 등기를 유효한 것으로 믿고 동산담보권자로 등기되어 있는 사람으로부터 담보권을 양수하기로 한 사람이 담보권을 선의취득할 수 있다고 하는 것이 논리적으로 불가능한 것은 아니다. 그러나 이를 허용하는 것은 담보등기에 공신력을 인정하는 것과 같은 결과가 된다. 부동산등기는 물적 편성주의를 채택하여 부동산의 권리관계를 분명하게 공시하고 있는데도 공신력을 인정하지 않고 있다. 따라서 동산담보등기의 경우에는 인적 편성주의를 채택하여 공시의 효과가 부동산에 비하여 적기 때문에, 동산담보등기에 공신력을 인정하는 결과를 인정하는 것은 균형에 맞지 않는다고 보았다. 金載亨(주 4), 264-265면.

Ⅵ. 장래의 과제

동산·채권 담보법의 제정은 민법 제정 이후 담보법 분야에서 가장 중요한 변화라고 할 수 있다. 이 법은 민법상의 담보제도를 포함하여 담보제도 전반에 커다란 영향을 미칠 것이다. 이 법이 시행된 지 아직 1년도 안 되었기 때문에 앞으로 어떠한 모습으로 발전할 것인지 전망하기는 이르지만, 이 법에 따른 담보가 상당히 많이 이용되고 있어 매우 빠르게 자리를 잡아가고 있다고 볼 수 있다.

동산·채권 담보법은 동산·채권·지식재산권의 담보에 관한 민사특별법이다.[61] 동산·채권 담보법은 인적 적용범위를 법인 등으로 제한하는 등 사업자들이 이용하는 법으로 규정한 것이기 때문에, 민사특별법이 아니라 상사특별법이 되어야 한다는 의견도 있었다.[62] 그러나 담보에 관한 민사적 규율을 담고 있기 때문에 민사법에 속함은 분명하다.[63]

위원회에서 법안에 관한 논의를 하면서 발전가능성이 있는 방향으로 법안을 작성하였다. 통일적인 담보권 개념을 도입하는 문제는 장래의 과제로 유보하였다. 그리고 동산담보등기부, 채권담보등기부, 지식재산권담보등기부를 하나의 등기부로 통합하는 담보등기부를 두는 방안이 위원회에서 채택되었으나,[64] 나중에 법원행정처와 협의하는 과정에서 개별적으로 동산담보등기부와 채권담보등기부를 두는 것으로 바뀌었다. 인적 적용범위는 법률을 시행해 본 다음에 이 제도가 어느 정도

61) 위원회에서 법률의 제목에 '특례법'이라는 하는 용어를 쓸 것인지 문제되었는데, 이 표현을 사용하지 않기로 하였다. 특례법이라는 표현을 쓰면, 일시적으로 특례를 정한 것으로 볼 수 있다. 특례법이라는 용어를 썼을 때 민법에 대해서 획기적인 특례를 인정한 것이라고 생각할 수도 있지만, 동산·채권 담보법은 일반법으로서 국민들이 보편적으로 이용할 수 있는 형태의 법률이 되어야 하기 때문에, 특례법이라는 용어를 사용하지 않았다. 제6차 회의(2008. 5. 30).

62) 제6차 회의(2008. 5. 30).

63) 위원회에서 민법에 대한 특례를 규정한 것이기 때문에 신중하게 규정을 마련하여야 한다는 의견이 있었다. 제8차 회의(2008. 6. 30).

64) 제8차 회의(2008. 6. 30).

정착한 후에 개정여부를 결정하는 것이 좋겠다고 하여 그 범위를 제한하였다.[65] 그 밖에도 새로운 제도의 도입으로 인한 충격을 최소화하기 위하여 그 도입을 유보한 부분이 적지 않다.

법안을 작성하는 과정에서 동산·채권담보에 관한 모든 문제를 이 법으로 한꺼번에 해결하려고 하기보다는 민법과 정합성을 갖추도록 법안을 작성하는 것이 중요하다고 생각하였다.[66] 그 남은 과제는 법률의 운용과 추후의 개정작업, 그리고 민법의 개정을 통하여 해결해야 할 것이다.

동산·채권 담보법이 제정·시행됨으로써 담보법에서 패러다임의 변화가 시작되었다고 볼 수 있다. 장차 이 법이 좀 더 발전된 모습을 갖추기를 기대한다. 이 법의 규정들을 민법상 질권이나 채권양도에 관한 규정, 판례에 의하여 인정되는 양도담보 등과도 통일적인 모습을 갖추는 방향으로 개정하는 것이 필요하다. 장기적으로는 민법을 대폭 개정하여 이 법에 따른 담보권과 민법상의 담보권을 통합하여 규정하여야 할 것이다.

(民事法學 제61호(2012. 12), 한국민사법학회, 3-35면 所載)

65) 제9차 회의(2008. 7. 21).

66) 위원회에서 법안을 작성하는 과정에서 여러 가지 제안들이 있었는데, 민법을 개정해서 해결해야 할 사항을 얼마만큼 이 법으로 해결할 것인가에 관하여 논란이 많았다. 체계적으로는 異常한 법이라고 하더라도 단행법률로서는 理想的인 법을 만들 것인지, 아니면 동산이나 채권에 관한 담보법으로서 민법 규정과 합치되는 법을 만들 것인지를 선택해야 하는데, 이것이 어려운 문제였다. 제8차 회의(2008. 6. 30)에서 한 발언 참조.

2. 동산담보권의 법률관계*

Ⅰ. 서 론

2012. 6. 11. 시행된 「동산 · 채권 등의 담보에 관한 법률」[1]은 동산담보권과 채권담보권에 관한 담보등기제도를 도입하였다. 이와 같이 동산과 채권을 담보로 제공하고 등기를 할 수 있는 법적 토대가 마련되어 담보제도는 새로운 전환점을 맞이하였다. 등기 또는 등록은 부동산이나 자동차 등 특정동산에서나 가능한 것으로 생각해 왔으나, 이제 동산이나 채권을 담보로 제공하는 경우에도 등기를 할 수 있게 되었기 때문이다.

이 법의 시행 이후인 2012. 8. 8. 국내 은행에서 동산과 채권을 담보로 대출하는 동산담보대출[2]을 출시한 이래 동산담보대출이 급격하게 증가하고 있다.[3] 법원행정처에서 집계하고 있는 동산 · 채권담보 통계를 보면, 2012. 6. 11.부터 12. 31.까지 누적 신청건수는 1,802건이다. 위 기간 중 동산담보등기와 채권담보등기의 신청건수를 보면 동산담보가

---

* 이 글은 2013년 5월 24일 한국법학원이 「동산 · 채권 등의 담보에 관한 법률」 시행 1주년을 기념하여 「동산담보의 새로운 전개」라는 주제로 개최한 심포지엄에서 발표한 것을 수정 · 보완하였다.

1) 이하 '이 법'이라고 표시한다. 이 법의 조항을 인용하는 경우에는 법명을 표시하지 않고 조항만으로 인용한다.

2) 금융계에서 담보목적물을 유형자산, 재고자산, 농수축산물, 매출채권 등으로 분류하고 있으므로, 동산 · 채권담보대출이라고 해야 할 것이지만 간략하게 동산담보대출이라는 용어를 사용하고 있다. 동산담보대출은 부동산대출과 대비되는 의미로 이해할 수 있다.

3) 김재형, "「동산 · 채권 등의 담보에 관한 법률」의 주요쟁점 — 제정안 작성과정의 논의를 토대로 —," 민사법학 제61호(2012. 12), 4면.

1,534건, 채권담보가 268건으로 동산담보가 채권담보의 5배가 넘는다. 금융권에서 동산담보대출을 출시한 2012. 8. 8.부터 2012. 12. 31.까지 1,369개 업체가 총 3,485억 원의 동산담보대출을 받았고, 2013. 3. 31.까지는 1,724개 업체가 4,437억 원의 동산담보대출을 받았다.[4] 종전에 동산담보가 많이 이용되지 않았는데, 이 법에 따라 동산담보가 활발하게 이용되기 시작하였다고 볼 수 있다. 다만 최근 들어 동산담보대출의 이용률이 주춤하고 있지만 동산담보는 중요한 담보수단으로 자리 잡았다고 볼 수 있다.

필자는 동산이나 채권에 관한 담보등록 또는 담보등기 제도를 도입할 것을 주장하였다.[5] 5년 전 한국법학원에서 공동주최한 제 6 회 한국법률가대회에서는 "담보제도의 개혁방안"이라는 제목으로 제정안의 내용을 소개하면서 의견을 수렴하기도 하였다.[6] 이를 계기로, 또는 적어도 이 무렵에, 현재와 같은 모습의 법률을 제정하여야 한다는 공감대가 형성되었다고 생각한다.

이 발표문은 한국법학원이 「동산 · 채권 등의 담보에 관한 법률」 시행 1주년을 기념하여 마련한 심포지엄을 위하여 준비한 것이다. 이 법의 제정을 전후하여 이 법의 도입경과나 기본내용 등에 관한 글을 발표한 적이 있는데, 이 글에서는 이 법의 골격이라고 할 수 있는 동산담보권에 한정하여 그 법률관계를 좀 더 세밀하게 검토해보고자 한다.

---

4) 담보의 종류별로 보면 업체수를 기준으로 유형자산이 41.6%, 재고자산이 35.3%, 매출채권이 20.6%, 농수축산물이 2.4%를 차지한다. 금융감독원 기업금융개선국, "여신대상자 확대 등 동산담보대출 상품 개선," 2013. 4. 25.(http://www.fss.or.kr).

5) 가령 김재형, "동산담보제도의 개선방안 —등록제도의 도입에 관한 시론—," 민사법학 제30호(2005. 12), 3면 이하; 김재형, "UNCITRAL 「담보거래에 관한 입법지침 초안」 논의," 비교사법 제13권 제 4 호(2006. 12), 41면 이하(위 두 논문은 김재형, 민법론 Ⅲ, 박영사, 2007에 재수록하였음. 이하 이 책의 면수로 인용한다).

6) 김재형, "담보제도의 개혁방안 —동산 및 채권 담보를 중심으로—," 저스티스 제106호(2008. 9), 655-684면(김재형, 민법론 Ⅳ, 박영사, 2011에 재수록하였음. 이하 이에 따라 인용함).

이 법에서 규율하고 있는 내용 중에서 동산담보권에 관한 부분이 가장 상세하고 실제 금융거래에서도 동산담보권이 가장 많이 이용되고 있기 때문에, 동산담보권에 관한 논의는 실무적으로도 매우 중요한 의미가 있다. 또한 동산담보권의 법률관계를 살펴보면, 이 법의 기본적인 내용을 조망할 수 있다. 먼저 이 법에 따른 동산담보권 제도에 따라 우리나라의 동산담보제도가 어떻게 변화하고 있는지를 조망한 다음, 동산담보권의 성립, 동산담보권의 내용과 효력, 동산담보권의 실행에 관하여 차례로 살펴볼 것이다.

Ⅱ. 동산담보제도의 새로운 전개

1. 동산담보제도의 변화

(1) 질 권

민법상 동산에 관한 전형적인 담보물권은 질권이다. 동산에 관한 담보를 설정하려면 질권설정자가 질권자에게 목적물을 인도하여야 한다(민법 제330조). 동산질권의 경우에 점유개정에 의한 인도가 허용되지 않는다. 즉, 민법 제332조는 질권자는 설정자로 하여금 질물의 점유를 하게 하지 못한다고 규정함으로써, 이른바 비점유질을 명시적으로 금지하고 있다. 따라서 질권설정자는 질권이 설정된 동산을 현실적으로 점유하지 못하므로, 동산을 계속 점유·사용하면서 질권을 설정할 수 없다. 부동산에 관한 전형적인 담보물권인 저당권은 저당권설정자가 부동산을 계속 점유·사용하면서 부동산등기부에 저당권을 등기하기 때문에 부동산의 교환가치와 사용가치를 분리하여 이용할 수 있다는 점과 비교해 볼 때, 동산질권은 비효율적인 담보물권이다. 그리하여 동산질권은 전당포 등에서 이용되고 있을 뿐이고 금융기관에서는 거의 이용되지 않고 있다.

(2) 동산양도담보 등 비전형담보

거래계에서는 동산을 담보로 제공하는 방법으로 동산양도담보가 상당수 이용되어 왔다. 동산양도담보는 양도담보설정자가 동산의 소유권을 양도담보권자에게 담보 목적을 위하여 양도하고, 담보권자가 점유개정(민법 제189조)에 의하여 채무자로 하여금 담보목적물을 점유하게 하는 것이다. 이에 관해서는 민법에 명문의 규정이 없지만, 판례에 의하여 그 유효성이 인정되어 왔다. 동산을 일괄하여 양도담보로 제공할 수도 있는데, 이를 집합동산양도담보라고 한다.[7)]

동산양도담보의 공시방법인 점유개정은 이른바 점유질의 한계를 극복하기 위한 것이지만, 대외적으로 권리관계를 공시하는 데에는 매우 불완전한 방법이다. 따라서 도산에 직면한 채무자가 공시수단의 불완전성을 악용하여 허위의 양도담보약정서를 작성하여 일반채권자에게 피해를 입힐 수 있다. 하나의 동산에 이중으로 양도담보가 설정되는 경우도 적지 않다.[8)]

그 밖에 소유권유보부 매매나 금융리스 등 여러 비전형적 담보수단들이 동산담보를 위하여 활용되고 있지만, 동산을 담보로 제공하는 데 충분한 제도로 기능하지 못하고 있다. 그리하여 재화 중에서 동산이 차지하는 비중이 매우 높은데도 부동산담보에 비하여 동산담보가 현저

7) 대판 1988. 10. 25, 85누941(공 1988, 1484); 대판 1988.12.27, 87누1043(공 1989, 244).

8) 판례는 집합물을 이중으로 양도담보로 제공하면 나중의 양도담보는 무효가 된다고 한다. 대판 1988.12.27, 87누1043(공 1989, 244); 대판 1989.4.11, 88도1586(공 1989, 781); 대판 1990.2.13, 89도1931(공 1990, 703); 대판 2000.6.23, 99다65066(공 2000, 1743); 대판 2004.12.24, 2004다45943(공 2005, 194); 대판 2005.2.18, 2004다37430(공 2005, 470); 대판 2007.2.22, 2006도8649. 그러나 동산에 관하여 나중에 양도담보를 설정받은 사람에게 동산을 인도한 경우에 선의취득이 인정되어 먼저 양도담보를 취득한 사람이 양도담보권을 상실하게 된다. 대판 2010. 9. 30, 2010다41386(공 2010, 2004).

히 적게 이용되고 있다.

(3) 동산담보권

이 법에서는 동산을 담보로 제공하면서 담보등기로 공시하는 방안을 도입하고 있는데, 동산담보권은 다음과 같은 특색이 있다.

첫째, 동산담보권은 담보권자가 동산을 점유하지 않고 설정할 수 있기 때문에, 질권과는 달리 비점유담보의 장점을 갖고 있다. 동산담보권자가 동산을 점유하는 것도 가능하지만, 주된 이용형태는 동산담보설정자가 동산을 점유하고 동산담보권을 담보등기에 의하여 공시하는 형태가 될 것이다. 따라서 동산의 소유자는 동산을 점유·사용하면서 담보로 제공하여 신용을 얻을 수 있고, 동산을 이용하여 얻은 수익으로 피담보채권을 변제할 수도 있다. 동산담보권은 이와 같이 동산의 사용가치와 교환가치를 분리하여 재화를 이용하는 것이기 때문에 질권에 비하여 효율적인 제도라고 할 수 있다.

둘째, 동산담보권은 담보등기로 공시되는 것이기 때문에, 점유개정이라는 불완전한 공시방법에 의존하는 양도담보와 달리 안정적인 담보제도이다. 양도담보의 경우에는 점유개정약정에 의하여 공시되기 때문에, 양도담보설정계약서를 허위로 작성하더라도 이를 적발하기가 매우 어렵다. 그러나 동산담보권은 법원등기소에서 관리하는 담보등기부라는 공적 장부에 공시되기 때문에, 동산담보권의 설정일자를 허위로 기재하는 것이 거의 불가능하다. 또한 제3자가 동산담보권을 검색할 수 있기 때문에, 공시의 효과가 있다. 따라서 동산담보제도는 질권이나 양도담보에 비하여 안정적이고 확실성이 높다고 볼 수 있다.

셋째, 동산양도담보를 설정한 경우에 양도담보권자가 신탁적으로 소유권을 이전받지만, 동산담보권의 경우에는 담보권자가 우선변제권을 갖는 담보물권을 취득한다. 동산담보의 제공으로 담보권이 설정되고 소유권 자체가 이전하지 않는다는 점에서 동산담보권은 양도담보에 비하여 형평성에 합치하는 제도라고 할 수 있다. 담보권자가 소유권을 보유하는 것은 과도한 권리를 보유하는 것이다.

이와 같이 동산담보권은 효율성, 안정성, 형평성이라는 측면에서 질권이나 양도담보에 비하여 우월한 제도라고 할 수 있다. 그리하여 동산담보제도는 민법상의 질권에서 판례상의 양도담보로, 다시 법률상의 동산담보권으로 발전하고 있다고 볼 수 있다.

[표 1] 동산에 관한 담보제도의 비교

	동산질권	동산양도담보	동산담보권
법적 근거	민법	판례	동산·채권 등의 담보에 관한 법률
법적 성질	담보물권	신탁적 양도	담보물권
공시방법	점유	점유개정	담보등기
담보목적물의 점유	질권자 (점유질)	양도담보설정자 (비점유담보)	동산담보설정자 (비점유담보)
담보목적물의 이용	사용가치 이용 불가	사용가치와 교환가치 분리 이용	사용가치와 교환가치 분리 이용
담보권자의 권리	우선변제권	소유권(도산절차에서는 담보권)	우선변제권
담보권의 실행	경매와 귀속정산 인정 유질계약의 금지	소유권 취득	경매, 귀속정산, 처분정산 인정 유담보약정 허용

2. 법률 제정의 기본입장

이 법에서 동산에 관한 등기제도를 도입하는 것은 일찍 결정되었다고 볼 수 있으나, 법안을 작성하는 과정에서 여러 가지 방식을 검토하였다. 입법과정에서 선택한 기본입장을 살펴볼 필요가 있다. 먼저 대법원 특수등기연구반에서 2007년에 “동산 및 채권의 양도등기에 관한 특례법안"을 발표하였다.[9] 이 법안에서는 동산양도의 성립요건 및 채권양도의 대항요건 등에 관하여 민법의 특례 등을 규정한 것으로, 일본의 관련 법률[10]과 동일하게 양도등기제도를 도입할 것을 제안하고 있다. 그 후 법무부는 2008. 3. 5. 「동산 및 채권의 담보에 관한 특례법 제정 특별분과위원회」(이하 '위원회'라고 한다)를 구성하였다.[11] 이 위원회에서 「동산·채권 등의 담보에 관한 법률안」을 마련하여 현재의 법률을 제정하게 되었다. 이와 같이 제정된 법률에서는 양도등기가 아니라 담보등기를 하고 있다는 점에서 일본법과는 기본적인 출발점을 달리한다.

이 법이 채택하고 있는 기본입장은 다음과 같이 정리할 수 있다.[12]

첫째, "새로운 담보권을 창설하되, 통일적인 담보권 개념을 채택하지는 않는다." 이 법의 뿌리가 된 것은 미국 통일상법전(Uniform Commercial Code; UCC) 제 9 장에 있는 담보거래제도인데, 미국에서는 통일적인 담보권 개념을 채택하고 있다. 이 법에서는 동산담보권 등 새로운 담보권을 창설하였지만, 통일적인 담보권 개념을 채택하지 않고 있다. 이 법의 제정으로 한꺼번에 모든 것을 근본적으로 해결하겠다는 접근방법보다는 동산담보에 관하여 실용적으로 접근하여 하나씩 문제를 해결하겠다는 단계적 접근방법 또는 온건한 접근방법을 채택한 것이다. 근본주의적인 주장은 가장 철저한 개혁론인 것처럼 보이지만, 현실에서 실현되지 않을 경우에는 공허한 주장에 그칠 수 있다. 통일적인 담보권 개

9) 대법원 특수등기연구반, 동산 및 채권의 양도등기제도 도입을 위한 입법자료, 법원행정처(2007. 11).

10) 일본의 "동산 및 채권양도에 관한 민법의 특례 등에 관한 법률"(1998년 제정, 2004년 개정)에서는 동산이나 채권을 양도하고 그 대항요건으로 양도등기를 도입하고 있다.

11) 위원회(위원장 하경효 교수)는 총 11명으로 구성되었는데, 필자는 위원으로서 초안을 작성하고 수정하는 등의 일을 하였다.

12) 김재형(주 3), 10-11면.

념을 도입할 준비가 되어 있지 않은 상황에서 통일적인 담보권 개념을 도입하여야 한다고 주장하고 있을 수만은 없다. 그리하여 동산담보권 등 새로운 담보권 개념을 도입하면서 통일적인 담보권 개념이라는 이상적 모델을 고수하지 않기로 한 것이다. 이를 통하여 동산담보에 관하여 문제를 해결하는 실마리를 제시한다면 그 파급효과로 동산담보제도에 관한 점진적인 개혁이 서서히 이루어질 것이라고 생각한다.

둘째, "동산이나 채권을 담보로 제공하는 경우에 담보등기를 하도록 하고, 동산이나 채권을 양도하는 경우에 양도등기를 하는 방안을 도입하지 않는다." 일본에서는 양도등기제도를 채택하고 있는데, 이는 동산이나 채권을 양도하고 양도등기를 하도록 하고 있다. 그러나 이 법은 이와 같은 양도등기제도가 아니라 담보등기제도를 채택하였다. 이 제도는 동산 등에 관하여 담보권을 설정하고 담보권으로 공시할 수 있다는 점에서 양도등기제도에 비하여 우수한 제도라고 할 수 있다. 또한 일본에 유사한 기능을 하는 제도가 있는데도 이를 따르지 않았다는 점에서 입법사적으로도 의미가 적지 않다고 생각한다.[13)]

셋째, "기존의 동산 및 채권 담보제도는 당분간 그대로 존속시킨다." 이 법에서 민법상의 질권이나 판례상의 양도담보 등을 폐지하지 않고 있다. 양도담보의 폐지 또는 수정은 현 상황에서 지나치게 급격한 변화로 생각되어 양도담보 등에 관한 기존의 담보제도에 대한 수정 또는 변경은 다음 기회로 미룬 것이다. 이 법에서 양도담보 등에 대한 직접적인 규정은 거의 없지만, 이 법을 토대로 동산양도담보 등에 관하여 새로운 논의가 시작될 수도 있을 것이고, 적어도 이 법의 제정이 양도담보 등에 대하여 입법적인 규율을 모색하는 계기가 될 것이다.

이 법을 입안하는 과정에서 미국, 일본, 유엔국제거래법위원회의 담보거래에 관한 입법지침 등에 관하여 검토하였다. 그러나 이 법은 외

13) 김재형, "담보법의 현재와 미래," 민법의 자화상과 미래상, 민사법학 제52호(2010. 12), 350면(김재형, 민법론 Ⅳ, 2011, 310면 재수록).

국의 여러 입법례 중 어느 하나를 그대로 채택한 것이 아니고 현재 우리나라의 법 상황에서 가장 적합하다고 판단되는 방식으로 법안을 구성했다. 따라서 이 법은 동산담보권 등에 관한 것이기는 하지만, 여러 입법례 등을 참고하되 그 어디에도 종속되지 않는 새로운 모델을 제시한 것이라고 할 수 있다. 이와 같은 방식이 축적되어 발전해 간다면 입법에 관한 새로운 모델로 발전될 수도 있을 것이라고 생각한다.[14)]

Ⅲ. 동산담보권의 성립

"동산담보권"은 담보약정에 따라 동산(여러 개의 동산 또는 장래에 취득할 동산을 포함한다)을 목적으로 등기한 담보권을 말한다(제2조 제2호). 동산담보권이 성립하려면 당사자들이 동산에 관한 담보약정을 하고 동산담보등기를 하여야 한다. 문제되는 사항을 차례로 살펴보고자 한다.

1. 담보약정

(1) 이 법은 담보약정의 내용과 방식에 관하여 아무런 제한을 두고 있지 않고 개방적인 태도를 취하고 있다. 즉, 제2조 제1호는 "담보약정"을 양도담보 등 명목을 묻지 아니하고 이 법에 따라 동산·채권·지식재산권을 담보로 제공하기로 하는 약정이라고 정의하는 규정을 두고 있다. 따라서 당사자들이 동산담보권설정계약이라는 용어를 사용하여야 하는 것은 아니고, 질권설정계약, 양도담보설정계약 또는 소유권유보부 매매나 리스계약이라는 용어를 사용하더라도 동산을 담보로 제공하기로 하는 내용이 있으면 이 법에 따른 담보약정에 해당한다.

14) 김재형(주 3), 13면.

법안을 작성하는 과정에서 "담보약정"에 관한 정의규정에서 양도담보 이외에 소유권유보부매매와 금융리스도 언급하여 이와 같은 명목을 묻지 아니하고 담보로 제공하기로 하는 약정이라는 점을 명시하여야 한다는 의견도 있었으나, 양도담보만을 명시하더라도 충분할 것으로 판단하였다. 한편 "양도담보 등 명목을 묻지 아니하고"라는 표현이 없더라도 위와 같이 해석하는 데 지장이 없으므로 이를 삭제하여야 한다는 의견도 있었다. 두 방향의 의견은 모두 당사자가 사용하는 형식적인 표현과는 무관하게 담보약정을 넓게 인정해야 한다는 점에서 일치한다. 이와 달리 당사자가 양도담보 등의 표현을 사용할 경우에 이 법에 따른 담보약정이 아니라고 보아야 한다는 주장은 없었다.[15)]

이 법에서는 담보약정의 형식과는 무관하게 실질적으로 담보의 기능을 하고 있다면 담보약정으로 보는 것이므로, 이를 기능적 접근방법[16)] 또는 실질주의를 채택한 것이라고 볼 수 있다.[17)] 이를 "실질이 형식을 지배한다."라는 표어로 표현하기도 한다.[18)]

(2) 이와 같은 담보약정에 기하여 담보등기를 하면 원칙적으로 그 약정내용과 무관하게 이 법에 따른 담보권으로 취급된다.[19)]

그런데 당사자들이 양도담보약정을 한 후 이 법에 따라 동산담보등기를 한 경우에 양도담보로서의 효력을 유지한다고 보아야 할 것인

---

15) 법률 제정 이후에 발표된 논문들에서도 이에 반대하는 견해는 없었다.

16) 이는 미국 통일상법전 제9장에서 연유하는데, 통일상법전 제9-102조 제1항 제a호는 제9장은 "그 형식과 무관하게 담보권을 설정하는 것을 목적으로 하는 모든 거래"에 적용된다고 정하고 있다. 유엔국제거래법위원회의 담보거래에 관한 입법지침도 이를 따르고 있다. 김재형, "UNCITRAL 「담보거래에 관한 입법지침 초안」 논의"(주 5), 312면. 또한 김현진, "「동산·채권 등의 담보에 관한 법률」 연구," 서울대 법학박사학위논문, 2011, 155면도 참조.

17) 김재형(주 3), 16면.

18) 김재형, "동산담보제도의 개선방안"(주 5), 270면 및 그곳에 소개한 문헌 참조.

19) 김재형(주 6), 215면; 김재형, "「동산·채권 등의 담보에 관한 법률」 제정안의 구성과 내용," 민법론 Ⅳ, 박영사, 2011, 239면(원래 법조 제638호(2009. 11)에 발표된 것임).

지 문제된다. 결론적으로 이를 인정할 수 없다.

양도담보를 설정하든 동산담보권을 설정하든 담보설정자가 목적물을 계속 점유하고 있으므로 담보설정자는 생산이나 영업에 사용되는 시설이나 판매 중에 있는 상품도 담보로 제공할 수 있고, 담보권자는 담보목적물을 직접 점유·관리하는 위험과 불편을 덜 수 있다. 그러나 이 법에 따른 동산담보권의 효력과 양도담보의 효력은 서로 병존할 수 없다.

양도담보의 경우에는 점유개정(민법 제189조)에 의하여 양도담보설정자가 담보목적물을 계속 점유하면서 양도담보권자가 인도받은 것으로 본다. 양도담보권자는 담보권을 설정받는 것이 아니라 소유권을 양도받는 형식을 취한다. 따라서 양도담보권자는 담보를 위하여 목적물에 대한 소유권을 취득한다. 그러나 동산담보권을 설정하는 경우에는 점유개정이 아니라 담보등기에 의하여 동산담보권을 공시한다. 따라서 동산담보권은 이른바 他物權으로서, 점유개정의 약정을 통하여 동산담보권자가 소유권을 취득하는 것이 아니라, 동산담보설정자에게 소유권이 있는 것을 전제로 동산담보권자가 담보권을 취득할 뿐이다. 만일 양도담보약정에 따라 양도담보권자가 담보목적물에 대한 소유권을 보유하고 있다면, 그 양도담보권자는 자신의 소유물에 담보권을 취득할 수 없을 것이다.

동산담보권은 물권이므로, 법에서 정한 물권의 내용과 다른 효력을 부여하는 것은 물권법정주의의 원칙상 허용되지 않는다. 따라서 양도담보약정을 한 후 동산담보등기를 한 경우에는 동산담보권으로서의 효력만이 있다고 보아야 한다.[20] 담보등기를 하는 당사자들의 의사도 이 법에 따른 담보권을 설정하려는 의사가 있다고 보아야 할 것이다.[21]

---

20) 김재형(주 3), 17면.

21) 안형준, 동산·채권 등의 담보에 관한 법률, 법무부, 2010, 25면(이 책자는 필자가 감수를 하였음); 김형석, "「동산·채권 등의 담보에 관한 법률」에 따른 동산담보권과 채권담보권," 서울대학교 법학 제52권 제 3 호(2011. 9), 195면; 김현

다만 당사자들이 담보약정을 하면서 이 법에 따른 담보등기를 하지 않기로 별도의 합의를 하였다면 이 법에 따른 등기를 해서는 안 된다. 이러한 합의가 있는 예외적인 경우에는 담보등기가 되었다고 하더라도 그 등기는 무효이다.

2. 담보권설정자와 담보권자

(1) 이 법에 따른 담보권자에 대한 제한은 없다(제2조 제6호). 그러나 담보권설정자에 대해서는 엄격하게 제한하고 있다. 즉, "담보권설정자"는 이 법에 따라 동산·채권·지식재산권에 담보권을 설정한 자를 말한다. 다만, 동산·채권을 담보로 제공하는 경우에는 법인(상사법인, 민법법인, 특별법에 따른 법인, 외국법인을 말한다. 이하 같다) 또는 「상업등기법」에 따라 상호등기를 한 사람으로 한정한다(제2조 제5호).

입법 당시 담보권설정자를 법인으로 한정할 것인지, 법인 또는 사업자등록자로 정할 것인지, 법인 또는 상호등기를 한 자로 정할 것인지, 제한을 두지 않을 것인지 논란이 많았는데, 결국 이 법의 인적 적용범위를 '법인 또는 상호등기를 한 자'로 정하였다. 따라서 동산담보권을 설정할 수 있는 사람은 법인(상사법인, 민법법인, 특별법에 따라 설립된 법인 및 외국법인을 말한다) 또는 상업등기법에 따라 상호등기를 한 자에 한정된다.[22] 따라서 상호등기를 하지 않은 개인은 동산담보권을 설정할 수 없다.

이와 같이 담보권설정자를 제한하였기 때문에, 담보권을 설정한 후에 담보권설정자의 상호등기가 말소된 경우에 동산담보권의 효력이 유지되는지 문제될 수 있다. 그리하여 제4조는 "담보권설정자의 상호등기가 말소된 경우에도 이미 설정된 동산담보권의 효력에는 영향을 미

진(주 16), 160면도 결론적으로 동일한 취지이다.

22) 제2조 제5호, 제3조 제1항, 제34조 제1항.

치지 아니한다."라는 규정을 두었다. 담보권을 설정할 당시 담보권설정자가 법인 또는 상호등기를 한 자인 경우에 담보등기를 할 수 있는데, 그 후에 담보권설정자의 상호등기가 말소되더라도 이 법에 따른 담보권이 소멸된다고 볼 수는 없을 것이다. 이 규정이 없더라도 위와 같은 결론을 도출할 수 있지만, 해석상 논란이 있을 수 있어 위와 같은 명시적인 규정을 둔 것이다.

(2) 한편, 이 법은 담보거래의 안정성을 위하여 동산담보권을 설정하려는 자의 명시의무에 관한 규정을 두고 있다. 즉, 동산담보권을 설정하려는 자는 담보약정을 할 때 ① 담보목적물의 소유 여부, ② 담보목적물에 관한 다른 권리의 존재 유무를 상대방에게 명시하여야 한다(제6조).

동산담보권을 설정하려면 담보권설정자가 담보목적물에 대한 처분권을 갖고 있어야 한다. 담보권설정자가 담보목적물을 소유하고 있는 경우는 물론, 담보목적물을 소유하지 않더라도 담보목적물을 처분할 수 있는 권리 또는 권능을 가지고 있으면 담보권을 설정해줄 수 있다. 그러나 등기에 의하여 소유권 등이 공시되는 부동산과 달리 동산의 경우에는 누구에게 소유권 또는 처분권이 있는지를 알기 어렵다. 그리하여 동산담보권을 설정하려는 자에게 명시의무를 규정하였다.

3. 담보목적물

(1) 동산담보권에 관한 정의 규정에서 그 목적물을 "동산(여러 개의 동산 또는 장래에 취득할 동산을 포함한다)"이라고 명시하고 있다(제2조 제2호). 또한 제3조는 '동산담보권의 목적물'이라는 표제로 제1항에서 동산을 담보로 제공할 수 있다고 정하고, 제2항에서 "여러 개의 동산(장래에 취득할 동산을 포함한다)이더라도 목적물의 종류, 보관장소, 수량을 정하거나 그 밖에 이와 유사한 방법으로 특정할 수 있는 경우에는

이를 목적으로 담보등기를 할 수 있다."라고 정하고 있다. 따라서 원칙적으로 어떠한 동산이라도 담보목적물이 될 수 있고, 이른바 집합동산도 담보목적물이 될 수 있다는 점을 분명히 하고 있다. 장래에 취득할 동산에 대하여 동산담보권을 설정한 경우에는 담보권설정자가 그 동산을 취득하였으면 담보권의 효력이 미치는 것이 원칙이다.

종래 판례는 여러 개의 동산을 한꺼번에 양도담보로 제공하는 집합동산양도담보의 유효성을 인정하고 있다. 즉, 일정한 점포 내의 상품과 같이 증감변동하는 상품 일체도 이른바 집합물에 대한 양도담보권으로서 그 목적물을 종류, 장소, 수량 지정 등의 방법에 의하여 특정할 수만 있다면 그 집합물 전체를 하나의 재산권으로 하는 담보의 설정이 가능하다고 한다.[23] 이것은 양도담보에 제공된 다수의 동산을 그 구성요소인 개별동산과 구별하여 하나의 독립적인 집합물로 보고 집합물 자체를 양도담보의 객체로 본 것이라고 할 수 있다.[24] 그러나 우리 민법이 집합물이라는 개념을 인정하지 않고 있기 때문에, 집합물론에는 이론상의 난점이 있다. 굳이 집합물 개념을 끌어들이지 않고 '事前占有改定約定'이라는 개념을 이용하여 집합물양도담보의 유효성을 긍정하려는 견해[25]가 타당하다.

이 법은 명문의 규정을 두어 다수의 변동하는 동산에 하나의 담보

23) 대판 1988. 10. 25, 85누941(공 1988, 1484); 대판 1988. 12. 27, 87누1043(공 1989, 244).

24) 김증한 · 김학동, 민법총칙, 제 9 판, 박영사, 1995, 236면; 이재홍, "집합동산의 양도담보," 판례월보 제177호(1985. 6), 34면; 김재협, "집합동산의 양도담보," 사법연구자료 제16집(1989), 법원행정처, 84-85면; 이정구, "집합물에 대한 양도담보," 법조 제398호(1989. 11), 85-86면; 이준상, 금융판례연구(1982-1991), 육법사, 1992, 468면.

25) 황적인, 현대민법론 Ⅱ, 전정판, 박영사, 1987, 382면; 황적인, "집합물담보와 기업담보," 민법 · 경제법논집, 법원사, 1995, 327면; 양창수, "내용이 변동하는 집합적 동산의 양도담보와 그 산출물에 대한 효력," 저스티스 제30권 제 1 호(1997. 3), 115면 이하; 한국산업은행 조사부 편, 특수담보제도, 1984, 228면 이하. 필자의 견해는 김재형, "담보법에서의 담보목적물의 확장문제," 민법론 Ⅰ, 박영사, 2004, 397면 참조.

권을 설정하는 문제를 해결한 것이다. 따라서 이 법에 따라 여러 개의 동산에 대하여 하나의 동산담보권을 설정할 수 있다. 장래에 취득할 동산에 대해서도 동산담보권을 설정할 수 있다.

또한 담보목적물의 특정방법에 관하여 집합동산양도담보에 관한 판례와 마찬가지로 "목적물의 종류·보관장소·수량을 정하"는 방법으로 특정할 수도 있지만, 좀 더 개방적인 태도를 취하고 있다. 즉, 법규정에서 "그 밖에 이와 유사한 방법으로 특정할 수 있는 경우"에도 동산담보권을 설정할 수 있도록 함으로써, 목적물의 종류·보관장소·수량을 특정하는 방법이 아니더라도 그와 유사한 방법으로 특정할 수 있다면 동산담보권을 설정할 수 있다. 이는 특정방법에 관하여 유연한 태도를 취한 것으로 그 특정방법을 가급적 넓게 인정해야 할 것이다.

「동산·채권 등의 담보에 관한 규칙」 제35조는 동산 및 채권의 특정을 위한 등기사항을 정하고 있다. 담보목적물이 동산인 경우에는 등기기록에 담보목적물인 동산을 특정하는 데 필요한 다음과 같은 사항을 기록하여야 한다. 첫째, 동산의 특성에 따라 특정하는 경우에는 대법원예규로 정하는 동산의 종류 및 동산의 제조번호 또는 제품번호 등 다른 동산과 구별할 수 있는 정보를 기록하여야 한다(제1항 제1호 가목). 둘째, 동산의 보관장소에 따라 특정하는 경우에는 대법원예규로 정하는 동산의 종류 및 동산의 보관장소의 소재지를 기록하여야 한다. 다만, 같은 보관장소에 있는 같은 종류의 동산 전체를 담보목적물로 하는 경우에 한정하고 있다(제1항 제1호 나목). 또한 해당 동산의 명칭이나 그 밖에 해당 동산을 특정하는 데 유익한 사항을 기록할 수 있다(제2항).

등기실무에서 동산담보등기를 할 때 개별동산과 집합동산으로 구분하여 등기를 하고 있다. 집합동산을 등기하면서 수량을 기재할 경우에 담보약정 당시의 수량과 달라지는 경우, 특히 수량이 많아지는 경우에는 담보목적물을 특정한 것으로 볼 수 없어 무효가 될 여지가 있다. 동일성이 인정되는 범위에서는 담보목적물의 특정에 문제가 없다고 볼 수 있을 것이지만, 분쟁의 여지를 남기지 않기 위해서는 변동하는 집합동산에 관하여 동산담보권을 설정할 경우에는 수량을 기재하지 않는 것이 바람직하다.26)

그런데 집합동산에 대하여 동산담보권을 설정한 후 파산 등 도산절차가 개시된 경우에 도산절차개시 이후에 취득한 동산도 담보목적물에 포함되는지 여부에 관해서는 논란의 소지가 있다. 이에 관해서는 명문의 규정이 없기 때문에, 도산절차에서 당사자들의 이해관계를 조정하는 방법으로 문제를 해결하여야 한다. 도산절차가 개시된 이후에 취득한 동산에 대해서는 담보목적물의 범위에 포함되지 않는다고 보아야 할 것이다. 담보권자도 도산절차가 개시된 이후에 취득한 동산에 대해서 담보권이 미치는 것을 기대하지 않을 것이고, 그와 같이 기대하였다고 하더라도 그러한 기대를 보호하는 이익보다는 다른 채권자 등 이해관계인을 보호할 이익이 더 크다.27)

최근 대판 2013. 3. 28, 2010다63836(공 2013, 733)은 채권양도담보에 관한 것으로 "장래 발생하는 채권이 담보목적으로 양도된 후 채권양도인에 대하여 회생절차가 개시되었을 경우, 회생절차개시결정으로 채무자의 업무의 수행과 재산의 관리 및 처분 권한은 모두 관리인에게 전속하게 되는데(채무자 회생 및 파산에 관한 법률 제56조 제1항), 관리인은 채무자나 그의 기관 또는 대표자가 아니고 채무자와 그 채권자 등으로 구성되는 이른바 이해관계인 단체의 관리자로서 일종의 공적 수탁자에 해당한다 할 것이므로(대법원 1988. 10. 11. 선고 87다카1559 판결 참조), 회생절차가 개시된 후 발생하는 채권은 채무자가 아닌 관리인의 지위에 기한 행위로 인하여 발생하는 것으로서 채권양도담보의 목적물에 포함되지 아니하고, 이에 따라 그러한 채권에 대해서는 담보권의 효력이 미

26) 이에 관해서는 집합동산양도담보에 관한 법리를 참고할 수 있다. 김재형(주 25), 403면.

27) 필자는 집합물양도담보에 관해서 위와 같이 주장한 바 있다. 김재형, "도산절차에서 담보권자의 지위," 민법론 Ⅲ, 박영사, 2007, 210면 참조.

치지 아니한다."라고 판결하였다. 이 판결에서 회생절차가 개시된 후 발생하는 채권은 채무자가 아닌 관리인의 지위에 기한 행위로 인하여 발생하는 것으로서 채권양도담보의 목적물에 포함되지 않는다고 한 부분은 문제가 있다. 관리인이 한 행위라고 하더라도 그로 인하여 취득한 재산은 채무자에게 귀속하는 것으로 볼 수 있기 때문이다. 그러나 회생절차가 개시된 후에 발생하는 채권은 채권담보의 목적물에 포함되지 않는다고 한 결론은 정당하다. 위에서 본 바와 같이 도산절차를 둘러싼 이해관계인들의 이익을 적절하게 조정하기 위하여 채무자에 대한 회생절차 등 도산절차가 개시된 때를 기준으로 담보목적물이 확정되는 것으로 보아야 할 것이기 때문이다. 이와 같은 법리는 동산담보권에서도 동일하게 적용될 수 있다.

(2) 한편, 일정한 동산에 대해서는 동산담보권을 설정할 수 없다고 정하고 있다. 첫째, 「선박등기법」에 따라 등기된 선박, 「자동차 등 특정동산 저당법」에 따라 등록된 건설기계·자동차·항공기·소형선박, 「공장 및 광업재단 저당법」에 따라 등기된 기업재산, 그 밖에 다른 법률에 따라 등기되거나 등록된 동산이다(제3조 제3항 제1호).[28] 이와 같은 동산에 관해서는 위 법률에 따라 저당권을 설정할 수 있기 때문이다(선박등기법 제2조, 자동차 등 특정동산저당법 제5조). 위와 같은 동산에 대하여 저당권에 관한 등기 또는 등록이 된 경우뿐만 아니라, 소유권이 등기 또는 등록된 경우에도 '등기 또는 등록된 경우'에 해당한다. 따라서 위와 같은 동산에 소유권이 등기 또는 등록된 경우에는 저당권이 설정되기 전이라도 이 법에 따른 담보등기를 할 수 없다.

위와 같이 등기된 동산에 대해서 이 법의 적용대상에서 배제한 이유는 등기 또는 등록에 의한 공시의 충돌을 막기 위한 것이다. 즉, 위

---

28) 「공장 및 광업재단 저당법」 제13조 제3항 제1호는 '타인의 권리의 목적인 물건'은 공장재단의 구성물이 될 수 없다고 정하고 있다. 따라서 동산담보권이 설정된 동산에 대해서는 공장재단의 구성물이 될 수 없다.

와 같이 등기 또는 등록된 선박, 건설기계, 자동차, 항공기, 소형선박에 관해서는 위 법률에 따라 저당권을 설정할 수 있는데, 이 법에 따라 동산담보권을 설정할 수 있도록 하면 2개의 공적 장부에 담보가 공시되어 거래의 안전을 해칠 수 있다. 또한 공장에 있는 동산에 대하여 공장저당권이 설정된 후에 이 법에 따른 동산담보권을 허용할 경우에는 공장저당권과 동산담보권이 서로 충돌하는 문제가 발생하기 때문에, 공장저당권이 설정된 경우에도 이 법에 따른 담보의 대상에서 제외하였다.

「선박등기법」에 따라 등기된 선박, 「자동차 등 특정동산 저당법」에 따라 등록된 건설기계 · 자동차 · 항공기 · 소형선박이라고 정하지 않고, 위와 같은 법률의 적용대상인 선박 등으로 정하는 방법도 검토하였다. 그러나 등기 또는 등록 여부에 따라 이 법에 따른 담보등기를 할 수 있도록 하여 문제를 명확하게 처리하고자 하였다. 따라서 위와 같은 법률에 따라 등기 또는 등록을 하기 전이라면 이 법에 따라 담보등기를 할 수 있도록 하였다. 이와 같이 정하지 않으면 어떠한 동산에 대하여 동산담보권을 설정할 수 있는지 여부가 불분명한 경우가 발생하기 때문이다.

한편 저당권이 설정된 부동산에 부합된 물건, 종물, 과실에 대하여 동산담보권을 설정할 수 있는지 문제된다. 이것이 동산이 아닌 경우에는 동산담보권을 설정할 수 없음은 분명하지만, 동산인 경우에는 그 자체가 등기된 것은 아니기 때문에 동산담보권을 설정할 수 있다고 보아야 할 것이다. 한편, 민법 제358조에 따라 저당권의 효력이 부합물과 종물에 미치므로,[29] 부합물과 종물에 적법하게 동산담보권이 설정된 경우에는 저당권과 동산담보권의 경합 문제가 생길 수 있다. 이 경우

29) 민법 제358조는 "저당권의 효력은 저당부동산에 부합된 물건과 종물에 미친다. 그러나 법률에 특별한 규정 또는 설정행위에 다른 약정이 있으면 그러하지 아니하다."라고 정하고 있다. 당사자의 약정으로 저당권의 효력이 부합물이나 종물에 미치지 않는 것으로 정한 경우에는 저당권과 동산담보권의 경합문제가 생기지 않는다.

물권법의 일반원칙, 즉, "시간에서 앞서면 권리에서 앞선다."라는 원칙에 따라 저당권과 동산담보권 중에서 먼저 설정된 것이 우선한다. 가령 저당권이 먼저 설정되고 나중에 동산담보권이 경우에는 저당권이 동산담보권에 우선한다. 이와 달리 저당부동산에 대한 압류를 하기 전에는 과실에 대하여 저당권의 효력이 미치지 않으므로,[30] 과실에 대해서는 동산담보권이 우선하게 된다.

둘째, 화물상환증, 선하증권, 창고증권이 작성된 동산에 대해서도 동산담보권을 설정할 수 없다(제3조 제3항 제2호). 화물상환증, 선하증권, 창고증권이 작성된 경우에 화물상환증 등을 교부한 때에는 물건을 인도한 것과 같은 효력이 있다.[31] 화물상환증 등이 작성된 동산에 동산담보권을 설정할 수 있도록 할 경우 화물상환증 등의 교부와 담보등기가 경합할 때 권리의 우선관계를 둘러싸고 혼란이 발생할 수 있다. 또한 이와 같이 증권의 교부로 유통이 가능한 경우에는 담보등기를 이용하여 담보를 설정할 필요성이 높지 않다. 그리하여 화물상환증 등이 작성된 동산은 동산담보권의 대상에서 배제하였다.

셋째, 제3조 제3항 제3호는 "무기명채권증서 등 대통령령으로 정하는 증권"을 목적으로 하여 담보등기를 할 수 없다고 정하고 있고, 「동산·채권 등의 담보에 관한 법률 시행령」 제2조는 법 제3조 제3항 제3호에서 "무기명채권증서 등 대통령령으로 정하는 증권"으로 무기명채권증서, 「자산유동화에 관한 법률」 제2조 제4호에 따른 유동화

30) 민법 제359조는 "저당권의 효력은 저당부동산에 대한 압류가 있은 후에 저당권설정가가 그 부동산으로부터 수취한 과실 또는 수취할 수 있는 과실에 미친다. 그러나 저당권자가 그 부동산에 대한 소유권, 지상권 또는 전세권을 취득한 제3자에 대하여는 압류한 사실을 통지한 후가 아니면 이로써 대항하지 못한다."라고 정하고 있다.

31) 상법 제133조는 '화물상환증교부의 물권적 효력'이라는 표제로 "화물상환증에 의하여 운송물을 받을 수 있는 자에게 화물상환증을 교부한 때에는 운송물 위에 행사하는 권리의 취득에 관하여 운송물을 인도한 것과 동일한 효력이 있다."라고 정하고 있다. 이 규정은 창고증권(상법 제157조)과 선하증권(상법 제861조)에 준용되고 있다.

증권, 「자본시장과 금융투자업에 관한 법률」 제4조에 따른 증권을 열거하고 있다.

(3) 양도할 수 없는 물건은 동산담보권의 목적물로 하지 못한다.[32] 이와 같은 물건에 동산담보권을 설정하더라도 담보권자가 목적물을 취득하거나 처분하는 등 담보권실행을 하는 것이 금지되거나 제한되기 때문이다.

4. 피담보채권

이 법에 따른 담보권의 피담보채권의 종류에는 아무런 제한이 없다. 부동산담보와 마찬가지로 통상 금전채권이 피담보채권이 되는 경우가 대부분일 것이지만, 금전채권이 아니라도 피담보채권이 될 수 있다.

한편, 이 법에서 피담보채무의 최고액만을 정하고 채무의 확정을 장래에 유보하여 근담보권을 설정할 수 있도록 하였다. 이 경우에 피담보채무가 확정될 때까지 채무의 소멸 또는 이전은 담보등기한 동산담보권에 영향을 미치지 않고, 채무의 이자는 최고액 중에 산입한 것으로 본다(제5조). 이 규정은 근저당권에 관한 민법 규정과 유사하다. 따라서 근저당권에서 피담보채권의 범위, 근저당권의 양도와 승계, 피담보채권의 확정 등에 관한 법리[33]는 근담보권에도 적용된다.

근담보권은 계속적으로 발생하는 다수의 채권을 담보하기 위하여 설정되겠지만, 하나의 채권을 담보하기 위해서도 근담보권이 설정될 수도 있다. 이 규정에서 피담보채무의 최고액만을 정하고 채무의 확정을 장래에 보류하여 설정할 수 있도록 하였기 때문이다. 또한 피담보채권을 포괄적으로 기재하여 근담보권을 설정하는 것도 허용된다. 이것은

32) 제33조는 민법 제331조("질권은 양도할 수 없는 물건을 목적으로 하지 못한다.")를 준용하고 있다.

33) 이에 관해서는 김재형, 근저당권연구, 박영사, 2000, 58면 이하; 김용담 편, 주석민법[물권(4)], 제4판, 한국사법행정학회, 2011, 82면 이하(김재형 집필).

포괄근저당권이 허용되는 것과 동일하다. 다만 약관에서 근담보권의 피담보채권을 포괄적으로 기재한 경우에도 당사자들이 이와 달리 개별채권을 담보하기로 하는 의사의 합치가 있다면 근담보권에 의하여 담보되는 채권은 그 채권에 한정될 것이다.

5. 담보등기

(1) 동산담보권의 성립요건

제7조 제1항은 "약정에 의한 동산담보권의 득실변경(得失變更)은 담보등기부에 등기를 하여야 그 효력이 생긴다."라고 정하고 있다. 이것은 부동산물권변동에 관한 민법 제186조, 동산물권변동에 관한 제188조 제1항과 유사한 형태이다. 즉, 동산담보등기를 동산담보권의 성립요건으로 정한 것으로, 동산담보권을 설정하려면 동산담보등기를 하여야 한다. 한편, 채권담보권의 경우에는 채권양도나 채권질권의 경우와 동일하게 채권담보등기를 대항요건으로 규정하고 있다(제35조).

(2) 등기부의 편성과 등기사항

이 법에 따라 동산담보등기 또는 채권담보등기를 할 수 있다. 동산이나 채권에 관한 담보등기부는 인적 편성주의를 채택하여 담보권설정자별로 편제하기로 하였다(제2조 제8호). 부동산은 지번으로 특정이 되기 때문에 부동산등기법에서 물적 편성주의를 채택하고 있지만,[34] 동산이나 채권은 물적 편성주의를 채택하는 것이 불가능하다. 똑같은 물건이나 동일한 내용의 채권이 수도 없이 많기 때문이다.

담보등기에 관하여 그 성질에 반하지 아니하는 범위에서 부동산등기법을 준용하도록 하고 있다(제57조). 이에 따라 부동산등기법의 여러 규정이 준용되지만, 인적 편성주의에 배치되는 사항에 관해서는 준용할

34) 부동산등기법 제15조 제1항은 부동산등기부에는 1필의 토지 또는 1동의 건물에 대하여 1용지를 사용한다고 정함으로써, 물적 편성주의를 채택하고 있다.

수 없다고 보아야 한다. 이 법에 따라 담보등기라는 공시방법을 갖추었지만, 이것이 부동산등기와 같은 공시수단과 동등한 수준이라고 보아서는 안 된다. 이와 같은 인식을 토대로 이 법에 따른 등기제도를 발전시켜 나가야 할 것이다.

등기할 수 있는 권리에 관하여는 동산담보권이나 채권담보권의 설정, 이전, 변경, 말소 또는 연장에 대한 등기를 할 수 있다고 규정하고 있다(제38조). 따라서 담보목적물 자체의 권리변동은 담보권의 설정 등의 경우를 제외하고는 등기를 할 수 없다. 이 법에 따른 동산등기는 담보권을 등기하기 위한 것이지 동산 자체의 소유권의 귀속이나 동산의 물권변동을 공시하기 위한 것이 아니기 때문이다.

(3) 등기의 내용과 절차 등

담보등기에 관한 사무는 법원에서 관장하도록 하였다. 그리하여 담보권설정자의 법인등기 또는 상호등기를 관할하는 지방법원, 그 지원 또는 등기소에서 등기사무를 처리하도록 하고 있다(제39조). 법인등기 또는 상호등기를 관할하는 법원 등이 담보등기도 관할하도록 함으로써, 법인등기와 상호등기의 변경사항을 담보등기부에 쉽게 반영할 수 있도록 하였다.

등기관은 접수번호의 순서에 따라 전산정보처리조직에 의하여 담보등기부에 등기사항을 기록하는 방식으로 등기사무를 처리하여야 한다. 미국과는 달리 등기신청서류를 편철하는 방식으로 등기 또는 등록을 하는 이른바 통지등기(notice filing)제도를 채택하지는 않았다. 담보등기제도를 현행 부동산등기와 유사하게 운영하는 것이 안정성이 높고 부동산등기제도를 운용한 경험과 노하우를 쉽게 이용할 수 있다는 점, 새로운 제도를 도입할 경우 혼란을 초래할 수 있다는 점, 인터넷을 이용한 등기시스템을 운용할 경우 통지등기방식의 이점을 상당수 흡수할 수 있을 것이라는 점 등을 고려한 것이다.

그리고 담보등기는 등기의무자와 등기권리자가 공동으로 신청하도록 함으로써 공동신청주의를 채택하였다(제41조 제1항). 이는 허위로 담보등기가 이루어지는 것을 방지하기 위한 것이다. 다만 경정등기나 승소판결에 기한 등기의 경우 등에는 등기권리자 등이 단독으로 신청할 수 있다(제41조 제2항·제3항).

등기신청의 방법으로 '방문신청'과 '전자신청'을 규정하였다(제42조). 당사자들이 손쉽게 등기신청을 하도록 전자신청도 인정하였다. 신청방법의 세부적인 내용은 대법원 규칙에 위임하였다.[35]

제47조에서 담보권설정자별로 담보등기부를 구분하여 작성하도록 하고, 등기부에 기재할 사항을 세세하게 정하였는데, 담보목적물의 특정에 필요한 사항은 대법원규칙에 위임하였다.[36] 담보권설정자와 담보권자가 개인인 경우에는 그 주소와 주민등록번호 등을 기재하도록 하였다.

이 법은 담보권의 존속기간을 5년으로 제한하고 있다(제49조 제1항). 위원회안부터 국회에 제출된 정부안까지 법안에서는 모두 '담보등기의 존속기간'이라고 규정하고 있었다.[37] 그러나 국회에서 법안을 심사하는 과정에서 담보권의 존속기간으로 수정하였다.[38] 이 규정은 담보권의 존속에 관한 것이 아니라 등기절차에 관한 규정이기 때문에, 원

35) 이에 따라 대법원규칙으로 「동산·채권의 담보등기 등에 관한 규칙」(이하 "규칙"이라 한다)이 제정되었는데, 방문신청에 관하여는 제5장 제2절(제44조 내지 제49조)에서, 전자신청에 관하여는 제3절(제50조 내지 제54조)에서 자세히 규정하고 있다. 또한 「동산·채권의 담보등기 신청에 관한 업무처리지침」(대법원 등기예규 제1458호)도 참조.

36) 규칙 제35조 및 위 대법원 등기예규(제1458호) 제6조 참조.

37) 정부안 제49조 제1항에서는 "이 법에 따른 담보등기의 존속기간은 5년을 초과할 수 없다."라고 규정하고 있었다.

38) 이금로(법제사법위원회 전문위원), 동산·채권 등의 담보에 관한 법률안 검토보고, 2010. 2, 37면에 의하면, "등기"란 권리를 표상하는 것으로 등기의 존속기간이라는 것은 결국 등기에서 나타내고자 하는 권리의 존속기간을 말하는 것이고, 전세권의 경우에도 "권리의 존속기간"에 대하여 규정하고 있을 뿐 등기의 존속기간이 따로 규정이 없는 점을 고려하여 등기의 존속기간에 대한 규정은 담보권의 존속기간으로 변경하는 것이 법체계상 바람직한 것으로 보인다고 하였다.

래의 안과 같이 담보등기의 존속기간으로 규정하는 것이 좋았을 것이다. 국회에서는 표현을 수정한 것에 불과하고 내용을 변경하려는 것은 아니었던 것으로 생각되지만, 이와 같은 표현의 수정과 관련하여 법률 제정 후에 논란이 있다.[39] 담보권의 존속기간이라고 표현하고 있지만, 입법과정상 표현의 착오로 인한 것이라고 보아 담보등기의 존속기간이라고 해석해야 할 것이다.

원래 담보등기의 존속기간에 관하여 규정을 두려는 취지는 담보권이 소멸된 후 장기간 동안 담보등기만 남아있는 것을 막기 위한 것이었다. 즉, 담보등기를 한 후 피담보채권이나 담보목적물이 소멸되었는데도 담보등기가 남아있을 수 있다. 이러한 경우에 담보권을 주장하거나 담보등기의 존재가 목적물의 사용이나 처분에 장애가 되지 않는 경우에는 담보설정자나 담보권자가 담보등기를 말소할 필요성이 없는 경우도 많다. 나아가 담보목적물이 전전 유통된 경우에 담보등기의 존재 자체를 모르는 경우도 많다. 이 점은 부동산에 저당권이나 근저당권이 설정된 경우와는 현저하게 다르다. 그리하여 담보등기의 존속기간을 두어 담보등기를 정리하도록 한 것이다. 만일 존속기간에 관한 규정이 없으면 무효등기가 쌓여 담보등기부의 보관이나 검색에 불필요한 장애가 발생할 것이다.

한편, 담보권에 관한 연장등기를 할 수 있도록 하였는데, 이 경우 연장기간은 연장등기를 한 때로부터 5년을 초과할 수 없다(제49조 제2항). 연장등기는 유효하게 존속하는 등기에 관하여 그 존속기간만을 연장하는 것이기 때문에, 그 등기의 순위나 효력은 연장등기를 한 때가 아니라 최초의 등기를 한 때를 기준으로 정해야 할 것이다.[40] 연장등

39) 담보권의 존속기간이라는 표현에는 대부분 반대한다. 여기에서 나아가 담보등기의 존속기간을 두어서는 안 된다는 견해로는 김현진(주 16), 209면이 있고, 담보등기의 존속기간을 두어야 한다는 견해로는 정소민, "채권담보제도에 관한 연구," 서울대 법학박사학위논문, 2012, 174면이 있다.

40) 등기의 유용은 효력이 없는 등기를 당사자의 합의로 유효한 것으로 전용하는

기의 경우에도 공동신청주의에 따르도록 하였는데, 이와 같은 연장등기는 담보권자가 쉽게 등기를 할 수 있도록 하는 방안이 필요할 것이다. 이와 같은 연장등기를 쉽게 할 수 있는 방안을 마련하는 것이 바람직할 것이다.

(4) 등기의 열람 등

누구든지 담보등기의 등기사항에 관한 서면의 발급 또는 열람을 청구할 수 있도록 하였다(제52조 제1항). 그러나 개인정보보호를 위하여 열람의 범위, 방식 등에 관하여 대법원규칙으로 정하도록 하였다.[41]

(5) 부동산등기법의 준용

그 밖에 담보등기에 필요한 절차에 관하여 세세한 규정을 두었고, 그 성질에 반하지 않는 한 부동산등기법의 관련 규정을 준용하도록 하였다(제57조). 담보등기는 인적 편성주의를 취하고 있다는 점에서 부동산등기와는 커다란 차이가 있지만, 등기관이 등기부에 등기를 한다는 점을 비롯하여 부동산등기와 유사점이 많다. 그리하여 부동산등기법의 관련 규정을 준용하도록 한 것이다.

Ⅳ. 동산담보권의 내용과 효력

1. 새로운 담보물권

(1) 이 법은 동산담보권, 채권담보권, 지식재산권담보권이라는 새로

것으로, 무효의 등기를 유용하기로 약정한 경우에는 등기부상 이해관계인에게 그 등기의 유효를 주장하지 못한다. 대판 1963. 10. 10, 63다583; 대판 1989. 10. 27, 87다카425; 대판 1998. 3. 24, 97다56242; 대판 2002. 12. 6, 2001다2846.

41) 규칙 제4장(제20조 내지 제26조)과 대법원 등기예규 「동산·채권 담보등기사항증명서의 열람·발급에 관한 업무처리지침」(제1460호) 참조.

운 담보물권을 창설하고 있다. 따라서 이 법에 따른 담보권은 제한물권으로서 우선변제권이 인정된다.

물권법정주의에 따라 이 법에 따른 담보권의 내용과 효력을 법률에서 규정하고 있다. 동산담보권의 내용과 효력에 관하여 민법 규정 등을 참고하여 상당수의 새로운 규정을 두었다. 즉, 민법상의 질권과 저당권에 관한 규정, 가등기담보 등에 관한 법률,[42] 민사집행법의 관련 규정 중에서 이 법에 따른 담보권을 규율하는 데 적합한 조항을 선별하고 이를 적절하게 변형하여 규정을 만들었다. 다만 민법 규정을 준용하는 것으로 충분한 경우에는 준용 규정을 두었다.

(2) 제 8 조에서 "담보권자는 채무자 또는 제 3 자가 제공한 담보목적물에 대하여 다른 채권자보다 자기채권을 우선변제받을 권리가 있다."라고 정함으로써, 담보물권의 본질적 내용인 우선변제권을 인정하고 있다. 그 규정방식은 질권이나 저당권에 관한 규정과 동일하다.

그 밖에도 동산담보권의 내용과 효력에 관한 여러 규정을 두었다. 동산담보권의 순위(제 7 조 제 2 항 · 제 3 항), 동산담보권의 불가분성(제 9 조), 동산담보권 효력의 범위(제10조), 과실에 대한 효력(제11조), 피담보채권의 범위(제12조), 동산담보권의 양도(제13조), 물상대위(제14조), 담보목적물이 아닌 재산으로부터의 변제(제15조), 물상보증인의 구상권(제16조), 담보목적물에 대한 현황조사 및 담보목적물의 보충(제17조), 제 3 취득자의 비용상환청구권(제18조), 담보목적물 반환청구권(제19조), 담보목적물의 방해제거청구권 및 방해예방청구권(제20조), 부종성(제33조, 민법 제369조) 등에 관한 규정이 그것이다. 또한 담보목적물의 선의취득에 관한 규정(제32조)도 동산담보권의 한계와 관련된 문제이므로 이와 관련된 규정이라고 할 수 있다. 이하에서는 민법의 질권이나 저당권에 관한 규정과는 다른 내용에 관해서만 간략하게 살펴보고자 한다.

---

42) 이하 '가등기담보법'이라 한다.

2. 동산담보권의 순위

(1) 제7조 제2항은 "동일한 동산에 설정된 동산담보권의 순위는 등기의 순서에 따른다."라고 정하고 있다. 양도담보의 경우에는 하나의 동산에 하나의 양도담보만을 설정할 수 있다.[43] 그러나 동산담보권의 경우에는 그 순위를 정하여 등기를 할 수 있으므로, 하나의 동산에 여러 개의 동산담보권을 설정할 수 있다. 이 점에서 동산양도담보에 비하여 동산담보권이 효율적이라고 볼 수 있다.

(2) 한편, 하나의 동산에 대하여 민법상의 인도와 이 법에 따른 담보등기가 있는 경우에 무엇을 우선시킬 것인지 문제된다. 제7조 제3항은 "동일한 동산에 관하여 담보등기부의 등기와 인도(「민법」에 규정된 간이인도, 점유개정, 목적물반환청구권의 양도를 포함한다)가 행하여진 경우에 그에 따른 권리 사이의 순위는 법률에 다른 규정이 없으면 그 선후(先後)에 따른다."라고 정하고 있다. 따라서 동산의 소유자가 이 법에 따른 동산담보등기를 하여 동산담보권을 설정해준 후 다시 그 동산을 제3자에게 인도한 경우에 동산담보권자가 우선한다. 이에 반하여 동산에 대한 질권설정계약을 체결하고 질권자에게 동산을 인도한 후 질권설정자가 제3자에게 동산담보등기를 한 경우에는 질권자가 우선한다.

3. 피담보채권의 범위

제12조는 피담보채권의 범위에 관하여 "동산담보권은 원본(原本), 이자, 위약금, 담보권실행의 비용, 담보목적물의 보존비용 및 채무불이행 또는 담보목적물의 흠으로 인한 손해배상의 채권을 담보한다. 다만, 설정행위에 다른 약정이 있는 경우에는 그 약정에 따른다."라고 정하고

43) 대판 1988. 12. 27, 87누1043(공 1989, 244); 대판 2000. 6. 23, 99다65066(공 2000, 1743); 대판 2004. 6. 25, 2004도1751(공 2004, 1283) 등 다수.

있다. 이는 질권에 관한 민법 제334조와 동일한 취지이다. 저당권의 경우에는 지연배상에 대해서는 1년분에 한하여 저당권을 행사할 수 있다(민법 제360조 단서). 이것은 저당권을 이용하지 않고 근저당권을 이용하는 중요한 이유 중의 하나이다. 채무자가 이행지체에 빠진 후 1년 만에 저당목적물을 경매하여 배당을 받기가 쉽지 않은 경우가 많기 때문이다.[44] 이와 같이 1년이라는 단기간의 지연배상금에 대해서만 피담보채권에 포함시키는 것은 입법론상 문제가 많아 민법 제360조 단서와 같은 제한을 두지 않은 것이다.

4. 동산담보권의 양도

(1) 피담보채권을 양도한 경우에 항상 담보권도 함께 양도되는 것은 아니다. 다만 피담보채권을 양도한 경우에는 담보권도 함께 양도하기로 하는 합의가 있다고 보는 것이 합리적이다. 이를 담보물권의 수반성[45]이라고 하는데, 이는 동산담보권에서도 마찬가지이다.

제13조는 동산담보권의 양도에 관하여 "동산담보권은 피담보채권과 분리하여 타인에게 양도할 수 없다."라고 정하고 있다. 따라서 동산담보권은 저당권의 양도와 마찬가지로 피담보채권과 함께 양도하는 것이 허용된다(제13조). 저당권부 채권을 양도하는 경우에 저당권의 양도와 채권양도의 요건을 모두 갖추어야 하는데, 이와 마찬가지로 동산담보권부 채권양도의 경우에도 채권양도의 요건과 동산담보권양도의 요건을 모두 갖추어야 한다. 이 경우에 물상보증인의 동의는 필요하지 않다.

(2) 이 법에 따른 근담보권도 양도할 수 있는데, 이 경우에도 피담보채권과 함께 양도하여야 한다. 근담보권이 담보하는 채권이 확정된

44) 주석민법(주 33), 155면.
45) 대판 2004. 4. 28, 2003다61542(공 2004, 898).

후에 채권과 함께 근담보권을 양도할 수 있다. 이 경우에는 근담보권이 전등기를 하여야 할 뿐만 아니라, 채권양도에 관한 규정이 적용되므로 채무자 기타 제3자에 대항하려면 양도인이 채무자에게 통지하거나 또는 채무자가 승낙하여야 한다(민법 제450조 참조).

그러나 근담보권의 피담보채권이 확정되기 전에는 근담보권을 양도하는 것이 곤란하다. 근저당권의 경우에 판례[46]는 “근저당 거래관계가 계속중인 경우, 즉 근저당권의 피담보채권이 확정되기 전에 그 채권의 일부를 양도하거나 대위변제한 경우 근저당권이 양수인이나 대위변제자에게 이전할 여지가 없다.”라고 하고 있는데, 이 법에 따른 근담보권의 양도에 관해서도 동일하게 보아야 할 것이기 때문이다.

(3) 저당권의 경우에는 피담보채권과 함께 저당권을 양도하거나 다른 채권의 담보로 할 수 있으나(민법 제361조), 동산담보권의 경우에는 이를 양도하는 것에 관해서만 규정을 두고 다른 채권의 담보로 제공하는 것에 관해서는 아무런 규정을 두지 않았다. 동산담보권의 전담보(轉擔保)를 허용할 경우에는 전저당(轉抵當)의 경우보다 복잡한 문제가 발생하기 때문에, 이를 허용하지 않기로 한 것이다.

5. 물상대위

제14조는 “동산담보권은 담보목적물의 매각, 임대, 멸실, 훼손 또는 공용징수 등으로 인하여 담보권설정자가 받을 금전이나 그 밖의 물건에 대하여도 행사할 수 있다. 이 경우 그 지급 또는 인도 전에 압류하여야 한다.”라고 정하고 있다.

담보목적물의 멸실 등으로 인한 손해배상청구권이나 보험금청구권에 대하여 물상대위가 인정된다. 또한 이 규정은 민법의 질권이나 저당권에 관한 규정(제342조, 제370조)과 달리 매각, 임대의 경우에도 그 대

46) 대판 1996. 6. 14, 95다53812.

가로 받을 금전이나 물건에 대하여 물상대위를 허용하고 있다.[47] 이는 동산담보권자의 지위를 강화하여야 한다는 시각에서 채택된 것이다.[48] 따라서 담보목적물을 제3자에게 매각하거나 임대하는 경우에는 그 매매대금채권이나 차임채권에 대하여 물상대위가 인정된다. 담보목적물을 매각한 이후에도 그 목적물에 대하여 동산담보권의 효력이 미칠 수 있다. 그러나 제3자에게 담보목적물인 동산의 점유가 이전된 경우에는 동산담보권을 행사하기가 쉽지 않다. 특히 담보목적물에 대하여 제3자의 선의취득이 인정되는 경우(제32조)에는 제3자가 동산담보권의 부담을 받지 않기 때문에, 동산담보권자로서는 매매대금채권에 대하여 물상대위를 행사할 수밖에 없다. 이 점은 저당권의 경우에는 저당목적물이 제3자에게 양도된 이후에도 항상 저당권의 추급효가 미치기 때문에, 매각의 경우에 물상대위를 인정할 필요성이 크지 않다는 점과 대비된다. 또한 담보설정자가 목적물을 제3자에게 임대한 후 담보권자에게 채무를 이행하지 않으면 담보권자가 담보권을 실행할 수도 있으나, 담보권을 실행하지 않고 차임채권에 대하여 물상대위를 할 수도 있다.[49]

6. 동산담보권의 침해에 대한 구제 등

(1) 담보목적물에 대한 현황조사

제17조 제1항은 "담보권설정자는 정당한 사유 없이 담보권자의 담보목적물에 대한 현황조사 요구를 거부할 수 없다. 이 경우 담보목적물의 현황을 조사하기 위하여 약정에 따라 전자적으로 식별할 수 있는

47) 저작권법 제47조 제1항, 특허법 제123조, 디자인보호법 제57조, 상표법 제63조, 「반도체집적회로의 배치설계에 관한 법률」 제16조 등에서는 저작권 등의 양도 등의 경우에도 물상대위를 허용하고 있다.
48) 김재형, "「동산·채권 등의 담보에 관한 법률」 제정안의 구성과 내용"(주 19), 256면.
49) 이에 관해서는 김형석(주 21), 207면.

표지를 부착하는 등 필요한 조치를 할 수 있다."라고 정하고 있다. 담보권자는 담보목적물의 담보가치를 확보하기 위하여 담보목적물에 대한 현황조사를 할 수 있다. 담보권자가 담보목적물에 대한 현황조사를 요구한 경우에는 담보권설정자가 정당한 사유 없이 이 요구를 거부할 수 없다. 국회에서 법안을 심의하는 과정에서 전자식별표에 관한 규정이 추가되었는데, 전자식별표를 부착하는 비용이 적지 않게 들기 때문에 당사자 사이에 약정이 있는 경우에 한하여 전자식별표를 부착할 수 있도록 하였다. 담보권자가 무리하게 전자식별표의 부착을 요구한다면 거래비용이 증가할 것이기 때문이다.

(2) 담보목적물의 보충

제17조 제 2 항은 "담보권설정자에게 책임이 있는 사유로 담보목적물의 가액(價額)이 현저히 감소된 경우에는 담보권자는 담보권설정자에게 그 원상회복 또는 적당한 담보의 제공을 청구할 수 있다."라고 정하고 있다. 따라서 담보목적물의 가액이 감소되더라도 담보설정자에게 책임이 없는 경우에는 담보물보충청구가 인정되지 않는다.

(3) 담보목적물 반환청구권

제19조 제 1 항은 "담보권자는 담보목적물을 점유한 자에 대하여 담보권설정자에게 반환할 것을 청구할 수 있다."라고 정하고, 제 2 항은 "담보권자가 담보목적물을 점유할 권원(權原)이 있거나 담보권설정자가 담보목적물을 반환받을 수 없는 사정이 있는 경우에 담보권자는 담보목적물을 점유한 자에 대하여 자신에게 담보목적물을 반환할 것을 청구할 수 있다."라고 정하고 있다. 제 3 항은 "제 1 항 및 제 2 항에도 불구하고 점유자가 그 물건을 점유할 권리가 있는 경우에는 반환을 거부할 수 있다."라고 정하고 있다.

저당권의 경우에는 저당권자가 저당목적물을 점유하지 않고 있기 때문에, 소유물반환청구권에 관한 민법 제213조를 준용하지 않고 있다.[50] 그러나 이 법에 따른 동산담보권의 경우에는 담보권자가 담보목적물을 점유하고 있거나 점유할 권한이 있을 수도 있다. 그렇지 않은 경우에도 담보권자가 무단점유자를 상대로 반환청구를 할 필요가 있다. 그리하여 동산담보권의 경우에 담보물반환청구권에 관한 규정을 두었다. 담보권자가 직접 담보목적물을 점유할 권원이 없기 때문에, 담보권자는 원칙적으로 담보목적물을 점유한 자에 대하여 담보권설정자에게 반환할 것을 청구할 수 있도록 하였다. 그러나 담보권자가 담보목적물을 점유할 권원이 있거나 담보권설정자가 담보목적물을 반환받을 수 없는 사정이 있는 경우에는 예외적으로 담보권자 자신에게 담보목적물을 반환할 것을 청구할 수 있도록 하였다. 결국 담보권자에게 점유권원이 있는지 여부에 따라 위와 같이 구분하여 정한 것이다. 위 두 경우에 점유자가 그 물건을 점유할 권리가 있는 때에는 반환을 거부할 수 있다.

(4) 담보목적물의 방해제거청구권 및 방해예방청구권

제20조는 "담보권자는 동산담보권을 방해하는 자에게 방해의 제거를 청구할 수 있고, 동산담보권을 방해할 우려가 있는 행위를 하는 자에게 방해의 예방이나 손해배상의 담보를 청구할 수 있다."라고 정하고 있다. 민법상 저당권에 관한 규정에서는 소유물방해제거 및 예방청구권에 관한 규정을 준용하고 있으나(민법 제370조, 제214조), 동산담보권에 관해서는 담보목적물의 방해제거·방해예방청구권에 관하여 명확하게 규정한 것이다. 담보권자가 방해제거 및 예방청구권을 행사하는 데 고의 또는 과실이나 방해하려는 목적 등 주관적 요소는 요건이 아니라는 것이 분명하다.

---

50) 대판 1996. 3. 22, 95다55184(공 1996, 1353)는 공장저당권의 목적 동산을 무단 반출한 경우에 저당권자는 원칙적으로 저당목적물을 원래의 설치 장소에 원상회복할 것을 청구할 수 있다고 하였다. 이는 공장저당권에 관한 사안이지만, 일반적인 저당권의 경우에도 마찬가지이다. 즉, 저당권의 효력이 미치는 종물을 무단 반출한 경우에 위와 같은 종물에도 저당권의 효력이 미치므로(민법 제358조), 저당권자는 무단점유자를 상대로 종물을 저당권설정자에게 반환할 것을 청구할 수 있다.

7. 선의취득

(1) 의 의

제32조는 담보목적물의 선의취득에 관하여 정하고 있다. 즉, 이 법에 의하여 등기된 담보목적물의 소유권이나 질권을 취득하는 경우에 민법 제249조부터 제251조의 규정을 준용한다.

동산담보권이 설정된 후에도 제 3 자가 담보목적물의 소유권을 자유롭게 취득할 수 있다. 담보권이 설정되어 있는 물건이라고 하더라도 소유권의 이전에는 아무런 영향이 없기 때문이다. 그 대신 담보권자는 담보목적물의 새로운 소유자에 대해서도 담보권을 행사할 수 있는 것이 원칙이다. 이를 담보권의 추급력이라고 한다. 민법 제249조는 양도인이 정당한 소유자가 아닌 때에 적용되는데, 동산담보권이 설정된 경우에도 담보권설정자는 여전히 정당한 소유자로서 담보목적물을 양도할 수 있기 때문에 위 규정이 그대로 적용될 수 없다. 이 규정에서 담보목적물에 대한 선의취득을 인정한 의미는 제 3 자가 담보목적물에 대한 소유권을 취득할 당시에 동산담보권의 제한을 받지 않는 온전한 소유권을 취득하는 것을 인정한다는 것이다. 따라서 평온·공연하게 담보목적물을 양수한 자가 동산담보권의 존재를 알지 못하고 알지 못한 데 과실이 없이 그 동산을 점유한 경우에는 동산담보권이 설정되어 있는 때에도 양수인은 동산담보권의 부담이 없이 담보목적물의 소유권을 취득한다.51)

동산담보권이 설정된 후 제 3 자가 담보목적물에 질권을 설정받을 수 있을 것이다. 그런데 이 경우 제 3 자가 동산담보권의 설정에 대하여 선의·무과실인 경우에는 제32조의 규정에 따라 질권의 선의취득이 인정될 수 있다.52)

51) 이에 관해서는 김현진(주 16), 261면도 참조.

52) 김현진(주 16), 259면. 다만 질권을 취득하려는 사람은 소유권을 취득하려는 사람에 비하여 담보등기부를 확인할 가능성이 높다고 볼 수 있다. 이러한 경우에는 동산담보권이 설정된 동산에 대하여 질권의 선의취득이 인정되는 범위가

(2) 담보권자의 보호와 거래의 안전

민법상 선의취득제도는 공신의 원칙을 구현하고 있다. 진정한 권리자를 보호할 것인지 아니면 거래의 안전을 보호할 것인지 문제되는데, 선의취득은 진정한 권리자의 희생을 무릅쓰고 거래의 안전을 보호하는 것이다. 이 법에 따라 담보권이 설정된 동산에 대해서도 선의취득을 인정한 것은 동산거래의 안전을 도모하기 위하여 담보권자를 희생시키는 것을 인정한 것이다.

입법안을 작성할 당시 이 법에서 선의취득을 인정할 것인지, 이를 인정할 경우에도 제3자에게 조사 또는 확인의무를 부과하여 선의취득을 좁게 인정할 것인지 논란이 있었다. 먼저 선의취득을 인정하는 것에 대한 비판적인 견해는 금융계에서 나왔다. 즉, 동산등기제도를 활성화하기 위해서는 담보등기가 있는 경우에 담보목적물의 선의취득을 배제하는 방식의 규정을 두어야 한다는 것이다. 그러나 이러한 주장을 받아들이지 않기로 하였다.[53] 다음으로 제3자가 담보등기가 있는 동산을 취득하는 경우에 조사의무 또는 확인의무를 부과할 것인지 논란이 있었다. 이 점에 관해서는 명시적인 규정을 두지 않았다. 실제로 이 법에서 제3자의 확인의무를 인정할 만한 규정은 없다. 따라서 제3자가 담보등기를 조사 또는 확인할 의무는 없다는 점에서 민법의 경우와 동일하다. 입법안을 작성할 당시에 선의취득을 인정하자는 주장과 선의취득

좁아질 것이다.

53) 「동산 및 채권의 담보에 관한 특례법 제정 특별분과위원회」 제2차회의(2009. 3. 28)에서 필자는 "「동산·채권 담보에 관한 특례법(안)」의 기본방향"에 관해서 발표를 하였는데, 동산담보등기와 제3자의 선의취득에 관해서는 다음과 같은 입장을 밝혔다. 동산담보등기제도를 도입할 경우 선의취득이 인정되는지 문제되는데 민법의 선의취득 규정으로 해결하면 된다고 하였다. 미국에서 규정하고 있는 통상의 거래과정에서 매수인을 보호하는 규정은 우리 민법상의 선의취득 규정과 합치되지도 않기 때문에, 이 법에서 도입하는 것은 곤란하다고 하였다. 그 후에도 선의취득에 관하여 위원들 사이에 의견이 분분하였는데, 결국 선의취득에 관한 규정을 두기로 하였다. 위원에 따라 선의취득 문제를 다르게 이해할 수도 있겠지만, 이하의 서술은 필자가 회의에서 발언한 내용을 토대로 정리한 것이다.

을 배제하자는 주장이 있었는데, 법안의 기초자는 선의취득을 인정하기로 하였다. 즉, 법률의 규정에 나타나 있는 대로 선의취득이 인정된다는 것이 기초자의 의도이다.54) 또한 이 법에서 제3자에게 조사 또는 확인의무를 부과하지 않고 있다.

그 이유는 다음과 같다. 현재 민법상 동산거래에서 선의취득을 인정하고 있기 때문에, 담보등기가 되어 있다고 하더라도 선의취득을 부정할 수는 없다. 동산에 관하여 담보등기제도를 도입하고 있기 때문에 민법상의 동산에 관한 선의취득 규정과는 달리 동산담보권이 설정된 동산에 대하여 선의취득을 부정하여야 한다고 생각할 수 있다. 그러나 동산담보등기는 동산의 소유권 자체에 관하여 등기를 하는 것도 아니고 동산양도에 관하여 등기를 하는 것도 아니다. 즉, 동산담보등기가 동산에 대한 권리 또는 그 변동에 관한 공시방법인 점유 또는 인도를 대체한 것이 아니다.55) 따라서 동산담보등기를 도입하였다고 해서 담보목적물에 관한 선의취득을 배제해야 하는 논리필연적인 이유는 없다. 따라서 담보등기를 한 목적물에 대한 선의취득을 배제할 것인지 여부는 정책적인 문제이다. 그런데 이 법에서는 동산담보권자를 보호하는 것도 중요하지만, 동산담보의 활성화를 위하여 거래의 안전을 도외시하는 결과를 초래해서는 안 된다고 본 것이다.

한편, 제3자가 담보목적물을 취득하는 경우에 선의취득에 관한 규정을 준용하는 방식으로 해결하는 대신 통상의 거래과정에서 담보목적물을 취득한 경우에 담보권의 제한 없이 담보목적물의 소유권을 취득한 것으로 규정할 것인지를 검토하였다.56) 그러나 민법에서는 이를 선

54) 선의취득에 관한 입법자의 의도가 무엇인지 논란이 있다. 가령 김병두, "『동산·채권 등의 담보에 관한 법률』의 동산담보의 법률관계," 비교사법 제18권 2호(2011. 6), 403면.

55) 이 점에서 자동차 등 특정동산에 관한 등기 또는 등록과는 다르다. 이 경우에는 소유권이나 그 양도에 관하여 등기 또는 등록을 하고 있다.

56) 김재형(주 6), 225면.

의취득에 관한 규정으로 해결하는 반면에, 이 법에서 통상의 거래과정에서의 매수인에 관한 규정을 신설하는 것은 체계적합성이 없다고 판단하였다. 실제 논의과정에서도 선의취득 규정을 둘 것인지 여부와 확인 또는 조사의무를 규정할 것인지 여부에 논의가 집중되었고, 이와 달리 통상의 거래과정에서 매수한 사람을 보호하는 규정을 두는 방식에 관해서는 많이 논의하지 않았다. 이에 관한 명시적인 규정을 둘 것인지 여부는 장래에 검토할 문제로 남겨둔 셈이다.

(3) 선의취득의 인정범위

위에서 보았듯이 동산에 관한 담보등기가 되어 있다고 해서 동산을 취득하려는 사람이 담보등기를 확인해야 할 법적 의무가 발생하지는 않는다. 따라서 담보등기가 되어 있는 동산에 대해서도 선의취득이 인정될 수 있다는 원칙에는 변함이 없다. 동산담보등기를 한 동산을 취득하려는 제3자에게 담보등기에 관한 조사 또는 확인의무를 부과하면, 거래비용이 증가하고 거래의 안전을 해치게 된다. 나아가 동산의 종류가 다양하고 거래의 형태도 다양하기 때문에, 조사 또는 확인의무를 규정하는 것이 곤란하다.

선의취득의 성립여부에 관한 판단은 선의·무과실 등 그 요건에 대한 판단에 따르는 것인데, 개별 사안에서 목적물의 종류와 가액, 거래의 성질, 거래의 형태와 경위, 담보설정자의 재산상태, 담보설정자와 제3자의 관계 등 여러 사정을 고려하여 선의·무과실을 판단하여야 한다.[57] 이 법에서 담보등기를 하기 때문에 개별적인 경우에 선의취득의 인정 여부가 종전과는 달라질 수 있다. 대표적인 경우가 집합동산에 관하여 담보권을 설정한 후 다시 이를 제3자에게 양도한 경우이다. 즉, 다수의 집합적 동산에 관하여 이 법에 따라 동산담보권을 설정한 후 제

---

57) 민법상 선의취득에서 과실을 판단하는 데 고려할 사항에 관해서는 곽윤직 편, 민법주해(Ⅴ), 박영사, 1992, 455면 이하(이인재 집필).

3자에게 한꺼번에 위 동산을 처분하거나 양도담보로 제공한 경우에는 제3자가 담보등기의 설정여부를 확인해야 할 것이다. 이와 같은 경우에 제3자가 담보등기를 확인하지 않고 동산을 취득하였다면 담보권이 있다는 것을 알지 못한 데 과실이 있다고 볼 수 있으므로, 원칙적으로 선의취득이 인정되지 않는다.[58] 양도담보를 설정하는 경우에는 제3자가 양도담보설정자에게 이미 양도담보를 설정하였는지 여부를 문의하는 수밖에 없고 양도담보설정자가 이를 알려주지 않으면 제3자로서는 확인할 방법이 없는 것이 통상적이다. 그러나 동산담보권을 설정한 경우에는 제3자가 등기를 열람하거나 검색하는 방법으로 쉽게 동산담보권이 설정되어 있는지 여부를 확인할 수 있다. 따라서 선의취득의 성립여부, 특히 과실의 존부에 관한 판단이 동산양도담보를 설정한 경우와 이 법에 따른 동산담보권을 설정한 경우에 달라질 수밖에 없다.

하지만 개별동산에 대하여 동산담보권을 설정한 후 제3자에게 이를 양도하는 경우에는 선의취득이 인정될 수 있다. 또한 집합적 동산에 담보권을 설정한 후에도 담보권설정자가 개별 동산을 통상적인 방법으로 처분하는 것을 허용하고 이와 같은 동산을 양수한 제3자는 담보권의 제한 없는 소유권을 취득할 수 있다. 가령 백화점에 있는 다수의 동산에 동산담보권을 설정한 후 고객이 개별동산을 매수하는 경우를 생각해보면 쉽게 알 수 있다. 이 경우에 제3자가 개별동산에 대하여 소유권을 취득하는 근거를 선의취득의 법리에서 찾아야 하는 것은 아니다. 오히려 집합동산에 대한 담보설정계약에서 개별동산의 통상적인 처분을 예정하고 있다고 볼 수 있고, 따라서 담보설정자에게 개별동산에 대한 통상적인 처분권한이 있다는 점에서 제3자가 개별동산에 대하여

---

58) 김재형, "「동산·채권 등의 담보에 관한 법률」 제정안의 구성과 내용"(주 19), 263-265면. 김재형(주 6), 224면, 김재형(주 3), 28-29면도 참조. 석광현, "UNCITRAL의 담보권 입법지침과 우리나라의 동산·채권담보법제," 통상법률 제88호(2009. 8), 195면은 선의취득을 좀 더 제한적으로 인정해야 한다는 것으로 보인다.

소유권을 취득하는 근거를 찾을 수 있다.59) 이에 관해서는 미국 통일 상법전에 담보권자가 담보권의 부담 없이 처분할 권한을 부여한 경우에 대해서 명시적인 규정을 두고 있다.60) 담보권자는 담보설정자에게 처분권한을 명시적으로 부여할 수도 있고 묵시적으로 부여할 수도 있다. 우리나라에서는 이 점에 관하여 명문의 규정이 없지만 담보약정의 해석이나 이른바 처분수권의 개념61)으로 동일한 결과를 인정할 수 있다. 담보권을 설정하면서 담보설정자에게 처분권한을 부여할 경우에는 담보약정에 이를 명시하는 것이 좋을 것이다. 그와 같은 명시적 약정이 없더라도 변동하는 집합동산에 대하여 동산담보권을 설정한 경우에는 처분권을 부여하였다고 볼 수 있는 경우가 많을 것이다.

Ⅴ. 동산담보권의 실행

이 법에 따른 담보를 담보권으로 구성하고 있기 때문에, 담보권의 실행을 어떻게 할 것인지 문제된다.62) 이 법은 동산담보권의 실행에 관하여 그 방법과 절차, 이의신청 등에 관하여 상세한 규정을 두고 있다.

---

59) 김재형, "동산담보제도의 개선방안"(주 5), 294-295면도 참조.

60) 제9-315조 (a)항 (1)호. 이는 통상의 거래과정에서 매수한 자를 보호하는 규정(제9-320조 (a)항)과는 별도로 규정되어 있다. 이에 관하여 필자가 소개한 것으로는 김재형, "동산담보제도의 개선방안"(주 5), 284면 참조.

61) 양창수 · 김재형, 계약법, 박영사, 2010, 168면.

62) 담보권을 도산절차에서 어떻게 취급할 것인지 문제된다. 도산절차에서 이 법에 따른 동산담보권, 채권담보권, 지식재산권담보권은 담보권으로 취급된다(채무자 회생 및 파산에 관한 법률 제141조 제1항, 제411조, 제586조). 따라서 회생절차에서는 회생담보권, 파산절차에서는 별제권이 인정된다. 이 점은 가등기담보나 양도담보의 경우에도 마찬가지이다. 대판 2010. 9. 30, 2010다41386(공 2010, 2004)은 어음의 양도담보권자가 구 회사정리법상 정리담보권자에 해당한다고 하였는데, 채무자 회생 및 파산에 관한 법률에서는 어음의 양도담보권자가 회생담보권자에 해당할 것이다.

1. 담보권의 실행방법: 경매 대 사적 실행

(1) 담보권을 실행하는 방법으로는 법원에 의한 경매와 담보권자에 의한 실행이 있다. 담보권자에 의한 실행은 법원에서 하는 것이 아니라 당사자가 실행을 하는 것이다, 법원에 의한 경매를 公的 實行이라고 한다면, 당사자에 의한 실행을 私的 實行이라고 할 수 있다. 담보권실행을 위한 경매절차에 관해서는 민사집행법에서 상세하게 규정하고 있으나, 사적 실행에 관해서는 예외적으로 민법이나 가등기담보법 등에서 귀속정산을 인정하는 경우가 있다.

이 법에서는 경매가 담보권실행의 원칙적인 방법이고, 예외적으로 정당한 이유가 있는 경우에 귀속정산과 처분정산을 인정한다. 즉, 제21조 제1항은 "담보권자는 자기의 채권을 변제받기 위하여 담보목적물의 경매를 청구할 수 있다."라고 정하고, 제2항 본문은 "정당한 이유가 있는 경우 담보권자는 담보목적물로써 직접 변제에 충당하거나 담보목적물을 매각하여 그 대금을 변제에 충당할 수 있다."라고 정하고 있다. 제2항 본문에서 정하고 있듯이 담보권자가 담보목적물을 직접 변제에 충당하는 것이 귀속정산이고, 담보권자가 담보목적물을 매각하여 그 대금을 변제에 충당하는 것이 처분정산이다. 이들은 법원의 경매절차에 의하지 않고 담보권자가 담보권을 실행하는 것이기 때문에 사적 실행에 속한다.

동산에 관한 경매절차가 활발하게 이용되지 않고 경매절차에서 제 값을 받기 어려운 상황에서는 사적 실행을 이용하는 것이 효율적이다. 이와 달리 동산경매절차가 활발하게 이용되고 그 절차에서 제 값을 받을 수 있는 경우에는 경매절차가 공정하고 효율적이라는 평가를 받을 수 있을 것이다. 종래에 동산경매절차가 활발하게 이용되지 못하였고 그 절차에서 정당한 가격을 받기 어려운 경우가 많았다. 이것이 사적 실행을 인정한 주요 이유이다.

(2) 민법상 질권의 실행에 관해서도 경매절차를 원칙적인 절차로 규정하고 예외적으로 간이변제충당, 즉 귀속정산을 인정하고 있다.[63] 또한 가등기담보권의 경우에는 경매 이외에도 귀속정산을 인정하고 있지만, 질권이나 가등기담보권에서 처분정산을 허용하고 있지는 않다.

이 법에서 동산담보권의 실행방법으로 경매와 귀속정산 이외에 처분정산까지 인정함으로써 사적 실행의 방법을 좀 더 다양화하였는데, 그 이유는 다음과 같다. 동산의 경우에는 부패하거나 시간의 경과에 따라 가치가 급격하게 감손되는 경우가 있으므로, 법원의 경매절차로 동산담보권을 실행하기 어려운 경우가 적지 않다. 이러한 경우에 담보권자가 귀속정산절차를 통하여 담보목적물의 소유권을 취득한 다음 이를 매각할 수 있다. 그러나 담보권자가 담보목적물을 계속 보유할 것이 아니라면 담보목적물의 소유권을 취득하지 않은 채로 이를 매각하여 채권의 변제에 충당하는 것이 바람직할 것이다. 또한 담보권의 실행방법으로 처분정산을 인정한 것은 실행방법을 다양화한다는 점에서도 합리적이다. 그리하여 귀속정산 이외에 처분정산을 인정한 것이다.

(3) 귀속정산과 처분정산을 경매와 병행적으로 인정하지 않고 경매를 원칙으로 하고, 귀속정산과 처분정산을 예외적인 실행방법으로 규정하였다. 이와 같은 규정방식은 질권에 관한 민법 제338조에서 따온 것으로, 경매절차를 원칙적인 절차로 하고 정당한 이유가 있는 경우에 사적 실행을 인정한다는 점에서 동일하다.[64] 동산담보권의 경우에 정당한 이유가 있어야만 귀속정산과 처분정산을 할 수 있는데, 이는 질권의 경우와 동일하게 판단할 수 있다. 즉, 목적물의 가치가 적어 많은 비용

63) 민법 제338조 제1항은 "질권자는 채권의 변제를 받기 위하여 질물을 경매할 수 있다."라고 정하고, 제2항에서 "정당한 이유 있는 때에는 질권자는 감정인의 평가에 의하여 질물로 직접 변제에 충당할 것을 법원에 청구할 수 있다. 이 경우에는 질권자는 미리 채무자 및 질권설정자에게 통지하여야 한다."라고 정하고 있다.

64) 김재형, "「동산·채권 등의 담보에 관한 법률」 제정안의 구성과 내용"(주 19), 258면. 담보권의 실행부분에 관해서는 위 논문에 있는 내용을 좀 더 보완한 것이다.

을 들여 경매하는 것이 불합리한 경우, 경매를 하면 정당한 가격을 받기 어려운 사정이 있는 경우, 공정시세가 있어 경매에 의하지 않더라도 공정한 값을 산출할 수 있는 경우에 정당한 이유가 있다고 볼 수 있다.[65] 정당한 이유가 있는지 여부는 경매절차와 사적 실행을 비교하여 판단하게 된다.

제21조 제2항 단서는 "다만, 선순위권리자(담보등기부에 등기되어 있거나 담보권자가 알고 있는 경우로 한정한다)가 있는 경우에는 그의 동의를 받아야 한다."라고 정함으로써, 선순위담보권자의 이익이 침해되지 않도록 그의 동의를 받은 때에 한하여 귀속정산과 처분정산을 허용한다. 사적 실행의 경우에 선순위담보권자의 이익이 침해될 수 있기 때문에, 이와 같은 제한 규정을 둔 것이다.

(4) 경매절차와 사적 실행은 제도적으로 서로 경쟁하는 관계에 있다. 미국에서는 담보권의 실행에서 사적 실행이 매우 중요한 부분을 차지하고 있지만, 우리나라에서는 법원에 의한 경매가 중심을 차지하고 있다. 민사집행법은 경매절차를 중심으로 구성되어 있고, 사적 실행은 당사자의 약정에 거의 전적으로 맡겨져 있다. 경매절차가 효율적인지 사적 실행이 효율적인지에 관해서는 종래 거의 논의되지 않았다. 그러나 경우에 따라서는 사적 실행이 공적 실행에 비하여 우월할 수 있다. 민사집행법을 개정하여 사적 실행에 관해서도 상세한 규정을 두는 것이 바람직하겠지만, 민사집행법의 개정을 기대하기는 어려워 이 법에서 사적 실행에 관하여 상세한 규정을 두었다. 동산담보권의 실행에서 민사집행법에 의한 경매절차와 이 법에 의한 사적 실행 중에서 어느 절차가 더욱 공정하고 효율적인지에 따라 두 절차에 대한 선호도가 결정될 것이다. 만일 사적 실행의 방법이 발전하여 경매절차에 비하여 효율적이라고 판단된다면 정당한 이유를 폭넓게 인정하여 사적 실행을 쉽게 인정할 수

---

65) 질권에 관해서는 곽윤직 편, 민법주해(Ⅵ), 박영사, 1992, 391면(양승태 집필) 참조.

도 있을 것이다. 즉, 실제 운영에서는 법규정의 형식과는 달리 사적 실행이 원칙적인 형태로 운영될 가능성도 있다. 사적 실행의 실무경험이 쌓이면 사적 실행이 민사집행의 중요한 분야로 발전할 수 있을 것이다.

2. 담보권 실행에 관한 사전 약정의 허용

이 법은 동산담보권 실행에 관하여 당사자들이 사전에 약정을 하는 것을 허용한다. 즉, 제31조 제1항 본문은 "담보권자와 담보권설정자는 이 법에서 정한 실행절차와 다른 내용의 약정을 할 수 있다."라고 정하고 있다.

민법 제339조는 질권설정자가 채무의 변제기 전에 질권자에게 변제에 갈음하여 질물의 소유권을 취득하게 하거나 법률에 정하지 않은 방법으로 질물을 처분하도록 하는 약정을 하는 유질계약(流質契約)을 금지하고 있다.[66] 이는 강행규정으로서 궁박한 사정에 있는 채무자를 질권자의 부당한 착취로부터 보호하기 위한 것이다. 그러나 이에 대해서는 비판적인 견해가 많다.[67]

특히 동산경매절차가 어떻게 운영될지 예측하기가 쉽지 않고 여러 문제점이 노정되고 있기 때문에, 담보권의 실행에 관한 사전 약정을 할 필요성이 매우 높다. 그리하여 이 법에서는 동산담보권자의 경우에 이 법에서 정하는 담보권실행절차 이외의 방법으로도 담보권실행을 할 수 있도록 규정한 것이다. 다만, 제23조 제1항에 따른 담보권 실행의 통

---

66) 이 규정은 "질권설정자는 채무변제기전의 계약으로 질권자에게 변제에 갈음하여 질물의 소유권을 취득하게 하거나 법률에 정한 방법에 의하지 아니하고 질물을 처분할 것을 약정하지 못한다."라고 정하고 있다. 그러나 상행위로 인한 채권을 담보하기 위하여 설정된 질권에는 이 규정이 적용되지 않는다(상법 제59조).

67) 김증한 · 김학동, 물권법, 제9판, 박영사, 1997, 487면; 고상룡, 물권법, 법문사, 2001, 584면; 이영준, 물권법, 전정신판, 박영사, 2009, 820면. 민법주해(VI), 393면(주 65)도 참조.

지가 없거나 통지 후 1개월이 지나지 아니한 경우에도 통지 없이 담보권자가 담보목적물을 처분하거나 직접 변제에 충당하기로 하는 약정은 효력이 없다고 규정하였다(제31조 제1항 단서). 또한 위와 같은 약정에 의하여 이해관계인의 권리를 침해하지 못한다(제31조 제2항). 이는 유담보계약(流擔保契約)을 허용하되, 사적 실행을 위한 최소한의 절차로서 담보권 실행의 통지절차를 밟도록 하고, 이와 같은 약정에 의하여 이해관계인의 권리를 침해하지 못하도록 한 것이다.

당사자들은 유담보계약을 체결할 경우에 경매절차 등을 거치지 않고 유리한 실행방법을 사전에 약정할 수 있다. 이 법에 따라 귀속정산이나 처분정산 절차를 밟을 수도 있으나, 정당한 이유가 있는지 여부를 둘러싸고 분쟁이 발생할 수 있다. 따라서 당사자들은 담보약정을 체결할 당시 또는 그 후에 담보목적물의 종류나 내용 등을 고려하여 담보권을 실행하는 방법이나 절차 등에 관하여 명시적인 약정을 함으로써, 좀 더 신속하고 예측가능한 방법으로 담보권을 실행할 수 있을 것이다. 다만 이와 같은 약정이 선량한 풍속 기타 사회질서를 위반하거나 불공정한 법률행위에 해당하는 경우에는 민법 제103조 또는 제104조에 의하여 무효가 될 수 있다.[68]

3. 실행절차

(1) 경 매

동산담보권의 실행을 위한 경매절차는 민사집행법상 동산에 대한 경매절차에 관한 규정(민사집행법 제264조, 제271조 및 제272조)을 준용하도록 하였다(제22조 제1항). 자동차 · 건설기계 · 소형선박[69] 및 항공기

---

68) 김재형, "「동산 · 채권 등의 담보에 관한 법률」 제정안의 구성과 내용"(주 19), 259면.

69) 「자동차 등 특정동산 저당법」 제3조 제2호에 따른 소형선박을 말한다.

를 목적으로 하는 담보권 실행을 위한 경매절차는 제264조 내지 제269조, 제271조 및 제272조의 규정에 준하여 대법원규칙으로 정하도록 하고 있는데, 이와 유사하게 정한 것이다. 따라서 동산에 대한 경매절차는 담보권이 있는지 여부와 상관없이 유사한 절차에 따라 진행되고 있다고 볼 수 있다.

동산을 목적으로 하는 담보권 실행을 위한 경매는 채권자가 그 목적물을 제출하거나, 그 목적물의 점유자가 압류를 승낙한 때에 개시한다(민사집행법 제271조). 그러나 이 법에서 담보권설정자가 담보목적물을 점유하는 경우에 경매절차는 압류에 의하여 개시한다고 하였다(제22조 제2항). 이 법의 시행에 필요한 사항은 대법원규칙으로 정하도록 하고 있는데(제63조), 「동산·채권의 담보등기 등에 관한 규칙」은 담보권의 실행에 관하여 단 1개의 조문만을 두고 있다. 즉 규칙 제55조에서 "이 규칙에서 규정한 것 외에 동산·채권담보권의 실행에 관하여 필요한 사항은 그 성질에 반하지 아니하는 범위에서 「민사소송규칙」 및 「민사집행규칙」의 규정을 준용한다."라고 규정하고 있을 뿐이다. 한편 민사집행법 제272조에서는 동산에 대한 강제집행절차에 관한 규정인 민사집행법 제2편 제2장 제4절 제2관의 규정과 제265조 및 제266조의 규정을 준용하고 있다.

동산담보권의 실행을 위한 경매절차는 '준용의 준용' 방식으로 해결하고 있기 때문에, 개관을 하기가 어려운 점이 있다. 이는 동산경매절차가 그동안 많이 이용되지 않아 이 분야에 관한 이론이나 실무가 발달하지 못한 점에도 그 원인이 있다. 동산담보권의 실행에 관하여 대법원규칙에서 하나의 준용 규정만 두고 있는 것은 문제가 있다. 동산담보권의 실행에 관하여 민사집행법이나 민사집행규칙으로 해결하기 곤란한 문제에 관해서는 대법원규칙에 명확한 규정을 두어야 할 것이다. 만일 그 내용을 규칙으로 정하는 데 문제가 있다면 법률의 개정이 필요할 것이다.[70] 민사집행법상 동산에 대한 강제집행절차에 관한 규정 또는 담보권실행을 위한 경매절차에 관한 규정을 개정할 것인지, 아니면 이 법에 한정하여 동산담보권의 실행에 관한 규정을 개정할 것인지 문제된다. 동산에 대한 강제집행, 동산담보권의 실행을 위한 경매절차, 자동차 등 특정동산에 대한 저당권의 실행을 위한 경매절차 사이에 그 차이가 커서는 안 될 것이다. 이들은 동산에 대한 강제집행 또는 경매라는 점에서 동일하고 다만 동산의 공시방법에 관해서만 차이가 있을 뿐이다. 동산에 대한 경매절차에서 다른 채권자 등 이해관계인을 보호하기 위한 규정이 미미하다는 문제가 있는데,[71] 이러한 문제는 민사집행법 또는 민사집행규칙 등을 개정하거나 집행실무를 변경하여 해결해야 할 것이다.

(2) 귀속정산과 처분정산

민사집행법에는 귀속정산과 처분정산에 관한 규정이 없다. 가등기담보법에는 귀속정산에 관한 규정이 있을 뿐이고 처분정산에 관한 규정이 없고, 가등기담보의 경우에는 동산담보권과는 달리 목적물이 부동

---

70) 가령 동산경매의 경우 경매개시결정기입등기를 할 수 있는지 문제되고 있는데, 경매개시결정에 의한 압류등기를 촉탁하여 등기부에 기재하도록 할 것인지는 판단하기 어려운 문제이다. 물적 편성주의를 취하고 있는 부동산등기에서 경매개시결정기입등기를 한다고 해서 곧바로 동산담보권에 기한 경매의 경우에도 동일하게 경매개시결정기입등기를 하는 것은 인적 편성주의에 맞지 않을 수 있기 때문이다.

71) 유체동산집행의 경우에 우선변제청구권이 있는 자에 한하여 배당요구를 할 수 있으므로(민사집행법 제217조) 집행력 있는 정본을 가진 채권자라도 민사집행법 제215조에 의하여 압류를 하지 않는 한 배당절차에 참가할 수 없다. 법원행정처, 법원실무제요 민사집행[Ⅲ] —동산·채권 등 집행—, 2003, 256면. 이는 동산담보권자에 대해서도 동일하게 적용될 것이므로 동산담보권자가 권리를 행사할 수 없는 경우가 생길 수 있다. 동산에 대한 소유권을 등기 또는 등록으로 공시할 수 없기 때문에, 이러한 문제는 불가피하게 발생할 것으로 보인다. 다만 당사자들은 담보약정이나 별도의 약정에서 담보목적물의 관리 등에 관해서도 약정을 할 수 있는데, 가령 제 3 자의 신청에 따라 담보목적물에 대한 경매절차가 개시된 경우에 담보설정자가 이 사실을 안 때에는 담보권자에게 알려야 한다는 약정을 할 수도 있을 것이다.

산이기 때문에 준용하는 데 어려움이 있다. 그리하여 이 법에서 귀속정산과 처분정산에 관하여 상세하게 규정하고 있다.

그 절차는 대체로 피담보채권의 변제기가 도래하고, 담보권실행의 방법을 채무자 등과 담보권자가 알고 있는 이해관계인에게 통지한 다음 그 도달일로부터 1개월이 지나야 한다(제23조 제1항). 이와 같은 절차를 둔 것은 무엇보다도 담보권설정자와 이해관계인을 보호하기 위한 것이다. 가등기담보법에서는 청산기간을 '2개월'로 정하고 있으나, 동산은 부동산과 달리 변질되거나 가치가 훼손되기 쉬운 점을 고려하여, 청산기간을 '1개월'로 단축하였다. 다만, 멸실 또는 훼손의 우려 등이 있는 경우에는 위와 같은 통지절차를 밟거나 청산기간이 경과하지 않은 경우라도 귀속정산과 처분정산이 가능하도록 하였다(제23조 제1항 단서).

위와 같은 담보권실행의 통지에는 피담보채권의 금액, 담보목적물의 평가액 또는 예상매각대금, 담보목적물로써 직접 변제에 충당하거나 담보목적물을 매각하려는 이유를 명시하여야 한다(제23조 제2항). 가등기담보법 제3조 제2항에서는 통지 당시의 담보목적부동산의 평가액과 피담보채권액을 밝히도록 하고 있다. 그러나 동산담보권의 경우에는 귀속정산인지 처분정산인지에 따라 통지내용이 달라질 수 있는데, 귀속정산의 경우에는 담보목적물의 평가액을 밝히고 처분정산의 경우에는 예상매각대금을 밝혀야 한다. 또한 귀속정산을 할지 처분정산을 할지도 밝히도록 하였다.

담보권자는 담보목적물의 평가액 또는 매각대금(이하 "매각대금 등"이라 한다)에서 그 채권액을 뺀 금액(이하 "청산금"이라 한다)을 채무자 등에게 지급하여야 한다. 이 경우 담보목적물에 선순위의 동산담보권 등이 있을 때에는 그 채권액을 계산할 때 선순위의 동산담보권 등에 의하여 담보된 채권액을 포함한다(제23조 제3항).

귀속정산의 경우 담보목적물에 대한 소유권취득시기를 명시하고 있다. 즉, 담보권자가 담보목적물로써 직접 변제에 충당하는 경우 청산금을 채무자 등에게 지급한 때에 담보목적물의 소유권을 취득한다(제23조 제4항).[72] 그러나 처분정산의 경우에는 담보권자가 담보목적물을 매각을 통하여 처분하는 것이므로 소유권취득시기를 정하지 않았다.

한편, 담보목적물에 대하여 경매가 개시된 경우에는 담보권자는 직접 변제충당 등의 절차를 중지하도록 하였다. 그러나 담보목적물을 직접 변제에 충당하는 경우에는 청산금을 지급하기 전 또는 청산금이 없는 경우 청산기간이 지나기 전에 경매가 개시되어야 하고, 담보목적물을 매각하여 그 대금을 변제에 충당하는 경우에는 담보권자가 제3자와 매매계약을 체결하기 전에 경매가 개시되어야 한다(제23조 제5항). 귀속정산이나 처분정산이 한창 진행된 상태에서 경매개시를 이유로 귀속정산이나 처분정산을 중지하도록 한다면 담보권자 또는 담보목적물을 매수하려는 자에게 손해가 발생할 우려가 크기 때문이다.

사적 실행의 경우에는 담보권자나 매수인이 담보목적물의 소유권을 취득한 경우에 담보권자의 권리와 담보권자의 권리에 대항할 수 없는 권리는 소멸한다고 정하였다(제24조). 따라서 담보권자의 권리보다 선순위자의 권리는 소멸하지 않는다고 볼 수 있는데, 이는 경매의 경우에 소멸주의를 채택하고 있는 것[73]과는 다른 점이다. 사적 실행의 경우에도 선순위자의 권리를 무조건 소멸하는 것으로 정하면 선순위자의 보호에 불만족스러운 결과를 초래할 수 있기 때문에, 이와 같이 규정한 것이다.

담보목적물의 점유 문제에 관해서는 담보권자가 담보권 실행 전부터 점유하는 경우와 그렇지 않은 경우로 구분하여 규정하였다. 그리하여 담보권자가 담보목적물을 점유하고 있는 경우에는 피담보채권 전부

72) 이 점은 가등기담보의 경우와 동일하다(가등기담보법 제2조).

73) 경매의 경우에 담보목적물 위의 모든 저당권 등이 매각으로 소멸된다(민사집행법 제91조 제2항 · 제3항 등).

를 변제받을 때까지 유치(留置)할 수 있고(제25조 제1항), 담보권자가 담보목적물을 점유하지 않는 경우에는 담보권의 실행을 위하여 '채무자 등'에게 목적물인도를 청구할 수 있다(제25조 제2항). 이 경우 담보권자는 선량한 관리자의 주의의무로 담보목적물을 관리하고, 과실을 수취하여 다른 채권자보다 먼저 피담보채권의 변제에 충당할 수 있다.

후순위권리자가 청산기간에 권리를 행사하는 절차에 관하여 가등기담보법 제5조, 제12조와 유사한 규정을 두었다(제26조). 후순위권리자는 청산금이 채무자 등에게 지급되기 전에 담보권자에게 채권에 기한 청산금의 지급을 요구할 수 있고, 후순위권리자의 경매청구권을 인정하였다. 후순위권리자가 선순위 동산담보권자의 사적 실행에 대하여 동의하지 않는 경우 경매를 청구하여 담보권의 실행을 저지할 수 있다. 후순위권리자의 경매청구 등으로 강제경매 등의 개시결정이 있는 경우 위에서 본 바와 같이 동산담보권자는 사적 실행 절차를 중지하여야 한다.

담보권자가 사적 실행 후 매각대금 등에 대한 분쟁발생이 예상되는 경우 매각대금 등을 공탁하여 청산금 지급의무를 벗어날 수 있도록 규정하였다(제27조). 담보권자는 가등기담보법과 마찬가지로 '청산금'을 공탁할 수 있지만, 이해관계인과의 분쟁을 피하기 위하여 매각대금 전부를 공탁할 수 있다. 동산담보권에 관해서는 가등기담보의 경우보다 권리관계가 훨씬 복잡할 수 있기 때문에, 이와 같은 규정을 둔 것이다. 그런데 이 경우 공탁금에 대한 권리행사 등에 관하여 논란이 있을 수 있다.[74] 이 문제에 관하여 공탁실무를 수정하거나 이에 관한 절차규정을 두어야 할 경우, 이 법의 시행에 필요한 사항은 대법원규칙으로 정

74) 이 문제는 공탁의 법적 성격에 따라 다르게 볼 수 있다. 먼저 매각대금이 압류되거나 가압류된 경우에 청산금 부분에 대한 공탁은 변제공탁에 해당하고 청산금 외의 부분은 집행공탁의 성격을 가지므로 혼합공탁에 해당한다. 이와 달리 매각대금 등에 관하여 권리를 주장하는 자가 있는 경우에는 변제자가 과실 없이 채권자를 알 수 없는 경우(민법 제487조 제2문)로서 변제공탁에 해당한다. 이 규정에 따른 공탁이 어떠한 경우에 해당하는지에 따라 공탁금에 대한 처리가 달라질 것이다.

하도록 하고 있으므로(제63조), 필요한 경우에는 대법원규칙에서 이에 관한 규정을 두어서 해결할 수 있을 것이다.

한편, 매각대금 등을 공탁할 때 담보권자에게 이해관계인 등에 대한 통지의무를 부과하였는데, 담보권자가 이해관계인의 존재를 정확하게 파악하기 어렵기 때문에, 통지대상의 이해관계인을 '담보권자가 알고 있는' 이해관계인으로 한정하였다.

담보권실행이 종료되기 전에 채무자 등은 피담보채무를 변제하고 담보목적물의 처분을 막을 수 있도록 규정하였다(제28조). 담보권실행을 위한 경매의 경우에는 민사집행법에 따라 경매절차가 정지될 수 있으므로, 위 규정은 사적 실행의 중단에 대하여만 정한 것이다.

4. 담보권 실행에 대한 가처분 또는 이의신청

이해관계인은 담보권자가 위법하게 동산담보권을 실행하는 경우에 동산담보권 실행의 중지 등 필요한 조치를 명하는 가처분을 신청할 수 있다(제30조 제1항). 법원은 가처분 신청에 대한 결정을 하기 전에 이해관계인에게 담보를 제공하게 하거나 제공하지 아니하고 집행을 일시 정지하도록 명하거나 담보권자에게 담보를 제공하고 그 집행을 계속하도록 명하는 등 잠정처분을 할 수 있다(제30조 제2항).

담보권자에 의한 사적 실행이 위법한 경우에 이해관계인은 위 규정에 따라 가처분신청을 할 수 있다. 그런데 동산의 가치가 훼손되기 쉽기 때문에, 이해관계인의 이의신청이 있더라도 법원의 집행정지결정 이전에는 실행이 중단되지 않는다. 다만 후순위권리자는 제26조 제2항에 따라 경매를 청구함으로써 사적 실행을 중단시킬 수도 있다. 한편 담보권 실행을 위한 경매에 대해서는 이해관계인이 민사집행법에 따라 이의신청을 할 수 있다(제30조 제3항).[75]

---

75) 이에 관해서는 민사집행법 제16조에서 규정하고 있다.

5. 공동담보

개별동산의 가치가 크지 않은 경우가 많으므로, 이러한 경우에는 공동담보를 설정할 필요성이 크다. 다수의 동산에 하나의 담보권을 설정하는 경우에도 마찬가지이다. 다수의 동산을 특정할 수 있는 경우에는 집합동산담보의 형태로 담보로 제공할 수 있지만, 별도의 장소에 있는 다수의 동산의 경우에는 특정할 수 없기 때문에 하나의 동산담보권을 설정할 수 없다. 이와 같이 별도의 장소에 있는 다수의 목적물에 대하여 하나의 동산담보권을 설정할 수 없는 경우에 공동담보로 제공할 수도 있다.

공동저당에 관한 민법 제368조의 규정과 마찬가지로 공동담보의 실행시 각 담보목적물의 매각대금에 비례하여 채권의 분담액을 결정하도록 하였다(제29조 제1항). 다만, 집합동산을 구성하는 개개의 물건의 경우에는 각 담보목적물의 매각대금을 정하는 것이 현저히 곤란한 경우가 있기 때문에, 이러한 경우에 대해서는 예외 규정을 두었는데(제29조 제3항 단서), 이는 사적 실행의 경우에 적용되는 규정이다. 위원회안에서는 이와 같은 예외적인 경우에 법원에서 제반사정을 고려하여 그 분담액을 정할 수 있도록 하였으나, 나중에 이와 같은 명시적인 규정을 두지 않고 실무 운용이나 해석에 맡기기로 하였다.

또한 공동담보의 목적물 중 일부에 대하여만 먼저 배당하는 경우(이른바 異時配當) 선순위담보권자는 그 대가에서 채권의 전부를 변제받을 수 있고, 이 경우 후순위권리자는 선순위담보권자의 다른 담보목적물에 대한 권리를 대위하여 담보권을 행사할 수 있다(제29조 제2항). 나아가 담보권자의 사적 실행의 경우에도 위 규정을 준용하도록 하였다(제29조 제3항).

Ⅵ. 결　　론

「동산·채권 등의 담보에 관한 법률」의 제정은 담보제도에 획기적인 변화를 초래하고 있다. 담보거래의 당사자들이 이 법에 따라 동산, 채권, 지식재산권을 좀 더 쉽고 안정적으로 담보로 활용할 수 있게 되었는데, 장기적으로는 부동산 중심의 담보거래관행에도 커다란 영향을 미칠 것으로 예상된다. 이 법은 민법, 부동산등기법, 민사집행법 등 관련 법률과 밀접하게 관련되어 있고, 이 법에서는 담보권의 성립, 효력, 실행, 담보등기에 관하여 하나의 법률에서 통합적으로 규정하고 있다. 따라서 이 제도를 운영한 경험은 민법이나 특별법에서 규정하고 있는 등기제도에도 영향을 미칠 수 있고, 부동산등기법이나 민사집행법 등에도 상당한 변화를 초래할 수도 있다.[76]

이와 같은 변화는 거래계에서 새로운 담보제도를 활발하게 이용해야만 가능한 일이다. 이를 위하여 법원에서는 담보등기시스템을 구축하는 등 이 법의 시행을 위해 필요한 작업을 하였고, 금융감독원 등 금융당국이나 금융기관에서는 동산과 채권을 담보로 한 새로운 금융거래를 확산시키기 위한 노력을 해왔다. 그러나 동산을 적절하게 평가하는 인프라는 여전히 미흡하다. 또한 동산담보권의 경매를 포함하여 담보목적물을 쉽고 적절하게 처분하는 시스템도 불충분하다. 이 법에 따른 담보제도가 정착하기 위해서는 동산 등 담보목적물을 평가하는 시스템을 구축하여야 한다. 또한 동산담보권의 실행이 원활하게 이루어질 수 있도록 동산경매실무를 재구축하고 사적 실행 등을 지원하기 위한 장치를 마련할 필요가 있다.

그러나 그 무엇보다도 중요한 것은 금융거래를 하는 당사자들이

---

76) 부동산 경매절차는 많이 이용되어 왔기 때문에 동산 경매절차와 비교할 때 정비할 기회가 많았으나, 동산 경매절차는 많이 이용되지 않아 미진한 부분이 없지 않은 것으로 보인다.

동산과 채권을 담보로 활용하려는 적극적인 의지를 갖고 그에 걸맞는 노력을 기울이는 것이다. 담보약정을 체결할 것인지, 그 약정에 어떠한 내용을 담을 것인지, 담보권의 실행을 어떻게 할 것인지는 기본적으로 당사자들에게 달려있기 때문이다. 담보권이 물권이라고 해서 사적 자치의 원칙이 배제되는 것은 아니다. 법률가들은 담보권에 관한 분쟁이 발생했을 때 사후적으로 분쟁해결에 개입하는 데 그쳐서는 안 되고, 담보약정을 체결하고 담보권을 공시하는 단계에서부터 그 실행에 이르기까지 좀 더 적극적으로 거래실무에 관여할 필요가 있다.

이 법을 제정할 당시부터 시행 이후의 경과를 본 다음 추후에 개정할 것을 유보한 문제들이 있다. 새로운 제도가 시행되면 항상 새로운 문제가 발생하기 마련이다. 이러한 문제들을 해결하는 과정에서 제도가 발전해나간다. 이에 대하여 적절한 해결방안을 제시해야만 제도가 생활 속에 뿌리내리고 더욱 발전된 모습을 갖추게 될 것이다. 오랜 노력 끝에 새로 도입된 담보제도가 발전을 거듭하여 더욱 합리적이고 효율적인 담보제도로 정착하기를 기대한다.

(저스티스 제137호(2013. 8), 한국법학원, 7-48면 所載)

3. 부동산 유치권의 개선방안*
— 2011년 민법개정시안을 중심으로 —

Ⅰ. 서 론

부동산 유치권을 폐지할 것인가? 유치권은 민법학자들의 주요 관심사에서 벗어나 있던 주제였다. 그러나 부동산에 유치권을 행사하는 경우가 많아지면서 부동산 유치권의 폐지 여부는 사회·경제적으로 중요한 문제로 부상하고 있다.

건설현장에서 건설회사나 하수급업자가 공사를 중단한 채 건물을 점유하면서 유치권을 행사하는 경우가 많다. 특히 부동산 경매절차에서 부동산등기부에 담보권자로 기재되어 있지 않던 사람이 갑자기 나타나 부동산에 유치권을 행사하겠다고 함으로써 경매절차가 중단되고 지리한 분쟁에 휩쓸리는 경우가 적지 않다. 이 경우 유치권을 주장하는 자가 실제로 유치권을 가지고 있는지, 유치권에 의하여 담보되는 채권이 얼마나 있는지 등을 둘러싸고 당사자들의 이해관계가 첨예하게 대립한다. 그러나 그가 허위로 유치권을 주장하는 것은 아닌지(이른바 '허위 유치권' 문제), 유치권을 주장하는 사람이 부동산을 점유하고 있다고 볼 수 있는지를 판단하기가 쉽지 않다. 그리하여 이와 같은 문제를 판례와

* 이 논문은 2011년 6월 18일 한국민사법학회 하계심포지엄에서 발표한 것을 수정·보완한 것이다. 이 글에는 제2기 민법개정위원회 제5분과위원회에서 유치권에 관한 개정안을 작성하면서 토론한 내용이 반영되어 있다. 분과위원장인 남효순 교수님을 비롯한 여러 분과위원님들, 위 심포지엄에서 좋은 의견을 주신 김제완 교수님을 비롯한 여러 교수님들께도 감사드린다.

학설로 해결하는 데는 한계가 있다는 인식이 퍼져가면서 입법적 해결 방안에 관심이 모아지고 있다.

우리 민법은 유치권을 질권, 저당권과 함께 세 종류의 담보물권 중의 하나로 인정하고 있다. 민법 제320조 제1항은 "타인의 물건 또는 유가증권을 점유한 자는 그 물건이나 유가증권에 관하여 생긴 채권이 변제기에 있는 경우에는 변제를 받을 때까지 그 물건 또는 유가증권을 유치할 권리가 있다."라고 정하고 있다. 상법 제58조 본문은 상사유치권에 관하여 "상인간의 상행위로 인한 채권이 변제기에 있는 때에는 채권자는 변제를 받을 때까지 그 채무자에 대한 상행위로 인하여 자기가 점유하고 있는 채무자 소유의 물건 또는 유가증권을 유치할 수 있다."라고 정하고 있고, 상법 제91조에서 대리상의 유치권에 관한 규정을 두고 있다. 위 규정들에서 물건에는 동산뿐만 아니라 부동산도 포함되기 때문에, 부동산에 유치권이 성립할 수 있다는 점은 의문의 여지가 없다.

동산물권에 관한 공시방법은 원칙적으로 점유이고 부동산물권에 관한 공시방법은 등기이다. 동산질권은 점유로써 공시하고 부동산에 설정되는 저당권은 등기로써 공시하고 있는데, 이는 동산물권과 부동산물권에 관한 공시방법과 합치된다. 동산에 대한 유치권을 인정하면서 이를 점유로써 공시하는 것은 문제가 없지만, 부동산 유치권을 인정하면서 이를 점유로써 공시하는 것은 부동산 공시제도와 맞지 않는다. 따라서 부동산 유치권은 부동산의 공시방법에 맞지 않는 기이한 물권이라고 할 수 있다.

종래 부동산 유치권에 관한 규정을 개정하여야 한다는 주장이 있었다. 2004년 민법개정안을 작성할 당시 민법개정특별분과위원회에서 민법상의 부동산 유치권을 폐지하고 이를 법정저당권으로 전환할 것인지 논의하기도 하였으나, 유치권에 관한 개정은 장기과제로 남겨두고 개정안을 마련하지 않았다.[1] 2009년에 출범한 법무부 제1기 민법개정

1) 法務部, 民法(財產編) 改正 資料集, 2004, 376면 이하(金相容 검토의견).

위원회는 담보제도 분과인 제5분과위원회에서 담보법에 관한 개정안을 작성하기로 하였다. 두 번째 해인 2010년에 제2기 민법개정위원회 제5분과위원회[2)]에서 마련한 가장 중요한 개정안(전체회의에서 다루기 전이라서 '개정시안'이라고 해야 할 것이지만, 이 글에서는 편의상 '개정안'이라고 하기로 한다) 중의 하나가 유치권과 비용지출자 등의 저당권설정청구권에 관한 것이다. 이들은 부동산 유치권을 개선하기 위하여 개정안을 작성하기 시작한 것이지만, 그 내용 전체가 부동산 유치권에 한정된 것은 아니다.

유치권에 관한 개정안은 6개(민법 3개, 상법 1개, 민사집행법 1개, 부동산등기법 1개)의 조문과 부칙으로 구성되어 있는데, 그 주요 내용은 다음과 같다. 첫째, 부동산 유치권을 폐지하되, 다만 미등기 부동산에 대해서는 예외적으로 유치권을 인정하였다. 둘째, 유치권의 피담보채권의 범위를 비용지출채권 등으로 한정하였다. 셋째, 비용지출자 등의 저당권설정청구권에 관한 제372조의2를 신설하고 수급인의 저당권설정청구권에 관한 제666조를 개정하였다. 이에 따라 부동산등기법을 개정하여 위 규정에 따른 저당권을 등기하도록 하였다. 넷째, 상법상 유치권의 경우 부동산 유치권을 폐지하였다. 다섯째, 민사집행법 제90조 제5항을 삭제하여 경매절차에서 부동산 유치권에 관한 소멸주의를 채택하였다.

---

2) 제5분과위원회는 2009년과 2010년 2년 동안 담보제도 분과로 활동하였는데, 일부 구성원이 교체되었다. 유치권에 관한 개정안을 작성할 당시인 2010년에 구성된 제2기 민법개정위원회 제5분과위원회는 위원장 남효순 교수, 위원 김상수 교수, 최수정 교수, 김승표 부장판사, 김충섭 변호사, 필자로 구성되어 있었다. 제5분과위원회의 회의는 2010년 2월부터 2011년 2월까지 개최되었다. 부동산 유치권에 관해서는 필자가 초안을 작성한 다음 분과위원회에서 논의하여 결론을 도출하였다. 2011년 6월 18일 한국민사법학회 하계심포지엄에서 유치권에 관한 개정안과 그 취지를 소개하고 의견을 수렴하였으며, 2011년 7월 이메일 등을 통하여 2010년 제5분과위원회의 위원들의 의견을 수렴하여 개정안의 표현을 수정하였다. 2011년 2월에 제3기 민법개정위원회가 출범하면서 분과위원회의 구성이 바뀌었다. 이하에서 제5분과위원회는 2010년에 구성된 제5분과위원회를 가리킨다. 민법개정위원회에 관해서는 법무부 민법개정위원회 홈페이지(http://www.minbub.or.kr/) 참조.

여기에서는 유치권과 비용지출자 등의 저당권설정청구권에 관한 개정안을 소개하고 그와 같이 개정안을 마련한 이유를 설명하고자 한다. 이는 개정안의 취지를 밝히고 이에 관한 의견을 수렴하기 위하여 작성한 것이다. 이를 통하여 개정안의 문제점을 발견하고 좀 더 나은 개선방안을 찾고, 유치권에 관한 규정이 개정될 경우 이를 해석·운용하는 데 도움이 될 것이다.

Ⅱ. 유치권 제도의 현황과 개정방향

1. 유치권의 목적물은 '물건과 유가증권'이므로, 동산이나 유가증권뿐만 아니라 부동산 위에도 유치권이 성립할 수 있다. 유치권의 공시방법은 점유이고, 부동산에 대한 유치권도 등기를 하는 방법이 없다. 이는 민법상 유치권이든 상법상 유치권이든 마찬가지이다. 다만 민법상 유치권에서는 피담보채권을 "그 물건이나 유가증권에 관하여 생긴 채권"이라고 규정하고 있는 반면에, 상사유치권에서는 "상인간의 상행위로 인한 채권"에 해당하면 유치권이 성립한다고 규정한 점에서 차이가 있다.

유치권의 효력은 다른 담보물권과는 다른 특색이 있다. 유치권자는 유치권의 본질적인 효력으로서 목적물을 유치할 권리가 있을 뿐만 아니라, 목적물을 환가하기 위하여 경매를 하거나, 정당한 이유가 있는 때에는 목적물을 직접 변제에 충당할 수도 있다(민법 제322조). 그러나 유치권은 담보물권에 일반적으로 인정되는 우선변제권이 인정되지 않는다. 따라서 유치권자는 일반채권자와 동일한 순위로 배당을 받을 수 있다.[3] 다만 부동산 경매에 적용되는 민사집행법 제91조 제5항은 "매

3) 대결 2011. 6. 15, 2010마1059(공 2011, 1437)는 유치권에 의한 경매신청 사건에서 유치권자는 일반채권자와 동일한 순위로 배당을 받을 수 있다고 하였다.

수인은 유치권자에게 그 유치권으로 담보하는 채권을 변제할 책임이 있다."라고 정하고 있기 때문에, 경매절차상의 매수인이 목적물을 인도받으려면 유치권자에게 피담보채권을 변제하여야 한다. 따라서 유치권자는 경매절차에서 사실상 우선변제를 받을 수 있다.[4)]

[표 1] 유치권 관련 민사본안사건 제1심 소송현황

연도 / 구분	접수	원고 승소 (원고 일부 승소 포함)	원고 패소	취하 (취하간주 포함) · 각하	조정 · 화해	기타	합계
2001	15	3	0	5	2	0	10
2002	18	6	3	5	0	0	14
2003	24	11	2	5	0	2	20
2004	42	10	1	12	4	1	28
2005	142	37	11	20	8	3	79
2006	238	116	6	52	9	6	189
2007	403	160	17	81	26	26	310
2008	403	245	35	87	41	10	418
2009	587	300	38	112	45	15	510
2010	726	357	60	158	49	22	646
2011. 1. - 8.	444	229	59	130	40	17	475

2. 유치권에 관한 분쟁이 최근에 많이 발생하고 있는데, 유치권에 관한 소송은 2005년에 급증하기 시작하여 계속 증가하고 있다. 제1심 법원의 유치권 관련 민사본안사건[5)]은 2001년에 15건, 2004년에 42건에

4) 郭潤直, 物權法, 제7판, 박영사, 2002, 282면; 李英俊, 物權法, 전정신판, 박영사, 2009, 778면, 782면.

5) 사건명에 유치권이라는 용어가 포함되어 있는 경우로서 유치권확인, 유치권부존재확인, 유치권존부확인 등을 구하는 소를 들 수 있다. 그러나 건물명도 사건에서도 유치권의 존부가 문제되는 경우가 많다. 실제로 대법원 종합법률정보 시스템(http://glaw.scourt.go.kr/jbsonw/jbson.do)에서 '유치권'이라는 단어로 검색한 결과 1955년 1월부터 2011년 6월 15일까지 127건의 사건이 검색되는데, 그 중 사건명에 유치권이 포함된 판결은 10건에 불과하고 그 중에는 경매사건도 있다. 또한 허위 유치권을 신고하였다는 이유로 형사처벌을 받는 경우도 있고, 불법행위로 인한 손해배상을 청구하는 사건도 있다. 따라서 위 통계는 유치권에 관한 소송이 어느 정도로 증가하는지를 추정적으로 보여줄 뿐이고, 개략적

불과하였으나, 2005년에 142건으로 증가하였고 2010년에는 726건이나 되었다(아래 [표 2] 참조). 이에 따라 상급심 사건도 증가하여 2010년 유치권 관련 민사본안사건은 2심 188건, 3심 53건이다.[6] 사건명에 유치권이라고 기재되어 있지 않은 경우에도 유치권이 쟁점으로 될 수 있고, 민사본안사건 이외에 가처분 사건, 경매 사건 등에서도 유치권이 문제되므로 유치권에 관한 분쟁이 많다는 것을 알 수 있다.[7] 한편, 원고승소(일부승소 포함) 판결이 원고패소 판결보다 2010년에는 약 6배가 될 정도로 많다는 점이 주목을 끈다. 유치권부존재확인의 소[8]가 유치권존재확인의 소보다 훨씬 많다. 따라서 유치권 주장이 법원에 의하여 받아들여지지 않는 사건이 많다는 것을 알 수 있다. 실무가들도 유치권 주장이 받아들여지지 않는 경우가 월등하게 많다고 한다.

3. 유치권에 관한 규정을 개정하여야 한다는 주장은 여러 갈래로 나뉘어져 있다. 이와 같은 입법적 주장은 세부적인 점에서 차이가 있지만, 유치권을 채권적인 항변권으로 구성하거나 유치권의 객체를 동산으로 한정할 것을 검토할 필요가 있다는 견해,[9] 부동산 유치권을 폐지하고 법정저당권으로 대체하자는 주장,[10] 유치권에 우선변제권을 인정하

으로 유치권에 관한 사건수는 위 표에 있는 것보다 10배 이상 많을 수 있다고 추정할 수 있다. [표 1]과 [표 2]는 법원행정처 정보화담당관실의 도움을 받아 확인 · 작성된 것이다.

6) [표 2] 유치권 관련 민사본안사건 접수건수

심급구분	2005년	2006년	2007년	2008년	2009년	2010년
1심	142	238	403	403	587	726
2심	20	44	77	119	132	188
3심	1	7	12	21	32	53

7) 유치권으로 인한 분쟁이 빈번하게 보도되고 있다. 2005년에 이미 경매 분쟁사건에서 20-30%가 허위 유치권에 관한 사건이라고 한다. 서울경제신문 2005. 8. 8.자 기사 "경매 허위유치권 폐해 심각"(http://economy.hankooki.com/ArticleView/ArticleView.php?url=news/200508/e2005080816470770300.htm&ver=v002).

8) 가령 경매절차에서 유치권을 주장하는 사람이 있으면, 근저당권자 등이 유치권부존재 확인의 소를 제기한다.

9) 嚴東燮, "留置權의 成立要件: 牽連性," 考試界 제585호(2005. 11.), 30면.

10) 金相容, "擔保物權制度의 課題," 民事法學 제9 · 10호(1993), 454면; 權龍雨, "物

고 유치권을 등기하도록 하자는 주장,[11] 목적물과 피담보채권의 견련관계를 좁게 인정하자는 주장,[12] 민사집행법 제91조 제5항을 삭제하여 소멸주의를 채택하는 등으로 해결하는 주장[13] 등을 들 수 있다.

2010년 제5분과위원회에서 개정안을 작성하는 과정에서 다루었던 유치권에 관한 주요 쟁점을 정리하면 다음과 같다([표 3] 참조).

첫째, 유치권을 물권이 아니라 채권적 권리로 규정할 것인지 여부

둘째, 유치권의 객체를 동산에 한정함으로써 부동산 유치권을 폐지할 것인지 여부, 특히 미등기 부동산과 등기 부동산을 구별하여 다룰 것인지 여부

셋째, 비용지출자 등에게 법정저당권과 저당권설정청구권 중에서 어느 권리를 어떠한 방식으로 인정할 것인지

넷째, 비용지출자 등의 법정저당권이나 저당권설정청구권에 기하여 등기명령제도를 도입할 것인지 여부

다섯째, 유치권에 우선변제권을 인정할 것인지 여부

여섯째, 민사집행절차에서 유치권에 관한 소멸주의를 채택할 것인지 여부

다음 항에서 개정안을 중심으로 이 문제를 어떻게 다루고 있는지 살펴볼 것이다.

的 擔保制度의 課題와 展望," 現代法學의 課題와 展望, 新陽社, 1998, 331면; 정준영·이동진, 부동산 유치권의 개선에 관한 연구, 2009년도 법무부 연구용역과제보고서, 110면 이하.

11) 金永斗, "부동산유치권의 문제점에 관한 연구," 土地法의 理論과 實務, 법원사, 2006, 213면 이하; 吳始暎, "부동산 유치권의 한계와 입법적 검토," 土地法의 理論과 實務, 법원사, 2006, 196면; 吳始暎, "부동산 유치권 강제집행에 대한 문제점과 입법론적 고찰," 土地法學 제23-2호(2007. 12.), 215면 이하.

12) 申菊美, "留置權制度에 관한 硏究," 고려대학교 법학박사학위논문, 2003, 300면 이하.

13) 金永斗(주 11), 217면; 吳始暎, "부동산 유치권의 한계와 입법적 검토"(주 11), 199면; 吳始暎, "부동산 유치권 강제집행에 대한 문제점과 입법론적 고찰"(주 11), 236면 이하. 또한 秋信英, "假裝留置權의 進入制限을 위한 立法的 考察," 民事法學 제44호(2009. 3), 375면도 참조.

[표 3] 유치권에 관한 개정방안 일람표

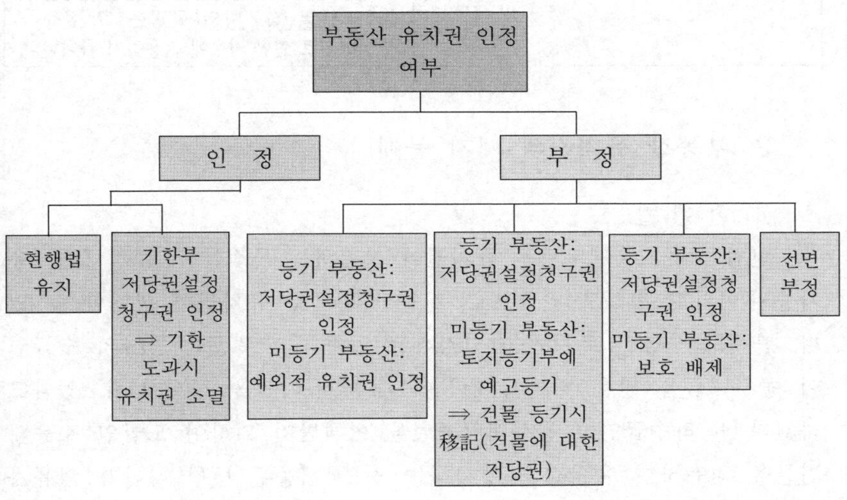

Ⅲ. 유치권에 관한 민법 제320조 개정안과 그 취지

1. 민법 제320조(유치권의 내용)에 관한 개정안

현 행	개 정 안
제320조(유치권의 내용) ① 타인의 물건 또는 유가증권을 점유한 자는 그 물건이나 유가증권에 관하여 생긴 채권이 변제기에 있는 경우에는 변제를 받을 때까지 그 물건 또는 유가증권을 유치할 권리가 있다. ② 전항의 규정은 그 점유가 불법행위로 인한 경우에 적용하지 아니한다.	제320조(유치권의 내용) ① 타인의 동산을 점유한 자는 그 동산에 대한 비용지출로 인한 채권 그밖에 이와 유사한 채권이 변제기에 있는 경우에는 변제를 받을 때까지 그 동산을 유치할 권리가 있다. 유가증권의 경우에도 또한 같다. ② 미등기 부동산의 경우에 제1항을 준용한다. 이 경우 그 부동산에 제1항의 채권을 담보하기 위하여 제372조의2에 따른 저당권설정등기를 한 때 또는

	저당권설정등기를 청구할 수 있는 권리가 소멸된 때에는 유치권이 소멸한다. ③ 제1항, 제2항의 규정은 그 점유가 불법행위로 인한 경우에 적용하지 아니한다.

2. 부동산 유치권의 폐지 문제

(1) 현 행 법

민법 제320조 제1항은 유치권이 성립하는 목적물을 '물건 또는 유가증권'이라고 정하고 있으므로, 부동산 위에도 유치권이 성립할 수 있다. 판례도 부동산 유치권을 인정하고 있다. 즉, 부동산 공사의 수급인이 공사대금을 받을 때까지 건물에 대한 유치권을 행사할 수 있다고 하였다.[14] 하수급인이 공사대금채권을 변제받기 위하여 도급인 소유의 건물을 점유하여 유치권을 행사하는 것도 허용된다.[15] 나아가 점유자가 그 목적물에 비용을 지출함으로써 비용상환청구권이 있는 경우에 유치권을 행사할 수 있다.[16] 임차인의 비용상환청구권이 인정되는 경우에도 마찬가지이다.[17]

현재 부동산 유치권자가 공사를 더 이상 진행하지 않으면서도 부동산을 계속 점유하고 있는 경우가 속출하고 있다. 그리하여 부동산 점

14) 대판 1995. 9. 15, 95다16202, 16219(공 1995, 3395). 그러나 원칙적으로 수급인이 그 재료와 노력으로 건축하여 독립한 건물이 된 경우에는 그 건물이 수급인의 소유가 되는데, 이와 같은 경우에는 유치권이 성립하지 않는다. 대판 1993. 3. 26, 91다14116(공 1993, 1280). 왜냐하면 유치권은 타물권이기 때문이다.

15) 대판 2007. 9. 7, 2005다16942(공 2007, 1553)는 다세대주택의 창호 등의 공사를 완성한 하수급인이 공사대금채권 잔액을 변제받기 위하여 위 다세대주택 중 한 세대를 점유하여 유치권을 행사하는 경우, 그 유치권은 위 한 세대에 대하여 시행한 공사대금만이 아니라 다세대주택 전체에 대하여 시행한 공사대금채권의 잔액 전부를 피담보채권으로 하여 성립한다고 하였다. 과연 이와 같이 넓게 유치권을 인정해야 하는지는 의문이다.

16) 대판 1977. 11. 22, 76다2731(집 25-3, 민 287).

17) 그러나 임차인의 보증금반환채권에 대해서는 유치권이 인정되지 않는다. 대판 1976. 5. 11, 75다1305(공 1976, 9157).

유로 인한 문제점으로 인하여 오래전부터 부동산 유치권을 폐지하자는 주장이 제기되었다.18) 우리 민법이 부동산 물권변동에 대하여 등기를 효력발생요건으로 하고 있으므로 당연히 유치권도 등기로써 취득, 소멸하는 것이 물권법의 체계상 맞는 것이라고 하면서 부동산 유치권은 등기 없이도 성립하는 이상한 물권이라고 한다.19) 이에 대하여 "하나의 제도를 일시에 폐지한다는 것은 큰 혼란을 야기하는 것으로 바람직하지 않을 것"이고, "채권담보를 위한 부동산 유치권의 본래의 기능을 완전히 도외시하는 것"이라는 비판도 있다.20)

독일에서 유치권은 채권적인 이행거절권능으로 구성되어 있기 때문에(독일 민법 제273조), 우리 민법과는 많은 차이가 있다. 유치권을 담보물권으로 규정하고 있는 입법례를 보면, 프랑스21)와 일본22)에서는 부동산에 대해서도 유치권을 인정하고 있으나, 스위스23)(스위스 민법 제895조)에서는 부동산에 대하여 유치권을 인정하지 않고 있다.24) 프랑스나 일본의 경우에는 부동산 물권변동에 관하여 의사주의를 채택하고 있으므로, 프랑스나 일본의 부동산 유치권 문제가 반드시 우리나라와 동일한 평면에 있는 것은 아니다.

---

18) 위 주 10에 있는 문헌 참조.

19) 金基燦, "不動産競賣에서 留置權의 改善에 관한 硏究," 건국대학교 법학박사 학위논문(2008. 2), 63면.

20) 金永斗(주 11), 216면.

21) 1804년 프랑스 민법에는 유치권에 관한 통일적 규정이 없었고, 개별 규정에서 급부거절권을 인정하였으나, 2006년 개정에 따라 제2286조에서 유치권에 관한 규정을 신설하였다.

22) 일본 민법 제295조 제1항 본문은 "타인의 물건의 점유자가 그 물건에 관하여 생긴 채권을 갖고 있는 때는 그 채권의 변제를 받을 때까지 그 물건을 유치할 수 있다."라고 정하고 있어 우리 민법의 규정과 거의 동일하다.

23) 스위스 민법 제895조 제1항은 "채무자의 의사에 좇아 채권자가 점유하고 있는 동산 및 유가증권은 그 채권의 변제기가 도달하고 또 그 성질상 유치의 목적물과 관련이 있는 경우에는 그 채권의 만족을 얻을 때까지 채권자가 이를 유치할 수 있다."라고 정하고 있다.

24) 이에 관한 비교법적 고찰에 관해서는 이동진, "「물권적 유치권」의 정당성과 그 한계," 民事法學 제49-1호(2010. 6), 54면 이하 참조.

(2) 개 정 안

(가) 민법 개정안 제320조 제1항은 유치권의 목적물에서 물건을 동산으로 수정함으로써 부동산을 유치권의 목적물에서 제외하고 있다. 다만, 제2항에서 미등기 부동산(등기되지 아니한 부동산)에 관해서는 종전처럼 유치권을 존속시키되, 제372조의2에 의한 저당권설정등기를 한 때 또는 저당권설정등기를 청구할 수 있는 권리가 소멸된 때에는 유치권이 소멸한다고 규정하였다.

(나) 위 개정안은 등기 부동산에 관한 것으로 한정하고 있지만, 원칙적으로 부동산 유치권을 폐지하여야 한다는 주장을 받아들인 것이다. 필자는 이와 같이 등기 부동산 유치권을 폐지하기로 한 이유를 다음과 같이 설명하였다.[25)]

> "동산의 공시수단은 점유이기 때문에 점유자에게 유치권을 인정하는 것은 체계상 문제는 없다고 볼 수 있다. 그러나 부동산물권의 공시수단으로 등기제도가 마련되어 있으므로, 부동산 점유자에게 유치권이라는 강력한 물권을 인정하는 것은 부동산에 대한 점유를 부동산물권에 대한 공시수단으로 인정하는 것과 같아서 공시제도의 혼란을 초래할 수 있다. 또한 공사현장이 넓은 경우에는 부동산에 대한 점유가 있는지 여부를 판별하는 것이 어렵고, 부동산에 대한 물권을 행사하는 데 점유가 필요한 이유를 설명하기도 쉽지 않다.
>
> 경매실무에서는 부동산 유치권 문제가 매우 어려운 문제로 되어 있다. 부동산 유치권을 행사하는 경우에 유치권자가 새로운 매수인에 대해서도 계속 목적물의 인도를 거절할 수 있으므로, 유치권이 성립하기 전에 저당권을 취득한 사람 등에게 불측의 손해가 발생한다. 또한 유치권이 주장되는 경우에는 매수인도 유치권을 감안하여 부동산을 매수할 것이기 때문에 염가로 매각이 이루어지고 아예 경매가 이루어지지 않는 경

25) 김재형, "담보법의 현재와 미래," 民法의 自畵像과 未來像, 民事法學 제52호(2010. 12), 343면. 이 글에서 개정안의 취지를 간략하게 소개하였는데, 이번 발표문에서는 그 후 수정된 내용을 포함하여 개정안을 조문별로 소개하고 좀 더 상세하게 설명하였다.

우도 많다.”

부동산 유치권은 비효율적인 제도이다. 유치권을 행사하는 동안 부동산을 사용할 수 없기 때문이다. 부동산 유치권을 주장하는 사건에서 허위로 유치권을 주장하는 경우가 많아 실제로 유치권이 인정되는 비율은 매우 낮다. 부동산 유치권을 폐지하는 대신 저당권을 설정할 수 있도록 한다면, 재화를 사용가치와 교환가치로 나누어 활용할 수 있기 때문에 재화를 좀 더 효율적으로 사용할 수 있을 것이다. 민법 제187조에서 법률의 규정에 의한 물권변동의 경우에 등기 없이도 물권을 취득할 수 있다고 정하고 있지만, 이와 같은 예외는 공시의 원칙을 관철하기 위하여 가급적 억제되어야 한다. 부동산 유치권을 폐지한다면 물권을 명확하게 공시함으로써 그로 인한 분쟁을 예방하는 데 도움이 될 것이다. 그리하여 민법 개정을 통하여 부동산 유치권을 인정하는 대신 저당권을 설정할 수 있는 길을 마련하였다.

(다) 그러나 미등기 부동산에 대한 유치권을 폐지하는 것은 문제가 있다. 필자는 미등기 부동산에 관해서는 유치권을 인정하는 방안을 제시하였다. 이에 관해서는 제5분과위원회에서 많은 논란이 있었으나, 미등기 부동산에 대하여 유치권을 잠정적으로 인정하기로 하였다. 즉, 민법 개정안 제320조 제2항은 미등기 부동산의 경우에 한하여 유치권을 인정하되, 이 경우 제372조의2에 의한 저당권설정등기를 한 때는 저당권으로 존속하게 되고 저당권설정등기를 청구할 수 있는 권리가 소멸된 때에는 미등기 부동산의 유치권은 소멸하는 것으로 규정하였다.

우리 민법은 토지와 건물을 별개의 부동산으로 취급하고 있다. 토지 위에 건물이 신축된 경우에 그 건물은 독립적인 소유의 객체로서 토지등기부에 의하여 공시되지 않고 건물등기부에 공시되고 있다. 건물에 관하여 소유권보존등기를 하면 그 건물에 제372조의2에 따른 저당권설정등기를 할 수 있지만, 그렇지 않은 단계에서는 저당권을 설정할 수 없다.[26] 따라서 미등기 부동산에 대해서는 저당권설정청구권을 인정하는 것으로 해결할 수 없기 때문에, 저당권을 설정할 수 있을 때까지 유치권을 인정하기로 하였다. 토지와 건물을 하나의 소유권의 객체로 본다면 미등기 부동산에 대한 유치권 규정을 둘 필요성이 거의 없지만, 그렇지 않은 현행법제에서는 미등기 부동산에 대한 유치권 규정을 두는 것이 바람직할 것이다.

미등기 부동산은 통상 아직 등기되지 아니한 부동산을 가리킨다.[27] 그러나 독립한 소유권의 객체가 될 수 있어야 하므로, 부합물은 미등기 부동산에 포함되지 않는다.[28] 미등기 부동산이라고 하더라도

26) 이와 같은 문제는 드물기는 하지만 토지의 경우에도 발생할 수 있다.

27) 민사집행법 제81조 제1항 제2호 단서, 제3항은 미등기건물의 강제경매신청서에는 그 건물이 채무자의 소유임을 증명할 서류, 그 건물의 지번·구조·면적을 증명할 서류 및 그 건물에 관한 건축허가 또는 건축신고를 증명할 서류를 붙이거나 그의 조사를 집행법원에 신청하도록 규정하고, 민사집행규칙 제42조 제2항은 민사집행법 제81조 제1항 제2호 단서의 규정에 따라 채권자가 제출한 서류에 의하여 강제경매신청을 한 건물의 지번·구조·면적이 건축허가 또는 건축신고된 것과 동일하다고 인정되지 아니하는 때에는 법원은 강제경매신청을 각하하여야 한다고 규정하고, 민사집행법 제268조는 강제경매에 관한 위 규정을 임의경매에도 준용하고 있다. 부동산등기법 제134조 제1항은 미등기 부동산 소유권의 처분제한의 등기촉탁에 의한 등기절차를 규정하면서 제3항은 제1항의 경우 그 등기촉탁에 따라 건물의 등기를 하는 때에는 건축물대장에 소유자로서 등록되어 있음을 증명해야 한다는 제131조의 규정을 적용하지 않고 등기부 중 표시란에 그 건물이 건축법상 사용승인을 받아야 할 건물임에도 그 사용승인을 받지 않았음을 적도록 하는 취지를 규정하고 있는 한편, 건물의 경우 건물에 관한 표시등기사항으로 건물의 지번·종류·구조 및 면적을 기재하도록 하고 있을 뿐이다(부동산등기법 제41조, 제42조 등 참조). 위의 규정들을 종합해 볼 때, 완공이 된 건물뿐 아니라 완공되지 아니하여 보존등기가 경료되지 아니하였거나 사용승인되지 아니한 건물이라고 하더라도 채무자의 소유로서 건물로서의 실질과 외관을 갖추고 그의 지번·구조·면적 등이 건축허가 또는 건축신고의 내용과 사회통념상 동일하다고 인정되는 경우에는 이를 부동산경매의 대상으로 삼을 수 있다고 할 것이다. 대결 2004. 9. 3, 2004마480; 대결 2004. 10. 14, 2004마342; 대결 2005. 9. 9, 2004마696.

28) 건물의 신축공사를 도급받은 수급인이 사회통념상 독립한 건물이라고 볼 수 없는 정착물을 토지에 설치한 상태에서 공사가 중단된 경우에 위 정착물은 토지의 부합물에 불과하여 이러한 정착물에 대하여 유치권을 행사할 수 없는 것이고, 또한 공사중단시까지 발생한 공사금 채권은 토지에 관하여 생긴 것이 아

등기를 할 수 있는 부동산에 대해서는 저당권을 설정할 수 있으므로, 등기할 수 없는 부동산에 한하여 유치권을 성립하도록 하자는 의견도 있었다. 그러나 개정안에서는 미등기 부동산에 대하여 유치권을 성립하도록 하였는데, 부동산등기법에서 미등기 부동산이라는 용어를 사용하고 있고(제134조),[29] 미등기 부동산에 저당권을 설정하는 것이 현실적으로 어려우며, 채권자 입장에서 등기할 수 있는 부동산인지 여부를 판단하기 쉽지 않기 때문이다.

유치권이 실제로 문제되는 것은 미등기 부동산인 경우가 많기 때문에, 미등기 부동산에 대하여 유치권을 인정할 경우에 유치권에 관한 개정의 의미가 반감될 수 있다. 또한 미등기 부동산의 유치권을 인정한다면 공시되지 않는 부동산 물권을 인정하는 데서 법률관계가 복잡하게 된다. 그러나 미등기 부동산, 특히 등기를 할 수 없는 부동산의 경우에 유치권을 인정하지 않는다면 등기를 할 수 없는 상태에서 유치권도 성립되지 않고 저당권도 설정할 수 없게 된다. 동산의 경우에는 비용지출자 등이 유치권을 가지는 데 반하여, 미등기 부동산의 경우에는 저당권을 설정받을 수 없는데도 유치권이 인정되지 않는다면 형평에 맞지 않을 수 있다. 나중에 부동산에 관한 소유권보존등기를 했을 때 저당권을 설정할 수 있도록 하면 된다고 하나, 부동산 소유자가 등기 이전에 그 부동산을 제3자에게 처분한 경우 등에 대비하여 유치권을 인정할 필요가 있다.

다만 개정안에서는 미등기 부동산에 관하여 소유권보존등기를 하면 그 때부터 일정한 기간 내에 저당권을 설정하도록 하고, 이에 따라 저당권을 설정하거나 저당권설정청구권이 소멸하면 유치권도 소멸하도록 하였다(제2항). 소유권보존등기를 하면 더 이상 미등기 부동산이

니므로 위 공사금 채권에 기하여 토지에 대하여 유치권을 행사할 수도 없는 것이다. 대결 2008. 5. 30, 2007마98.

29) 2011. 4. 12. 개정 부동산등기법(2011. 10. 13. 시행 예정) 제66조.

아니기 때문에, 유치권의 대상이 되지 않는다고 볼 수 있으나, 미등기 부동산에 이미 성립한 유치권의 존속기간을 일정한 시기까지 제한적으로 연장하는 것은 가능할 것이다. 그리하여 미등기 부동산에 유치권이 성립된 경우에도 그 부동산에 소유권보존등기를 마친 후에는 그 때부터 일정한 기간 내에 저당권을 설정하도록 하되, 유치권자가 그 기간 내에 저당권을 설정한 때 또는 저당권설정청구권이 소멸한 때에 유치권이 소멸된다고 규정한 것이다. 만일 유치권자가 저당권설정등기를 하면 유치권은 저당권으로 전환되어 존속한다고 볼 수 있으나, 그 효력은 개정안에서 정하고 있는 저당권으로서의 효력을 가질 뿐이다.[30)]

3. 목적물과 피담보채권의 견련관계

(1) 현 행 법

유치권이 인정되려면 물건 또는 유가증권에 관하여 생긴 채권이 있어야 하는데, 이것이 무엇을 의미하는지에 관하여 一元說과 二元說 등이 대립하고 있다. 다수설은 이른바 二元說이다. 즉 채권과 물건 사이의 견련성이 인정되는 경우는 ① 채권이 목적물 자체로부터 발생하는 경우와 ② 채권이 목적물의 반환청구권과 동일한 법률관계 또는 사실관계로

---

30) 제320조 제 2 항의 표현에 관해서는 두 방안을 검토하였다. ① 제 1 안: "미등기 부동산의 경우에 제 1 항을 준용한다. 이 경우 그 부동산에 제 1 항의 채권을 담보하기 위한 저당권설정등기를 한 때 또는 저당권설정등기를 청구할 수 있는 권리가 소멸된 때에는 유치권이 소멸한다." ② 제 2 안: "미등기 부동산의 경우에 제 1 항을 준용한다. 이 경우 그 부동산에 제 1 항의 채권을 담보하기 위하여 제372조의2에 따른 저당권설정등기를 한 때 또는 저당권설정등기를 청구할 수 있는 권리가 소멸된 때에는 유치권이 소멸한다." 제 1 안은 해석상 문제가 없지만, 조문을 읽는 사람 입장에서 저당권설정등기가 갑자기 나오는 이유를 몰라서 불명확하다는 비판이 있을 수 있다. 제 2 안은 이해의 편의상 제372조의2에 따른 저당권설정등기라는 점을 표시한 것으로, 뒤에 나오는 조항을 인용하는 부담이 있고, 혼란을 초래할 수도 있다는 문제가 있을 수 있다. 2011년 7월 제 5 분과위원의 의견을 수렴한 결과 표현을 좀 더 명확하게 하기 위하여 제 2 안에 따라 제372조의2에 따른 저당권설정등기임을 명시하기로 하였다.

부터 발생하는 경우라고 한다.[31] 판례는 유치권이 성립되는 경우를 개별적으로 판단하여 왔는데, 최근에는 이른바 이원설에 따른 법리를 명시적으로 표명한 적이 있다. 즉, 대판 2007.9.7, 2005다16942[32]는 '그 물건에 관하여 생긴 채권'은 "위 유치권 제도 본래의 취지인 공평의 원칙에 특별히 반하지 않는 한, 채권이 목적물 자체로부터 발생한 경우는 물론이고 채권이 목적물의 반환청구권과 동일한 법률관계나 사실관계로부터 발생한 경우도 포함한다."라고 판단하였다.[33] 이 판결은 다수설과 같이 채권과 물건 사이의 견련성을 넓게 인정한 것이다.[34]

그러나 이 기준이 유치권이 성립하는 경우를 적절하게 설명하지 못하고 있을 뿐만 아니라, 그 인정 범위를 지나치게 넓게 보고 있다는 비판이 끊임없이 제기되고 있다.[35]

(2) 개 정 안

유치권의 성립요건으로 '물건이나 유가증권에 관하여 생긴 채권'이라는 표현은 매우 모호한 표현이다. 그 의미를 목적물과 채권의 견련관계로 이해하고 있으나, 이와 같이 한정하는 것이 타당한지 논란이 될 수 있다. 법규정을 해석론과 일치시키기 위하여 이 요건을 '물건과 채권 사이의 견련관계'로 표현하는 방안이 있다. 그러나 이 방안을 채택할 경우에도 견련관계가 무엇인지에 관한 견해의 대립이 생길 것이고,

---

31) 郭潤直(주 4), 285면.

32) 공 2007, 1553.

33) 이 판결은 나아가 "유치물은 그 각 부분으로써 피담보채권의 전부를 담보한다고 할 것이며, 이와 같은 유치권의 불가분성은 그 목적물이 분할 가능하거나 수개의 물건인 경우에도 적용된다."라고 하였다.

34) 이 판결에 찬성하는 해설 또는 평석으로는 문광섭, "유치권의 피담보채권의 범위: 채권과 물건 간의 견련관계 및 유치권의 불가분성과 관련하여," 대법원판례해설 제71호(2007 하반기)(2008.7), 120면 이하; 裵容浚, "유치권의 성립요건으로서의 견련관계 및 유치권의 불가분성," 民事判例硏究(XXXI), 2009, 157면 이하.

35) 梁彰洙, "留置權의 發生要件으로서의 「債權과 物件 간의 牽連關係」," 民法硏究 제1권, 박영사, 1991, 227면 이하; 李英俊(주 4), 766면 이하.

견련관계라는 문언도 지나치게 포괄적인 의미를 내포하고 있다는 문제점이 있다.

그리하여 이 요건을 좀 더 한정적으로 표현하기 위하여 "비용지출로 인한 채권 그 밖에 이와 유사한 채권"에 대해서만 유치권을 인정하기로 하였다. 이는 종래 유치권이 인정되는 전형적인 형태를 "물건에 대하여 비용을 지출한 경우"로 상정한 것이다. 다만 이와 같이 한정할 경우 유치권이 성립하는 범위가 지나치게 좁게 될 수 있어서 물건에 대한 비용지출과 유사한 경우까지 유치권의 성립범위를 넓힌 것이다. 따라서 "채권이 목적물의 반환청구권과 동일한 법률관계나 사실관계로부터 발생한 경우"에도 위 요건으로 포섭되지 않는 한 유치권이 성립하지 않게 될 것이다.

4. 유치권을 물권이 아니라 채권적 권리로 규정할 것인지 여부

우리 민법에서 유치권은 일본 민법과 마찬가지로 법정담보물권으로 구성되어 있다. 이와 달리 독일 민법은 유치권을 물권이 아니라 이행거절권능으로 규정하고 있다(제273조). 유치권자에게 물권을 인정하는 것은 지나치게 큰 권리를 인정하는 것이므로 이행거절권능만을 부여하자는 주장이 있었다. 유치권자에게 채권적 지위만을 인정하는 것도 가능한 입법적 대안임은 물론이다. 그러나 이와 같은 방식으로 입법을 하는 것에 관해서는 반대의견이 많았다. 유치권을 채권으로 규정하려면 물권편에서 유치권을 삭제하고 채권편으로 옮기거나 동시이행항변권과 통합하여 규정하여야 할 것인데, 이와 같이 하는 것이 합리적인지도 의문이고 그와 같은 작업도 쉽지 않다.

5. 유치권에 우선변제권을 인정할 것인지 여부

유치권자는 목적물을 유치하는 데에서 나아가 경매를 하고 정당한 이유가 있는 때에는 목적물을 직접 변제에 충당할 수도 있다는 점에서, 유치권은 담보물권의 성질을 갖고 있다. 그러나 유치권은 담보물권에 일반적으로 인정되는 우선변제권이 인정되지 않는다. 다만 부동산 경매에 적용되는 민사집행법 제91조 제5항은 "매수인은 유치권자에게 그 유치권으로 담보하는 채권을 변제할 책임이 있다."라고 정하고 있기 때문에, 경매절차상의 매수인이 목적물을 인도받으려면 유치권자에게 피담보채권을 변제하여야 한다. 따라서 유치권자는 경매절차에서 사실상 우선변제를 받을 수 있다.[36]

유치권자는 민법상 우선변제권이 인정되지 않는데도 경매절차에서 사실상 우선변제를 받을 수 있기 때문에 유치권은 담보물권에서 모호한 지위를 차지하고 있다. 그리하여 유치권에 우선변제권을 인정할 것인지 검토하였다. 담보물권이라고 해서 당연히 우선변제권을 인정하여야 하는 것은 아니다. 법률의 규정으로 우선변제권을 인정할 것인지 여부를 결정할 수 있다. 유치권자의 지위를 완화하자는 의견이 많은 상태에서 유치권에 우선변제권을 부여하는 것은 문제가 있다고 보았다. 현재 유치권자에게 우선변제권을 인정하지 않더라도 유치권자를 보호하는 데 문제가 생기지는 않는다. 오히려 부동산 유치권자가 사실상 우선변제를 받을 수 있도록 하고 있는 민사집행법 제91조 제5항을 삭제함으로써 유치권을 약화시키기로 하였다.[37] 이에 따르면 부동산 유치권자는 경매절차에서 일반채권자로서 채권을 회수할 수 있을 뿐이고 종전과 같은 사실상 우선변제권도 인정되지 않는다.

---

36) 郭潤直(주 4), 282면.
37) 이에 관해서는 아래 Ⅶ. 참조.

Ⅳ. 비용지출자 등의 저당권설정청구권에 관한 규정의 신설

1. 민법 제372조의2에 관한 개정안

	개 정 안
「민법」 〈신설〉	「민법」 〈제 1 안〉 제372조의2(비용지출자 등의 저당권설정청구권) ① 타인의 부동산을 점유한 자는 그 부동산에 대한 비용지출로 인한 채권 그 밖에 이와 유사한 채권이 있는 경우에 그 채권을 담보하기 위하여 부동산 소유자를 상대로 그 부동산을 목적으로 한 저당권의 설정을 청구할 수 있다. 악의의 제 3 취득자에 대해서도 또한 같다. ② 제 1 항의 규정은 그 점유가 불법행위로 인한 경우에 적용하지 아니한다. ③ 제 1 항의 경우에 채권자는 채권의 변제기로부터 6개월 내에 저당권설정등기를 하거나 그 등기를 청구하는 소를 제기하여야 한다. 다만, 미등기 부동산의 경우에는 채권의 변제기와 소유권보존등기를 한 날 중 늦게 도래한 날로부터 그 기간을 기산한다. ④ 제 1 항에 따른 저당권설정등기 이전에 채권의 변제기가 도래한 때에는 변제기에 저당권이 설정된 것으로 본다. 〈제 2 안〉 제372조의2(비용지출자 등의 저당권설정청구권) ① 부동산에 대한 비용지출로 인한 채권 그 밖에 이와 유사한 채권이 있는 경우에 채권자는 그 채권을 담보하기 위하여 부동산 소유자를 상대로 그 부동산을 목적으로 한 저당권의 설정을 청구할 수 있다. 악의의 제 3 취득자에 대해서도 또한 같다. ② 제 1 항의 규정은 채무자의 의사에 반하여 제 1 항의 채권을 취득한 경우에는 적용하지 아니한다. ③ 제 1 항의 경우에 채권자는 채권의 변제기로부터 6개월 내에 저당권설정등기를 하거나 그 등기를 청구하는 소를 제기하여야 한다. 다만, 미등기 부동산의 경우에는 채권의 변제기와 소유권보존등기를 한 날 중 늦게 도래한 날로부터 그 기간을 기산한다. ④ 제 1 항에 따른 저당권설정등기 이전에 채권의 변제기가 도래한 때에는 변제기에 저당권이 설정된 것으로 본다.
「부동산 등기법」 〈신설〉	「부동산등기법」 제75조 ③ 등기관은 민법 제372조의2, 제666조의 규정에 따라 저당권설정의 등기를 할 때에는 그 규정에 따른 저당권임을 표시하고, 변제기를 기록하여야 한다.

2. 비용지출자 등의 저당권설정청구권

(1) 의 의

현행법에서는 타인의 부동산에 대한 비용지출로 인한 채권 그 밖에 이와 유사한 채권(이하 '비용지출채권 등'이라고 한다)이 있는 경우에 유치권이 성립되지만, 위 개정안에 따르면 미등기 부동산의 경우를 제외하고는 부동산 유치권이 인정되지 않는다. 타인의 부동산에 대한 비용지출채권 등은 통상 부동산의 가치를 증대시키는 것이기 때문에, 그 부동산으로부터 비용지출채권 등에 대하여 우선변제받을 권리를 인정할 필요가 있다. 이러한 채권으로 제5분과위원회에서는 유치권자에게 법정저당권이나 저당권설정청구권을 인정할 것인지 여부를 검토한 결과 비용지출채권 등이 있는 경우 저당권설정청구권을 인정하는 제372조의2를 신설하기로 하였다. 이는 부동산에 대하여 비용지출채권 등이 있는 경우에 곧바로 법정저당권을 인정한 것은 아니고 민법 제666조와 유사하게 부동산에 저당권을 설정할 수 있도록 한 것이다.

먼저 민법 제666조에 관하여 살펴보자. 이 규정은 수급인의 목적 부동산에 대한 저당권설정청구권에 관하여 "부동산공사의 수급인은 전조의 보수에 관한 채권을 담보하기 위하여 그 부동산을 목적으로 한 저당권의 설정을 청구할 수 있다."라고 정하고 있다. 이 규정에서 정하고 있는 수급인의 저당권설정청구권은 순수한 채권적 청구권이다. 수급인의 청구권 행사로 바로 저당권이 설정되는 것이 아니고, 도급인이 그 청구에 응하여 승낙을 하고 등기를 갖추어야 비로소 저당권이 성립한다.[38] 우리 민법 제666조는 내용에 다소 차이가 있으나, 독일 민법 제648조 제1항을 본받은 것이다. 독일 민법 제648조의 경우에도 저당권설정청구권을 형성권이 아니라 청구권으로 보고 있다.[39]

---

38) 民法注解(XV), 451면(金龍潭 집필).

39) MünchKomm/Busche (5. Aufl., 2009), § 648 Rn. 1.

그런데 수급인의 저당권설정청구권에 관한 규정은 도급계약에서만 적용되는 것이지만, 제5분과위원회에서는 도급계약 이외에도 부동산에 대한 비용을 지출함으로써 그 가액을 증가시킨 경우에 부동산에 대한 저당권을 설정할 수 있도록 할 필요가 있다고 보아 개정안을 마련하였다.

제372조의2 신설안은 부동산 유치권을 없애는 대신 비용지출채권 등을 확보하기 위하여 저당권설정청구권을 인정하기 위하여 고안된 것인데, 민법 제666조를 확대하여 비용지출채권 등을 좀 더 포괄적으로 보호하기 위하여 마련한 것이다. 그리하여 법규정의 위치도 유치권에 관한 절이나 도급에 관한 절에 두지 않고 저당권에 관한 절에 두기로 하였다.

(2) 법적 성질: 법정저당권 대 저당권설정청구권

비용지출자 등에게 저당권설정청구권을 인정할 것인지, 아니면 법정저당권을 인정할 것인지에 관하여 논란이 있었다. 부동산에 대한 비용지출자 등이 법정저당권을 취득한다고 정할 경우에 저당권등기 없이도 저당권을 취득할 것이다. 이와 달리 저당권설정청구권만을 부여한 것은 저당권을 반드시 등기부에 공시하도록 한 것이다. 제372조의2 신설안은 위 (1)에서 본 바와 같이 민법 제666조에서 정하고 있는 수급인의 경우와 마찬가지로 저당권설정청구권을 인정하기로 하였다. 이는 법정저당권을 인정하지 않고, 저당권설정등기를 하여야만 저당권자로서의 권리를 취득·행사할 수 있다는 것이다.

입법례에 따라서는 비용지출자 등에게 우선특권을 인정하고 있는 경우도 있으나, 우리 민법에서는 이를 인정하지 않고 있다. 그리고 우리 민법에서 법정저당권은 매우 예외적인 경우에만 인정하고 있다. 즉, 제649조는 "임차지상의 건물에 대한 법정저당권"이라는 표제 하에 "토지임대인이 변제기를 경과한 최후 2년의 차임채권에 의하여 그 지상에 있는 임차인 소유의 건물을 압류한 때에는 저당권과 동일한 효력이 있다."라고 정하고 있다. 이 규정에 따르면, 변제기를 경과한 최후 2년의 차임채권에 한하여 임차인 소유의 건물에 대하여 법정저당권이 인정된다. 그리고 부동산에 대한 비용지출자 등에게 바로 법정저당권을 인정하는 것은 비용지출자 등을 과도하게 보호하는 결과가 될 수 있다.

한편, 부동산에 관하여 등기 없이 물권을 인정하는 것은 공시의 원칙에 배치될 수 있다. 이 점에서도 비용지출자 등에게 법정저당권을 인정하는 것보다는 저당권설정청구권만을 부여하는 것이 타당하다고 보았다. 그리고 민법 제649조의 법정저당권의 경우에는 등기를 요건으로 하는 대신 '압류'를 요건으로 하고 있는데,[40] 비용지출자 등에게 법정저당권을 인정하기 위해서 압류를 요건으로 한다면 오히려 비용지출자 등에게 불리하게 될 수 있을 것이다. 등기를 요구하는 것이 압류를 하는 것보다 편리할 수 있다. 왜냐하면 압류를 하려면 확정판결을 받아야 하지만, 등기의 경우에는 확정판결을 받지 않아도 등기를 할 수 있기 때문이다. 민법 제649조에 따른 저당권은 압류에 의한 법정저당권이고, 제372조의2 신설안에 따른 저당권은 등기에 의한 저당권이지만, 법률에서 저당권설정청구권이 인정되고 있다고 볼 수 있다.

만일 압류 등을 요건으로 하지 않고 비용을 지출하였을 경우에 법정저당권이 성립한다고 규정할 경우에는 법정저당권이 성립되었는지를 둘러싸고 분쟁이 발생할 우려가 클 것이다.

결국 제372조의2 신설안은 비용지출자 등에게 법정저당권을 인정하지 않고 저당권설정청구권만을 인정하였는데, 이 안에 따르면 비용지출자 등의 저당권을 등기함으로써 권리관계를 명확하게 하고 이를 대외적으로 공시를 할 수 있다는 장점이 있다.

---

40) 이 규정에 따른 법정저당권은 압류에 의하여 그 효력이 발생하는데, 압류를 하려면 확정판결 등 집행권원이 있어야 하고, 압류를 하면 등기부에 그 사실이 기입된다. 그러나 확정판결을 받을 무렵에는 이미 압류할 물건이 남아있지 않기 때문에, 이 규정의 실효성이 적다. 民法注解(XV), 168면(閔日榮 집필). 물론 가압류에 의하여 법정저당권을 보전할 수는 있다.

(3) 성립요건

(가) 제372조의2 신설안에서 비용지출자 등이 저당권설정청구권을 갖기 위해서는 부동산에 대한 비용지출채권 등이 있어야 한다. 이 점은 유치권의 성립요건과 동일하게 하였지만, 채권의 변제기 도래를 요건으로 하지 않아 채권의 변제기가 도래하기 전에도 저당권설정청구권을 행사할 수 있도록 하였다.

논의과정에서 채권의 변제기가 도래하지 않은 상태에서 저당권설정청구권을 인정할 필요가 있는지 여부에 관하여 검토하였다. 채권의 변제기 도래를 요건으로 할 것인지는 입법적 선택 문제이다. 그런데 변제기를 요건으로 할 경우에 복잡한 문제가 발생한다. 가령 하나의 계약에서 발생하는 채권이라고 하더라도 채권을 일부씩 변제하기로 한 경우를 생각해 보자. 이 경우에 분할된 각각의 채권의 변제기가 달라진다. 만일 채권의 변제기를 저당권설정청구권의 요건으로 한다면 각각의 채권의 변제기가 도래할 때마다 저당권설정청구권이 발생하게 될 것이다. 또한 당사자들이 명시적이든 묵시적이든 채권의 변제기를 계속 연장하는 경우에 어떻게 해결할 것인지는 쉽지 않은 문제이다. 부동산의 소유자가 변제기가 도래하자마자 제3자에게 부동산을 처분하면 제3자가 이를 알지 못하는 경우에는 비용지출자 등은 저당권설정청구권을 행사할 수 없다. 따라서 변제기 이전이라도 비용지출자 등이 저당권설정청구권을 행사할 수 있도록 하여야 할 것이다.

제372조의2 신설안이 부동산 유치권을 없애는 대체조문에 불과한 것은 아니기 때문에, 변제기 요건을 고수할 필요는 없다. 민법 제666조에서도 변제기를 요건으로 정하고 있지 않다는 점을 고려하여 이 규정에서도 변제기를 요건으로 정하지 않기로 하였다.

(나) 제372조의2 신설안의 성립요건으로 목적 부동산을 점유하고 있어야 한다고 볼 것인지 여부에 관하여 논란이 있었다. 점유를 요건으로

하는 방안은 현행 유치권 규정과 유사하기 때문에, 제도의 전환으로 인한 문제점을 줄일 수 있다는 장점이 있다. 비용지출자 등이 부동산을 점유하고 있는 경우에만 저당권설정청구권을 인정할 경우에 부동산의 소유자가 채무자가 아닌 경우에도 큰 문제는 없다고 볼 수도 있다. 그러나 저당권설정청구권자를 부동산을 계속 점유하고 있는 자로 한정할 이유가 없다는 비판이 있을 수 있다. 또한 부동산을 점유하고 있는지 여부가 불분명한 경우가 많아 실무상 문제되고 있는 경우가 많은데, 이 안에 의하면 이와 같은 문제가 지속될 수 있다.

이에 반하여 점유를 요건으로 하지 않는 방안은 비용지출자 등의 채권을 보호할 필요가 있는 것은 점유 여부와 상관없는 것이기 때문에, 이 제도의 목적에 부합한다는 장점이 있다. 가령 부동산을 점유하고 있지 않은 재료공급자 등도 저당권설정청구권을 행사할 수 있다. 다만 점유를 요건으로 하지 않을 경우에 보호범위가 지나치게 넓어질 우려가 있다.

위 두 방안은 모두 장단점이 있다고 보아 점유를 요건으로 하는 안과 이를 요건으로 하지 않는 안을 작성하여 민법개정위원회 전체회의의 논의에 회부하기로 하였다.

㈐ 제1안과 같이 점유를 요건으로 할 경우에는 그 점유가 불법행위로 인한 경우에 이 규정에 따른 저당권설정청구권을 인정하지 않기로 하였다. 점유가 불법행위로 인한 경우에는 유치권이 성립하지 않는데, 이와 마찬가지로 부동산에 대한 비용지출자 등의 저당권설정청구권도 부정하여야 할 것이다.

그러나 제2안과 같이 점유를 요건으로 하지 않는 경우에는 불법점유를 저당권설정청구권의 배제사유로 정할 필요가 없다. 그리하여 '채권자가 적법한 권원 없이 부동산에 대한 비용지출 그 밖의 사유로 채권을 취득한 경우'와 같은 표현을 사용하는 방안에 관해서 검토하였는데, 그 의미가 명확하지 않다는 문제가 있다고 보았다. 그리하여 잠정적으로 "채무자의 의사에 반하여 제1항의 채권을 취득한 경우"에는 저당권설정청구권을 부정하기로 하였다(제2항). 이 방안은 부동산에 대한 비용지출자 등이 채권을 취득하더라도 저당권설정청구권을 행사하는 것은 채무자의 의사에 반하지 않아야 한다는 것을 소극요건으로 부가한 것이다.

(4) 등기청구권자와 등기청구의 상대방

(가) 등기청구권자

제372조의2 신설안에 따른 저당권설정등기의 청구권자는 비용지출 등으로 채권을 가지고 있는 자이다. 건물신축계약에서 수급인도 이에 포함될 수 있고, 하수급인도 부동산 소유자인 도급인에게 직접 하도급대금을 청구할 권리가 있다면 이에 포함될 수 있을 것이다.

(나) 등기청구의 상대방

1) 저당권설정등기청구는 부동산 소유자를 상대로 하여야 하는데, 부동산 소유자가 비용지출채권 등의 채무자인 경우에는 채무자와 부동산 소유자가 동일인이기 때문에, 그가 등기청구의 상대방이 된다는 점에는 의문의 여지가 없다.[41]

2) 그런데 부동산 소유자가 채무자가 아닌 경우에도 등기청구의 상대방으로 볼 것인지 문제된다. 이에 관해서는 여러 방안이 있을 수 있다. 양 극단에 채무자가 부동산소유자인 경우에 한하여 저당권설정청구권을 인정하는 방안, 채무자가 부동산소유자가 아닌 경우에도 저당권설정청구권을 인정하는 방안이 있고, 그 중간에 여러 절충적인 방안을 생

---

41) 미등기 건물의 경우 토지등기부에 저당권에 대한 예고등기를 할 수 있도록 하고 건물에 대한 소유권보존등기를 한 후에 저당권을 건물등기부에 이기(移記)하는 방안을 검토하였다. 그러나 토지와 건물을 별개의 부동산으로 하고 있는 상태에서 위와 같은 방안은 특히 토지소유자와 건물소유자가 다른 경우에 토지소유권을 침해할 수 있다는 이유로 이 방안을 제안하지 않기로 하였다. 2011년 개정 부동산등기법에서는 예고등기를 폐지하였으므로, 더욱 예고등기를 이용할 수 없을 것이다.

각해 볼 수 있다. 가령 부동산 소유자가 채무자인 경우에 한정하는 것이 원칙이지만, 악의의 제 3 취득자에 대해서도 저당권설정청구권을 인정하는 방안, 채무자가 아닌 부동산 소유자의 동의가 있는 경우에 한하여 저당권설정청구권을 인정하는 방안 등이 있을 수 있다.

우선 부동산 소유자가 채무자인 경우에 한하여 저당권설정청구를 허용하는 방안은 법률관계를 명확하게 한다는 장점이 있다. 또한 민법 제666조의 저당권설정청구권의 경우에도 부동산 소유자인 도급인으로 하고 있으므로,[42] 비용지출자 등의 저당권설정청구권의 경우에도 부동산 소유자인 채무자로 한정하는 것이 합당하다고 볼 수도 있다. 그러나 이 방안은 현재 부동산 유치권으로 보호받고 있는 경우를 모두 포섭할 수 없다는 단점이 있다. 이에 반하여 부동산 소유자가 채무자가 아닌 경우에도 저당권설정청구권을 인정하는 방안은 부동산에 대한 비용지출로 부동산의 가치가 증가한 경우를 포섭할 수 있는 장점이 있다. 따라서 현재의 부동산 유치권자를 모두 보호할 수 있다. 그러나 저당권설정청구권의 범위가 넓어져 예기치 못한 문제가 발생할 수 있을 것이다. 어느 방안이든 이론적으로 불가능한 것은 아니고 어느 한 방안이 절대적으로 우월한 방안이라고 할 수는 없다. 이 문제도 입법에 의하여 해결할 수 있는 사항이다.

한편, 부동산을 취득한 제 3 자가 있는 경우에도 저당권설정청구권을 행사할 수 있는지 문제된다. 이 경우 제 3 취득자의 선의·악의에 따

42) 郭潤直, 債權各論, 제 6 판, 박영사, 2003, 262면; 民法注解(XV), 451면(金龍潭 집필). 독일 민법 제648조에 따라 수급인이 저당권설정청구권을 행사하려면 원칙적으로 토지소유자와 도급인이 동일인이어야 하지만, 예외적으로 도급인이 토지소유자와 도급인이 동일인이 아니라는 주장이 권리남용에 해당하는 경우가 있다. 예를 들면 토지소유자가 도급인을 경제적으로 지배하고 수급인의 급부를 사실상 이용하는 경우, 토지소유자나 도급인이 법인격을 남용하여 동일체로 파악하여 책임을 인정할 수 있는 경우를 들 수 있다. 이러한 경우에는 토지소유자와 도급인이 동일인이 아니더라도 수급인이 토지소유자를 상대로 보전저당권의 설정을 청구할 수 있다. 상세한 것은 MünchKomm/Busche (5. Aufl., 2009), § 648 Rn. 25와 그것에 있는 문헌 및 판례 참조.

라 저당권설정청구권을 행사할 수 있는지 여부를 다르게 볼 수 있다. 가령 제 3 자가 부동산을 취득할 당시에 비용지출자 등의 저당권설정청구권이 있다는 것을 알지 못하였는데, 나중에 부동산에 저당권을 설정해야 한다면 그 제 3 자는 불측의 손해를 입을 것이다. 그러나 제 3 자가 위와 같은 사실을 알고서 부동산을 취득하였다면 그와 같은 제 3 자를 보호범위에서 제외할 수 있을 것이다. 이에 관하여 제 5 분과위원회에서 2개의 안을 검토하였다. 첫 번째 방안은 악의의 제 3 취득자에 대해서도 저당권설정청구권을 행사할 수 있다는 것이다. 이것은 비용지출자 등이 제 3 취득자의 악의를 주장·증명하여야 한다. 두 번째 방안은 선의의 제 3 취득자에 대하여는 저당권설정청구권을 행사할 수 없다는 것이다. 이 방안을 따르면 부동산의 제 3 취득자가 선의에 관한 증명책임을 부담하기 때문에, 거래의 안전을 해친다는 문제점이 있다.

3) 제 5 분과위원회에서 검토한 개정안을 소개하면 다음과 같다.

① 제 1 안: 상대방을 "채무자인 부동산 소유자"라고 명시하고, 2문은 "악의의 제 3 취득자에 대하여서 또한 같다."라고 규정하는 방안

② 제 2 안: 상대방을 단순히 "부동산 소유자"로 명시하고, 2문은 "악의의 제 3 취득자에 대하여서 또한 같다."라고 규정하는 방안

③ 제 3 안: 상대방을 특정하지 않고 해석에 맡기는 방안

④ 제 4 안: "부동산 소유자"에 대해서 저당권설정청구권을 행사할 수 있는 것으로 명시하되, 2문의 "악의의 제 3 취득자에 대해서도 같다."라는 표현을 "다만, 제 3 자가 선의로 부동산의 소유권을 취득한 경우에는 그러하지 아니하다."로 수정하는 방안

제 1 안에 따르면 부동산 소유자와 채무자가 일치하는 경우에 한하여 저당권설정청구권을 행사할 수 있을 것이다. 제 2 안에 따르면 부동산 소유자와 채무자가 일치하는지 여부와 무관하게 저당권설정청구권을 행사할 수 있다고 볼 수 있다.[43] 제 3 안을 채택할 경우 제 1 안으로

43) 다만 분과위원 중에는 채무자가 아닌 부동산 소유자에 대해서 저당권설정청

해석할지, 제 2 안으로 해석할지 논란이 발생할 것이다.[44] 제 4 안을 채택할 경우 부동산 소유자와 채무자가 일치하는지 여부와 무관하게 저당권설정청구권을 행사할 수 있을 것이다. 다만 제 3 취득자에 관한 부분은 제 2 안과 증명책임이 정반대로 된다.

제 5 분과위원회의 의견수렴결과 제 2 안을 분과위원회 안으로 채택하기로 하였다.[45] 그 취지는 다음과 같다. 개정안은 현행법상의 부동산 유치권자를 일정한 요건 하에 저당권설정청구권자로서 보호하려고 하는 것이다. 현행법상 부동산에 대하여 비용지출채권 등이 있는 채권자가 유치권을 행사하려면 그 채권이 부동산에 관하여 생긴 것이면 충분하고, 그 소유자가 채무자인지는 불문한다. 그렇다면 신설안에 따른 저당권설정청구권의 상대방도 채무자인 부동산 소유자뿐만 아니라 채무자가 아닌 부동산 소유자도 포함시켜야 한다는 것이다.

신설안에 따른 저당권설정청구권은 채권이 발생하는 시점의 소유자에게 대항할 수 있다. 그리고 저당권설정청구권의 행사기간 내에 소유권이 변동되는 경우에는 예외적으로 악의로 부동산 소유권을 취득한 제 3 자에 대하여 저당권설정청구권을 행사할 수 있다. 즉, 저당권설정청구권은 채권적 청구권이어서, 부동산에 대한 소유권을 취득한 제 3 자에게 청구하는 것은 원칙적으로 부정되지만, 예외적으로 제 3 자가 악의인 경우에는 저당권설정청구권을 행사할 수 있도록 법률로 정한 것이다.

제 4 안의 경우에는 단서에서 "다만, 제 3 자가 선의로 부동산의 소

구권을 행사할 수 있다고 명시하기 전에는 해석상 논란이 있을 수 있다는 의견도 있었다.

44) 저당권설정청구권의 상대방을 명시하지 않기로 하면서 "악의의 제 3 취득자에 대해서도 같다."라는 표현을 사용할 경우 채무자와 부동산 소유자가 다른 경우에는 악의의 제 3 취득자를 제외하고는 허용되지 않는다고 생각할 수 있을 것이다.

45) 위와 같은 이유로 제 2 안을 채택한 것이나, 제 1 안을 채택하자는 위원, 제 4 안을 채택하자는 위원들도 있었다. 그러나 제 1 안과 제 4 안을 채택하자고 한 위원들도 제 2 안을 분과위원회 안으로 채택하는 것에 반대하지 않았다.

유권을 취득한 경우에는 그러하지 아니하다."라는 표현을 사용하고 있는데, 이는 저당권설정청구권을 원칙적으로 제3자에게 대해서도 행사할 수 있지만 제3자가 선의인 경우에는 대항할 수 없다는 의미를 내포하고 있다. 이는 채권적 청구권이 제3자에게 대항력을 갖지 못한다는 원칙에 대한 예외를 인정하는 것이다.

위에서 보았듯이 제2안과 제4안의 실질적인 차이는 증명책임에 있다. 제2안에 의하면 제3취득자의 악의에 대한 증명책임이 저당권설정청구권자에게 있다. 따라서 비용지출자 등이 제3취득자에게 저당권설정청구권을 행사하려면 제3취득자의 악의를 증명하여야 한다. 제4안에 따르면 제3취득자가 자신의 선의에 대한 증명책임이 있다. 즉, 저당권설정청구권자가 제3취득자에 대하여 저당권설정청구권을 행사하는 데 제3취득자의 악의를 증명할 필요가 없고, 제3취득자가 자신의 선의를 증명하여야 한다. 따라서 제2안은 제4안에 비하여 제3취득자를 좀 더 넓게 보호하는 것이다.

비용지출자 등이 부동산을 점유하고 있는 경우에는 제3취득자의 악의를 좀 더 쉽게 인정할 수 있을 것이다. 한편, 제3취득자가 선의이기는 하지만 과실이 있는 경우에는 어떻게 할 것인지 문제되었으나, 과실 여부를 문제삼지 말고 선의·악의로 구분하기로 하였다.

(5) 피담보채권액

개정안에 따른 저당권의 피담보채권액은 지출액 또는 약정 채권액이 될 것이다. 그런데 지출액이 많지만 가치증가액이 현저하게 적은 경우에도 지출액으로 피담보채권액을 정할 것인지 문제된다. 그리하여 지출액 또는 약정 채권액을 피담보채권으로 하는 것을 원칙으로 하고, 예외적으로 등기시에 가치증가액이 지출액 또는 약정 채권액보다 낮은 것으로 드러난 경우에는 가치증가액을 한도로 할 것인지 논의하였다. 유치권의 경우에 가치증가액을 한도로 하고 있지 않다는 이유로 이 방안을 채택하지 않았다. 부동산 소유자가 채무자인 경우에는 별다른 문제가 없을 것이지만, 부동산 소유자가 채무자가 아닌 경우에는 문제가 있을 수 있다. 그러나 제1항에서 악의의 제3취득자에 대해서만 저당권설정청구권을 인정하고 있기 때문에, 피담보채권액을 가치증가액으로 한정할 필요가 크지 않을 것이다.[46)]

한편, 피담보채권액을 확정하기 곤란한 경우가 많을 것으로 예상된다. 약정 채권액이 있으면 이에 따르면 될 것이지만, 그렇지 않은 경우에는 지출비용을 계산하여 피담보채권액을 산정하여야 할 것이다. 이에 관해서는 비용지출자가 약정 채권액 또는 지출액을 증명할 책임이 있다.

(6) 행사의 시기와 기간

㈎ 저당권설정청구권을 행사하려면 피담보채권이 변제기에 도래하여야 하는지 문제되었다. 유치권의 경우에는 변제기가 도래할 것이 그 성립요건이지만, 변제기 도래 전에 저당권설정등기를 할 필요가 있기 때문에 변제기 도래를 요건으로 정하지 않았다. 그 대신 저당권의 효력발생시기와 관련해서는 다음 항에서 보듯이 예외적으로 변제기를 기준으로 하였다.

㈏ 한편, 이 규정에 따른 저당권설정청구권의 행사시기를 한정하였다. 즉, 채권자가 채권의 변제기로부터 6개월 내에 저당권설정등기를 하거나 그 등기를 청구하는 소를 제기하도록 하였다. 다만, 미등기 부동산의 경우에는 소유권보존등기를 한 다음에 저당권을 설정할 수 있으므로, 채권의 변제기와 소유권보존등기를 한 날 중 늦게 도래한 날로부터 위 6개월의 기간을 기산하도록 하였다.

부동산에 대한 비용지출자 등의 저당권설정청구권을 무제한으로

46) 다만 유익비상환청구권의 경우에 개별 조항에서 채무자의 선택에 따라 지출금액이나 증가액의 상환을 청구할 수 있다고 정하는 규정들이 있는데(민법 제203조 제2항, 제310조 제1항, 제626조 제2항 등), 이러한 경우에는 그 규정에 따라 채권액이 정해질 것이다.

허용하면 부동산거래의 안정성을 확보할 수 없다. 부동산에 대한 매매가 있은 후에 제3자가 나타나 매도인의 부동산에 비용을 지출했다는 이유로 저당권설정청구권을 행사한다면 부동산을 매수하는 사람으로서는 위와 같은 위험을 감안하여 거래에 참여할 것이다. 이 규정에 따라 저당권설정등기를 하면 등기시보다 앞선 날짜를 기준으로 우선권을 가질 수 있기 때문이다. 부동산을 매수하려는 사람으로서는 부동산에 대한 비용지출자 등이 있는지, 그가 저당권설정청구권을 행사할 것인지를 알기 어렵기 때문에, 법적 불확실성이 커지고 매매대금을 산정하는 경우에도 반영될 것이다. 만일 비용지출자 등의 저당권설정청구권이 행사될 것을 전제로 부동산에 대한 매매계약을 체결하였는데 나중에 저당권설정등기청구권을 행사하지 않는 경우에는 매수인이 뜻하지 않는 이익을 얻을 수도 있다. 이와 같은 문제점을 줄이기 위하여 권리행사기간을 제한하기로 하였다.

이와 같은 권리행사기간에 관해서는 절대적인 기준을 찾을 수 없다. 이와 같은 권리를 인정한 예가 없기 때문에 거래관행 등을 참고하기도 어렵다. 그리하여 초기에는 다른 나라의 예를 참고하여 3개월 내에 이 규정에 따른 저당권설정청구권을 행사하도록 하였는데, 최종적인 논의과정에서 위 3개월의 기간은 너무 짧다는 의견이 많아 6개월로 연장하였다. 그 기간을 연장한 만큼 부동산거래에서 법적 불확실성도 커지게 되었다고 볼 수 있지만, 채무변제나 저당권설정 등에 관한 협의를 하다보면 3개월이 쉽게 지나갈 수 있기 때문에 6개월로 정하였다.

동일한 계약에서 발생하는 채권이지만 개별 채권의 변제기가 다른 경우에도 개별 채권의 변제기가 되면 그때부터 6개월 내에 저당권설정청구권을 행사하여야 한다.[47] 이와 달리 하나의 계약에서 발생한 개별

47) 이와 같은 경우에 일부 채권의 변제기가 도래하면 나중에 변제기가 도래하는 채권에 기해서도 장래이행의 소로써 저당권설정청구권을 행사할 수 있을 것이고, 경우에 따라서는 기한의 이익이 상실되는 경우도 있을 것이다.

채권의 변제기 중 맨 나중에 도래하는 채권의 변제기부터 이 권리의 행사기간을 기산하는 방안에 관해서도 검토했으나, 이를 채택하지 않았다. 이 규정의 취지가 가급적 신속하게 부동산에 대한 담보권을 공시하도록 하기 위한 것이기 때문에, 변제기로부터 이미 권리행사기간이 지난 채권을 보호할 필요가 없다고 판단하였다.

(7) 저당권등기의 효력

이 경우 저당권의 효력발생시기에 관해서는 여러 견해가 있을 수 있다. 가령 공사의 경우에는 공사 개시시, 완공시 또는 공사 중단시를 기준으로 할 수도 있고, 변제기나 등기를 한 때를 기준으로 정할 수도 있다. 분과위원회의 논의과정에서 필자는 변제기를 기준으로 하는 방안(제1안)과 원칙적으로 등기시를 기준으로 하되, 유치권이 있었던 경우에 한하여 예외적으로 변제기를 기준으로 하는 방안(제2안)을 제안하였다.[48] 제5분과위원회에서는 결국 변제기까지 저당권의 효력을 소급시키기로 한 제1안을 채택하였다.

개정안에서는 비용지출자 등이 저당권설정등기를 한 시점을 기준으로 저당권의 효력을 정하는 것이 원칙이지만, 저당권등기보다 변제기가 앞선 경우에는 변제기를 기준으로 저당권의 효력발생시기를 정하도록 하였다. 이와 같이 저당권등기시보다 앞선 시기를 기준으로 저당권의 효력발생시기를 정한다는 점에서 부동산등기에 관한 기본원칙에 대한 예외를 인정한 것이다. 이에 따라 부동산등기법을 개정하여 변제기를 공시하기로 하였다.

---

48) 민법 제372조의2 제3항에 관하여 제1안은 "제1항에 따라 저당권설정등기를 한 때에는 채권의 변제기에 [또는 채권의 발생당시에] 저당권이 설정된 것으로 본다."라고 정하자는 것이고, 제2안은 "제1항에 따라 저당권설정등기를 한 때에 저당권으로서의 효력이 있다. 다만, 제320조 제1항 2문에 따라 유치권이 있었던 경우에는 유치권이 성립할 당시에 저당권이 설정된 것으로 본다."라고 정하자는 것이다. 김재형, "유치권에 관한 개정방안(Ⅲ)," 민법개정위원회 제2기 제5분과위원회 제8차 회의자료(2010. 5. 14), 2면(이 자료는 민법개정위원회 홈페이지에 게시되어 있는데, 민법개정위원 등 관계자만 접속할 수 있음).

저당권등기시에 변제기가 도래하지 않은 때에는 등기시를 기준으로 저당권의 효력이 발생하지만, 저당권등기를 마치기 전에 변제기가 도래한 경우에는 변제기를 기준으로 저당권의 효력발생시기를 정한다. 유치권의 경우 피담보채권의 변제기가 도래하여야 유치권이 성립하는데, 이와 동일한 것은 아니지만 유사하게 변제기를 기준으로 한 것이다. 변제기를 계속 연장할 경우 문제가 발생할 수 있다. 변제기를 연장할 경우에 저당권등기의 효력이 등기시 또는 늦추어진 변제기에 발생하므로 큰 문제가 없다고 볼 수도 있다. 다만 저당권설정청구권을 행사할 수 있는 시기가 늦추어질 수 있는 문제가 발생한다. 그러나 제 3 자에게 부동산 소유권이 이전된 경우에는 악의의 제 3 자에게만 저당권설정청구권을 행사하도록 하였으므로, 큰 문제는 없다고 볼 수 있다.

3. 부동산등기법의 개정

부동산등기법을 개정하여 비용지출자 등의 저당권설정등기에서 그 취지와 변제기를 기재하도록 하였다. 이를 위하여 현행 부동산등기법 제140조 제 3 항을 신설하여 "민법 제372조의2, 제666조의 규정에 따라 저당권등기를 신청하는 경우에는 신청서에 그 규정에 따른 저당권임을 표시하고, 변제기를 적어야 한다."라고 정하기로 하였다. 그러나 제 5 분과위원회의 임기가 끝난 이후인 2011. 4. 12. 부동산등기법이 전면 개정되어 저당권의 등기사항에 관한 규정이 제75조가 되었으므로, 규정의 위치를 제75조 제 3 항으로 바꾸고 규정의 내용도 개정 부동산등기법과 마찬가지로 등기관이 기록하는 방식으로 수정하였다.

일반적인 저당권의 경우에는 채권의 변제기가 임의적 기재사항이지만, 이 경우에는 채권의 변제기를 반드시 기재하도록 하였다. 저당권설정등기시보다 변제기가 일찍 도래한 경우에는 변제기를 기준으로 저당권의 효력이 발생하기 때문이다. 이와 같이 변제기를 필요적 기재사항으로 함으로써 권리관계를 명확하게 한다는 장점이 있을 것이다.

4. 등기명령제도 도입 문제

저당권설정청구권을 인정할 경우 저당권 등기명령제도를 신설할 것인지 검토하였다. 제1안으로는 민법 제372조의3을 신설하여 "저당권 등기명령"이라는 표제로 "부동산 소유자가 제1항에 따른 저당권설정 등기를 하지 않는 경우에 법원은 채권자의 신청에 따라 저당권설정등기를 할 것을 명할 수 있다. 이 경우에 제372조의2 제2, 3, 4항을 준용한다."라고 규정하고, 저당권 등기명령의 세세한 절차는 부동산 등기법에서 정할 것[49]을 제안하였다. 민법에 등기명령제도에 관한 세세한 규정을 둘 것을 제안하는 견해가 있는데,[50] 민법에 등기절차에 관한 세세한 규정을 두는 것은 체제나 형식에서 낯설다고 보아 위와 같이 수정한 것이다. 제2안으로는 저당권 등기명령제도를 두지 않는 것이다.

제1안은 비용지출자 등의 상대방이 저당권설정등기에 협력하지

49) 개정안 부동산등기법 제140조의2(저당권설정 등기명령) ① 채권자가 민법 제372조의3 또는 제666조에 따른 등기명령 신청서에는 다음 각호의 사항을 적어야 하고, 신청의 이유와 신청원인이 된 사실을 소명하여야 한다.
1. 신청의 취지 및 이유
2. 채권자와 채무자, 부동산 소유자
3. 저당권등기의 목적인 부동산
4. 저당권등기의 원인이 된 사실
5. 피담보채권의 금액과 변제기
② 법원은 채권자, 채무자 또는 소유자를 심문한 다음 상당한 담보를 제공하게 하고 제1항의 저당권등기를 명할 수 있다. 이 경우 등기의 촉탁 그밖에 등기를 하는 데에 필요한 사항은 대법원규칙으로 정한다.
③ 채권자는 저당권등기명령 신청을 각하하거나 기각하는 결정에 대하여 즉시항고할 수 있다.
④ 부동산 소유자 또는 채무자 그 밖의 이해관계인은 저당권등기명령에 대하여 이의를 신청할 수 있고, 피담보채권액을 지급 또는 공탁하거나 상당한 담보를 제공하고 저당권등기명령의 취소를 신청할 수 있다.
[⑤ 제3항 및 제4항의 경우에는 민사집행법 제4편의 규정을 준용한다.]

50) 정준영 · 이동진(주 10), 112면.

않을 경우에 대비하여 등기명령제도를 도입하는 것이다. 저당권 등기명령제도는 저당권 등기를 할 수 있도록 하기 위한 것이다. 그러나 주택임대차보호법 등에 있는 임차권등기명령제도는 매우 예외적인 경우에 인정되는 것인데, 이를 민법에 도입하여 저당권등기명령이라는 결정절차에서 저당권설정등기청구권이나 법정저당권의 성립요건을 판단하는 것이 적절한지 논란이 있었다. 주택임대차보호법상의 임차권등기명령은 비교적 단순한 사건을 대상으로 하는 것이고, 특별법으로 법정책적으로 임차인의 주거권을 확보한다는 점에 주안이 있다. 이와 같은 절차로 당사자들의 권리의무관계를 실체적으로 확정하는 것은 재판을 받을 권리를 침해한다는 의견도 있었다.

등기의 편의를 위하여 등기명령제도를 인정할 수 있을 것이다. 그러나 우리 부동산등기법은 공동신청주의를 원칙(부동산등기법 제23조)[51]으로 하고 있기 때문에, 등기명령제도는 이를 잠탈할 우려가 있다. 부동산등기법을 개정하여 이 원칙을 전체적으로 수정하는 것은 별론으로 하고, 비용지출자 등의 저당권설정등기청구권의 경우에만 저당권등기명령제도를 도입하는 것은 형평에 맞지 않을 것이다. 또한 임차권등기명령은 임대차가 끝난 후에 거주요건이나 전입신고 요건을 대체하는 의미를 갖는 것으로서 임대차보증금을 확보하기 위한 것이다. 이와 같은 점을 감안하여 저당권등기명령에 관한 규정을 두지 않기로 하였다. 따라서 상대방이 저당권설정등기에 협력하지 않을 경우에는 비용지출자 등이 가처분을 신청하거나 또는 이와 함께 저당권설정등기를 청구하는 소를 제기하여야 한다. 그 밖에 부동산등기법 제89조[52]의 가등기가처분을 이용할 수도 있을 것이다.

51) 구 부동산등기법 제28조.
52) 구 부동산등기법 제38조.

V. 수급인의 저당권설정청구권에 관한 민법 제666조의 개정

1. 개 정 안

현 행	개 정 안
제666조(수급인의 목적 부동산에 대한 저당권설정청구권) 부동산공사의 수급인은 전조의 보수에 관한 채권을 담보하기 위하여 그 부동산을 목적으로 한 저당권의 설정을 청구할 수 있다.	제666조(수급인의 목적부동산에 대한 저당권설정청구권) 부동산공사의 수급인은 제665조의 보수에 관한 채권을 담보하기 위하여 그 부동산을 목적으로 한 저당권의 설정을 청구할 수 있다. 이 경우에 제372조의2 제 1 항 제 2 문, 제 3 항, 제 4 항을 적용한다.

2. 개정안의 취지

비용지출자 등의 저당권설정청구권에 관한 규정을 신설할 경우 제666조의 내용은 대부분 이에 포섭될 수 있다. 그러나 이를 굳이 삭제할 필요는 없을 것이다. 도급계약에 관하여 명시적인 규정을 두는 것은 의미가 있기 때문이다. 그리하여 이 규정을 그대로 존치하되, 제372조의2 제 1 항 제 2 문, 제 3 항, 제 4 항을 적용[53]하기로 하였다. 다만, 제666조 개정안은 종전대로 점유를 요건으로 규정하지 않고,[54] 저당권설정청구권의 상대방을 부동산소유자라고 명시하지 않았다. 이에 관해서는 종전의 해석론에 맡긴 것으로, 도급인인 부동산소유자가 저당권설정청구권의 상대방이 될 것이다. 다만 제372조의2 제 2 문을 적용하여 악의의 제

53) 처음에는 이를 준용하는 것으로 할 것을 제안하였으나, 적용하는 것으로 하자는 의견이 많았다.

54) 이는 제372조의2에 관한 개정안에서 제 1 안을 채택할 것인지 제 2 안을 채택할 것인지 여부와는 직접적인 관련이 없다. 다만 제372조의2 개정안에서 제 2 안을 채택한다면, 비용지출자 등의 저당권설정청구권에서도 수급인의 저당권설정청구권과 마찬가지로 점유를 요건으로 하지 않게 될 것이다.

3 취득자에게도 저당권설정청구권을 행사할 수 있도록 하였다.55)

수급인의 저당권설정청구권에 관하여 개정안 제372조의2 제 1 항 제 2 문, 제 3 항, 제 4 항을 적용함으로써 수급인의 저당권설정청구권에 어떤 변화가 생기게 될지 살펴볼 필요가 있다. 첫째, 도급인이 부동산 소유자인 경우에 한하여 수급인이 저당권설정청구권을 행사할 수 있는데, 악의의 제 3 취득자에 대해서도 저당권설정청구권을 행사할 수 있다. 둘째, 수급인의 저당권설정청구권의 경우에는 점유가 요건이 아니다. 따라서 수급인의 점유가 불법행위로 인한 것인지 여부는 저당권설정청구권을 인정하는데 문제가 되지 않는다. 셋째, 수급인은 채권의 변제기로부터 6개월 내에 저당권 등기를 하거나 그 등기를 청구하는 소를 제기하여야 한다. 다만, 미등기 부동산의 경우에는 채권의 변제기와 소유권보존등기를 한 날 중 늦게 도래한 날로부터 6개월의 기간을 기산한다. 넷째, 수급인의 저당권설정등기 이전에 채권의 변제기가 도래한 때에는 변제기에 저당권이 설정된 것으로 본다. 요컨대 악의의 제 3 취득자에게도 저당권설정청구권을 행사할 수 있도록 한 점, 변제기로부터 소급하여 우선권을 주장할 수 있다는 점은 수급인에게 유리하게 변경되는 사항이지만, 권리행사기간을 제한한 것은 수급인에게 불리하게 변경된 사항이다.

Ⅵ. 상사유치권에 관한 규정의 개정

1. 개 정 안

현행규정	개 정 안
「상법」 제58조(상사유치권) 상인간의 상행위로	「상법」 제58조(상사유치권) 상인간의 상행위로

55) 제666조의 경우에는 제372조의2 제 1 항 제 1 문, 제 2 항을 적용하지 않기로 하였다.

인한 채권이 변제기에 있는 때에는 채권자는 변제를 받을 때까지 그 채무자에 대한 상행위로 인하여 자기가 점유하고 있는 채무자 소유의 물건 또는 유가증권을 유치할 수 있다. 그러나 당사자간에 다른 약정이 있으면 그러하지 아니하다. 제91조(대리상의 유치권) 대리상은 거래의 대리 또는 중개로 인한 채권이 변제기에 있는 때에는 그 변제를 받을 때까지 본인을 위하여 점유하는 <u>물건</u> 또는 유가증권을 유치할 수 있다. 그러나 당사자간에 다른 약정이 있으면 그러하지 아니하다.	인한 채권이 변제기에 있는 때에는 채권자는 변제를 받을 때까지 그 채무자에 대한 상행위로 인하여 자기가 점유하고 있는 채무자 소유의 동산 또는 유가증권을 유치할 수 있다. 그러나 당사자간에 다른 약정이 있으면 그러하지 아니하다. 제91조(대리상의 유치권) 대리상은 거래의 대리 또는 중개로 인한 채권이 변제기에 있는 때에는 그 변제를 받을 때까지 본인을 위하여 점유하는 <u>동산</u> 또는 유가증권을 유치할 수 있다. 그러나 당사자간에 다른 약정이 있으면 그러하지 아니하다.

2. 개정안의 취지

상법 제58조 본문은 상사유치권에 관하여 “상인간의 상행위로 인한 채권이 변제기에 있는 때에는 채권자는 변제를 받을 때까지 그 채무자에 대한 상행위로 인하여 자기가 점유하고 있는 채무자 소유의 물건 또는 유가증권을 유치할 수 있다.”라고 정하고 있다. 이는 민법상의 유치권과 달리 상인간의 상행위로 인한 채권에 관해서는 점유하고 있는 물건과 피담보채권 사이의 견련관계를 요구하지 않고 유치권을 인정한 것이다.56) 상법 제91조에서 정하고 있는 대리상의 유치권도 이와 마찬가지로 규정되어 있다.57)

상사유치권이나 대리상의 유치권에서도 목적물이 물건이라고 되어 있으므로, 부동산에 대해서도 유치권이 성립할 수 있다. 그러나 부동산

56) 대결 2010. 7. 2, 2010그24는 “상사유치권은 상법 제58조의 규정상 채권자가 채무자에 대한 상행위로 인하여 점유하고 있는 채무자 소유의 물건을 대상으로 하는 경우에 이를 행사할 수 있다.”라고 한다.

57) 또한 상법 제111조에서 제91조를 준용하고 있다. 상법 제120조, 제147조, 제807조 제 2 항에서 유치권에 관한 규정을 두고 있으나, 이 세 규정에 따른 유치권의 경우에는 그 표현상 부동산에 대하여 유치권이 성립하지 않도록 규정하고 있다.

에 대하여 상사유치권을 인정할 필요성이 없다. 대법원 판결이나 결정 중에서 상사유치권이 문제된 사건은 많지 않은데, 동산 또는 유가증권에 대한 것[58]으로서 부동산에 대한 상사유치권을 인정할 필요가 있는 사건을 찾을 수 없었다. 상사유치권은 상인간의 상행위로 인한 채권을 담보하기 위하여 점유목적물과 채권 사이에 견련관계가 없는 경우에도 간편하게 유치권을 인정한 것인데, 부동산에 대해서 상사유치권을 인정하면 지나치게 큰 폐해가 발생할 우려가 있다. 미등기 부동산에 대해서는 위에서 본 바와 같이 민법 개정안으로 충분하다. 독일 상법 제369조과 스위스 민법 제895조 제2항에서는 상사유치권이 동산과 유가증권에만 성립할 수 있다는 것을 명시하고 있다. 그리하여 상사유치권이나 대리상의 유치권에 관한 규정에서는 유치권의 목적물인 "물건"을 "동산"으로 수정함으로써, 결국 동산과 유가증권에만 유치권이 성립하도록 하였다. 따라서 등기여부를 불문하고 부동산의 경우에는 상사유치권이 인정되지 않는다.

Ⅶ. 민사집행법의 유치권에 관한 규정의 개정

1. 개 정 안

현행규정	개 정 안
「민사집행법」 제91조(인수주의와 잉여주의의 선택 등) ①~ ④ 생략	「민사집행법」 제91조(인수주의와 잉여주의의 선택 등) ①~ ④ 좌동

58) 대법원 종합법률정보시스템에서 검색할 수 있는 대법원 판결 또는 결정 중에서 상사유치권이 문제된 것으로 2건을 발견할 수 있는데, 대결 2010. 7. 2, 2010그24에서는 동산에 대한 상사유치권의 성립이 문제되었고, 대결 2000. 10. 10, 2000그41(공 2000, 2375)에서는 유가증권에 대한 상사유치권의 성립이 문제되었다.

⑤ 매수인은 유치권자(留置權者)에게 그 유치권(留置權)으로 담보하는 채권을 변제할 책임이 있다.	⑤ 삭제

2. 개정안의 취지

민사집행법 제91조 제5항은 경매절차에서 매수인은 유치권자에게 "유치권으로 담보하는 채권을 변제할 책임이 있다."라고 정함으로써 부동산 유치권에 관하여 이른바 인수주의를 채택하고 있다. 다만 위 규정의 의미가 무엇인지 문제되는데, 대법원은 위 조항의 "변제할 책임이 있다."라는 의미는 부동산상의 부담을 승계한다는 취지로서 인적채무까지 인수한다는 취지는 아니므로 유치권자는 경락인에 대하여 그 피담보채권의 변제가 있을 때까지 유치목적물인 부동산의 인도를 거절할 수 있을 뿐이고 그 피담보채권의 변제를 청구할 수는 없다고 하였다.[59)]

59) 대판 1996. 8. 23, 95다8713(공 1996, 2809). 이 판결에 대한 해설은 서기석, "유치권자의 경락인에 대한 피담보채권의 변제청구권의 유무," 대법원판례해설 제26호(1996), 84면 이하. 한편, 경매절차에서 경매개시결정의 기입등기가 된 이후에 취득한 유치권에 관해서는 경매절차의 매수인에게 대항할 수 없다고 한다. 즉, 채무자 소유의 부동산에 경매개시결정의 기입등기가 경료되어 압류의 효력이 발생한 이후에 채권자가 채무자로부터 위 부동산의 점유를 이전받고 이에 관한 공사 등을 시행함으로써 채무자에 대한 공사대금채권 및 이를 피담보채권으로 한 유치권을 취득한 경우, 이러한 점유의 이전은 목적물의 교환가치를 감소시킬 우려가 있는 처분행위에 해당하여 민사집행법 제92조 제1항, 제83조 제4항에 따른 압류의 처분금지효에 저촉되므로, 위와 같은 경위로 부동산을 점유한 채권자로서는 위 유치권을 내세워 그 부동산에 관한 경매절차의 매수인에게 대항할 수 없다. 이 경우 위 부동산에 경매개시결정의 기입등기가 경료되어 있음을 채권자가 알았는지 여부 또는 이를 알지 못한 것에 관하여 과실이 있는지 여부 등은 채권자가 그 유치권을 경락인에게 대항할 수 없다는 결론에 아무런 영향을 미치지 못한다. 대판 2006. 8. 25, 2006다22050(공 2007, 263); 대판 2005. 8. 19, 2005다22688(공 2005, 1503). 그러나 이러한 법리는 경매로 인한 압류의 효력이 발생하기 전에 유치권을 취득한 경우에는 적용되지 아니하고, 유치권 취득시기가 근저당권설정 후라거나 유치권 취득 전에 설정된 근저당권에 기하여 경매절차가

민사집행법 제91조 제5항은 유치권의 폐해가 드러나는 대표적인 조항으로 비판을 받았다.[60] 필자는 제91조 제5항을 삭제하는 방안을 제1안으로 하고, 미등기 부동산에 대한 유치권의 경우에는 제91조 제3항, 제4항을 준용하는 것을 제2안으로 검토하였다. 결론적으로 제5분과위원회에서 제91조 제5항을 단순히 삭제하는 방안을 제시하기로 하였다.

이 규정에서 인수주의를 채택한 것에 편승하여 채무자와 통모하여 목적건물에 건축비를 지출하였다고 가장하는 위장유치권자도 있고, 유치권이 있는 경우에도 피담보채무액을 부풀리는 경향이 있다. 경매절차에서 매수인은 안심하고 부동산을 매수할 수 없고, 매각대금을 낮아져 압류채권자도 만족을 얻지 못할 수 있다. "유치권 제도의 남용이 경매질서를 어지럽히는 대표적인 요인"이 되고 있고, "경매의 가장 큰 함정이라 하며, 경매공적의 제1호라고도 한다."[61] 그리하여 입법적으로 이 규정을 그대로 유지하는 것은 곤란하다고 보았다. 결국 공시되지 않은 유치권자가 나타나 경매질서를 혼란스럽게 하고, 부동산에 대한 저당권자 등의 권리를 침해할 뿐만 아니라 매수인의 지위도 지나치게 불안정하게 하고 있다. 또한 유치권자에게는 우선변제권이 없는데도 경매절차에서 매수인이 유치권자에게 그 유치권으로 담보하는 채권을 변제할 책임이 있다는 규정을 두는 것은 일관성이 없다. 이것이 이 규정을 삭제하기로 한 이유이다.

한편, 유치권에 관한 민법 규정이 개정되면 민사집행법 제91조 제5항이 적용되는 것은 미등기 부동산에 한정되는 것이기 때문에, 위 규정을 존치하더라도 문제가 없다고 생각할 수 있다. 미등기 부동산에 대한 유치권을 인정하더라도 부동산 경매절차에 들어간 경우에는 등기를 할 것이고 이에 따라 유치권도 결국 소멸할 것이다. 제91조 제5항을 삭제

개시되었다고 하여 달리 볼 것은 아니다. 대판 2009. 1. 15, 2008다70763(공 2009, 158).

60) 위 주 13에 있는 문헌 참조.

61) 李時潤, 新民事執行法, 제5판, 박영사, 2009, 250면.

하는 대신 유치권자에게 우선변제권을 부여하는 방안은 위에서 본 바와 같이 민법에서 유치권자에게 우선변제권을 인정하지 않기로 하였기 때문에, 이와 같은 개정안을 고려하지 않았다. 미등기 부동산에 대한 유치권자를 보호할 필요성이 없지 않지만, 그로 인한 폐해가 지나치게 크다고 보아 미등기 부동산에 대한 유치권자의 지위를 대폭 약화하는 것이 바람직할 것이다. 한편, 미등기 부동산에 대한 비용지출자 등이 저당권설정청구권을 행사하여 저당권등기를 한 경우에는 그 등기에 따라 효력을 인정하면 충분하고, 이와 별도로 위 규정과 같은 예외 규정을 둘 필요가 없을 것이다. 이와 같은 개정이 이루어지면 이에 맞추어 부동산 유치권이 문제되는 경매실무나 건설업계의 거래관행도 대폭 바뀔 것이다.

Ⅷ. 경과규정

1. 개 정 안

	개 정 안
〈신설〉	민법 부칙 제1조(시행일) 이 법은 공포 후 1년이 경과한 날부터 시행한다. 제2조(효력의 불소급) 이 법은 종전의 규정에 따라 생긴 효력에 영향을 미치지 아니한다. 제3조(경과조치) 이 법 시행 당시 부동산에 대한 유치권자는 이 법 시행 후 6개월 이내에 제372조의2의 규정에 따라 저당권설정을 청구할 수 있다. 다만 미등기 부동산의 경우에는 소유권보존등기를 한 날로부터 그 기간을 기산한다.
	상법 부칙 제1조(시행일) 이 법은 공포 후 1년이 경과한 날부터 시행한다. 제2조(효력의 불소급) 이 법은 종전의 규정에 따라 생긴 효력에 영향을 미치지 아니한다. 제3조(경과조치) 이 법 시행 당시 부동산에 대한 유치권자는 이 법 시행

	후 6개월 이내에 민법 제372조의2의 규정에 따라 저당권설정을 청구할 수 있다. 다만 미등기 부동산의 경우에는 소유권보존등기를 한 날로부터 그 기간을 기산한다.
	민사집행법 부칙 제1조(시행일) 이 법은 공포 후 1년이 경과한 날부터 시행한다. 제2조(효력의 불소급) 이 법은 종전의 규정에 따라 생긴 효력에 영향을 미치지 아니한다.

2. 주요 내용

유치권에 관한 개정안이 통과되어 시행되더라도 기존에 생긴 유치권에는 영향을 미치지 않는 것을 원칙으로 하였다. 다만 이미 부동산에 대한 유치권이 성립된 경우에도 이 법 시행 후 6개월까지는 저당권설정등기를 청구할 수 있도록 하였다. 이 경우에도 제372조의2의 규정에 따라 저당권을 설정하여야 하기 때문에, 이 규정에서 정한 요건을 충족하여야 한다. 이 법 시행당시 부동산에 대한 유치권자는 제372조의2의 요건을 충족하는지 여부와 상관없이 유치권을 주장할 수도 있고, 아니면 제372조의2에 따라 저당권설정청구권을 행사할 수 있도록 한 것이다.

논의과정에서 제3조(경과조치)에 제666조도 포함시켜서 규정하는 방안이 제시되었다. 그러나 민법 제666조에 관한 규정을 두지 않더라도 수급인의 경우에는 종전과 같이 저당권설정청구권을 행사하면 충분하고 별도로 이 문제를 규율할 필요가 없기 때문에, 제666조를 제외하였다.

한편, 제3조의 경과조치에서 등기 부동산에 관한 규정과 미등기 부동산에 관한 규정을 구분하여 다음과 같이 규정할 것을 검토하였다. "① 이 법 시행 당시 등기되어 있는 부동산에 대한 유치권자는 이 법 시행 후 6개월 이내에 제372조의2의 규정에 따라 저당권설정을 청구할 수 있다. ② 이 법 시행 당시 미등기 부동산에 대한 유치권자는 소유권보존등기를 한 날로부터 6개월 이내에 저당권설정을 청구할 수 있다." 그러나 등기 부동산에 관한 규정과 미등기 부동산에 관한 규정을 별도의 항으로 규정함으로써, 미등기 부동산의 경우에는 제372조의2의 요건을 충족하지 않는 경우에도 저당권설정청구권을 행사할 수 있는 것으로 오해할 소지가 있다. 따라서 등기 부동산과 미등기 부동산을 하나의 조항에서 규정하되, 미등기 부동산에 대해서는 소유권보존등기를 한 때로부터 6개월의 기간을 기산하도록 정하는 방식을 마련하였다.

Ⅸ. 결 론

부동산 유치권을 폐지할 것인지 여부는 중요한 입법정책적 문제이다. 민사법학계에서는 대체로 부동산 유치권을 폐지해야 한다는 데 점차 공감대가 형성되어 가고 있다. 그러나 그 해결책이 워낙 다양하여 하나의 방안을 찾기가 쉽지 않다.

부동산 유치권은 손쉽게 채권을 확보하는 기능을 수행하고 있는 반면에, 재화의 비효율적 이용이라는 폐해를 발생시키고 있다. 부동산 유치권의 폐해를 없애는 손쉬운 방법은 부동산 유치권을 폐지하는 것이다. 그러나 미등기 부동산에 대해서까지 유치권을 단순히 폐지하는 것은 현단계에서 반드시 합리적이라고 볼 수는 없다. 이 경우에 부동산에 대한 비용지출자의 채권을 확보하는 수단을 마련하는 것이 쉽지 않기 때문이다. 한편, 부동산에 대한 비용지출자의 채권을 확보하는 방법으로는 우선특권을 인정하는 것에부터 저당권설정청구권을 인정하는 것까지 매우 다양한 방안을 생각할 수 있다.

법무부의 제2기 민법개정위원회 제5분과위원회는 유치권에 관한 여러 개정안을 모색하여 하나의 방안을 제시하였다. 원칙적으로 부동산 유치권을 폐지하고 그 대신 부동산에 대한 비용지출자 등의 저당권설정청구권을 도입하는 것이 핵심적인 내용이다. 나아가 민사집행법 제91조 제5항을 삭제하여 경매절차에서 유치권에 관한 소멸주의를 채택할 것을 제안하고 있다. 결국 부동산등기부에 유치권이라는 물권이 공시되지 않는데도 부동산 물권을 주장하는 폐해를 없애고, 부동산에 대한 비용지출자 등에게 저당권설정청구권을 이용하여 자신의 권리를 부동산등기부에 저당권으로서 공시하는 길을 터주자는 것이다. 이를 통하여 부동산 유치권을 둘러싼 분쟁을 줄이고 공시 없이 부동산 물권을 취득하는 경우를 줄임으로써 부동산 등기부의 공시기능을 높일 수 있을 것이다.

개정안을 작성하는 과정에서 가장 어려운 문제는 미등기 부동산에 관한 문제였다. 토지와 건물을 별개의 독립적인 부동산으로 취급하고 있기 때문에, 미등기 부동산에 대한 유치권을 잠정적으로 허용하는 방안을 채택하였다. 또한 비용지출자 등의 저당권설정청구권에 관한 규정을 어떻게 형성할 것인지도 쉽지 않은 문제였다. 토지와 건물을 하나의 부동산으로 취급하는 입법적 결단이 필요한지, 이른바 비용지출자 등의 우선적 권리를 어느 범위까지 인정하고 어떠한 방법으로 확보하는 것이 올바른 것인지는 우리 민법학이 해결해야 할 근본적인 문제에 속하는 것으로서 좀 더 포괄적인 연구와 논의가 필요할 것이다. 다만 현재의 상황에서 부동산 등기부에 공시되지 않은 물권인 부동산 유치권을 원칙적으로 폐지하고 비용지출자 등의 권리를 등기부에 공시하도록 한 이 개정안은 부동산공시제도의 명확화와 재화의 효율적 이용이라는 측면에서 우리 민법이 한 걸음 나아가는 계기가 될 것이라고 생각한다.

한편, 민법 개정작업이 성공하려면 실생활에서 발생하는 어려운 문제를 좀 더 합리적으로 해결할 수 있다는 것을 보여줄 필요가 있다. 여기에서 제시하고 있는 개정안이 앞으로의 논의과정을 거쳐 부동산 유치권 문제를 해결하는 데 조금이나마 기여할 수 있기를 기대해 본다.

(民事法學 제55호(2011. 9), 한국민사법학회, 339-384면 所載)

[後 記]

이 논문은 제2기 민법개정위원회 제3분과위원회에서 작성했던 개정안을 소개한 것이다. 그 후 민법개정위원회에서 논의하는 과정에서 개정안이 수정되었고(이에 관해서는 윤진수, "유치권 및 저당권설정청구권에 관한 민법개정안," 민사법학 제63-1호(2013. 6), 193면 이하; 법무부 민법개정자료발간팀, 2013년 법무부 민법개정시안: 물권법, 2013(유치권 부분) 참조), 2013. 7. 17. 유치권에 관한 민법개정안이 정부안으로 국회에 제출되었다.

1. 국회에 제출된 민법개정안의 주요 골자는 등기 부동산에 대하여는 유치권을 폐지하고 그 대신 저당권설정청구권을 인정하기 위한 것이다. 이것은 이 논문에서 주장한 내용과 동일하지만, 세부적인 내용에서는 많은 차이가 있다. 민법개정안의 구체적인 내용은 다음과 같다.

(1) 등기 부동산에 대한 유치권의 폐지 등(안 제320조, 제320조의2 신설). 첫째, 현재 유치권으로 담보되는 채권은 물건 또는 유가증권에 관하여 생긴 채권으로 규정되어 있으나, 그 채권의 범위가 불명확하므로 이를 해소하기 위하여 동산 등에 대한 비용 지출로 인한 채권이나 그 동산 등으로 인한 손해배상채권으로 명확히 규정한다. 둘째, 현재 유치권의 대상으로 동산, 부동산 및 유가증권을 불문하고 인정되지만, 앞으로는 동산, 유가증권 및 미등기 부동산에 한정하여 인정하되, 미등기 부동산에 대하여 성립한 유치권은 저당권설정등기가 되거나, 저당권설정청구권이 소멸될 때까지만 한시적으로 인정한다.

(2) 미등기 부동산의 유치권자에 대한 저당권설정 청구권의 인정(안 제320조의2, 제369조의2 신설). 첫째, 미등기 부동산에 대한 유치권자에 대해서는 유치권을 한시적으로만 인정하므로, 이로 인하여 약화된 채권자의 지위를 보완하기 위하여 그 채권자에게는 저당권설정청구권을 인정하는 제도를 도입한다. 둘째, 미등기 부동산의 유치권자에게 인정되는 저당권설정청구권의 경우 그 청구권의 상대방의 범위에 유치권

성립 당시의 소유자뿐만 아니라 유치권 성립 후에 소유권을 취득한 자를 포함하도록 하고, 해당 저당권설정 청구권에 따른 저당권은 그 채권의 변제기에 설정된 것으로 본다. 셋째, 미등기 부동산에 대하여 유치권을 가진 채권자는 그 부동산이 등기된 날부터 6개월 내에 저당권설정청구권을 행사하여야 하고, 그 기간 내에 소(訴)로써 행사하지 아니하면 저당권설정청구권뿐만 아니라 유치권도 소멸되도록 한다.

(3) 등기된 부동산에 대한 특례로서 저당권설정청구권의 부여(안 제369조의3 신설). 첫째, 등기된 부동산에 대한 비용 지출로 인한 채권이나 그 부동산으로 인한 손해배상채권을 가진 자는 변제기에 이르지 아니한 경우에도 부동산 소유자에 대하여 그 부동산을 목적으로 한 저당권의 설정을 청구할 수 있는 제도를 도입한다. 둘째, 미등기 부동산에 대한 유치권자의 저당권설정청구권과는 달리 등기된 부동산에 대한 저당권설정청구권은 그 청구권이 성립한 후 부동산 소유권을 취득한 제 3 자에 대하여는 저당권설정청구를 할 수 없으며, 그 저당권설정청구를 통하여 성립한 저당권은 일반 저당권의 효력을 가지도록 한다.

(4) 이 개정안과 함께 민사집행법 개정안과 부동산등기법 개정안도 제출되었다. 민사집행법 개정안에서는 경매로 인한 부동산 매각 시 유치권을 소멸시키는 것(안 제91조 제 2 항, 현행 제91조 제 5 항 삭제) 등이 포함되어 있다. 그러나 상법 개정안은 제출되지 않아 상사유치권은 그대로 존속시키는 것을 전제하고 있다.

2. 등기 부동산에 관한 유치권의 폐지 문제 등에 관하여 논란이 많다(이에 관해서는 법제사법위원회 전문위원 이상용, "민법 일부개정법률안, 민사집행법 일부개정법률안, 부동산등기법 일부개정법률안 검토보고," 2013. 12. 참조). 개정안이 통과될 것인지, 어떠한 형태로 통과될 것인지는 예측하기 어려운 실정이다.

4. 채무불이행으로 인한 손해배상의 기준과 범위에 관한 개정방안*

Ⅰ. 서 론

채무불이행과 불법행위에 대한 대표적인 구제수단은 손해배상이다. 채무불이행이나 불법행위가 발생한 경우에 당사자들의 관심은 대부분 손해배상책임의 성립여부와 그 범위로 귀결된다. 따라서 손해배상에 관한 민법 규정은 우리 사법체계에서 핵심적인 위치를 차지하고 있고, 실무에서도 중요한 의미를 가지고 있다.

채무불이행으로 인한 손해배상은 채권총칙에서 규정하고 있고 불법행위로 인한 손해배상은 채권각칙에서 규정하고 있는데, 양자는 통일적인 모습을 띠고 있다. 먼저 그 요건을 보면 과실책임의 원칙을 채택하고 있다. 즉, 민법 제390조는 "채무자가 채무의 내용에 좇은 이행을 하지 아니한 때에는 채권자는 손해배상을 청구할 수 있다. 그러나 채무자의 고의나 과실 없이 이행할 수 없게 된 때에는 그러하지 아니하다." 라고 정하고 있고, 민법 제750조는 "고의 또는 과실로 인한 위법행위로 타인에게 손해를 가한 자는 그 손해를 배상할 책임이 있다."라고 정하고 있다. 이 두 규정은 증명책임 등에서 차이가 있지만 손해배상법의 기본원칙으로 과실책임주의를 선언한 것이다. 다음으로 손해배상의 범

* 이 논문은 2012년 10월 양창수 교수님의 화갑을 맞이하여 서울대학교 대학원 법학과 박사과정에서 지도를 받았던 제자들이 모여 개최한 심포지엄에서 발표한 것을 수정·보완한 것이다.

위에 관하여 민법 제393조 제1항은 "채무불이행으로 인한 손해배상은 통상의 손해를 그 한도로 한다."라고 정하고, 제2항은 통상의 손해에 속하지 않는 경우에도 "채무자가 알았거나 알 수 있었을 특별한 사정으로 인한 손해"는 예외적으로 배상의 범위에 속한다고 정하고 있다. 이 규정은 불법행위로 인한 손해배상의 경우에 준용(민법 제763조)되고 있고, 상법 등 여러 특별법에 정해진 손해배상의 경우에도 적용 또는 준용되고 있다.

채무불이행으로 인한 손해배상과 그 범위에 관하여 해석론적인 연구는 많지만, 입법론적 관점에서는 충분한 연구가 이루어지지 않았다. 손해배상의 개념, 기준 또는 범위에 관한 민법 규정이 적절한지, 이를 수정할 필요가 없는지 검토할 필요가 있다. 2009년에 법무부 민법개정위원회가 출범하였고, 2011년에 제4분과위원회에서 채무불이행으로 인한 손해배상의 범위에 관하여 검토를 하기로 하였다.[1] 이에 따라서 필자는 채무불이행으로 인한 손해배상의 개념·기준·범위에 관하여 입법론적인 검토를 하게 되었다.

1) 법무부 민법개정위원회(위원장 서민)는 제2기(2010년) 제2분과위원회에서 채무불이행 등에 관하여 개정안을 작성하기로 하였다. 제3기(2011년)에는 제4분과위원회에서 채무불이행으로 인한 손해배상의 범위에 관하여 검토를 하기로 하였다. 필자는 처음에는 담보제도 분과에 있다가 2011년부터 위 분과위원회에 참여하였는데, 필자가 채무불이행으로 인한 손해배상의 기준과 범위에 관하여 입법론적 차원에서 검토하는 보고서를 작성하였다(김재형, "채무불이행으로 인한 손해배상의 범위에 관한 연구," 2011년도 법무부 연구용역보고서). 이를 토대로 민법개정위원회 2011년 제4분과위원회에서 토론을 하여 분과위원회안을 작성하기 시작하였으나 마치지 못하여 2012년 제3분과위원회(위 분과위원회의 명칭이 바뀌었는데, 2012년 제4분과위원회의 후속 분과위원회이다. 위 분과위원회의 분과위원장은 처음부터 송덕수 교수이고, 일부 위원이 바뀌었다. 2012년 분과위원회의 구성은 위원장 송덕수, 위원 박동진, 정진명, 강승준, 안태용과 필자로 구성되어 있다. 이하 '분과위원회'라고 약칭한다)에서 분과위원회안을 확정하였다. 그 후 실무위원회(실무위원장 윤진수)와 분과위원장단(위원장 서민)에서 개정안을 검토한 다음 민법개정위원회 전체회의(이하 '전체회의'라 한다)에서 개정안을 확정하였다. 여기에서 개정안으로 논의된 내용은 일부를 제외하고는 민법개정위원회에서 채택되지 않았지만, 장차 이에 관한 논의를 하는 데 참고가 될 것으로 생각되어 필자의 위 보고서와 그 후의 논의를 소개하고자 한다.

이 글은 채무불이행으로 인한 손해배상의 개념과 범위에 관한 입법론적인 검토사항을 제시하기 위한 것이다. 이를 위하여 우리나라의 학설과 판례뿐만 아니라 독일을 비롯한 여러 입법례와 유럽계약법원칙 등 최근의 국제적 동향을 살펴보고 민법개정작업의 기초자료로 활용할 수 있도록 우리 민법상 손해배상의 기준과 범위에 관한 규정에 관하여 입법론적 차원에서 검토하고자 한다. 다만 필자가 위 분과위원회에 참여하기 이전인 2010년 제2기 분과위원회에서 어느 정도 개정방향[2]을 정한 사항에 관해서는—물론 개정안의 문구가 나중에 대폭 수정된 것도 있기는 하지만— 여기에서 다루고자 한다.

Ⅱ. 배상할 손해의 개념과 종류

1. 개　　설

손해배상은 손해를 배상하는 것이다. 이를 "손해 없이 배상 없다."라고 표현한다.[3] 채무불이행의 경우 배상할 손해가 무엇을 가리키는지 문제된다. 특히 여러 입법례에서 배상할 손해의 개념이나 종류를 들고

2) 제390조(채무불이행과 손해배상) 단서, 제394조(손해배상의 방법), 제395조(이행지체와 전보배상), 제396조(과실상계), 제397조(금전채무불이행에 대한 특칙), 제398조(배상액의 예정)의 개정이 이에 해당한다. 이와 같은 조항들은 그 후 전체회의를 통과되기까지 내용이나 표현이 수정되었다. 이에 관해서는 송덕수, "채무불이행에 관한 민법개정시안," 민사법학 제60호(2012. 9), 151면 이하; 김재형, "채무불이행으로 인한 손해배상에 관한 민법개정안," 민사법학 제65호(2013. 12), 664면 이하 참조.

3) 곽윤직, 채권각론, 제6판, 박영사, 2003, 378면. 영국이나 미국에서는 계약위반이 있는 때에 채권자에게 아무런 손해가 없더라도 명목적 손해배상(nominal damages)을 청구하는 것이 허용되는데, 이는 비교법적으로 예외적인 경우에 해당한다. 또한 영국이나 미국에서 징벌적 손해배상이 인정되지만, 대륙법계에서는 대부분 이를 인정하지 않고 있다. Lando/Beale ed., Principles of European Contract Law, 2000, 436.

있는 경우가 있는데, 우리 민법에서도 이에 관한 규정을 둘 것인지 문제된다.

2. 이행이익과 신뢰이익, 그리고 지출비용의 배상

(1) 학설과 판례

채무불이행의 경우에 이행이익의 손해를 배상하여야 하는지, 신뢰이익의 손해를 배상하여야 하는지 문제된다. 이행이익의 손해는 이미 유효하게 성립된 채권의 존재를 전제로 하여 채무자가 채무의 내용에 좇은 이행을 하지 않았기 때문에 채권자가 입은 손해를 말하고,[4] 신뢰이익의 손해는 계약이 유효라고 믿었기 때문에 입은 손해를 말한다. 가령 매매목적물을 이행할 수 없는 경우에 매매목적물의 시가 상당액이나 매수인이 다른 사람하게 전매하여 얻을 수 있는 이익 등은 이행이익에 속한다. 계약비용, 계약의 이행을 준비하기 위하여 지출한 비용, 상대방이 계약을 이행하리라고 믿고 다른 사람의 보다 유리한 매수제의를 거절함으로써 발생한 손실 등은 신뢰이익의 손해에 해당한다.[5]

채무불이행으로 인한 손해배상은 채무가 이행되었더라면 있었을 상태를 회복할 수 있도록 하여야 한다. 이 점은 판례에서 인정되고 있

4) 독일 등 대륙법에서 "이행이익(Erfüllungsinteresse)" 또는 "적극적 이익(positives Interesse)"이라는 용어를 사용하나, 영국, 미국 등 보통법에서는 "기대이익(expectation interest)"이라는 용어를 사용한다. Lando/Beale(주 3), 440. 따라서 영미법에서 "기대이익"은 대륙법계에서 말하는 "이행이익"에 상응하는 표현이다. 이는 상대방의 이행으로 인하여 받으리라고 기대하는 이익을 말한다. 영미법에서는 "기대한다(expect)"는 표현을 이용하여 기대이익(expectation interest)이라는 용어를 사용하고, 독일법에서는 이행(Erfüllung)이라는 표현을 이용하여 이행이익(Erfüllungsinteresse)이라는 용어를 사용한다. 우리나라는 독일과 마찬가지로 이행이익이라는 표현을 사용하고 있다. 김재형, "계약의 해제와 손해배상의 범위," 민법론 Ⅱ, 박영사, 2004, 78면. 이 글에서 이행이익과 손해배상에 관한 부분은 위 논문을 요약하고 보완한 것이다.

5) 곽윤직 편, 민법주해(Ⅸ), 1995, 474면 이하(지원림 집필) 참조.

다. 즉, 대판(전) 1967. 5. 18, 66다2618(집 15-2, 11)은 타인의 권리매매에 관한 사안에서, 매도인이 "계약이 완전히 이행된 것과 동일한 경제적 이익"을 배상함이 상당할 것이므로 그 손해는 매수인이 입은 손해뿐만 아니라 얻을 수 있었던 이익의 상실도 포함된다고 판결하였다. 또한 대판 2008. 12. 24, 2006다25745(공 2009, 82)는 "채무불이행책임에서 손해배상의 목적은 채무가 제대로 이행되었더라면 채권자가 있었을 상태를 회복시키는 것이므로, 계약을 위반한 채무자는 계약이 완전히 이행된 것과 동일한 경제적 이익을 배상하여야 한다."라고 판결하였다. 심지어 대법원은 1962년에 계약해제 시의 손해배상이 이행이익의 배상이기 때문에, 신뢰이익의 배상을 청구하는 것이 허용되지 않는다고 판결하였다.[6] 이는 채무불이행으로 인한 손해배상이 신뢰이익이 아닌 이행이익의 배상을 하는 것이라는 점을 명백히 한 것이다. 따라서 판례는 채무불이행으로 인한 손해를 이행이익의 손해로 보고 있다고 말할 수 있다.

그러나 이에 배치되는 판결들이 있다. 가령 대판 1992. 4. 28, 91다29972(공 1992, 1698)는 "계약의 일방당사자가 상대방 당사자의 이행을 믿고 지출한 비용도 그러한 지출 사실을 상대방이 알았거나 알 수 있었고 또 그것이 통상적인 지출비용의 범위 내에 속한다면 그에 대하여도 이행이익의 한도 내에서는 배상을 청구할 수 있으며, 다만 이러한 비용 상당의 손해를 일실이익 상당의 손해와 같이 청구하는 경우에는 중복배상을 방지하기 위하여 일실이익은 제반비용을 공제한 순이익에 한정된다."라고 하였다.[7] 이 판결은 지출비용의 배상을 인정한 것으로 이해되고 있다. 그런데 이러한 비용 상당의 손해를 일실이익 상당의 손해와 같이 청구하는 경우에 일실이익은 '제반비용을 공제한 순이익'에

---

6) 대판 1962. 2. 22, 4294민상667(민판집 54-827). 그 후에도 이 판결에서 전개한 법리를 따르는 다수의 판결이 나왔다. 대판 1962. 10. 18, 62다550(법고을LX 검색); 대판 1983. 5. 24, 82다카1667(공 1983, 1010); 서울고판 1998. 7. 15, 97나36226(하집 1998-2, 106).

7) 이와 유사한 판결로는 대판 1996. 2. 13, 95다47619(공 1996, 949).

한정하고 있다. 이행이익을 청구하는 경우에 통상 비용을 공제하지 않은 총이익을 일실이익으로 청구할 수 있으므로, 이 사건에서 지출비용의 배상을 청구하지 않고 단순히 이행이익을 청구할 수 있다고 하더라도 계산상 동일한 결론에 도달할 것이다. 이를 도식으로 표시하면, "[지출]비용+(총이익−비용)=총이익"이라고 표시할 수 있다. 따라서 이행이익을 청구하는 경우에 지출비용의 배상도 청구할 수 있다고 하는 것은 실제 결과에서는 아무런 차이가 없다.

한편, 대판 1999. 7. 27, 99다13621(공 1999, 1771)은 "계약의 일방 당사자가 상대방의 이행을 믿고 지출한 비용인 이른바 신뢰이익의 손해도 그러한 지출 사실을 상대방이 알았거나 알 수 있었고 또 그것이 통상적인 지출비용의 범위 내에 속한다면 그에 대하여도 이행이익의 한도 내에서 배상을 청구할 수 있다."라고 하였다. 그 표현만을 보면, 상대방의 이행을 믿고 지출한 비용(이하 '지출비용'이라 한다)과 신뢰이익의 손해를 마치 동일한 것으로 보고, '신뢰이익의 손해'를 배상해야 할 손해의 범위에 포함시키고 있는 것처럼 보인다. 그러나 신뢰이익의 손해는 지출비용의 손해보다 넓은 의미를 갖고 있기 때문에, 지출비용의 손해를 신뢰이익의 손해로 볼 수는 없다.

그 후에 나온 대판 2002. 6. 11, 2002다2539(공 2002, 1617)는 지출비용의 배상에 관한 가장 중요한 판결로서, "채무불이행을 이유로 계약해제와 아울러 손해배상을 청구하는 경우에 그 계약이행으로 인하여 채권자가 얻을 이익 즉 이행이익의 배상을 구하는 것이 원칙이지만, 그에 갈음하여 그 계약이 이행되리라고 믿고 채권자가 지출한 비용 즉 신뢰이익의 배상을 구할 수도 있다고 할 것이고, 그 신뢰이익 중 계약의 체결과 이행을 위하여 통상적으로 지출되는 비용은 통상의 손해로서 상대방이 알았거나 알 수 있었는지의 여부와는 관계없이 그 배상을 구할 수 있고, 이를 초과하여 지출되는 비용은 특별한 사정으로 인한 손해로서 상대방이 이를 알았거나 알 수 있었던 경우에 한하여 그 배상을 구할 수 있다고 할 것이고, 다만 그 신뢰이익은 과잉배상금지의 원칙에 비추어 이행이익의 범위를 초과할 수 없다고 할 것이다."라고 판단하고 있다. 이 판결은 이행이익의 배상이 원칙임을 밝히고, 지출비용 즉 신뢰이익의 배상은 이행이익의 배상에 갈음하여 청구할 수 있는 것으로 하고 있는데, 지출비용의 배상에 관한 혼란을 정리하기 위하여 지출비용의 배상을 청구할 수 있는 요건이나 범위를 제한한 것으로 볼 수 있다. 이 판결은 계약해제 시의 손해배상에 관한 것이지만, 계약을 해제하지 않고 채무불이행을 이유로 손해배상을 청구하는 경우에도 동일하게 볼 수 있을 것이다. 실제로 채권자가 계약을 해제하지 아니하고 채무불이행을 이유로 손해배상을 청구하는 사례에서 지출비용의 배상을 인정한 대법원 판결들도 다수 있다.[8)]

그런데 지출비용 또는 신뢰이익의 배상을 인정한 대법원 판결들의 실제 사안을 보면, 이행이익의 산정이 어렵지 않은 경우들이다. 가령 위 대판 1992. 4. 28, 91다29972에서는 총이익이 이행이익의 산정기준이 되고, 위 대판 2002. 6. 11, 2002다2539에서는 일조 등의 방해로 인하여 생긴 아파트의 가치하락분 상당액이 이행이익에 해당한다. 따라서 이와 같은 사건에서 이행이익의 배상을 인정하는 것으로 충분하고 굳이 지출비용의 배상을 청구할 필요성이 크지 않다고 할 수 있다.

한편, 대판 2006. 2. 10, 2003다15501은 "채무불이행을 이유로 계약해지와 아울러 손해배상을 청구하는 경우에 채권자는 이행이익의 일부로서 그 계약이 이행되리라고 믿고 채권자가 지출한 비용의 배상을 구할 수 있다."라고 판단하였는데, 이 판결은 지출비용을 이행이익의 일부로 파악하고 있다.

채무불이행의 경우에 채권자는 그 이행을 통하여 얻을 수 있었을

---

8) 대판 1980. 5. 13, 80다130(법률신문 제1352호, 7면); 대판 1991. 10. 11, 91다25369(공 1991, 2714); 대판 1994. 11. 11, 94다22446(공 1994, 2361); 대판 1992. 8. 14, 92다2028(공 1992, 2660); 대판 1999. 2. 9, 98다49104(공 1999, 475).

이익을 얻지 못한다. 채권자는 그와 같은 이익을 얻기 위하여 다른 사람과의 새로운 거래를 해야 하는 경우가 많을 것이다. 이러한 경우에는 채권자가 이미 지출한 비용에 상당하는 비용을 추가로 지출하는 것이 통상적일 것이기 때문에, 이행이익을 산정하는 경우에 이미 지출한 비용을 고려해야 할 것이다. 물론 채권자가 새로운 거래를 하는 데 지출비용이 적게 든다면 기존에 지출한 비용을 기준으로 이행이익을 산정할 수 없다. 이는 채권자가 부담해야 할 손실이기 때문이다.

(2) 비교법적 고찰

(가) 비교법적으로 볼 때 손해배상액의 일반적인 산정기준은 채무가 제대로 이행되었더라면 채권자가 있었을 상태로 만들어 주어야 한다는 점에서 통일적인 모습을 띠고 있다. 보통법에서는 이러한 손해배상액의 산정기준을 "기대이익"이라고 하고, 독일과 오스트리아에서는 "적극적 이익" 또는 "이행이익"이라고 한다.[9] 우리나라와 일본에서도 이행이익이라는 용어를 사용하고 있다.

영국 등 보통법 국가에서는 채권자가 이행이익(또는 기대이익)을 청구할 수 있으나, 그 대신에 신뢰이익을 청구하는 것을 허용한다. 가령 잉글랜드에서는 피고가 계약을 위반한 경우에 원고는 손해배상으로 기대이익 또는 신뢰이익의 배상을 청구할 수도 있고, 원상회복(restitution)을 청구할 수도 있다. 기대이익, 신뢰이익, 원상회복을 청구할 수 있는 경우에, 그들 중에서 어떤 구제수단을 선택할 것인지는 원고에게 달려 있다.[10] 미국에서 계약위반(breach of contract)에 대한 구제수단은 원칙적으로 손해배상이지만, 원고가 기대이익을 청구할 수 없는 경우에 기대이익 대신 신뢰이익을 청구할 수 있다.[11] 잉글랜드나 미국에서도 손

9) 주 4 참조.

10) Treitel, The Law of Contract, 12th ed. 2007, 848.

11) 상세한 것은 Fuller & Perdue, The Reliance Interest in Contract Damages (pts. 1 & 2), 46 Yale L.J. 52 (1936); Hudec, Restating the "Reliance Interest," 67 Cornell L. Rev. 704 (1982); Lando/Beale(주 3), 441 참조.

해배상의 원칙적인 모습은 이행이익의 배상이지만, 그 대신 신뢰이익의 배상을 인정하고 있다.

한편, 독일 민법 제249조는 "손해배상의 방법과 범위"라는 표제로 제1항에서 "손해배상의 의무를 부담하는 사람은 배상의무를 발생시키는 사정이 없었다면 있었을 상태를 회복하여야 한다."라고 정하고 있다. 또한 유럽계약법원칙 등에서는 손해배상에 계약을 이행하였더라면 얻었을 이익이 포함되어야 한다는 방식으로 규정하고 있다. 즉, 유럽계약법원칙 제9:502조 제1문은 "손해배상액의 일반적인 산정은 불이행의 상대방으로 하여금 계약이 적정하게 이행되었다면 그가 있었을 상태에 가능한 한 가장 가깝게 하는 금액으로 한다. 이러한 손해배상은 불이행의 상대방이 입은 손실과 그가 박탈당한 이익을 포함한다."라고 정하고 있다.[12] 유럽공통참조기준초안(Draft Common Frame of Reference. 이하 'DCFR'이라 한다) 제Ⅲ.-3:702조 제1문도 이와 유사하게, 적절한 이행이 있었다면 채권자가 놓이게 될 상태에 가능한 한 근접하게 하는 금액으로 채무불이행으로 인한 손해배상액을 산정하도록 하고 있다. 또한 중국합동법 제113조는 계약상 의무를 이행하지 않은 경우에 "손해배상액은 계약위반으로 인하여 발생한 손해와 대등하며, 계약의 이행에 의하여 얻을 수 있는 이익도 이에 포함된다."라고 정하고 있다.[13]

(나) 지출비용의 배상에 관하여 직접적인 규정을 두고 있는 경우로는 독일의 현행 민법을 들 수 있다. 독일에서 채권자가 지출한 비용을 청구할 수 있는지 여부에 관하여 논란이 많았는데, 이에 관하여 민법에 명시적인 규정을 두게 되었다.

---

12) 채권자는 자신이 잃은 계약상 기대에 해당되는 가치만큼을 배상하라고 청구할 수 있다. 재화의 매매나 용역의 공급 계약에서 이는 보통 계약상 가격과 시장가격 또는 현재가격의 차액으로 평가된다. 통상의 손해배상액으로서 청구할 수 있는 금액에는 발생한 비용과 얻지 못한 이익이 포함된다. Lando/Beale(주 3), 438 ff.

13) 채성국, 중국의 계약책임법, 경인문화사, 2008, 329면.

2001년 독일의 채권법 개정 전에는 무익하게 지출한 비용이 손해배상에 포함되는지에 관하여 아무런 규정이 없었다. 채무불이행의 경우에 손해배상액은 차액설에 따라 산정하여야 하는데, 채권자가 손해를 입지 않았거나 손해를 증명할 수 없는 경우에는 채권자의 손해배상청구권이 인정되지 않는다. 채권자가 비용을 지출했고 채무불이행으로 인하여 이것이 무익하게 된 경우에도 손해배상을 청구할 수 없었다. 그런데 독일의 판례는 이른바 "수익성 추정(Rentabilitätsvermutung)"이론을 발전시켰다.[14] 이것은 채무자가 이행하지 않는 반대급부와 채권자의 급부는 동등한 가치가 있고, 채권자가 거래와 관련하여 지출한 비용은 채무자로부터 급부를 수령했더라면 완전히 회수되었을 것이라는 점에서 출발한다.[15] 지출비용 자체를 손해로 보는 것이 아니라, 계약을 이행한 경우에 회수할 수 있는 가능성을 상실한 것을 손해라고 본다.[16] 그리하여 채권자는 지출비용을 적극적 이익에 대한 청구권의 범위에서 최소한의 손해라고 주장할 수 있다는 것이다. 그러나 이것은 추정이기 때문에 번복될 수 있다. 즉 채권자가 경제적 목적으로 비용을 지출한 경우에는 배상을 청구할 수 있지만, 자선이나 소비적인 목적으로 비용을 지출한 경우나 손해를 증명할 수 없는 경우에는 그 배상을 청구할 수 없었다.[17] 따라서 지출비용 중에서 손해로 볼 수 있는 한정된 범위에서 손해배상이 인정되었다고 볼 수 있다.

2001년에 이루어진 독일의 채권법 개정[18]에 따라 헛되이 지출한

---

14) BGHZ 71, 234, 239; 99, 182, 197; 123, 96, 99; 136, 102, 104; Dauner-Lieb, "Das Leistungsstörungsrecht im Überblick," Dauner-Lieb/Heide/Lepa/Ring (Hrsg.), Das Neue Schuldrecht, 2002, 95; Dörner/Staudinger, Schuldrechtsmodernisierung, 2002, 50f.; Huber/Faust, Schuldrechtsmodernisierung, Kap. 4 Rn. 4f.; Palandt/ Heinrichs (61. Aufl., 2002), §284 Rn. 2ff.

15) Palandt/Heinrichs (61. Aufl., 2002), § 325 Rn. 15.

16) jurisPK-BGB/Alpmann (2. Aufl., 2004), § 284 Rn. 6.

17) BGHZ 99, 182, 195ff.; BGHZ 114, 193; Stoll, JZ 1987, 517ff.; Canaris, "Die Reform des Rechts der Leistungsstörungen," JZ 2001, 499, 516.

18) 당시의 개정 논의를 소개한 글로는 양창수, "독일의 새로운 민법개정제안,"

비용의 배상에 관한 명문의 규정을 두고 있다. 채권자는 채무자의 의무위반을 이유로 "이행을 갈음하는 손해배상," 즉 전보배상을 청구하는 것(제281조 내지 제283조)을 갈음하여 '무익한 비용의 배상'을 청구할 수 있다고 규정한다(제284조). 채권자는 급부의 수령을 믿고 비용을 지출했고 그 지출이 상당한 것인 경우에는 그 비용의 배상[19]을 청구할 수 있다. 그러나 채무자가 의무를 위반하지 않았더라도 그 비용의 목적을 달성할 수 없었다면 그 비용의 배상이 허용되지 않는다.

입법 당시 이 규정이 손해배상법의 근본원칙에 반한다는 이유로 반대하는 견해도 있었으나,[20] 이 규정을 찬성하는 입장에서는 계약의 좌절(Scheitern des Vertrags)에 대하여 책임이 있는 상대방에게 무익하게 된 지출비용을 부담시켜야 한다고 주장하였다.[21] 또한 독일 민법 제284조에서는 수익성 추정에 관한 종래의 판례와 달리 계약의 이행을 믿고 지출한 비용만을 증명하면 그 배상을 청구할 수 있기 때문에, 비용의 배상에 관한 불확실성이 없어졌다고 설명한다. 입법자는 종래의 수익성 추정에 관한 판례를 입법한 것이 아니라, 이것을 넘어서 채무불이행으로 인한 손해대신 지출비용의 배상을 가능하게 한 것이다. 수익성 추정에 관한 판례에 따르면 경제적 목적이 없이 비용을 지출하거나

서울대학교 법학 제41권 제 4 호(2001. 2), 92면 이하; Coester(김재형 역), "독일의 채권법개정," 서울대학교 법학 제42권 제 1 호(2001. 5), 288면 이하; 김형배, "독일채권법현대화법안," 저스티스 제34권 제 5 호(2001. 10), 82면 이하 등이 있다. 이것은 우리 민법학의 연구에도 지대한 영향을 미쳤는데, 지출비용의 배상에 관한 논의도 그 중의 하나로 볼 수 있다.

19) 2000년 8월의 독일 채권법 개정을 위한 토론용초안(제325조 제 1 항 제 2 문)에서는 "손해의 배상"(Ersatz des Schadens)이라는 용어를 사용하였으나, 2001년 3월의 수정안(Konsolidierte Fassung)부터 "비용의 배상"(Ersatz der Aufwendungen)이라는 용어로 바꾸었다. 그 의미에 관하여는 Canaris(주 17), 517 참조.

20) Stoll, "Notizen zur Neuordnung des Rechts der Leistungsstörungen," JZ 2001, 589, 595f.; Altmeppen, "Untaugliche Regeln zum Vertrauensschaden und Erfüllungsinteresse im Schuldrechtsmodernisierungsentwurf," DB 2001, 1339, 1403.

21) 이것은 특히 카나리스의 주장을 따른 것이다. Canaris(주 17), 516; Begründung zu § 284, BT-Drucks 14/6040, 142f.

손해를 증명할 수 없는 경우에는 지출비용의 배상이 인정되지 않지만, 위 규정에 따르면 이와 같은 경우에도 지출비용의 배상을 청구할 수 있다.[22)]

이 규정에 따른 비용의 배상에 관해서는 채무자가 이 비용을 예견할 수 있었는지 여부는 문제되지 않는다.[23)] 비용의 배상은 이행이익을 한도로 한다는 제한도 없다. 따라서 이 규정에 따른 비용의 배상은 이행이익과 상관없이 인정된다.[24)] 또한 독일의 채권법 개정 이후에는 계약해제의 경우에도 채권자는 전보배상을 갈음하여 제284조에 따른 무익한 비용의 배상을 청구할 수 있다.[25)]

그러나 이 규정에서 말하는 비용의 배상이 신뢰이익의 배상을 의미하는 것은 아니다. 가령 어떤 물건의 매수인이 매매목적물과 동일한 종류의 물건을 제3자로부터 더 싸게 구입할 수 있었으나 매도인이 계약을 제대로 이행할 것이라고 믿고 이를 구입하지 않았다고 하자. 이러한 소극적 이익도 신뢰이익에 포함되지만, 위 규정을 근거로 이러한 소극적 이익까지 배상청구할 수는 없다.[26)] 이와 같은 소극적 이익의 배상여부는 이 규정과 무관하게 배상여부가 결정된다.[27)]

입법자는 이 규정을 손해배상청구권에 관한 규정으로 보지 않고 좌절된 비용의 배상 문제로 보았다.[28)] 그러나 법률 개정 이후에 이 규정의 법적 성격에 관해서는 논란이 있는데, 다음의 세 견해가 있다. 먼저 지출비용의 배상에 관한 규정을 손해배상청구권에 관한 규정으로

---

22) Lorenz, Karlsruher Forum 2005: Schuldrechtsmodernisierung- Erfahrungen seit dem 1. Januar 2002, 2006, 83.

23) Canaris(주 17), 517; Dauner-Lieb(주 14), 100.

24) Begründung zu §284, BT-Druks 14/6040, 144; Dauner-Lieb(주 14), 100.

25) Begründung, Allgemeiner Teil, BT-Drucks 14/6040, 93; Dauner-Lieb(주 14), 83.

26) Begründung zu §284, BT-Drucksache 14/6040, 144; Canaris(주 17), 517; Dauner-Lieb(주 14), 100.

27) Palandt/Grüneberg (72. Aufl., 2013), §284 Rn. 2.

28) BT-Drucks 14/6040, 144.

보는 견해29)와 독자적인 청구권원을 정한 규정이라는 견해30)가 있다. 한편 채권자가 이익을 얻을 목적이 있었을 때에는 손해배상규정이고, 이익을 얻는 것 이외의 목적이 있었을 때에는 독자적인 청구권원이라는 견해도 있다.31) 이와 같은 견해의 대립은 이 규정에 따른 지출비용의 배상이 일반적인 손해배상의 범위를 넘을 수도 있기 때문에 발생한 것이다. 지출비용의 배상은 손해배상과는 구별되는 것이지만, 이익을 얻을 목적으로 비용을 지출한 경우에는 지출비용의 배상이 손해배상의 기능을 갖는다고 볼 수 있다.

(3) 개정방안

㈎ 이행이익

채무불이행으로 인한 손해배상은 일반적으로 이행이익의 배상이라고 할 수 있다. 그러나 신뢰이익의 배상에 관해서는 나라마다 차이가 많다. 영국과 미국에서는 계약위반으로 인한 손해배상은 원칙적으로 이행이익의 배상을 의미하지만, 예외적으로 신뢰이익의 배상을 인정하고 있다. 독일 등 대륙법계에서는 채무불이행의 경우에 신뢰이익의 배상을 인정하지 않고 있기 때문에, 신뢰이익의 인정여부에서 보통법과 대륙법은 차이가 있다. 한편 독일에서는 2002년부터 시행되는 채권법 개정 당시 헛되이 지출한 비용의 배상을 인정하는 규정을 도입하였다. 그러나 그 밖의 나라에서 이와 같은 방식을 채택하고 있는 입법례는 찾아보기 어렵다.

우리 민법에 이행이익이나 신뢰이익에 관한 명시적인 규정은 없다. 그러나 입법례 중에는 이에 관한 명문의 규정을 두고 있는 경우가 있

29) Stoppel, "Der Ersatz frustrierter Aufwendungen nach § 284 BGB," AcP 204 (2004), 84f.

30) Schwarze, Das Recht der Leistungsstörungen, 2008, § 25 Rn. 42; Reim, NJW 2003, 3362f.; Huber/Faust(주 14), Kap. 4 Rn. 2; Gsell, NJW 2006, 125; jurisPK-BGB/Alpmann (2. Aufl., 2004), Rn. 7.

31) MünchKomm/Ernst (6. Aufl., 2012), § 284 Rn. 8.

다. 민법의 규정만으로는 채무불이행으로 인한 손해배상이 이행이익의 배상을 의미하는지, 신뢰이익의 배상을 의미하는지 명확하지 않다. 이에 관해서 입법례 등을 참고하여 민법에 명시적인 규정을 둘 수 있을 것이다. 그 방안으로는 다음의 두 가지를 생각할 수 있다.

첫째, 채무불이행으로 인한 손해배상은 채무불이행이 없었더라면 있었을 상태로 만드는 것이라는 점을 명시하는 방안이다. 이에 관한 문구로는 "채무불이행으로 인한 손해의 배상은 채권자가 채무불이행이 없었더라면 있었을 상태가 되도록 하여야 한다."라는 규정을 신설할 수 있을 것이다. 이 방안은 채무불이행으로 인한 손해배상의 의미에 관하여 포괄적이고 일반적인 원칙을 표현한 것으로 볼 수 있지만, 손해배상의 의미를 적극적으로 밝혀주지 못하고 아무런 내용을 담지 못한 것이고 부정적 표현을 사용한다는 비판이 있을 수 있다.

둘째, 채무불이행으로 인한 손해배상은 채무를 이행하였더라면 있었을 상태로 만드는 것이라는 점을 명시하는 방안이다. 이에 관한 문구로는 "채무불이행으로 인한 손해의 배상은 채무가 이행되었더라면 있었을 상태가 되도록 하여야 한다."를 생각할 수 있다. 이 방안은 손해배상은 이행이익을 배상하는 것이라는 기본적인 태도를 분명하게 표현한 것이다.

위 두 가지 방안 중 어느 것을 채택하더라도 큰 문제는 없지만, 채무불이행으로 인한 손해배상에 관하여 좀 더 분명한 입장을 표명하고 있다는 점에서 두 번째 방안이 나을 것으로 생각한다.

분과위원회에서 본격적으로 논의한 개정안은 다음과 같다.[32]

---

32) 필자는 처음에 분과위원회에 "제392조의2(채무불이행으로 인한 손해배상) ① 채무불이행으로 인한 손해의 배상은 채무가 이행되었더라면 있었을 상태를 회복할 수 있도록 하여야 한다. ② [제 1 안] 제 1 항의 손해[배상해야 할 손해]에는 채무의 이행으로 얻을 수 있는 이익[또는 일실이익]과 비재산적 손해를 포함한다. [제 2 안] 제 1 항의 손해[배상해야 할 손해]에는 장래에 발생할 손해와 비재산적 손해를 포함한다."라는 안을 토대로 논의할 것을 제안하였다. 아래의 개정안은 논의과정에서 표현을 수정한 것이다.

제392조의2(채무불이행으로 인한 손해배상)

① [제 1 안] 채무불이행으로 인한 손해의 배상은 채무가 이행되었더라면 있었을 상태를 회복할 수 있도록 하여야 한다.

[제 2 안] 채무불이행의 경우에 채무자는 채권자에게 채무가 이행되었더라면 있었을 상태를 회복하도록 손해를 배상하여야 한다.

[제 3 안] 채무불이행의 경우에 채무자는 채무가 이행되었더라면 채권자가 얻었을 이익을 배상하여야 한다.

[제 4 안] 채무불이행의 경우에 채무자는 채권자에게 채무불이행이 없었더라면 있었을 상태를 회복하도록 손해를 배상하여야 한다.

제392조의2 제 1 항에 관한 4개의 안은 손해배상이 채무가 이행되었더라면 있었을 상태나 이익을 회복하도록 할 것인지(다만 제 1, 2, 3 안은 표현이 조금씩 다를 뿐이다), 아니면 채무불이행이 없었더라면 있었을 상태를 회복하는 것으로 할 것인지(제 4 안)에 차이가 있다. 분과위원회안은 위 제 2 안을 제 1 안으로 하되, 다만 '상태를 회복하도록'이라는 표현이 부적절하다는 의견이 있어 '상태에 이르도록'으로 수정하였다. 또한 제 1 항 중 위 [제 4 안]을 분과위원회 제 2 안으로 정하였다.

한편, 이행이익의 배상에 관한 규정을 신설할 경우에 그 위치를 어디에 둘 것인지 문제된다. 현행 민법 제390조를 제 1 항으로 하고 제 2 항에 이행이익에 관한 규정을 두는 방안과 제392조의2를 신설하여 이행이익에 관한 규정을 두는 방안을 검토하였다. 민법 제390조는 채무불이행으로 인한 손해배상에 관한 일반원칙을 정한 것으로, 특히 과실책임의 원칙을 정하고 있다는 점에 중대한 의미가 있다. 따라서 이행이익이나 손해배상의 종류에 관해서는 별도의 규정으로 정하는 것이 나을 것으로 생각한다. 다른 입법례에서도 채무불이행으로 인한 손해배상의 근거 규정과 손해배상액에 관한 규정을 구분하고 있다. 가령 국제물품매매계약에 관한 국제연합 협약(United Nations Convention on Contracts for the International Sale of Goods, 이하 'CISG'라 한다)은 제45조와 제61

조에서 손해배상을 청구할 수 있다는 근거 규정을 두고, 손해배상액에 관해서는 제74조 내지 제77조에서 규정하고 있다.

분과위원회의 개정안은 다음과 같다.

> 제392조의2(손해배상의 내용)
> [제 1 안] 채무불이행의 경우에 채무자는 채권자에게 채무가 이행되었더라면 있었을 상태에 이르도록 손해를 배상하여야 한다.
> [제 2 안] 채무불이행의 경우에 채무자는 채권자에게 채무불이행이 없었더라면 있었을 상태에 이르도록 손해를 배상하여야 한다.

그 후 실무위원회에서는 민법 제390조를 제390조 제 1 항으로 하고, 제 2 항을 신설하여 "채무자는 채권자에게 채무가 이행되었더라면 있었을 상태에 이르도록 손해를 배상하여야 한다."라고 규정하자고 하였는데, 위 제 1 안을 채택한 것으로 볼 수 있다. 그러나 분과위원장단 회의에서는 이에 관한 규정을 두지 않기로 하여 민법개정위원회 전체회의에서 논의할 기회가 없었다.

(나) 신뢰이익

신뢰이익의 배상에 관해서는 규정을 둘 필요가 없을 것이다. 우리나라 학설과 판례에서 채무불이행으로 인한 손해배상으로 신뢰이익의 배상을 인정하고 있지 않고, 다른 나라에서도 이를 인정하는 경우는 많지 않기 때문이다. 민법개정위원회에서 다행스럽게도 신뢰이익의 배상에 관한 규정을 신설하자는 의견은 전혀 없었다.

(다) 지출비용의 배상

1) 개정안의 작성경과

지출비용의 배상에 관한 규정을 둘 것인지 문제된다. 지출비용의 배상에 관해서는 논란이 되고 있다. 독일 민법에서는 제284조에서 비용배상의 청구를 인정하는 규정을 두고 있다. 그러나 이와 같은 규정을 두고 있는 입법례는 독일 민법 이외에는 찾기 어렵다. CISG, 프랑스 민법, 일본 민법과 일본 민법 개정시안, 중국 합동법, UNIDROIT 국제상사계약원칙(UNIDROIT Principles of International Commercial Contracts, 이하 'PICC'라고 한다), 유럽계약법원칙, DCFR 모두 이와 같은 규정을 두고 있지 않다. 따라서 비교법적으로 볼 때 이와 같은 규정을 두는 것은 국제적으로 보편적인 입법방향과는 거리가 있다.

분과위원회에서 지출비용의 배상 규정의 신설 문제에 관한 논의를 하였다. 채무불이행으로 인한 손해배상은 이행이익의 배상이므로, 판례에서 지출비용의 배상을 인정하는 것은 법적 근거가 없기 때문에, 헛되이 지출한 비용에 대한 배상청구를 인정하려면 명문의 규정이 필요하다는 견해가 있었다.[33] 그러나 다른 분과위원들은 지출비용의 배상 청구에 관한 규정을 두는 것에 반대하였다. 그 이유가 동일한 것은 아니었지만, 대체로 다음과 같은 이유가 제시되었다. 첫째, 이 문제에 관해서는 논란이 많고, 이와 같은 규정을 두고 있는 입법례도 드문 상태이므로 학설과 판례상의 논의를 지켜본 다음에 규정을 둘 것인지를 결정하여야 한다. 지금 논의가 정리되지 않은 상태에서 입법하는 것은 시기상조라고 할 수 있다. 둘째, 지출비용의 배상 문제는 손해배상의 범위 내에서 해결될 수 있다는 견해에서는 지출비용을 이행이익을 산정할 때 고려하는 요소 또는 자료로 보면 충분하다. 셋째, 비용배상의 문제는 이행이익과 신뢰이익의 문제가 겹쳐서 매우 어려운 문제이다. 지출비용의 배상에 관한 규정을 둘 경우—가령 유추적용 등의 방법으로—신뢰이익의 배상을 인정하는 근거로 작용할 수도 있다. 결국 분과위원회에서는 위에 든 이유 등을 들어 지출비용의 배상을 명문으로 규정하는 것에 소극적이었다.

그러나 실무위원회[34]와 분과위원장단 회의에서 지출비용의 배상에

33) 송덕수 분과위원장의 의견.

34) 실무위원회에서 제안한 안은 제390조 제 3 항을 신설하여 본문에서 "채권자는 채무가 이행될 것을 믿고 지출한 비용의 배상을 청구할 수 있다."라고 정하고, 단서에 관해서는 두 개의 안을 제안하였는데, 제 1 안은 "그러나 제 2 항의 손해

관한 규정을 두기로 하였다. 다만 분과위원장단에서 구체적인 개정안의 작성은 분과위원회에 맡겼다. 필자는 지출비용의 배상에 관한 규정을 둘 경우 구체적인 개정시안을 작성하였고, 분과위원회에서 논의한 끝에, 다음과 같이 규정할 것을 제안하였다.[35)]

제395조의2(지출비용의 배상)

① 채권자가 채무가 이행될 것이라고 믿고 비용을 지출하고 그 지출이 상당한 경우에 채권자는 그 비용의 배상을 청구할 수 있다. 그러나 채무를 이행하더라도 비용지출의 목적을 달성할 수 없었을 때에는 그러하지 아니하다.

② 제1항에 따른 청구 금액은 채무가 이행되었더라면 받았을 이익을 초과할 수 없다.

그 후 분과위원장단과 전체회의에서 통과된 개정안은 다음과 같다.

제392조의2(지출비용의 배상) 채무불이행의 경우에 채권자는 채무가 이행될 것을 믿고 지출한 비용의 배상을 청구할 수 있다. 그러나 그 배상액은 채무가 이행되었더라면 받았을 이익액을 넘지 못한다.

2) 개정안의 의미와 문제점

① 개정안의 의미를 이해하려면 독일 민법 제284조와 비교해 볼 필요가 있다. 이 규정의 표제는 "무익하게 지출된 비용의 배상"이고, "채권자가 급부의 획득을 신뢰하여 비용을 지출하고 또 그 지출이 상당한 것인 경우에는 그는 급부를 갈음하는 손해배상 대신에 그 비용의

배상과 중복하여 청구할 수 없다."라는 것이고, 제2안은 "그러나 제2항의 손해배상액을 초과하여 청구할 수 없다."라고 정하는 것이다.

35) 이것은 필자가 작성한 개정시안을 토대로 표현을 수정한 것이다. 지출비용의 배상에 관하여 명문의 규정을 두고 있는 입법례는 독일 민법이기 때문에, 독일 민법의 규정을 참조하였고, 입법례가 거의 없는 점을 고려하여 지출비용의 배상을 엄격하게 인정하고자 하였다.

배상을 청구할 수 있다. 다만 채무자의 의무위반이 없더라도 비용지출의 목적이 달성될 수 없었을 때에는 그러하지 아니하다."라고 정하고 있다. 위 규정은 지출비용의 배상을 인정하고 있는데, 특히 단서의 내용은 계약좌절의 법리에서 유래한 것이다.

독일 민법의 위 규정을 신뢰이익을 규정한 것으로 이해하는 견해도 있으나, 이는 신뢰이익을 인정한 것이 아니다. 독일에서는 지출비용의 배상을 손해배상과는 구별하고 있다. 독일 민법에서는 손해배상과는 구별하여 위 규정을 두고 있고, 매도인의 담보책임 등에 관한 규정에서도 손해배상과 병렬적으로 위 규정에 따른 지출비용의 배상을 청구할 수 있다고 규정하고 있다. 따라서 독일 민법에서는 지출비용의 배상을 손해배상과는 분리하여 이해하고 있다.

② 우리나라 민법의 위 개정안과 관련해서는 다음과 같은 사항을 생각해볼 필요가 있다.

첫째, 지출비용의 배상을 전보배상을 갈음하여 인정할 것인지, 이와 같은 제한을 두지 않고 인정할 것인지 문제된다. 독일 민법의 위 규정에서는 전보배상을 갈음하여 지출비용의 배상을 인정하고 있다. 이러한 입장을 따른다면 우리 민법에서는 전보배상에 관한 민법 제395조[36] 다음에 지출비용의 배상에 관한 규정을 두어야 할 것이다. 그러나 우리 민법 개정안에서는 제392조의2에서 지출비용의 배상에 관하여 규정하고 전보배상을 갈음하여 지출비용의 배상을 인정해야 한다는 제한이 없다. 따라서 개정안에 따르면 이론적으로는 채권자가 이 규정에 따라 지출비용의 배상을 청구하면서 이와 별도로 전보배상을 청구할 수도 있을 것이다.[37]

---

36) 제395조의 표제는 "이행지체와 전보배상"이라고 규정하고 있는데, 민법개정위원회에서 "전보배상"으로 표제를 바꾸고 규정을 좀 더 포괄적으로 규정하기로 하였다.

37) 이러한 경우에도 지출비용의 배상은 이행이익의 한도를 넘을 수 없다는 제한이 적용되고, 또한 중복하여 배상을 받을 수 없다고 보아야 한다.

또한 개정안에 따르면 이 규정에 따라 이행지체로 인한 지연배상을 청구하는 대신 지출비용의 배상을 청구할 수도 있을 것이다. 그러나 지연배상을 청구하는 경우에까지 지출비용의 배상을 인정할 필요성은 매우 적다. 금전채무불이행의 경우에는 민법 제397조, 제379조에 따라 법정이율인 연 5푼의 지연손해금을 배상하여야 하기 때문에, 이와 별도로 규정을 둘 필요가 없다. 금전채무 이외의 채무를 불이행한 경우에도 지출비용 등을 감안하여 지연배상을 정하면 충분할 것이다. 지연배상의 경우에 가령 채권추심을 위한 비용을 배상하여야 하기 때문에, 지출비용의 배상을 인정해야 한다고 생각할 수 있다. 그러나 이행지체로 인하여 채권자가 추가로 채권추심비용을 지출했다면 이는 이행이익의 손해에 해당하기 때문에, 지출비용의 배상에 관한 규정을 별도로 둘 필요가 없을 것이다.[38)]

둘째, 지출이 상당한 경우(또는 통상적인 경우)에 한하여 지출비용의 배상을 인정하는 방식으로 규정을 둘 것인지 문제된다. 이것은 지출한 비용을 모두 청구할 수 있는 것은 아니고 그 비용 지출이 상당한 경우에 한하여 배상을 청구하도록 하자는 것이다. 민법에 규정된 비용상환청구권에 관한 규정(가령 제203조 등)을 보면 필요비와 유익비로 구분하여 비용의 상환을 청구하는 사람이 보존이나 개량하기 위한 것인지를 증명할 것을 요구하고 있다. 이와 유사하게 지출비용배상의 경우에도 지출비용을 청구할 수 있으려면 '상당한' 경우에 한하도록 규정할 필요가 있다. 이에 대하여 지출비용의 배상에 관하여 민법 제393조가 적용되기 때문에, 지출이 상당한 경우로 한정할 필요가 없다고 생각할 수

---

38) 추심채무의 경우에 채권자가 채무자에게 갔으나 채무자가 이행을 하지 않아 채권자가 다시 채무자에게 갈 경우에는 최초의 여행비용 배상을 인정하여야 할 것이라고 한다. 그러나 이 경우에 채권자가 채무자에게 이행기에 갔을 때 채무자가 이행을 했더라면, 그 후에 채무자에게 채권추심을 위하여 가지 않아도 되었을 것이기 때문에, 두 번째 여행경비는 통상 이행이익의 손해로서 배상을 하여야 한다.

있다. 지출비용의 배상에 관한 규정이 없는 상태에서는 민법 제393조가 적용된다고 보아야만 손해배상으로서 지출비용의 배상을 인정할 수 있다. 그러나 지출비용의 배상에 관한 규정을 명시적으로 도입할 경우에는 새로운 규정에 따라 요건을 충족하면 그 배상을 인정해야 할 것이기 때문에, 지출비용의 배상에 관하여 민법 제393조가 적용된다고 볼 수 있을지는 의문이다.[39] 또한 제393조가 적용된다고 볼 경우 특별한 사정으로 인한 손해에 관하여 예견가능하면 지출비용을 배상하여야 하는데, 이는 바람직하지 않다.

셋째, 채무를 이행하더라도 비용지출의 목적을 달성할 수 없었을 경우에도 지출비용의 배상을 인정할 것인지 문제된다. 필자는 제395조의2 제1항 단서에 "그러나 채무를 이행하더라도 비용지출의 목적을 달성할 수 없었을 때에는 그러하지 아니하다."라는 규정을 둘 것을 제안하였고, 분과위원회에서도 이것이 받아들여졌다. 채무를 이행했더라도 비용지출의 목적을 달성할 수 없는 경우에까지 지출비용의 배상을 인정하는 것은 채권자에게 망외의 이익을 주는 것이다. 그러나 이 방안은 전체회의에서 받아들여지지 않았다.

넷째, 지출비용의 배상은 이행이익액을 한도로 한다는 규정을 둘 것인지 문제된다. 독일 민법에는 이에 해당하는 규정이 없다. 영국이나 미국의 경우 신뢰이익의 배상은 이행이익을 한도로 하고 있다. 우리나라에서도 지출비용의 배상을 이행이익의 한도로 한다는 판결이 있다.[40] 손해배상은 본래 이행이익의 배상을 의미하므로, 이를 초과하는 지출비용을 청구할 수 있다고 하는 것은 채권자를 과도하게 보호하는

39) 지출비용의 배상에 대하여 민법 제393조가 적용되는지에 관해서는 개정위원들 사이에서 의견이 대립하였는데, 전체회의에서 다수의 의견이 제393조가 적용된다고 보았다. 이에 따라 "그 지출이 상당한 경우에" 배상을 청구할 수 있다는 규정을 하지 않았다. 그러나 지출비용 자체가 손해라고 할 수 없기 때문에, 지출비용의 배상에 관해서는 제393조를 비롯한 손해배상에 관한 규정이 유추적용된다고 보아야 할 것으로 생각한다.

40) 위 대판 2002. 6. 11, 2002다2539.

것이다. 이에 관한 규정을 두지 말자는 의견도 있었으나, 결국 지출비용의 배상은 이행이익액을 한도로 한다는 규정을 두기로 하였다.[41)]

다섯째, 매도인이나 수급인의 담보책임 등 여러 규정에서 손해배상 규정을 두고 있는데, 이 규정들에서 지출비용의 배상에 관한 규정을 둘 것인지 문제된다. 독일 민법에서는 매도인의 담보책임에 관한 규정에서도 손해배상 또는 헛되이 지출한 비용의 배상에 관하여 명시적으로 규정하고 있다. 그러나 우리 민법개정안에서는 지출비용의 배상을 손해배상의 일종으로 보아 매도인의 담보책임 등에서는 지출비용의 배상에 관한 규정을 두지 않았다. 이와 관련하여 몇 가지 해석론이 나올 수 있다. 먼저 채무불이행으로 인한 지출비용의 배상은 과실책임이 인정되는 경우에 한하여 인정된다는 견해이다. 이 견해에 따르면 매도인의 담보책임 등 무과실책임이 인정되는 경우에는 지출비용의 배상이 인정되지 않는다고 할 것이다. 그러나 매도인의 담보책임도 채무불이행책임의 일종이므로 이 견해는 받아들여지지 않을 것으로 생각된다. 또한 매도인의 담보책임 등에서 일반적인 채무불이행과 달리 지출비용의 배상을 다르게 보아야 할 이유가 없을 것이다. 다음으로 채무불이행으로 인한 손해배상을 청구할 수 있는 경우에는 항상 지출비용의 배상이 인정되어야 한다는 견해이다. 이 견해가 민법개정위원회에서 다수의 위원이 생각하는 해석론이다.[42)] 그러나 손해와 지출비용은 구별되는 개념이다. 따라서 이에 관하여 혼란을 없애기 위하여 명시적인 규정을 두는 것이 바람직할 것이다.

---

41) 한편, 지출비용의 배상은 이행이익의 배상과 중복하여 청구할 수 없다는 규정을 둘 것인지 여부도 검토하였으나, 이에 관한 규정을 두지 않기로 하였다.

42) 여기에서 나아가 불법행위의 경우에도 지출비용의 배상이 인정되어야 한다는 견해도 있을 수 있다. 특히 계약과 관련된 불법행위의 경우에는 채무불이행책임과 불법행위책임의 경계가 모호한 경우가 적지 않기 때문이다. 만일 지출비용의 배상을 채무불이행에 한정하여 인정한다면 채무불이행책임과 불법행위책임의 경계획정이 매우 중요한 경우가 생길 것이다. 또한 상법 등 특별법에서 손해배상을 인정하는 경우가 있는데, 이러한 경우에도 지출비용의 배상에 관한 규정을 적용하거나 유추적용할 수 있는지 문제될 수 있다. 이에 관해서는 여러 해석론이 나올 수 있을 것이다.

여섯째, 지출비용의 배상에 관한 규정의 위치를 어느 곳에 둘 것인지에 관해서도 논란이 있었다. 민법 제390조 제2항에 이행이익에 관한 규정을 두고 제3항으로 지출비용의 배상에 관한 규정을 두는 방안, 제392조의2로 규정하는 방안, 제395조의2로 규정하는 방안이 있었다. 독일 민법 규정은 전보배상에 관한 규정 다음에 지출비용의 배상에 관한 규정이 있다. 이행이익의 배상에 관한 규정 다음에 지출비용의 배상에 관한 규정을 두고 있다는 점에서 이 방법이 바람직할 것으로 생각되나, 민법개정위원회 전체회의에서는 제392조의2로 지출비용의 배상에 관한 규정을 두기로 하였다.

일곱째, 지출비용의 배상에 관하여 과실상계에 관한 제396조가 적용되는지 문제된다. 지출비용의 배상을 손해배상으로 볼 경우에는 과실상계에 관한 규정이 적용될 것이다. 이와 달리 지출비용의 배상을 별도의 청구권을 부여한 규정으로 볼 경우에는 과실상계에 관한 규정이 적용되지 않을 것이지만, 채권자에게 과실이 있는 경우에는 지출비용의 배상에 관해서도 과실상계에 관한 규정을 유추적용하여 배상액을 감액할 수 있다고 보아야 한다.

3. 손해의 종류: 특히 비재산적 손해, 일실이익, 장래의 손해

(1) 현재의 상황

민법에 채무불이행의 경우에 손해의 종류에 관하여 명시적인 규정을 두고 있지 않고, 이에 관해서는 해석에 의하여 해결하고 있다. 손해의 종류를 다양하게 분류할 수 있는데, 다른 입법례와 비교하여 입법적으로 검토할 수 있는 사항에 한정하여 다루고자 한다.

손해는 재산적 손해와 비재산적 손해로 구분할 수 있다. 재산적 손해는 재산에 관하여 생긴 손해이고, 비재산적 손해는 생명, 신체, 자유, 명예 등의 비재산적 법익에 관하여 생긴 손해이다. 비재산적 손해는 정신적 타격, 고통, 슬픔을 평가한 것이기 때문에 정신적 손해라고도 하고, 그 배상금을 위자료라고 한다.[43] 민법 제751조에서는 "재산 이외의 손해"라는 표현을 사용하고 있고, 제752조에서는 "재산상의 손해"라는 표현을 사용하고 있다. 채무불이행으로 인한 손해배상에 관한 규정에서는 재산상의 손해나 재산 이외의 손해라는 표현을 사용하고 있지 않지만, 학설과 판례에서 재산적 손해 이외의 손해, 즉 비재산적 손해도 인정되고 있다.

채무불이행의 경우에 재산적 손해뿐만 아니라, 비재산적 손해 또는 정신적 손해도 배상의 범위에 포함될 수 있다. 그러나 비재산적 손해의 배상에 대해서는 매우 제한적으로 손해배상을 인정하고 있다. 이에 관한 판례[44]의 태도를 정리하면 다음과 같다. 첫째, 채무불이행으로 손해가 발생한 경우 채권자가 받은 정신적인 고통은 그 재산적 손해에 대한 배상이 이루어짐으로써 회복된다고 한다. 그리하여 채무불이행의 경우 재산적 손해 이외에 위자료를 인정하는 사례는 매우 드물다. 둘째, 채권자가 재산적 손해에 대한 배상만으로는 회복될 수 없는 정신적 고

43) 곽윤직, 채권총론, 제 6 판, 박영사, 2009, 113면; 김상용, 채권총론, 화산미디어, 2009, 147면 이하; 김증한 · 김학동, 채권총론, 제 6 판, 박영사, 1998, 126면 이하.

44) 대판 1996. 12. 10, 96다36289(공 1997, 319)는 "일반적으로 위임계약에 있어서 수임인의 채무불이행으로 인하여 위임의 목적을 달성할 수 없게 되어 손해가 발생한 경우, 그로 인하여 위임인이 받은 정신적인 고통은 그 재산적 손해에 대한 배상이 이루어짐으로써 회복된다고 보아야 하고, 위임인이 재산적 손해에 대한 배상만으로는 회복될 수 없는 정신적 고통을 입었다는 특별한 사정이 있고, 수임인이 그와 같은 사정을 알았거나 알 수 있었을 경우에 한하여 정신적 고통에 대한 위자료를 인정할 수 있다."라고 한다. 대판 1996. 6. 11, 95다12798(공 1996, 2106)은 "일반적으로 건물신축 도급계약에 있어서 수급인이 신축한 건물에 하자가 있는 경우에, 이로 인하여 도급인이 받은 정신적 고통은 하자가 보수되거나 하자보수에 갈음한 손해배상이 이루어짐으로써 회복된다고 봄이 상당하고, 도급인이 하자의 보수나 손해배상만으로는 회복될 수 없는 정신적 고통을 입었다면 이는 특별한 사정으로 인한 손해로서 수급인이 이와 같은 사정을 알았거나 알 수 있었을 경우에 한하여 정신적 고통에 대한 위자료를 인정할 수 있다."라고 한다. 대판 1980. 10. 14, 80다1449(공 1980, 13321); 대판 1993. 11. 9, 93다19115; 대판 1997. 2. 25, 96다45436(공 1997, 881)도 동일한 취지이다.

통을 입었다는 특별한 사정이 있고, 채무자가 그와 같은 사정을 알았거나 알 수 있었을 경우에 한하여 정신적 고통에 대한 위자료를 인정할 수 있다. 이러한 판례법리는 결국 채무불이행에서 정신적 고통에 대한 배상을 제한하기 위한 이론으로 작용하고 있다.[45)]

대법원 판결에서 채무불이행으로 인한 손해배상에서 정신적 고통에 대한 예견가능성을 인정한 예를 찾기 어렵다. 그러나 이것이 논리적으로 타당한지는 의문이다. 재산적 손해에 대한 배상이 이루어지는 것과 정신적 고통이 회복되는 것은 별개의 문제이다. 재산적 손해를 배상받더라도 정신적 고통이 회복되지 않는 경우가 많다. 또한 채무불이행의 경우에 채권자가 정신적 고통을 입을 것이라는 것을 알거나 알 수 있는 경우가 많다. 한편 하급심판결 중에는 채무불이행의 경우에 정신적 손해의 배상을 인정한 예들도 있다.[46)]

또한 채무불이행의 경우에 일실이익이나 장래에 발생한 손해도 손해배상의 범위에 속하는데, 이에 관해서도 명시적인 규정을 둘 것인지 문제될 수 있다.

(2) 개정방안

채무불이행의 경우에 배상할 손해를 열거하고 있는 입법례를 살펴보고자 한다. 대부분의 입법례에서 배상하여야 할 손해에 일실이익을 포함시키고 있고, 비재산적 손해나 장래에 합리적으로 발생할 것으로 보이는 손해에 관한 규정을 두고 있는 경우도 있다. 가령 독일 민법 제252조는 "일실이익"이라는 표제 하에 제1문에서 "배상되어야 할 손해에는 일실이익도 포함된다."라고 정하고 있고, 독일 민법 제253조는 비재산적 손해의 배상에 관한 규정을 두고 있다. 프랑스 민법에서는 제

45) 김재형, "프로스포츠선수계약의 불이행으로 인한 손해배상책임," 민법론 Ⅲ, 박영사, 2007, 386면 이하 참조.

46) 서울민지판 1990. 2. 7, 89가합54840(하집 1990-1, 28); 서울지법 동부지판 1994. 9. 29, 94가합8455(하집 1994-2, 60).

1149조가 채권자가 입은 적극손실과 상실한 소극이익을 손해로 배상하여야 한다고 정하고 있다.[47] 일본 민법개정시안【3.1.1.68】제 2 항은 “손해를 금전으로 평가할 때는 채무의 내용인 급부의 가치 외 채무불이행으로 인해 채권자가 받은 적극적 손해, 채권자에게 박탈된 장래의 이익 및 채권자가 받은 비재산적 손해를 고려하여 배상액을 확정한다.” 라고 정하고 있다.[48]

CISG 제74조 제 1 문은 “당사자 일방의 계약위반으로 인한 손해배상액은 이익의 상실을 포함하여 그 위반의 결과 상대방이 입은 손실과 동등한 금액으로 한다.”라고 정하고 있다. PICC 제7.4.2조는 제 1 항 제 2 문에서 “피해당사자가 입은 모든 손실과 그가 상실한 모든 이익”을 포함하여 배상하도록 정하고 있고, 제 2 항에서 “그러한 손해는 비금전적일 수도 있고 또한 예를 들어 육체적 고통이나 감정적 괴롭힘을 포함한다.”라고 정하고 있다. 또한 위 원칙 제7.4.3.조 제 1 항은 “배상되어야 할 손해는 합리적인 정도로 확실한 손해(장래의 손해를 포함한다)에 한한다.” 라고 정하고 있다. 유럽계약법원칙 제9:501조 제 2 항은 손해배상을 청구할 수 있는 손실로 “비재산적 손실”과 “합리적으로 볼 때 발생할 것으로 보이는 장래의 손실”을 열거하고 있고, 제9:502조는 “손해배상액의 일반적인 산정은 불이행의 상대방으로 하여금 계약이 적정하게 이행되었다면 그가 있었을 상태에 가능한 한 가장 가깝게 하는 금액으로 한

47) 프랑스 민법 제1151조는 채권자가 입은 적극손해 및 일실이익이 계약채무불이행의 직접적이며 즉각적인 결과인 경우에 한하여 손해배상범위에 포함된다고 정하고 있다.

48) 법무부 역, 일본 채권법개정의 기본방침, 일본 민법(채권편)개정검토위원회 편, 2009, 243면(이것은 일본 민법(채권법) 개정검토위원회가 2009년 3월말에 종합한 「채권법 개정의 기본방침」(검토위원회시안) 및 제안요지를 정리한 것이다. 그 후 일본 법무성의 법제심의회 민법(채권관계)부회에서 개정시안을 작성하는 과정에서 이를 참고하고 있다. 이 글에서 일본 민법 개정시안은 이 책자에 있는 것을 가리키는 것으로 일본 법무성의 공식적인 안을 가리키는 것은 아니다). 한편, 오스트리아 민법 제1324조, 제1325조와 제1331조에서는 과실의 정도에 따라 장래 일실이익의 배상여부를 정하고 있다.

다. 이러한 손해배상액은 불이행의 상대방이 입은 손실과 그가 박탈당한 이익을 포함한다."라고 정하고 있다. DCFR 제Ⅲ.-3:701조 제2항은 "손해배상을 청구할 수 있는 손실에는 합리적으로 발생할 것으로 보이는 장래의 손실을 포함한다."라고 정하고 있고, 제Ⅲ.-3:702조는 손해배상액의 일반적인 산정에 관하여 "채무불이행에 의하여 발생한 손해배상액의 일반적인 산정기준은 채권자로 하여금 채무가 적정하게 이행되었다면 그가 있었을 상태에 가능한 한 가깝게 하는 금액으로 한다. 이러한 손해배상액은 불이행의 상대방이 입은 손실와 그가 박탈당한 이익을 포함한다."라고 정하고 있다.

위의 입법례 등에서 나타나는 손해의 종류로는 일실이익, 비재산적 손해, 장래에 발생할 손해 등을 들 수 있다. 우리나라의 학설과 판례에서도 일실이익의 배상을 인정하고 있다. 입법례에서 일실이익에 관한 규정을 두는 경우가 매우 많다. 다만 일실이익은 법전상의 표현으로는 어색한 점이 있어 "얻을 수 있었던 이익"이라는 표현을 사용할 수 있을 것이다. 채무불이행으로 인한 손해배상에 관한 소송에서 위자료를 인정하는 경우가 많지 않지만, 채무불이행의 경우에 비재산적 손해도 손해에 속한다는 점은 분명하다. 채무불이행의 경우 비재산적 손해에 관한 규정을 명시할 경우 비재산적 손해를 지나치게 많이 인정하게 될 것이라는 의견도 있는 반면에, 비재산적 손해에 대한 배상을 좀 더 유연하게 인정하는 것이 바람직하다는 생각도 있을 수 있다. 제392조의2에 비재산적 손해를 배상해야 할 손해로 열거한다고 하더라도 제393조의 규정에 의하여 제한을 받는다. 따라서 판례의 태도와 크게 차이가 있다고 볼 수 없다. 장래에 발생할 손해는 배상액의 산정 이후에 발생할 손실라고 할 수 있는데, 가령 장래 소득의 상실이나 기회비용의 상실이 이에 포함된다.

우리 민법에 채무불이행으로 채권자에게 이미 발생한 적극적 손해, 채권자가 얻을 이익의 상실, 비재산적 손해 등을 포함한다는 점을 명시하는 방안을 생각할 수 있을 것이다. 그 방안으로는 제392조의2를 위에서 본 바와 같이 신설하고, 제 1 항에서 손해배상의 일반적 기준을 명시한 다음에, 제 2 항에서 다음과 같은 규정하는 방법을 생각할 수 있다.

> [제 1 안] 제 1 항의 손해[배상해야 할 손해]에는 채무의 이행으로 얻을 수 있는 이익[또는 일실이익]과 비재산적 손해를 포함한다.
>
> [제 2 안] 제 1 항의 손해에는 장래에 발생할 손해와 비재산적 손해를 포함한다.
>
> [제 3 안] 제 1 항의 손해에는 일실이익, 비재산적 손해와 장래에 발생할 손해를 포함한다.

분과위원회에서 위 방안 중 제 3 안에 따라 제392조의2 제 2 항은 "제 1 항의 손해에는 얻을 수 있었던 이익, 비재산적 손해 및 장래에 발생할 손해를 포함한다."라고 규정할 것을 제안하였다. 채무불이행의 경우에 일실이익이나 비재산적 손해도 손해에 포함되고, 이미 발생한 손해뿐만 아니라 장래에 발생할 손해도 손해에 포함되기 때문에, 이를 명시적으로 규정한 것이다. 실제 사건에서 채무불이행의 경우에 비재산적 손해의 배상을 인정하는 경우가 많지 않지만, 현대의 계약에서 비재산적 손해를 인정해야 할 필요가 높다고 보아 이에 관해서도 명시적인 규정을 두기로 하였다. 또한 장래에 발생할 손해도 포함시키기로 하였다.[49] 여러 입법례에서 일실이익, 비재산적 손해, 장래의 손해를 손해로 인정하는 명문의 규정이 있다는 점을 고려한 것이다. 그러나 분과위원장단 회의에서는 위 개정안을 민법개정위원회 전체회의에 회부하지 않았다.

---

49) 유럽계약법원칙 제9:501조 제 2 항 (b)호에서는 "합리적으로 볼 때 발생할 것으로 보이는 장래의 손실"이라고 하고 있으나, 이를 간략하게 표현한 것이다.

Ⅲ. 손해배상의 범위와 예견가능성

1. 개　　설

민법은 제393조에서 손해배상의 범위에 관하여 구체적으로 정하고 있다. 제 1 항은 "채무불이행으로 인한 손해배상은 통상의 손해를 그 한도로 한다."라고 규정하고 있고, 제 2 항은 "특별한 사정으로 인한 손해는 채무자가 이를 알았거나 알 수 있었을 때에 한하여 배상의 책임이 있다."라고 규정하고 있다.

종래에는 손해배상의 범위를 상당인과관계설에 따라 설명하였다.[50] 즉, 채무불이행과 손해 사이에 상당인과관계가 있는 경우에 그 손해를 배상하여야 한다는 것이다. 대법원 판결에서도 상당인과관계설을 따르는 판결들이 많이 나왔다.[51] 그러나 제393조가 손해를 통상손해와 특별한 사정으로 인한 손해로 구분하고, 특별한 사정으로 인한 손해는 예견가능성이 있는 경우에 배상하도록 규정하였는데, 이는 예견가능성론에 따른 것이다. 따라서 이 규정에 따라 손해배상을 통상손해와 특별한 사정으로 구분하고, 특별한 사정으로 인한 손해는 예견가능한 한도에서 손해를 배상하여야 할 것이다.

대판 2008.12.24, 2006다25745(공 2009, 82)는 손해배상의 범위에 관한 일반법리를 다음과 같이 정리하고 있다.

> 「민법 제390조 본문은 "채무자가 채무의 내용에 좇은 이행을 하지 아니한 때에는 채권자는 손해배상을 청구할 수 있다."고 규정하고 있다. 채무불이행책임에서 손해배상의 목적은 채무가 제대로 이행되었더라면

---

50) 곽윤직(주 43), 116면 이하; 김상용(주 43), 169면; 김증한·김학동(주 43), 134면 이하; 이은영, 채권총론, 제 4 판, 박영사, 2009, 290면 이하. 이에 대한 비판적인 견해로는 김형배, 채권총론, 제 2 판, 박영사, 1998, 252면 이하 참조.
51) 이에 관해서는 곽윤직 편, 민법주해(Ⅸ), 1995, 524면 이하(지원림 집필).

채권자가 있었을 상태를 회복시키는 것이므로, 계약을 위반한 채무자는 계약이 완전히 이행된 것과 동일한 경제적 이익을 배상하여야 한다. 한편, 민법 제393조 제1항은 "채무불이행으로 인한 손해배상은 통상의 손해를 그 한도로 한다."고 규정하고 있고, 제2항은 "특별한 사정으로 인한 손해는 채무자가 이를 알았거나 알 수 있었을 때에 한하여 배상의 책임이 있다."고 규정하고 있다. 제1항의 통상손해는 특별한 사정이 없는 한 그 종류의 채무불이행이 있으면 사회일반의 거래관념 또는 사회일반의 경험칙에 비추어 통상 발생하는 것으로 생각되는 범위의 손해를 말하고, 제2항의 특별한 사정으로 인한 손해는 당사자들의 개별적, 구체적 사정에 따른 손해를 말한다.」[52)]

이 판결은 채무불이행으로 인한 손해배상으로 이행이익을 배상하여야 한다는 점을 분명히 하고 있다. 나아가 손해배상의 범위를 제393조에 따라 통상손해와 특별한 사정으로 인한 손해로 구분하여 판단하고 있다. 또한 소유권이전등기절차의 이행이 장기간 지연된 경우, 수분양자에게는 그 재산권을 완전히 행사하지 못하는 손해가 발생하였다고 할 것이고, 주위 부동산들의 거래상황 등에 비추어 볼 때 등기절차가 이행되지 않음으로써 수분양자 등이 활용기회의 상실 등의 손해를 입었을 개연성이 인정된다면, 등기절차 지연으로 인한 통상손해가 발생하였다고 할 것이며, 이 손해가 특별한 사정으로 인한 손해라고 하더라도 예견가능성이 있다고 하였다.

이 판결은 상당인과관계라는 표현을 사용하고 있지 않고 예견가능성에 따라 특별한 사정으로 인한 손해를 판단하고 있다. 따라서 채무불이행으로 인한 손해배상은 상당인과관계론이 아니라 예견가능성론에 따라 판단해야 한다는 것이 대법원의 판례에서도 점차 분명해지고 있다고 볼 수 있다.

---

52) 동지: 대판 2009.7.9, 2009다24842(공 2009, 1295).

2. 통상손해와 특별한 사정으로 인한 손해

(1) 통상손해

제1항의 통상손해는 특별한 사정이 없는 한 그 종류의 채무불이행이 있으면 사회일반의 거래관념 또는 사회일반의 경험칙에 비추어 통상 발생하는 것으로 생각되는 범위의 손해를 말한다. 이는 계약에서 추구하는 통상적·전형적인 목적(이익)과 당사자가 계약 당시 공통적으로 추구하였던 목적에 비추어 그 채무불이행이 그 실현을 좌절시킨 이익을 배상하도록 하기 위한 것이다.

대법원 판결에서 나타나는 주요한 사례를 들면 다음과 같다. ① 매매계약의 이행불능으로 인한 전보배상의 경우에 이행불능 당시의 매매목적물의 시가 상당액이 통상의 손해이다. ② 채무불이행 또는 불법행위로 인하여 물건이 훼손·멸실된 경우 원칙적으로 훼손 등 당시의 수리비나 교환가격을 통상의 손해로 보아야 한다. 훼손으로 수리가 불가능한데 그 상태로 사용가능하면 교환가치의 감소분이, 사용이 불가능하면 물건의 교환가치가 통상의 손해이고, 수리가 가능한 경우에는 수리비가 통상의 손해(다만 수리비가 물건의 교환가치를 초과하는 경우에는 그 손해액은 형평의 원칙상 교환가치 범위 내로 제한된다)이다.[53] ③ 영업용 차량이 사고로 인하여 파손되어 그 유상교체나 수리를 위하여 필요한 기간 동안 그 차량에 의한 영업을 할 수 없었던 경우에는 영업을 계속 했더라면 얻을 수 있었던 수익상실은 통상의 손해로 인정되어야 한다.[54]

---

53) 대판 1970. 9. 22, 70다649; 대판 1995. 9. 29, 94다13008; 대판 1999. 1. 26, 97다39520.

54) 대판 1990. 8. 14, 90다카7569. 대판 2006. 1. 27, 2005다16591, 16607(공 2006, 325)은 임대인의 방해로 임대차가 종료된 경우 "다른 특별한 사정이 없는 한 그 임대차 목적물을 대신할 다른 목적물을 마련하기 위하여 합리적으로 필요한 기간 동안 그 목적물을 이용하여 영업을 계속하였더라면 얻을 수 있었던 이익, 즉 휴업손해를 그에 대한 증명이 가능한 한 통상의 손해로서 배상을 받을 수 있을 뿐이며(그 밖에 다른 대체 건물로 이전하는 데에 필요한 부동산중개료, 이

④ 물건의 인도의무의 이행지체를 이유로 한 손해배상의 경우에는 일반적으로 그 물건을 사용·수익함으로써 얻을 수 있는 이익, 즉 그 물건의 임료 상당액이 통상의 손해이다. 그러므로 건축공사에 관한 도급계약에서도 그 수급인이 목적물인 건물의 건축공사를 지체하여 약정기한까지 이를 완성·인도하지 않은 때에는 적어도 당해 건물에 대한 임료 상당의 손해액을 배상하여야 한다.[55]

(2) 특별한 사정으로 인한 손해

특별한 사정으로 인한 손해는 당사자들의 개별적, 구체적 사정에 따른 손해를 말하고, 이에 대하여는 채무자가 알았거나 알 수 있었을 경우에 한하여 배상책임을 진다.[56] 통상손해는 계약의 당사자가 예견하였다고 볼 수 있기 때문에, 별도로 예견가능성을 요구하지 않은 것이라고 볼 수도 있다. 이와 같이 보면 우리 민법에서 손해배상의 범위를 정할 때 채무자의 예견가능성이 핵심적인 준거틀로 작용하고 있다고 말할 수 있다.

이 원칙은 프랑스 민법(제1150조)과 일본 민법(제545조 제3항)을 통하여 우리 민법에 계수되었다. 이 원칙에 관하여 가장 유명한 선례는 영국의 판례[57]로서, 계약 위반의 경우에 합리적인 사람을 기준으로 예견가능한 손해에 대해서만 책임을 인정한다. 따라서 채무자는 계약 체결 당시 스스로 예견했거나 예견할 수 있었던 손해에 대해서만 책임을 진다. 이때 예견가능성은 채무자가 알았거나 알 수 있었던 제반사정을 고려하여 판단하여야 한다. 어떤 기계를 매도한 사람이 그 인도를 지체하여 매수인이 그 기계를 이용한 수익을 얻지 못하게 된 경우에, 매수

사비용 등은 별론으로 한다), 더 나아가 장래 그 목적물의 임대차기간 만료 시까지 계속해서 그 목적물을 사용·수익할 수 없음으로 인한 일실수입 손해는 이를 별도의 손해로서 그 배상을 청구할 수 없다."라고 한다.

55) 대판 1995. 2. 10, 94다44774.

56) 대판 1994. 11. 11, 94다22446.

57) Hadley v. Baxendale (1854) 9 Exch. 341 (Court of Exchequer).

인은 그 기계를 이용하여 정상적으로 얻을 수 있었던 수익에 대하여 배상을 청구할 수 있다. 만일 매수인이 이례적으로 유리한 계약을 제3자와 체결했는데, 매도인이 그 사실을 몰랐다면, 매수인은 그로부터 얻을 수 있었을 수익에 대하여 배상을 청구할 수 없다.[58]

대법원 판결에서 특별한 사정으로 인한 손해에 관하여 판단한 사례들이 많다. 가령 물건을 전전 매매함으로써 얻는 이익, 즉 전매이익은 이에 해당한다고 보는 경향이 있다.[59] 또한 성능미비의 기계를 공급하고도 원고의 공장에서 위 기계를 수거하지 아니함으로써 원고가 그 대신하는 기계를 설치하여 외국수입상과의 계약에 따른 수출물제조를 위한 원자재를 가공할 수 없게 되어 부득이 다른 공장에서 가공함으로써 발생한 손해는 특별한 사정으로 인한 손해라고 한다.[60] 한편, "토지 매도인의 소유권이전등기의무가 이행불능인 경우 통상의 손해배상액은 토지의 채무불이행 당시의 교환가격이나, 만약 그 매도인이 매매 당시 매수인이 이를 매수하여 그 위에 건물을 신축할 것이라는 사정을 이미 알고 있었고 매도인의 채무불이행으로 인하여 매수인이 그 토지 위에 신축한 건물이 철거될 운명에 이르렀다면, 그 손해는 적어도 특별한 사정으로 인한 것"이라고 한다.[61]

이행불능 이후에 목적물의 시가가 등귀한 경우에 손해를 어떻게 산정할지 문제되는데, 대법원은 이를 특별사정으로 인한 손해 문제로 해결하고 있다. 즉, 매매계약을 이행할 수 없게 된 다음에 목적물의 시가가 등귀한 경우에 채무자가 이를 알거나 알 수 있었을 경우에 한하여 이를 특별사정으로 인한 손해로 보아 그 배상을 청구할 수 있고, 이행불능 당시의 시가가 계약 당시의 그것보다 현저하게 앙등한 경우에

58) 상세한 것은 Treitel(주 10), 870-879; Chitty On Contracts, 30th ed. 2008, §§ 27-039-27-044 참조.
59) 대판 1967. 5. 30, 67다466; 대판 1992. 4. 28, 91다29972.
60) 대판 1980. 8. 26, 80다1171.
61) 대판 1992. 8. 14, 92다2028.

는 그 가격에 대하여 손해배상을 청구할 수 없다고 한다.[62)]

그리고 계약불이행의 경우에 정신적 손해도 특별한 사정으로 인한 손해로 파악하고 있다. 가령 "일반적으로 건물신축도급계약이나 임대차 계약 등에서 수급인이나 임대인의 채무불이행으로 인하여 손해가 발생한 경우, 이로 인하여 상대방이 받은 정신적 고통은 재산적 손해에 대한 배상이 이루어짐으로써 회복된다고 보아야 할 것이므로, 상대방이 재산적 손해의 배상만으로는 회복될 수 없는 정신적 고통을 입었다는 특별한 사정이 있고, 수급인 등이 이를 알았거나 알 수 있었을 경우에 한하여 정신적 고통에 대한 위자료를 인정할 수 있다."라고 한다.[63)]

한편, 특별사정으로 인한 손해의 배상에서 채무자가 그 사정을 알았거나 알 수 있었는지의 여부를 가리는 시기가 문제된다. 이에 관해서는 계약 체결당시를 기준으로 해야 한다는 견해도 있으나, 다수설은 계약 체결 시가 아니라 채무의 이행기까지를 기준으로 예견가능성을 판단하고 있다.[64)] 대판 1985. 9. 10, 84다카1532(공 1985, 1324)[65)]는 "민법 제393조 제 2 항 소정의 특별사정으로 인한 손해배상에 있어서 채무자가 그 사정을 알았거나 알 수 있었는지의 여부를 가리는 시기는 원심판시와 같이 계약 체결당시가 아니라 채무의 이행기까지를 기준으로 판단하여야 할 것"이라고 한 다음, "피고는 그 채무의 이행기(1982. 8. 15) 이전인 1982. 8. 9. 원고가 위 매수부동산을 위 목진주에게 전매한

62) 대판 1967. 11. 28, 67다2178; 대판 1978. 1. 10, 77다963; 대판 1993. 5. 27, 92다20163.

63) 대판 1993. 11. 9, 93다19115; 대판 1994. 12. 13, 93다59779.

64) 곽윤직(주 43), 122면; 김주수, 채권총론, 제 3 판 보정판, 삼영사, 2003, 180면; 김증한·김학동(주 43), 143면.

65) 사안은 다음과 같다. 원고는 피고로부터 부동산을 매수한 다음, 위 계약이 제대로 이행될 것으로 믿고 위 부동산을 소외인에게 전매하기로 하는 계약을 체결하고 그 계약금 600만원을 수령하였다. 그러나 피고의 채무불이행으로 인하여 위 계약이 해제되었다. 그리하여 원고도 위 전매계약을 이행할 수 없게 되어 위 소외인에게 위 계약금에 해당되는 금 600만원의 위약배상금을 지급하게 되어 동액 상당의 손해를 입었다.

사실을 알고 있었던 사실이 인정되므로 피고는 채무이행기 전에 이미 원고가 위 전매계약 때문에 입게 된 손해의 원인이 된 특별사정을 알고 있었음이 명백하다."라고 판결하였다.[66]

3. 손해배상의 범위에 관한 개정 문제

(1) 통상손해와 특별한 사정으로 인한 손해

민법 제393조는 통상손해와 특별한 사정으로 인한 손해를 구분하고 있다. 이와 같은 구분을 하지 않는 입법례도 있지만, 이와 같이 구분하는 입법례도 있다. 가령 영국 물품매매법[67]이나 미국 리스테이트먼트[68]에서도 우리 민법과 동일한 방식은 아니지만 통상손해와 특별손해를 구분하고 있다. 한편, 일본 민법개정시안에서는 손해배상의 범위를 정하는 원칙으로서 예견가능성을 기준으로 할 것을 제안하면서 통상손해와 특별손해의 구분을 하지 않고 있다. 그러나 일본 민법에서 말하는 「통상손해」·「특별손해」의 구조를 사용하는 것이 일본 민법 제416조에 따른 이론에 익숙해져 있는 연구자와 실무자에게 알기 쉽다는 의견도 있다.[69] 통상손해와 특별손해를 구분하는 것이 불합리한 것이라고 볼 수 없다. 따라서 이와 같은 구분을 유지하는 것이 좋을 것으로 생각한다.

(2) 예견가능성과 상당인과관계

독일 민법은 채무불이행으로 인한 손해배상의 범위에 관하여 예견가능성 기준을 거부하고 대신에 상당인과관계론을 적용하고 있다. 손해

66) 이 판결에 관해서는 양창수, "민법 제393조 제2항이 정하는 "특별한 사정"의 예견시기," 민법연구 제2권, 박영사, 1991, 117면 이하 참조.

67) 영국 물품매매법(the Sale of Goods Act 1979) 제50조 제2항은 "손해배상의 범위는 매수인의 계약위반으로 인해 사건의 통상적인 경과로 직접적 또는 자연적으로 발생된 것으로 평가되는 손실이다."라고 정하고 있다.

68) 미국법조협회(ALI), 제2차 계약법 리스테이트먼트 제351조 제2항 (a)호는 "사건의 통상적인 과정에서 발생한 손실"은 예견가능한 손해로 보고 있다.

69) 법무부 역(주 48), 243면.

는 채무불이행에 의해 야기되었어야 하고 통상적인 과정에서 발생한 손해만이 배상의 대상이 된다. 그러나 채무불이행으로 인하여 손해의 발생가능성이 상당한 정도로 증가하고 이에 따라 실제로 손해가 발생한 것이라면, 상당인과관계론에 따라 채무자는 책임을 진다.

그러나 대부분의 입법례는 기본적으로 예견가능성론을 따르고 있다.[70] 위에서 본 Hadley v. Baxendale 판결에서 제시된 내용은 이후 영국, 미국 등 보통법 국가의 판례에 영향을 미쳤다. 프랑스 민법은 제1150조에서 예견가능성 기준에 관하여 정하고 있다. CISG 제74조도 손해배상을 이와 같이 예견가능성을 기준으로 제한하고 있다.[71]

한편, 유럽계약법원칙은 제9:503조에서 예견가능성에 관하여 "불이행자는 계약의 체결 시에 그의 불이행의 개연성 있는 결과로 예견하였거나 합리적으로 예견할 수 있었던 손실에 대하여만 책임이 있다. 다만 불이행이 고의나 중과실로 인한 경우에는 그러하지 아니하다."라고 정하고 있다. 채무불이행책임은 계약 체결 시에 그의 불이행에 따른 결과로서 예견하였거나 예견했어야 하는 부분에 한정된다. 그러나 이 조항의 후단은 고의 또는 중과실에 의한 계약위반의 경우에 관한 특별규정을 두고 있다. 비록 일반적으로 채무자는 계약의 체결 시에 예견했거나 예견하였어야 했던 손해에 대해서만 책임을 져야 하지만, 이 조항의 후단은 고의 또는 중과실에 의한 불이행의 경우에 대한 특별한 원칙을 규정하고 있다. 이러한 경우 채무자가 책임을 져야 할 손해는 예견가능성 원칙에 의해 제한되지 않으며, 예견할 수 없었더라도 모든 손해를 배상해야 한다.[72] DCFR(Ⅲ.-3:703)도 이와 마찬가지이다.

우리 민법에서 예견가능성론을 채택한 것은 바람직한 태도라고 할 수 있다. 예견가능성을 판단하는 시기를 어떻게 볼 것인지 등에 관하여

---

70) 이에 관해서는 우선 Lando/Beale(주 3), 442-443 참조.

71) Schlechtriem/Schwenzer, Kommentar zum Einheitlichen UN-Kaufrecht (5. Aufl., 2008) Art. 74, Rn. 45. 참조. 또한 PICC 제7.4.4.조도 참조.

72) Lando/Beale(주 3), 442.

논란은 있으나, 예견가능성론 자체를 수정하여야 한다는 견해는 찾기 어렵다.

(3) 예견가능성의 판단시기

(가) 예견가능성을 판단하는 기준시점을 언제로 정할 것인지 문제된다. 예견가능성의 기준시기에 대해서 계약 체결 당시를 기준으로 할지, 이행기를 기준으로 할지, 채무불이행시를 기준으로 할지 논란이 있다.

(나) 많은 입법례에서 예견가능성을 판단하는 기준시점에 관하여 계약 체결 시 또는 채무발생 시를 기준으로 하고 있다. 가령 프랑스 민법(제1150조)이나 유럽계약법원칙(제9:503조), DCFR(Ⅲ.-3:703) 등을 들 수 있다. 손해배상의 범위를 채무자가 채무발생 시에 예견하였거나 예견가능한 범위로 제한하고 있다.

채무자의 입장에서 보면, 채무자는 예견 가능한 손해에 대해서 책임을 져야 한다. 채무자가 계약 체결 당시에 상대방에게 어떠한 손해가 발생할 것을 예상할 수 있었다면, 채무자는 자기의 책임을 제한하는 규정을 두거나 책임의 위험을 부담하는 대신에 더 많은 반대급부의무를 요구할 수도 있고 계약을 체결하지 않을 수 있기 때문이다. 반면에 채권자의 입장에서 보면, 채권자는 채무자가 예견할 수 있었던 손해에 대한 배상만을 청구할 수 있다. 채무자가 예견할 수 없었던 손해에 대해서는 채무자가 대비를 할 수 없기 때문에 예견가능하지 않은 손해의 배상을 요구하는 것은 타당하지 않기 때문이다.[73]

(다) 일본 민법개정시안에서는 손해배상의 범위에 관하여 제1항에서 "계약에 근거하여 발생한 채권에 있어서 채권자는 계약 체결 시에 양 당사자가 채무불이행의 결과로서 예견하거나 또는 예견할 수 있었던 손해의 배상을 채무자에 대하여 청구할 수 있다."라고 정하고, 제2항에서 "채권자는 계약 체결 후 채무불이행이 있기까지 채무자가 예견

73) von Bar, Clive ed., Principles, Definitions and Model Rules of European Private Law: Draft Common Frame of Reference, Vol. Ⅰ, 2010, 909.

하거나 또는 예견할 수 있었던 손해에 관해서도 채무자가 이를 회피하기 위한 합리적인 조치를 강구하지 않았다면 채무자에 대하여 그 배상을 청구할 수 있다."라고 정할 것을 제안하고 있다. 이 제안은 계약에 근거한 위험배분을 기초로 하여 배상범위를 정해야 한다는 입장에서 이른바 예견가능성 원칙을 채용한 다음에, 계약 체결 시에 양당사자가 예견할 수 있었던 손해뿐만 아니라, 계약 체결 후 채무불이행의 시점까지 채무자가 예견할 수 있었던 손해에 관해서도 계약에 맞추어 채무자에게 손해회피를 위해 성실하게 행동할 것을 촉구하고, 이 손해를 손해회피를 위한 합리적인 행동을 취하지 않은 채무자에게 부담케 하는 원칙을 채용한 것이라고 한다. 이 경우에 합리적 조치의 내용은 계약의 취지에 맞게 정하고 있다. 한편 위 제안은 손해배상의 범위가 상당인과관계에 의해 정해진다는 사고를 채용하고 있지 않다. 그러나 현행 일본 민법 제416조가 기초단계에서 예견가능성 원칙을 채용하고 있었다는 이해에서 본다면, 개정안은 현행 민법과 기본적으로 동일한 사고에 입각하는 것이며, 또한 최근의 국제적인 경향에도 합치한다.[74]

(라) 우리나라에서도 예견가능성을 계약 체결 시를 기준으로 판단하여야 할 것인지 문제된다. 그러나 판례는 이를 부정하고 있음은 위에서 본 바와 같다.

계약 등 법률행위에서 발생하는 채무를 이행하지 않은 경우 그 손해배상은 계약 체결 시를 기준으로 예견가능성이 있는 채무에 한하여 배상하는 것을 원칙으로 하는 것을 검토할 필요가 있다. 그런데 제390조는 계약 등 법률행위에서 발생하는 채무뿐만 아니라 법률의 규정에 의하여 발생하는 채무에 대해서도 적용되기 때문에 채무의 발생 시로 하여야 할 것이다. 다만 고의 또는 중과실이 있는 경우에는 계약 체결 이후에 예견가능한 손해도 배상할 필요가 있다고 생각할 수 있다. 따라서 예견가능성의 판단시기 문제는 다음 항에서 보는 고의 또는 중과실

74) 이 단락은 법무부 역(주 48), 243면 참조.

의 경우 예외 규정을 둘 것인지 여부와 관련이 있다.

(4) 고의 또는 중과실의 경우 예외 규정을 둘 것인지 여부

채무불이행에 고의 또는 중과실이 있는 경우에는 계약 체결 당시에 예견하였거나 예견할 수 있었던 손해에 한정하여 배상하는 것은 바람직하지 않다. 유럽계약법원칙 등에서는 이에 관한 명문의 규정을 두고 있다. 그러나 일본 민법개정시안에서는 이에 관한 규정을 두고 있지 않다. 그 이유에 대하여 손해발생에 관하여 채무자가 의욕하거나 인용한 손해, 즉 채무자에게 손해발생에 고의가 있는 경우에는 채무자가 손해발생을 인식하고 있기 때문에 위 조항에 의하여 처리될 수 있다고 보아 독립의 원칙으로 규정을 두지 않았다고 설명한다.[75]

(5) 개정방안

민법 제393조에서 "손해배상의 범위"라는 표제로 통상손해와 특별손해로 구분하여 정하고 있는데, 제 2 항에 관하여 3개의 개정안을 작성하였다.

제 1 안은 제 2 항을 "특별한 사정으로 인한 손해는 채무의 발생 시에 채무자가 이를 알았거나 알 수 있었을 때에 한하여 배상할 책임이 있다. 그러나 채무자에게 채무불이행에 관한 고의 또는 중과실이 있는 경우에는 그러하지 아니하다."와 같은 방식으로 수정하는 것이다.[76] 계

75) 법무부 역(주 48), 243면.

76) 이 방안은 다시 "특별한 사정으로 인한 손해는 채무의 발생 시에[또는 "계약의 체결 그 밖에 채무가 발생할 당시에"] 채무자가 이를 알았거나 알 수 있었을 때에 한하여 배상할 책임이 있다. 그러나 채무자에게 채무불이행에 관한 고의 또는 중과실이 있는 경우에는 채무자가 이를 알 수 없었던 손해에 대해서도 배상할 책임이 있다."라고 정하는 방안과 "특별한 사정으로 인한 손해는 채무의 발생 시에[또는 "계약의 체결 그 밖에 채무가 발생할 당시에"] 채무자가 이를 알았거나 알 수 있었을 때에 한하여 배상할 책임이 있다. 그러나 채무자에게 채무불이행에 관한 고의 또는 중과실이 있는 경우에는 채무불이행 시에['채무불이행 시까지' 또는 '채무불이행이 있기까지'라는 표현 사용 가능] 채무자가 이를 알았거나 알 수 있었을 손해[에 대해서도] 배상할 책임이 있다."라고 정하는 방안으로 수정할 수도 있다.

약에 기한 채무의 경우에는 채무자가 계약 체결 시에 그 손해를 알았거나 알 수 있었을 때에 한하여 배상하고, 그 밖의 채권의 경우에는 채무의 발생 시에 채무자가 그 손해를 알았거나 알 수 있는 경우에 한하여 손해를 배상하도록 한 것이다. 그러나 채무불이행에 관하여 채무자에게 고의 또는 중과실이 있는 경우에는 예견 또는 예견가능성 요건을 충족하지 않은 경우에도 배상하도록 하였다.

이에 반하여 채무의 이행기 또는 채무불이행시를 기준으로 예견 또는 예견가능성을 판단하는 것이 타당하다는 견해도 있다. 이를 입법한다면 "특별한 사정으로 인한 손해는 채무의 이행기에 [채무불이행 시까지] 채무자가 이를 알았거나 알 수 있었을 때에 한하여 배상할 책임이 있다. 그러나 채무자에게 채무불이행에 관한 고의 또는 중과실이 있는 경우에는 그러하지 아니하다."라고 규정할 수 있는데, 이를 제2안으로 제시하였다. 한편, 현재의 판례와 같이 입법할 경우는 제3안으로 작성하였는데, "특별한 사정으로 인한 손해는 채무의 이행기에 [채무불이행 시까지] 채무자가 이를 알았거나 알 수 있었을 때에 한하여 배상할 책임이 있다."라고 규정할 수 있을 것이다.

현행 민법의 규정은 여러 가지 해석이 가능하다. 따라서 이 문제를 규정하지 말고 판례에 맡겨두자는 의견이 있었다. 이에 대하여 판례에 의하여 계약 체결 시를 기준으로 하는 것은 배제되어 있고 이에 관한 판례가 바뀌는 것을 기대하기 어렵하는 의견이 있었다. 이 상태에서 위 판례를 입법으로 개정할 것인지, 판례에 계속 맡겨 둘 것인지 문제가 된다. 분과위원회에서 개정위원들의 의견이 일치되지 않아 이 문제에 관하여 위와 같이 2개의 안을 제안하기로 하였다. 제1안은 현행 규정을 그대로 유지하는 것이고, 제2안은 제393조 제2항을 "특별한 사정으로 인한 손해는 채무의 발생 시에 채무자가 이를 알았거나 알 수 있었을 때에 한하여 배상할 책임이 있다."라고 정하는 것이다. 다만 제2안을 따를 경우에 일본 민법개정시안과 같이 '계약 체결 후 채무불이행이 있기까지 채무자가 예견하거나 또는 예견할 수 있었던 손해에 관해서도 채무자가 이를 회피하기 위한 합리적인 조치를 강구하지 않았다면 손해배상을 청구할 수 있도록 해야 한다.'라는 의견도 있었으나, 이 점을 명시하지는 않기로 하였다.

한편, 고의 또는 중과실이 있는 경우에 예견가능성을 요구하지 않는 방안에 관해서 논의를 하였다. 그러나 고의 또는 중과실의 경우에는 계약 체결 이후 채무불이행 당시까지 알았거나 알 수 있었던 사정까지 배상범위에 들어가는 것은 좋지만, 특별한 사정으로 인한 모든 손해를 배상하는 것까지는 곤란하다는 의견이 있었다. 분과위원회에서 특별한 사정으로 인한 손해에 대하여 채무자에게 채무불이행에 관한 고의·중과실이 있는 경우에 예견가능성이 없더라도 손해를 배상하도록 하는 규정은 두지 않기로 하였다.

채무불이행으로 인한 손해에 대한 예견가능성을 판단하는 시기에 관해서는 계약 체결 등 채무의 발생 시로 하는 방법과 채무불이행시를 기준으로 하는 방법이 양극단에 있다. 이 두 방법은 각각 장단점이 있기 때문에, 그중 어느 한 방법을 채택하는 것은 쉽지 않은 문제이다. 그리하여 두 방법을 절충하는 방법이 있을 수 있는데, 이에 관해서는 민법개정위원회에서 충분한 논의를 하지 못한 셈이다. 손해배상의 범위에 관한 규정의 중대성에 비추어 신중한 논의가 필요하지만, 이 문제에 관해서도 폭넓은 검토가 필요할 것이라고 생각한다.

Ⅳ. 대체거래와 손해배상

1. 개 설

채무불이행으로 인하여 채권자가 대체거래를 한 경우에 대체거래가격을 기준으로 손해배상을 산정할 것인지 여부에 관해서는 우리나라에서 거의 논의하고 있지 않지만, 여러 입법례에서 대체거래에 관한 규정을 두고 있다.

채무불이행으로 인하여 채권자가 대체거래를 한 경우에는 대체거래가격이 손해배상의 산정기준이 될 것이고, 이와 같은 대체거래를 하지 않은 경우에는 목적물의 시가를 기준으로 손해배상을 산정하여야 할 것이다.[77] 대법원 판결에서도 대체거래가격을 기준으로 손해배상을 산정하여야 한다고 한 적이 있다. 가령 매매계약이 해제된 후에 매도인이 제 3 자에게 그 매매목적물을 다시 매도한 경우에 손해배상은 "매도인이 당초의 매매계약에 의하여 취득할 것으로 예상되었던 매매대금과 제 3 자[와] 사이의 매매계약에 의하여 취득하게 되는 매매대금과의 차액"에 "당초의 매매대금의 취득예정 시기로부터 후의 매매대금의 취득시기까지의 기간 동안의 당초의 매매대금에 대한 법정이율에 의한 이자 상당액"을 합산한 금액이라고 한다.[78] 매수인이 매도인의 채무불이행으로 인하여 제 3 자로부터 동종의 물품을 매수하여야 하는 경우에는 그 매매대금과 그 매매에 소요되는 통상적인 비용이 손해배상의 범위에 포함될 것이다.[79]

2. 비교법적 고찰

CISG 제75조는 "계약이 해제되고 계약해제 후 합리적인 방법으로, 합리적인 기간 내에 매수인이 대체물을 매수하거나 매도인이 물품을 재매각한 경우에, 손해배상을 청구하는 당사자는 계약대금과 대체거래대

---

77) CISG 제75조, 제76조와 유럽계약법원칙 제9:506조와 제9:507조는 이에 관하여 상세하게 규정하고 있다. 상세한 것은 Lando/Beale(주 3), 448-450 참조.

78) 대판 2001. 11. 30, 2001다16432(공보불게재). 다만 제 3 자에의 매도가격이 시가에 비추어 현저히 저렴하게 책정된 경우에는 이 방식을 적용할 수 없다.

79) 대판 1997. 11. 11, 97다26982(공 1997, 3762)는 이에 관하여 직접 판단한 것은 아니지만, 이 판결에서 위와 같은 결론을 도출할 수 있다.

금과의 차액 및 그 외에 제74조에 따른 손해액을 배상받을 수 있다."라고 정하고 있다. PICC 제7.4.5조는 대체거래의 경우의 손해의 증명에 관하여 "피해당사자가 계약을 해제하고 합리적인 기간 내에 합리적인 방법으로 대체거래를 한 경우에 그는 계약가격과 대체거래가격의 차액 및 기타 손해의 배상을 청구할 수 있다."라고 정하고 있다. 유럽계약법원칙 제9:506조는 대체거래라는 표제로 "불이행의 상대방이 계약을 해제하고 합리적인 기간 내에 합리적인 방식으로 대체거래를 한 경우에, 그는 계약가격과 대체거래가격의 차액 및 이 절의 규정에 의하여 배상받을 수 있는 한도에서 그 밖의 손실에 대하여 배상을 청구할 수 있다."라고 정하고 있다. DCFR Ⅲ.-3:706도 이와 유사한 규정을 두고 있다.

채권자의 손해를 평가하는 방법으로 대체적 이행을 구하는 데 드는 비용을 계산하는 것이 타당한 경우가 많다. 채권자가 실제로 합리적인 대체거래를 한 경우, 계약가격과 대체거래가격의 차액을 손해로서 배상하여야 한다. 이 경우 채무자는 대체거래를 하는 데 지출한 비용 등도 모두 배상할 책임이 있다.[80] 일본 민법개정시안은【3.1.1.71】에서 물건 가격을 배상해야 할 경우 채권자가 채무불이행 후에 대체거래를 하고 또한 그 대체거래가 합리적인 시기에 이루어진 때에는 대체거래액이 불합리하게 고액인 경우를 제외하고 대체거래액을 배상할 물건의 가액으로 하고, 대체거래액이 불합리하게 고액인 때에는 대체거래가 이루어진 시점에서 대체거래에 요구되는 합리적인 금액을 배상할 물건의 가격으로 할 것을 제안하고 있다.[81]

3. 개정방안

채무불이행이 있은 후에 채권자가 다른 곳에서 동일한 물건을 구

80) Lando/Beale(주 3), 448-449.
81) 법무부 역(주 48), 246면.

입하는 등 대체거래를 한 경우에 그로 인한 손해의 배상을 청구할 수 있다는 규정을 둘 필요가 있다. 위에서 본 것처럼 판례에서도 대체거래를 고려하여 손해배상액을 산정하고 있다. 이 경우 계약을 해제한 후에만 대체거래로 인한 손해의 배상을 청구할 수 있다고 규정할 수도 있고, 그렇지 않고 채무불이행이 있은 후에는 합리적인 방식(또는 방법)으로 대체거래를 하였다면 그로 인한 손해의 배상을 청구할 수 있다고 규정할 수도 있다. 이 경우 대체거래는 합리적인 기간 내에 있어야 한다. 합리적인 기간 내에 합리적인 방식으로 대체거래를 한 경우에 한하여 그 금액이나 비용을 청구할 수 있다고 정하는 것이 좀 더 정확하고, 이 방안이 좋은 방안이라고 할 수 있다. 그런데 이와 같이 정할 경우 '합리적인'이라는 표현이 두 번 나와 간략하게 줄이자는 의견이 있을 수 있고, '합리적인 방식으로'라고 정하면 '합리적인 기간 내에 합리적인 방식으로' 대체거래를 한 경우를 가리키는 것으로 해석할 수 있기 때문에, '합리적인 방식으로'라는 표현으로도 충분하다고 생각할 수 있을 것이다.

민법 제393조의3을 신설하여 대체거래로 인한 손해에 관하여 규정할 것을 제안하였다. 제1안은 채권자가 채무불이행이 있은 후 합리적인 방식으로 대체거래를 한 경우에 대체거래를 함으로써 발생한 손해의 배상을 청구할 수 있다고 정한 것이다. 제2안은 채권자가 계약을 해제한 후 합리적인 방식으로 대체거래를 한 경우에 대체거래를 함으로써 발생한 손해의 배상을 청구할 수 있다고 정한 것이다. 채무불이행이 있은 후에 대체거래를 할 수 있도록 하는 것이 나을 것으로 생각된다. 해제의 요건이 발생하더라도 계약의 해제가 곤란한 경우가 있을 수 있기 때문이다.

분과위원회에서 위 두 방안에 관하여 논의하였는데, 규정을 두는 방안과 규정을 두지 않는 방안을 제시하기로 하였다. 대체거래에 관한 규정을 둘 경우에 해제의 요건이 발생하더라도 계약의 해제가 곤란한 경우가 있을 수 있기 때문에, 채무불이행이 있은 후에 대체거래를 할 수 있도록 하였다. 또한 대체거래의 시기에 관하여 기간과 방식을 모두 열거하여 합리적인 정도로 제한할 수 있도록 하였다.

> 제393조의2(대체거래로 인한 손해) 채무불이행이 있은 후 채권자가 합리적인 기간 내에 합리적인 방식으로 대체거래를 한 경우에 대체거래를 함으로써 발생한 손해의 배상을 청구할 수 있다.

손해배상액을 산정하는 방식이 여러 가지가 있는데, 위와 같은 개정안은 그 유형을 찾아서 조문화하려는 것이다. 실제 사건에서 손해배상청구를 하면서 대체거래로 인한 손해의 배상을 청구하는 예가 적다. 대체거래로 인한 비용을 손해로 인정하는 것이 합리적이라고 생각한다면 이를 규정해서 대체거래비용을 청구하도록 하는 것이 바람직할 것이다. 위 개정안은 대체거래비용을 손해배상으로 청구할 수 있도록 한 것이고, 매우 불합리하게 고액으로 대체거래를 한 경우에는 합리적인 범위를 벗어났다고 하여 손해배상의 범위에서 제외될 것이다.

Ⅴ. 손해배상액을 산정하기 곤란한 경우 손해액의 산정방법

1. 판 례

채무불이행으로 인한 손해배상액의 청구에서 손해의 발생 사실과 그 손해를 금전적으로 평가한 배상액에 관하여는 손해배상을 구하는 채권자가 주장·증명하여야 한다. 채권자가 손해배상책임의 발생원인 사실에 관하여는 주장·증명을 하였더라도 손해의 발생 사실에 관한 주장·증명을 하지 아니하였다면 변론주의의 원칙상 법원은 당사자가

주장하지 아니한 손해의 발생 사실을 기초로 하여 손해액을 산정할 수는 없다.[82)]

그런데 대판 2004. 6. 24, 2002다6951, 6968(공 2004, 1201)[83)]은 이른바 서정원 사건에 대한 판결로서, 손해배상액을 산정하기 곤란한 경우에 법원이 손해배상액을 산정하여야 한다고 하였다. 이 사건에서 축구선수인 피고(서정원)와 원고 축구단과 사이에 입단계약을 체결하면서 피고의 해외 진출과 그 후의 복귀에 관한 약정을 포함시켰다. 그러나 피고가 위 약정에 따르지 않자, 원고 축구단이 손해배상을 구하는 소를 제기하였다. 법원은 피고가 국내에 복귀하면서 원고와 복귀에 따른 협상을 하지 않은 채 다른 축구단에 입단한 것은 원고와의 구단복귀 약정을 위반한 것이라고 보고, 피고는 그 위반으로 원고가 입은 손해를 배상할 의무를 진다고 판단하였다. 그런데 원심판결과 대법원 판결은 손해액을 다른 방식으로 산정하고 있다. 원심은 그 손해액에 대한 증명이 대단히 곤란하여 이를 확정하기는 사실상 불가능하므로, 위자료의 보완적 기능을 빌어 피고에 대하여 위자료의 지급으로서 원고의 손해를 전보하여야 한다고 판단하였다. 그러나 대법원은 다음과 같이 판단하였다.

> "채무불이행으로 인한 손해배상청구소송에 있어, 재산적 손해의 발생사실이 인정되고 그의 최대한도인 수액은 드러났으나 거기에는 당해 채무불이행으로 인한 손해액 아닌 부분이 구분되지 않은 채 포함되었음이 밝혀지는 등으로 구체적인 손해의 액수를 입증하는 것이 사안의 성질상 곤란한 경우, 법원은 증거조사의 결과와 변론의 전취지에 의하여 밝혀진 당사자들 사이의 관계, 채무불이행과 그로 인한 재산적 손해가 발

82) 대판 2000. 2. 11, 99다49644(공 2000, 671).

83) 이에 관한 평석으로는 김재형(주 45), 367면 이하가 있다. 또한 이 사건과 관련하여 비교법적으로 검토한 정태윤, "이른바 위자료의 보완적 기능과 관련하여 살펴본 프랑스에서의 위자료제도," 판례실무연구(Ⅶ), 2004, 245면 이하; 제철웅, "채무불이행으로 인한 손해배상에 있어서 위자료의 보완적 기능," 판례실무연구(Ⅶ), 2004, 261면 이하도 참조.

생하게 된 경위, 손해의 성격, 손해가 발생한 이후의 제반 정황 등의 관련된 모든 간접사실들을 종합하여 상당인과관계 있는 손해의 범위인 수액을 판단할 수 있다고 하겠다."

이 판결은 축구선수 서정원의 복귀 약정 위반으로 인한 손해를 재산적 손해로 보면서 이를 산정할 수 없는 경우에 변론 전체의 취지와 증거조사의 결과를 토대로 제반 사정을 고려하여 손해액을 정할 수 있다고 하였다. 채무불이행으로 인한 손해배상청구소송에서 재산적 손해의 발생사실이 인정되나 구체적인 손해의 액수를 증명하는 것이 곤란한 경우, 법원은 증거조사의 결과와 변론 전체의 취지에 의하여 고려하여 손해액을 판단할 수 있다고 한 점에서 매우 중요한 의미가 있다.[84) 그 후 불법행위로 인한 손해배상의 경우에도 마찬가지로 보고 있다.[85)]

그러나 이것이 법관에게 손해를 주먹구구식으로 인정하여도 좋다는 권한을 부여한 것은 아니다. 손해액을 산정하는 기초가 되는 사실을 좀 더 엄밀하게 밝히고 손해액 산정에 고려한 요소를 제시하는 것이 필요할 것이다.

2. 저작권법 등의 규정

저작권법 등에는 손해가 발생한 사실은 인정되나 손해액을 산정하기 어려운 때에 변론의 취지와 증거조사의 결과를 참작하여 상당한 손해액을 인정할 수 있다는 규정을 두고 있다. 저작권법 제126조는 "법원은 손해가 발생한 사실은 인정되나 제125조의 규정에 따른 손해액을 산정하기 어려운 때에는 변론의 취지 및 증거조사의 결과를 참작하여 상당한 손해액을 인정할 수 있다."라고 정하고 있다.[86)] 언론중재 및 피

84) 동지: 대판 2008. 12. 24, 2006다25745(공 2009, 82).
85) 대판 2005. 11. 24, 2004다48508; 대판 2006. 9. 8, 2006다21880(공 2006, 1662).
86) 특허법 제128조 제5항 등도 이와 유사하게 규정하고 있다.

해구제 등에 관한 법률 제30조 제2항은 "법원은 제1항에 따른 손해가 발생한 사실은 인정되나 손해액의 구체적인 금액을 산정하기 곤란한 경우에는 변론의 취지 및 증거조사의 결과를 고려하여 그에 상당하다고 인정되는 손해액을 산정하여야 한다."라고 정하고 있다.[87]

3. 비교법적 고찰

스위스채무법 제42조 제2항은 "수액으로 증명할 수 없는 손해는 사물의 통상의 경과와 피해자가 취한 조치를 참작하여 법관이 재량으로 평가한다."라고 정하고 있다. 독일 민사소송법 제287조 제1항은 "손해의 성립 여부와 그 손해 또는 배상할 이익의 범위에 관하여 당사자들 사이에 다툼이 있는 경우에, 법관은 제반사정을 참작하여 자유로운 심증에 따라 이를 판단한다. 신청된 증거조사 또는 직권에 의한 감정인의 감정을 명할 것인지 여부와 그 범위는 법원의 재량에 따른다. 법원은 손해 또는 이익에 관하여 증거제출자를 심문할 수 있다. [...]"라는 규정을 두고 있다. PICC 제7.4.3조 제3항과 유럽불법행위법그룹의 유럽불법행위법원칙 제2:105조에도 손해의 평가 또는 손해의 증명에 관하여 이와 유사한 규정이 있다.[88]

---

87) 그 밖에 여러 법률에 이에 관한 규정이 있다. 독점규제 및 공정거래에 관한 법률 제57조, 특허법 제128조 제5항, 상표법 제67조의2 제1항, 디자인보호법 제64조 제5조, 부정경쟁방지 및 영업비밀보호에 관한 법률 제14조의2 제5항, 장애인차별금지 및 권리구제 등에 관한 법률 제46조 제3항, 콘텐츠산업 진흥법 제38조 제2항, 증권관련 집단소송법 제34조 제2항.

88) UNIDROIT, *Principles of International Commercial Contracts 2010*, 2010, p. 269; European Group on Tort Law, *Principles of European Tort Law Text and Commentary*, 2005, p. 39.

4. 개정방안

민법에는 위와 같은 규정이 없지만, 동일한 결과를 인정할 수 있다. 즉, 채무불이행이나 불법행위로 인한 손해배상의 경우에 손해의 발생이 인정되나 그 손해액을 확정할 수 없는 경우에 변론의 취지와 증거조사의 결과를 참작하여 손해액을 산정할 수 있다고 보아야 한다. 민법이나 민사소송법에도 위와 같은 규정을 둘 필요가 있다.[89] 저작권법 등 개별 법률에서는 변론 전체의 취지와 변론의 취지라는 용어가 혼재되어 사용되고 있는데, 어느 하나로 통일하는 것이 좋을 것이다. 민법에 규정한다면, 제394조의2를 신설하여 "손해액의 산정"이라는 표제로 "손해가 발생한 사실은 인정되나 손해액을 산정하기 곤란한 경우에 법원은 변론의 취지와 증거조사의 결과를 참작하여 손해액을 산정하여야 한다."라고 규정하고, 제763조에서 제394조 다음에 "제394조의2"를 추가하면 될 것이다. 저작권 법 등에서 손해액의 '인정'과 손해액의 '산정'이 혼재되어 있는데, 손해액의 산정이 나은 것으로 생각한다. 손해액의 '산정'은 손해액을 계산하여 금액을 결정한다는 뜻으로, 손해액을 계산할 수 있는 한도에서는 최대한 계산을 해보고 그것도 안 되면 법원이 결정하여야 한다는 점을 담기 위하여 손해액의 산정이라는 표현을 쓰는 것이 좋을 것이다. 분과위원회에서 논의한 결과 다음과 같은 규정을 둘 것을 제안하였다.

> 제394조의2(손해액의 산정) 손해가 발생한 사실은 인정되나 손해액을 산정하기 어려운 경우에 법원은 변론 전체의 취지와 증거조사의 결과를 참작하여 손해액을 산정하여야 한다.

---

89) 김재형(주 45), 396면. 독일에서는 민사소송법 제287조 제1항에서 규정하고 있다. 독일과 같이 민사소송법에서 규정할 수도 있지만, 손해배상에 관한 규정을 한 곳에 모아 둔다는 점에서 민법의 손해배상에 관한 규정에서 함께 규정할 수도 있을 것이다. 김재형, 언론과 인격권, 박영사, 2012, 433면.

민법개정위원회 전체회의에서는 위 규정을 자유심증주의에 관한 민사소송법 제202조 다음에 제202조의2에 두되, 표현을 수정하여 "손해액의 산정"대신 "손해액의 결정"이라고 하고, "손해액을 산정하기 매우 어려운 경우"로 요건을 한정하기로 하였다.

Ⅵ. 채권자의 손해감경의무와 손해방지비용

1. 개　설

민법 제396조는 과실상계에 관하여 "채무불이행에 관하여 채권자에게 과실이 있는 때에는 법원은 손해배상의 책임 및 그 금액을 정함에 이를 참작하여야 한다."라고 정하고 있다. 2004년 민법개정안에서는 이 규정을 "채무불이행으로 인한 손해의 발생 또는 확대에 관하여 채권자에게 과실이 있는 때에는 손해배상의 책임 및 그 범위는 이를 참작하여 정하여야 한다."라고 개정하기로 하였다. 한편 2010년 제2기 민법개정위원회 제2분과위원회에서 "채권자 과실의 참작"이라는 표제로 위 개정안을 수정하였다.[90]

그런데 최근 채권자의 손해억지의무 또는 손해감경의무를 인정할 것인지 논란이 되고 있다. 학설과 판례는 대체로 손해억지의무 또는 손해경감의무를 인정하고 있다고 볼 수 있는데, 이를 과실상계문제로 해결하고 있다. 그러나 위와 같은 태도가 타당한 것인지 검토할 필요가 있다. 또한 채권자의 손해방지비용의 배상을 인정할 것인지 검토할 필

90) 필자는 표현을 다음과 같이 수정하는 것이 바람직하다고 생각한다. "제396조(채권자 과실의 참작) 채무불이행으로 인한 손해의 발생 또는 확대에 채권자의 과실이 기여한 때에는 [법원은] 그 과실 및 기여 정도를 참작하여 손해배상의 책임과 범위를 정하여야 한다." 또한 법원을 주어로 하고 있는 것을 그대로 둘 것인지 검토할 필요가 있을 것이다.

요가 있다.

2. 비교법적 고찰

CISG 제77조는 "계약위반을 주장하는 당사자는 이익의 상실을 포함하여 그 위반으로 인한 손실을 경감하기 위하여 그 상황에서 합리적인 조치를 취하여야 한다. 계약위반을 주장하는 당사자가 그 조치를 취하지 아니한 경우에는, 위반 당사자는 경감되었어야 했던 손실액만큼 손해배상액의 감액을 청구할 수 있다."라고 규정한다. PICC 제7.4.7조는 피해당사자에 일부 기인한 손해에 관하여 "손해가 피해당사자의 작위 또는 부작위나 그가 위험을 부담하는 사유에 일부 기인한 때에는 손해배상액은 각 당사자의 행위를 참작하여 그러한 요인들이 동 손해에 기여한 범위를 한도로 감액된다."라고 정하고, 제7.4.8조는 손해의 경감에 관하여 제 1 항에서 "불이행당사자는 피해당사자가 합리적인 조치를 취함으로써 경감될 수 있었던 범위까지는 피해당사자가 입은 손해에 대한 책임이 없다."라고 정하고, 제 2 항에서 "피해당사자는 손해를 경감시키는 조치를 취하는 데 합리적으로 소요된 비용의 배상을 청구할 수 있다."라고 정한다.

유럽계약법원칙 제9:504조 제 1 항은 불이행의 상대방에게 귀책되는 손실에 관하여 "불이행자는, 불이행의 상대방이 불이행 또는 그 결과에 기여한 한도에서, 불이행의 상대방이 입은 손실을 배상할 책임이 없다."라고 정한다. 이 규정은 채권자가 자신의 불합리한 행동으로 인해 발생한 손실에 대해서는 손해배상을 청구할 수 없다는 원칙을 나타내고 있다. 그 의미는 다음 두 경우에 책임을 제한한 것이다. 첫째, 채권자의 행위가 불이행의 부분적 원인인 경우이다. 둘째, 채권자가 불이행 자체에 대해서는 전혀 책임이 없으나, 그의 행동으로 인해 손실 발생의 효과가 악화된 경우이다. 셋째, 불이행에 기인한 손실이 적절한 경감 조치를 취했으면 감소되거나 없어질 수 있었던 경우는 제9:505조에서 다루어진다. 첫 번째와 두 번째는 "기여과실(contributory negligence)"의 개념에 속하고, 세 번째는 "손해경감의무 위반(failure to mitigate)"과 관련된 것이다.[91)]

그리고 유럽계약법원칙 제9:505조에서는 손실의 경감에 관한 규정을 두고 있다. 제1항은 "불이행자는 불이행의 상대방이 합리적인 조치를 취함으로써 그 손실을 경감할 수 있었을 한도에서는 불이행의 상대방이 입은 손실에 대하여 책임을 지지 않는다."라고 정하고, 제2항은 "불이행의 상대방은 손실을 경감시키려고 시도하는 과정에서 합리적으로 지출한 모든 비용을 배상받을 권리가 있다."라고 정한다. 채권자가 채무자의 채무불이행이나 그 결과에 기여하지 않은 경우에도, 그가 손실을 피하기 위하여 합리적인 조치를 취하였다면 피할 수 있었을 손실에 대하여는 배상을 청구할 수 없다. 손실을 경감하지 못하는 경우는 채권자가 불필요하거나 불합리한 비용을 지출했기 때문에, 또는 손실을 경감하거나 손실을 상쇄하는 이익을 얻을 수 있는 합리적 조치를 취하지 않았기 때문에 발생한다. 채권자는 그 손실을 경감하기 위한 조치를 반드시 채무자의 의무위반을 안 즉시 취해야 하는 것은 아니다. 그러한 즉각적인 조치를 취해야 되는지, 그렇지 않아도 되는지는 채권자의 행위가 그 상황에서 합리적인지 여부에 달려있다. 채권자는 상황에 비추어 합리적인 행동을 하거나 또는 비합리적인 행동을 삼가야 할 의무만을 진다. 따라서 단지 채무자의 책임을 감소시키기 위해서 채권자가 자신의 업계에서의 평판을 해칠 수 있는 방법으로 행동할 필요는 전혀 없다. 이 원칙은 당사자 일방이 제9:304조의 예견된 불이행에 책임이 있는 경우, 예컨대 이행기에 계약을 이행하지 않을 것이라고 고지하는 경우에도 적용된다. 채권자는 더 이상의 비용을 불필요하게 지출해서는 안 되고 그 손실을 경감시키기 위한 조치를 취해야 한다. 종종 채권자는 손실을 경감시키기 위해 추가적인 비용을 부담해야 할 것이다. 이러

91) Lando/Beale(주 3), 444.

한 부수적 비용도 합리적인 경우에는 청구할 수 있다. 때때로 한 당사자가 당시에는 그 손실을 경감시키기 위한 합리적인 조치로 보이는 행위를 하였으나 실제로는 손실을 증가시키는 경우가 있다. 이 경우에도 발생한 손실 전부에 대한 배상을 청구할 수 있다.[92]

DCFR에서도 이와 유사한 규정을 두고 있다. Ⅲ.-3:704조는 채권자에게 책임이 있는 손실에 관한 규정으로 "채무자는 채권자가 불이행 또는 그 결과에 기여한 한도에서, 채권자가 입은 손실을 배상할 책임이 없다."라고 정한다. Ⅲ.-3:705조는 손실의 경감에 관하여 제 1 항에서 "채무자는 채권자가 합리적인 조치를 취하여 그 손실을 경감시킬 수 있었을 한도에서는 채권자가 입은 손실에 대하여 책임을 지지 않는다." 라고 정하고, 제 2 항에서 "채권자는 손실을 경감시키려고 시도하는 과정에서 합리적으로 발생한 비용에 대해서 배상을 청구할 수 있다."라고 정한다.

일본 민법개정시안【3.1.1.73】은 채권자의 손해감경의무에 관하여 다음과 같이 제안하고 있다. 제 1 항에서 "법원은 채무불이행에 의해 채권자가 입은 손해에 대해, 채권자가 합리적인 조치를 강구하였다면 그 발생 또는 확대를 방지할 수 있었던 때는 손해배상액을 감경할 수 있다."라고 규정하고, 제 2 항에서 "채권자는 채무자에 대하여 손해의 발생 또는 확대를 방지하기 위하여 요구되는 비용의 배상을 합리적인 범위에서 청구할 수 있다."라고 규정하고 있다. 이것은 채무불이행으로 인한 손해의 발생 또는 확대를 억제하기 위하여 채권자에 대해서도 합리적 행동이 요구되어야 한다는 점(손해경감의무), 손해경감의무의 위반이 있다면 배상액이 감경가능하다는 점을 명백하게 하고, 채권자는 손해의 발생 또는 확대의 방지에 필요한 비용의 배상을 합리적인 범위에서 채무자에 대하여 청구할 수 있도록 한 것이다.[93]

92) Lando/Beale(주 3), 445-446.
93) 법무부 역(주 48), 248면 이하.

3. 개정방안

민법 제396조의2를 신설하여 채권자의 손해경감의무와 손해방지비용에 관한 규정을 둘 것을 제안하고자 한다. 상법 제680조는 손해방지의무에 관하여 규정하고 있는데,[94] 이와 같은 내용을 민법에도 규정하는 것이 바람직하다.

채권자의 손해경감의무에 관하여 "채권자가 합리적인 조치를 취하여 손해의 발생 또는 확대를 방지할 수 있었을 때에는 법원은 손해배상액을 감경할 수 있다."라고 규정할 수 있다. 위 규정에서 "법원은 손해배상액을 감경할 수 있다."라는 표현을 "그 한도에서 책임을 지지 않는다."라고 정할 수도 있을 것이다. 또한 채권자의 손해방지비용에 관하여 채권자는 손해의 발생 또는 확대를 방지하기 위하여 발생한 비용의 배상을 합리적인 범위에서 청구할 수 있다고 규정할 필요가 있다. 분과위원회에서는 다음과 같이 표현을 수정하였다.

> 제396조의2(채권자의 손해감경의무와 손해방지비용) ① 채권자가 적절한 조치를 취하여 채무불이행으로 인한 손해의 발생 또는 확대를 방지하거나 경감할 수 있었을 때에는 손해배상액을 줄일 수 있다.
>
> ② 채권자는 손해의 발생 또는 확대를 방지하거나 경감하기 위하여 발생한 비용의 배상을 적절한 범위에서 청구할 수 있다.

과실상계에 관한 규정으로 손해감경의무를 포섭하는 데는 한계가 있다. 채권자의 과실이 채무불이행 자체에 부분적인 원인이 되는 경우와 채권자가 채무불이행 자체에는 전혀 책임이 없는데 그의 행동으로

---

94) 상법 제680조는 "손해방지의무"라는 표제로 제 1 항에서 "보험계약자와 피보험자는 손해의 방지와 경감을 위하여 노력하여야 한다. 그러나 이를 위하여 필요 또는 유익하였던 비용과 보상액이 보험금액을 초과한 경우라도 보험자가 이를 부담한다."라고 정하고 있다.

손해가 더 확대되는 경우에는 민법 제396조로 해결할 수 있다. 그러나 채무불이행에 기인한 손해가 적절한 경감조치를 취했으면 감소되거나 없어질 수 있었던 경우는 위 규정으로 해결되지 않는다. 그리하여 손해감경의무에 관한 규정을 두기로 한 것이다. 제396조를 넓게 해석하는 방식으로 해결할 수도 있으나, 손해경감의무에 관하여 명확한 규정을 두는 것이 바람직할 것이다.[95]

손해방지비용의 배상에 관해서는 두 가지 규정방식을 생각할 수 있다. 손해의 발생을 방지하거나 경감하기 위해서 합리적으로 비용을 지출한 경우에 그 비용을 모두 배상하게 하는 방식이 있다. 이와 달리 손해의 발생을 방지하기 위해서 지출한 비용 중에서 합리적인 범위에서 배상하는 방식이 있다. 위 개정안은 두 번째 방식을 채택한 것이다.

Ⅶ. 결　　론

채무불이행으로 인한 손해배상의 개념, 종류, 범위와 손해액의 산정은 민법에서 핵심적인 부분을 차지하고 있다. 이에 관한 연구도 켜켜이 쌓여있고, 무수히 많은 판례가 나오고 있다. 그러나 이 주제에 관한 입법론적 논의는 거의 없었다.

필자가 2011년 민법개정위원회에서 채무불이행법 등을 담당하고 있는 분과위원회로 옮겼을 때에도 필자가 손해배상의 범위에 관한 개정시안을 작성하게 될 것이라고는 전혀 생각하지 못했다.[96]

95) 분과위원회에서 손해의 발생 또는 확대를 막는다는 것으로 충분하지 않고, 손해를 줄이는 것도 포함시키는 것을 분명히 하기 위하여 손해의 발생 또는 확대를 방지할 뿐만 아니라 이를 경감한다는 표현을 넣기로 하였다. '줄여야 한다'는 표현을 사용하자는 의견과 '줄일 수 있다'는 표현을 사용하자는 의견이 있었는데, 분과위원회안으로 '줄일 수 있다'는 표현을 사용하기로 하였다. 또한 "합리적인 조치"는 "적절한 조치"로 수정하기로 하였다.

96) 분과위원회에서 2010년부터 채무불이행으로 인한 손해배상에 관하여 몇 가지

개정시안을 작성하는 것[97]이 주어진 일이기는 했지만—그리고 대부분의 개정시안이 전체회의에서 논의될 기회조차 없었지만—, 채무불이행으로 인한 손해배상에 관하여 입법론적인 검토를 해본 것은 커다란 소득이었다. 채무불이행으로 인한 손해배상 문제를 계속 해석론에만 맡겨둘 수는 없다고 생각한다. 손해배상법에 관하여 좀 더 깊이 있는 연구를 토대로 개정안을 작성하고 보완하여 손해배상실무를 이끌어가는 법적 토대를 마련할 수 있기를 기대해본다.

(김재형 · 제철웅 편, 채무불이행과 부당이득의 최근 동향, 박영사, 2013, 209-266면 所載)

개정안을 작성하였는데, 이 문제에 관하여 좀 더 포괄적인 검토가 필요하다고 생각되어 필자가 개정시안을 작성하는 일을 맡게 되었다.

97) 위에서 다룬 사항 이외에도 손익상계에 관하여 제396조의3으로 "채무불이행으로 인하여 채권자가 이익을 얻은 때에는 이를 배상해야 할 손해액에서 공제한다."라는 규정을 작성하였으나, 이에 관해서는 2010년 제2분과위원회에서 이미 규정을 두지 않기로 결정하였으므로, 2011년에는 분과위원회에서 논의하지 않기로 하였다. 또한 불법행위에 관한 제763조에서 채무불이행으로 인한 손해배상에 관한 규정 중 불법행위에 준용할 조항을 작성하기도 하였으나, 이 부분은 다른 분과에서 다루기로 하였다.

5. 채무불이행으로 인한 손해배상에 관한 민법개정안*
—2013년 민법개정위원회에서 확정된 개정안을 중심으로—

Ⅰ. 서 론

채무불이행법은 민법에서 핵심적인 부분을 차지한다. 이 분야는 채권법 중에서 논란이 가장 많은 분야이고 판례도 많이 나왔다. 비교법적인 연구도 매우 활발한 분야이다. 21세기에 들어와 독일의 채권법개정이나 유럽계약법원칙 등 모델규칙은 민법학계의 주요한 연구주제가 되었는데, 그중에서도 특히 채무불이행에 관한 부분은 크게 주목을 받았다.

2009년 2월 출범한 법무부 민법개정위원회에서 채무불이행법을 다루는 것은 당연한 일이었다. 채무불이행법을 빼고 민법을 개정한다는 것은 상상할 수 없는 일이라고 할 수 있다. 그 첫해인 2009년에 제 1 기 민법개정위원회는 민법총칙과 담보제도에 관하여 개정안을 작성하기 시작하였고, 그 다음해부터 채권법 부분 등을 다루게 되었다. 채무불이행법에 관해서는 제 2 기(2010년) 민법개정위원회 제 2 분과위원회에서 개정안을 작성하기 시작하여 제 3 기(2011년) 민법개정위원회 제 4 분과위원회, 제 4 기(2012년) 민법개정위원회 제 3 분과위원회에서 계속 개정

* 이 논문은 2013년 10월 19일 「채무불이행법의 국제적 동향—민법개정과 관련하여—」이라는 대주제로 한국민사법학회, 대법원, 법무부, 서울대학교 법학연구소가 공동으로 주최한 국제학술대회에서 발표한 글을 수정 · 보완한 것이다.

안을 작성하였다. 2013년에는 그 이전에 분과위원회에서 작성한 개정안을 확정하기 위하여 제 4 기의 후속분과로서 운영되고 있다.[1] 개정안은 분과위원 중의 한 사람이 개정안을 준비하고 분과위원회에서 토론을 거쳐 분과위원회안을 정한 다음, 실무위원회와 분과위원장단 회의를 거쳐 민법개정위원회 전체회의에서 확정되었다. 2012년까지 확정되지 않은 개정안은 2013년에 민법개정위원회 전체회의를 개최하여 논의하였는데, 현재 채무불이행으로 인한 손해배상에 관한 개정안은 전체회의에서 모두 확정된 상태이다. 개정안은 법무부안 또는 정부안으로 확정되기 전으로 학계와 실무계를 비롯한 각계각층의 의견을 수렴하여 앞으로의 입법절차가 진행될 것이다. 만일 이 개정안이 국회를 통과하여 입법이 된다면 채무불이행법은 상당히 큰 폭으로 바뀌게 되는데, 채무불이행법에 관한 최초의 민법개정으로서도 큰 의미가 있을 것이다.

민법개정위원회가 출범하기 전에 채무불이행법에 관한 입법론적 연구가 많지는 않았다. 채무불이행법에 관한 개정안은 대부분 민법개정위원회가 출범한 후에 분과위원회에서 만들어진 것이다. 2010년과 2011년에는 분과위원회에서 채무불이행에 관한 주요 주제에 관하여 연구용역을 수행한 다음 개정안을 작성하기도 하였다. 그러나 논의과정에서 아예 장기적인 연구과제로 미룬 것도 있고, 중요하다고 판단된 개정안 중에서도 채택되지 않은 경우도 적지 않았다.

필자는 제 1 기와 제 2 기 민법개정위원회에서는 담보제도 분과위원회에 있다가 2011년 제 3 기 민법개정위원회부터 채무불이행법을 다루

1) 민법개정위원회(위원장 서민)에서 채무불이행법을 맡은 분과위원회의 위원들은 분과위원장을 포함하여 매년 6명 또는 7명 정도로 구성되었다. 분과위원장 송덕수 교수, 위원 김동훈 교수, 김재형 교수, 오종근 교수, 정진명 교수, 박동진 교수(이상 학계), 강승준 부장판사, 문용호 변호사, 안태용 변호사, 전원열 변호사(이상 실무계)가 참여하였는데, 위원들의 변동이 있었다. 그 경과에 관하여 상세한 것은 송덕수, "채무불이행에 관한 민법개정시안," 민사법학 제60호(2012. 9), 151-155면 참조. 이하 분과위원회는 2010년부터 현재까지 채무불이행법을 담당한 위 분과위원회를 가리킨다.

는 분과에 합류하였다. 특히 2011년에 분과위원회에서 개정안을 작성하기 위하여 채무불이행으로 인한 손해배상의 개념, 기준이나 그 범위에 관하여 입법론적인 검토를 하였고,[2] 이를 토대로 분과위원회에서 마련한 개정안과 그 후의 논의과정을 소개한 글을 심포지엄에서 발표하기도 하였다.[3]

한국민사법학회가 기획·준비한 이번 국제학술대회에서는 2013년 민법개정위원회 전체회의에서 확정된 「채무불이행으로 인한 손해배상에 관한 민법개정안」(이하 '2013년 민법개정안'이라 약칭한다)을 소개하고 그 의미를 살펴보고자 한다.[4] 여기에서 다루는 개정안은 채무불이행으로 인한 손해배상에 관한 것이다. 다만 대상청구권은 손해배상에 관한 것은 아니지만, 손해배상과 밀접한 관련이 있는 것이기 때문에 이에 관해서도 간략하게 다룰 것이다. 이 글의 목적은 현재의 개정안에 관한 의견을 수렴하여 좀 더 바람직한 민법개정이 이루어질 수 있도록 하기 위한 것이다. 특히 우리나라의 민법학자와 실무가뿐만 아니라 독일, 프랑스, 일본에서 온 저명한 민법학자들의 의견을 들을 기회를 가질 수 있기를 기대한다. 지출비용의 배상과 손해배상액을 산정하기 곤란한 경우 손해액의 인정방법에 관해서는 이미 필자의 견해를 발표하였지만, 그 내용도 이 글에서 간략하게 소개하고 추가적인 의견을 밝히고자 한다.

---

2) 이에 따라 필자는 2011년에 법무부에 "채무불이행으로 인한 손해배상의 범위에 관한 연구"라는 제목으로 연구용역보고서를 제출하였고, 분과위원회에서 2012년에 이를 토대로 손해배상의 개념, 종류, 범위 등에 관한 개정안을 마련하였다.

3) 김재형, "채무불이행으로 인한 손해배상의 기준과 범위에 관한 개정방안," 김재형·제철웅 편, 채무불이행과 부당이득의 최근 동향, 박영사, 2013, 209면 이하.

4) 송덕수(주 1), 151면 이하에는 2012. 6. 3. 기준으로 분과위원장단 회의에서 확정된 개정시안을 소개하고 있다. 당시에는 채무불이행법에 관한 개정안이 전체회의에서 확정되기 전이었다. 여기에서 소개하는 개정안 중에는 위 개정시안과 동일한 것도 있으나, 그 후 전체회의에서 확정되기까지 수정된 경우도 있고 그 후에 추가된 것도 있기 때문에, 전체회의에서 확정된 개정안 전체를 소개하고자 한다.

Ⅱ. 채무불이행으로 인한 손해배상에 관한 민법 규정과 개정안의 비교

1. 현행 민법의 규정

현행 민법에서 채무불이행으로 인한 손해배상에 관한 주요 규정은 제3편 채권 제1장 총칙 제2절 채권의 효력 부분에서 10개의 조문으로 구성되어 있는데, 그 내용을 간략하게 개관하면 다음과 같다.

민법 제390조[5]는 채무불이행의 기본원칙을 정한 일반조항으로서 과실책임의 원칙을 정하고 "채무의 내용에 좇은 이행을 하지 아니한 때"에 손해배상책임이 발생한다고 함으로써 손해배상의 요건을 포괄적으로 규정하고 있다. 그런데 이행지체에 관해서는 이행지체의 시기, 이행지체 중의 손해배상, 전보배상이 인정되는 경우 등에 관하여 비교적 상세한 규정을 두고 있으나, 불완전이행, 이행거절 등에 관해서는 명시적인 규정을 두지 않고 제390조로 해결하고 있다.[6]

제393조는 손해배상의 범위에 관하여 통상손해와 특별한 사정으로 인한 손해를 구분하고 특별한 사정으로 인한 손해에 관해서는 예견가능한 한도에서 배상책임이 있다고 정함으로써, 손해배상에 관하여 제한

5) 이하 민법의 조문은 법률의 명칭을 기재하지 않고 인용한다.

6) 한편 매도인의 담보책임에 관해서는 제3편 채권 제2장 계약 제3절 매매 부분에서 규정하고 있는데, 그 구제수단으로 손해배상책임이 인정되고 있다. 종래에는 매도인의 담보책임을 채무불이행책임과 구분하여 설명하였으나, 매도인의 담보책임을 채무불이행책임의 일종으로 이해하는 견해가 많아지고 있다. 이러한 입장에서 개정시안이 발표되기도 하였다. 김대정, "賣渡人의 擔保責任에 관한 민법규정의 改正을 위한 一提言," 민사법학 제49권 제1호(2010. 6), 235면 이하, 특히 331면. 분과위원회에서는 오종근, 민법상 담보책임법 개정안 연구, 2010년 법무부 연구용역보고서를 토대로 채무불이행책임과 매도인의 담보책임을 가급적 통일적으로 규정하려고 하였으나, 분과위원장단 회의 등에서 받아들여지지 않아 매도인의 담보책임에 관한 개정안은 아예 마련하지 않기로 하였다. 이에 관해서는 이 글에서 더 이상 다루지 않는다.

배상주의를 채택하고 있다. 제394조는 손해배상의 방법으로 금전배상의 원칙을 정하고 있고, 그 밖에도 과실상계(제396조), 금전채무불이행에 대한 특칙(제397조), 배상액의 예정(제398조), 손해배상자의 대위(제399조) 등에 관한 규정이 있다.

채무불이행으로 인한 손해배상에 관하여 민법이 채택하고 있는 주요 원칙으로는 과실책임주의, 일반조항주의, 제한배상주의를 들 수 있다.

2. 민법개정위원회의 개정안

민법개정위원회 분과위원회에서 채무불이행으로 인한 위 조문들을 모두 검토하여 일부 조문에 관하여 개정안을 마련하였는데, 전체회의에서 그중 6개의 조문을 개정하고 2개의 민법 조문[7]과 1개의 민사소송법 조문을 신설하기로 하였다. 개정 또는 신설 조항은 다음과 같다.

(1) 제390조(채무불이행과 손해배상) 단서의 표현을 수정하여 이행불능이 아니라 모든 유형의 채무불이행으로 인한 손해배상에 관하여 고의 또는 과실이 없는 경우를 면책사유로 정한다.
(2) 제392조의2(지출비용의 배상)를 신설하여 지출비용의 배상에 관한 명문의 규정을 둔다.
(3) 제394조(손해배상의 방법)를 개정하여 금전배상을 원칙으로 하되 그 밖에 적절한 방법으로 배상할 수 있도록 한다.
(4) 제395조의 표제를 '이행지체와 전보배상'에서 '전보배상'으로 수정하고 이행지체로 인한 전보배상의 요건을 구체화하고 이행거절과 불완전이행의 경우에도 전보배상이 인정된다는 조항을 신설한다.
(5) 제396조의 표제를 '과실상계'에서 '채권자 과실의 참작'으로 수정하고 그 요건을 명확히 한다.
(6) 제397조(금전채무불이행에 대한 특칙)를 개정하여 명확하게 규정한다.

7) 대상청구권에 관한 신설안은 손해배상에 속하지는 않지만, 손해배상과 밀접한 관계가 있으므로, 여기에서 소개하고자 한다.

(7) 제398조의 표제를 '배상액의 예정'에서 '위약금'으로 수정하고 위약벌에도 감액을 인정한다.

(8) 제399조의2[대상청구권(代償請求權)]에 관한 규정을 신설하고 손해배상과의 관계를 정한다.

(9) 민사소송법 제202조의2(손해액의 결정)를 신설하여 손해액을 정할 수 없는 경우에 증거조사의 결과와 변론 전체의 취지를 참작하여 손해액을 정할 수 있도록 한다.

2004년 민법개정안[8]에는 제390조, 제394조, 제396조에 관한 개정안이 포함되어 있다. 2013년 민법개정안에서도 위 세 조문의 개정안은 표현이 바뀌기도 하였으나 내용상 큰 변동 없이 포함되어 있다. 그러나 다른 개정안은 2004년 민법개정안에 포함되어 있지 않았던 것이다. 따라서 이번 민법개정안이 2004년 민법개정안에 비하여 포괄적이라고 할 수 있다. 개정안의 내용을 보더라도 이번 개정안이 좀 더 전향적인 태도를 취하고 있다고 평가할 수 있다.

현 행 법	개 정 안	미 채 택
제387조(이행기와 이행지체)		
제390조(채무불이행과 손해배상)	제390조(채무불이행과 손해배상)	
제392조(이행지체 중의 손해배상)	제392조의2(지출비용의 배상)	제392조의2(손해배상의 내용)
제393조(손해배상의 범위)		제393조(손해배상의 범위)
		제393조의2(대체거래로 인한 손해)
제394조(손해배상의 방법)	제394조(손해배상의 방법)	
제395조(이행지체와 전보배상)	제395조(전보배상)	
제396조(과실상계)	제396조(채권자 과실의 참작)	제396조의2(채권자의 손

8) 법무부는 1999년 2월 민법개정특별분과위원회를 구성하여 2004년 6월 민법재산편 개정 법률안을 마련하였고 이를 정부안으로 10월 21일 국회에 제출하였다. 그러나 이 법안은 국회에서 심의를 하지 못한 채 국회의원의 임기만료로 폐기되었다.

		해감경의무와 손해방지
제397조(금전채무불이행에 대한 특칙) 제398조(배상액의 예정) 제399조(손해배상자의 대위)	제397조(금전채무불이행에 대한 특칙) 제398조(위약금) 제399조의2[대상청구권(代償請求權)] 민사소송법 제202조의2(손해액의 결정)	비용)

3. 개정안으로 채택되지 않은 사항

한편 민법개정위원회 분과위원회에서 논의하여 개정안을 작성하여 분과위원장단 회의에 제출하였으나, 분과위원장단 회의에서 채택되지 않아 전체회의에 안건으로 상정되지 못한 것으로는 다음과 같은 조항들이 있다.

(1) 제392조의2(손해배상의 내용)를 신설하여 제1항에서 이행이익의 배상이 손해배상의 원칙임을 명시적으로 규정하고,9) 제2항에서 손해의 종류로 일실이익, 정신적 손해, 장래에 발생한 손해를 명시한다.10)

(2) 제393조(손해배상의 범위)를 그대로 유지할 것인지, 이를 개정하여 특별한 사정으로 인한 손해에 관하여 예견가능성을 판단하는 시기를 명시할 것인지 검토하여 결정한다.11)

---

9) 구체적인 개정안은 다음과 같다. "[제1안] 채무불이행의 경우에 채무자는 채권자에게 채무가 이행되었더라면 있었을 상태에 이르도록 손해를 배상하여야 한다. [제2안] 채무불이행의 경우에 채무자는 채권자에게 채무불이행이 없었더라면 있었을 상태에 이르도록 손해를 배상하여야 한다." 분과위원회안에서는 지출비용의 배상에 관한 규정을 둘 경우에 제395조의2에서 규정할 것을 제안하였다. 이에 관해서는 아래 Ⅲ.2.(2) 참조.

10) 구체적인 개정안은 다음과 같다. "제1항의 손해에는 얻을 수 있었던 이익, 비재산적 손해 및 장래에 발생할 손해를 포함한다."

11) 제1안은 현행법을 유지하는 것이고, 제2안은 제393조 제2항을 "특별한 사정으로 인한 손해는 채무의 발생 시에 채무자가 이를 알았거나 알 수 있었을

(3) 제393조의2(대체거래로 인한 손해)를 신설하여 대체거래를 한 경우 손해배상액을 산정하는 방법을 정한다.[12]

(4) 제396조의2(채권자의 손해감경의무와 손해방지비용)를 신설하여 채권자의 손해감경의무를 명시하고 손해방지비용의 상환을 청구할 수 있다는 규정을 둔다.[13]

위와 같은 개정안들은 분과위원회의 안으로서 전체회의에서 논의되지 못하였기 때문에 이 글에서 다루지 않는다.[14]

Ⅲ. 채무불이행으로 인한 손해배상에 관한 개정안과 그 주요 내용

1. 채무불이행으로 인한 손해배상의 요건

(1) 현 행 법

제390조는 "채무자가 채무의 내용에 좇은 이행을 하지 아니한 때에는 채권자는 손해배상을 청구할 수 있다. 그러나 채무자의 고의나 과실 없이 이행할 수 없게 된 때에는 그러하지 아니하다."라고 정하고 있다. 이 규정은 채무불이행으로 인한 손해배상책임에 관한 기본 규정이다. 채무불이행의 요건으로 "채무의 내용에 좇은 이행을 하지 아니한

때에 한하여 배상할 책임이 있다."라고 개정하는 것이다.

12) 구체적인 개정안은 다음과 같다. "채무불이행이 있은 후 채권자가 합리적인 기간 내에 합리적인 방식으로 대체거래를 한 경우에 대체거래를 함으로써 발생한 손해의 배상을 청구할 수 있다."

13) 구체적인 개정안은 다음과 같다. "① 채권자가 적절한 조치를 취하여 채무불이행으로 인한 손해의 발생 또는 확대를 방지하거나 경감할 수 있었을 때에는 손해배상액을 줄일 수 있다. ② 채권자는 손해의 발생 또는 확대를 방지하거나 경감하기 위하여 발생한 비용의 배상을 적절한 범위에서 청구할 수 있다."

14) 이 개정안들은 김재형(주 3)에서 상세히 소개하였다.

때"라는 일반적 · 포괄적인 표현을 사용하고 있다는 점에서 특징이 있다. 이를 일반조항주의라고 한다.15) 또한 단서에서 고의나 과실이 없는 경우를 면책사유로 정함으로써, 채무불이행책임의 기본원칙으로 과실책임주의의 원칙을 채택하고 있다.16)

(2) 개정안과 그 의미

현 행	개 정 안
제390조(채무불이행과 손해배상) 채무자가 채무의 내용에 좇은 이행을 하지 아니한 때에는 채권자는 손해배상을 청구할 수 있다. 그러나 채무자의 고의나 과실 없이 이행할 수 없게 된 때에는 그러하지 아니하다.	제390조(채무불이행과 손해배상) 채무자가 채무의 내용에 좇은 이행을 하지 아니한 때에는 채권자는 손해배상을 청구할 수 있다. 그러나 채무자의 고의나 과실 없이 그 이행이 이루어지지 아니한 때에는 그러하지 아니하다.

개정안에서는 제390조 단서의 표현을 수정하고 있다. 즉 "채무자의 고의나 과실 없이 이행할 수 없게 된 때"를 "채무자의 고의나 과실 없이 그 이행이 이루어지지 아니한 때"로 변경한 것이다. 이행할 수 없다는 것은 이행불능을 가리키므로, 그 표현만을 보면 마치 이행불능에 대해서만 고의 또는 과실이 요구된다고 정한 것으로 볼 수 있다. 그러나 이 단서는 이행불능 이외의 다른 채무불이행에도 적용된다고 볼 수 있다. 즉, 채무불이행으로 인한 손해배상책임의 발생요건으로 '책임 있는 사유'를 요구하고 있다고 볼 수 있다.17) 그러나 이 규정의 단서의 표현이 이행지체, 불완전이행, 이행거절, 부수적 채무위반 등 다른 유형의

---

15) 곽윤직, 채권총론, 제 6 판 중판, 박영사, 2009, 76면; 김형배, 채권총론, 제 2 판, 박영사, 1998, 220면; 양창수 · 김재형, 계약법, 중판, 박영사, 2011, 353면. 반대: 김증한 · 김학동, 채권총론, 제 6 판, 박영사, 1998, 75면.

16) 민법개정위원회에서 과실책임주의를 수정할 것인지는 논의하지 않았고 다만 매도인의 담보책임과 관련하여 간략한 언급이 있었을 뿐이다.

17) 곽윤직(주 15), 78면; 김상용, 채권총론, 화산미디어, 2009, 96면; 김증한 · 김학동(주 15), 77면; 김형배(주 15), 152면; 양창수 · 김재형(주 15), 391-392면; 이은영, 채권총론, 제 4 판, 박영사, 2009, 245면.

채무불이행을 포섭할 수 없다는 문제점이 있기 때문에, 이를 해소하기 위하여 규정을 위와 같이 수정하였다.[18] 따라서 채무불이행의 모든 유형에서 고의나 과실이 없으면 이 단서의 규정에 따라 손해배상책임이 발생하지 않는다는 것이 명확해졌다.

2. 지출비용의 배상

(1) 학설과 판례

채무불이행으로 인한 손해배상이 이행이익의 손해를 배상하는 것인지 신뢰이익의 손해를 배상하는 것인지 문제된다. 판례는 이행이익의 배상이라고 한다. 즉, 채무불이행으로 인한 손해배상은 채무가 이행되었더라면 있었을 상태를 회복할 수 있도록 하여야 한다.[19] 대법원은 계약해제 시의 손해배상이 이행이익의 배상이기 때문에, 신뢰이익의 배상을 청구하는 것이 허용되지 않는다고 하였다.[20]

그러나 1992년부터 지출비용의 배상을 인정한 대법원 판결들이 나왔다.[21] 특히 대판 2002. 6. 11, 2002다2539(공 2002, 1617)는 "채무불이행을 이유로 계약해제와 아울러 손해배상을 청구하는 경우에 그 계약이행으로 인하여 채권자가 얻을 이익 즉 이행이익의 배상을 구하는 것

---

18) 송덕수(주 1), 168면에는 분과위원장단안이 소개되어 있는데, 전체회의에서 그대로 확정되었다.

19) 대판(전) 1967. 5. 18, 66다2618(집 15-2, 11); 대판 2008. 12. 24, 2006다25745(공 2009, 82).

20) 대판 1962. 2. 22, 4294민상667(민판집 54-827). 그 후에도 이 판결에서 전개한 법리를 따르는 다수의 판결이 나왔다. 대판 1962. 10. 18, 62다550(법고을LX 검색); 대판 1983. 5. 24, 82다카1667(공 1983, 1010); 서울고판 1998. 7. 15, 97나36226(하집 1998-2, 106).

21) 대판 1992. 4. 28, 91다29972(공 1992, 1698); 대판 1996. 2. 13, 95다47619(공 1996, 949). 대판 1999. 7. 27, 99다13621(공 1999, 1771); 대판 1980. 5. 13, 80다130(법률신문 제1352호, 7면); 대판 1991. 10. 11, 91다25369(공 1991, 2714); 대판 1994. 11. 11, 94다22446(공 1994, 2361); 대판 1992. 8. 14, 92다2028(공 1992, 2660); 대판 1999. 2. 9, 98다49104(공 1999, 475).

이 원칙이지만, 그에 갈음하여 그 계약이 이행되리라고 믿고 채권자가 지출한 비용 즉 신뢰이익의 배상을 구할 수도 있다고 할 것이고, 그 신뢰이익 중 계약의 체결과 이행을 위하여 통상적으로 지출되는 비용은 통상의 손해로서 상대방이 알았거나 알 수 있었는지의 여부와는 관계없이 그 배상을 구할 수 있고, 이를 초과하여 지출되는 비용은 특별한 사정으로 인한 손해로서 상대방이 이를 알았거나 알 수 있었던 경우에 한하여 그 배상을 구할 수 있다고 할 것이고, 다만 그 신뢰이익은 과잉배상금지의 원칙에 비추어 이행이익의 범위를 초과할 수 없다고 할 것이다."라고 판단하고 있다. 한편, 대판 2006. 2. 10, 2003다15501은 "채무불이행을 이유로 계약해지와 아울러 손해배상을 청구하는 경우에 채권자는 이행이익의 일부로서 그 계약이 이행되리라고 믿고 채권자가 지출한 비용의 배상을 구할 수 있다."라고 판단하였는데, 이 판결은 지출비용을 이행이익의 일부로 파악하고 있다.

지출비용의 배상에 관한 판결들이 우리나라 손해배상법 체계에서 적합한지 여부, 그러한 판결들이 신뢰이익의 배상을 인정한 것인지 여부 등에 관하여 논란이 많다.[22] 채무불이행으로 인한 손해배상은 이행이익의 손해를 배상하는 것이다. 일반적으로 손해는 채권자의 의사와 관계없이 발생한 것인 반면에 비용은 채권자 스스로 지출한 것이라는 점에서 구분되는 것으로, 채권자가 지출한 비용을 손해라고 볼 수 없다. 채권자가 지출한 비용은 이행이익을 산정하는 요소로 보면 충분하다. 따라서 지출비용의 배상을 인정하는 새로운 법리를 전개하는 것이 타당한지는 매우 의문이다.

(2) 개 정 안

민법개정위원회에서 지출비용의 배상에 관한 규정을 둘 것인지 논

22) 상세한 것은 김재형, "계약의 해제와 손해배상의 범위," 민법론 Ⅱ, 박영사, 2004, 82면 이하.

의하였는데, 지출비용의 배상에 관한 규정을 신설하기로 하였다.[23] 분과위원회에서는 지출비용의 배상에 관한 규정을 두지 말자는 것이 다수의견이었으나, 실무위원회[24]와 분과위원장단 회의에서 지출비용의 배상에 관한 개정안을 두기로 하였고, 구체적인 개정안을 작성하게 된 분과위원회에서는 다음과 같은 개정안을 마련하였다.

> 제395조의2(지출비용의 배상)
>
> ① 채권자가 채무가 이행될 것이라고 믿고 비용을 지출하고 그 지출이 상당한 경우에 채권자는 그 비용의 배상을 청구할 수 있다. 그러나 채무를 이행하더라도 비용지출의 목적을 달성할 수 없었을 때에는 그러하지 아니하다.
>
> ② 제 1 항에 따른 청구 금액은 채무가 이행되었더라면 받았을 이익을 초과할 수 없다.

그러나 분과위원장단 회의와 전체회의에서 통과된 개정안은 다음과 같다.

현 행	개 정 안
〈신 설〉	제392조의2(지출비용의 배상) 채무불이행의 경우에 채권자는 채무가 이행될 것을 믿고 지출한 비용의 배상을 청구할 수 있다. 그러나 그 배상액은 채무가 이행되었더라면 받았을 이익액을 넘지 못한다.

23) 분과위원회에서는 지출비용의 배상에 관한 규정을 신설하지 않는 것이 다수의견이었다. 그러나 실무위원회와 분과위원장단 회의에서 지출비용의 배상에 관한 규정을 두기로 하였다. 그리하여 분과위원회에서 지출비용의 배상에 관한 개정시안을 작성하였고, 분과위원장단 회의와 전체회의에서 개정안을 확정하였다. 상세한 것은 김재형(주 3) 참조.

24) 실무위원회에서는 제390조 제 2 항에 이행이익에 관한 규정을 두고, 제 3 항으로 "채권자는 채무가 이행될 것을 믿고 지출한 비용의 배상을 청구할 수 있다. (1안) 그러나 제 2 항의 손해배상과 중복하여 청구할 수 없다. (2안) 그러나 제 2 항의 손해배상액을 초과하여 청구할 수 없다."라고 정할 것을 제안하였다.

(3) 개정안의 의미와 내용

(가) 독일 민법의 규정과 개정안의 관계

위에서 보았듯이 지출비용의 배상에 관한 판례가 혼란스러운 면이 있다. 민법개정안을 작성하는 단계에서 비교법적 연구나 외국의 입법례를 검토하면서 개정안을 작성하는 경우가 많았는데, 지출비용의 배상에 관해서는 독일 민법의 규정을 참고하였다. 프랑스 민법, 일본 민법과 일본채권법개정시안, 중국 합동법, 국제물품매매계약에 관한 국제연합협약,[25] UNIDROIT 국제상사계약원칙,[26] 유럽계약법원칙,[27] 유럽공통참조기준초안[28] 모두 지출비용의 배상에 관한 규정을 두고 있지 않지만, 독일 민법은 지출비용의 배상에 관한 명문의 규정을 두고 있기 때문이다. 독일 민법에서는 신뢰이익의 배상을 인정하지 않으면서도[29] 지출비용의 배상에 관한 규정을 두고 있는데, 이와 같은 독일 민법의 태도가 우리 민법의 개정안에 중대한 영향을 미쳤다고 볼 수 있다.

독일 민법 제284조는 "무익하게 지출된 비용의 배상"이라는 표제로 "채권자가 급부의 획득을 신뢰하여 비용을 지출하고 또 그 지출이 상당한 것인 경우에는 그는 급부를 갈음하는 손해배상 대신에 그 비용의 배상을 청구할 수 있다. 다만 채무자의 의무위반이 없더라도 비용지출의 목적이 달성될 수 없었을 때에는 그러하지 아니하다."라고 정하고 있다. 이는 우리 민법의 개정안과 다르다는 것을 알 수 있다. 독일 민법의 위 규정은 우리 민법의 개정안에 비하여 요건과 효과가 엄격하다고 볼 수 있는데, 개정안을 요건과 효과로 구분하여 독일 민법의 규정

---

25) United Nations Convention on Contracts for the International Sale of Goods, 'CISG'라는 약칭을 사용한다.

26) UNIDROIT Principles of International Commercial Contracts, 'PICC'라는 약칭을 사용한다.

27) Principles of European Contract Law, 'PECL'이라는 약칭을 사용한다.

28) Draft Common Frame of Reference, 'DCFR'이라는 약칭을 사용한다.

29) 김재형(주 22), 105면.

과 비교하면서 그 의미를 살펴보고자 한다.[30)]

(나) 요건과 관련된 쟁점

첫째, 개정안에서 지출비용의 배상을 청구할 수 있는 요건은 "채무불이행"이다. 채무불이행이 있으면 충분하고 그 밖의 다른 요건은 필요없다. 따라서 이행지체, 이행불능, 불완전이행, 부수적 채무 불이행 등 모든 유형의 채무불이행이 있으면 지출비용의 배상을 청구할 수 있다고 보아야 한다. 고의나 과실이 없는 경우에도 지출비용의 배상을 청구할 수 있는지 문제되나, 고의나 과실이 있는 경우에 한하여 이 규정이 적용된다고 보아야 할 것이다. 이 개정안은 제390조를 전제로 한 규정이기 때문이다. 또한 독일 민법과 달리 지출이 상당한 경우(또는 통상적인 경우)에 한하여 지출비용의 배상을 인정하는 방식으로 규정하지 않았다. 따라서 지출비용의 배상에 관하여 민법 제393조의 적용여부가 문제될 수 있는데, 통상적인 비용을 초과하는 비용을 지출한 경우에도 — 적어도 제393조에 따라 예견가능성이 있는 경우에는 — 그 배상을 청구할 수 있다.

둘째, 채무를 이행하더라도 비용지출의 목적을 달성할 수 없었을 경우에는 지출비용의 배상을 청구할 수 없다는 규정을 둘 것인지 문제되었다. 독일 민법 제284조 단서는 이와 같은 취지의 규정을 두었는데, 이는 영미법의 계약 좌절(frustration) 법리[31)]에서 유래한 것이다. 그러나 우리 민법 개정안에는 이에 해당하는 조항이 없다. 채무를 이행했더라도 비용지출의 목적을 달성할 수 없는 경우에까지 지출비용의 배상을 인정하는 것은 채권자에게 망외의 이익을 주는 것이기 때문에, 이에 관한 명문의 규정을 두는 것이 좋을 것으로 생각된다.

셋째, 독일 민법에서는 손해배상과는 구별하여 지출비용의 배상에

---

30) 김재형(주 3), 228면 이하도 참조.

31) 이에 관해서는 E. Allan Farnsworth, Farnsworth on Contracts, 3rd ed., 2004, 650ff.; 이호정, 영국 계약법, 경문사, 2003, 493면.

관한 규정을 두고 있을 뿐만 아니라 매도인의 담보책임 등에 관한 규정에서 손해배상을 갈음하여 지출비용의 배상을 청구할 수 있다는 근거 규정을 두고 있다. 그러나 우리 민법 개정안에서는 지출비용의 배상을 손해배상의 일종으로 보아 규정을 두고 있고, 매도인의 담보책임 등에서 지출비용의 배상에 관하여 따로 규정하고 있지 않다. 이는 매도인의 담보책임 등에 기하여 손해배상을 청구할 수 있는 경우에는 지출비용의 배상을 청구할 수 있다는 것을 전제로 한 것이지만, 규정의 문언이 명확한 것은 아니다. 현행 민법상 손해배상은 이행이익의 배상을 의미하는 것이기 때문에, 지출비용을 이와 같은 손해에 포섭할 수 없다. 이것이 가능하다고 하더라도 지출비용의 배상을 손해배상으로 볼 수 있는지 여부에 관하여 논란을 불러일으킬 것이 분명하기 때문에, 좀 더 명확하게 규율하였어야 하지 않을까 한다.

㈐ 효과와 관련된 쟁점

첫째, 이 개정안은 지출비용의 배상을 인정한 것이다. 채권자가 손해를 증명할 수 없거나 증명하기 어려운 경우에 지출비용의 배상을 청구할 수 있다. 그러나 이 개정안이 지출비용의 배상을 넘어서는 신뢰이익의 배상을 인정한 것은 아니다. 채권자가 채무자의 이행을 믿고서 다른 거래를 하지 않아 손실이 발생한 경우에 그와 같은 소극적 이익은 신뢰이익에 속하지만, 이 개정안에 따르더라도 이와 같은 소극적 이익의 배상은 인정되지 않는다. 따라서 이 개정안에 따르더라도 신뢰이익의 배상을 인정한 것은 아니다.[32] 채무불이행으로 인한 손해배상은 여전히 이행이익의 배상을 의미하는 것이라는 전제는 유지하되, 예외적으로 지출비용의 배상을 인정한 것에 불과하다.

둘째, 우리 민법의 개정안에서는 지출비용의 배상은 이행이익액을 한도로 한다는 명문의 규정을 두었다. 채무자가 이행이익이 지출비용보

32) 민법개정위원회에서 신뢰이익의 배상을 인정하자는 견해는 없었다. 김재형(주 3), 225면.

다 적다는 것을 증명한 경우에는 그 한도로 지출비용의 배상이 제한될 것이다. 독일 민법에는 이에 해당하는 규정이 없다. 그러나 영국이나 미국의 경우 신뢰이익의 배상은 이행이익을 한도로 하고 있다. 우리나라에서도 지출비용의 배상을 이행이익의 한도로 한다는 판결이 있다.[33] 이행이익을 초과하는 지출비용을 청구할 수 있다고 하는 것은 채권자를 과도하게 보호하는 것이기 때문이다.

셋째, 지출비용의 배상을 독일 민법의 경우와 같이 전보배상을 갈음하여 청구할 있도록 할 것인지 문제되었으나, 개정안에서는 그와 같은 제한을 두지 않았다. 판례는 채무불이행의 경우에 이행이익의 배상을 청구하는 것이 원칙이고 이행이익의 배상을 갈음하여 지출비용의 배상을 청구할 수 있다고 하였으나,[34] 개정안에서는 위와 같은 제한을 하지 않았다. 따라서 전보배상을 갈음하여 지출비용의 배상을 청구할 수도 있지만, 전보배상을 청구하면서 이 규정에 따라 지출비용의 배상도 청구할 수 있다. 채무불이행의 경우에 지연배상을 청구하는 경우든 전보배상을 청구하는 경우든 이와 별도로 지출비용의 배상을 청구할 수 있다고 볼 수 있다.

넷째, 지출비용의 배상을 청구하는 경우에 손해배상에 관한 규정들이 적용되거나 또는 유추적용되는지 문제된다. 민법개정위원회에서 다수의견은 지출비용의 배상을 손해배상으로 볼 수 있다는 전제에서 손해배상의 범위에 관한 규정이 적용될 것이라고 하였다.[35] 그러나 엄밀하게 보면 지출비용의 배상과 손해배상은 구분된다. 따라서 손해배상에 관한 규정이 지출비용의 배상에 직접 적용되지 않는다고 보아야 한다. 다만 손해배상의 범위나 과실상계에 관한 규정은 그 내용이나 목적 등에 비추어 지출비용의 배상에 유추적용되는 것으로 보아야 할 것이다.

---

33) 대판 1992. 4. 28, 91다29972(공 1992, 1698); 대판 1999. 7. 27, 99다13621(공 1999, 1771); 대판 2002. 6. 11, 2002다2539(공 2002, 1617).

34) 위 대판 2002. 6. 11, 2002다2539 참조.

35) 김재형(주 3), 230면.

(라) 소 결

개정안에서 지출비용의 배상을 명시적으로 인정함으로써 채무불이행의 경우에 채권자의 지위가 다소 강화되었다고 볼 수 있다. 채무불이행으로 인한 손해로서 이행이익의 손실을 증명할 수 없거나 증명하기 어려운 경우에 채권자를 구제하는 데 이 개정안이 기여할 수 있다. 이러한 경우에 채권자가 지출비용의 배상을 청구할 수 있기 때문이다. 개정안에서 지출비용 배상의 요건을 포괄적으로 정하고 있기 때문에, 이 개정안이 통과되면 판례에 따라 규율되는 현재보다 지출비용의 배상이 좀 더 쉽고 넓게 인정될 것이다. 따라서 지출비용의 배상을 청구하는 사건도 훨씬 많아질 것이다.

다만 채무불이행의 경우에 손해배상청구권자로서는 이행이익 이외에 지출비용의 배상도 함께 청구할 수 있기 때문에,[36] 이행이익과 지출비용 사이의 관계 등 새로운 법률문제가 생길 것이다. 가령 이행지체의 경우에도 채권자로서는 지연손해금 이외에 지출비용의 배상도 일단 청구하는 것이 유리하게 되어 편리해졌다고 볼 수 있지만, 채권자의 과도한 주장으로 인한 소송경제상의 문제가 발생할 수 있다.

3. 손해배상의 방법

(1) 현 행 법

제394조는 손해배상의 방법에 관하여 금전배상의 원칙을 선언하고 있다. 다만 예외적으로 다른 의사표시가 있는 경우에만 금전배상 이외의 방법으로 손해배상을 할 수 있을 뿐이다. 독일 민법 제284조 제1항이 원상회복을 손해배상의 원칙으로 하고 예외적으로 금전배상을 인정

36) 지출비용의 배상은 이행이익을 한도로 하지만, 이는 소송에서 이행이익과 지출비용을 계산한 다음에 법관이 판결에서 결정하기 때문에 소송을 진행하는 과정에서는 손해배상청구권자로서는 최대한 유리한 주장을 하게 될 것이다.

한 것과는 매우 다른 형태이다. 손해배상의 방법으로 원상회복을 인정할 수 있는지 논란이 있으나, 현재의 규정에 따르면 손해배상의 방법으로 원상회복이 인정되기 어렵다.

(2) 개 정 안

현 행	개 정 안
第394조(손해배상의 방법) 다른 의사표시가 없으면 손해는 금전으로 배상한다.	第394조(손해배상의 방법) 손해는 금전으로 배상한다. 그러나 법원은 상당한 이유가 있는 때에는 채권자의 청구에 의하여 금전배상에[37] 갈음하거나 금전배상과 함께 다른 적절한 방법으로 배상할 것을 명할 수 있다.

손해배상의 방법에 관한 第394조에 대하여 비판적인 견해가 있었다.[38] 불법행위로 인한 손해배상의 경우에 원상회복을 인정하는 개정안이 제시되기도 하였다.[39] 2004년 민법개정안에서는 第394조를 개정하여 제 1 항에서 "손해는 금전으로 배상한다. 그러나 채권자는 상당한 이유가 있는 때에는 원상회복을 청구할 수 있다."라고 정할 것을 제안하였다.[40]

그러나 채무불이행의 경우에 손해배상의 방법으로 원상회복이라는 용어를 사용하는 것은 적절하지 않다.[41] 원상회복(原狀回復)은 원상태

37) "금전배상에 갈음하여"는 현재의 맞춤법에 따라 "금전배상을 갈음하여"로 수정해야 한다.

38) 상세한 것은 윤진수, "손해배상의 방법으로서의 원상회복," 민법논고 Ⅲ, 박영사, 2008, 66면 이하.

39) 양창수, "손해배상의 범위와 방법," 민법산고, 박영사, 1998, 252면

40) 당시의 논의에 관해서는 법무부, 민법(재산편) 개정 자료집, 2004, 603면 이하 참조.

41) 필자는 다음과 같이 언급한 바 있다. "손해배상 방법과 관련해서 개정안 제394조 1항 단서에 원상회복을 규정하고 있는데, 기본적으로 이러한 규정을 두는 것에는 찬성을 합니다. 그런데 그 원상회복(原狀回復)이라는 용어 자체는 한자를 그대로 풀어보면 '원상태로 회복한다'는 뜻입니다. 계약의 해제효과로서 원상회복의무를 규정하고 있는데, 이와 동일한 의미로 인식하게 될 수 있습니다. 개

로 회복한다는 것인데, 채무불이행에서 원상회복은 채무가 이행되었더라면 있었을 상태로 만든다는 것이므로 원상회복이라는 표현이 적확한 것은 아니다.

2013년 민법개정안은 제394조에 단서를 신설하여 법원은 상당한 이유가 있는 때에는 채권자의 청구에 의하여 금전배상을 갈음하거나 함께 금전배상 이외의 다른 적절한 방법으로 손해배상을 명할 수 있도록 하였다. 특별법에서 손해배상의 방법으로 원상회복을 인정하는 경우가 있다. 가령 광업법 제93조 제2항에서는 손해배상의 방법으로 예외적으로 "원상의 회복을 청구"하는 것을 인정하고 있다. 그러나 민법 제764조에서는 "명예회복에 적당한 처분"이라는 표현을 사용하고 있고, 저작권법 제127조는 "명예회복을 위하여 필요한 조치"라는 표현을 사용하고 있다. 또한 특허법 제131조는 "신용회복에 필요한 조치"라는 표현을 사용하고 있다.[42] 개정안에서 사용한 '적절한 방법'은 지나치게 포괄적인 의미를 담고 있다는 비판이 있을 수 있지만, 이는 법원의 재량에 따라 손해배상의 방법을 결정하도록 한 취지라고 할 수 있다.

이 규정은 채권자가 청구한 경우에 한하여 적용되기 때문에, 법원이 직권으로 금전배상 이외의 방법으로 손해배상을 명할 수는 없다.[43]

정안 제394조 1항에서 손해배상 방법으로 규정한 원상회복의 의미는 '어떤 채무불이행이 없었다면 있었을 상태로 만든다'는 것입니다. 원상회복이 독일법 등에 있는 표현을 번역한 것인데, 원래의 의미를 제대로 전달하지 못하고 있다고 생각됩니다. 교과서 등에서는 이 용어를 쓰는 것이 어쩔 수 없다고 하더라도 그것을 그대로 법전화하는 것은 문제가 있습니다. 개정작업을 하는 과정에서 초기에는 어느 문구를 사용할 것인지 논란이 있었으리라고 생각되는데, 그냥 원상회복이라고 해 놓으니까 이것이 너무 좁게 해석될 여지가 있는 것이 아닌가 생각됩니다. 물론 해석을 통해서 원래 의미대로, 원상회복이라는 것은 채무불이행이 없었다면 있었을 상태를 회복한다는 것을 말하는 것이라고 할 수는 있겠지만, 이 한자말이 가져다주는 원래의 의미하고 잘 맞지 않는 것 같아서 다른 방식으로 표현하는 것이 어떨까 생각됩니다." 「민법개정(채권·물권편)」 좌담회, 인권과 정의 제320호(2003. 4), 17면.

42) 의장법 제66조, 상표법 제69조도 유사한 표현을 사용하고 있다.

43) 제2기 분과위원회에서는 제394조 단서를 "채권자는 손해의 종류, 채무자의 부담, 기타 사정을 고려하여 금전배상에 갈음하거나 금전배상과 함께 다른 적절

그러나 채권자의 청구가 있는 경우에 한하여 금전배상 이외의 방법에 의한 손해배상을 인정할 필요가 있는지는 의문이다. 채권자가 금전배상을 청구한 경우에도 법원이 적절하다고 인정하는 경우에는 금전배상 이외의 방법으로 손해배상을 인정할 수 있어야 하지 않을까 한다.

또한 이 규정의 본문에서는 금전으로 손해배상을 하도록 하여 당사자들 사이에서도 손해배상을 금전배상으로 할 수 있도록 한 데 반하여, 단서에서는 법원이 다른 적절한 방법으로 배상할 것을 명하도록 하고 있다. 따라서 금전 이외의 방법으로 손해배상을 하는 것은 법원이 명한 경우에 한정된다고 해석할 수 있다. 민법에서 '법원이 명할 수 있다.'라고 정하는 규정들이 있으나, 이와 같은 규율방식은 바람직하지 않다. 대부분의 민법 규정에서는 '청구할 수 있다.' 또는 '신청할 수 있다.'라는 방식으로 규정하고 있다. 이 규정에서도 법원만이 금전배상 이외의 방법에 의한 손해배상을 명하도록 할 필요가 없다. 따라서 이 규정의 단서를 "상당한 이유가 있는 경우에 채권자는 금전배상을 갈음하거나 금전배상과 함께 다른 적절한 방법으로 배상할 것을 청구할 수 있다."라고 규정하는 것이 바람직할 것이다.[44)]

4. 전보배상

(1) 현 행 법

제395조는 이행지체의 경우 전보배상이 인정되는 요건에 관하여 규정하고 있다. 그러나 이행불능, 불완전이행, 이행거절의 경우에도 전

한 방법으로 배상할 것을 청구할 수 있다."라고 정할 것을 제안하였다. 그러나 실무위원회에서는 "손해의 종류, 채무자의 부담, 기타 사정을 고려하여" 대신에 "상당한 이유가 있는 때에는"으로 수정할 것을 제안하였다. 분과위원장단 회의에서 위 개정안과 같이 수정하였고 이것이 전체회의에서 그대로 확정되었다.

44) 제 2 기 제18차 분과위원장단 회의에서 논의하였으나, 개정안을 수정하지 않기로 하였다. 송덕수(주 1), 170면.

보배상이 인정되지만, 이러한 경우들에 대해서는 전보배상을 인정하는 명문의 규정이 없다.

(2) 개 정 안

이행거절이나 불완전이행의 경우에도 전보배상에 관한 명시적인 규정을 둘 필요가 있다고 보아, 이 규정을 개정하여 전보배상에 관하여 포괄적인 규정을 두기로 하였다. 제395조의 표제가 이행지체와 전보배상인데, 개정안에서는 표제를 전보배상으로 바꾸었다. 다만 이행불능의 경우에도 전보배상이 인정되나 이 경우에는 당연한 것이라는 이유로 규정을 두지 않기로 하였다.

2010년 분과위원회에서는 2개의 개정시안을 제시하였다. 제 1 안은 제395조에서 채권자에게 최고의무를 부과하는 방식이다.[45] 제 2 안은 제395조에서 채권자에게 최고의무를 부과하고 제390조 제 3 항을 신설하여 채무자의 추완권을 인정하는 방식이다.[46] 실무위원회에서는 제395조를 수정하여 채권자에게 원칙적으로 최고의무를 부과하되 최고불요사유를 확대하고,[47] 채무자의 추완권을 인정하는 규정을 두는 것

---

45) 제395조(전보손해배상) 채무자가 채무의 이행을 지체하거나 불완전하게 이행한 경우에 채권자가 상당한 기간을 정하여 이행 또는 추완을 최고하여도 그 기간 내에 이행 또는 추완을 하지 아니하거나 지체 후의 이행 또는 추완이 채권자에게 이익이 없는 때에는 채권자는 수령을 거절하고 이행 또는 추완에 갈음한 손해배상을 청구할 수 있다.

46) 제395조(전보손해배상) 채무자가 채무의 이행을 지체하거나 불완전하게 이행한 경우에 채권자가 상당한 기간을 정하여 이행 또는 추완을 최고하여도 그 기간 내에 이행 또는 추완을 하지 아니하거나 지체 후의 이행 또는 추완이 채권자에게 이익이 없는 때에는 채권자는 수령을 거절하고 이행 또는 추완에 갈음한 손해배상을 청구할 수 있다.
제390조(채무불이행의 효과) ③ 채무자가 채무를 불완전하게 이행한 때에는 채권자에게 추완을 제안할 수 있다. 그러나 채무자의 추완이 채무의 이행을 불합리하게 지체시키거나 채권자에게 이익이 없거나 불합리한 부담을 과하는 경우에는 채권자는 이를 거절할 수 있다.

47) 제395조(전보배상) ① 채무자가 그 채무를 이행하지 아니하는 경우에 채권자는 다음의 사유가 있는 때에는 수령을 거절하고 이행에 갈음하는 손해배상을 청구할 수 있다.

에 대해서는 채권자의 추완청구권을 인정하는 규정이 신설된 이상 별도의 규정을 둘 필요가 없다고 하였다. 분과위원회가 제시한 제 1 안을 수정한 것이라고 볼 수 있다. 그 후 2011년 분과위원회에서 3개의 안을 작성하여 검토하였다. 다수인 5인의 위원은 채권자가 불완전이행을 이유로 전보배상을 청구하기에 앞서서 최고를 하게 함으로써 추완 기회를 제공하는 방식을 주장하였다. 그러나 2인의 위원은 불완전이행의 경우 채권자는 최고 없이 곧바로 전보배상을 청구할 수 있게 하되, 일정한 경우 채무자가 추완권을 행사함으로써 전보배상책임을 면할 수 있게 하는 방식을 주장하였다. 논의결과 다수의견에 따라 다음과 같이 분과위원회안을 확정하였다.

제395조(전보배상)

① 채무자가 채무의 이행을 지체한 경우에 채권자는 다음의 사유가 있는 때에는 수령을 거절하고 이행에 갈음하는 손해배상을 청구할 수 있다.

1. 채권자가 상당한 기간을 정하여 이행을 최고하였으나 채무자가 그 기간 내에 이행하지 아니하는 경우
2. 채무자가 미리 이행하지 아니할 의사를 표시한 경우 또는 채권자가 상당한 기간을 정하여 이행을 최고하더라도 그 기간 내에 이행하지 못할 것이 명백한 경우
3. 최고 후 이행이 채권자에게 이익이 없거나 불합리한 부담이 되는 경우

② 제 1 항 제 2 호의 경우에 채권자는 이행기 전에도 이행에 갈음하는 손

---

1. 채권자가 상당한 기간을 정하여 이행을 최고하였으나 채무자가 그 기간 내에 이행하지 아니하는 경우
2. 채권자가 상당한 기간을 정하여 이행을 최고하여도 그 기간 내에 이행이 이루어지지 않을 것이 명백한 경우
3. 채권의 내용에 따라 이행이 채권자에게 더 이상 이익이 없는 경우

② 채무자가 미리 이행을 거절하는 경우에는 채권자는 이행기 전에도 이행에 갈음하는 손해배상을 청구할 수 있다.

③ 채권자가 추완을 청구할 수 있는 경우에도 제 1 항과 같다.

해배상을 청구할 수 있다.

③ 채무자의 불완전이행에 대해 채권자가 추완을 청구할 수 있는 경우에 제 1 항을 준용한다.

그 후 분과위원장단 회의와 전체회의를 거쳐 확정된 개정안은 다음과 같다.

현 행	개 정 안
제395조(이행지체와 전보배상) 채무자가 채무의 이행을 지체한 경우에 채권자가 상당한 기간을 정하여 이행을 최고하여도 그 기간 내에 이행하지 아니하거나 지체후의 이행이 채권자에게 이익이 없는 때에는 채권자는 수령을 거절하고 이행에 가름한[을 갈음한]* 손해배상을 청구할 수 있다.	제395조(전보배상) ① 채무자가 채무의 이행을 지체한 경우에 채권자는 다음 각 호의 사유가 있는 때에는 수령을 거절하고 이행에 갈음하는 손해배상을 청구할 수 있다. 1. 채권자가 상당한 기간을 정하여 이행을 최고하였으나 채무자가 그 기간 내에 이행하지 아니하는 경우 2. 채권자가 상당한 기간을 정하여 이행을 최고하더라도 그 기간 내에 이행되지 아니할 것이 명백한 경우 3. 지체 후 이행이 채권자에게 이익이 없거나 불합리한 부담을 주는 경우 ② 채무자가 미리 이행하지 아니할 의사를 표시한 경우에는 채권자는 이행기 전에도 이행에 갈음하는 손해배상을 청구할 수 있다. ③ 채무자의 불완전이행에 대하여 채권자가 추완을 청구할 수 있는 경우에 제 1 항을 준용한다.

(3) 개정안의 내용

개정안의 내용을 상세히 살펴보면 다음과 같다.

㈎ 이행지체의 경우

개정안 제395조 제 1 항에서는 현행 제395조에 있는 규정을 수정하

* 2014. 12. 30. 개정.

여 이행지체의 경우 전보배상을 청구할 수 있는 경우를 정하고 있다. 제1호에서 정한 "채권자가 상당한 기간을 정하여 이행을 최고하였으나 채무자가 그 기간 내에 이행하지 아니하는 경우"는 제395조의 내용과 동일하다. 제2호에서 "채권자가 상당한 기간을 정하여 이행을 최고하더라도 그 기간 내에 이행되지 아니할 것이 명백한 경우"를 정하고 있는데, 이는 판례[48]의 태도를 받아들여 이행의 최고가 무의미한 경우에는 이행의 최고 없이 전보배상을 청구할 수 있도록 한 것이다.

제3호에서는 "지체 후 이행이 채권자에게 이익이 없거나 불합리한 부담을 주는 경우"를 정하고 있다. 현행 규정에서 "지체후의 이행이 채권자에게 이익이 없는 때"에 전보배상을 청구할 수 있도록 하고 있는데, 이를 확대하여 지체 후의 이행이 채권자에게 불합리한 부담을 주는 경우에는 전보배상을 청구할 수 있도록 하였다. 채무자가 하자 있는 목적물로 이행을 한 경우에 채무자의 이행을 기다리는 동안 채권자에게 추가적인 손해가 발생할 우려가 있는 경우에는 채권자에게 불합리한 부담을 주는 경우에 해당하여 채권자가 이행의 최고 없이 전보배상을 청구할 수 있다.

이 제3호의 개정안을 작성하는 과정에서 다음과 같은 입법례를 참고하였다. 즉, 독일 민법 제281조 제1항 1문은 "채무자가 이행기가 도래한 급부를 실행하지 않거나 채무에 따라 실행하지 않은 경우에, 채권자가 채무자에 대하여 급부 또는 추완을 위하여 상당한 기간을 정하였으나 그 기간이 도과된 때에는, 그는 제280조 제1항에서 정하는 요건

48) 대판 1993. 8. 24, 93다7204(공 1993, 2599)는 "쌍무계약에 있어 상대방이 미리 이행을 하지 아니할 의사를 표시하거나 당사자의 일방이 이행을 제공하더라도 상대방이 그 채무를 이행하지 아니할 것이 객관적으로 명백한 경우는 그 일방이 이행을 제공하지 아니하여도 상대방은 이행지체의 책임을 지고 이를 이유로 계약을 해제할 수 있다고 할 것이고, 당사자의 일방이 이행을 제공하더라도 상대방이 상당한 기간내에 그 채무를 이행할 수 없음이 객관적으로 명백한 경우에도 그 일방은 자신의 채무의 이행을 제공하지 않더라도 상대방의 이행지체를 이유로 계약을 해제할 수 있다."라고 하였다.

에 따라 급부를 갈음하는 손해배상을 청구할 수 있다."라고 정함으로써, 이행지체와 불완전이행의 경우에 급부 또는 추완을 위한 상당한 기간을 정하였으나 그 기간이 도과한 때에 전보배상을 청구할 수 있다고 하였다. 그러나 제281조 제 2 항은 "채무자가 급부를 진지하게 종국적으로 거절한 경우 또는 쌍방의 이익을 형량하면 손해배상청구권의 즉시의 행사를 정당화하는 특별한 사정이 있는 경우에는 기간설정을 할 필요가 없다."라고 정함으로써 예외적으로 최고를 할 필요 없이 전보배상을 청구할 수 있는 사유를 정하고 있다. 일본 민법에는 민법 제395조에 해당하는 규정이 없으나, 일본 민법 채권법 개정제안(우찌다 안)에서는 이행지체, 불완전이행 등의 경우에 전보손해배상을 청구하는 규정(3.1.1.57; 3.1.1.65)을 두면서 예외적으로 채무자가 채무의 이행을 확정적으로 거절하는 의사를 표명한 경우(3.1.1.65), 추완을 채무자에게 청구하는 것이 계약의 취지에 비추어 합리적으로는 기대될 수 없는 경우(3.1.1.57)[49]에는 최고 없이 곧바로 전보손해배상을 청구할 수 있다는 규정을 제안하고 있다. 한편, CISG 제48조는 매수인의 추완권에 관하여 이행을 "불합리하게 지체"시키지 않으며, "매수인에게 불합리한 불편을 초래"하거나 "매수인이 지출한 비용의 상환에 대한 불안을 초래"하지 않는 경우에만 추완권을 인정한다. PICC 제71.4조, PECL 제8:104조, DCFR 제Ⅲ.-3:202조, 제Ⅲ.-3:203조, 일본 민법 채권법 개정제안(우찌다 안) 제3.1.1.58조도 이와 유사하게 채무자의 추완권을 제한하는 규정을 두고 있다. 위와 같은 예를 참고하여 개정안을 제안한 것이다.[50]

---

49) 그런데 개정제안 3.1.1.65에 따르면, "추완을 채무자에게 청구하는 것이 계약의 취지에 비추어 합리적으로는 기대될 수 없는 경우"에는 채권자가 추완을 청구할 수 없으므로, 이 경우 최고 없이 전보손해배상을 청구하는 것은 어찌 보면 당연하다. 오히려 개정제안 3.1.1.57 제 3 항의 의미는 제 4 항에서 "제 3 항의 경우에 채무자는 추완을 함으로써 추완에 갈음하는 손해배상의무를 면할 수 있다."라고 규정한 점에 있다고 생각된다.

50) 분과위원회에서 이 개정안의 작성을 담당했던 오종근 교수의 설명자료 참조.

(나) 이행거절의 경우

개정안 제395조 제2항은 "채무자가 미리 이행하지 아니할 의사를 표시한 경우에는 채권자는 이행기 전에도 이행에 갈음하는 손해배상을 청구할 수 있다."라고 정하고 있다.

우리 민법에서 이행거절에 관하여 명확한 규정을 두고 있지 않지만, 학설[51]과 판례[52]는 이행거절을 채무불이행의 한 유형으로 인정하고 있다. 특히 대판 1993. 6. 25, 93다11821은 부동산 매도인이 중도금의 수령을 거절하였을 뿐만 아니라 계약을 이행하지 아니할 의사를 명백히 표시한 경우 매수인은 신의성실의 원칙상 소유권이전등기의무 이행기일까지 기다릴 필요 없이 이를 이유로 매매계약을 해제할 수 있다고 하였다. 판례는 채무자가 계약을 이행하지 아니할 의사를 명백히 표시한 경우에 채권자는 이행기 전이라도 이행의 최고 없이 채무자의 이행거절을 이유로 계약을 해제하거나 채무자를 상대로 손해배상을 청구할 수 있다고 한다.[53] 이에 관한 근거 규정이 없기 때문에 판례는 그 근거를 신의성실의 원칙에서 찾고 있다.

위 개정안은 위와 같은 학설과 판례를 수용하여 이행거절에 관한 명문의 근거 규정을 두고 그 경우 전보배상을 인정한 것이다.[54] 다만 그 요건에 관하여 채무자가 미리 이행하지 않을 의사를 표시한 경우뿐만 아니라 이행기에 이행하지 못할 것이 명백한 경우에도 전보배상을 청구할 수 있다고 정할 것인지 논란이 있었다. 분과위원회안에서는 "채무자가 미리 이행하지 아니할 의사를 표시한 경우 또는 채권자가 상당한 기간을 정하여 이행을 최고하더라도 그 기간 내에 이행하지 못할

51) 양창수, "독자적인 채무불이행유형으로서의 이행거절," 민법연구 제4권, 박영사, 1997, 133면 이하 참조.

52) 대판 1976. 11. 9, 76다2218(집 24-3, 민 316); 대판 1993. 6. 25, 93다11821(공 1993, 2111).

53) 대판 2005. 8. 19, 2004다53173(공 2005, 1498).

54) 계약의 해제 부분에서도 이행거절을 해제사유로 정하기로 하였다. 개정안 제544조 제2항 제2호.

것이 명백한 경우"에 "채권자는 이행기 전에도 이행에 갈음하는 손해배상을 청구할 수 있다."라고 정할 것을 제안하였다.[55] 가령 채무자가 파산에 직면하여 이행기에 이행하지 못한 것이 명백한 경우에는 전보배상을 인정해야 한다. 이러한 경우에 채권자가 채무자에게 최고를 한 다음 전보배상을 청구하도록 할 필요가 없다. 뿐만 아니라 계약의 해제에 관한 개정안 제544조 제2항 제2호에 의하면 채무불이행의 경우 "채무자가 미리 이행하지 아니할 의사를 표시하거나 채권자가 상당한 기간을 정하여 이행을 최고하더라도 그 기간 내에 이행되지 아니할 것이 명백한 때"에는 최고 없이 해제를 하도록 하였다. 이 조항에 따라 최고 없이 계약을 해제할 수 있는데도 최고 없이 전보배상을 청구할 수 없다고 하는 것은 부적절하다고 보았다.

그러나 전체회의에서 통과된 개정안에서는 이행거절의 의사표시를 한 경우에 한하여 전보배상을 청구할 수 있다는 규정을 두기로 하였다. 이행기 전의 채무불이행 중에서 이행기 전에 이행거절의 의사표시를 한 경우에 대해서만 전보배상을 인정한 것이다. 이는 유럽계약법원칙 등에서 이행기 전의 불이행에 대하여 — 이행거절의 의사표시를 한 경우에 한정하지 않고 — 전보배상을 인정한 것과는 다르다. 그리고 이 개정안은 계약의 해제에 관한 위 개정안과도 합치되지 않는다는 점에서 문제가 있다.

해석이나 유추를 통하여 채권자가 상당한 기간을 정하여 이행을 최고하더라도 그 기간 내에 이행되지 아니할 것이 명백한 때에는 최고 없이 전보배상을 청구할 수 있다는 결론을 도출할 수 있다. 그러나 이행거절에 관한 규정을 신설하면서 해석의 의문을 남겨두는 것은 바람직하지 않다.

---

55) 필자는 이 견해를 주장하였고 이와 같은 형태의 개정안을 제안하였다. 분과위원회에서 논의결과 이를 받아들였다.

(다) 불완전이행의 경우

① 채무가 불완전하게 이행되었으나 추완이 가능한 경우, 채권자에게는 추완청구권 이외에도 손해배상청구권이 성립한다. 이 경우 채권자가 불완전이행에 대해 손해배상을 청구하기 전에 추완청구권을 먼저 행사하여야 하는지 문제된다. 불완전이행에 대해 채권자가 이행에 갈음하는 손해배상을 청구할 때 사전에 추완을 최고하거나 아니면 채무자에게 추완권을 인정함으로써 채무자 스스로 불완전이행을 추완할 수 있는 기회를 제공할 것인지에 관하여 논란이 있었다.

이와 같이 채무자에게 추완할 기회를 주는 것은 가능한 한 계약을 유지시키고 경제적 손실을 최소화하며 채권자와 채무자 양자의 최선의 이익을 도모할 수 있다는 점에서 장점이 있다. 불완전이행에 대한 추완은 채무자가 본래 부담하고 있던 완전한 이행의무를 실현하는 것이므로, 손해배상을 하는 것보다 당사자들의 이익에 부합하기 때문이다. 또한 현행 민법 제395조는 이행지체의 경우 본래 급부의 이행청구권과 이행을 갈음하는 손해배상청구권 사이에서 이행청구권을 우선시키고 있다. 추완청구권도 이행청구권의 한 모습이므로 손해배상청구권에 앞서서 채무자 스스로 추완할 수 있는 기회를 제공하는 것이 제395조와의 정합성 측면에서 합당하다는 것이다.[56)]

불완전이행의 경우 추완을 갈음하는 손해배상을 청구할 때 채무자에게 추완 기회를 부여하는 방식으로는, 민법 제395조와 같이 채권자에게 최고의무를 부과하는 방식과 채무자에게 추완권을 인정하는 방식이 있다. 독일 민법은 채권자에게 최고의무를 부과하는 방식을 취하며, CISG, PICC, DCFR 등은 채무자에게 추완권을 인정하는 방식을 취하며, 일본 민법 채권법 개정제안(우찌다 안)은 양자의 방식을 중첩적으로 취하고 있다.

② 불완전이행에 대하여 채권자가 추완을 청구할 수 있는 경우

56) 이 부분은 주로 오종근 교수가 작성한 회의자료를 요약한 것이다.

에[57] 이행지체에 관한 제 1 항을 준용하도록 하였다. 따라서 불완전이행의 경우 추완을 갈음하는 손해배상을 청구하려면 이행지체의 경우에 — 이행과 추완의 차이는 있지만 — 전보배상을 청구하기 위한 경우와 동일한 요건을 갖추어야 한다. 이는 이행지체와 불완전이행의 경우에 전보배상을 청구할 수 있는 요건을 통일적으로 규정한 것이라고 볼 수 있다. 이는 독일 민법 제281조 제 1 항 1문과 매우 유사한 태도를 취한 것으로 볼 수 있다.

그러나 개정안은 이행거절에 관한 제 2 항을 준용하지 않는다.[58] 채무자가 추완을 거절할 의사를 명백하게 표시한 경우에 추완을 최고할 필요 없이 전보배상을 청구할 수 있다고 보아야 할 것이다. 이 점에 관한 명시적 규정이 없으나, 해석이나 유추를 통하여 이와 같은 결론을 도출할 수 있다. 가령 이행거절의 경우에 제 1 항 제 2 호에서 규정한 "채권자가 상당한 기간을 정하여 이행을 최고하더라도 그 기간 내에 이행하지 못할 것이 명백한 경우"에 해당하는 것으로 해석할 수 있다.

규정방식으로는 제 1 항 제 2 호에서 이행지체의 경우에 "채무자가 미리 이행하지 아니할 의사를 표시한 경우 또는 채권자가 상당한 기간을 정하여 이행을 최고하더라도 그 기간 내에 이행하지 못할 것이 명백한 경우"에 전보배상을 청구할 수 있도록 하고, 제 3 항에서 불완전이행의 경우에 이 규정을 준용하는 방식이 해석상의 논란을 남기지 않는다는 점에서 더 나은 것으로 생각한다.

③ 채권자의 추완청구권과 채무자의 추완권은 별개의 문제이다. 채권자의 추완청구권은 채무불이행에 대한 채권자의 구제수단이다. 이에 반하여 채무자의 추완권은 채무불이행의 경우에 채무자가 추완을 하여

57) 개정안에서 제388조의2(추완청구권)를 신설하여 "채무자가 채무를 불완전하게 이행한 때에는 채권자는 채무이행의 추완을 청구할 수 있다. 그러나 추완에 과다한 비용을 요하거나 그 밖에 추완을 합리적으로 기대할 수 없는 경우에는 그러하지 아니하다."라고 정하기로 하였다.

58) 따라서 결과적으로 독일 민법 제281조 제 2 항과는 동일하지 않게 된다.

불이행의 상태에서 벗어날 수 있는 권리이다. 채무자의 추완권을 채권자의 추완청구권과 별도로 인정한다면, 채권자가 추완청구권을 행사하지 않은 경우에도 채무자가 추완권을 행사할 수 있게 된다.59) 이에 관해서 우리 학계에서 거의 논의가 없었는데, 장차 이에 관한 연구가 필요하다.

5. 채권자 과실의 참작

현 행	개 정 안
제396조(과실상계) 채무불이행에 관하여 채권자에게 과실이 있는 때에는 법원은 손해배상의 책임 및 그 금액을 정함에 이를 참작하여야 한다.	제396조(채권자 과실의 참작) 채무불이행으로 인한 손해의 발생 또는 확대에 채권자의 과실이 기여한 때에는 법원은 손해배상의 책임 및 범위를 정함에 있어서 그 과실 및 기여 정도를 참작하여야 한다.

제396조에서 과실상계에 관하여 규정하고 있다. 제2기 제2분과위원회에서 제396조를 개정하여 표제를 과실상계에서 채권자 과실의 참작으로 수정하고, 조문을 "채무불이행으로 인한 손해의 발생 또는 확대에 채권자의 과실이 기여한 때에는 손해배상의 책임 및 범위를 정함에 있어서 그 과실 및 기여 정도를 참작하여야 한다."라고 수정하기로 하였다. 개정안에서 손해의 발생뿐만 아니라 확대에 채권자의 과실이 기여한 경우에는 이를 참작하여 손해배상책임을 정하도록 한 점에 의미가 있다.60)

필자는 제3기 분과위원회에 참여하면서 "채무불이행으로 인한 손

59) 채권자의 추완청구권과 함께 채무자의 추완권을 인정하는 경우로는 UCC, CISG, PICC, PECL, DCFR을 들 수 있다. 대부분의 국가에서 채무자의 추완권을 인정하고 있다. 상세한 것은 Lando/Beale 편, 김재형 역, 유럽계약법원칙 제1·2부, 박영사, 2013, 560면 이하 참조.

60) 제2기 제2분과위원회 14차 회의. 개정안의 의미에 관해서는 송덕수(주 1), 179면 참조.

해의 발생 또는 확대에 채권자의 과실이 기여한 때에는 법원은 그 과실 및 기여 정도를 참작하여 손해배상의 책임과 범위를 정하여야 한다."라고 수정할 것을 제안하였다.[61] 이에 따라 개정안에 관하여 분과위원회에서 다시 새롭게 논의하게 되었다.

첫째, "채권자의 과실" 다음에 '이에 준하는 경우'를 추가할 것인지 문제되었다. 불법행위에서 피해자측의 과실에 대해서도 과실상계를 하고 있는데, 이에 대한 실정법적 근거를 마련하여야 한다는 의견이 있었다. 손해배상실무에서 피해자측 과실을 참작하는 경우가 있지만, 모든 경우에 피해자측 과실을 고려하는 것은 아니다. 피해자측 과실이론은 개인책임의 원칙과도 배치될 수 있기 때문에 이를 입법화하는 것은 문제가 있다는 지적이 있었다. 그리하여 피해자측 과실에 관한 규정을 두지 않기로 하였다.

둘째, 채무자에게 고의가 있는 경우에는 채권자의 과실을 참작하지 않으므로, '과실을 참작하여야 한다'를 '과실을 참작할 수 있다'로 수정할 것인지 논의하였다. 그러나 일반적으로 과실이 있으면 참작해야 할 것이다. 채무자가 고의인 경우에는 참작해서는 안 된다는 점을 명문화하려면 그것을 단서 형태로 규정하여야 할 것이다. 그리하여 이 점도 그대로 유지하기로 하였다.

셋째, 제396조의 수범자를 법원으로 한정하고 있는데, 제396조의 수범자를 법원이 아닌 경우도 언급할 필요가 있는지 논의하였다. 당사자들 사이에서 손해배상을 청구할 때에도 이 규정이 적용되어야 하기 때문에 '법원은'을 삭제하기로 하였다. 이 점은 2004년 민법개정안에서도 마찬가지이다. 그리고 '~에 있어서'라는 표현은 일본식 표현으로 법조문에서 쓰지 않고 있어 표현을 수정하기로 하였다. 그리하여 분과위원회안으로 "채무불이행으로 인한 손해의 발생 또는 확대에 채권자의

---

61) 이와 함께 필자는 제396조의2(채권자의 손해감경의무와 손해방지비용)를 신설할 것을 제안하였다. 상세한 것은 김재형(주 3), 264면 참조.

과실이 기여한 때에는 그 과실 및 기여 정도를 참작하여 손해배상의 책임과 범위를 정하여야 한다."라고 확정하였다. 그러나 분과위원장단 회의에서 제2기 제2분과위원회에서 정한 개정시안에 주체를 법원으로 명시하기로 하였고, 이것이 전체회의에서 그대로 확정되었다.

6. 금전채무 불이행에 대한 특칙

(1) 현 행 법

현행 민법 제397조 제1항은 금전채무 불이행의 손해배상액은 법정이율로 하되, 법령의 제한을 위반하지 않는 약정이율이 있으면 그 이율에 따르도록 하고 있다. 법정이율은 민사채무에 대하여는 연 5푼이며(제379조), 상사채무에 대하여는 연 6푼이다(상법 제54조). 그리고 소송촉진 등에 관한 특례법은 금전채무의 이행을 명하는 판결을 함에 있어서 그 지연이자에 관한 법정이율은 "그 금전채무의 이행을 구하는 소송 또는 이에 준하는 서면이 채무자에게 송달된 날의 다음날부터는 연 100분의 40 이내의 범위에서 「은행법」에 따른 은행이 적용하는 연체금리 등 경제여건을 고려하여 대통령령으로 정하는 이율"에 의한다고 규정하고 있는데(동법 제3조 제1항), 현재는 대통령령에서 연 2할로 정하고 있다.

한편, 약정이율을 제한하는 법률로는 이자제한법이 있는데, 약정이율이 법률의 제한을 넘는 경우에는 지연이자가 법정이율로 낮아지는 것이 아니라 그 제한최고이율의 한도에서 인정된다.[62] 그러나 제397조 제1항 단서는 약정이율이 법정이율 이상인 경우에만 적용되고, 약정이율이 법정이율보다 낮은 경우에는 그 본문으로 돌아가 법정이율에 의하여 지연손해금을 정할 것이다.[63]

---

62) 대판 1971. 3. 23, 70다2950(집 19-1, 민 190).

63) 대판 2009. 12. 24, 2009다85342(공 2010, 247)는 그 이유를 상세하게 제시하

(2) 개정안과 그 의미

현 행	개 정 안
제397조(금전채무 불이행에 대한 특칙) ① 금전채무 불이행의 손해배상액은 법정이율에 의한다. 그러나 법령의 제한에 위반하지 아니한 약정이율이 있으면 그 이율에 의한다. ② 전항의 손해배상에 관하여는 채권자는 손해의 증명을 요하지 아니하고 채무자는 과실 없음을 항변하지 못한다.	제397조(금전채무 불이행에 대한 특칙) ① 금전채무 불이행의 손해배상액은 법정이율에 의한다. 그러나 법정이율을 초과한 약정이율이 있으면 법령의 제한에 위반하지 아니한 범위에서 그 이율에 의한다. ② 제 1 항의 손해배상에 관하여는 채권자는 손해의 증명을 요하지 아니하고 채무자는 과실 없음을 항변하지 못한다.

개정안 제397조 제 1 항은 법정이율을 초과한 약정이율이 있는 경우에 한하여 법령의 제한을 위반하지 않는 한도에서 그 이율에 따라 손해배상액을 정하도록 하였다. 여기에서 말하는 약정이율은 변제기 이전의 약정이자율을 가리키는 것이다. 변제기 이후에는 이율이 아니라 지연손해금율이 문제되는데, 이에 관한 약정이 있으면 이에 따라야 한다.[64] 즉, 변제기 이후의 약정 지연손해금율을 법정이자율보다 낮게 정한 경우에는 그와 같이 약정한 지연손해금율에 따라야 한다. 이를 명확하게 정할 것인지 여부에 관하여 논의되었으나, 이는 당연한 것으로 보아 규정하지 않았다.

(3) 추가 손해의 인정 여부

이자 이외의 추가적 손해를 배상하도록 할 것인지 문제된다. 이에 관해서는 부정설이 다수설이나,[65] 반대하는 견해가 있다.[66] 독일 민법

고 있다.

64) 이러한 경우에는 위약금 약정으로서 손해배상액의 예정으로 추정된다(제398조 제 2 항).

65) 곽윤직(주 15), 127면; 김주수, 채권총론, 제 3 판 보정판, 삼영사, 2003, 191면; 김증한 · 김학동(주 15), 42면; 김형배(주 15), 187면.

66) 김상용(주 17), 186면; 이은영(주 17), 127면; 최수정, "금전채무불이행의 특칙에 관한 재검토," 민사재판의 제문제 제19권, 민사실무연구회, 2010, 211면 이하.

제288조 제4항을 비롯하여 여러 나라에서 추가적인 손해의 배상을 인정하고 있고, 유럽계약법 제9:508조 제2항, DCFR 제Ⅲ.-3:708조 제2항, 우찌다 안 3.1.1.72. 제3항에서도 마찬가지이다.67) 민법을 개정하여 추가손해를 인정할 것인지 여부를 검토하였으나, 견해가 나뉘어 유보하였다.

7. 위 약 금

(1) 현 행 법

(가) 실제 거래에서 위약금 약정을 하는 목적이나 형태는 다양하다. 먼저 당사자가 의도한 목적에 따라 분류하면, 채무불이행에 대비하여 손해배상문제를 간편하게 처리하기 위하여 위약금 약정을 하는 경우도 있고, 계약의 이행을 강제하기 위하여 그와 같은 약정을 하는 경우도 있다. 그런데 위 두 가지 목적을 모두 가지고 있는 위약금 약정도 있다. 다음으로 위약금의 내용에 따라 분류하면, 가령 지체배상금과 같이 이행지체에 대비하여 위약금 약정을 하는 경우도 있고 이행불능에 대비하여 위약금 약정을 하는 경우도 있으며, 모든 채무불이행에 대비하여 위약금 약정을 하는 경우도 있다. 최근에는 계약 체결 전의 약정이나 협정을 하면서 계약의 체결을 사실상 강제하기 위하여 위약금 약정을 하는 경우도 있다.

그러나 민법은 제398조에서 위약금 약정 자체에 관하여 직접 규정하지 않고 위약금 약정은 손해배상액을 예정한 것으로 추정한다고 규정할 뿐이고 손해배상액의 예정에 관해서만 구체적인 규정을 두고 있다. 이와 같이 실제로 빈번하게 발생하는 위약금 약정 자체에 관하여 정면으로, 그리고 포괄적으로 규정하지 않고 그 한 부분인 손해배상액의 예정에 관해서만 규정을 두는 것은 바람직하지 않다.68)

67) 김재형 역, 유럽계약법원칙(주 59), 686면; 최수정(주 66), 214면 이하.
68) 민법주해(Ⅸ), 1997, 638-639면(양창수 집필) 참조.

(나) 손해배상액의 예정과 위약벌을 구분하는 것은 중요한 문제이다. 통설과 판례는 당사자의 의사에 따라 손해배상액의 예정과 위약벌을 구별하고 있다. 즉 위약금 약정 중에서 당사자들이 손해배상의 법률문제를 간편하게 처리하는 데 중점을 두고 있는 것이 손해배상액의 예정이고, 계약을 위반한 사람을 제재하고 계약의 이행을 간접적으로 강제하는 작용을 하는 위약금 약정이 위약벌이라고 한다.[69] 손해배상액의 예정은 배상적 기능을 갖고 있고, 위약벌은 제재적 기능을 갖고 있다고 볼 수 있다. 그러나 손해배상액의 예정에도 손해의 발생사실과 손해액에 대한 증명의 곤란을 덜고 분쟁의 발생을 미리 방지하여 법률관계를 쉽게 해결할 뿐 아니라 채무자에게 심리적 경고를 함으로써 채무의 이행을 확보하려는 목적이 있으므로, 두 제도의 기능이 중첩적으로 작용할 수 있다.[70]

양자를 구별하는 실익은 두 가지이다. 첫째, 채무불이행이 발생한 경우에 위약금 이외에 손해배상을 청구할 수 있는지 여부이다. 위약벌 약정을 한 경우에는 채권자가 위약벌 이외에 자신에게 실제로 발생한 손해의 배상을 추가로 청구할 수 있다. 그러나 손해배상액의 예정을 한 경우에는 채무불이행에 대한 손해배상으로 위약금을 지급하면 충분하고 별도로 손해배상청구권이 발생하지 않는다.[71] 둘째, 제398조 제 2 항에 따른 감액은 손해배상액의 예정에 대해서만 인정되고 위약벌에는 인정되지 않는다.

그러나 실무에서 손해배상액의 예정과 위약벌을 구별하는 것은 쉽지 않은 일이다. 초기의 판례에서는 위약금을 손해배상액의 예정으로 보는 경우가 많았지만, 위약금에 제재적 성격이 있으면 위약벌로 인정하는 사례도 적지 않았다. 가령 대법원은 피고의 계약위반에 대한 위약

69) 대판 1989. 10. 10, 88다카25601(공 1989, 1658); 대판 1998. 12. 23, 97다40131(공 1999, 220).

70) 대판 1993. 4. 23, 92다41719(공 1993, 1528).

71) 대판 1988. 5. 10, 87다카3101(집 36-2, 민 9).

벌 또는 제재금의 성질을 가진 것이라고 해석되는 경우에는 손해배상액의 예정으로 볼 수 없다고 하였다.[72] 그런데 계약이행 보증금에 관한 대법원 판결들을 보면 1990년대에는 위약벌에 해당한다고 본 판결들도 있었으나,[73] 2000년 이후에는 손해배상액의 예정으로 본 판결들이 많다. 특히 대판 2000. 12. 8, 2000다35771(공 2001, 262)은 도급계약서상 계약이행보증금과 지체상금이 함께 규정되어 있는 것만으로 계약이행보증금을 위약벌로 보기는 어렵다고 판단하였다. 그 후 이와 같은 취지의 판결이 많이 나왔는데,[74] 위약금 약정을 가급적 손해배상액의 예정으로 보아 감액을 인정하려고 한 것이 아닌가 여겨진다. 한편, 최근에는 전기요금 면탈금액의 2배를 부과하기로 한 위약금에 대하여 손해배상액의 예정과 위약벌의 성질을 함께 가진다고 본 대법원 판결이 나오기도 하였다.[75]

위약금 약정에는 제재적 기능과 배상적 기능을 함께 갖추고 있는 경우가 많다. 따라서 위약금 약정을 손해배상액의 예정과 위약벌로 엄밀하게 구별하여 이분법적으로 해결하려는 것은 당사자들의 의사나 거래의 실체를 제대로 반영하지 못하는 결과가 될 수 있다.

(다) 제398조 제 2 항에서 "손해배상의 예정액이 부당히 과다한 경우에는 법원은 적당히 감액할 수 있다."라고 정하고 있다. 이는 국가가 계약 당사자들 사이의 실질적 불평등을 제거하고 공정을 보장하기 위하여 계약의 내용에 간섭한다는 데에 그 취지가 있다.[76] 여기서 '부당

---

72) 대판 1968. 6. 4, 68다491(집 16-2, 민 115). 대판 1981. 7. 28, 80다2499(공 1981, 14254)도 비슷한 취지이다.

73) 대판 1996. 4. 26, 95다11436(공 1996, 1683); 대판 1997. 10. 28, 97다21932(공 1997, 3626).

74) 같은 취지의 판결로는 대판 2001. 1. 19, 2000다42632(공 2001, 513); 대판 2004. 12. 10, 2002다73852(공 2005, 92); 대판 2005. 11. 10, 2004다40597(미공간); 대판 2009. 12. 10, 2007다13992(미공간); 대판 2010. 6. 24, 2007다63997(미공간).

75) 대판 2013. 4. 11, 2011다112032(공 2013, 845).

76) 대판 1993. 4. 23, 92다41719(공 1993, 1528).

히 과다한 경우'라고 함은 채권자와 채무자의 각 지위, 계약의 목적 및 내용, 손해배상액을 예정한 동기, 채무액에 대한 예정액의 비율, 예상 손해액의 크기, 그 당시의 거래관행 등 모든 사정을 참작하여 일반 사회관념에 비추어 그 예정액의 지급이 경제적 약자의 지위에 있는 채무자에게 부당한 압박을 가하여 공정성을 잃는 결과를 초래한다고 인정되는 경우를 뜻한다.[77]

그런데 이 규정에 따른 감액이 위약벌에 관해서도 인정되는지 문제된다. 판례는 부정설을 따르고 있는데, 위약벌의 약정은 채무의 이행을 확보하기 위하여 정해지는 것으로서 손해배상의 예정과는 그 내용이 다르므로 손해배상의 예정에 관한 제398조 제2항을 유추적용하여 그 액을 감액할 수는 없고, 다만 그 의무의 강제에 의하여 얻어지는 채권자의 이익에 비하여 약정된 벌이 과도하게 무거울 때에는 그 일부 또는 전부가 공서양속에 반하여 무효로 된다고 한다.[78] 그러나 이 규정은 위약벌에도 유추적용되어야 한다. 배상적 기능을 갖는 손해배상액의 예정에 대해서 감액을 인정하면서 제제적 기능을 갖는 위약벌에 대해서는 감액을 인정하지 않는다면 평가모순이라고 할 수 있다.[79] 위약금의 지급이 "경제적 약자의 지위에 있는 채무자에게 부당한 압박을 가하여 공정성을 잃는 결과를 초래한다고 인정되는 경우"[80]에는 손해

77) 대판 1991. 3. 27, 90다14478(집 39-1, 민 326); 대판 1993. 1. 15, 92다36212(공 1993, 702); 대판 1997. 7. 25, 97다15371(공1997, 2698); 대판 2000. 7. 28, 99다38637(공 2000, 1929).

78) 대판 1968. 6. 4, 68다419(집 16-2, 민 115); 대판 1993. 3. 23, 92다46905(공 1993, 1272); 대판 2002. 4. 23, 2000다56976(공 2002, 1213); 대판 2005. 10. 13, 2005다26277.

79) 민법주해(IX), 1997, 687면(양창수 집필); 양창수·김재형(주 15), 462면; 손지열, "손해배상액예정 약관조항에 대한 내용통제," 민사판례연구(XVIII), 1996, 11면 이하; 최병조, "위약금의 법적 성질," 민사판례연구(XI), 1989, 238면. 반대: 최창렬, "不當한 違約金의 規制에 관한 硏究," 비교사법 제8권 2호(2001. 12), 240면 이하.

80) 위 주 77의 판결들에서 사용하는 표현이다.

배상의 예정이든 위약벌이든 감액을 인정할 필요가 있다. 채무자가 위약벌 약정을 한 경우에 손해배상액의 예정을 한 경우보다 경제적 약자의 지위에 있을 가능성이 높다. 더욱이 손해배상의 예정으로 인정되는 경우에는 추가로 손해배상을 청구할 수 없는 데 반하여 위약벌로 인정되는 경우에는 추가로 손해배상청구를 할 수 있기 때문에, 오히려 위약벌의 경우에 감액을 인정할 필요성이 크다.

한편, 위약벌에 관하여 민법 제103조를 적용하여 일부 무효를 인정하는 것은 민법 제398조의 감액을 인정하는 경우와 실질적인 차이가 없게 될 수 있다. 위약벌은 위약금의 일종으로서 손해배상액의 예정과 거의 비슷하기 때문에, 제398조를 유추적용하여 그 감액을 인정하는 것이 간명한 해결방법이다.[81] 현재의 판례와 같이 손해배상액의 예정과 위약벌을 엄밀하게 구분하여 달리 취급할 경우에 당사자들이 위약벌 약정을 한 것인데도 제398조로 포섭하기 위하여 손해배상액의 예정을 한 것으로 보려는 경향이 생길 수도 있다.

(2) 개정안과 그 의미

현 행	개 정 안
제398조(배상액의 예정) ① 당사자는 채무불이행에 관한 손해배상액을 예정할 수 있다. ② 손해배상의 예정액이 부당히 과다한 경우에는 법원은 적당히 감액할 수 있다. ③ 손해배상액의 예정은 이행의 청구나 계약의 해제에 영향을 미치지 아니한다. ④ 위약금의 약정은 손해배상액의 예정으로 추정한다. ⑤ 당사자가 금전이 아닌 것으로써 손해배상에 충당할 것으로 예정한 경우에도 전4항의 규정을 준용한다.	제398조(위약금) ① 당사자는 채무불이행에 관하여 위약금을 약정할 수 있다. ② 위약금의 약정은 당사자들이 채무불이행으로 인한 손해배상액을 예정한 것으로 추정한다. ③ 위약금이 부당히 과다한 경우에는 법원은 적당히 감액할 수 있다. ④ 위약금의 약정은 이행의 청구나 계약의 해제에 영향을 미치지 아니한다. ⑤ 당사자가 금전이 아닌 것으로써 손해배상에 충당하기로 예정한 경우에도 제 1 항 내지 제 4 항의 규정을 준용한다.

81) 김재형, "부당한 위약금의 규제에 관한 연구 토론요지," 비교사법 제 8 권 2호 (2001. 12), 249면 이하.

개정안의 내용은 세 가지 점에서 현행 민법을 수정하고 있다. 첫째, 제398조의 표제를 배상액의 예정에서 위약금으로 바꾸고 제1항을 개정하여 손해배상액의 예정이 아니라 위약금을 약정할 수 있다고 정하고 있다. 이는 민법에서 위약금 약정의 일부인 손해배상액의 예정이 아니라, 위약금 약정 전체에 관하여 규율하기로 선언한 것으로 볼 수 있다.

둘째, 현행 민법에서는 손해배상의 예정액이 부당히 과다한 경우에는 법원은 적당히 감액할 수 있다고 정하고 있으나(제2항), 개정안에서는 위약금이 부당히 과다한 경우에는 법원은 적당히 감액할 수 있다고 정하고 있다(개정안 제3항).[82] 이 개정안이 통과되면 현행법과 달리 위약금 약정이 위약벌로 인정되는 경우에도 법원에 의한 감액의 대상이 된다는 것이 명확해진다. 이는 위약벌을 감액할 수 없다는 종래의 통설과 판례를 뒤집은 것으로 매우 중대한 개정이라고 할 수 있다. 이 개정안은 채무불이행으로 인한 손해배상에 관한 개정안 중에서 유일하게 분과위원장단 회의에서 전체회의에 안건으로 제시하지 않았는데도 전체회의에서 채택된 조항이다.[83] 민법개정위원회 차원에서 이 개정안에 관해서 많은 논의가 있었다고 볼 수 없고 절차상 논란이 있을 수 있는데도 전체회의에서 개정안으로 쉽게 확정되었다. 이는 개정안의 문구를 약간 수정하여 쉽게 개정안으로 확정할 수 있었던 데다가 아마도 개정위원들이 입법론적으로 위약벌의 감액을 부정하는 현행 규정이나

82) 법원에 의한 감액은 채무자가 청구한 경우에 한하여 인정할 것인지 문제되는데, 이에 관한 규정을 두지 않기로 하였다. 따라서 개정안에서도 현행법과 같이 채무자가 감액을 청구하지 않는 경우에도 법원이 직권으로 감액할 수 있다.

83) 이 개정안은 분과위원회에서 채택여부에 관하여 논의하였으나 채택되지 않았다. 그 후 실무위원회의 의견으로 제시되었지만 분과위원장단 회의에서 채택되지 않았다. 민법개정위원회에서 이와 같이 분과위원장단에서 전체회의에 제출한 안건이 아닌데도 전체회의에서 개정안으로 정하는 것이 바람직한지 논란이 있을 수 있다. 이에 관해서는 절차상 문제가 있다는 논란이 생긴 적도 있었다. 그러나 이에 관한 규칙이 없었고 종종 전체회의에서 제안된 안건에 대하여 표결을 하여 결정을 하였다.

판례가 부당하다고 여기고 있었기 때문이었을 것으로 생각된다. 현행법의 해석론으로도 위약벌에 대한 감액이 가능하다고 볼 수도 있지만, 이것이 판례에서 받아들여지지 않고 있었다. 이 개정안은 결국 위약벌의 감액을 긍정한 학설을 수용하여 위약벌에 대한 감액 문제를 명확하게 정리한 것이다.

셋째, 현행 민법은 제4항에서 위약금의 약정을 손해배상액의 예정으로 추정하고 있으나, 개정안은 채무불이행으로 인한 손해배상액의 예정으로 추정하도록 한정하고 그 위치를 제2항으로 옮겼다. 위약금 약정이 손해배상액의 예정으로 추정되는 경우에도 이는 채무불이행으로 인한 손해액을 예정한 것이고 불법행위로 인한 손해배상액까지 예정한 것이 아님을 분명하게 한 것이다.[84] 다만 분과위원회에서 위약벌에 대해서는 감액을 인정하지 않고 손해배상액의 예정에 대해서만 감액을 인정하는 것을 전제로 규정의 위치를 옮긴 것인데,[85] 전체회의에서 통과된 개정안에서는 손해배상액의 예정뿐만 아니라 위약벌도 감액할 수 있도록 하였으므로, 조문의 위치를 바꿀 이유가 없는 것이 아닌가 생각된다. 위약금을 감액하기로 한 조항이 중요한 의미를 가지고 손해배상액의 예정으로 추정하는 규정은 크게 중요한 의미를 갖지 않게 되었기 때문이다.

개정안에서 손해배상액의 예정이든 위약벌이든 동일하게 감액을 할 수 있다고 한 것은 위약금 약정에 대한 민법의 태도전환이라고 할 수 있다. 이는 손해배상액의 예정과 위약벌 사이의 평가모순을 해소하

84) 대판 1999. 1. 15, 98다48033(공 1999, 297)은 계약 당시 당사자 사이에 손해배상액을 예정하는 내용의 약정이 있는 경우에 그것은 계약상의 채무불이행으로 인한 손해액에 관한 것이고 이를 그 계약과 관련된 불법행위상의 손해까지 예정한 것이라고는 볼 수 없다고 하였다.

85) 분과위원회에서 이와 같이 조문의 위치를 바꾼 이유는 제1항에서 상위개념인 위약금의 약정에 관하여 규정하였으므로, 손해배상액의 예정의 감액에 관하여 정하기 전에 위약금과 손해배상액의 예정에 대하여 규정하는 것이 바람직하다는 것이었다. 분과위원장단 회의(주 1), 183면.

기 위한 것이다. 또한 이 개정안이 통과되면, 이는 손해배상액의 예정과 위약벌을 구분하는 판례의 기준에도 영향을 미칠 수 있다. 손해배상액의 예정으로 보아야 감액을 할 수 있는 현행 민법에서는 위약벌이라고 인정하는 것을 꺼리는 경향이 있을 수 있지만, 개정안에 따르면 감액을 위해서 손해배상액의 예정으로 볼 필요가 없어질 것이기 때문이다.

8. 손해배상액을 산정하기 곤란한 경우 손해액의 산정방법[86)]

(1) 학설과 판례

채무불이행으로 인한 손해배상액의 청구에 있어서 손해의 발생 사실과 그 손해를 금전적으로 평가한 배상액에 관하여는 손해배상을 구하는 채권자가 주장·증명하여야 한다. 채권자가 손해배상책임의 발생 원인 사실에 관하여는 주장·증명을 하였더라도 손해의 발생 사실에 관한 주장·증명을 하지 않았다면 변론주의의 원칙상 법원은 당사자가 주장하지 않은 손해의 발생 사실을 기초로 하여 손해액을 산정할 수는 없다.[87)]

그런데 대판 2004. 6. 24, 2002다6951, 6968(공 2004, 1201)[88)]은 이른바 서정원 사건에 대한 판결로서, 손해배상액을 산정하기 곤란한 경우에 법원이 손해배상액을 산정하여야 한다고 하였다. 이 사건에서 축구선수인 피고(서정원)와 원고 축구단과 사이에 입단계약을 체결하면서 피고의 해외 진출과 그 후의 복귀에 관한 약정을 포함시켰다. 그러나

86) 이 부분은 김재형(주 3), 255-259면을 요약한 것이다.
87) 대판 2000. 2. 11, 99다49644(공 2000, 671).
88) 이에 관한 평석으로는 김재형, "프로스포츠선수계약의 불이행으로 인한 손해배상책임," 민법론 Ⅲ, 박영사, 2007, 367면 이하가 있다. 또한 이 사건과 관련하여 비교법적으로 검토한 정태윤, "이른바 위자료의 보완적 기능과 관련하여 살펴본 프랑스에서의 위자료제도," 판례실무연구(Ⅶ), 2004, 245면 이하; 제철웅, "채무불이행으로 인한 손해배상에 있어서 위자료의 보완적 기능," 판례실무연구(Ⅶ), 2004, 261면 이하도 참조.

피고가 위 약정에 따르지 않자, 원고 축구단이 손해배상을 구하는 소를 제기하였다. 법원은 피고가 국내에 복귀하면서 원고와 복귀에 따른 협상을 하지 않은 채 다른 축구단에 입단한 것은 원고와의 구단복귀 약정을 위반한 것이라고 보고, 피고는 그 위반으로 원고가 입은 손해를 배상할 의무를 진다고 판단하였다. 그런데 원심판결과 대법원 판결은 손해액을 다른 방식으로 산정하고 있다. 원심은 그 손해액에 대한 입증이 대단히 곤란하여 이를 확정하기는 사실상 불가능하므로, 위자료의 보완적 기능을 빌어 피고에 대하여 위자료의 지급으로서 원고의 손해를 전보하여야 한다고 판단하였다. 그러나 대법원은 다음과 같이 판단하였다.

> “채무불이행으로 인한 손해배상청구소송에 있어, 재산적 손해의 발생사실이 인정되고 그의 최대한도인 수액은 드러났으나 거기에는 당해 채무불이행으로 인한 손해액 아닌 부분이 구분되지 않은 채 포함되었음이 밝혀지는 등으로 구체적인 손해의 액수를 입증하는 것이 사안의 성질상 곤란한 경우, 법원은 증거조사의 결과와 변론의 전취지에 의하여 밝혀진 당사자들 사이의 관계, 채무불이행과 그로 인한 재산적 손해가 발생하게 된 경위, 손해의 성격, 손해가 발생한 이후의 제반 정황 등의 관련된 모든 간접사실들을 종합하여 상당인과관계 있는 손해의 범위인 수액을 판단할 수 있다고 하겠다.”

이 판결은 축구선수 서정원의 복귀 약정 위반으로 인한 손해를 재산적 손해로 보면서 이를 산정할 수 없는 경우에 변론 전체의 취지와 증거조사의 결과를 토대로 제반 사정을 고려하여 손해액을 정할 수 있다고 하였다. 채무불이행으로 인한 손해배상청구소송에서 재산적 손해의 발생사실이 인정되나 구체적인 손해의 액수를 증명하는 것이 곤란한 경우, 법원은 증거조사의 결과와 변론 전체의 취지를 고려하여 손해액을 판단할 수 있다고 한 점에서 매우 중요한 의미가 있다.[89] 그 후

89) 동지: 대판 2008. 12. 24, 2006다25745(공 2009, 82).

불법행위로 인한 손해배상의 경우에도 마찬가지로 보고 있다.90)

(2) 개 정 안

현행(민사소송법)	개 정 안
〈신 설〉	제202조의2(손해액의 결정) 손해가 발생한 사실은 인정되나 손해액을 밝히기 매우 어려운 경우에는 법원은 변론 전체의 취지와 증거조사의 결과를 참작하여 손해액을 정한다.

저작권법 등에는 손해가 발생한 사실은 인정되나 손해액을 산정하기 어려운 때에 변론의 취지와 증거조사의 결과를 참작하여 상당한 손해액을 인정할 수 있다는 규정을 두고 있다. 비교법적으로 보면, 독일 민사소송법 제287조 제1항,91) 스위스채무법 제42조 제2항,92) PICC 제7.4.3조 제3항과 유럽불법행위법그룹의 유럽불법행위법원칙 제2:105조에 손해의 평가 또는 손해의 증명에 관하여 이와 유사한 규정이 있다.93) 필자는 위와 같은 규정을 일반화할 필요가 있다고 보아 민법이나 민사소송법에 위와 같은 규정을 둘 것을 제안하였다.94)

---

90) 대판 2005. 11. 24, 2004다48508; 대판 2006. 9. 8, 2006다21880(공 2006, 1662).

91) 이 규정은 "손해의 성립 여부와 그 손해 또는 배상할 이익의 범위에 관하여 당사자들 사이에 다툼이 있는 경우에, 법관은 제반사정을 참작하여 자유로운 심증에 따라 이를 판단한다. 신청된 증거조사 또는 직권에 의한 감정인의 감정을 명할 것인지 여부와 그 범위는 법원의 재량에 따른다. 법원은 손해 또는 이익에 관하여 증거제출자를 심문할 수 있다. [⋯]"라고 정하고 있다.

92) 이 규정은 "수액으로 증명할 수 없는 손해는 사물의 통상의 경과와 피해자가 취한 조치를 참작하여 법관이 재량으로 평가한다."라고 정하고 있다.

93) UNIDROIT, Principles of International Commercial Contracts 2010, 2010, p. 269; European Group on Tort Law, Principles of European Tort Law Text and Commentary, 2005, p. 39.

94) 김재형(주 88), 396면. 이와 같은 규정은 절차법인 민사소송법에 두는 입법례도 있고 민법 등 실체법에 두는 입법례도 있다. 이를 손해의 증명으로 보아 민사소송법에서 규정할 수도 있지만, 손해배상에 관한 규정을 한 곳에 모아 두어 찾아보기 쉬운 법전을 만든다는 점에서 민법의 손해배상에 관한 규정에서 함께

그 후 분과위원회에서 논의를 거쳐 민법의 손해배상에 관하여 규정한 부분에 손해액의 산정에 관한 규정을 두기로 하여 다음과 같은 안을 제안하였다.

> 第394조의2(손해액의 산정) 손해가 발생한 사실은 인정되나 손해액을 산정하기 어려운 경우에 법원은 변론 전체의 취지와 증거조사의 결과를 참작하여 손해액을 산정하여야 한다.

민법개정위원회 전체회의에서는 위와 같은 규정을 자유심증주의에 관한 민사소송법 제202조 다음에 제202조의2에 두기로 하였다. 다만, 표현을 수정하여 "손해액의 산정" 대신 "손해액의 결정"이라고 하였다. 또한 "손해액을 산정하기 매우 어려운 경우"로 요건을 한정하기로 하여 이 조항을 엄격하게 적용하여야 한다는 것을 강조하고자 하였다.[95]

9. 대상청구권

현 행	개 정 안
〈신 설〉	제399조의2[대상청구권(代償請求權)] ① 채무의 이행을 불가능하게 한 사유로 채무자가 채권의 목적인 물건이나 권리를 갈음하는 이익을 얻은 경우에는 채권자는 그 이익의 상환을 청구할 수 있다. ② 채권자가 채무불이행을 이유로 손해배상을 청구하는 경우에, 제 1 항에 따라 이익의 상환을 받는 때에는 손해배상액은 그 이익의 가액만큼 감액된다.

규정할 수도 있다. 김재형, 언론과 인격권, 박영사, 2012, 433면도 참조.

95) 전체회의에서 손해액을 산정하기 어렵지만 '매우' 어렵지 않은 경우에는 이 규정이 적용되지 않는다고 표현하는 것이 바람직한지 의문을 제기하였으나, 받아들여지지 않았다.

(1) 학설과 판례

우리 민법에는 대상청구권에 관한 명문의 규정이 없으나, 다수설은 이행불능의 효과로서 대상청구권을 인정하고 있다.[96] 판례는 1992년 이래 대상청구권을 인정하였다. 즉, 대판 1992.5.12, 92다4581, 4598(공 1992, 1849)은, "우리 민법에는 이행불능의 효과로서 채권자의 전보배상 청구권과 계약해제권 외에 별도로 대상청구권을 규정하고 있지 않으나 해석상 대상청구권을 부정할 이유가 없"다고 하였다. 다만 판례에서 대상청구권을 인정하는 경우는 많지 않다.

이에 대하여 대상청구권을 인정할 법적 근거가 없고 대상청구권을 인정하는 것은 위험부담에 관한 제537조의 취지를 잠탈하는 것이라는 이유로 비판적인 견해가 있다.[97] 또한 대상청구권을 인정하는 견해에서도 그 근거와 법적 성질이 무엇인지, 인정범위와 요건이 어떻게 되는지, 그 효과가 어떻게 되는지에 관하여 견해가 다양하게 나뉘어지고 있다.[98]

(2) 개 정 안

민법개정위원회, 특히 분과위원회에서 대상청구권에 관한 규정을 둘 것인지, 규정을 둘 경우에 그 요건이나 효과를 어떠한 방식으로 규정할 것인지에 관하여 다양한 의견이 있었다.[99] 먼저 대상청구권의 요건에 관하여 현재 판례에서 인정하는 정도로 한정할 것인지 문제된다. 즉, 당사자에게 책임 없는 사유로 이행할 수 없는 경우에 한하여 인정할 것인지, 아니면 채무불이행에 대한 일반적인 구제수단으로 대상청구권의 요건을 넓게 인정할 것인지 문제된다. 또한 대상청구권의 효과와

96) 이에 관해서는 민법주해(Ⅸ), 1997, 287면 이하(양창수 집필) 참조.
97) 민법주해(XIII), 1997, 70-98면(최병조 집필).
98) 상세한 것은 송덕수, "대상청구권에 관한 입법론," 법조 제660호(2011. 9), 59면 이하 참조.
99) 이 문제를 맡은 송덕수 교수의 회의자료 참조. 또한 송덕수(주 98), 57면 이하에는 대상청구권에 관한 해석론과 입법론이 일목요연하게 정리되어 있다.

관련하여 채권자의 손해에 한정할 것인지 아니면 이와 같은 제한을 두지 않을 것인지 문제된다.

분과위원회에서 논의할 당시 대상청구권에 관한 개정의견을 하나로 모으기 어렵다고 보아 개정안을 내지 않기로 하였다. 독일 민법과 프랑스 민법에는 대상청구권에 관한 명문의 규정을 두고 있으나, CISG, PECL, DCFR에서는 대상청구권에 관한 규정이 없다는 점도 고려하였다. 그러나 실무위원회와 분과위원장단 회의에서 대상청구권에 관한 규정을 신설하기로 하였다. 그리하여 분과위원회에서 개정안을 작성하였고,[100] 그 후 분과위원장단 회의와 전체회의를 거쳐 개정안을 확정하였다.

종래 대상청구권이라는 명칭을 사용하고 있다. 이에 대하여 대상청구권이라는 용어를 일반인이 이해하기 어렵고 판례에서 인정되는 대상청구와 혼동을 불러일으킨다는 이유로 대체이익청구권이라는 용어를

100) 분과위원회에서 안을 작성할 당시 3개의 안이 제안되었다. (1) 송덕수 교수: 제396조의2(대체이익청구권) ① 채무자가 급부를 불능하게 하는 사정의 결과로 채권의 목적물에 관하여 그것에 대신하는 이익을 취득하는 경우에는, 채권자는 그 이익을 청구할 수 있다. ② 채권자가 불이행을 이유로 손해배상청구를 할 수 있는 경우에, 그가 제1항에 규정된 권리를 행사하는 때에는, 손해배상액은 대신하는 이익의 가치만큼 줄어든다. (2) 정진명 교수: 제396조의2(대체이익청구권) ① 채무자가 급부를 불능하게 하는 사정에 의하여 이행의 목적물에 대신하는 이익 또는 권리를 취득하는 경우에, 채권자는 그 이익 또는 권리의 양도를 청구할 수 있다. ② 채권자가 불이행을 이유로 손해배상을 청구할 수 있는 경우에, 그가 제1항에 규정된 권리를 행사하는 때에는 손해배상액은 대신하는 이익 또는 권리의 가치만큼 줄어든다. (3) 김재형 교수: 제396조의2(대위물청구권) ① 채무자가 목적물의 멸실, 훼손, 수용, 매각 또는 그 밖의 사정으로 채무를 이행할 수 없는 경우에, 채권자는 그로 인하여 채무자가 받은 물건이나 권리를 청구할 수 있다. ② 채권자가 채무불이행을 이유로 손해배상을 청구할 수 있는 경우에, 그가 제1항에 정한 권리를 행사한 때에는, 손해배상액은 제1항에 따라 받은 물건이나 권리의 가액만큼 감소한다. 그 후 (2), (3)의 안을 고려하여 송덕수 교수가 다음과 같이 안을 수정하였다. 제396조의2(대체이익청구권) ① 채무자가 이행이 불능하게 된 사정의 결과로 채권의 목적물에 관하여 그것에 대신하는 이익을 취득하는 경우에는, 채권자는 그 이익을 청구할 수 있다. ② 채권자가 채무불이행을 이유로 손해배상청구를 할 수 있는 경우에, 그가 제1항에 규정된 권리를 행사하는 때에는, 손해배상액은 대신하는 이익의 가치만큼 줄어든다.

사용하자는 의견이 있었다. 그 밖에 대체권리청구권, 대체물청구권, 대위물청구권이라는 용어를 사용하는 것도 생각할 수 있다. 학설이나 판례에서 대상청구권이라는 용어가 굳어져 있는 용어로 보아 대상청구권이라는 용어를 사용하기로 하였다.

대상청구권의 인정요건과 그 범위를 넓게 인정할 것인지 문제된다. 이는 정책적인 판단사항이다. 처음 입법을 하는 단계에서 대상청구권을 좁게 인정한 다음 추이를 보아 넓게 인정할 것인지를 결정할 수도 있을 것이지만, 개정안은 대상청구권을 포괄적으로 규정하였다. 즉, 개정안 제399조의2 제 1 항은 "채무의 이행을 불가능하게 한 사유로 채무자가 채권의 목적인 물건이나 권리를 갈음하는 이익을 얻은 경우에는 채권자는 그 이익의 상환을 청구할 수 있다."라고 규정하였다.[101)]

(3) 개정안의 내용

㈎ 대상청구권의 요건과 절차

첫째, 채무의 이행을 불가능하게 한 사유가 있을 것이 첫 번째 요건이다. 이는 채무불이행 중에서 이행불능을 요건으로 하되, 채무자에게 유책사유가 있는지 여부를 묻지 않고 대상청구권을 인정한 것이다. 먼저 판례에서 대상청구권이 실제로 인정된 사안은 채무자에게 고의 또는 과실이 없는 경우에 한정되어 있는데, 개정안에 따르면 채무자에게 고의 또는 과실이 있는 경우에도 대상청구권이 인정된다. 채무자에게 고의 또는 과실이 없는 경우에 손해배상책임은 인정되지 않지만, 이러한 경우에도 대상청구권이 인정된다는 점에서 대상청구권은 손해배상청구권이 인정되는 경우보다 그 인정범위가 넓다.[102)]

---

101) 개정안은 위험부담에 관한 제537조에서도 제 3 항을 신설하여 이에 상응하는 규정을 두고 있는데, "상대방이 제399조의2 제 1 항에 따라 이익의 상환을 청구하는 경우에는 채무자는 상대방의 이행을 청구할 수 있다. 이 경우에 상환할 이익의 가치가 본래의 채무보다 작으면 상대방의 채무는 그에 비례하여 감소한다."라고 정하고 있다.

102) 계약의 해제는 채무자에게 유책사유가 있는지 여부를 묻지 않고 허용된다. 이

채무자가 채무를 이행할 수 없게 된 사유가 수용 등 법률의 규정에 따른 것인지, 아니면 매매 등 법률행위에 따른 것인지는 문제되지 않는다. 판례에서 대상청구권이 인정되는 사안은 수용과 같이 법률의 규정에 의하여 채무를 이행할 수 없게 된 경우인데, 개정안에서는 이행할 수 없게 된 사유를 제한하지 않고 있다. 따라서 매매 등 법률행위에 의하여 채무를 이행할 수 없는 경우에도 대상청구권이 인정된다고 보아야 한다.

한편 판례는 부동산 점유취득시효 완성자에게도 일정한 요건 하에서 대상청구권을 인정하고 있다.[103] 그러나 점유취득시효가 완성된 후 소유권이전등기청구권이 이행불능이 되었다고 해서 채무불이행책임이 생기는 것은 아니다. 판례는 일정한 경우에 불법행위책임을 인정하고 있을 뿐이다. 따라서 개정안에 따르면 부동산 점유취득시효가 완성된 후 소유권이전등기를 할 수 없는 사정이 생긴 경우에는 대상청구권이 인정되지 않을 것이다.

둘째, 채무자가 채권의 목적인 물건이나 권리를 갈음하는 이익을 얻은 것이 두 번째 요건이다. 수용보상금이나 보험금을 받은 경우도 이에 포함된다.

한편 대상청구권을 행사할 것인지 여부는 채권자의 일방적인 의사에 달려 있다. 그 결과 채무자로서는 매우 불안정한 지위에 놓이게 된다. 그리하여 분과위원회에서는 법률관계의 불안정을 해소하여 법률관계를 조기에 확정지을 수 있도록 채무자의 확답촉구권에 관한 규정을 두기로 하

점에서는 대상청구권의 경우와 마찬가지이다.

103) 대판 1996. 12. 10, 94다43825(집 44-2, 민 350)는 "점유로 인한 부동산 소유권 취득기간 만료를 원인으로 한 등기청구권이 이행불능으로 되었다고 하여 대상청구권을 행사하기 위하여는 그 이행불능 전에 등기명의자에 대하여 점유로 인한 부동산 소유권 취득기간이 만료되었음을 이유로 그 권리를 주장하였거나 그 취득기간 만료를 원인으로 한 등기청구권을 행사하였어야 하고, 그 이행불능 전에 위와 같은 권리의 주장이나 행사에 이르지 않았다면 대상청구권을 행사할 수 없다고 봄이 공평의 관념에 부합한다."라고 한다.

였다.[104)] 그러나 이는 분과위원장단 회의에서 받아들여지지 않았다.

㈏ **대상청구권의 효과 — 손해배상과의 관계**

대상청구권의 요건이 충족되면 "채권자는 그 이익의 상환을 청구할 수 있다." 상환청구의 범위나 한도를 따로 정하지 않았다. 채무자가 선의인지 악의인지에 따라 반환범위를 구분하고 있지 않다. 따라서 채무자는 이행불능으로 얻은 이익을 모두 반환하여야 할 것이다.

대상청구권을 손해의 한도에서 상환청구하도록 할 것인지, 초과가치도 상환청구할 수 있도록 할 것인지에 대하여는 의견이 팽팽하게 대립하였는데, 그에 대해서는 명문화하지 않았다. 해석을 통하여 대상청구권의 한도를 손해액으로 제한할 수 있다고 볼 여지도 있지만, 민법에서 대상청구권을 손해의 한도로 행사하도록 명시하지 않았기 때문에, 손해를 초과하는 부분도 대상청구권을 행사할 수 있다고 보아야 할 것이다.

채무불이행의 경우에 손해배상청구권과 함께 또는 순차로 대상청구권을 행사하는 경우에 손해배상청구권과 대상청구권의 관계가 복잡하게 될 수 있다. 개정안 제399조의2 제 2 항은 손해배상청구권을 행사하는 경우에 대상청구권을 행사하여 이익을 받은 한도에서 손해배상액을 감액하기로 하였다. 이와 반대로 손해배상을 받은 경우에 대상청구권의 반환범위에서 이를 감액해야 하는지에 관해서는 명시하지 않았는데, 이 경우에도 해석상 감액을 인정해야 할 것이다. 개정안 제399조의2 제 2 항을 둔 취지에 비추어 볼 때 대상청구권은 손해액을 한도로 하여야 한다는 견해도 있을 수 있으나, 이 조항을 그와 같은 의미로 해석하는 것은 부당하다고 생각할 수도 있다.

이행불능의 효과로서 대상청구권을 명시적으로 인정함으로써 채권

---

104) 구체적인 안은 다음과 같다. "제396조의3(채무자의 확답 촉구권) 채권자에게 제396조의2 제 1 항에 따른 권리가 있는 경우에, 채무자는 적당한 기간을 정하여 채권자에게 그 권리를 행사할 것인지 여부의 확답을 촉구할 수 있다. 채권자가 그 기간 내에 확답을 발송하지 아니하면 그 권리는 소멸한다."

자의 구제수단이 강화되었다고 볼 수 있다. 그러나 채권자의 다른 구제수단인 손해배상과의 관계가 명확하게 정돈되지 않아 논란이 발생할 것으로 보인다.

한편 당사자 쌍방에 책임 없는 사유로 채무를 이행할 수 있는 경우에 위험부담에 관한 규정이 적용되는데, 이러한 경우에 채권자가 대상청구권을 행사하면 위험부담에 관한 현행 규정을 그대로 적용할 수 없다. 이에 대비하여 개정안 제537조 제3항을 두고 있지만, 채권자의 선택에 따라 위험부담에 관한 규정의 적용여부가 달라지는 것이 바람직한 것인지 논란이 있을 수 있다.

(다) 대상청구와 물상대위의 관계

대상청구권을 위와 같이 넓게 인정할 경우에 물상대위에 관한 규정도 재검토할 필요가 있다. 민법 제342조에서 질물의 멸실, 훼손 또는 공용징수에 한하여 질권의 물상대위를 인정하고 있다. 대상청구권과 물상대위는 별개의 제도라고 볼 수도 있지만, 목적물을 대신하는 물건이나 금전에 대해서도 권리를 행사할 수 있는지 문제된다는 점에서 공통점이 있다. 개정안과 같이 채무자의 법률행위로 이행불능이 된 경우에도 대상청구권을 인정한다면, 질권의 경우에 매각의 경우에도 물상대위를 인정하는 것이 균형에 맞다고 볼 수도 있다. 따라서 제342조 개정안에서 "매각"을 추가하여 질물을 매각한 경우에 물상대위를 인정할 것인지 검토할 필요가 있다.

Ⅳ. 결 론

민법학에서 입법론에 관한 연구가 많지 않은 것은 민법전 제정 이후 해석론이나 판례연구, 나아가 비교법적 연구를 민법학자의 중요한 임무로 삼았기 때문이기도 하지만, 민법 그중에서도 재산법 분야에 관한 개정이 거의 이루어지지 않았다는 데에도 중요한 이유가 있다. 그리하여 입법론에 관한 연구를 하거나 개정안을 제안하더라도 진지하게 논의하거나 받아들여지지 않을 것이라는 태도가 형성되었다. 많은 사람이 민법 제정 당시의 법전을 금과옥조로 생각하는 경향이 있었다. 민법 개정은 어려우니 민사에 관한 새로운 문제를 해결하기 위한 특별법을 제정하기도 하였다.

채무불이행으로 인한 손해배상에 관한 민법개정안은 현행 민법의 규정을 수정하는 방식으로 개정안이 작성되었고 대폭적인 변화가 있다고 보기는 어렵다. 가령 채무불이행으로 인한 손해배상책임에 관한 세 가지 원칙, 즉 과실책임주의, 일반조항주의, 제한배상주의는 여전히 기본원칙으로서 변함이 없다. 그러나 지출비용의 배상에 관한 규정, 이행거절에 관한 규정, 손해액을 산정할 수 없는 경우에 법원이 손해액을 직권으로 결정할 수 있는 규정, 대상청구권에 관한 규정을 신설하기로 한 점은 중요한 변화라고 할 수 있다. 이 개정안을 통하여 지출비용의 배상과 대상청구권이 명시적으로 채권자의 새로운 구제수단으로 추가되었고, 현재 판례에 의하여 인정되는 범위보다 채권자의 구제수단이 다양해졌다. 또한 이 글의 범위를 벗어나는 것이라서 다루지 않았지만 민법개정안에서 제388조의2를 신설하여 추완청구권에 관한 규정도 두기로 하였다. 전체적으로 보면 채무불이행법에서 채권자의 지위가 강화되었다고 볼 수 있다. 다만 손해배상이나 위험부담에 관한 현행 규정과 지출비용의 배상, 대상청구권에 관한 새로운 규정 사이의 관계를 어떻게 구성할 것인지라는 새로운 문제가 발생할 것이다. 이에 따른 혼란이 생길 것이다. 채무불이행에 대한 채권자의 구제수단들을 추가함으로써 채권자의 보호를 강화하고 계약의 이행을 강제하는 효과가 생길 수 있는 점은 긍정적이지만, 그 반면에 채무자의 보호가 소홀하게 되었다는 우려가 생길 수도 있을 것이다.

이러한 민법개정안은 종래의 학설과 판례에서 중요하게 다루어진 것을 명문화한 것이라고 볼 수 있지만, 중요한 개정내용 중 상당부분이 독일 민법이나 민사소송법에 규정되어 있는 것과 유사하다는 점에서 독일법의 영향은 매우 크게 작용하였다고 볼 수 있다. 한편 유럽계약법원칙 등을 참고하여 좀 더 포괄적인 개정안을 작성하여 논의를 하기도 하였으나, 이러한 규정들은 대부분 채택되지 않았다는 점도 특기할 만한 사항이다. 그 이유는 어디에 있는가? 먼저 합리성 측면에서 우월한 내용을 채택한 결과라고 생각할 수 있다. 그러나 개정안에 반영된 독일법의 내용이 다른 입법례나 모델법보다 합리성 측면에서 우월하다고 단정할 수만은 없다. 이에 관해서는 얼마든지 찬반양론이 있을 수 있다. 다음으로 독일법이 조문 형태로 성문화되어 있어 다른 나라에서 법률 개정안으로 쉽게 받아들일 수 있다는 점을 생각할 수 있다. 실제로 우리나라에서 학설이나 판례로 논의되는 것이 독일에서는 조문 형태로 되어 있는 경우가 많다. 그러나 이것은 다른 입법례 등에 있는 조문이 채택되지 않는 이유를 설명할 수 없다. 마지막으로 그동안 독일법에 관한 소개와 연구가 활발하게 이루어졌고, 독일법의 내용이 우리나라의 학설과 판례에 반영되어 있기 때문에, 개정안이 독일법과 유사해지는 경우가 많았다고 볼 수 있다. 위 세 가지 이유가 작용하였겠지만, 그중 세 번째 이유가 중요한 요소로 작용했을 것으로 추측해본다.

채무불이행법에 관한 민법개정위원회의 개정안에 대해서는 두 가지 상반된 평가가 있을 수 있다. 긍정적으로 보면 개정안에 중요한 개정안이 포함되어 있고 학설이나 판례상 논란이 많은 주요 문제 중 일부를 입법적으로 해결하였다는 것이다. 그러나 부정적으로 보면 채무불이행법을 개혁하기 위한 체계적인 연구 없이 개정안을 작성한 것이기 때문에, 채무불이행법을 쇄신하였다거나 현대화하였다고 평가할 수는 없다는 것이다. 채무불이행법을 획기적으로 개선하기 위한 연구는 아직 충분하지 않은 결과라고 볼 수 있지 않을까 한다.

개정안이 통과된다면 채무불이행법 분야에서는 민법 제정 이후 최초의 개정이라는 의미가 있다. 이번 개정안이 우리 민법의 수준을 한 단계 높이는 데 기여할 것으로 생각되지만, 그것만으로 채무불이행법이 체계완결적인 모습을 갖추었다고 볼 수는 없다. 이들 개정안을 계기로 입법론에 관한 관심과 연구가 활발하게 이루어질 것이다. 앞으로 좀 더 넓은 시야에서 채무불이행법에 관한 규정을 재정비할 필요가 있을 것이다.

채무불이행으로 인한 손해배상에 관한 개정안

1 민 법

현 행	개 정 안
제390조(채무불이행과 손해배상) 채무자가 채무의 내용에 좇은 이행을 하지 아니한 때에는 채권자는 손해배상을 청구할 수 있다. 그러나 채무자의 고의나 과실 없이 이행할 수 없게 된 때에는 그러하지 아니하다.	제390조(채무불이행과 손해배상) 채무자가 채무의 내용에 좇은 이행을 하지 아니한 때에는 채권자는 손해배상을 청구할 수 있다. 그러나 채무자의 고의나 과실 없이 그 이행이 이루어지지 아니한 때에는 그러하지 아니하다.
〈신 설〉	제392조의2(지출비용의 배상) 채무불이행의 경우에 채권자는 채무가 이행될 것을 믿고 지출한 비용의 배상을 청구할 수 있다. 그러나 그 배상액은 채무가 이행되었더라면 받았을 이익액을 넘지 못한다.
제394조(손해배상의 방법) 다른 의사표시가 없으면 손해는 금전으로 배상한다.	제394조(손해배상의 방법) 손해는 금전으로 배상한다. 그러나 법원은 상당한 이유가 있는 때에는 채권자의 청구에 의하여 금전배상에 갈음하거나 금전배상과 함께 다른 적절한 방법으로 배상할 것을 명할 수 있다.
제395조(이행지체와 전보배상) 채무자가 채무의 이행을 지체한 경우에 채권자가 상당한 기간을 정하여 이행을 최고하여도 그 기간 내에 이행하지 아니하거나 지체후의 이행이 채권자에게 이익이 없는 때에는 채권자는 수령을 거절하고 이행에 가름한 손해배상을 청구할 수 있다.	제395조(전보배상) ① 채무자가 채무의 이행을 지체한 경우에 채권자는 다음 각 호의 사유가 있는 때에는 수령을 거절하고 이행에 갈음하는 손해배상을 청구할 수 있다. 1. 채권자가 상당한 기간을 정하여 이행을 최고하였으나 채무자가 그 기간 내에 이행하지 아니하는 경우 2. 채권자가 상당한 기간을 정하여 이행을 최고하더라도 그 기간 내에 이행되지 아니할 것이 명백한 경우 3. 지체 후 이행이 채권자에게 이익이 없거나 불합리한 부담을 주는 경우 ② 채무자가 미리 이행하지 아니할 의사

현 행	개 정 안
	를 표시한 경우에는 채권자는 이행기 전에도 이행에 갈음하는 손해배상을 청구할 수 있다. ③ 채무자의 불완전이행에 대하여 채권자가 추완을 청구할 수 있는 경우에 제 1 항을 준용한다.
제396조(과실상계) 채무불이행에 관하여 채권자에게 과실이 있는 때에는 법원은 손해배상의 책임 및 그 금액을 정함에 이를 참작하여야 한다.	제396조(채권자 과실의 참작) 채무불이행으로 인한 손해의 발생 또는 확대에 채권자의 과실이 기여한 때에는 법원은 손해배상의 책임 및 범위를 정함에 있어서 그 과실 및 기여 정도를 참작하여야 한다.
제397조(금전채무 불이행에 대한 특칙) ① 금전채무 불이행의 손해배상액은 법정이율에 의한다. 그러나 법령의 제한에 위반하지 아니한 약정이율이 있으면 그 이율에 의한다. ② 전항의 손해배상에 관하여는 채권자는 손해의 증명을 요하지 아니하고 채무자는 과실 없음을 항변하지 못한다.	제397조(금전채무 불이행에 대한 특칙) ① 금전채무 불이행의 손해배상액은 법정이율에 의한다. 그러나 법정이율을 초과한 약정이율이 있으면 법령의 제한에 위반하지 아니한 범위에서 그 이율에 의한다. ② 제 1 항의 손해배상에 관하여는 채권자는 손해의 증명을 요하지 아니하고 채무자는 과실 없음을 항변하지 못한다.
제398조(배상액의 예정) ① 당사자는 채무불이행에 관한 손해배상액을 예정할 수 있다. ② 손해배상의 예정액이 부당히 과다한 경우에는 법원은 적당히 감액할 수 있다. ③ 손해배상액의 예정은 이행의 청구나 계약의 해제에 영향을 미치지 아니한다. ④ 위약금의 약정은 손해배상액의 예정으로 추정한다. ⑤ 당사자가 금전이 아닌 것으로써 손해배상에 충당할 것으로 예정한 경우에도 전4항의 규정을 준용한다.	제398조(위약금) ① 당사자는 채무불이행에 관하여 위약금을 약정할 수 있다. ② 위약금의 약정은 당사자들이 채무불이행으로 인한 손해배상액을 예정한 것으로 추정한다. ③ 위약금이 부당히 과다한 경우에는 법원은 적당히 감액할 수 있다. ④ 위약금의 약정은 이행의 청구나 계약의 해제에 영향을 미치지 아니한다. ⑤ 당사자가 금전이 아닌 것으로써 손해배상에 충당하기로 예정한 경우에도 제 1 항 내지 제 4 항의 규정을 준용한다.
〈신 설〉	제399조의2[대상청구권(代償請求權)] ① 채무의 이행을 불가능하게 한 사유로 채무자가 채권의 목적인 물건이나 권리를 갈음하는 이익을 얻은 경우에는 채권자는

현 행	개 정 안
	그 이익의 상환을 청구할 수 있다. ② 채권자가 채무불이행을 이유로 손해배상을 청구하는 경우에, 제1항에 따라 이익의 상환을 받는 때에는 손해배상액은 그 이익의 가액만큼 감액된다.105)

② 민사소송법

현 행	개 정 안
〈신 설〉	제202조의2(손해액의 결정) 손해가 발생한 사실은 인정되나 손해액을 밝히기 매우 어려운 경우에는 법원은 변론 전체의 취지와 증거조사의 결과를 참작하여 손해액을 정한다.

(民事法學 제65호(2013. 12), 한국민사법학회, 583-643면 所載)

105) 위험부담에 관한 민법개정안 제537조 제3항은 "상대방이 제399조의2 제1항에 따라 이익의 상환을 청구하는 경우에는 채무자는 상대방의 이행을 청구할 수 있다. 이 경우에 상환할 이익의 가치가 본래의 채무보다 작으면 상대방의 채무는 그에 비례하여 감소한다."라고 정하고 있다.

「채무불이행으로 인한 손해배상에 관한 민법개정안」의 토론에 대한 답변

정진명 교수님의 유익한 토론에 감사합니다. 개정안의 주요 내용에 관한 문제점을 지적하고 있어서 발표문을 보완하는 데에도 많은 도움이 되었습니다. 학술대회에서는 제가 마지막 발표였는데 시간에 쫓겨 지출비용의 배상과 대상청구권에 관해서만 짧게 답변을 하였습니다. 이번에 발표문을 민사법학에 게재하면서 토론문에 있는 질문에 관하여 답변을 하고자 합니다.

1. 지출비용의 배상

지출비용의 배상에 관한 개정안은 우리나라 판례와 학설을 ―부분적으로 수정하여― 반영한 것으로 볼 수도 있고, 독일 민법 제284조의 규정을 참고하여 작성한 것으로 볼 수도 있습니다. 우리나라 학설과 판례를 입법에 반영하는 과정에서 독일 민법 제284조를 참조하여 개정안을 작성했다고 보는 것이 이 개정안을 좀 더 정확하게 이해하는 데 도움이 될 것입니다. 그리고 영국이나 미국의 신뢰이익에 관한 판례도 영향을 끼쳤을 것입니다. 실제로 민법개정위원회 분과위원회에서 지출비용의 배상에 관한 개정안을 논의하기 시작할 때부터 위와 같은 학설, 판례, 비교법적 검토 등을 소개하고 토론을 하였습니다. 독일 민법 등에 관하여 개정위원들이 다소 다르게 생각한 점이 드러나기도 하였는데, 이것이 개정안에 대한 의견을 형성하는 데 영향을 미쳤을지도 모르겠습니다. 개정안을 계기로 독일 민법 제284조에 관한한 소개와 연구가 더욱 활발하게 이루어질 것이고, 나아가 지출비용의 배상이나 신뢰이익에 관한 비교법적 연구를 토대로 다양한 견해가 제시될 것으로 생각됩니다.

정 교수님은 독일 민법과 비교하면서 지출비용 배상의 본질 문제부터 질문을 하였습니다. 저는 지출비용은 손해가 아니고, 따라서 지출비용의 배상은 손해배상이 아니라고 생각합니다. 지출비용을 손해로 포섭할 수 없기 때문에, 지출비용의 배상에 관한 개정안은 손해배상과는 별도로 지출비용을 배상하도록 규정한 것으로 파악하여야 합니다. 지출비용의 배상이 이행이익의 배상이 아니라는 점은 발표문에 포함되어 있습니다. 이것이 신뢰이익의 배상에 해당하는 것도 아닙니다. 한편, 민법에서 필요비나 유익비 상환청구권 등을 규정하고 있는데, 이와 같은 비용상환청구권 ― 이는 개정안에서 정한 지출비용의 배상과는 관계없는 규정이고 그 요건도 다릅니다 ― 도 손해배상에 관한 규정을 볼 수 없습니다.

다만 기능적인 관점에서 보면 지출비용의 배상은 손해배상적 기능, 즉 손해배상을 보완하거나 대체하는 기능을 수행할 것입니다. 손해배상의 범위에 관한 민법 제393조나 과실상계에 관한 민법 제396조는 지출비용의 배상에 직접 적용되는 것은 아니지만, 유추적용되는 것으로 보아야 할 것입니다.

지출비용은 채무불이행이 있으면 그것이 상당하지 않은 경우에도 배상을 청구할 수 있는지 문제됩니다. 지출비용이 상당하지 않은 경우에도 독일 민법과는 달리 지출비용의 배상을 부정할 명문의 규정이 없습니다. 이와 관련하여 해석상 논란이 생길 것입니다. 지출비용의 배상에 관하여 민법 제393조가 유추적용될 것이기 때문에, 통상적인 지출비용은 배상되고, 특별한 사정으로 인한 지출비용에 해당하는 경우에는 채무자가 예견하였거나 예견할 수 있는 한도에서 그 배상을 인정해야 할 것으로 생각합니다.

2. 전보배상

개정안 제395조 제1항은 이행지체의 경우 전보배상을 청구할 수 있는 사유를 정하면서 그 사유 중 하나로 제2호에서 "채권자가 상당한 기간을 정하여 이행을 최고하여도 그 기간 내에 이행이 이루어지지 않을 것이 명백한 경우"라고 정하였습니다. 이 개정안 자체로 문제되지는 않지만, 체계적으로 논란이 있을 수 있다고 생각합니다. 분과위원회안에서는 제2호를 "채무자가 미리 이행하지 아니할 의사를 표시한 경우 또는 채권자가 상당한 기간을 정하여 이행을 최고하더라도 그 기간 내에 이행하지 못할 것이 명백한 경우"라고 정하였습니다. 이는 판례에서 쌍무계약에서 상대방이 미리 이행을 하지 아니할 의사를 표시하거나 당사자의 일방이 이행을 제공하더라도 상대방이 그 채무를 이행하지 아니할 것이 객관적으로 명백한 경우에는 계약을 해제할 수 있도록 하고 있는데, 이것을 부분적으로 변형하여 개정안을 작성한 것입니다. 분과위원회안이 계약의 해제에 관한 개정안과 합치된다는 점에서 더 나은 것으로 생각합니다.

3. 대상청구권

대상청구권을 인정하면 위험부담에 관한 민법 제537조가 사문화될 가능성이 높을 것입니다. 채무자가 제3자로부터 받은 손해배상금 등이 목적물의 시가보다 더 많은 경우에는 채권자가 대상청구권을 행사하는 것이 민법 제537조에 기한 청구를 하는 경우보다 유리하기 때문입니다. 그러나 채무자가 제3자로부터 대상을 취득하지 못하는 경우에는 여전히 민법 제537조가 적용될 수 있을 것입니다. 여기에서 다룰 문제는 아닙니다만, 계약의 해제에 관한 개정안에서 유책사유를 요구하고 있지 않기 때문에 이 점에서도 민법 제537조를 그대로 존속시킨 것은 문제가 있다고 생각합니다.

대상청구권이 인정되는 경우에 채무자가 얻은 대상이 이행의 목적물의 가치를 넘지 않는 한도에서 대상의 이전을 인정해야 하는지에 관해서는 논란이 있을 것입니다. 이와 같은 초과가치에 대한 제한을 두지 않는 것은 채권자를 과도하게 보호하는 것이라고 볼 여지도 있으나, 대상청구권의 본질에 어긋나는 것은 아니라고 생각합니다.

4. 위 약 금

위약금이 부당하게 많은 경우에 법원이 직권으로 감액하는 것을 허용할 것인지, 아니면 채무자의 청구가 있는 경우에 한하여 감액을 할 수 있도록 할 것인지는 입법적 선택 문제일 것입니다. 독일 민법 제343조 제1항은 채무자의 청구가 있는 경우에 위약금을 감액할 수 있도록 하였지만, 유럽계약법원칙 제9:509조는 그와 같이 한정하고 있지 않습니다. 손해배상액의 예정이 부당한 경우에는 채무자의 청구가 없더라도 법원에 의한 감액을 인정하는 현재의 실무를 바꿀 필요성은 없는 것으로 보입니다. 이것이 사적 자치의 원칙에 반한다고 볼 수도 없습니다.

5. 맺 음 말

2013년 민법개정안에 따르면 채무불이행의 경우에 채권자의 구제수단이 두 개가 더 생긴 것입니다. 하나는 지출비용의 배상청구권이고 다른 하나는 대상청구권입니다(물론 그 요건이 동일한 것은 아닙니다). 나아가 개정안에서는 추완청구권에 관한 규정도 두고 있습니다. 이에 따른 혼란은 불가피할 것입니다. 손해배상청구권 등 현재의 구제수단과 대상청구권 등 새로운 구제수단 사이의 관계를 어떻게 정리할 것인지는 매우 중대한 과제가 될 것입니다. 채무불이행에 대한 채권자의 구제수단들을 추가함으로써 채권자의 보호를 강화하고 계약의 이행을 강제하는 효과가 생길 수 있다는 점은 긍정적이지만, 그 반면에 채무자의 보호가 소홀하게 되었다는 우려가 생길 수도 있을 것입니다.

2009년 출범한 민법개정위원회의 민법개정안에 관한 활발한 연구와 논의를 통하여 좀 더 훌륭한 모습으로 민법전이 재탄생하기를 기대합니다. 감사합니다.

(民事法學 제65호(2013. 12), 한국민사법학회, 664-667면 所載)

6. 「손해배상액의 예정」에서 「위약금 약정」으로*
—특히 위약벌의 감액을 인정할 수 있는지 여부를 중심으로—

Ⅰ. 서 론

1. 위약금 약정을 넓게 허용할 것인가, 아니면 좁게 인정할 것인가? 손해배상액의 예정뿐만 아니라 위약벌에 대해서도 감액을 인정할 것인가?

위약금 약정 문제에 관해서는 두 가지 서로 다른 가치가 충돌하고 있다. 하나는 계약자유의 원칙이다. 채무자가 계약을 이행하지 않는 경우에 대비하여 위약금을 미리 정하는 것은 계약자유의 원칙에 따라 허용된다. 그러나 과도한 위약금을 정한 경우에는 한계가 있을 수밖에 없다. 여기에서 또 다른 가치인 계약의 공정성이 등장한다. 위약금이 채무불이행으로 인한 손해를 훨씬 초과하는 경우에 그 이행을 무조건 강제한다면 채무자는 매우 불리한 위치에 처하기 때문이다. 이와 같이 과도한 위약금 약정을 한 경우 법원은 채무자를 보호하기 위하여 공서양속 위반 등을 이유로 그 약정을 무효로 할 수도 있고 민법 제398조[1]에

* 이 논문은 2013년 12월 16일 한중일민상법통일연구소가 주최한 아시아계약법원칙 서울포럼에서 발표한 내용을 수정·보완한 것이다.

1) 이하 법의 명칭을 기재하지 않고 인용한 조항은 민법의 그것을 가리킨다.

따라 손해배상 예정액을 감액할 수도 있다. 특히 제398조는 당사자들이 자율적으로 체결한 계약에 대하여 법원의 재량적인 판단에 따라 후견적으로 개입하는 것을 허용하고 있는 매우 예외적인 조항이다. 그런데 위약금 약정에 대하여 법원의 후견적 개입을 어느 범위에서 어느 정도까지 허용할 것인지는 계약자유와 그 한계에 관한 문제로서 계약법의 근본문제 중의 하나이다.

2. 위약금 약정의 목적이나 형태는 매우 다양하다. 가령 지연배상금과 같이 이행지체에 대비하여 위약금 약정을 하는 경우도 있고 이행불능에 대비하여 위약금 약정을 하는 경우도 있다. 모든 채무불이행에 대비하여 위약금 약정을 하는 경우도 있다. 계약 체결 전에 교섭을 하는 단계에서 의향서나 양해각서를 작성하고 계약의 체결을 사실상 강제하기 위하여 위약금 약정을 하는 경우도 있다.

위약금 약정의 전형적인 유형은 손해배상액의 예정과 위약벌 약정이다. 손해배상액의 예정은 채무불이행에 대비하여 채무자가 지급하여야 할 손해배상액을 미리 정해놓은 것이고, 위약벌 약정은 손해배상과 관계없이 의무위반에 대한 제재로서 위반자가 그 상대방에게 지급하기로 약속한 것이다. 민법은 위 두 유형 중 손해배상액의 예정에 관하여 명시적인 규정을 두고 있으나, 거래계에서는 위 두 유형 모두 빈번하게 이용되고 있다. 법원도 위약금 약정이 위 두 유형 중 어느 쪽에 속하는지를 판단하고 그에 따라 법적 규율을 달리하고 있다. 그러나 위약금이 위 두 유형 중 어느 하나의 성격만을 갖는 경우는 많지 않고 실제 계약에서 정하고 있는 위약금 약정에는 위 두 유형의 성격이 혼재되어 있는 경우가 많을 것이다.

3. 제398조는 손해배상액의 예정에 관하여 규정하면서 제 4 항에서 위약금 약정을 손해배상액의 예정으로 추정하고 있을 뿐이고, 위약벌에 관해서는 명확하게 규율하지 않고 있다. 실제로 빈번하게 발생하는 위

약금 약정에 관하여 정면으로 포괄적인 규정을 두지 않고 그 한 부분인 손해배상액의 예정에 관해서만 규정을 두는 것은 바람직하지 않다.[2] 이러한 규정은 위약금 약정의 실체를 반영하지 못하여 혼란을 초래할 수 있기 때문이다.

2012년 11월 12일 개최된 법무부 제4기 민법개정위원회 제4차 전체회의에서 확정한 민법개정안(이하 '법무부 민법개정안'이라 한다)에는 손해배상액의 예정에 관한 제398조가 포함되어 있다.[3] 현행법에서는 배상액의 예정이라고 되어 있으나, 이를 위약금으로 수정하여 위약금 약정에 관한 규정으로 전환하였고, 위약금 약정에 관하여 감액을 인정함으로써 위약벌의 감액 문제도 제398조의 규율범위에 포함시켰다. 이는 제398조의 규율범위를 손해배상액의 예정에서 위약금 약정으로 확장하거나 전환하고자 한 것이라고 볼 수 있다. 이는 국제적 모델법에서 손해배상액의 예정과 위약벌을 엄밀하게 구분하지 않고 위약금으로 통합하여 규정하고 위약금의 감액을 인정하고 있는 것(아래 V.3. 참조)과도 합치된다. 한편, 민법이 위와 같은 개정안에 따라 바뀌기 전에는 손해배상액의 예정과 위약벌을 엄밀하게 준별하여 규율할 수밖에 없는 것인지 문제된다. 따라서 입법론이든 해석론이든 손해배상액의 예정과 위약벌의 구별이나 위약벌의 감액 등에 관하여 재검토할 필요가 있다.

4. 여기에서는 손해배상액의 예정과 위약벌을 구별하는 기준을 살펴본 다음, 양자를 통합적으로 구성하는 문제에 관하여 검토해보고자 한다. 특히 위약벌에 대하여 손해배상액의 예정과 마찬가지로 감액을 인정할 수 있는지 여부에 관하여 해석론과 입법론 두 측면에서 검토할 것이다. 이 문제는 그 자체로 중요한 문제일 뿐만 아니라 위약벌과 손해배상액의 예정을 통합적으로 구성하는 데 반드시 해결해야 할 문제

2) 민법주해(Ⅸ), 638-639면(양창수 집필) 참조.

3) 「제4기 민법개정위원회」 전체회의 (제4차) 회의일지(2012. 11. 12). 법무부 민법개정자료발간팀 편, 2013년 법무부 민법개정시안 조문편, 2013. 7, 137면에는 제398조에 관하여 '현행 유지'라고 되어 있어 반영되어 있지 않다.

이기 때문이다. 위약금 약정에 관하여 우리나라 학설과 판례를 비판적으로 검토할 뿐만 아니라, 위약금 약정에 관한 비교법적 논의를 통하여 이 문제에 관한 논의의 지평을 넓히고자 한다. 다만 위약금 약정에 관해서는 외국의 입법례 등이 우리나라에 많이 소개되어 있고 비교법적 연구도 적지 않으므로, 기존의 비교법적 논의를 토대로 손해배상액의 예정과 위약벌의 관계정립과 관련된 문제와 위약벌의 감액 문제를 중심으로 다루고자 한다.[4)]

Ⅱ. 위약금 약정의 두 유형 — 손해배상액의 예정과 위약벌

1. 의 의

손해배상액의 예정은 당사자들이 손해배상의 법률문제를 간편하게 처리하기 위하여 미리 손해배상액을 정해놓은 것이고, 위약벌은 계약을 위반한 사람을 제재하고 계약의 이행을 간접적으로 강제하기 위하여 정해놓은 것이다.[5)] 따라서 손해배상액의 예정은 배상적 기능을 갖고 있고, 위약벌은 제재적·예방적 기능[6)]을 갖고 있다고 설명할 수 있다. 그러나 이러한 설명은 손해배상액의 예정과 위약벌의 전형적인 경우에

4) 우리나라 논문에서 외국법을 소개하거나 비교법적 연구를 하는 경우에 비교법적 고찰을 먼저 다루고 그 다음에 우리나라의 논의를 다루는 경우가 많다. 그러나 여기에서 다루고자 하는 문제에 관해서는 우리나라의 학설과 판례가 많이 쌓여있을 뿐만 아니라 민법개정안까지 나와 있기 때문에, 우리나라의 논의를 다룬 다음에 비교법적 고찰을 하고자 한다.

5) 대판 1989. 10. 10, 88다카25601(공 1989, 1658); 대판 1998. 12. 23, 97다40131(공 1999, 220).

6) 위약벌은 계약을 위반한 사람을 제재하는 것을 통해서 계약의 이행을 강제하는 것이다. 따라서 위약벌은 제재적 기능과 예방적 기능을 갖고 있다고 볼 수 있다. 종래에는 이를 제재적 기능이라고 하였는데, 이에는 예방적 기능도 포함되어 있다고 볼 수 있다.

관한 것이고, 실제로는 두 기능을 모두 갖고 있는 경우가 많다.[7)]

위약금 약정이 위 두 가지 기능이나 성격을 모두 가지고 있는 경우에는 그 주된 목적이 무엇인지에 따라 손해배상의 예정과 위약벌을 구분하고 있다. 즉, 손해배상액의 예정은 손해배상의 간편한 처리에, 위약벌은 이행강제에 주된 목적이 있다고 한다.[8)] 그러나 대법원은 손해배상액의 예정에는 손해의 발생사실과 손해액에 대한 증명의 곤란을 덜고 분쟁의 발생을 미리 방지하여 법률관계를 쉽게 해결할 뿐만 아니라 채무자에게 심리적 경고를 함으로써 채무의 이행을 확보하려는 목적이 있다고 한다.[9)] 이는 손해배상의 예정이 손해배상의 간편한 처리를 목적으로 할 뿐만 아니라 분쟁의 발생을 미리 방지하고 심리적 경고를 통한 채무 이행을 확보하는 것도 목적으로 하고 있다고 한 것이다. 따라서 대법원은 손해배상액의 예정에는 배상적 기능뿐만 아니라 예방적 기능과 경고적 기능이 있다는 점을 인정한 것으로 볼 수 있다. 즉, 손해배상액의 예정에는 배상적 기능이라는 한 가지 기능만 있는 것이 아니라 중첩적 또는 복합적인 기능이 있다고 볼 수 있다.

손해배상액의 예정과 위약벌을 구별하는 실익은 두 가지이다. 첫째, 채무불이행이 발생한 경우에 위약금 이외에 손해배상을 청구할 수

---

7) 손해배상액 예정의 기능에 관하여 손해배상적 기능만이 있다고 보는 일원적 기능설과 손해배상적 기능과 함께 제재적 기능도 있다는 이원적 기능설이 대립하고 있다. 다수설은 이원적 기능설을 채택하고 있다. 이에 관해서는 곽윤직, 채권총론, 제6판, 박영사, 2009, 122면; 장경학, 채권총론, 교육과학사, 1992, 244면; 홍승면, "손해배상액의 예정과 위약벌의 구별방법," 민사판례연구(XXIV), 2002, 122면 및 그곳에 있는 문헌 참조.

8) 대부분의 견해가 이와 같이 구분하고 있다. 이에 관해서는 양창수 · 김재형, 계약법, 박영사, 2010, 455면 및 그곳에 있는 문헌 참조. 또한 임건면, "손해배상액의 예정과 위약벌에 관한 비교법적 고찰," 민법의 과제와 현대법의 조명(홍천용박사 화갑기념), 1997, 373면 이하도 참조. 이에 반하여 손해배상액의 예정과 위약벌을 구분하는 방법은 별도로 손해배상 전액에 대하여 따로 청구할 수 있는 경우에만 위약벌로 보고, 그 밖의 경우는 모두 손해배상액의 예정으로 보아야 한다는 견해가 있다. 홍승면(주 7), 159면.

9) 대판 1993. 4. 23, 92다41719(공 1993, 1528).

있는지 여부이다. 위약벌 약정을 한 경우에는 채권자가 위약벌 이외에 자신에게 실제로 발생한 손해의 배상을 추가로 청구할 수 있다. 그러나 손해배상액의 예정을 한 경우에는 채무불이행에 대한 손해배상으로 위약금을 지급하면 충분하고 별도로 손해배상청구권이 발생하지 않는다.[10] 둘째, 제398조 제2항에서 손해배상액의 예정에 대해서만 감액을 정하고 있고 위약벌에는 감액에 관한 규정이 없다. 판례는 위약벌에는 감액에 관한 규정이 적용되지 않는다고 보고 있다.[11]

이에 대하여 손해배상액의 예정과 위약벌을 구별할 실익이 없다는 견해가 있다.[12] 손해배상액 예정의 목적에는 법률관계의 간이화와 함께 채무이행의 확보가 포함되어 있는데, 채무이행의 확보는 위약벌의 본질에 속하기 때문이라고 한다. 위약벌의 전형적인 형태는 배상적 기능이 없다는 점에서 차이가 있기 때문에 양자가 개념상 구분된다고 볼 수 있다. 다만 손해배상액의 예정은 배상적 기능 이외에도 이행확보기능을 포함하고 있다는 점은 인정할 수 있다. 또한 나중에 보는 것처럼 위약벌의 감액을 인정할 경우에는 양자를 구분할 실익이 더욱 적어지게 된다.

2. 손해배상액의 예정과 위약벌의 구별 문제

(1) 개 설

위에서 본 것처럼 학설과 판례는 대체로 위약금을 손해배상액의 예정과 위약벌로 준별하는 이분론에 입각하고 있다. 그러나 위약금 약

10) 대판 1988. 5. 10, 87다카3101(집 36-2, 민 9).
11) 가령 대판 1968. 6. 4, 68다419(집 16-2, 민 115). 상세한 것은 아래 Ⅲ. 2. 참조.
12) 손지열, "손해배상액예정 약관조항에 대한 내용통제," 민사판례연구(XVIII), 1996, 11면. 한편, 위약금 약정은 이행강제기능과 손해전보기능의 둘을 수행한다고 하고, 이 두 기능을 각각 독립시켜서 지나치게 고립적으로 파악하는 데는 문제가 없지 않다는 지적이 있다. 민법주해(IX), 638면(양창수 집필).

정을 손해배상액의 예정으로 볼 것인지 아니면 위약벌로 볼 것인지에 관한 판례의 태도가 명확한 것은 아니다. 먼저 이러한 판례의 태도가 어떻게 변화해 왔는지 살펴본다.

(2) 2000년대 이전의 판례

초기의 판례에서는 위약금에 제재적 성격이 있는 경우 위약벌로 인정하였다. 가령 대법원은 피고의 계약위반에 대한 위약벌 또는 제재금의 성질을 가진 것이라고 해석되는 경우에는 손해배상액의 예정으로 볼 수 없다고 하였다.[13] 대법원은 위약금 이외에 손해배상을 해야 하는 점을 들어 위약벌로 본 경우도 있다.[14]

(3) 2000년대 이후의 판례 — 특히 계약보증금에 관한 판례

(가) 계약보증금에 관한 판례를 보면 2000년 전후를 기준으로 판례의 기준에 변화가 생겼다고 볼 수 있다. 종전에는 계약보증금을 위약벌로 본 사례들이 많았다.[15] 특히 도급계약에서 계약이행 보증금과 지체상금의 약정이 있는 경우에 지체상금은 손해배상액의 예정에 해당하고,[16] 계약이행 보증금은 위약벌 또는 제재금의 성질을 가진다고 보고

---

13) 대판 1968. 6. 4, 68다491(집 16-2, 민 115). 또한 대판 1981. 7. 28, 80다2499(공 1981, 14254)는 매수자인 원고가 대금을 약정기일 내에 납부하지 않을 때에는 피고는 계약을 해제할 수 있고, 위 사유로 계약이 해제되었을 때에는 원고는 이미 지급한 계약보증금을 포기하고 원상복구와 손해배상의 책임을 진다고 규정하고 있는 경우에 위 계약보증금의 포기에 관한 약정은 계약위반에 대한 위약벌 또는 제재금으로 해석된다고 하였다.

14) 대판 1998. 12. 23, 97다40131(공 1999, 220)은 원·피고 사이의 이 사건 토지분양계약이 해제될 경우 원고가 피고에게 지급한 계약보증금이 피고에게 귀속될 뿐만 아니라 원고는 계약해제로 인하여 피고가 입은 손해에 대하여도 이를 배상하여야 할 의무를 부담하는 점 등에 비추어, 위 계약보증금 귀속에 관한 위약금 약정은 손해배상액의 예정이 아니라 원고의 계약위반시 이를 피고에게 귀속시킴으로써 원고에게 제재를 가함과 동시에 원고의 계약이행을 간접적으로 강제하는 작용을 하는 이른바 위약벌의 성질을 가지는 것이라고 한다.

15) 가령 대판 1989. 10. 10, 88다카25601(공 1989, 1658) 등 다수.

16) 지체상금을 손해배상액의 예정으로 본 판결로는 대판 1989. 7. 25, 88다카6273, 88다카6280(집 37-2, 민 232); 대판 1994. 9. 30, 94다32986(집 42-2, 민 213).

있었다.[17] 그러나 이와 유사한 사례에서 계약이행 보증금을 손해배상액의 예정으로 본 경우도 있었다.[18]

(나) 그런데 대판 2000. 12. 8, 2000다35771(공 2001, 262)은 도급계약서상 계약보증금과 지체상금이 함께 규정되어 있는 것만으로 계약보증금을 위약벌로 보기는 어렵다고 판단하였다. 그 이유는 다음과 같다.

> "도급계약서 및 그 계약내용에 편입된 약관에 수급인의 귀책사유로 인하여 계약이 해제된 경우에는 계약보증금이 도급인에게 귀속한다는 조항이 있을 때 이 계약보증금이 손해배상액의 예정인지 위약벌인지는 도급계약서 및 위 약관 등을 종합하여 구체적 사건에서 개별적으로 결정할 의사해석의 문제이고, 위약금은 민법 제398조 제 4 항에 의하여 손해배상액의 예정으로 추정되므로 위약금이 위약벌로 해석되기 위하여는 특별한 사정이 주장·입증되어야 하는바, 소외 삼성중공업 주식회사와 소외 상원기계공업 주식회사 사이의 이 사건 하도급계약서에 계약보증금 외에 지체상금도 규정되어 있다는 점만을 이유로 하여 이 사건 계약보증금을 위약벌로 보기는 어렵다 할 것이다."[19]

종전에는 위와 같이 계약보증금과 지체상금에 관한 약정이 있는 경우 계약보증금을 위약벌로 보고 있었으나, 이 판결에서는 손해배상액

---

17) 대판 1996. 4. 26, 95다11436(공 1996, 1683); 대판 1997. 10. 28, 97다21932(공 1997, 3626).

18) 대판 1995. 12. 12, 95다28526(공 1996, 370)은 "공사이행 보증금에 관한 약정을 한 목적에는 수급인에게 심리적인 압박을 가하여 채무이행을 강제한다는 목적 외에 수급인의 계약 불이행으로 인하여 도급계약 관계를 청산하게 될 때를 대비하여 수급인이 도급인에게 배상하여야 할 손해액을 위 공사이행 보증금으로 예정함과 동시에 그 지급을 확보하기 위하여 계약 체결시에 공사이행 보증금을 미리 도급인에게 교부하게 한 데 있다."라고 전제한 다음, 원심이 위 이행보증금의 성질을 손해배상액의 예정으로 본 것은 정당하다고 하였다.

19) 같은 취지의 판결로는 대판 2001. 1. 19, 2000다42632(공 2001, 513); 대판 2004. 12. 10, 2002다73852(공 2005, 92); 대판 2005. 11. 10, 2004다40597(미공간); 대판 2009. 12. 10, 2007다13992(미공간); 대판 2010. 6. 24, 2007다63997(미공간).

의 예정으로 보고 있다는 점에서 중요한 의미가 있다. 이 판결의 내용은 종전 판례와 배치되는 것이라서 전원합의체에서 선고했어야 하지 않을까 하는 의문이 들기도 한다.[20)]

대판 2001. 9. 28, 2001다14689(공 2001, 2360)은 위 판결을 인용한 다음, 하자보수보증금을 손해배상액의 예정으로 파악하고 있다.[21)] 또한 대판 2002. 7. 12, 2000다17810(공 2002, 1926)은 이 경우 "하자보수보증금의 특성상 실손해가 하자보수보증금을 초과하는 경우에는 그 초과액의 손해배상을 구할 수 있다는 명시 규정이 없다고 하더라도 도급인은 수급인의 하자보수의무 불이행을 이유로 하자보수보증금의 몰취 외에 그 실손해액을 입증하여 수급인으로부터 그 초과액 상당의 손해배상을 받을 수도 있는 특수한 손해배상액의 예정"이라고 한다.

(다) 그러나 위에서 본 판결들이 나온 후에도 계약보증금을 위약벌로 인정한 판결들이 있다. 가령 대판 2002. 4. 23, 2000다56976(공 2002, 1213)은 "구 예산회계법(1995. 1. 5. 법률 제4868호로 국가계약법의 제정으로 개정되기 전의 것) 제93조, 동시행령(1995. 7. 6. 대통령령 제14710호로 국가계약법시행령의 제정으로 개정되기 전의 것) 제123조에 의한 차액보증금은 최저가낙찰제를 시행함에 있어 지나친 저가입찰을 억제하여 덤핑에 의한 부실공사를 방지하고 계약내용대로 계약을 이행할 것을 담보하기

---

20) 다만 하자보수보증금이 손해배상액의 예정에 해당하는지 위약벌에 해당하는지는 의사해석의 문제라고 보아 전원합의체에 의한 판례변경 절차를 거치지 않은 것으로 보인다.

21) 즉, "이 사건 도급계약의 내용으로 되어 있는 공사계약일반조건에 수급인이 하자보수의무를 이행하지 아니하는 경우 하자보수보증금이 도급인에게 귀속한다고만 규정되어 있을 뿐 이와 별도로 도급인이 입은 손해에 대하여는 따로이 배상하여야 한다는 취지의 규정이 있지도 아니하고, 오히려 원심의 설시와 같이 이 사건 도급계약상 도급인이 하자보수를 위하여 실제로 지출한 비용이 수급인이 예치한 하자보수보증금을 초과하더라도 그 이상의 책임을 수급인에게 물을 수 없다면, 이 사건 하자보수보증금의 귀속규정은 수급인이 하자보수의무를 이행하지 아니하는 경우 그 보증금의 몰취로써 손해의 배상에 갈음한다는 취지로서, 하자보수보증금은 손해배상액의 예정으로서의 성질을 가진다고 보아야 할 것"이라고 한다.

위한 것"이라고 판결하였다. 또한 대판 2009. 7. 9, 2009다9034(미공간)는 하도급계약의 일반조건에서 정하지 않은 사항에 관하여 특수조건으로 정할 수 있다고 한 경우, 계약이행 보증금에 관하여 일반조건에서 손해금의 담보 또는 손해배상예정액으로 정한 것과 달리 특수조건에서 위약벌로 정할 수 있다고 하였다. 그 밖에도 위약벌에 해당한다고 본 판결들이 계속 나오고 있다.[22)]

(4) 손해배상액의 예정과 위약벌의 성질을 함께 가질 수 있는지 여부

대판 2013. 4. 11, 2011다112032(공 2013, 845)에서는 문제된 위약금이 손해배상액의 예정과 위약벌의 성질을 함께 가진다고 보았다.

피고는 피고의 신청에 따라 계약종별을 일반용 전력으로 하여 원고와 전기공급계약을 체결하고 그 요금으로 전기를 공급받았는데, 전기공급에 관한 원고의 기본공급약관 제65조를 위반하여 주택용으로도 전기를 사용하였다. 원심은, 위 약관 제44조, 그 시행세칙 제29조와 원고의 내부규정인 요금업무처리지침에 근거하여, 실제 납부한 요금과 약관에 따라 계산한 요금의 차액(면탈금액), 동액 상당의 추징금, 면탈금액에 대한 부가가치세 및 관련 법령에 따라 산정한 전력기금을 합산한 금액을 위약금(약관 제44조에는 면탈금액의 3배를 한도로 규정하고 있다)으로 지급할 의무가 있다고 하고, 위 위약금을 손해배상액의 예정에 해당한다고 판단하였다.[23)] 그러나 대법원은 다음과 같은 이유로 원심판결

22) 대판 2005. 10. 13, 2005다26277(미공간)은 "이 사건 위약금은 원·피고가 손해의 발생을 염두에 두고 그 배상의 법률관계를 간편하게 처리하려는 손해배상의 예정으로서의 성격을 가진다기 보다는, 원·피고가 상대방에 대하여 이 사건 약정의 이행에 나아가도록 압박을 가하고 위약하였을 때에는 사적인 제재를 가하는 위약벌의 성격을 가진다고 봄이 상당"하다고 한다. 또한 대판 2005. 1. 27, 2002다42605(집 53, 민 3)는 "이 사건 약속어음금 채무는 협회 소속 개인사업자가 이 사건 결의 제1조, 제2조 등을 위반할 경우에 그 약속어음금을 협회에 귀속시킴으로써 그 개인사업자에게 제재를 가함과 동시에 개인사업자로 하여금 의무이행을 간접적으로 강제하는 작용을 하는 위약벌 또는 제재금으로서의 성질을 가진 것"이라고 한다.

23) 원심은, 이와 같은 위약금이 손해배상액의 예정에 해당하므로 1년 이내의 기

을 파기환송하였다.

> "다수의 전기수용가와 사이에 체결되는 전기공급계약에 적용되는 약관 등에, 계약종별 외의 용도로 전기를 사용하면 그로 인한 전기요금 면탈금액의 2배에 해당하는 위약금을 부과한다고 되어 있지만, 그와 별도로 면탈한 전기요금 자체 또는 손해배상을 청구할 수 있도록 하는 규정은 없고 면탈금액에 대해서만 부가가치세 상당을 가산하도록 되어 있는 등의 사정이 있는 경우, 위 약관에 의한 위약금은 손해배상액의 예정과 위약벌의 성질을 함께 가지는 것으로 봄이 상당하다."[24]

종래의 판례는 위약금의 법적 성질이 손해배상액의 예정인지 위약벌인지를 엄밀하게 구별하여 법적 판단을 하였으나, 이 판결은 전기요금 면탈금액의 2배를 부과하기로 한 위약금이 손해배상액의 예정과 위약벌의 성질을 함께 가진다고 보고, 그 위약금의 법적 성질을 손해배상액의 예정이나 위약벌 중 어느 하나에 귀속시키지 않고 법적 판단을 하고 있다.

이 사건에서 전기공급계약에 적용되는 약관 등에, 계약종별 외의 용도로 전기를 사용하면 그로 인한 전기요금 면탈금액의 2배에 해당하

간으로 정한 금전 지급을 목적으로 하는 채권으로서 민법 제163조 제1호에 정한 3년의 단기소멸시효가 적용되는 전기요금 채권과 동일한 소멸시효가 적용된다고 보고, 시효중단일부터 3년을 역산한 2007. 4. 13. 이전에 발생한 위약금 채권은 소멸시효 완성으로 소멸하였다고 판단하여 이 부분에 해당하는 원고의 청구를 배척하였다.

24) 그리고 "계약종별 위반으로 약관에 의하여 부담하는 위약금 지급채무는 전기의 공급에 따른 전기요금 채무 자체가 아니므로, 3년의 단기소멸시효가 적용되는 민법 제163조 제1호의 채권, 즉 '1년 이내의 기간으로 정한 금전의 지급을 목적으로 한 채권'에 해당하지 않는다 할 것이다. 그러나 '영업으로 하는 전기의 공급에 관한 행위'는 상법상 기본적 상행위에 해당하고(상법 제46조 제4호), 전기공급주체가 공법인인 경우에도 법령에 다른 규정이 없는 한 상법이 적용되므로(상법 제2조), 그러한 전기공급계약에 근거한 위약금 지급채무 역시 상행위로 인한 채권으로서 상법 제64조에 따라 5년의 소멸시효기간이 적용된다."라고 한다.

는 위약금을 부과한다고 되어 있으므로, 전기요금 면탈금액에 해당하는 부분은 손해배상이라고 할 수 있고, 그 한도에서 손해배상액의 예정을 한 것으로 볼 수 있다. 그러나 전기요금 면탈금액을 초과하는 부분은 손해배상액을 넘는 부분이기 때문에, 위약벌로 볼 수 있다. 이 판결에서 위 약관 등에서 면탈한 전기요금 자체 또는 손해배상을 청구할 수 있도록 하는 규정은 없고 면탈금액에 대해서만 부가가치세 상당을 가산하도록 되어 있다는 점도 위와 같은 결론을 뒷받침하는 근거로 들고 있는데, 이는 타당한 것으로 볼 수 있다.

(5) 소 결

위와 같은 판례를 살펴보면 손해배상액의 예정과 위약벌을 구별하는 것은 쉽지 않음을 알 수 있다. 위약금 약정이 손해배상액의 예정인지 위약벌인지는 기본적으로 계약의 해석 문제이다. 따라서 계약서에 기재된 문구가 중요한 의미를 갖지만, 계약을 체결할 당시 사용하고 있는 명칭이나 문구만으로 위약금 약정의 법적 성질을 결정할 수는 없다. 당사자들의 의사가 무엇인지, 특히 상대방이 그 문구를 어떻게 이해했는지, 계약의 체결 경위 등에 비추어 당사자들의 의사가 어떻게 추정되는지 등 여러 사정을 고려하여 그 성질을 결정해야 한다.

초기의 판례에서는 위약금을 손해배상액의 예정으로 보는 경우가 많았지만, 위약벌로 인정하는 사례도 적지 않았다. 그런데 계약이행 보증금에 관한 대법원 판결들을 보면 2000년을 기준으로 뚜렷한 변화를 발견할 수 있다. 즉, 1990년대에는 위약벌에 해당한다고 본 판결들도 있었으나, 2000년 이후에는 손해배상액의 예정으로 본 판결들이 많이 나왔다. 특히 위에서 본 대판 2000. 12. 8, 2000다35771은 도급계약서상 계약이행보증금과 지체상금이 함께 규정되어 있는 것만으로 계약이행보증금을 위약벌로 보기는 어렵다고 판단하였다. 이 판결의 영향으로 계약이행보증금을 손해배상액의 예정으로 보는 경우가 많아졌다고 볼 수 있다.

판례가 위와 같이 변화한 이유는 무엇인가? 위약벌에는 감액에 관한 규정이 없기 때문에, 위약금이 손해배상액의 예정인지 위약벌인지 모호한 경우 ―나아가 위약벌에 가까운 경우에조차― 가능하면 손해배상액의 예정으로 보아 감액을 인정함으로써 형평에 맞는 결론을 도출하려고 한 것이 아닐까 추측해 볼 수 있다. 결국 위약금을 위약벌로 보아 감액을 부정하는 것보다는 손해배상액의 예정으로 보아 감액을 인정하는 것이 바람직하다는 직관적 판단이 위와 같은 결론으로 이끌지 않았을까 생각한다.

한편, 전기요금 면탈금액의 2배를 부과하기로 한 위약금에 대하여 손해배상액의 예정과 위약벌의 성질을 함께 가진다고 본 대법원 판결은 매우 중요한 의미가 있다. 위약금 약정은 제재적 기능과 배상적 기능을 함께 갖추고 있는 경우가 많은데도 위약금 약정을 손해배상액의 예정과 위약벌로 엄밀하게 구별하여 이분법적으로 해결하려는 것은 당사자들의 의사나 거래의 실체를 제대로 반영하지 못하는 결과가 될 수 있다. 이 판결은 위약금에 관한 이분법적 해결방안에 관하여 재고할 필요가 있다는 것을 보여준다.

Ⅲ. 손해배상액의 예정과 위약벌의 통합적 구성 문제: 특히 위약벌도 감액을 할 수 있는지 여부

1. 손해배상 예정액의 감액

제398조 제2항에서 "손해배상의 예정액이 부당히 과다한 경우에는 법원은 적당히 감액할 수 있다."라고 정하고 있다. 이는 국가가 계약 당사자들 사이의 실질적 불평등을 제거하고 공정을 보장하기 위하

여 계약의 내용에 간섭한다는 데에 그 취지가 있다.[25] 국가가 사인 사이의 계약에 개입하는 것을 허용하고 있다는 점에서 매우 이례적인 규정이다. 그러나 이 규정에서 증액을 인정하지는 않고 있다.

이 규정에서 '부당히 과다한 경우'라고 함은 채권자와 채무자의 각 지위, 계약의 목적 및 내용, 손해배상액을 예정한 동기, 채무액에 대한 예정액의 비율, 예상 손해액의 크기, 그 당시의 거래관행 등 모든 사정을 참작하여 일반 사회관념에 비추어 그 예정액의 지급이 경제적 약자의 지위에 있는 채무자에게 부당한 압박을 가하여 공정성을 잃는 결과를 초래한다고 인정되는 경우를 뜻한다.[26] 이 경우 실제의 손해액을 구체적으로 심리·확정할 필요는 없고,[27] 다만 기록상 실제의 손해액 또는 예상손해액을 알 수 있는 경우 그 예정액과 대비하여 보면 충분하다.[28]

2. 위약벌의 감액과 무효

(1) 판례의 태도

제398조 제 2 항에 따른 감액이 위약벌에 관해서도 인정되는지 문제된다. 판례는 부정설을 따르고 있다. 이러한 판례가 어떻게 형성되었는지 살펴본다.

㈎ 위약벌의 감액을 부정한 판례

초기에 대법원은 위약벌의 감액을 부정하였다. 즉, 대판 1968. 6. 4,

25) 대판 1993. 4. 23, 92다41719(공 1993, 1528).

26) 대판 1991. 3. 27, 90다14478(집 39-1, 민 326); 대판 1993. 1. 15, 92다36212(공 1993, 702); 대판 1997. 7. 25, 97다15371(공1997, 2698); 대판 2000. 7. 28, 99다38637(공 2000, 1929).

27) 대판 1975. 11. 11, 75다1404(집 23-3, 민70); 대판 1987. 5. 12, 86다카2070(집 35-2, 민 23).

28) 대판 1995. 11. 10, 95다33658(공 1995, 3912); 대판 2004. 7. 22, 2004다3543(미공간); 대판 2013. 10. 24, 2010다22415(공 2014, 227).

68다419(집 16-2, 민 115)에서는 분뇨수거대행계약을 체결하면서 지급한 보증금 43만 원을 손해배상액의 예정으로서 감액할 수 있는지 여부가 문제되었다. 원심은 "위의 보증금 계약은 손해배상예약금이라 해석되는 바, 여러 가지의 사정을 종합하면, 그 손해배상예약금은 과다하므로, 그 예약금은 금 215,000원이 상당하다."라고 판단하였다. 그러나 대법원은 "보증금 약정은 원심이 인정한 바와 같이 손해배상 예약에 해당된다고는 할 수 없고, 도리혀[도리어] 피고의 계약위반에 대한 위약벌 또는 제재금의 성질을 가진 것이라고 해석되므로, 다른 특별한 사정이 없는 한, 이를 감액할 수 없다."라고 판단하였다.

이 판결은 위약벌의 경우에 특별한 사정이 없는 한 감액할 수 없다고 하고 있다. 따라서 특별한 사정이 있다면 감액할 여지가 있다고 볼 수 있다. 이 판결에서는 위약벌에 대하여 손해배상액의 예정에 관한 제398조 제 2 항의 규정을 유추적용할 수 있는지 여부에 관해서는 판단하고 있지 않다.

㈏ 공서양속 위반을 이유로 무효를 인정해야 한다는 판례

1990년대에 위약벌 약정에 대하여 손해배상액의 예정에 관한 규정을 유추적용하여 감액할 수는 없고 공서양속 위반을 이유로 무효가 될 수 있다는 판례가 나왔다. 초기에는 공서양속 위반을 이유로 무효로 될 수 있다고 하였으나 구체적인 사건에서 무효를 인정하지는 않았다.

① 대판 1993. 3. 23, 92다46905(공 1993, 1272)에서는 백화점 수수료위탁판매매장계약에서 임차인이 매출신고를 누락하는 경우 판매수수료의 100배에 해당하고 매출신고누락분의 10배에 해당하는 벌칙금을 임대인에게 배상하기로 한 위약벌 약정을 하였는데, 이를 감액할 수 있는지 또는 위 약정이 무효인지 문제되었다. 원심은 "위약벌의 약정은 채무의 이행을 확보하기 위하여 정해지는 것으로서 손해배상의 예정과는 그 내용이 다르므로 손해배상의 예정에 관한 민법 제398조 제 2 항을 유추적용하여 그 액을 감액할 수는 없는 법리이고 다만 그 의무의 강

제에 의하여 얻어지는 채권자의 이익에 비하여 약정된 벌이 과도하게 무거울 때에는 그 일부 또는 전부가 공서양속에 반하여 무효로 된다." 라고 전제한 다음, 위 위약벌의 배상배율이 판매수수료의 100배에 해당한다는 사정만으로는 위 위약벌 약정이 공서양속에 반하여 일부 또는 전부가 무효라고는 할 수 없다고 판단하였다.[29] 대법원도 원심판결을 지지하였다.

손해배상액의 예정에 관한 제398조 제2항을 유추적용하여 위약벌을 감액할 수 없다고 한 판단은 원심법원의 판단이고 대법원은 원심의 판단을 지지하고 있을 뿐이다. 또한 이 판결에서 위약벌 약정이 공서양속에 반하는 경우 무효가 될 수 있다고 한 부분(이 부분도 원심판결에 있는 내용을 대법원이 지지하고 있을 뿐이다)은 중요한 의미가 있다. 이 판결에서는 여러 사정을 들어 위약벌 약정이 공서양속에 반하지 않는다고 판단하였으나, 위약벌 약정이 공서양속에 반하는지 여부를 판단하는 기준으로 제시한 "그 의무의 강제에 의하여 얻어지는 채권자의 이익에 비하여 약정된 벌이 과도하게 무거울 때"라는 요건을 주목할 필요가 있다.

위약벌 약정의 공서양속 위반 요건과 손해배상 예정액의 감액 요건을 비교해보자. 위약벌의 공서양속 위반 요건이 손해배상 예정액의 감액 요건보다 엄격한 요건을 충족해야 할 것처럼 여겨지지만, 위 판례에서 제시한 요건에 따르면 큰 차이가 없다. 위약벌이 "과도하게" 무거운 것으로 인정되면 공서양속 위반을 이유로 일부 또는 전부 무효가 인정될 수 있기 때문이다.

② 대판 2002. 4. 23, 2000다56976(공 2002, 1213)은 "위약벌의 약정

---

29) 원심은 그 이유로 다음과 같은 점을 고려하고 있다. ① 위 위약벌 약정은 수수료위탁판매매장계약에서 임대인의 정당한 이익을 확보하기 위하여 임차인의 성실한 매출신고를 담보하는 유일한 수단이기 때문에 그 배상금의 배율은 수수료매장의 질서유지를 보장할 정도의 것이어야 한다. ② 임대인으로서는 임차인의 매출신고누락분을 전부 파악하기가 사실상 어렵다.

은 채무의 이행을 확보하기 위해서 정해지는 것으로서 손해배상의 예정과는 그 내용이 다르므로 손해배상의 예정에 관한 민법 제398조 제2항을 유추적용하여 그 액을 감액할 수는 없으며, 다만 그 의무의 강제에 의하여 얻어지는 채권자의 이익에 비하여 약정된 벌이 과도하게 무거울 때에는 그 일부 또는 전부가 공서양속에 반하여 무효로 되는 것에 불과하다."라고 판결하였다. 이 판결은 대법원 판결로서 위약벌 약정에 대하여 제398조 제2항을 유추적용할 수 없다는 점을 명백히 하였다.[30)]

(다) 공서양속 위반을 이유로 일부 무효를 인정한 판례

공서양속 위반을 이유로 위약벌 약정이 무효라고 판단한 사례는 많지 않다.[31)] 다만 대판 2002. 2. 5, 2001다62091(공 2002, 635)에서는 "그 의무 강제에 따라 피고가 얻는 이익에 비하여 약정된 위약벌이 지나치게 무거워 약정 금액의 10%를 초과하는 부분은 공서양속에 반하여 무효"라고 본 원심판결을 지지하였다.

최근 대판 2013. 7. 25, 2013다27015(미공간)에서는 연예인 전속계약

30) 동지: 대판 2005. 10. 13, 2005다26277(주 22).

31) 대판 1997. 6. 24, 97다2221(공 1997, 2274)은 "도급인의 지위에 있는 행정기관인 피고가 당초의 입찰이나 계약 체결시에 약정한 공사기간을 그 후 행정상의 이유로 일방적으로, 수급인이 당초 전혀 예상하지 못했을 정도로 상당한 기간의 단축을 요구하여 수급인인 원고로 하여금 이에 부득이 응하게 한 경우에, 그와 같이 공사기간을 단축할 당시에 있어서의 기성공정률에다가 그 공사의 완공에 필요한 총기간 및 남은 공사기간 등을 참작하여 그 단축된 기간 내에 공사를 준공하는 것이 물리적으로 불가능하거나 총체적으로 부실공사를 강요하는 것이 될 수밖에 없는 사정이라면, 당초의 지체상금에 관한 약정을 그대로 적용하여 위와 같이 준공이 불가능할 정도로 단축된 준공기한을 기준으로 일률적으로 계산한 지체일수 전부에 대하여 당초의 약정에 의한 지체상금의 배상을 그대로 물게 하는 것은 선량한 풍속 기타 사회질서에 비추어 허용할 수 없는 것이라고 할 것이고, 따라서 준공기한을 앞당기기로 하는 위 합의는 준공에 절대적으로 필요한 최소한의 기간에 해당하는 지체상금 부분에 한하여 무효라고 할 것이다."라고 판결하였다. 이 판결에서 위약금 약정에 대하여 공서양속 위반을 이유로 일부 무효를 인정하고 있는데, 다만 문제된 약정이 위약벌인지 손해배상액의 예정인지에 관해서는 판단하지 않고 있다.

에서 위약벌금으로 2억 원을 정한 것이 유효한지 문제되었는데, 공서양속 위반을 이유로 위약벌 약정의 일부 무효를 인정하고 있다. 원심은 이 사건 위약벌금 2억 원은 과도하게 무거운 것으로 보이므로, 이 사건 위약벌 약정은 1억 5,000만 원의 범위 내에서만 유효하고 이를 초과하는 나머지 부분은 선량한 풍속 기타 사회질서에 반하여 무효라고 봄이 상당하다고 판단하였다. 그 이유로 다음과 같은 사유를 들고 있다. ① 원고는 피고의 계약 위반에 따라 이 사건 전속계약이 중도해지되는 경우에도 이 사건 전속계약 제 4 조에 따라 잔여 계약기간 동안 발생하는 피고의 활동 수익 중 20%를 손해배상금으로 지급받음으로써 피고의 계약 위반에 따른 원고의 실손해는 사실상 대부분 전보받을 수 있다. ② 이 사건 위약벌금 2억 원은 피고가 4년간 전속계약을 한 것에 대한 대가인 전속계약금 5,000만 원의 4배에 이른다. ③ 이에 비해 이 사건 전속계약 체결 이전인 2001. 1.경 체결한 원고와 피고의 전속계약상 위약벌금은 1억 원이었다. ④ 이 사건 전속계약은 전체 전속기간 4년 중 3년이 경과한 시점에서 종료되었다. 대법원은 원심판단을 지지하면서 다음과 같은 이유를 들고 있다.

> "위약벌의 약정은 채무의 이행을 확보하기 위하여 정해지는 것으로서 손해배상의 예정과는 그 내용이 다르므로 손해배상의 예정에 관한 민법 제398조 제 2 항을 유추적용하여 그 액을 감액할 수는 없고, 다만 그 의무의 강제에 의하여 얻어지는 채권자의 이익에 비하여 약정된 벌이 과도하게 무거울 때에는 그 일부 또는 전부가 공서양속에 반하여 무효로 된다."

이 판결에서 위약벌은 손해배상액의 예정에 관한 제398조 제 2 항을 유추적용하여 감액할 수 없다는 점, 위약벌 약정이 공서양속 위반에 해당하는 경우 그 무효를 인정할 수 있다고 판단한 점은 기존의 판례와 마찬가지이다. 그런데 이 판결은 2억 원의 위약벌 약정이 1억 5,000

만 원의 범위 내에서만 유효하고 이를 초과하는 나머지 부분은 무효라고 하였는데, 이처럼 공서양속 위반을 이유로 일부 무효를 인정하였다는 점에서 중요한 의미가 있다. 이는 결과적으로 위약벌을 감액한 것과 차이가 없다.

(2) 학 설

위약벌에는 손해배상액의 예정과는 달리 감액이 인정되지 않고 과도한 위약벌에 대해서는 공서양속 위반으로 해결하는 견해가 다수설이다.[32] 이 견해는 결국 판례에 찬성한다.

이에 대하여 위약벌에도 감액이 인정되어야 한다는 견해가 유력하게 제기되었다. 그 이유로는 먼저 평가상의 모순을 지적한다. 전보기능을 가진 손해배상액의 예정에 대하여 감액을 인정한다면 제재기능을 가진 위약벌의 경우에는 더더욱 감액이 인정되어야 할 것이므로, 위약벌에 대하여 감액을 인정하지 않는 것은 평가상의 모순이 있다고 한다.[33] 두 번째 이유는 손해배상액의 예정과 위약벌에는 공통성이 있거나[34] 양자를 구별할 실익이 없다[35]는 점에서 찾는다. 위약벌도 채무불이행에 대한 채권자의 대비수단이라는 점에서 손해배상액의 예정과 공

32) 곽윤직(주 7), 131면; 김증한·김학동, 채권총론, 제6판, 박영사, 1998, 157면; 김형배, 채권총론, 제2판, 박영사, 1998, 289면; 송덕수, 채권법총론, 박영사, 2013, 194면; 이은영, 채권총론, 제4판, 박영사, 2009, 363면; 최창렬, "부당한 위약금의 규제에 관한 연구," 비교사법 제8권 2호(2001. 12), 240면 이하. 또한 이영준, 민법총칙, 개정증보판, 박영사, 2007, 249면도 과도한 위약벌 약정을 공서약속 위반의 한 사례로 들고 있다. 장경학(주 7), 249면은 위약벌의 성질을 갖는 위약금에 관해서는 제103조, 제104조가 적용된다고 한다.

33) 민법주해(Ⅸ), 687면(양창수 집필); 양창수·김재형(주 8), 462면; 손지열(주 12), 11면 이하; 최병조, "위약금의 법적 성질," 민사판례연구(XI), 1989, 238면.

34) 서민, "손해배상액의 예정," 민사법학 제7호(1988), 189면.

35) 손지열(주 12), 11면. 이 견해는 위약금을 위약벌로 인정하여야 할 필요는 거의 상정하기 어려우며, 따라서 그 인정은 극히 예외적인 경우 즉 약정 금액이 아주 적은 금액이어서 도저히 손해배상액의 예정으로 볼 수 없는 경우에 한정되어야 한다고 한다.

통성이 있고, 또 채무자보호의 필요성도 마찬가지로 인정된다. 또한 손해배상액 예정의 목적에는 법률관계의 간이화와 함께 채무이행의 확보(심리적 강제)가 포함되어 있는데, 채무이행의 확보는 위약벌의 본질에 속한다. 따라서 손해배상액의 예정과 위약벌을 구별하지 않고 감액을 인정해야 한다고 한다.36)

3. 약관의 규제에 관한 법률의 적용과 관련된 문제

약관의 규제에 관한 법률(이하 '약관규제법'이라 한다) 제 8 조는 '손해배상액의 예정'이라는 표제로 "고객에게 부당하게 과중한 지연 손해금 등의 손해배상 의무를 부담시키는 약관 조항은 무효로 한다."라고 정하고 있다. 이 규정은 그 문언상 손해배상액의 예정에 관하여 정한 것이지만, 위약벌에도 적용되거나 유추적용될 수 있는지 문제된다.

대판 2009. 8. 20, 2009다20475, 20482(공 2009, 1532)는 고객에게 부당하게 과중한 손해배상의무나 위약벌 등을 부담시키는 약관조항은 약관규제법에 따라 무효라고 판단하고 있는데, 손해배상액의 예정과 위약벌을 유사하게 취급하고 있다.

원심은, 이 사건 임대차계약서 제16조 제 3 항에서 규정한 위약금을 위약벌 약정으로 보아야 한다고 한 다음, 위약벌 약정은 위 법률 제 8 조에서 정하는 손해배상액의 예정에 해당한다고 볼 수 없을 뿐 아니라, 위 위약금 규정이 고객에게 부당하게 과중한 손해배상의무를 부담시키는 조항으로 볼 수도 없다고 판단하였다. 그러나 대법원은 다음과 같은 이유로 피고의 상고를 받아들여 원심판결을 파기환송하였다.

---

36) 김상용, 채권총론, 개정판증보, 법문사, 2006, 205면은 독일 민법과 스위스 민법에서 위약벌을 감액하고 있다는 점을 들어 위약금의 감액을 인정하고 있다. 그 밖에 위약벌의 감액을 긍정하는 견해로는 임건면(주 8), 388면; 이동신, "손해배상액의 예정과 위약벌에 관한 판례 연구," 민사재판의 제문제 제11권, 2002, 301면이 있다.

"약관의 규제에 관한 법률은 제6조 제1항에서 "신의성실의 원칙에 반하여 공정을 잃은 약관조항은 무효이다."라고 규정하고, 제2항에서 "약관은 다음 각 호의 1에 해당되는 내용을 정하고 있는 경우에는 당해 약관 조항은 공정을 잃은 것으로 추정된다."라고 규정하면서 그 제1호에 '고객에 대하여 부당하게 불리한 조항'을 들고 있으며, 제8조에서는 "고객에 대하여 부당하게 과중한 지연손해금 등의 손해배상의무를 부담시키는 약관조항은 이를 무효로 한다."라고 규정하고 있으므로, 고객에 대하여 부당하게 과중한 손해배상의무나 위약벌 등을 부담시키는 약관 조항은 고객에게 부당하게 불리하여 공정을 잃은 것으로 추정되고 신의성실의 원칙에 반하는 것으로서 무효라고 보아야 할 것이다(대법원 1996. 9. 10. 선고 96다19758 판결, 대법원 1998. 4. 24. 선고 97다56969 판결 등 참조)."

"이 사건 임대차계약서 제16조 제3항에서 규정한 위약금을 원심과 같이 이른바 위약벌로 본다 하더라도, 그것이 약관 조항인 이상 앞서 본 바와 같이 약관의 규제에 관한 법률 제6조 및 제8조의 적용 대상이 되는 것"이다.

이 판결에서 고객에게 부당하게 과중한 위약벌을 약관규제법에 따라 무효라고 판단하면서 그 근거로 약관규제법 제6조와 제8조를 들고 있음을 주목할 필요가 있다. 약관규제법 제6조와 함께 제8조도 들고 있는 것을 보면, 위약벌을 손해배상액의 예정과 동일하거나 유사하게 취급하려고 한 것이라고 볼 수 있다. 그러나 약관규제법 제8조에서는 손해배상액의 예정에 관해서만 규정하고 있기 때문에, 위약벌에는 이 규정이 적용되지 않는다고 볼 수 있다. 그리하여 이 판결은 약관규제법 제6조도 들고 있는 것으로 볼 수 있다.

약관에서 위약금 약정을 한 경우에는 그것이 손해배상액의 예정인지 위약벌인지를 구분할 필요 없이 고객에게 부당하게 과중한 부담을 주는 때에는 약관규제법 위반을 이유로 무효라고 보아야 한다. 그 근거로는 손해배상액의 예정에 관한 약관규제법 제8조가 위약벌에도 유추적용된다고 하는 방법도 있고, 약관규제법 제 6 조에 따라 위와 같은 약관이 무효라고 하는 방법도 있다. 입법론으로는 약관규제법 제 8 조를 개정하여 손해배상액의 예정에 관한 약관조항뿐만 아니라 위약벌을 정한 약관조항도 명시하는 것이 바람직하다.

4. 소 결

제398조 제 2 항은 손해배상액의 예정에 관한 것이다. 그러나 이 규정은 위약벌에도 유추적용되어야 한다는 견해에 찬성한다.[37] 배상적 기능을 갖는 손해배상액의 예정에 대해서 감액을 인정하면서 제재적 기능을 갖는 위약벌에 대해서는 감액을 인정하지 않는다면 평가모순이라고 할 수 있다. 위약금의 지급이 채무자에게 부당한 압박을 가하여 공정성을 잃는 결과를 초래한다고 인정되는 경우에는 손해배상액의 예정이든 위약벌이든 감액을 인정할 필요가 있다. 더욱이 손해배상액의 예정을 한 경우에는 원칙적으로 그 예정된 금액을 청구하는 외에는 추가적인 손해의 배상을 청구할 수 없지만, 위약벌을 정한 경우에는 이와 별도로 손해배상을 청구할 수 있기 때문에, 오히려 위약벌의 경우에 감액을 인정할 필요성이 더욱 크다.

한편, 판례는 위약벌에 관하여 공서양속에 관한 제103조를 적용하여 전부 또는 일부 무효를 인정하고 있다. 특히 위에서 본 대판 2013. 7. 25, 2013다27015에서는 이를 명시적으로 인정하고 있다. 위약벌 약정이 강행법규를 위반하거나 공서양속을 위반하여 무효가 될 수 있다. 그런데 위약벌에 대하여 공서양속을 위반을 이유로 일부 무효를 인정하는 것은 제398조 제 2 항에 따라 감액을 인정하는 경우와 논리적으로 다른 것이지만, 결과적으로는 동일한 결론에 이를 수 있다. 판례는 위

37) 김재형, "채무불이행으로 인한 손해배상에 관한 민법개정안," 민사법학 제65호(2013. 12), 618면 이하.

약벌을 정한 경우에 "그 의무의 강제에 의하여 얻어지는 채권자의 이익에 비하여 약정된 벌이 과도하게 무거울 때"에는 공서양속 위반을 이유로 무효라고 하고 있는데, 이것은 그 의미상 손해배상 예정액의 감액 요건인 "부당히 과다한 경우"와 차이가 없다.

위에서 본 대판 2009. 8. 20, 2009다20475, 20482에서는 약관규제법을 적용하는 경우에는 손해배상액의 예정과 위약벌을 동일하게 취급하고 있다. 위약금에 관하여 약관규제법을 적용하는 경우에는 손해배상액의 예정과 위약벌을 구분하지 않고, 민법을 적용하는 경우에는 양자를 구분하는 것은 합리적으로 설명하기 어렵다.

위약벌은 위약금의 일종으로서 손해배상액의 예정과 기능상 유사한 측면이 있다. 손해배상액의 예정에도 이행확보적 기능 또는 제재적 기능이 있을 수 있는데, 이는 위약벌의 기능과 공통적이기 때문이다.[38] 또한 손해배상 예정액을 감액한다면 배상적 기능이 없는 위약벌에서는 더욱 감액을 인정할 필요성이 높다. 계약을 체결하기 전에 교섭을 하는 단계에서 위약금 약정을 한 경우에는 위약금을 감액할 필요성이 더욱 크다. 그것이 손해배상액의 예정인지 위약벌인지에 따라 감액을 인정할 필요성에서 차이가 생기지 않는다.

위약벌의 경우에도 손해배상액의 예정에 관한 제398조 제2항을 유추적용하여 그 감액을 인정하는 것이 간명한 해결방법이다.[39] 현재의 판례와 같이 손해배상액의 예정과 위약벌을 엄밀하게 구분하여 달리 취급할 경우에는 형평에 맞지 않는 결론이 도출될 수 있다. 위약금이 손해배상액의 예정이라는 성격과 위약벌의 성격을 모두 갖고 있

38) 손지열(주 12), 11면; 김동훈, "계약이행보증금," 인권과 정의 제280호(1999. 12), 81면. 나아가 강신웅, "손해배상액의 예정과 위약벌의 인정문제," 민법의 과제와 현대법의 조명(홍천룡교수화갑기념), 1997, 365면 이하; 강신웅, "위약계약금·보증금 등의 해석과 민법 제398조의 입법론," 기업법연구 제16집(2004. 3), 513면 이하는 위약벌을 아예 인정할 필요가 없다고 한다.

39) 김재형, "부당한 위약금의 규제에 관한 연구 토론요지," 비교사법 제8권 2호(2001. 12), 249면 이하.

는 경우에, 그 법적 성질이 손해배상액의 예정인지 위약벌인지를 결정하고 그에 따라 감액 여부를 달리하는 것은 과도한 위약금 약정에 대한 적절한 규율방법이 아니다. 손해배상액의 예정과 위약벌이 명확하게 구별되지 않기 때문에, 법관의 형평감각에 따라 감액을 인정하려고 위약벌의 성격을 많이 가진 위약금 약정을 손해배상액의 예정으로 인정하려는 경향이 생길 수도 있다. 만일 실무가 위와 같은 방향으로 흘러간다면 이는 위약금 약정의 실체에 맞지 않는 작위적인 결과를 초래하게 될 것이다.

Ⅳ. 위약금 약정에 관한 법무부 민법개정안

1. 개 정 안

법무부 민법개정안은 제398조를 다음과 같이 개정할 것을 제안하고 있다.

민법개정안 제398조(위약금) ① 당사자는 채무불이행에 관하여 위약금을 약정할 수 있다.
② 위약금의 약정은 당사자들이 채무불이행으로 인한 손해배상액을 예정한 것으로 추정한다.
③ 위약금이 부당히 과다한 경우에는 법원은 적당히 감액할 수 있다.
④ 위약금의 약정은 이행의 청구나 계약의 해제에 영향을 미치지 아니한다.
⑤ 당사자가 금전이 아닌 것으로써 손해배상에 충당하기로 예정한 경우에도 제1항 내지 제4항의 규정을 준용한다.

2. 개정안의 의미와 내용

위 개정안의 내용은 세 가지 점에서 현행 민법을 수정하고 있다.[40] 첫째, 제398조의 표제를 배상액의 예정에서 위약금으로 바꾸고 제 1 항을 개정하여 손해배상액의 예정이 아니라 위약금을 약정할 수 있다고 정하고 있다. 이는 민법에서 위약금 약정의 일부인 손해배상액의 예정만을 규정하는 것이 아니라, 위약금 약정 전체에 관하여 규율하기로 선언한 것으로 볼 수 있다.

둘째, 현행 민법에서는 손해배상의 예정액이 부당히 과다한 경우에는 법원은 적당히 감액할 수 있다고 정하고 있으나(제 2 항), 개정안에서는 위약금이 부당히 과다한 경우에는 법원은 적당히 감액할 수 있다고 정하고 있다(개정안 제 3 항).[41] 이 개정안이 통과되면 현행법과 달리 위약금 약정이 위약벌로 인정되는 경우에도 법원에 의한 감액의 대상이 된다는 것이 명확해진다. 또한 감액의 요건은 '위약금이 부당히 과다한 경우'로서 손해배상액의 예정이든 위약벌이든 동일한 기준이 적용된다. 이는 위약벌의 감액을 긍정하고 있는 학설을 수용하여 위약벌의 감액 문제를 명확하게 정리한 것이다.[42]

셋째, 현행법은 제 4 항에서 위약금의 약정을 손해배상액의 예정으로 추정하고 있으나, 개정안은 채무불이행으로 인한 손해배상액을 예정한 것으로 추정하도록 한정하고 그 위치를 제 2 항으로 옮겼다. 위약금 약정이 손해배상액의 예정으로 추정되는 경우에도 이는 채무불이행으로 인한 손해액을 예정한 것이고 불법행위로 인한 손해배상액까지 예정한 것이 아님을 분명하게 한 것이다.[43] 다만 본래 위 개정안을 작성

40) 이하의 설명은 김재형(주 37), 619-621면을 요약한 것이다.

41) 법원에 의한 감액은 채무자가 청구한 경우에 한하여 인정할 것인지 문제되는데, 이에 관한 규정을 두지 않기로 하였다. 따라서 개정안에서도 현행법과 같이 채무자가 감액을 청구하지 않는 경우에도 법원이 직권으로 감액할 수 있다.

42) 위약금의 증액을 인정할 필요가 있는지 문제되나, 민법개정위원회 전체회의에서 이 문제는 다루어지지 않았다. 위약금의 증액을 인정할 필요는 없고 위약금을 초과하는 손해가 발생한 경우에는 그와 같은 초과 손해의 배상을 허용하는 것이 나을 것으로 생각한다.

43) 대판 1999. 1. 15, 98다48033(공 1999, 297)은 계약 당시 당사자 사이에 손해배상액을 예정하는 내용의 약정이 있는 경우에 그것은 계약상의 채무불이행으로

했던 분과위원회에서 위약벌에 대해서는 감액을 인정하지 않고 손해배상액의 예정에 대해서만 감액을 인정하는 것을 전제로 규정의 위치를 옮긴 것인데, 민법개정위원회 전체회의에서 통과된 개정안에서는 손해배상액의 예정뿐만 아니라 위약벌도 감액할 수 있도록 하였으므로, 조문의 위치를 바꿀 이유가 없는 것이 아닌가 생각된다. 위약금을 감액하기로 한 조항이 좀 더 중요한 의미를 갖고 손해배상액의 예정으로 추정하는 규정은 크게 중요한 의미를 갖지 않게 되었기 때문이다.

개정안에서 손해배상액의 예정이든 위약벌이든 상관없이 감액할 수 있다고 명시한 것은 중요한 변화라고 할 수 있다. 이는 손해배상액의 예정과 위약벌 사이의 평가모순을 해소하기 위한 것이다. 개정안에서도 손해배상액의 예정과 위약벌을 구분하는 기준에 관해서는 명시적인 규정을 두고 있지 않다. 다만 이 개정안이 통과되면, 이는 손해배상액의 예정과 위약벌을 구분하는 판례의 기준에도 영향을 미칠 수 있다. 개정안에 따르면 감액을 위해서 손해배상액의 예정으로 볼 필요가 전혀 없기 때문이다.

Ⅴ. 위약금 약정에 관한 비교법적 고찰

손해배상액의 예정과 위약벌에 관한 취급은 대륙법(Civil Law)과 보통법(Common Law)[44] 사이에 현저한 차이가 있다. 그리하여 이 주

인한 손해액에 관한 것이고 이를 그 계약과 관련된 불법행위상의 손해까지 예정한 것이라고는 볼 수 없다고 하였다.

44) '영미법' 또는 '코먼로'라고도 한다. 잉글랜드, 미국, 캐나다, 호주 등이 이에 속한다. 그러나 스코틀랜드는 혼합법계로서 보통법계에 포함되지 않는다. 그리하여 영미법이라는 표현이 적절한지는 논란이 있을 수 있다. 이하에서는 보통법이라는 표현을 사용하고, 영국법(엄밀하게는 잉글랜드법)과 미국법에 관해서만 다룰 것이다.

제에 관해서는 국제적으로 비교법적 연구가 매우 많이 이루어졌다.[45] 또한 우리나라에서도 이 주제에 관하여 외국법이 많이 소개되었고 비교법적 검토를 하고 있는 문헌이 많다.

1. 대 륙 법

(1) 일 반[46]

대륙법계 국가에서는 위약금 조항을 유효하다고 보고 있다. 그러한 조항의 목적이 채무자로 하여금 본래의 채무를 이행하도록 강제하기 위한 것(위약벌 조항)이든, 아니면 채권자가 불이행으로 인해 입을 손실을 미리 정해 놓기 위한 것(손해배상액의 예정)이든 관계없다.[47] 특히 프랑스 민법은 제1152조, 제1226조에서 1233조까지 위약금에 관하여 상세하게 규정하고 있다. 먼저 위약금 약정의 유효성을 인정하고, 그 성격을 손해배상액의 합의로 파악하고 있다.[48] 프랑스 민법 제정 당시에는 위약금의 증감을 인정하지 않았으나, 1975년 개정으로 법관이 위약

45) Ole Lando and Hugh Beale ed., Principles of European Contract Law, 2000, xxiii(김재형 역, 유럽계약법원칙, 박영사, 2013, 17면)은 대륙법과 보통법 사이의 차이를 설명하면서 두 가지 예를 들고 있는데, 하나는 신의성실의 원칙이고 다른 하나는 위약벌이다.

46) 이 부분은 김재형 역(주 45), 689면을 주로 요약한 것이다. Christian von Bar and Eric Clive ed., Principles, Definitions and Model Rules of European Private Law Draft Common Frame of Reference (DCFR) Full Edition, Vol. 1, 2010, 964ff.에 있는 내용은 위 유럽계약법원칙에 서술된 내용과 유사하고 다만 동유럽 국가 등에 관한 자료나 2000년 이후의 자료가 추가되어 있다. 또한 Harriet Schelhaas, “The Judicial Power to Reduce a Contractual Penalty,” ZEuP(Zeitschrift für Europäisches Privatrecht) 2004, 386ff.도 참조.

47) 오스트리아, 벨기에, 프랑스, 룩셈부르크, 독일, 그리스, 이탈리아, 네덜란드, 포르투갈, 스페인, 덴마크, 핀란드, 스웨덴에서 위약금 조항의 유효성을 인정하고 있다.

48) 상세한 것은 민법주해(IX), 641면 이하(양창수 집필); 최창렬, “손해배상액의 예정과 위약벌에 관한 연구,” 성균관대학교 법학박사학위논문, 1999, 18면 이하; 박수곤, “프랑스 민법상 위약금제도에 대한 개관,” 한국민사법학회 2014년 춘계 학술대회 발표문(2014. 4. 19).

금을 증감할 수 있도록 하였다.[49] 이처럼 위약금을 감액을 할 수 있을 뿐만 아니라 증액을 할 수 있도록 하였다는 점에서 매우 특색이 있는 입법이라고 할 수 있다.

불이행에 대하여 책임이 없는 경우, 다른 특별한 합의가 없는 한, 위약금의 지급을 청구할 수 없다.[50] 그러나 불이행에 대한 지급약정은 불이행의 상대방에게 손해가 있는지 여부와 그 액수가 얼마인가에 관계없이 지급되어야 한다.

대륙법계의 많은 국가에서는 손해배상 예정액이 손해배상을 대체한다. 따라서 채권자는 손해배상 예정액에 추가하여 손해배상을 청구할 수 없다. 그러나 독일에서는 아래 (2)에서 보는 것처럼 위약금과 함께 추가적인 손해의 배상을 청구할 수 있다.

대륙법계 국가에서는 대체로 손해배상 예정액이 명백히 과다한 경우, 법원은 이를 감액할 수 있다.[51] 벨기에 대법원은 약정 지급액이 계약 체결시 예견할 수 있는 손실에 비해 지나치게 과다하여 손실의 사전평가로서의 기능을 상실하고 단지 사적 제재로서 기능할 뿐이라면 이는 공서양속에 위반하는 것이므로 무효라고 판결하였다. 이러한 경우가 아니라도, 불이행 당시의 시점에서 보아 약정 지급액이 명백하게 불합리하다면 감액될 수도 있다. 스페인 민법 제1154조에 의하면, 법원은 본래의 채무가 일부 이행되었거나 불완전하게 이행된 경우 지급액을 형평에 맞게 감액할 수 있다.[52]

한편 체코 상법에서는 위약벌이 유효하지만 과도하게 높은 위약금

---

49) 프랑스 민법 제1152조 제 2 항은 "그러나 약정된 금액이 명백하게 과도하거나 미약한 때에 법관은, 심지어는 직권으로, 약정금액을 감액하거나 증액할 수 있다. 이에 반하는 약정은 무효이다."라고 정하고 있다. 조문 번역은 명순구 역, 프랑스 민법전, 법문사, 2004 참조.

50) 명문의 규정을 두고 있는 경우로는 네덜란드 민법 제6:92조 제 3 항.

51) 위에서 본 프랑스법 이외에도 독일 민법 제343조, 오스트리아 민법 제1336조 제 2 항, 네덜란드 민법 제6:94조, 이탈리아 민법 제1384조 등 참조.

52) 김재형 역(주 45), 690면.

은 법관에 의하여 감액될 수 있다(상법 제301조).[53]

(2) 독 일

(가) 계약벌과 일괄손해배상약정

독일 민법에는 계약벌(Vertragsstrafe)[54]에 관하여 제339조에서 제345조까지 상세한 규정을 두고 있다. 계약벌은 채무자가 채권자에 대하여, 그가 채무를 이행하지 않거나 적절하게(in gehöriger Weise) 이행하지 않은 때에 계약벌로서 지급할 것을 약속한 일정한 금액을 말한다(제339조 1문).[55] 계약벌은 불이행에 대한 계약벌 약정과 부적절한 이행에 대한 계약벌 약정으로 구분하여 규정하고 있다. 채무자가 채무를 이행하지 않는 경우에 채권자는 계약벌을 이행에 갈음하여 청구할 수 있으며, 이 경우 이행청구권은 배제된다(제340조). 반면에 채무자가 채무를 적절하게 이행하지 않는 경우에는 채권자는 계약벌을 이행과 함께 청구할 수 있다(제341조). 채무불이행이나 부적절한 이행에 대비하여 계약벌 약정을 한 경우에 채권자는 손해를 증명하지 않고 최소한의 손해배상을 받을 수 있다. 채권자는 그 밖에 초과손해의 배상을 청구할 수 있다(제340조 제2항, 제341조 제2항). 계약벌은 채무불이행을 전제로 하는 것이므로, 채무자에게 귀책사유가 없는 경우에는 계약벌을 청구할 수 없다.[56]

한편 독일에서는 계약벌과 구별되는 개념으로 일괄손해배상약정

---

53) von Bar, Clive ed.(주 46), 966.

54) 이에 대한 번역어로는 위약벌, 위약금, 계약벌이 있다. 그 명칭은 우리나라의 위약벌과 유사하지만, 그 내용에서는 차이가 있다. 오히려 손해배상액의 예정에 가깝다고 볼 수 있다. 그러나 손해배상액의 예정과 동일한 것으로 볼 수 없다. 우리나라에서 위약금이라는 용어는 손해배상액의 예정과 위약벌을 포괄하는 의미로 사용된다. 그리하여 여기에서는 위 용어의 표현에 맞게 계약벌이라는 용어를 사용한다.

55) 독일 민법의 조문 번역에 관하여는 양창수 역, 독일 민법전, 박영사, 2008 참조.

56) 이에 관해서는 MünchKomm/Gottwald, 6. Aufl., 2012, § 339 Rn. 34f.; Palandt/Grüneberg, 72. Aufl., 2013, § 339 Rn. 15 참조.

(Schadenspauschale)[57]이 인정되고 있다. 이것은 순수하게 손해배상액을 증명하는 것이 곤란한 경우에 대비하여 배상해야 할 손해액을 미리 정한 약정이다. 일괄손해배상약정은 계약자유의 원칙에 따라 허용되지만,[58] 약관으로 일괄손해배상약정을 하는 경우에는 무효로 될 수 있다. 2002년 독일 채권법 개정 당시 약관규제법[59]에 있던 내용이 민법전에 편입되었는데, 민법 제309조 제5호에서 약관사용자의 손해배상 또는 가치감소전보의 청구권에 관한 일괄정액약정에서 일괄약정액이 사물의 통상적인 경과에 비추어 예견할 수 있는 손해 또는 통상 발생하는 가치감소를 초과하는 경우 등에는 그 약정을 무효로 하고 있고, 제6호에서 일정한 계약벌을 무효로 하고 있다. 따라서 독일 민법은 계약벌과 일괄손해배상약정을 약관으로 정한 경우에 대해서는 양자를 구분하여 규정하고 있다.

(나) 계약벌과 일괄손해배상약정의 기능

계약벌에는 이중의 기능(Doppelfunktion)이 있다.[60] 하나는 예방기능(Präventivfunktion)으로서 채무의 이행을 확보하고 장래의 의무위반을 막기 위한 강제수단으로 작용한다. 다른 하나는 손해배상기능(Schadensersatzfunktion)으로서 채권자에게 손해배상청구를 쉽게 하고 손해액을 증명하지 않고 최소한의 배상을 확보하는 것이다. 이에 반하여 일괄손해배상약정은 손해배상 기능을 갖고 있다는 점에서 계약벌과 구별된다고 보는 것이 일반적이지만,[61] 일괄손해배상액도 위 두 기능이 있어

57) 또는 Pauschalierung von Schadensersatzansprüchen이라 한다.

58) Palandt/Grüneberg(주 56), § 339 Rn. 26.

59) 1977년 제정된 "Das Gesetz zur Regelung des Rechts der Allgemeinen Geschäftsbedingungen (AGB-Gesetz)"을 가리킨다.

60) MünchKomm/Gottwald(주 56), Vor § 339, Rn. 6; Palandt/Grüneberg(주 56), § 339, Rn. 1; Jauernig/Stadler, 15. Aufl., 2014, § 339 Rn. 3; jurisPK-BGB/Beater, 2. Aufl., 2004, § 339, Rn. 3; BGHZ 49, 89; 63, 259; 85, 312; 105, 24 참조.

61) Palandt/Grüneberg(주 56), § 276 Rn. 26, § 339, Rn. 1; Dirk Looschelders, Schuldrecht Allgemeiner Teil, 4. Aufl., 2006, S. 329f.

서 계약벌과 일괄손해배상액을 구별하기가 어려운 경우가 있다고 보는 견해가 있다.[62] 명확하게 어떠한 규정이 계약벌인지 일괄손해배상약정인지 구별되는 경우도 있지만, 그렇지 않은 경우도 있다는 것이다.

(다) 법관의 감액권

계약벌이 과도하게 많은 경우에는 채무자의 청구에 따라 판결에 의하여 적절한 액으로 감액할 수 있다(제343조 제1항 1문). 유효한 계약에 대하여 법관의 개입권을 인정하고 있는 드문 예이다.[63] 법관은 재량에 따라 감액할 수 있는데, 채무자가 청구한 경우에 한하여 감액을 할 수 있고, 직권으로 감액을 할 수는 없다. 적정성을 판단할 때 채권자의 재산적 이익뿐만 아니라 그의 모든 정당한 이익을 고려해야 한다. 그러나 계약벌의 지급 후에는 감액이 허용되지 않는다(제343조 제1항).

여기에서 나아가 계약벌에 관한 약정이 독일 민법 제134조에서 정한 법률상의 금지규정 위반이나 독일 민법 제138조에서 정한 양속위반에 해당하는 경우에는 원칙적으로 전부무효[64]가 된다.[65] 제343조에 따른 감액은 유효한 계약벌 약정을 전제로 한다. 따라서 이 규정은 과도한 계약벌을 정하여 양속위반 위반 등을 이유로 무효인 계약벌 약정을 치유하기 위하여 원용될 수 없다.[66]

한편 계약벌의 감액에 관한 독일 민법 제343조가 일괄손해배상약정의 경우에 적용되거나 유추적용되지 않는다는 것이 통설·판례이지만,[67] 반대하는 견해도 있다.[68]

---

62) MünchKomm/Gottwald(주 56), Vor § 339 Rn. 7, 34ff.; Staudinger/Coester-Waltjen (2013) § 309 Rn. 4.

63) Dieter Medicus/Stephan Lorenz, Schuldrecht Ⅰ Allgemeiner Teil, 19. Aufl., 2010, S. 259.

64) 독일 민법 제139조는 일부 무효의 경우에 전부 무효를 원칙으로 하고 있다.

65) RG 158, 301; Medicus/Lorenz(주 63), S. 259; Palandt/Grüneberg(주 56), § 339 Rn. 12.

66) Looschelders(주 61), S. 334.

67) MünchKomm/Gottwald(주 56), Vor § 339, Rn. 34, § 343, Rn. 5.

68) Palandt/Grüneberg(주 56), § 343 Rn. 2.

독일 민법에서 계약벌은 제재적 기능과 배상적 기능을 모두 가지고 있는데, 명문의 규정으로 감액을 인정하고 있다. 그러나 배상적 기능을 주로 가지고 있는 일괄손해배상약정에 대해서는 통설과 판례는 감액을 인정하지 않고 있다.

(3) 일 본

㈎ 일본 민법 제420조 제1항은 "당사자는 채무의 불이행에 있어 손해배상의 예정을 할 수 있다. 이 경우 법원은 그 금액을 증감할 수 없다."라고 규정하고 있다. 이는 계약자유의 원칙을 따른 것으로 제정 당시의 프랑스 민법 제1152조와 동일한 것이다. 그러나 통설과 판례는 위약금에 대하여 공서양속에 관한 제90조 위반을 이유로 무효를 인정하고 있다.[69] 다만 판례는 폭리행위나 현저히 불공정한 법률행위에 해당하기 때문에 공서양속에 위반된다고 판단한 사례도 있고,[70] 위약벌이 개인의 자유, 특히 영업의 자유를 극도로 제한하기 때문에 공서양속에 위반된다고 본 사례도 있다.[71]

일본 법원[72]은 "위약금 특약이 사회적으로 상당하다고 인정되는 금액을 넘어 현저하게 고액인 경우는 영업의 자유를 저해하는 것으로서, 그 초과 부분은 통상 공서양속에 반하여 무효로 된다. 왜냐하면, 현저하게 과대한 예정배상액도, 공서양속 위반의 제약을 면할 수 없는 것이기 때문이다."라고 판결하였다.[73]

---

69) 我妻榮, 新訂 債權總論, 岩波書店, 1991, 133면; 平井宜雄, 債權總論, 第2版, 弘文堂, 1994, 112면; 潮見佳男, 債權總論 I: 債權關係·契約規範·履行障害, 第2版, 信山社出版, 2003, 399면; 川島武宣, 平井宜雄 편, 新版 注釋民法(3) 總則(3), 2003, 146면 이하(森田 修 집필).

70) 東京地裁 1959(昭和 34). 6. 25. 昭32(ワ)2639号; 名古屋高裁 1970(昭和 45). 1. 30 昭43(ネ)625号, ジュリスト 제549호, 198면.

71) 大審院 1934(昭和 9). 4. 12. 昭8(オ)2066号,(集 13권 596면); 大阪高裁 1998(平成 10). 6. 17. 平9(ネ)2402号(判例時報 제1665호 73면).

72) 大阪高裁 1998(平成 10). 6. 17. 판결(주 71).

73) 大津地裁 1973(昭和 48). 11. 8. 昭48(ウ)95号(判例時報 제741호 100면).

또한 일본 법원은 "위약벌은 일종의 사적 재제에 해당하는 것이므로, 그 적용상 사적자치의 원칙이 대폭 수정되어야 하는바, 그 의무강제에 의해 달성되는 채권자의 이익에 비교하여 약정된 벌이 과도하게 무거운 경우에는 그 일부 또는 전부가 공서양속에 반하여 무효로 되어야 한다."라고 판결함으로써, 과다한 위약벌에 대해서도 공서양속에 기하여 전부 또는 일부 무효를 인정하고 있다. 위약벌 약정에 이르게 된 경위, 채무자가 채무불이행에 이른 경위 등에 폭리행위에 해당하는 사정이 있거나, 채무자의 의무위반으로 채권자가 입은 손해가 없거나 경미한 반면, 위약벌의 액수는 과다한 경우에는 일부 무효를 인정하고 있다.[74)]

(나) 일본 법무성에 설치된 「법제심의회 민법(채권관계) 부회」에서 2013년 3월 발표한 「민법(채권관계)의 개정에 관한 중간시안」[75)]에 일본 민법 제420조 개정안이 포함되어 있는데, 제420조 제1항 후단을 삭제하고 배상액의 예정을 한 경우에 예정된 배상액이 채권자에게 실제로 발생한 손해액, 당사자가 배상액의 예정을 한 목적 그 밖의 사정에 비추어 현저하게 과대한 때에는 채권자는 상당한 부분을 초과하는 부분에 관하여 채무자에게 그 이행을 청구할 수 없다고 한다. 일본의 현행 민법 제420조 제1항 단서에서는 손해배상액의 예정에 대해 법원이 증감을 할 수 없지만, 위 개정안은 과다한 손해배상액의 예정에 대하여 법원이 감액을 할 수 있도록 명시적인 법적 근거를 마련하기 위한 것이다.[76)] 그러나 위 개정안에는 위약벌에 관한 사항은 포함되어 있지 않다.

---

74) 東京地裁 1959(昭和 34). 6. 25. 昭32(ワ)2639号; 名古屋高裁 1970(昭和 45). 1. 30 昭43(ネ)625号(주 70); 東京地裁 2013(平成 25). 5. 29. 平23(ウ)41371号.

75) http://www.moj.go.jp/shingi1/shingi04900184.html 검색.

76) 이는 일본 민법(채권편)개정검토위원회의 일본 채권법 개정방침 【3.1.1.75】에서도 마찬가지였다. 법무부, 일본 채권법개정의 기본방침, 일본 민법(채권편)개정검토위원회 편, 2009, 249면.

2. 보 통 법

(1) 영 국

보통법에서 불이행에 대한 약정 지급 조항은 손해배상액의 예정(liquidated damages clause)과 위약벌 조항(penalty clause) 두 가지로 나뉜다. 손해배상액의 예정은 계약을 위반할 경우에 지급하기로 한 손해배상액을 미리 정한 것이고, 위약벌은 채무자로 하여금 주된 채무를 이행하도록 강제하기 위한 것이다.[77]

영국의 판례에 의하면 손해배상액의 예정 조항은 유효하지만, 위약벌 조항은 무효이다. 영국의 형평법원에서 17세기 후반에 위약벌 약정[78]의 효력을 부인하였고, 이것이 영국과 미국의 판례에 영향을 미쳤다.[79]

손해배상액의 예정과 위약벌을 구분하는 것은 매우 중요한 문제이다. 어떤 조항이 계약위반으로 인한 것이라고 증명할 수 있는 손실의 최대치와 비교해서 과다하고 비양심적인 것이라면 그 조항은 위약벌 조항이다. 그러나 여러 사정으로 인하여 손해의 정확하고 정밀한 사전 평가가 불가능하고 약정 지급액이 손실을 사전 평가하기 위한 진정한 시도라고 볼 만한 사정이 있는 경우에는 그 약정은 손해배상액의 예정 조항이다.[80]

---

77) 상세한 것은 Edwin Peel, Treitel: The Law of Contract, 13th ed., 2011, 1073. 또한 김재형 역(주 45), 691면 참조.

78) 위약벌에 관한 가장 유명한 사례는 1600년에 출간된 윌리엄 세익스피어의 "베니스의 상인"에 나오는 것으로, 샤일록이 안토니오로에게 대여하면서 돈을 갚지 못할 경우에 "살 한 점"을 떼어주기로 약속한 것이다. Aristides N. Hatzis, Having the Cake and Eating it too: efficient penalty clauses in Common and Civil contract law, 22 International Review Law and Economics 381, 384 (2003).

79) E. Allan Farnsworth, Farnsworth on Contracts, Vol. 3, 2004, 302; Ugo Mattei, "The Comparative Law and Economics of Penalty Clauses in Contracts," 43 The American Journal of Comparative Law 427, 433 (1995).

80) 이에 관한 선례는 Dunlop Pneumatic Tyre Co. Ltd v. New Garage and Motor Co. Ltd. [1915] A.C. 79, 87 (H.L.)이다. Peel(주 77), 1073; 김재형 역(주 45), 691면. 이 판결에 관한 비교적 상세한 소개로는 이호정, 영국계약법, 경문사, 2003, 551면 이하 참조.

(2) 미 국

계약의 당사자들이 계약을 위반할 경우에 발생하는 손해배상책임을 계약에서 미리 합의하는 것을 원칙적으로 허용한다. 이러한 합의가 손해배상액의 예정인데, 이러한 합의를 하는 이유는 여러 가지이다. 계약위반이 발생할 경우, 당사자들은 손해배상액을 쉽게 계산하고 증명의 비용을 줄일 수 있다. 그리고 손해배상액 예정 조항은 당사자들이 계약을 이행할 유인이 된다. 또한 손해배상액 예정 조항이 있으면 채권자는 손해액을 증명하기 어려운 경우에도 손해배상을 받을 수 있다.[81)]

그러나 손해배상액 예정 조항이 항상 효력이 있는 것은 아니다. 대부분의 법원은 반드시 충족되어야 하는 두 개의 기준을 다소 변형하여 적용한다. 첫째, 합의된 손해배상액은 계약위반에 의하여 발생하는 손해의 정당한 배상을 합리적으로 예상한 것이어야 한다. 둘째, 계약위반에 의하여 발생하는 손해를 정확하게 산정하는 것이 불가능하거나 매우 어려운 경우에 해당해야 한다. 그러나 이 두 요건은 서로 모순되는 것처럼 보인다. 왜냐하면 당사자들이 정확하게 산정할 수 없는 손해를 합리적으로 예상할 것을 요구하기 때문이다.[82)]

손해배상액 예정 조항이 비양심적이거나(unconscionable) 공공정책(public policy)에 반하지 않는 한, 계약의 당사자들은 이러한 조항에 합의할 권리가 있다.[83)] 만일 손해배상액 예정 조항이 손해의 "합리적인 예상"이 아니거나 그 손해가 산정하기 어렵지 않은 경우라면 법원은 그러한 조항을 위약벌로 보아 효력을 인정하지 않는다. 왜냐하면 실제 손해액과 명백하게 균형이 맞지 않는 금액을 지급하기로 한 조항은 공정한 배상을 하려는 것이 아니라 이행을 강제하려는 것으로 채권자가

81) Farnsworth(주 79), 301; Robert A. Hillman, Principles of Contract Law, 2004, 170.

82) Hillman(주 81), 300.

83) Farnsworth(주 79), 301f.

실제로 입은 손해를 훨씬 넘는 횡재를 얻게 될 것이기 때문이다.[84]

미국에서 손해배상액의 예정과 위약벌에 관하여 많은 판례들이 있는데, 손해배상액의 예정은 유효하나[85] 위약벌은 효력이 인정되지 않는다.[86] 위와 같은 판례에서 손해배상액의 예정이 어떠한 경우에 효력이 있는지가 중요한 문제이다.

미국 제2차 계약법 리스테이트먼트 제356조는 손해배상액의 예정과 위약벌에 관하여 정하고 있다. 손해배상액의 예정은 유효함을 전제로 정하고 있는 반면에 위약벌에 해당하는 경우에는 공공정책 위반을 이유로 실행할 수 없다고 한다. 손해배상 예정액이 합리적인 금액이어야 하는데, 이 경우 계약위반으로 인한 손실과 손실 증명의 어려움을 고려하고 있다.[87] 그리고 미국 통일상법전(UCC) 제2-718조에서는 손해배상액의 예정이 유효하려면, 약정 금액이 합리적이어야 한다. 계약위반으로 발생할 손실이 예상할 수 없거나 곤란하여 다른 방식으로는 적정한 구제를 받기가 어려운 경우에 해당해야 한다고 한다.[88]

---

84) Truck Rent-A-Center, Inc. v. Puritan Farms 2nd, Inc., 361 N.E.2d 1015, 1018 (N.Y. 1977).

85) Berger v. Shanahan, 142 Conn. 726 (1955); Technical Aid Corp. v. Sherman John Allen, 134 N.H. 1 (1991); Time Warner Entertainment Co., L.P. v. Whiteman, 802 N.E.2d 886 (Ind. 2004); Board of Educ. of Talbot County v. Heister, 392 Md. 140, 896 A.2d 342, 208 Ed. Law Rep. 819 (2006); Barrie School v. Patch, 401 Md. 497, 933 A.2d 382, 225 Ed. Law Rep. 973 (2007); Intermountain Eye and Laser Centers, P.L.L.C. v. Miller, 142 Idaho 218, 127 P.3d 121 (2005).

86) Bauer v. Sawyer, 8 Ill. 2d 351 (1956); Westmount Country Club v. Kameny, 82 N.J.Super. 200, 197 A.2d 379 (1964); Lake River Corp. v. Carborundum Co., 769 F. 2d 1284 (1985); Barrie School v. Patch, 401 Md. 497, 933 A.2d 382, 225 Ed. Law Rep. 973 (2007).

87) Second Restate of Contract 제356조 제1항은 "일방당사자의 계약위반에 대한 손해배상액은 합의로 정할 수 있으나 계약위반으로 초래되는 예상 또는 실제 손실과 손실 증명의 어려움에 비추어 합리적인 금액이어야 한다. 불합리하게 높은 손해배상 예정액을 정한 계약조항은 위약벌로서 공공정책을 이유로 실행할 수 없다."라고 정하고 있다.

88) UCC 제2-718조 제1항은 "일방당사자의 계약위반에 대한 손해배상액은 합의

미국에서는 위약벌 조항의 효력을 부정하는 것은 손해배상에 관한 기본이론과 관련이 있다. 계약위반에 대한 법의 목표는 채무자에게 이행을 강제함으로써 위반을 억제하는 것이 아니라 채권자에게 배상을 함으로써 위반을 보상하려는 것이 원칙이다. 위약벌 조항을 유효로 본다면 당사자들로 하여금 이러한 원칙에서 벗어나도록 할 것이기 때문에, 위약벌의 효력을 부정해야 한다는 것이다.[89] 이와 관련하여 홈즈는 일찍이 "법적으로 구속력을 가지는 약속의 유일하게 보편적인 결과는 약속된 사건이 발생하지 않는 경우에 법은 낙약자(promissor)[90]가 손해배상을 지급하도록 하는 것이다."라고 하였다.[91] 계약 위반에 대한 구제수단이 손해배상에 한정된다는 것으로 계약을 체결한 사람은 손해배상을 하고 계약을 파기할 수 있다고 한다. 그 후에도 홈즈는 이러한 입장을 분명하게 밝혔다. 즉, "보통법에서 계약을 지켜야 할 의무는 당신이 계약을 지키지 않을 경우에 당신은 손해배상을 지급해야 한다는 예측을 의미하고, 그 밖에 다른 어떤 것도 아니다. 당신이 불법행위를 저지른다면, 당신은 배상금을 지급할 책임을 진다. 당신이 계약을 한다면, 당신은 약속된 사건이 발생하지 않는 경우 배상금을 지급할 책임을 진다. 그것이 차이의 전부이다."라고 하였다.[92] 이러한 시각이 미국의 판례법뿐만 아니라 효율적 계약파기나 손해배상액의 예정과 위약벌에 관

로 정할 수 있으나 계약위반으로 초래되는 예상 또는 실제 손실, 손실 증명의 어려움과 적절한 다른 구제수단을 획득하는 것에 대한 불편함 또는 실행불가능성에 비추어 합리적인 금액이어야 한다. 불합리하게 높은 손해배상 예정액을 정한 계약조항은 위약벌로서 무효이다."라고 정하고 있다.

89) Farnsworth(주 79), 301; Hatzis(주 78), 386; Jonathan S. Solórzano, "An Uncertain Penalty: A Look at the International Community's Inability to Harmonize the Law of Liquidated Damage and Penalty Clauses," 15 Law and Business Review of the Americas, 779, 781 (2009).

90) 낙약자(諾約者)라고 번역하는 것이 일반적인데, 약속자라고 번역할 수도 있다.

91) Oliver Wendell Holmes, Jr., The Common Law, 1881, 301. 올리버 웬델 홈스 2세, 임동진 역, 보통법, 알토란, 2012, 456면도 참조.

92) Oliver Wendell Holmes, Jr., The Path of the Law, 10 Harv. L. Rev. 457, 462 (1897).

한 법경제학적인 논의에도 지대한 영향을 끼쳤다.[93)]

3. 국제적 모델법

(1) 개 설

1979년부터 유엔국제거래법위원회(UNCITRAL)는 국제거래에서 손해배상액의 예정과 위약벌 조항에 관한 통일적인 규칙을 마련하려고 하였으나 결국 채택되지 못하였다.[94)] 1980년 국제물품매매계약에 관한 국제연합 협약[95)]에는 손해배상액의 예정이나 위약벌에 관한 조항이 없으나,[96)] UNIDROIT 국제상사계약원칙,[97)] 유럽계약법원칙,[98)] 유럽공통참조기준초안[99)] 등 최근의 국제적인 모델법에서는 위약금에 관한 규정을 두고 있다.

(2) UNIDROIT 국제상사계약원칙

UNIDROIT 국제상사계약원칙 제7.4.13조는 "불이행에 대한 지급약정"이라는 표제로, 제 1 항에서 불이행에 대하여 특정한 금액을 지급하기로 약정한 경우에 실제로 손실이 발생했는지 여부와 무관하에 그 금액을 청구할 권리가 있다고 정하고, 제 2 항에서 현저하게 과도한 금액을 정한 경우에 감액권을 인정하고 있다.[100)]

---

93) 가령 Richard A. Posner, "Let us Never Blame a Contract Breaker," 107 Mich. L. Rev. 1349 (2009) 참조.

94) 이에 관해서는 Solórzano(주 89), 779ff.

95) United Nations Convention on Contracts for the International Sale of Goods(CISG). 비엔나 협약 또는 유엔통일매매법이라고도 한다.

96) CISG에서 위약벌에 관한 명문의 규정이 없다는 점에는 이견이 없다. 그러나 계약 자유의 원칙과 손해배상에 관한 일반원칙에서 위약벌에 관한 규율을 도출할 수 있다는 견해도 있다. Bruno Zeller, "Penalty Clauses: Are They Governed by the CISG?," 23 Pace International Law Review 1 (2011).

97) UNIDROIT Principles of International Commercial Contracts (PICC).

98) Principles of European Contract Law (PECL).

99) Draft Common Frame of Reference (DCFR).

100) UNIDROIT 국제상사계약원칙 제7.4.13조의 내용은 다음과 같다. (1) 이행을

이 규정은 불이행에 대한 지급 약정(위약금 약정이라고 할 수 있다)에 관하여 광범위한 정의를 두고 있다. 따라서 손해배상액의 예정이든 위약벌이든 상관없이 이 조항에 의하여 규율된다.[101] 제 1 항은 위약금 약정을 원칙적으로 유효하다고 보고, 제 2 항은 감액을 인정하고 있다.

(3) 유럽계약법원칙[102]

유럽계약법원칙 제9:509조는 "불이행에 대한 지급 약정"에 관하여 국제상사계약원칙과 동일한 내용을 정하고 있고 다만 표현만 다를 뿐이다.[103] 이 조항에 대해서는 유럽의 두 다른 법계의 가장 좋은 요소를 결합시킨 것이라고 한다.[104]

제 1 항은 계약 당사자들이 불이행시에 지급할 금액을 미리 정한 약정의 유효성을 인정한 것이다. 불이행의 경우에 불이행의 상대방, 즉 채권자가 입은 실제 손실이 얼마인지를 고려하지 않고 미리 약정한 금액을 지급해야 한다. 채권가가 손실을 입었다는 점을 증명할 의무가 없다. 그러나 계약에서 불이행자가 지급해야 할 최소액만을 정하고 있는 경우에는, 불이행의 상대방은 그 최저금액을 넘는 손실을 입었음을 증명하여 더 많은 금액의 배상을 청구할 수 있다. 이 경우 불이행의 상대방은 약정 손해배상금 조항을 원용하는 대신 손해액 전부의 배상을 구

하지 못한 당사자가 불이행의 상대방에게 그 불이행에 대하여 특정한 금액을 지급하기로 계약에서 정한 경우에, 불이행의 상대방은 그의 현실적 손실과 관계없이 그 금액을 청구할 권리가 있다. (2) 그러나 계약에서 특정된 금액이 불이행으로 인한 손실과 그 밖의 사정을 고려할 때 현저하게 과도한 경우에는, 그 금액을 합리적인 액수로 줄일 수 있으며, 이는 당사자의 합의로 배제하지 못한다.

101) UNIDROIT Principles of International Commercial Contracts 1994, 213.

102) 상세한 것은 김재형 역(주 45), 686-688면 참조.

103) 유럽계약법원칙 제9:509조의 내용은 다음과 같다. (1) 이행을 하지 못한 당사자가 불이행의 상대방에게 그 불이행에 대하여 특정한 금액을 지급하기로 계약에서 정한 경우에, 불이행의 상대방은 그의 현실적 손실과 관계없이 그 금액을 지급받는다. (2) 그러나 계약에서 특정된 금액이 불이행으로 인한 손실과 그 밖의 사정을 고려할 때 현저하게 과도한 경우에는, 그 금액을 합리적인 액수로 줄일 수 있으며, 이는 당사자의 합의로 배제하지 못한다.

104) Hatzis(주 78), 401.

하는 소를 제기하는 것을 선택할 수 있다.

제2항은 현저하게 과도한 약정금액에 대하여 법원의 감액 권한을 인정한 것이다. 불이행에 대한 배상액을 당사자가 전적으로 자유롭게 약정하도록 하는 것은 자칫 남용될 우려가 있다. 만일 특정된 금액과 불이행의 상대방이 입은 현실적 손실 사이에 심한 불균형이 있다면, 설령 그것이 계약 체결시에는 합리적으로 보였을지라도, 법원은 그 금액을 줄일 수 있다.

(4) 유럽공통참조기준초안

유럽공통참조기준초안 제Ⅲ.-3:712조에서는 위약금 약정에 관하여 계약 이외의 법률행위에 관하여 정하고 있는 점을 제외하고는 국제상사계약원칙이나 유럽계약법원칙과 동일한 내용으로 규정하고 있다. 손해배상액의 예정이든 위약벌이든 유효하다고 보고 현저하게 과도한 금액을 정한 경우에는 감액을 인정하고 있다.[105]

4. 소 결

위약금에 관해서는 법계에 따라 다르게 규율하고 있을 뿐만 아니라 대륙법계에서도 나라마다 각양각색의 모습을 띠고 있다.

비교법적으로 가장 주목할 부분은 위약벌에 관해서 대륙법과 보통법 사이에 뚜렷한 차이가 있다는 점이다. 대륙법에서는 위약벌을 유효로 보고 있으나, 보통법에서는 위약벌을 무효로 보고 있다. 보통법에서는 위약벌을 무효로 하고 있는데, 실제로 발생한 손해를 현저하게 초과하는 금액을 지급하도록 하는 것은 부당하다고 본 것이다. 대륙법계에서 위약벌을 유효로 보면서도 감액을 인정하거나 공서양속 위반을 이유로 전부 무효 또는 일부 무효를 인정하고 있다. 위약벌에 관한 보통

105) von Bar, Clive ed.(주 46), 961ff.

법과 대륙법의 태도를 보면, 논리구성이 다르기는 하지만 실제로 발생한 손해를 과도하게 넘는 금액의 지급을 허용하지 않는다는 점에서는 공통점이 있다고 볼 수 있다.

독일 민법에서 위약금은 우리나라에서 손해배상액의 예정과 유사하다고 볼 수 있고 일괄손해배상약정은 최소한의 손해배상액을 정한 것이다. 따라서 독일법의 상황은 우리나라와는 다르지만, 위약금의 감액을 인정하고 있고, 이와 별도로 위약금 약정이 과도한 경우에는 양속위반 등을 이유로 위약금 약정 자체가 무효로 될 수 있다는 점에서 시사하는 바가 있다.

일본 민법은 위약벌의 감액을 인정하지 않고 공서양속 위반 또는 폭리행위로 규율하고 있다. 그러나 일본 민법은 우리 민법과는 달리 손해배상액의 예정 자체에 관하여 감액을 인정하지 않기 때문에, 과도한 위약금 약정을 공서양속 위반 또는 폭리행위로 해결할 수밖에 없다. 우리나라에서는 손해배상 예정액의 감액을 명문의 규정으로 인정하고 있기 때문에, 이 규정을 위약벌에 유추적용하는 방식으로 해결할 수 있다.

국제상사계약법원칙, 유럽계약법원칙, 유럽공통참조기준초안 등 국제적인 모델법에서는 모두 손해배상액의 예정과 위약벌을 위약금으로 통합하여 규정하고 위약금의 감액을 인정하고 있다. 또한 규정상으로는 손해배상액의 예정인지 위약벌인지에 따라 감액의 요건이 달라지지 않는다. 이와 같은 모델법은 대륙법과 보통법의 법상황을 종합적으로 검토한 다음 합리적이라고 판단되는 규정을 마련한 것으로 볼 수 있다. 국제적인 입법이나 개별국가의 법률에서 장차 손해배상액의 예정과 위약벌을 통합적으로 구성하는 데 중요한 참고가 될 것이다.

Ⅵ. 결 론

이 글의 결론을 요약하면 다음과 같다.

(1) 손해배상액의 예정과 위약벌의 구별은 계약의 해석에 의하여 결정된다. 이에 관하여 당사자의 의사가 명확하게 표현된 경우에는 그에 따라 해결해야 하지만, 그렇지 않은 경우에는 계약의 해석에 관한 기준과 방법이 적용된다. 따라서 계약서에 사용된 명칭이나 문언뿐만 아니라 계약 체결 경위 등 여러 요소를 고려하여 위약금의 법적 성질을 결정하여야 한다.

종래의 다수설과 판례는 손해배상액의 예정과 위약벌을 엄밀하게 구분하였다. 그러나 손해배상액의 예정에는 손해액의 증명 없이 손해배상을 청구할 수 있도록 하려는 목적과 함께 이행을 확보하기 위한 목적이 있는데, 후자의 목적은 위약벌의 목적에 해당하는 것이다. 손해배상액의 예정에는 배상적 기능 이외에도 이행확보적 기능 또는 예방적 기능도 있을 수 있다. 위약금을 손해배상액의 예정과 위약벌로 구분하기 어려운 경우도 많다. 따라서 손해배상액의 예정과 위약벌을 이분법적으로 일도양단의 방식으로 구분하여 규율하려는 것은 바람직하지 않다. 이는 위약금의 실체에 맞지 않는 결론으로 이어질 수 있기 때문이다.

(2) 현행법의 해석론으로 위약벌에 관하여 손해배상액의 예정에 관한 조항을 유추적용하여 감액을 인정하여야 한다. 그렇지 않고 위약벌 약정을 공서양속 위반을 이유로 일부 무효를 인정하는 것은 불필요한 우회로를 인정하는 것이다.

대법원은 위약벌 약정이 공서양속에 위반하여 무효가 될 수 있다는 법리를 여러 차례 선언해 왔다. 실제로 공서양속 위반을 인정하는 사례가 많지 않지만, 공서양속 위반을 이유로 위약벌 조항의 일부 무효를 인정한 사례들도 있다. 판례에서 위약벌 조항이 공서양속 위반에 해당하는지를 판단하는 요건은 손해배상 예정액의 감액요건과 차이가 없다. 위약벌에 관한 판례의 법리에 따르더라도 위약벌 조항이 공서양속 위반에 해당한다고 보아야 할 경우가 매우 많아야 할 것이다. 그러나 실무에서 위약벌이 공서양속 위반이라고 판단한 사례가 많지 않은 것은 납득하기 어려운 결과이다.

약관규제법을 적용하는 경우에는 위약벌과 손해배상액의 예정을 동일하게 취급하면서 민법을 적용하는 경우에는 이를 준별하는 판례의 태도는 일관성이 없다. 약관규제법을 적용하는 경우든 민법을 적용하는 경우든 위약벌과 손해배상액의 예정을 유사하게 취급하여야 한다.

(3) 입법론으로 제398조가 손해배상액의 예정에 관해서만 정한 것은 바람직하지 않고 위약벌을 포함하여 위약금 자체에 관하여 전면적으로 규율하는 것이 바람직하다. 위약벌도 위약금의 일종으로 매우 중요한 부분을 차지하고 있기 때문이다. 법무부 민법개정안에서 제398조를 위약금 약정에 관한 규정으로 전환하고자 한 것은 정당하다. 또한 법무부 민법개정안에서 위약금의 감액을 인정한 것도 종래의 유력설에 따라 입법화한 것으로 정당하다. 다만 위약벌에 대해서도 감액을 인정하면서 위약금 약정을 손해배상액의 예정으로 추정하는 규정을 둘 필요가 있는지는 의문이다. 약관규제법에는 손해배상액의 예정에 관해서만 명문의 규정을 두고 있는데, 위약벌을 포함하여 규율할 수 있도록 이 규정을 위약금에 관한 규정으로 개정하여야 한다.

현행법의 해석론으로 위약벌에도 손해배상액의 예정에 관한 규정을 유추적용하여 감액을 인정하는 것이 법무부 민법개정안의 내용과 논리적으로 동일한 것은 아니다. 위 민법개정안에 따르면 위약벌에 관하여 법규정을 직접 적용하여 그 감액을 인정할 수 있기 때문이다. 그러나 해석론과 입법론은 유추의 방법과 직접 적용의 방법이라는 차이가 있을 뿐이고 결과적으로는 동일한 결론에 도달하게 된다.[106)]

---

106) 위약금의 감액 문제에는 해석론과 입법론의 관계에 관한 문제가 내포되어

(4) 영국이나 미국 등 보통법계에서는 대륙법계에 비하여 손해배상액의 예정과 위약벌을 엄밀하게 구별하고 있다. 대륙법계에서는 손해배상액의 예정과 위약벌을 구별하는 방식이 통일되어 있지 않고, 위약벌의 감액을 인정하는 경우에는 그 구별이 더욱 모호하다.

보통법계에서는 위약벌을 무효로 보고 있다. 대륙법계에서는 대체로 위약벌의 유효성을 인정하고 그 감액을 인정하고 있다. 따라서 비교법적으로도 위약벌의 감액을 인정하는 것이 균형 잡힌 해결책이라고 볼 수 있다.

한편, 일본 민법에서는 손해배상액의 예정을 감액하지 못하도록 하고 있기 때문에 과도한 위약금 약정에 대하여 공서양속 위반 또는 폭리행위로 규율할 수밖에 없지만, 우리나라에서는 명문으로 손해배상 예정액의 감액을 인정하고 있기 때문에, 우리 민법의 해석론으로 일본의 경우와 동일한 방식으로 해결할 필요가 없다.

국제상사계약법원칙, 유럽계약법원칙, 유럽공통참조기준초안 등 국제적인 모델법에서는 손해배상액의 예정과 위약벌을 위약금 약정으로 통합하여 규정하고 이에 대하여 감액을 인정하고 있다. 또한 규정상으로는 손해배상액의 예정인지 위약벌인지에 따라 감액의 요건이 달라지지 않는다. 이것은 보통법보다는 대륙법계에 속하는 국가의 입법을 혼합하여 수용한 것이라고 할 수 있는데, 위약금에 관한 합리적인 해결책을 제시한 것이라고 생각한다.

법무부 민법개정안에서 위약금에 관한 규정을 명시적으로 규정하고 위약금의 감액을 인정한 것은 전향적인 것이지만, 손해배상액의 예

있다. 위약금을 통합적으로 구성하거나 손해배상액의 예정을 감액하는 것은 해석론으로는 불가능하고 입법론으로만 가능한 것인지, 아니면 해석론으로도 가능한 것이고 바람직한 것인지가 문제되기 때문이다. 해석론과 입법론의 관계는 세 경우로 나누어볼 수 있다. 첫째, 해석론으로는 불가능하지만 입법론으로는 가능한 경우이다. 둘째, 해석론과 입법론으로 동일하게 볼 수 있는 경우이다. 셋째, 해석론과 입법론으로 동일한 결과에 이를 수 있지만 그 근거나 추론과정이 다른 경우이다.

정과 위약벌을 구별하여 정하고 있다는 점에서 위와 같이 위약금을 통합적으로 규정하고 있는 국제적인 모델법과 동일한 것은 아니다. 장차 손해배상액의 예정과 위약벌을 통합적으로 규율하는 데 위 국제적 모델법이 참고가 될 것이다.

(5) 위약금 약정은 계약자유의 원칙에 따라 허용된다. 그러나 계약자유의 이름으로 과도한 위약금 약정을 하는 경우에는 법원에 의한 통제를 인정해야 한다. 실제로 대부분의 국가에서 위약금에 대한 통제를 하고 있다. 계약을 체결하는 단계에서 채무의 불이행이나 그로 인한 손해의 발생을 제대로 가늠하지 못한 상태에서 과도한 책임을 지기로 하는 약정으로 인한 폐해가 크기 때문이다. 이 경우 손해배상액의 예정에 관해서만 감액을 인정하고 위약벌에 관해서는 감액을 인정하지 않는 것은 형평에 반한다. 오히려 위약벌에 대해서 통제를 할 필요성이 더욱 크다. 그 방향은 위약벌의 무효를 인정하는 방법보다는 위약벌의 감액을 인정하는 방법이 온건하고 합리적이다. 손해배상액의 예정이든 위약벌이든 위약금에 대하여 법관에 의한 감액을 인정할 경우에는 손해배상액의 예정과 위약벌을 통합적으로 구성하는 방향으로 나아가야 할 것이다.

(比較私法 제21권 2호(2014. 5), 한국비교사법학회, 625-672면 所載)

7. IMF에 의한 구제금융 이후 민사법의 변화*
— 이자제한법, 도산법, 자산유동화법을 중심으로 —

I. 서 론

1997년 12월 3일, 우리나라는 외환위기로 인한 국가부도사태를 막기 위하여 IMF(국제통화기금)로부터 구제금융을 받기로 하였다.[1] 그 대가로 민사법 분야에서도 새로운 법률을 제정하거나 기존의 법률을 개정해야 했다. 금융위기와 함께 새로운 입법의 시대가 시작되었다.

우리 정부가 당시 국제통화기금으로부터 차관을 받기 위하여 IMF 총재에게 제출한 양해각서에는 민사법에 관련된 조항은 많지 않았지만,[2] 국회에서 민사법에 관한 중요한 법률들을 제정하거나 개정하였다.

---

* 이 논문은 서울대학교 법학연구소가 2013년 9월 27일 "IMF 구제금융 이후 한국사회의 법적 변화"라는 대주제로 개최한 학술대회에서 발표한 글을 수정·보완한 것이다.

1) 우리나라는 2001년 8월 23일 IMF 구제금융 195억 달러를 전액 상환하여 IMF 관리 체제가 종료되었다.

2) 1997년 12월 3일 국제통화기금으로부터 차관을 받기 위하여 한국은행장과 재정경제원장이 IMF 총재에게 경제프로그램에 관한 양해각서(Korea-Memorandum on the Economic Program)를 제출하였는데, 제 8 조에서 정부의 경제정책에 관하여 정하고 있다. 그중에서 금융부문의 구조조정이 필요하다는 점, 투명하고 시장중심적이며 정치적인 간섭에서 자유로운 경제적 의사결정이 가능하여야 한다는 점, 기업 지배구조를 개선할 수 있는 조치가 있어야 한다는 점이 이 글에서 다루는 내

IMF의 구제금융을 받은 직후 임시국회를 열어 이자제한법을 즉각 폐지하고 「금융실명거래 및 비밀보장에 관한 법률」(이하 '금융실명법'이라 한다)을 제정하였다. 그 다음 해에는 회사정리법·화의법·파산법을 개정하였으며, 「자산유동화에 관한 법률」(이하 '자산유동화법'이라 한다)을 제정하였다. 1998년 6월에는 210개의 금융기관들이 「기업구조조정 촉진을 위한 금융기관 협약」, 이른바 워크아웃협약을 체결해서 워크아웃을 시행하였는데, 2001년 워크아웃에 대해서 법적 근거를 제공하고 그 법적인 구속력을 부여하기 위하여 「기업구조조정 촉진법」을 제정하였다. 또한 1997년 금융위기 이후 새로운 입법에 관한 주장이 나오기 시작하였다. 가령 2004년에 제정된 「채무자 회생 및 파산에 관한 법률」(통합도산법)과 2010년에 제정된 「동산·채권 등의 담보에 관한 법률」도 금융위기 당시에 논의가 시작되었으니 그 무렵 싹이 트기 시작했다고 볼 수 있다.

우리나라가 금융위기를 겪는 것을 보면서 그 상황에서 법학자는 무엇을 할 수 있는지, 무엇을 해야 하는지 고민에 빠지기도 했다. 필자는 1998년 정초부터 법률 개정작업을 해야 했다. 10여일 정도는 밤을 새워가며 회사정리법·화의법·파산법 개정안을 작성하였다.[3] 1998년에는 자산유동화법을 제정하는 업무를 담당한 공무원의 질의에 답변을 하거나 의견을 주기도 하였다. 그 후 통합도산법을 제정하거나 동산담보에 관한 공시제도[4]를 도입할 것을 주장하였다. 이처럼 갑작스럽게

용과 관련이 있다. 또한 위 양해각서 중 기업지배구조와 경영구조에 관한 항목에서는 "시장원리를 강화하기 위하여 한국법에 따른 파산규정이 정부의 간섭없이 운용되도록 한다."라고 정한 조항(제35조 1문), "금융거래의 투명성을 보장하고 부패확산을 줄이기 위해 금융실명제는 어느 정도 개정하는 범위 내에서 존속된다."라고 정한 조항(제36조)에서 도산법의 개정과 금융실명제의 유지를 예정하고 있다.

3) 당시 필자는 개정위원 등 특별한 직함이 있었던 것은 아니고 사실상 개정안을 작성했다. 한국경제개발원(KDI)에서 작업을 하였는데, 재정경제원 서기관, KDI 연구원, 변호사와 함께 책상을 맞대고 일을 하였다. 상세한 것은 아래 Ⅲ. 1. 참조

4) 이에 관해서는 김재형, "담보제도의 개혁방안," 민법론 Ⅳ, 박영사, 2011, 189

입법에 참여하면서 젊은 법학자로서 입법 작업에 어느 정도까지 관여하는 것이 올바른 것인지, 판단을 제대로 하면서 일을 하고 있는 것인지 여러 생각이 떠올랐다. 언젠가 법률 개정작업을 하면서 느낀 감상을 글로 정리하려고 마음먹고 계획을 세우기도 하였으나 쉽지 않았다.

이 글에서는 우리나라가 IMF의 충격에 휩싸여 있었던 1997년 12월부터 1년 동안에 있었던 주요한 민사 입법, 이자제한법의 폐지, 회사정리법·화의법·파산법의 개정, 자산유동화법 등의 제정에 관하여 검토하고자 한다. 위 세 가지 입법은 IMF 구제금융 직후에 이루어진 것으로서 IMF 구제금융과 직접적인 관련이 있을 뿐만 아니라 우리나라 민사법에 지대한 영향을 미쳤기 때문이다.[5] 다만 위 세 가지 입법에 관하여 개별적인 사항을 세세하게 검토하기보다는 역사적인 관점에서 1년 동안의 주요 민사입법과 그 후의 경과를 조망해보고자 한다. 먼저 위 세 가지 입법을 입법의 시간적 순서에 따라 소개하고 그 후 어떠한 변화를 거쳤는지에 관해서 간략하게 살펴본 다음, 위 세 가지 입법이 각각 어떠한 의미를 가지는지 되새겨보고자 한다(아래 Ⅱ, Ⅲ, Ⅳ).

IMF에 의한 구제금융 직후의 입법은 법과 경제의 관계, 공정과 효율, 법의 계수라는 세 가지 관점에서 뚜렷한 특징을 보여주고 있다. 특히 당시의 입법은 금융위기에 대응하기 위한 입법이기 때문에, 입법의 과정이나 결과에서 법과 경제의 관계가 어떻게 나타나는지, 위기상황에서 공정이나 효율이 어떤 모습으로 나타나는지를 살펴볼 필요가 있다. 또한 위와 같은 입법에서 중요한 특징으로 나타나고 있는 미국법의 계수현상에 관해서도 살펴볼 필요가 있다. 위와 같은 관점에 중점을 두고

면 참조. 1997년 이후 국제기구나 외국의 금융기관 등에서 우리나라의 담보법에 관하여 관심을 표명하고 조사를 하는 경우들이 많아졌다. 세계은행에서는 우리나라의 동산담보제도의 개선에 관하여 관심을 보이기도 했다.

5) 금융실명법의 제정도 IMF의 구제금융을 받은 직후 IMF에 제출한 양해각서에 따라 제정된 것이지만, 이 법률은 1993. 8. 12. 공포된 금융실명거래 및 비밀보장에 관한 긴급재정경제명령(이하 '긴급명령'이라 한다)을 대체한 것으로 긴급명령의 내용을 다소 수정한 것에 불과하여 여기에서 다루지 않는다.

위 세 입법의 의미를 밝혀보고자 한다(아래 V).

Ⅱ. 이자제한법의 폐지와 부활

1. 이자제한법의 폐지

(1) 우리나라가 구제금융을 받는 대신 즉각 단행한 입법은 이자제한법을 폐지한 것이다. 이는 IMF의 구제금융에 대한 입법적 대응이라고 할 수 있다. 1997년 12월 22일 대통령령을 개정하여 이자제한법에 따른 최고이자율을 연 25%에서 연 40%로 올렸다가,[6] 그 직후 개최된 임시국회에서 1997년 12월 29일 이자제한법을 아예 폐지하였다.[7] 나중에 이자제한법 폐지법률을 찾아보니, "이자제한법은 이를 폐지한다."라는 한 줄로 되어 있었다.

당시 국회가 제186회 임시국회였다는 점을 지금도 기억하고 있는데, 워낙 충격이 컸기 때문이다. 이자제한법 폐지는 우리 국회가 자율적으로 결정한 것이 아니라 한국정부가 구제금융을 받으면서 IMF의 요구에 따라 어쩔 수 없이 약속한 것을 이행한 것이라고 생각했다. 국민주권주의라는 말이 무색하게 여겨졌다. 헌법은 제1조 제2항에서 "대한민국의 주권은 국민에게 있고, 모든 권력은 국민으로부터 나온다."라고 정하고 있다. 주권자인 국민이 선출한 대표자로 구성된 국회에서 법률을 제정하고 국민은 이 법률에 따라 행동하는 것은 국민주권

6) 당시 이자제한법은 최고이율을 연 4할을 초과하지 않는 범위에서 대통령령으로 최고이자율을 정하도록 하였는데, 1983년 12월 16일부터 1997년 12월 12일까지 대통령령으로 최고이자율을 연 2할 5푼으로 정하고 있었다.

7) 이자제한법 폐지법률은 제5507호로 1998년 1월 13일 시행되었다. 다만 우리나라에서는 이자제한법 이외에도 은행법 등 여러 개별법에서 최고이자율을 규제하고 있었는데, 이와 같은 규정들을 폐지하지는 않았다.

주의의 핵심적인 부분을 구성한다. 국민의 대표자가 아닌 국제기구에서 법률의 제정을 강제할 수 있는 상황이라면 국민주권의 원리가 중대하게 훼손되었다고 보아야 할 것이다.

(2) 이자의 금지 또는 제한은 오랜 역사를 갖고 있다. 고려시대와 조선시대에도 이미 이자를 제한하기도 했는데, 구한말인 1906년부터 이자를 제한하는 법령이 있었다.8) 일제 강점기에는 일본의 이식제한령(利息制限令)이 적용되다가 1962년에 이자제한법이 제정되었다. 제정 당시에는 이자를 '연 2할 이하'로 정했다. 1965년 개정에서 최고이자율을 연 4할을 초과하지 않는 범위 안에서 대통령령으로 정하도록 위임하였다. 대통령령은 최고이자율을 연 2할 5푼과 연 4할 사이에서 정했다. 이처럼 90년 이상 지속되어 오던 이자에 대한 규제 법령이 IMF의 구제금융을 받으면서 갑작스럽게 없어진 것이다.

이자제한법 폐지법률안은 1997. 12. 29. 의원입법으로 긴급하게 제안되어 아무런 토론이나 심사도 없이 그 날 본회의에서 만장일치로 통과되었다.9) 국회 재정경제위원장이 제출한 법안의 제안경위는 다음과 같다.10)

> "현재의 경제여건상 긴축재정·금융정책에 따른 고금리추세가 예상됨에도 불구하고 동법에 의하여 시장기능에 의한 자유로운 이자율 결정

---

8) 1906(光武 10)년 9월 25일 利息規例(법률 제5호)를 제정하여 최고이자율을 연 4할로 정하고(제1조) 이자의 총액은 원본을 초과할 수 없었다(제3조). 그 후 1911년 일제에 의하여 利息制限令이 제정되었는데, 최고이자율을 제한하는 방식으로 전환하였다. 고려시대 이후의 이자 제한에 관해서는 어인의, 이자제한법론, 청주대학교출판부, 1992, 18면 이하 참조. 또한 김상용, "한국에서의 이자제한의 역사적 변천," 사법행정(1994. 11), 11면; 윤상덕, "이자규제의 역사적 고찰 및 개정 이자제한법의 방향," 법학연구, 제44집(2011. 11), 136면도 참조.

9) 국회본회의회의록, 제186회 국회 제2호(1997. 12. 29), 10면. 국회 법제사법위원회에서도 별다른 토론이 없었다. 국회 법제사법위원회회의록, 제186회 국회 제1호(1997. 12. 29), 2면.

10) 국회 재정경제위원장, 利子制限法廢止法律案, 1997. 12. 29, 1면.

이 제약되고 있으므로 동법에 대한 폐지요청이 강력히 제기되고 있는 실정임."

위 법안의 제안이유에는 "자금의 수급상황에 따라 금리가 자유로이 정해질 수 있도록 하여 자원 배분의 효율성을 도모하고자 최고이자율을 정하고 있는 이자제한법을 폐지"한다는 간단한 설명이 있다.[11]

이자제한법의 존폐문제는 논란이 적지 않다. 전세계적으로 이자를 제한하는 법이 없는 경우는 드물지만, 경제학자, 특히 자유주의 경제학자들은 이자제한법을 악법이라고 비판해왔다. 가령 제레미 벤담은 1787년 발표한 글에서 이자의 제한을 비판하였는데,[12] 그 이래 경제학자들의 강한 비판 대상 중의 하나가 이자제한법이었다.[13] 밀턴 프리드먼에 의하면 위 글이 발표된 이후 경제학자들은 이자제한법을 반대하고 정치가들은 이자제한법을 찬성하고 있다고 한다.[14] 경제적 효율이라는 측면에서 이자제한법은 비효율적인 제도라는 것이다.[15] 비교법적으로 볼 때 이자를 일률적으로 규제하지 않는 국가들도 많다. 그러나 우리나라에서 이자제한법을 폐지하여야 한다는 주장은 설득력을 얻고 있지 못한 상황이었다. 과도한 이자에 대하여 민법 제103조 또는 제104조로 규율하는 방식[16]은 한계가 있기 때문이다.

---

11) 국회 재정경제위원장(주 10), 2면. 이는 「국가법령정보센터」(http://www.law.go.kr/main.html)에 수록되어 있는 이자제한법 폐지 이유로 나와 있다.

12) Jeremy Bentham, *Defence of Usury*, Routledge/Thoemmes Press, 1992.

13) 프리드리히 하이에크의 견해에 관해서는 이근식, 신자유주의: 하이에크·프리드먼·뷰캐넌, 도서출판 기파랑, 2009, 129면 참조.

14) Milton Friedman, "Defense of Usury," Newsweek, 6 April 1970, p. 79.

15) Paul G. Hayeck, "An Economic Analysis of the Justifications for Usury Laws," 15 *Annual Review of Banking Law* 253 (1996). 윤부찬, "미국의 이자제한법과 우리에의 시사점," 비교사법, 제13권 제 3 호(2006. 9), 269면 이하에 미국에서의 이자제한법에 관한 찬반논쟁이 소개되어 있다.

16) 독일의 경우에는 이자제한법이 없으므로 이자의 자유(Zinsfreiheit)가 인정된다고 볼 수 있지만 고율의 이자약정에 대해서는 독일 민법 제138조에서 정하고 있는 양속위반 또는 폭리행위로 규율된다. 이 규정에 따라 이자 약정이 양속위반 또는 폭리행위의 요건을 충족하면 신용계약 자체가 무효로 된다. MünchKomm/Armbrüster,

이자제한법의 폐지는 IMF가 우리 정부에 고금리 정책을 유지하라고 권고한 것[17]에 따른 것이다. 긴축재정 · 금융정책으로 고금리추세가 예상된다는 것이다. 또한 금리가 높아야 외국의 민간자본이 한국에 유입될 것이라고 생각했던 것으로 보인다.[18] 그런데 실제로는 IMF는 초기의 협상과정에서 우리 정부에 이자제한법의 폐지를 요구하였으나, 최고이자율을 연 40%로 상향조정하는 것에 잠정합의하였고, IMF 프로그램 추진상황 1차점검을 위하여 방한했던 점검반 일행들은 이자제한법 자체를 반대하지 않는다는 입장을 밝혔다고 한다.[19] 실제로 우리 정부가 1997년 12월 3일 IMF 총재에게 제출한 경제프로그램에 관한 양해각서[20]에도 이자제한법 폐지는 포함되어 있지 않다. 또한 법무부는 이자제한법 폐지에 관하여 신중한 검토가 필요하다는 견해를 밝혔다.[21] 그러나 1997년 12월 24일 정부가 IMF에 제출한 의향서에 이자율 한도를 폐지하는 법안을 늦어도 1998년 2월 28일까지 국회에 제출한다는 내용이 들어갔다.[22] 그 직후 정부의 요청에 따라 국회 재정경제위원장 명의로 제안되어 심사나 토론 없이 국회에서 갑작스럽게 통과되었다.

"이자자유의 세상이 되었다."[23] 민법학자들이 예상하지 못했던 상황이 벌어진 것이다.

---

5. Aufl. (2006), §138, Rn. 119f., 146. 157ff.

17) IMF는 우리 정부에 IMF 관리체제에서 콜금리 연 30% 이상을 유지하라는 고금리 정책을 요구하였다. 정덕구, 외환위기 징비록, 삼성경제연구소, 2008, 509면; 홍영기, 우리나라의 금융위기와 IMF 구제금융, 국회도서관 입법조사분석실, 1997, 6면.

18) 안영석, "금융 및 외환위기 극복을 위한 당면과제," 국회보, 1998년 1월호, 127면.

19) 이준우, 이자제한법 폐지에 따른 법제개선방안, 한국법제연구원, 1998, 21면.

20) 주 2.

21) 이준우(주 19), 21면.

22) 이규성, 한국의 외환위기 발생 · 극복 · 그 이후, 박영사, 2006, 181면.

23) 곽윤직, 채권총론, 신정수정판, 박영사, 1999, 56면.

2. 이자제한법의 부활

(1) 이자제한법이 폐지되자 매우 높은 이자를 받는 사채업자들을 규제하는 것이 어렵게 되었다. 가령 사채를 이용한 개인들이 감당하기 어려운 고금리를 부담하는 경우가 많았다. 심지어 연 1,000% 넘는 이자도 지급하기로 하는 경우도 있었고, 채권 추심과정에서 고리대금업자들이 채무자를 폭행하거나 협박을 하는 경우도 있었다. 그리하여 특히 IMF에 대한 국가채무를 모두 갚은 이후 이자제한법의 부활 문제가 본격적으로 논의되었다. 민법학자들은 그 부활에 찬성했다.[24)]

먼저 2002년 10월 27일 「대부업의 등록 및 금융이용자보호에 관한 법률」을 제정하였다. 이 법은 대부업의 등록 및 감독에 관하여 필요한 사항을 규정하고 대부업자와 여신금융기관의 불법적 채권추심행위 등을 규제함으로써 대부업의 건전한 발전을 도모하는 한편, 대부업자 및

---

24) 이자제한법 폐지에 대해서는 폐지 직후부터 비판적인 견해가 많았다. 가령 곽윤직(주 23), 57면은 IMF의 통제를 벗어나면 이자제한법이 제정될 것이라고 하였다. 백태승, "이자제한법 폐지에 따른 법률상의 문제점," 민사법학, 제17호(1999. 4), 37면은 이자제한법 폐지 후에도 시중은행의 금리가 40%을 넘은 적이 없다면서 "이자제한법이 고금리의 현실을 왜곡할 수 있다는 동법의 폐지이유는 검증되지 않은 가설에 기초한 것으로서 그 정책적 타당성을 상실"하였다고 하였다. 또한 이자제한법의 부활에 찬성하는 견해로는 김형배, 채권총론, 제2판, 박영사, 1998, 75면; 백태승, "이자제한법폐지에 따른 문제점과 대책," 인권과 정의, 제298호(2001. 6), 19면 이하; 어인의, "폐지된 이자제한법의 공과와 그 후의 이자규제의 문제점," 신세기의 민사법과제(임정평 교수 화갑기념), 법원사, 2001, 305면; 어인의, "이자규제의 문제점과 이자제한법 부활론," 법학논집(청주대), 제18집(2002. 2), 128면 이하; 김대정, "이자채권과 대부업법에 의한 이자의 제한," 중앙법학, 제 6 집 제 4 호(2004. 12), 236면 이하 참조.
이에 반하여 경제학자들은 이자제한법에 반대하였다. 김경수, "이자제한법, 무엇이 문제인가?," 인권과 정의, 제298호(2001. 6), 24면 이하는 이자제한법의 부활에 반대하고 있는데, 특히 위 논문 35면에서는 "결론적으로 이자제한법은 그 대상이 공적 시장이든지 아니면 사채시장이든지 신용시장의 질서를 교란함으로써 시장의 실패를 가중하는 요인으로 작용할 것이며 금리상한선이 낮을수록 부작용이 더 클 것으로 기대된다."라고 하였다. 또한 전용덕, "이자제한법과 기본권 제한," 헌법재판소 판례연구, 자유기업원, 2003. 10, 55면 이하는 이자제한법이 헌법상 기본권을 제한하는 것이라고 하였다.

여신금융기관의 거래상대방을 보호하는 것을 목적으로 하고 있다(제1조). 이 법에서 대부업자가 금전을 대부하는 경우에 최고이자율을 규제하고 있다. 즉, 대부업을 영위하는 자가 개인 또는 소규모 법인에 대하여 금전을 대부하는 경우 3천만원 이내에서 대통령령이 정하는 금액 이하의 대부금액에 대한 이자율은 연 100분의 70의 범위 이내에서 대통령령이 정하는 율을 초과할 수 없도록 하였다(제8조). 당시 대통령령에서 최고이자율을 연 66%로 정했다(동법 시행령 제5조 제3항). 그러나 대부업자로 등록을 하지 않는 경우에는 이 법의 적용을 받지 않아 미등록 사채업자를 규제할 방법이 없었다.

(2) 한편 대판(전) 2007. 2. 15, 2004다50426(공 2007, 437)은 고율의 이자약정을 민법 제103조를 위반하는 법률행위로서 무효라고 하였다.

> "금전 소비대차계약과 함께 이자의 약정을 하는 경우, 양쪽 당사자 사이의 경제력의 차이로 인하여 그 이율이 당시의 경제적·사회적 여건에 비추어 사회통념상 허용되는 한도를 초과하여 현저하게 고율로 정하여졌다면, 그와 같이 허용할 수 있는 한도를 초과하는 부분의 이자 약정은 대주가 그의 우월한 지위를 이용하여 부당한 이득을 얻고 차주에게는 과도한 반대급부 또는 기타의 부당한 부담을 지우는 것이므로 선량한 풍속 기타 사회질서에 위반한 사항을 내용으로 하는 법률행위로서 무효라 할 것이다."

나아가 차주가 대주에게 이미 지급한 초과이자를 반환청구할 수 있는지 문제되는데, 다수의견은 "이와 같이 선량한 풍속 기타 사회질서에 위반하여 무효인 부분의 이자 약정을 원인으로 차주가 대주에게 임의로 이자를 지급하는 것은 통상 불법의 원인으로 인한 재산 급여라고 볼 수 있을 것이나, … 대주가 사회통념상 허용되는 한도를 초과하는 이율의 이자를 약정하여 지급받은 것은 그의 우월한 지위를 이용하여 부당한 이득을 얻고 차주에게는 과도한 반대급부 또는 기타의 부당한 부담을 지우는 것으로서 그 불법의 원인이 수익자인 대주에게만 있거나 또는 적어도 대주의 불법성이 차주의 불법성에 비하여 현저히 크다고 할 것이어서 차주는 그 이자의 반환을 청구할 수 있다."라고 하였다.

이 판결은 이자제한법이 없는 상태에서 이자약정이 사회통념상의 허용한도를 초과한 경우에 그 초과부분에 관하여 무효라고 선언하고 나아가 이미 지급한 초과이자의 반환청구까지 인정한 점에서 중요한 의미가 있다. 민법 제104조는 불공정한 법률행위에 관하여 규정하고 있는데, 고율의 이자 약정은 급부와 반대급부 사이에 현저한 불균형이 있는 경우에 해당한다. 그러나 민법 제104조의 불공정한 법률행위에 해당하려면 궁박, 경솔, 무경험이라는 요건을 충족하여야 한다. 그런데 이 판결은 이러한 요건을 충족하지 못한 경우라도 고율의 이자약정이 민법 제103조의 사회질서 위반에 포섭될 수 있다고 본 것이다. 이 판결은 그동안 제정 여부로 논란이 많았던 이자제한법의 제정논의에 직접적인 영향을 끼쳤다.

(3) 위 판결이 나온 직후인 2007년 3월 29일 이자제한법을 다시 제정하여 6월 30일부터 시행되고 있다. 주요내용은 다음과 같다.[25] 첫째, 고리대의 폐해로부터 국민들을 보호하기 위하여 "이자의 적정한 최고한도를 정함으로써 국민의 경제생활의 안정과 경제정의를 도모함을 목적"으로 한다(제 1 조). 둘째, 금전대차에 관한 계약에 있어 최고이자율을 제한하되, 최고이자율은 경제사정 등을 고려하여 연 40% 이하의 범위 안에서 대통령령으로 정한다(제 2 조 제 1 항). 셋째, 계약으로 이자의 최고한도를 초과하여 정한 초과부분은 무효로 하며, 이미 초과 지급된 이자 상당금액을 원본에 충당하는 명시적인 규정을 둔다(제 2 조 제 3 항, 제 4 항). 넷째, 간주이자 규정을 두어 채권자가 할인금 등의 명목으로 채무자로부터 금전 등을 징수하여 「이자제한법」의 제한을 면탈하고자 하는 탈법행위를 방지하도록 한다(제 4 조). 다섯째, 일반 사인들 사이의

25) 국회본회의회의록, 제265회 국회 제 7 호(2007. 3. 6), 10면 이하.

거래뿐만 아니라 음성적(미등록) 사채업에도 적용하되, 제도권 금융과 등록 대부업자는 적용에서 제외하여 자금시장의 급격한 혼란을 방지하도록 한다(제 7 조).

법무부와 대한변호사협회는 당시 고율의 사채이자[26]와 불법적인 채권추심 등 고금리로 인한 부작용이 속출하였기 때문에 최고이자율을 강력하게 규율할 수 있는 이자제한법의 제정이 필요하다고 주장한 반면,[27] 재정경제부는 이자율은 원칙적으로 경제여건이나 자금수급상황 등에 따라 시장에서 자율적으로 결정해야 한다고 반대하였다.[28] 이자제한법을 제정한 것은 국민 경제를 보호하기 위한 최소한의 사회적 안전장치[29]로 이자제한법이 필요하다고 판단한 것이다.

그 후 2011. 7. 25. 이자제한법을 개정하여 금전대차에 관한 계약상의 최고이자율이 연 30%를 초과할 수 없도록 하고, 구체적인 범위는 대통령령으로 정하도록 하였다(제 2 조 제 1 항). 최근 금리가 낮아지자 이자를 좀 더 제한하여야 한다는 개정안이 국회에 제출되었는데, 2014. 1. 14. 개정된 이자제한법(2014. 7. 15. 시행 예정)에서는 최고이자의 한도를 연 25%로 낮추었다.

---

26) 금융감독원에서 2004년 말 설문조사한 결과에 의하면, 사금융시장 이용자가 부담하는 금리수준은 연 223%이고, 대부업법상 제한이율인 연 66% 이하가 15%에 불과하며 연 360%를 넘는 고율의 이자로 대출을 받은 경우가 18%에 이른다고 한다. 법무부, 서민금융의 현황과 향후 정책과제 —고이율 제한의 필요성—, 제260회 임시국회 법무부 정책보고 자료(2006. 6. 22), 5면 참조. 2006년에 설문조사한 결과에 의하면, 사금융시장 이용자가 부담하는 금리수준은 연 204%이고 연 66% 이하로 돈을 빌린 경우는 25%였다. 금융감독원, 사금융 이용실태 파악을 위한 설문조사 결과 분석, 2006. 6. 20. 보도참고자료.

27) 법무부(주 26), 44면 참조.

28) 오용식, 김수용, 김성호, 이자제한법에 관한 입법평가: 「이자제한법」을 중심으로, 한국법제연구원, 2008, 96면 이하.

29) 「국가법령정보센터」에 수록되어 있는 이자제한법 제정이유 참조.

3. 이자제한법의 폐지와 부활의 의미

1997년 12월 국회에서 이자제한법을 폐지하기로 한 것은 외환위기의 긴박한 상황에서 IMF가 이행조건으로 제시한 고금리정책을 이행하기 위한 것으로 볼 수 있다. 그러나 정부안으로 법안이 제출되지 않은 상태에서 의원입법으로 신속하게 법안을 통과시킨 것은 지나치게 성급했던 것으로 보인다. 그 후 10년 만에 이자제한법이 부활한 것을 보면, 이자제한법을 폐지한 것은 외환위기의 극복을 위한 일시적인 입법조치로서의 의미밖에 없었다고 평가할 수 있다.

법과 경제의 관계라는 시각에서 볼 때 이자제한법의 폐지는 법에 대한 경제의 우위를 여실히 보여준다. 이자율의 결정을 시장에 맡길 것인지 아니면 이자에 대하여 법률에 의한 제한을 정해둘 것인지에 관해서 시장에 맡기기로 한 것이기 때문이다. 그리고 이자제한법에 관한 찬반론에서도 경제부처와 법조단체 사이에 의견대립이 있었는데, 경제부처의 주장이 받아들여진 것이다. 1997년 이자제한법을 폐지하자는 주장을 한 것은 IMF와 협상을 주도했던 재정경제원이었다. 법무부는 이자제한법의 폐지에 유보적인 입장이었다. 그로부터 10년 후인 2007년 이자제한법을 다시 입법할 당시에는 법무부, 대법원 법원행정처, 대한변호사협회에서 이자제한법의 재입법에 찬성하였고 재정경제부에서 이에 반대하였다. 또한 자유주의 경제학자들이 이자제한법에 반대하고 법학자들은 대체로 이자제한법에 찬성하는 입장이었다. 이는 시장의 기능이나 역할에 관하여 그들 각자가 가지고 있는 견해 차이가 반영된 것으로 추측할 수 있다.

이자제한법의 폐지는 공정보다는 효율을 중시하는 사고가 반영된 것이다. 이는 이자제한법폐지법률안의 제안이유에서 '자원 배분의 효율성'을 들고 있음[30]을 보더라도 명백하다. 이자제한법은 경제적 약자인

30) 위 주 11 참조.

차주를 보호하기 위하여 이자율의 결정을 시장에 맡겨서는 안 되고 법이 개입하여 최고이자율을 제한하는 것이다. 따라서 이것은 금전대차거래에 참여하는 당사자들의 효율적 의사결정보다는 공정성을 보장하기 위한 입법이라고 할 수 있다. 이를 폐지한 것은 공정이라는 가치보다는 효율이라는 가치가 우선하는 시대가 도래하였다는 것을 상징적으로 보여준 것이라고 볼 수도 있다. 즉, 이자제한법의 폐지는 우리나라에 이른바 '신자유주의'의 도래를 알리는 사건이라고 볼 수도 있다. 10년 후에 이자제한법이 부활한 것은 우리 사회에서 다시 공정이라는 가치를 돌아볼 여유가 생긴 것으로 볼 수 있다.

한편 법의 계수라는 차원에서 본다면 우리나라의 이자제한법이 일본의 이자제한법을 받아들인 것인데, 금융위기 시에 일본과는 달리 이를 폐지하였다는 점에서 의미를 찾을 수도 있다. 미국에서는 13개 주를 제외하고 뉴욕 등 대다수의 주에서 이자제한에 관한 법령이 있다.[31] 이자제한법에 대해서는 찬반양론이 있지만 자유주의 경제학자들은 이자제한법에 대하여 매우 비판적이다. 독일에는 이자제한법이 없고 민법상의 양속위반이나 폭리행위에 의하여 규율되고 있다. 따라서 이자제한법의 폐지는 이자제한법에 관하여 독일이나 미국의 일부 주와 유사하게 되었다고 볼 수 있으므로, 법의 계수라는 차원에서 크지는 않지만 변화가 시작되었다고 볼 수도 있다. 물론 이것은 독일법 등에 의지하여 일제 잔재를 청산하려고 했던 노력으로 인한 것은 아니다.

이론적으로 볼 때 이자제한법을 폐지하고 민법의 일반 규정으로 이자에 대한 규율을 하는 것이 바람직하다고 볼 여지도 있다. 이자제한법은 계약자유의 원칙에 대한 제한이다. 민법의 최고원리인 사적 자치

31) 1997년에 이자제한법을 두고 있는 나라는 일본밖에 없다는 주장도 있었는데, 이는 잘못된 인식에 따른 것이다. 이와 같은 잘못된 인식도 이자제한법의 즉각적인 폐지에 영향을 미치지 않았을까 하는 추측을 해볼 수도 있다. 우리 정부와 국회에서 이자제한법 폐지라는 중대한 결정을 하는 단계에서는 위와 같은 주장의 진위를 확인했어야 했을 것이다.

의 원칙을 이자율 결정에서도 관철하자는 것은 충분한 근거를 가지고 있다. 시장의 기능을 신뢰하는 입장에서는 이자에 대한 법적 규제를 폐지해야 한다고 주장하는 것이 당연할 것이다. 결국 이자제한법을 둘 것인지 여부는 입법자의 재량에 속한다고 볼 수 있다.[32] 그러나 IMF의 구제금융을 벗어난 후에 이자제한법이 부활함으로써 이자제한법이 없는 나라와 동일하게 원칙적으로 이자를 시장의 자율에 맡기되 민법 제103조 등 일반 규정에 의하여 고율의 이자를 통제하는 방식은 당분간 우리나라에 정착하기가 쉽지 않다는 것이 드러났다고 볼 수 있다. 금융위기 이후에 시장이 제대로 작동하지 않는 상황을 혹독하게 경험했기 때문이다. 이자제한법을 부활하면서 이자에 대한 규제를 더욱 강화하고 있는데, 이자제한법을 폐지하기 전보다도 더욱 이자를 제한하는 법률이 필요하다는 생각이 많아졌다고 볼 수도 있다. 이자제한법의 폐지는 자유주의 경제학자들의 논리에 손을 들어준 것 같았지만, 그 이후의 고금리로 인한 혹독한 경험은 상당기간 그와 같은 논리가 설 자리를 없애는 결과를 초래하였다.

32) 헌재 2001. 1. 18, 2000헌바7(판례집 13-1, 100)에서는 「이자제한법 중 개정법률」(1965. 9. 24. 법률 제1710호)과 「이자제한법 폐지법률」(1998. 1. 13. 법률 제5507호)이 기본권을 제한하는 규정으로서 위헌인지 여부가 문제되었다. 헌법재판소는 "'개정법률'과 '폐지법률'은 사인간의 계약내용에 국가가 관여하여 그 효력을 부인하는 것을 내용으로 하는 이자제한법을 완화하거나 폐지함으로써, 국민의 사적자치권 또는 계약의 자유에 대한 제한을 제거하였다고 할 것이지, 이로써 오히려 국민의 기본권을 제한하는 것이라고 할 수 없다."라고 하고, "입법자가 사인간의 약정이자를 제한함으로써 경제적 약자를 보호하려는 직접적인 방법을 선택할 것인지, 아니면 이를 완화하거나 폐지함으로써 자금시장의 왜곡을 바로잡아 경제를 회복시키고 자유와 창의에 기한 경제발전을 꾀하는 한편 경제적 약자의 보호문제는 민법상의 일반원칙에 맡길 것인가는 입법자의 위와 같은 재량에 속하는 것"이라고 한다.

Ⅲ. 도산법의 개혁

1. 1998년 회사정리법 · 화의법 · 파산법의 개정[33)]

(1) 개정의 경위

금융위기의 가장 중요한 원인으로 대기업의 연쇄부도를 들 수 있다.[34)] 1997년부터 많은 기업들이 자금을 조달하기가 어려워져 부도가 나거나 부도위기에 직면하였다.[35)] 대기업들도 연쇄적으로 회사정리절차나 화의절차를 신청하자 도산절차는 사회적으로 커다란 관심을 불러 일으켰다. 이에 따라 당시 도산절차를 규율하는 회사정리법 · 화의법 · 파산법 등 도산법[36)]은 가장 주목받는 법이 되었다.

파산법과 화의법은 1962년 1월 20일 제정되었고, 회사정리법은 1962년 12월 12일 제정되었다. 이들은 모두 일본법을 모델로 한 것인데, 일본의 파산법은 독일법을, 일본의 화의법은 오스트리아법을 수용한 반면, 일본의 회사갱생법은 미국의 1938년 연방파산법 제10장의 "회사 재조직(corporate reorganization)" 제도를 계수한 것이다. 우리나라의 도산에 관한 위 세 법률이 몇 차례 개정되었으나, 기본적인 골격에는

33) 상세한 것은 김재형, "회사정리법, 화의법, 파산법의 개정내용과 장래의 과제," 한국법학원보, 제78호(1998. 5), 4면 이하 참조. 여기에서는 개정법의 몇 가지 주요항목을 중심으로 위 글을 간략하게 요약하고 수정하였으며, 개정경위를 좀 더 상세히 소개하고 평가 등을 덧붙이기도 하였다. 그 후에 나온 문헌 등을 추가하는 등 각주를 수정하였다.

34) 강만수, 현장에서 본 한국경제 30년, 삼성경제연구소, 2005, 407면은 경제위기를 불러온 직접적 원인 5개를 열거하고 있는데, '첫 번째 원인으로 대기업의 연이은 부도'를 들고 있다.

35) 1997년에 50대 대기업 중에서 한보, 삼미, 대농, 진로, 기아, 해태, 뉴코아 등이 부도가 났다. 이규성(주 22), 32면 이하도 참조.

36) 우리나라에 '도산법'이라는 명칭의 법률이 있는 것은 아니지만, 도산법은 회사정리법 · 화의법 · 파산법(이를 '도산 3법'이라고도 한다)을 가리키는 용어로 사용되었다. 1998년에도 개별 법률에서 '도산'이라는 용어를 사용하고 있는 경우도 적지 않다. 현재는 「채무자 회생 및 파산에 관한 법률」로 통합되어 있다. 여기에서는 도산에 관한 여러 법률을 가리키는 용어로 사용하고자 한다.

큰 변화가 없었다.

파산절차는 채무자가 파산상태에 빠진 경우에 채무자의 재산을 환가하여 파산채권자에게 공평하게 배당하는 절차이다. 화의에는 화의법에 의한 화의와 파산법에 의한 강제화의가 있는데,[37] 화의법에서 말하는 화의란 채무자에게 파산원인이 발생한 경우 또는 파산원인인 사실이 발생할 염려가 있는 경우에 파산을 예방함과 동시에 채권자도 파산의 경우보다 유리한 변제를 받는 것을 목적으로 하는 강제화의절차이다. 회사정리절차는 재정적 궁핍으로 파탄에 직면했으나 경제적으로 갱생의 가치가 있는 주식회사에 관하여 채권자, 주주 기타 이해관계인의 이익을 조정하여 사업의 정리재건을 도모함을 목적으로 한다.[38]

도산법 체계에서 파산절차는 도산절차의 기초이며 원칙적인 도산절차이다. 민법에서도 파산에 관한 여러 규정(가령 민법 제77조 등)을 두고 있는 반면, 회생절차나 개인회생절차에 관해서는 아무런 규정을 두고 있지 않다. 이것은 입법적 미비라고 할 수 있으나, 적어도 파산에 관해서만은 명시적인 규정을 두어야 한다는 생각이 작용한 것이라고 볼 수 있다. 또한 우리나라 도산법에 강한 영향을 미친 독일이나 미국의 도산법에서도 파산절차를 기초적인 절차로 규정하고 있다.[39] 자본주의 경제체제에서는 자유로운 경쟁을 허용하고 기업이 경쟁에서 뒤떨

37) 파산법상의 강제화의는 파산절차의 진행중에 파산종결을 위하여 행하는 것이나, 이것이 거의 이용되지 않았기 때문에, 이하에서는 화의법상의 화의에 관해서만 살펴보고자 한다.

38) 회사정리법 제1조. 이 법은 회사를 재건하는 것인데도 일본의 회사갱생법을 회사정리법으로 용어를 바꾸어 받아들였기 때문에 혼란이 있었다. 회사정리를 가리키는 말로 법정관리라는 용어도 사용하였는데, 이것은 법률용어가 아니다. 종래의 은행관리에 대비하여 법률에 근거를 두고 법원이 주도하는 절차라는 의미에서 법정관리라는 용어가 사용된 것으로 보인다.

39) 미국 연방파산법은 제7장에서 파산절차에 해당하는 청산절차를 규정하고 제11장에서 회생절차를 규정하고 있다. 독일 도산법은 도산절차에 관한 일반적인 규정을 두고 제217조 이하에서 회생계획에 관한 규정을 두고 있다. 이는 파산절차를 원칙적인 절차로 보고 법률을 제정한 것이라고 할 수 있다.

어지면 파산절차를 통하여 기업을 해체하는 것이 원칙이라고 할 수 있다.[40)]

그런데 1980년대부터 회사정리절차가 많이 이용되었다. 화의법은 거의 이용되지 않아 사문화되어 있다시피 하였지만, 1996년부터 화의사건이 급격하게 증가하였다. 회사정리절차에서 원칙적으로 구사주를 경영에서 배제하고 구사주의 주식을 전부소각하기로 하였기 때문에,[41)] 구사주들이 경영권을 유지하기 위하여 회사정리절차 대신 화의절차를 신청한 것이다. 1997년에는 화의사건이 회사정리사건보다 훨씬 많아졌다. 특히 진로, 기아, 쌍방울 등 대기업들이 도산에 직면하여 화의를 신청하였는데, 기아에 대해서는 주거래은행 등 채권자들이 별도로 회사정리절차를 신청함으로써, 대기업에 대하여 화의절차를 밟는 것이 정당한 것인지, 아니면 회사정리절차를 밟는 것이 정당한 것인지 여부가 매우 중요한 문제로 부각되었다.[42)] 한편 1997년 소비자 파산사건이 급증하기 시작하여 파산법에 관한 관심이 생기기 시작하였다.[43)]

---

40) 우리나라 도산실무가들은 파산보다는 회생을 중시하려는 경향이 없지 않다. 파산법이나 도산법이라는 용어를 가급적 사용하지 않으려는 경향도 있다. 이것은 우리나라에서 파산(영어로는 bankruptcy, 독일어로는 Konkurs)이나 도산(영어로는 insolvency, 독일어로는 Insolvenz)이라는 용어가 매우 부정적인 어감을 갖고 있는 것과 관련이 있다고 생각한다. 파산이나 도산은 채무자 또는 기업의 재산이 없어졌다는 것에 불과한 데도 채무자 자신이 파탄에 빠졌다는 것으로 생각하는 경향이 있는 것이 아닌가 한다. 그러나 파산이나 도산을 채무자 자신과 연결시키지 말고 재산에 관한 것으로 본다면 이 용어가 갖는 부정적인 뉘앙스가 다소라도 완화될 것이다.

41) 1996. 7. 27. 개정된 회사정리사건처리요령(송민 92-5) 개정예규.

42) 이에 대한 정부의 대응에 대해서는 강만수(주 34), 427면; 이규성(주 22), 30면 이하 참조.

43) 회사정리사건은 1992년에 133건, 1994년 116건이었는데, 1997년 175건, 1998년 240건으로 증가하였다. 화의사건은 1994년에는 1건도 없었으나 1997년 322건, 1998년 728건으로 급증하였다. 파산사건은 1994년에 18건이었으나, 1998년 467건, 1999년 733건으로 급증하기 시작하였다. 당시 도산사건 수의 변화에 관해서는 김재형, 기업회생을 위한 제도개선방향, 대한상공회의소, 2001, 21면. 2013년 도산사건은 총 164,994건(법인회생 835건, 회생단독 830건, 법인파산 461건, 개인파산 56,983건, 개인회생 105,885건)이다(법원행정처 통계담당자로부

1990년대 중반부터 당시의 도산법제는 부실기업의 도산문제 등에 적절하게 대응하지 못하고 있다는 비판이 있었다. IMF의 구제금융을 받게 되자 도산기업의 퇴출이 원활하게 이루어지지 않고 있다는 점이 우리 경제의 중요한 문제점 중의 하나로 인식되었다. 즉, 회사정리제도와 화의제도 등을 포함한 기업퇴출제도가 불완전하기 때문에 합리적이고 신속한 기업구조조정이 이루어지지 못하고 있고 이로 인하여 금융기관의 부실이 누적되었으며, 결국 금융위기에 처하게 되었다는 것이다. 그리하여 정부가 IMF에 제출한 의향서에도 도산법을 개정하기로 하는 내용이 들어 있었다.[44)]

재정경제원에서는 처음에 파산법, 회사정리법, 화의법을 통합하는 법률을 제정하려고 하였다. 당시 언론에서도 1998년 초에 통합도산법을 제정할 것이라고 보도하였다.[45)] 그 직후 필자는 재정경제원으로부터 IMF와의 약속이라며 20일 안에 통합도산법을 만들어달라는 요청을 받았다. 필자는 통합도산법을 만드는 것은 불가능하고 회사정리법·화의법·파산법을 부분적으로 개정하는 안을 만들 수는 있겠다고 하였다. 통합도산법을 작성할 준비가 전혀 되어 있지 않은 상태였기 때문이다.[46)] 그리하여 통합도산법을 제정하는 것은 장래의 과제로 미루고 위

터 받은 자료이다). 개인회생과 개인파산이 압도적으로 많지만 도산사건이 크게 증가하였음을 알 수 있다.

44) 정부가 1997. 12. 3. IMF 총재에게 제출한 양해각서 제35항에는 "시장원리를 강화하기 위하여 한국법에 따른 파산규정이 정부의 간섭 없이 운용되도록 한다."라고 되어 있었는데(주 2 참조), 1997. 12. 24. 의향서에는 1998. 3. 31.까지 파산절차의 간소화라는 목적 하에 파산법을 검토하여 입법안을 작성한다고 되어 있다.

45) 당시 언론 보도에 의하면 "정부는 당초 3개 법률 통합법안을 내년 중 만들어 내년 9월 정기국회때 제출할 예정이었으나 IMF와의 합의에 따라 이를 조기 처리하기로 방침을 정했다."라고 하였다. 연합뉴스, 1997. 12. 25.자 기사 "파산법 등 기업도산관련법 내년초 단일법으로 통합·정비"(http://news.naver.com/main/read.nhn?mode=LSD&mid=sec&sid1=101&oid=001&aid=0004217538)(2014. 3. 15. 최종 방문).

46) 오수근, "통합도산법 입법경과," BFL, 제 9 호(2005. 1), 7면은 재정경제원이 1997년 한국개발연구원에 기업 퇴출제도에 관한 용역사업을 의뢰하였고 이 연

세 법률을 존속시킨 채로 부분적인 개정안을 마련하게 되었다. 필자는 IMF를 설득시킬 수 있는 수준으로 개정안을 만들 수는 있고 IMF를 설득할 수 있는 논리를 만드는 것은 어렵지 않다고 하였다. 필자가 개정안 작성을 시작한 직후 바로 파산법 등 3개의 도산관련 법률을 개정할 것이라고 보도하였다.47)

재정경제원이나 법무부에서 도산법에 관한 자료를 모아놓지도 않았기 때문에, 필자가 개인적으로 가지고 있거나 도서관 등에서 모은 문헌이나 자료 등을 가지고 개정안을 작성하기 시작했다. 종전부터 개정이 필요하다고 생각한 조문도 있었지만, 대부분은 새로 개정안을 작성해야 했다. 그래도 개정안을 작성하는 작업은 매우 신속하고 효율적으로 진행되었다. 법원행정처가 급하게 판사들로부터 모아 보내준 개정시안들도 도움이 되었다. 재정경제원 등 정부부처의 의견도 면밀하게 검토하여 채택여부를 결정하여 개정안을 마련하기도 하였다. 1998년 1월 15일 저녁에는 형사정책연구원에서 법원행정처 판사 등과 만나 의견을 조율하였고, 그 다음날인 1월 16일 아침 6시 30분경에 개정안을 확정하여 법무부 법무심의관실의 담당검사에게 개정안을 전송하였다. 현행법, 개정안, 개정이유를 3단 비교표로 작성하였는데, A4용지로 약 100페이지의 분량 정도되었다.

회사정리법・화의법・파산법에 관한 개정안은 신속하게 법무부 산하 개정위원회, 법제처심사, 국무회의, 국회 법제사법위원회, 국회 본회의를 차례로 통과하였다. 일정을 맞추기 위하여 국무회의는 이례적으로

구안을 바탕으로 개정작업을 하였다고 한다(오수근, 도산법의 이해, 이화여자대학교출판부, 2008, 107면도 동일한 내용이 있다). 그러나 이 설명은 실제와는 다르다. 필자가 개정안을 작성할 때 연구안을 본 적이 없었다. 이 연구의 보고서가 실제로 발간된 것은 1998년 5월경이었고, 도산법 개정작업에 한국개발연구원의 연구원이 참여하였고 오히려 개정안의 내용이 보고서에 반영되었다.

47) 연합뉴스, 1998. 1. 6.자 기사 "파산법 등 3개 기업도산관련법 2월 개정"(http://news.naver.com/main/read.nhn?mode=LSD&mid=sec&sid1=101&oid=001&aid=0004305130)(2014. 3. 16. 최종 방문).

토요일에 개최되었다. 언론에서 논란이 일기도 하였고 당시 도산절차를 신청한 기업이나 정치권의 유력한 인사가 몇몇 개정안을 삭제해달라는 요청을 하기도 했지만, 개정안을 유지해야 하는 상세한 이유를 작성해서 보내는 등으로 대응하였다. 개정법은 결국 1998년 2월 24일부터 시행되었다. 당시 대기업을 비롯한 도산기업이 속출하고 있었기 때문에 이에 신속하게 대응할 필요가 있기도 하였지만, IMF와의 약속을 지키고 우리나라의 대외적인 신인도를 높일 필요가 있었기 때문이다. 물론 우리 정부가 IMF에 1998년 3월까지 도산법 개정안을 마련하기로 약속을 한 상태였다. 그러나 1998년 2월 25일 대통령 취임식과 함께 새 정부가 구성되면 입법절차가 늦어질 수 있기 때문에, 그 전에 입법절차를 마치기 위하여 신속하게 절차를 밟아나갔던 것이다.

당시 개정 조문은 회사정리법 61개, 화의법 20개, 파산법 14개인데, 주요한 내용에 관해서만 살펴보고자 한다.

(2) 회사정리법의 개정 내용

회사정리사건을 담당하는 법원의 업무량이 과중하고 절차가 지연됨으로써 회사정리제도의 기능이 제대로 발휘되지 못하고 있으며, 정리회사의 갱생율도 너무 낮다는 비판이 있었다. 개정 회사정리법은 기업의 갱생율을 높이고 기업의 구조조정을 촉진하기 위하여 회사정리절차 개시의 기준으로 경제성이라는 개념을 도입하고 주식소각기준을 정하였다. 또한 정리절차를 신속하게 진행하도록 하고 관리위원회제도와 채권자협의회제도를 신설하였다. 개정의 주요 방향은 경제상황의 악화에 따른 기업 구조조정의 필요성에 대응하여 회사정리사건의 처리에서 신속성, 공정성, 전문성, 효율성을 강화하기 위한 것이라고 할 수 있다.[48]

㈎ 회사정리절차개시기준의 객관성 제고

개정 전의 회사정리법[49]은 "갱생의 가망성이 있는 주식회사"(제1

48) 국회본회의회의록, 제188회 국회 제 5 호 부록(1998. 2. 14), 2면.
49) 이하 구회사정리법이라고 한다.

조)를 대상으로 하고, 정리절차 개시신청의 기각사유로 "갱생의 가망이 없는 때"(제38조 제5호)를 들고 있었다. 구 대법원 예규[50]는 갱생의 가망성과 함께 갱생의 필요, 즉 기업의 공익성을 정리절차개시결정의 요건으로 보고,[51] 지역경제에 대한 영향, 해외관계, 첨단기술, 제조업체 등 긍정적 요소 5가지와 자산 및 자본금 규모, 역사, 가족회사 등 부정적 요소 9가지를 고려하여 공익성을 판단하도록 하고 있었다.

이에 대하여는 두 가지 측면에서 비판이 제기되었다.[52] 첫째, "갱생의 가망"은 그 개념이 모호할 뿐만 아니라, 갱생의 가망이 있는지 여부는 정부나 금융기관의 지원규모에 의하여 좌우될 수 있기 때문에, 이는 회사정리절차개시의 객관적인 판단기준으로 적절하지 못하다는 것이다. 둘째, 구 대법원 예규가 정리절차개시의 요건으로 공익성을 들고 있는 것은 회사정리법의 문언이나 취지에 부합하지 않고, 공익성은 회사의 청산이 사회·정치적 파장을 가져오는 경우로 받아들여져 대기업으로 하여금 대마불사(too big to fail)라는 안이한 생각을 갖게 할 우려가 있다는 것이다. 따라서 "갱생의 가망성"이라는 모호한 개념을 버리고 "경제성"이 있는지 여부에 따라 정리절차개시 여부를 판단하여야 한다는 것이다.[53]

개정 회사정리법에서는 정리절차의 객관성과 예측가능성을 높이기 위하여 회사정리법의 목적을 정한 제1조를 수정하여 정리절차의 대상을 "갱생의 가망이 있는 주식회사"에서 "경제적으로 갱생의 가치가 있는 주식회사"로 수정하고,[54] 정리절차의 기각사유를 "갱생의 가망이 없

50) 대법원 송민 92-5 예규 중 1998. 4. 1. 개정되기 이전의 것을 말한다.

51) 따라서 사회적 가치를 인정받을 만한 공익적인 성격이 강한 회사인지에 따라 정리절차의 개시여부가 달라질 수 있었다.

52) 김재형(주 33), 6면.

53) 남일총, "부실기업정리제도의 경제적 분석," 한국개발연구, 제15권 제2호 (1993 여름), 3면 이하.

54) 재정경제원의 담당공무원은 회사정리절차의 개시요건으로 경제성 개념이 반드시 포함되어야 한다고 하였다. 그런데 "경제성 있는 주식회사"라는 표현은 다의

는 때"에서 "회사를 청산할 때의 가치가 회사를 계속 존속시킬 때의 가치보다 큰 경우"(제38조 제5호)로 개정하였다. 이것은 청산가치(liquidation value)와 계속기업가치(going concern value)[55]를 비교하여 회사정리절차의 개시여부를 결정하도록 한 것이다. 법률의 개정 직후 대법원 예규가 법률의 규정에 따라 대폭 바뀌었다.[56] 종전의 예규에서는 회사정리절차개시결정을 할 때 공익성을 주요한 판단요소로 보고 이에 관한 상세한 판단요소를 열거하였으나, 개정 예규에서는 공익성 개념 자체를 삭제하였다.

법률의 개정 내용만을 보면 '갱생의 가망성'이 '경제적으로 갱생의 가치가 있는지 여부'로 바뀐 것에 불과하여 크게 바뀐 것은 아니라고 생각할 수도 있다. 그러나 이것은 대법원 예규를 대폭 바꾸는 것을 의도하였고 실제로 그와 같이 되었기 때문에, 회사정리실무에 매우 큰 변화를 초래하였다. 결과적으로 법률의 개정을 통하여 회사정리절차의 개시결정을 할 때 경제적 판단 또는 효율성 판단이 중요한 요소로 되었다고 볼 수 있다.

㈏ 중소기업에 대한 특례

회사정리절차는 많은 비용이 소요되고 절차가 복잡하기 때문에 중소기업이 이를 이용하는 것은 쉽지 않았다. 특히 구 대법원예규는 정리절차개시여부를 결정할 때 회사규모가 자산 200억, 자본금(발행주식 합계액) 20억에 미달하는 경우를 부정적인 요소로 들고 있었는데,[57] 이것

적으로 해석될 수 있기 때문에, 필자가 "경제적으로 갱생의 가치가 있는 주식회사"라는 표현으로 바꾸었다.

55) 대결 1991. 5. 28, 90마954(공 1991, 1728)은 회사정리법 제177조의 규정에 의한 회사재산평가에 있어서 그 평가의 객관적 기준은 회사의 유지, 갱생을 전제로 평가한 가액인 이른바 계속기업가치이어야 하고, 회사의 해산과 청산, 즉 기업의 해체·처분을 전제로 한 청산가치이어서는 안 될 것이라고 하였다.

56) 회사정리사건처리요령(송민 92-5) 개정예규(1998. 4. 1. 시행).

57) 이 기준에 미달하는 경우에도 회사정리절차를 개시할 수 있음은 물론이다. 실제로 자산이 200억원이 되지 않는 회사(예컨대, 주식회사 미강)에 대하여 회사정리절차를 개시한 예도 있다.

은 중소기업으로 하여금 회사정리절차를 밟을 수 없다는 인식을 심어 주었다.

개정 회사정리법에서는 중소기업도 회사정리의 대상이 된다는 것을 전제로 중소기업이 회사정리를 신청한 경우에 관한 규정을 신설하였다(제40조 제 3 항, 제101조, 제39조의3, 제45조의2, 제173조의2). 이와 같은 개정을 통하여 중소기업도 청산가치보다 계속기업가치가 큰 경우에는 적은 비용과 간소한 절차로 회사정리절차를 밟을 수 있도록 한 것이다. 이에 따라 대법원 예규도 자산 200억 이하인 회사를 정리절차개시의 부정적 요소로 들고 있는 내용을 삭제하였다.

이와 같이 중소기업에 대한 특례를 둔 것은 당시 새로 출범할 정부의 중소기업정책이 반영된 것이다. 이와 같은 법률 개정의 원인은 법적인 판단보다는 정책적인 판단에 따른 것이라고 볼 수 있다. 중소기업에 대한 도산절차에 관해서 연구가 되어 있지 않은 상태에서 법규정을 둔 것은 문제가 있다고 볼 수도 있고 이와 같은 규정들이 얼마나 실효성이 있는지에 관하여 논란이 있을 수 있다. 그러나 이는 중소기업에 대한 도산절차에 대해서는 특례를 인정하거나 새로운 절차를 도입할 것인지 검토할 필요가 있다는 것을 일깨워 준 중요한 계기가 되었다고 볼 수 있다.[58)]

(다) 정리절차의 신속한 진행과 종결을 위한 규정 신설

회사정리절차는 회사 또는 이해관계인의 신청(제30조), 회사의 업무 및 재산에 대한 보전처분과 보전관리인 선임(제39조), 조사위원에 의한 조사(제40조), 정리절차 개시결정과 관리인 선임(제46조), 정리채권 등의

58) 아래에서 보듯이 채무자 회생 및 파산에 관한 법률을 제정할 때 회생절차의 대상을 주식회사에 한정하지 않고 개인도 포함시켰다. 2013년 출범한 현정부는 중소기업에 관한 회생절차를 마련하는 것을 국정과제로 삼고 있다. 실증적인 연구 없이 단정할 수 없지만, 1998년 회사정리법 개정 당시 중소기업에 관한 특례 규정이 들어간 것이 이와 같은 변화에 조금이나마 영향을 미쳤을 것이라고 생각할 수 있다.

신고 및 조사, 정리계획안의 작성, 관계인집회의 개최, 정리계획안의 인가(제232조), 정리계획의 수행과 종료라는 순서로 진행된다. 그런데 개정 전에는 조사위원의 조사기간, 정리채권의 신고기간, 정리계획의 제출기한 등에 관하여 법정되어 있으나, 정리절차의 진행 전반에 관하여 기한의 제한이 느슨하게 되어 있었다. 도산실무에서 정리계획안이 인가되기까지 1년 6월에서 3년의 기간이 소요되는 등 정리절차가 지연되기도 하였다. 이에 따라 정리회사와 채권자 등 이해관계인들의 지위가 불안정하게 될 수 있고, 회사의 갱생율이 낮아질 수 있으며, 정리절차의 투명성이 떨어진다는 문제가 생겼다.

개정법은 회사정리절차를 신속하게 진행하기 위하여 각종 기간을 제한하였다. 첫째, 법원이 보전처분 여부를 신청일로부터 14일 이내에 결정하도록 하였다(제39조 제2항). 둘째, 중소기업의 경우에는 신속하게 개시결정이 이루어지도록 원칙적으로 개시결정기간을 신청일부터 3월 내로 법정하였다(제45조의2). 셋째, 관리인은 정리채권 등의 신고기간 만료 후 원칙적으로 4월내에 정리계획안을 작성·제출하도록 하였다(제189조 제4항, 제5항). 넷째, 정리계획안은 정리절차개시일부터 1년 이내(불가피한 사유가 있는 때에는 1년 6월 이내)에 가결하도록 하고(제207조 제3항), 이 기간 내에 정리계획안이 가결되지 아니하면 법원이 직권으로 정리절차폐지결정을 하도록 하였다(제272조 제1항 제3호).

또한 개정법은 회사정리절차의 신속한 종료를 위한 개정을 하였다. 첫째, 회사정리계획의 작성 시 채무의 최장유예기한을 20년에서 10년으로 단축하였다(제213조). 이것은 한계기업의 늑장처리로 인해 대출금이 부실채권으로 묶여 금융기관이 함께 부실화되는 것을 예방하기 위한 것이다. 둘째, 개정 전에는 정리절차의 종결요건을 "정리계획이 수행된 때 또는 계획이 수행될 것이 확실하다고 인정되기에 이른 때"라고 규정하였으나, 개정법은 "정리계획에 따른 변제가 시작된 이후 정리계획의 수행에 지장이 없다고 인정되는 때"라고 개정하였다(제271조 제1

항). 셋째, 정리채권자와 정리담보권자는 성공적으로 변제가 이루어지고 있는 기업에 대하여 정리절차의 종결을 신청할 수 있고(제271조), 정리계획수행의 가망이 없는 기업에 대하여 정리절차의 폐지를 신청할 수 있도록 하였다(제276조).

㈑ **주식소각기준의 투명성 제고**

1996년의 대법원 예규에서 구사주(舊社主)의 주식을 모두 소각하도록 한 것은 도산기업들이 화의를 선호하고 회사정리를 기피하는 중요한 요인이 되었다. 또한 회사정리법에서 주식소각기준이 명확하지 않았다. 특히 구 회사정리법 제221조 제 2 항은 경영파탄의 책임이 있는 지배주주에 대한 책임을 추궁하기 위하여 일반적인 주식소각에 비하여 더 많은 주식 소각을 하도록 규정하고 있었다. 대법원은 이 규정이 "회사정리절차개시의 원인을 제공한 이사, 주주 및 그와 특수한 관계에 있는 주주가 가진 주식 3분의 2까지만을 소각할 수 있다는 뜻이 아니고, 회사의 채무 총액이 적극 재산의 총액을 초과한 때에는 사정에 따라 그 부실경영의 책임이 있는 주주의 주식 전부 또는 적어도 3분의 2까지는 소각하여야 한다는 뜻"이라고 보았다.[59] 당시 이러한 판례에 따라 회사정리실무가 운용되었다. 그러나 이와 같은 실무의 태도는 이 규정을 지나치게 넓게 해석·운용한 것이라서 구사주가 회사정리신청을 회피하도록 하였다는 비판이 있었다.[60]

개정법에서는 주식소각기준을 정함으로써 투명성을 제고하고 지배주주에게 경영파탄의 책임이 있는 경우에 행해지는 징벌적 주식소각 요건을 엄격하게 제한하였다. 먼저 정리계획에 의한 자본의 감소는 회사의 자산과 부채, 회사의 수익력을 참작하여 정하도록 하였다(제221조

59) 대결 1989. 7. 25, 88마266(공 1997, 285). 이 결정이 있은 지 8년이 지나 공간되었는데, 이는 매우 이례적인 것이다. 이는 이 결정의 중요성이 뒤늦게 인식된 결과라고 볼 수 있다.

60) 이 결정에 관한 논란에 관해서는 김재형, "회사정리계획에서 경영책임에 기한 주식소각의 기준," 상사판례연구(Ⅴ), 2000, 279면 이하 참조.

제2항). 정리절차개시 당시의 회사의 부채의 총액이 자산의 총액을 초과하는 경우에는 회사발행주식의 2분의 1이상을 소각하는 방법으로 자본을 감소할 것을 정해야 한다고 규정하였다(제221조 제3항). 또한 회사정리법 제221조 제4항은 징벌적 주식소각에 관한 규정으로 "회사의 이사나 이에 준하는 자 또는 지배인의 중대한 책임이 있는 행위로 인하여 정리절차개시의 원인이 발생한 경우에는 그 행위에 상당한 영향력을 행사한 주주 및 그 친족 기타 대법원규칙이 정하는 특수관계에 있는 주주가 가진 주식 3분의 2 이상을 소각하는 방법으로 자본을 감소할 것을 정하여야 한다."라고 규정하였다. 따라서 부채의 총액이 자산의 총액을 초과하지 않는 경우에도 지배주주에게 경영파탄의 책임이 있으면 그 보유 주식의 3분의 2 이상을 소각하여야 한다. 그러나 그 요건을 종전에 비하여 엄격하게 제한하였다.[61]

1990년대에 회사정리절차를 신청한 대부분의 기업들이 부채가 자산을 과도하게 초과하고 있었고 대주주들에게 경영파탄의 책임이 있는 경우가 적지 않았다. 따라서 구사주들의 주식을 무상으로 소각하는 당시의 도산실무에 문제가 없었다고 볼 수도 있다. 그러나 구사주들의 반발을 무마하고 가능하면 회사정리절차로 유도하기 위하여 주식소각기준에 관한 규정을 개정한 것이다. 이 규정은 주식소각에 관한 일반적인 규정을 두고 우리의 경영현실을 반영하여 구사주에 대한 이른바 징벌적 주식소각에 관한 규정을 존치하되, 그 요건을 엄격하게 규정한 것이라고 볼 수 있다.

(마) 관리위원회제도의 도입

회사정리사건이 매우 중요하고 업무가 복잡한데도 담당법관들의 업무부담이 과중하고 전문성이 확보되어 있지 못하다는 비판이 있었다. 미국에서는 1978년 파산법 개정 이후 파산 및 회사정리사건을 효율적으로 처리하기 위하여 U.S. Trustee제도를 도입하였다. 개정법은 미국

61) 김재형(주 33), 11-12면.

의 U.S. Trustee제도에서 착상을 얻어 관리위원회제도를 신설하였으나, 미국의 U.S. Trustee제도는 우리나라의 실정에 맞지 않는 점이 많아 그대로 도입하지는 않았다.

관리위원회는 회사정리사건 등의 적정·신속한 처리를 기함과 동시에 법관에게 전문적인 자문을 해주고 업무를 보조하기 위한 것으로, 우선 사건이 많은 법원에 설치하도록 하였다. 관리위원회는 위원장 1인을 포함한 3인 이상 15인 이내의 위원으로 구성하며, 변호사·공인회계사·은행에 종사한 경험이 있는 자 등에서 위원을 선임한다. 그 업무는 관리인 등의 선임에 대한 의견의 제시, 관리인 등의 업무수행에 대한 평가, 정리계획안에 대한 심사 및 관리위원에 관한 감독 등이다(제93조의2, 제93조의3 제1항). 그리고 관리위원은 법원으로부터 위임받은 허가사무를 수행하도록 하였다.[62)]

한편 도산사건을 신속하고 적정하게 처리하기 위하여 파산법원을 설치하여야 한다는 주장이 있었다. 그러나 당시 우리나라에서는 파산법원제도를 도입하는 것보다는 전담재판부 방식을 개선하는 것이 적절하다고 보아 파산법원의 설치를 유보하였다. 도산사건의 수는 경제상황에 따라 변동할 가능성이 많기 때문에, 파산법원을 설치할 경우에 사건증감 등 업무량 변동에 신축적으로 대처하기 곤란하고 불필요한 인력과 예산이 소요될 우려가 있다고 본 것이다.[63)] 파산법원 등 전문법원의 설치문제는 위기에 대응하여 즉각적으로 결정하기보다는 좀 더 장기적인 관점에서 논의가 필요하다는 판단을 한 것으로 볼 수 있다.

62) 김재형(주 33), 13면.
63) 김재형(주 33), 24면. 한편, 최근 법원은 다시 파산법원의 설치를 추진하고 있는데, 대법원장 자문기구인 사법정책자문위원회(위원장 오연천 서울대 총장)는 파산법원의 설치를 대법원에 건의하였다. 연합뉴스, 2014. 1. 22.자 기사 "파산법원 청사진 나왔다…사법체계 변화 예고"(http://www.yonhapnews.co.kr/bulletin/2014/01/22/0200000000AKR20140122214600004.HTML?from=search) (2014. 3. 16. 최종 방문).

(바) 채권자협의회제도의 도입

회사정리절차는 채권자의 지위에 많은 영향을 미친다. 그런데 채권자들이 자신들의 의사를 체계적으로 수렴하거나 이를 법원에 전달하는 장치가 없어 채권자의 지위가 약화되어 있다는 문제점이 지적되어 왔다. 개정법에서는 회사정리절차에서 채권자를 보호하고 그 지위를 강화하기 위한 규정들을 신설하였다. 첫째, 주요 채권자들로 하여금 협의회를 구성하여 채권자에 대한 정보전달 및 채권자의 의견전달을 위한 창구로 활용하고, 채권자들 사이의 이해를 조정하여 법원에 정리절차에 관한 의견을 제시할 수 있도록 하였다. 그리고 법원·관리인 등은 채권자협의회에 정리절차에 관한 주요자료를 제공하여야 한다(제173조의2 내지 제173조의4). 둘째, 채권자 또는 주주가 신청한 회사정리사건의 개시를 원활히 하기 위하여 채권자 또는 주주가 회사정리절차의 개시를 신청한 경우 법원은 회사에 대하여 경영 및 재산상태에 관한 자료의 제출을 명할 수 있다(제30조 제3항). 셋째, 위에서 본 바와 같이 채권자는 정리계획수행의 가망이 없는 기업에 대하여 정리절차의 폐지를 신청하거나, 성공적으로 변제가 이루어지고 있는 기업에 대하여 정리절차의 종결을 신청할 수 있다(제271조 및 제276조). 그리고 정리절차의 처리기한을 정하고 정리계획의 최장유예기한을 20년에서 10년으로 단축한 것도 채권자의 지위를 강화하기 위한 것이다.[64]

채권자협의회제도는 미국 연방파산법이나 독일 도산법의 채권자위원회제도를 변형하여 수용한 것이다. 다만 이 제도를 처음 도입하는 것이라서 미국이나 독일의 채권자위원회보다는 기능이나 권한을 축소하였다.

(3) 화의법의 개정 내용

개정 화의법에서는 화의제도가 본래의 취지와 달리 경영권유지만을 위하여 남용되고 있는 현상을 시정하고, 불필요한 절차비용을 줄이

---

64) 김재형(주 33), 13면.

며, 합리적이고 신속한 기업구조조정을 유도하기 위하여 여러 가지 제도를 도입하였다. 특히 화의절차개시신청의 기각요건을 확대하고, 각종 기간을 법정하여 절차를 신속하게 진행하도록 하였다. 그리고 기업도산사건의 관할을 통일하기 위하여 관할규정을 개정하고, 보전관재인제도, 관리위원회제도와 채권자협의회제도를 도입하였다.

(가) 주식회사의 화의신청기각사유의 신설

대기업의 구사주들이 경영권을 유지하기 위하여 화의제도를 이용하는 것을 규제할 필요가 있었다. 그러나 화의절차의 개시요건에 관한 대법원 판례도 없었고 사회적인 합의가 이루어지지도 않았다. 그리하여 화의법을 개정하여 법원이 적극적으로 화의신청을 기각할 수 있는 근거를 마련하기로 하였다. 화의법 제18조와 제19조에 일반적인 화의신청 기각사유를 규정하고 있는데, 개정 화의법(제19조의2)은 회사정리가 허용되고 있는 주식회사에 대한 특례규정을 신설하여 주식회사에 대한 화의신청 기각사유를 추가하였다.

첫째, 채무자인 주식회사의 재정적 파탄이 이사나 지배인 등의 회사재산 유용, 은닉이나 고의적인 부실경영에 기인한 경우에는 화의신청을 기각할 수 있도록 하였다(화의법 제19조의2 제1호). 그 취지는 화의절차에서는 경영진을 교체할 수 있는 장치가 없으므로, 이사 등의 고의적인 부실경영 등으로 주식회사의 재정적 파탄이 초래된 경우에는 화의신청을 받아들여서는 안 된다는 것이다.

둘째, 해당 주식회사의 자산·부채 규모가 크거나, 채권자 등 이해관계인의 수가 많은 등 제반사정에 비추어 화의절차를 진행함이 적합하지 않은 경우에 화의신청을 기각할 수 있도록 하였다(화의법 제19조의2 제2호).[65] 1997년부터 회사의 경영권자들이 자신의 경영권을 유지하

65) 정부안에서는 자산·부채의 규모나 채권자등 이해관계인의 수 등을 고려하여 화의절차에 의함이 부적합할 때 화의신청을 기각할 수 있다고 되어 있었다. 그런데 국회심의과정에서 기각사유의 판단에 대한 대강의 기준은 법에서 예측이 가능하도록 규정하여야 하고 또한 재판부가 새로이 추가되는 기각사유에 근거하

고 법원 등의 감독을 받지 않으려는 목적으로 화의신청을 함으로써 화의가 부실 경영의 책임이 있는 경영주들의 도피처가 되고 있었다. 그리하여 이 규정을 신설하여 대기업의 경우에는 화의절차를 이용하는 것을 억제하기로 한 것이다.

주식회사에 대한 화의신청기각의 특례조항인 제19조의2 제2호는 이 개정법의 시행 전에 화의를 신청하여 시행일 현재 개시결정이 내려지지 않은 화의신청사건에도 적용되어 그 신청을 기각할 수 있도록 하였다.[66] 그런데 구법하에서 이미 화의를 신청한 기업은 구법에 따라 화의절차가 개시되리라는 기대 이익을 가지고 있으므로, 위 규정에 대하여 소급효를 제한하여야 한다는 주장이 있었다. 그러나 위와 같은 주장은 받아들여지지 않았다. 위와 같은 규정을 둔다면 개정법의 시행 전에 도산에 직면한 기업의 불안정한 심리를 자극하여 대량부도사태를 유발할 수 있기 때문이다. 그리하여 위 규정의 소급적용을 제한하는 규정을 두지 않았다.[67]

화의법 제19조의2 제2항은 화의법 개정의 핵심을 차지한다. 입법과정에서 가장 많은 논란을 불러일으켰다. 도산상태에 있는 대기업들의 사주들이 경영권을 유지하기 위하여 화의절차를 이용하고자 했는데, 위 조항은 그들에게 중대한 걸림돌이 되기 때문이다. 따라서 화의절차를 신청했거나 신청하려고 한 대기업들이 이 조항에 반대하는 것은 당연한 것일 수 있다. 정치권에서도 위 조항을 삭제하거나 수정할 것을 요

여 화의신청사건을 판단함에 있어 신중하고 합리적인 판단을 할 수 있도록 전문성을 보조하는 기관의 관여가 필요하다고 보아, 제2호를 "채무자의 자산·부채의 규모가 크거나 채권자등 이해관계인의 수가 많은 등 화의절차에 의함이 부적합한 경우"로 수정하고 제2호의 사유로 법원이 화의신청사건을 기각하는 경우에는 관리위원회와 채권자협의회의 의견을 반드시 듣도록 수정하였다.

66) 개정 화의법 부칙 제2조 제1항에서는 개정규정에 대한 일반적인 소급효를 인정하되, 종전의 규정에 의하여 이미 생긴 효력에 대하여는 그 적용을 배제하는 경과규정만을 두고 있다.

67) 김재형(주 33), 17-20면.

청하는 의견을 보내왔다. 그러나 국회에서도 위 조항을 고치지 못했다.

(나) 화의의 남용을 방지하기 위한 조치

개정 화의법(제20조 제9항)은 이와 같이 화의절차를 악용하는 것을 억제하기 위하여 화의개시결정 전인 때에도 법원의 보전처분이 있은 후에는 채무자가 화의신청을 취하하지 못하도록 하였다. 또한 제13조 제5항에서는 채무자가 법원에 화의신청을 함에 있어 화의조건의 이행을 담보하기 위한 수단으로 화의조건에 대하여 주식담보를 포함한 인적·물적 담보를 제공하게 할 수 있는 규정을 신설하였다.68)

(다) 화의제도의 절차적 보완

개정 화의법에서는 화의개시결정 전이라도 보전처분을 할 경우에는 보전관재인을 선임할 수 있도록 하여 회사정리절차와 마찬가지로 채무자에 대한 법원의 감독을 강화하였다(제20조 제2항). 또한 회사정리법에 의하여 설치된 관리위원회를 화의절차에도 관여하도록 함으로써 법원의 업무부담 경감과 전문성제고에 기여할 수 있도록 하였다(화의법 제20조 제1항, 제2항, 제3항, 제21조 제1항, 제27조 제1항). 또한 채무자가 영업자인 화의사건에서는 주요 채권자들로 채권자협의회를 구성하여 화의절차에 관여할 수 있도록 하였다. 화의에서는 회사정리와 달리 중소기업의 경우에도 채권자협의회를 구성하여야 하는데, 화의에서는 법원의 감독권이 미약하기 때문에, 채권자들이 적극적으로 화의절차에 관여하도록 한 것이다. 채권자들은 채권자협의회를 통하여 화의절차에 관한 의견을 제시할 수 있고, 채무자에게 자료열람을 요청할 수 있다. 그리고 화의인가 이후에도 채무자의 화의조건 이행상황을 평가하도록 하였다(화의법 제49조의2 내지 제49조의4).

---

68) 금융기관에 대한 채무가 일정 규모를 초과하는 주식회사의 최대주주가 보유하는 당해 회사의 주식을 회사의 채무를 담보하기 위하여 담보로 제공하지 않은 경우에는 화의개시신청을 기각하여야 한다는 개정안도 제안되었으나, 이것은 다행스럽게도 채택되지 않았다. 그 대신 위와 같은 규정을 두게 된 것이다.

㈑ 절차의 신속한 진행을 위한 제도

화의절차의 신속한 진행을 촉진하기 위하여 법원이 화의개시결정을 하여야 할 기한을 원칙적으로 신청일부터 3월 이내로 정하였다(화의법 제26조의2). 그리고 정리위원의 조사 및 의견서 제출기한(선임일부터 2월 이내)과 화의개시의 결정기한(신청일부터 3월 이내)을 한정하였다(화의법 제21조 제 3 항, 제26조의2).

(4) 파산법의 개정 내용

도산절차의 원칙은 파산이다. IMF 금융위기로 파산사건이 급격하게 증가하기 시작하였다. 그러나 종전에 파산사건이 많지 않았기 때문에 파산법에 관한 실무와 이론이 발달되지 못한 상황이었다. 그리하여 1998년 파산법 개정은 소폭에 그쳤다. 법원의 업무부담을 덜어주기 위하여 관리위원회제도를 도입(제101조의2)하는 등 몇 가지 사항을 개정하였다.

2. 1999년 이후의 회사정리법 · 화의법 · 파산법의 개정

(1) 1999년과 2000년의 회사정리법 · 화의법 · 파산법 개정

1998년 도산절차에 관한 세 법률을 개정한 이후 법무부는 다시 개정안을 작성하는 작업을 시작하였다.[69] 필자는 1998년 하반기에 법무부 담당검사의 요청으로 개정안으로 작성하는 회의에 참석하여 주요 쟁점 11가지에 관하여 의견을 밝힌 적이 있다. 그 후 입법절차를 밟아 1999년 12월 31일 회사정리법을 개정하고 2000년 1월 12일 화의법과 파산법을 개정하여 위 법률들이 2000년 4월 13일부터 시행되었다.

㈎ 회사정리법의 개정 내용

외환위기 이후 급증한 부실기업의 갱생 또는 퇴출을 신속하게 결정

69) 정부가 IMF에 도산법을 추가로 개정하겠다고 약속하였다고 한다. 오수근, 도산법의 이해(주 46), 109면.

하여 회사정리제도를 활용한 기업구조조정을 촉진하고, 채권자들 사이의 이해관계를 공평하게 조정함으로써 회사정리절차의 효율성 및 공정성을 제고하기 위하여 회사정리법을 개정하였다. 주요 내용은 다음과 같다.

첫째, 회사정리절차의 남용을 막고 기업구조조정을 신속히 추진하기 위하여 갱생가능성이 없다고 인정되어 정리절차폐지 또는 정리계획불인가의 결정이 확정된 회사에 대하여는 반드시 파산선고를 하도록 하였다(제23조). 둘째, 종전에는 회사정리절차가 실패하여 파산절차로 이행되는 경우 처음부터 절차를 다시 시작하여야 하였으나, 개정법에서는 정리절차폐지나 정리계획불인가로 인하여 파산선고된 경우 채권신고 등 이미 진행된 절차는 파산절차에서도 그 효력을 유지하도록 하였다(제24조). 셋째, 회사정리절차를 신속히 진행하기 위하여 현재 정리절차개시신청 후 통상 5월 이상 소요되는 개시결정을 1월 이내에 하도록 법정기간을 정하였다(제45조의2). 넷째, 소수 정리담보권자의 부당한 버티기(hold-out)로 인하여 무리한 정리계획이 작성되는 현상을 방지하기 위하여 정리담보권을 감면하는 경우 정리계획안의 가결에 필요한 정리담보권자의 의결요건을 종전의 5분의 4에서 4분의 3으로 완화하였다(제205조). 그 밖에 부인권 행사의 활성화, 경영전문가의 선임 등에 관한 규정도 개정하였다.

㈏ 화의법의 개정 내용

1998년 화의법 개정 이후에도 부실기업의 사주들이 경영권을 유지하기 위하여 화의절차를 선호하는 경향이 있었다. 주식회사의 화의신청에 대한 기각사유를 정비하여 화의절차의 남용을 억제하고, 화의절차의 신속성을 제고하기 위하여 개시결정기간을 단축하는 등 화의제도의 운영과정에서 나타난 일부 미비점을 개선・보완함으로써 기업구조조정을 지원하기 위하여 화의법을 개정하였다. 주요 내용은 다음과 같다.

첫째, 종전에는 화의절차가 실패하여 파산절차로 이행되는 경우 처음부터 절차를 다시 시작하여야 하였으나, 개정법에서는 화의폐지・화의불인가·화의취소로 인하여 파산선고되는 경우 채권신고 등 이미 진행된 절차는 파산절차에서도 그 효력을 유지하도록 하였다(제10조). 둘째, 주식회사의 화의신청에 대한 기각사유로 종전에는 고의적인 부실경영이 있는 경우를 규정하였으나, 개정법에서는 고의성이 없더라도 이사 등의 중대한 책임이 있는 부실경영으로 인하여 재정적 파탄이 발생한 경우에는 기각할 수 있도록 그 범위를 확대하였다(제19조의2). 셋째, 화의절차를 신속히 진행하기 위하여 화의개시결정기간을 3월에서 1월로 단축하였다(제26조의2). 넷째, 화의개시신청 단계에서는 조사절차를 거치지 아니하고 채무자 등이 제출한 자료만을 검토한 후 신청기각사유가 없으면 원칙적으로 개시결정을 하도록 하였다(제27조, 제39조의2). 다섯째, 종전에는 화의개시결정 후에는 채권자에게 이익이 되는 경우에만 화의조건을 변경할 수 있었으나, 개정법에서는 채권자에게 불이익한 내용이라도 이행가능성이 높은 화의안을 만들기 위하여 필요한 경우에는 법원의 허가를 받아 화의조건을 변경할 수 있도록 하였다(제28조, 제53조). 여섯째, 화의개시결정 후라도 채무자가 화의조건을 이행할 가망이 없다고 인정되는 경우 또는 경영진의 부실경영이나 자산·부채규모의 과다 등의 사실이 밝혀진 경우에는 화의절차를 폐지하도록 하였다(제63조 및 제64조).

㈐ 파산법의 개정 내용

근로자의 임금 등을 재단채권에 포함시켜 우선 지급할 수 있도록 하여 근로자보호를 강화하고(제38조), 부인권행사를 활성화하여 절차의 공정성을 제고하며(제64조, 제68조), 소파산의 범위를 확대하여 소비자파산절차를 간소화하여(제332조) 현행 제도의 운영상 나타난 일부 미비점을 개선·보완하기 위하여 파산법을 개정하였다.

(2) 2001년 회사정리법 개정

2001년 회사정리법을 개정하여 회사정리계획안의 사전제출제도를 도입하였다. 이는 IMF의 요구사항을 반영한 것으로, 절차지연에 따르는 경제불안요인을 제거하고, 워크아웃에 실패한 기업 등 부실기업의 구조조정을 촉진하고 기업의 갱생을 도모하기 위한 것이다. 즉, 회사부채의 2분의 1 이상에 해당하는 채권을 가진 채권자는 회사정리절차 개시신청과 동시에 정리계획안을 제출할 수 있도록 하고(제190조의2 제1항), 제1회 관계인집회 이전까지 그 사전계획안에 동의하는 채권자가 가진 채권의 총액이 회사에 대한 채권의 3분의 2 이상에 이를 경우 법원이 명하는 정리계획안의 제출시한을 2월로 단축하였다(제190조의2 제4항). 또한 특정 채권자 간에 우선변제의 합의가 있는 경우에는 이를 정리계획안에 반영하도록 하였다(제228조 제3항).[70]

이 제도는 미국 도산실무에서 이용되는 사전조정제도(prepackaged plan)에 영향을 받은 것으로,[71] 미국 파산법이 일본법을 매개로 하지 않고 우리나라의 도산법에 영향을 직접적으로 미치기 시작했다고 볼 수 있다.

3. 「채무자 회생 및 파산에 관한 법률」의 제정

(1) 통합도산법에 관한 논의

(가) 정부에서는 1997년에 선진국의 입법례에 따라 회사정리법 · 화의법 · 파산법을 통합하는 법률을 제정하겠다고 발표하였다. 필자는 1998년의 도산법 개정 내용을 소개하면서 "1998년의 개정법은 다양한 내용을 포함하고 있는데, 도산법의 기본틀을 존속시킨 채로 개별적인 규정을 수정한 小改正에 해당한다."라고 하고, "이번의 개정은 근본적인 개정이 아

70) 그 후 기업구조조정을 신속하고 원활하게 하기 위하여 2001년 8월에는 한시법인 기업구조조정촉진법을 제정하였다. 이에 관해서는 김재형, "기업구조조정촉진법의 문제점과 개선방향," BFL, 제45호(2011. 1), 53면 이하.

71) 오수근, 도산법의 이해(주 46), 109면.

니라 우리 경제의 특수한 상황에 대응한 개정이기 때문에, 또 한 번의 중대한 개정, 특히 도산법의 통합을 예정하고 있다."라고 하였다.[72)]

그 후에 필자는 도산 3법을 전면적으로 통합하여 통합도산법을 제정해야 한다고 주장하였다.[73)] 당시의 도산법제는 살려야 할 기업의 회생을 지연시키거나 어렵게 하는 측면이 있으므로, 우리 기업의 현실에 맞도록 도산관련 법제를 정비해야 한다고 하면서 선진국의 입법례를 무조건 따르기보다는 우리나라 도산실무의 경험을 토대로 통합도산법을 제정해야 한다는 것이다. 도산법 통합의 방법으로는 파산법, 회사정리법, 화의법을 하나의 법으로 묶되, 그 안에서 청산형 절차와 재건형 절차로 나누어 규정하는 방식을 제안하였다. 이 경우 기존의 파산법은 청산형 절차로, 화의법과 회사정리법은 재건형 절차로 발전시킬 수 있다.[74)] 독일의 도산법과 같이 하나의 도산절차를 규정할 경우에는 파산 징후를 감지한 기업들이 절차 선택에 대한 고민 없이 신속히 도산절차를 신청할 수 있고, 법원이나 채권자 등 이해관계자들 또한 선택의 폭이 커질 수 있다. 이와 같은 주장은 미국의 연방파산법과 독일의 도산법을 참고한 것이다.[75)] 그리고 회사정리법에는 관리인, 보전관리인, 조사위원이라는 용어를 사용하는 반면에, 화의법에서는 관재인, 보전관재인, 정리위원이라는 용어를 사용하고 파산법에서는 파산관재인이라는 용어를 사용하고 있다. 도산에 관한 실체법 규정도 통일되어 있지 않다. 그리하여 도산에 관한 용어를 통일하고 이를 토대로 도산에 관한 실체법 규정을 통합할 것을 제안하였다.[76)]

---

72) 김재형(주 33), 28면.

73) 상세한 것은 김재형, "도산법제의 재검토," 법조, 제50권 제 2 호(2001. 2), 117면; 김재형(주 43), 154면 이하.

74) '회사정리'라는 명칭은 회사를 정리하여 파산시키는 것이라는 오해를 불러일으키기 때문에, '회사재건'이나 '회사갱생'이라는 용어로 바꾸어야 할 것이라고 하였다.

75) 일본에서는 파산법, 회사갱생법, 화의법을 별개로 두고 있었는데, 1999년에 화의법을 폐지하고 민사재생법을 제정하였다.

76) 이에 관한 상세한 보도로는 중앙일보, 2001. 1. 22.자 기사 "구조조정 촉진…통합

(나) 한편 법무부는 1999년 통합도산법 제정을 위하여 국내 법무법인과 미국 로펌에 공동으로 '도산제도 개혁을 위한 컨설팅 용역'을 의뢰하였다. 이 용역보고서에는 회사정리법과 화의법의 통합을 전제로 작업을 수행하였고 파산법까지 통합하는 것은 포함되어 있지 않다.[77] 이 연구용역의 의뢰는 세계은행(IBRD)의 자금(Technical Assistance Loan: TAL)으로 시작한 것이고, 연구용역의 주체가 국내 법무법인과 미국 로펌이기 때문에, 로펌의 시각이 많이 반영되었다고 볼 수 있다. 특히 연구용역의 한 주체가 미국의 로펌이었기 때문에, 미국 파산법의 영향이 매우 크게 작용하였다고 볼 수 있다.

(2) 「채무자 회생 및 파산에 관한 법률」의 제정

법무부는 2001년 5월부터 도산법을 대폭 개정하기로 하였고, 결국 회사정리법, 화의법과 함께 파산법까지 통합하기로 방침을 정하였다. 법무부의 도산법제실무위원회는 법안을 작성하였는데,[78] 위 용역보고서의 내용을 토대로 조문화한 것으로 볼 수 있다. 정부는 공청회와 입법예고 등을 거쳐 2003년 2월 국회에 「채무자 회생 및 파산에 관한 법률안」을 제출하였다.

이 법안은 기존의 회사정리법·화의법·파산법을 병렬적으로 모아놓은 것에서 크게 벗어나지 못하였다. 법안의 구조를 보면 회생절차가 앞에 나오고 그 뒤에 파산절차가 나오는데, 회생절차를 맨 앞에 규정하

도산법 제정을"(http://article.joins.com/news/article/article.asp?total_id=829404)(2014. 3. 15. 최종 방문)과 "통합 도산법 왜 필요한가"(http://article.joins.com/news/article/article.asp?total_id=829286)(2014. 3. 15. 최종 방문). 또한 동아일보, 2001. 1. 21.자 기사 "대한상의 보고서 "구조조정요""(http://news.donga.com/3/all/20010121/7638226/1)(2014. 3. 15. 최종 방문); 조선일보, 2001. 1. 22.자 기사 "상의 "도산법…""(http://news.chosun.com/svc/content_view/content_view.html?contid=2001012170322)(2014. 3. 15. 최종 방문)도 참조.

77) 법무법인 세종·Orrick, Herrington & Sutcliffe LLP, 도산법 최종 권고안, 2000.

78) 오수근, 도산법의 이해(주 46), 111면.

는 것은 체계상 부적절하다. 또한 회생절차에 관한 규정과 파산절차에 관한 규정이 정합적이지 못하였다. 특히 법안에서 미국의 연방파산법 제11장의 DIP(debtor in possession)제도를 수용하여 회생절차에서 채무자에게 경영권을 보장한 것에 대하여 논란이 많았다.[79] 이 법안은 논란 끝에 국회에서 통과되지 못하고 폐기되었다. 다만 400만에 육박하는 신용불량자문제를 해결하기 위하여 2004년 3월에 이 법안에서 개인회생절차 부분에 한하여 개인채무자회생법이라는 단행법을 마련하여 2004년 9월 23일부터 시행되었다.

그 후 2004년에 정부는 「채무자회생 및 파산에 관한 법률안」을 수정하여 국회에 제출하였다. 이 법안은 2003년 법안에 비하여 체계적으로 훨씬 정돈되었다고 볼 수 있으나, 도산절차를 물리적으로 통합한 수준에 그치고 이른바 화학적 통합에 이르지는 못하였다. 이 법안에서도 2003년 법안과는 다소 달라졌지만 미국 연방 파산법상의 DIP제도를 부분적으로 수용한 것에 대해서는 여전히 논란이 있었다. 이러한 제도를 도입하게 되면 구 경영진의 경영책임을 은폐시킬 우려가 있는데, 종래 구 경영진과의 고리를 끊지 못해서 회사정리절차가 실패로 돌아간 사례가 많았기 때문에, 우리나라의 실정에 맞지 않는다는 것이다. 필자는 위와 같은 점 등을 지적하고, 법안에서 채무자의 지위를 강화한 반면, 채권자의 지위를 충분히 보장하지 않은 것은 균형을 잃은 것이라고 비판을 하기도 하였다.[80] 채무자의 지위를 강화하고자 한다면 그에 상응

79) 김재형, "통합도산법안의 주요쟁점," 비교사법, 제10권 제 1 호(2003. 3), 39면 이하. 당시 관리인 선임제도에 관한 논란이 가장 중요한 문제 중의 하나였다. 국회 법제사법위원회회의록, 제240회 국회 제 3 호(2003. 6. 23), 14면도 참조.

80) 김재형, "관리인제도의 개선방안에 관한 검토 — 미국의 DIP제도의 수용문제—," BFL, 제 9 호(2005. 1), 27면 이하; 김재형, "도산법 통합의 기본틀 — 2004년 「채무자 회생 및 파산에 관한 법률안」을 중심으로 —," 남효순 · 김재형 편, 도산법강의, 법문사, 2005, 17면 이하. 또한 류근관, "도산법 통합의 바람직한 방향," 남효순 · 김재형 편, 도산법강의, 법문사, 2005, 289면 이하도 참조. 법률 제정 이후의 상황에 관한 분석으로는 오영준, "기존 경영자 관리인제도와 채무자 회사의 지배구조," 남효순 · 김재형 편, 통합도산법, 법문사, 2006, 240면 이

하여 채권자의 권한도 강화하여야 할 것이다. 그러나 이 법안에서 채권자의 지위나 권한은 크게 강화되었다고 볼 수 없다.

그러나 이 법안은 약간의 수정을 거쳐 2005년 3월 국회에서 통과되어 2006년 4월 1일부터 시행되고 있다.[81] 이 법의 시행으로 인하여 기존의 회사정리법·화의법·파산법·개인채무자회생법은 폐기되었다. 이 법은 총 660개에 달하는 방대한 조문으로 구성되어 있는데, 그 편제는 제 1 편 총칙, 제 2 편 회생절차, 제 3 편 파산절차, 제 4 편 개인회생절차, 제 5 편 국제도산, 제 6 편 벌칙이다. 제정이유로 다음을 들고 있다. 첫째, 회사정리법·화의법·파산법을 하나의 법률로 통합하여 채무자의 회생 및 파산에 관한 법률의 체계를 일원화하고, 기존의 회생절차 중 화의절차를 폐지함과 아울러 회사정리절차를 개선·보완하였다. 둘째, 정기적 수입이 있는 개인채무자에 대하여는 파산절차에 의하지 않고도 채무를 조정할 수 있는 개인회생제도를 도입하여 파산선고로 인한 사회적·경제적 불이익을 받게 되는 사례를 줄였다. 셋째, 국제화시대에 부응하여 국제도산절차에 관한 규정을 신설하였다.[82]

도산절차에서 기존 경영자의 경영권을 보장할 것인지, 나아가 DIP 제도를 수용할 것인지 여부는 통합도산법 제정과정에서 핵심적인 문제였다. 기존 경영자 관리인 제도를 채택한 이유는 회생절차의 조기 신청을 유도하기 위한 것이다. 그런데 이 문제는 분식결산(粉飾決算) 문제를 어떻게 볼 것인지와 밀접한 관련이 있는 문제이다. 도산실무를 담당하는 판사가 회사의 경영진이나 대주주가 재산을 빼돌렸는지를 파악하는

하: 이연갑, "도산법상 기존경영자 관리인의 지위," 비교사법, 제16권 1호(2009. 3), 397면 이하; 유해용, "기존 경영자 관리인 제도의 명암," 저스티스, 제117호(2010. 6), 32면 이하 참조.

81) 그 경과에 관하여 상세한 것은 오수근, "통합도산법 입법경과"(주 46), 8면 이하; 오수근, "통합도산법의 과제와 전망 (1)," 저스티스, 제85호(2005. 6), 5면 이하 참조.

82) 「국가법령정보센터」에 수록되어 있는 채무자 회생 및 파산에 관한 법률 제정이유 참조.

것은 형사판결이 나오기까지는 알기 어렵다. 그러나 경영진 등이 분식결산을 했는지를 파악하기는 어려운 일이 아니다. 1990년대 서울민사지방법원의 회사정리실무에서 분식결산 문제가 중요하게 다루어졌다. 1994년과 1995년까지 필자가 서울민사지방법원(1995년 3월 1일부터 서울지방법원으로 명칭이 바뀌었고 2004년 2월 1일부터 서울중앙지방법원으로 명칭이 다시 바뀌었다) 판사로 근무할 당시 회사정리절차를 담당한 경험을 소개하고자 한다. 그 무렵 재판부에서 회사정리절차를 진행하던 회사가 50개가 넘었는데, 그중 분식결산을 하지 않은 회사는 거의 없었다. 회사정리절차를 신청한 직후 주심판사가 1주일 동안 신청서와 함께 5년 동안의 외부감사보고서나 재무제표를 검토하는 과정에서 대규모의 분식결산을 쉽게 발견할 수 있었다. 재판부는 분식결산의 정도가 심한 회사에 대해서는 회사정리절차를 기각한 경우도 있었고, 회사정리절차를 개시하더라도 경영권을 박탈하는 조치를 취하거나 구사주의 주식을 전부 소각하였으며 관리인으로 하여금 부인권을 적극적으로 행사하도록 하였다.[83] 반면에 재무제표나 조사보고서 등을 통해서도 분식결산을 발견할 수 없는 회사의 경우에는 기존 경영자의 경영권을 보장하는 방향으로 회사정리절차를 운영하였다.[84] 그 후 분식결산으로 인한 공인회계사의 책임이 중요한 문제로 부각되기도 하였으나, 2000년대 중반에도 분식회계 문제는 여전히 중요한 문제로 남아 있었다. 대량의 고의적

83) 분식결산으로 인한 회계법인의 손해배상책임을 인정한 우리나라 최초의 대법원 판결은 대판 1997. 9. 12, 96다41991(공 1997, 3078)이고, 그 다음에 나온 판결이 대판 1998. 4. 24, 97다32215(공 1998, 1446)이다. 위 두 판결은 필자가 주심으로 회사정리절차를 진행했던 한국강관 주식회사에 관한 사건이다. 회사정리절차를 진행할 당시 수백억원의 분식결산 사실을 들어 절차를 엄격하게 진행하였다. 그 후 일반주식투자자들이 분식결산으로 손해를 입었다고 주장하면서 회계법인을 상대로 손해배상책임을 추궁하는 소를 제기하여 위와 같은 대법원 판결이 나왔다.

84) 1994년과 1995년 서울민사지방법원(서울지방법원)에서 필자가 주심으로 회사정리절차를 진행했던 사건 중에서는 주식회사 대한유화공업이나 주식회사 미강이 이에 해당한다.

인 분식결산을 한 회사의 경영진에게 도산절차를 진행 중인 회사의 경영권을 계속 맡기는 것은 옳지 않다고 생각한다. 미국에서 DIP제도를 채택했다고 해서 회계부정을 한 경영자의 경영권까지 보장하지는 않을 것이다. 기존 경영자의 노하우를 활용하고 회생절차의 신청을 유인하기 위해서 기존 경영자를 관리인으로 선임하는 것이 회계부정을 묵인하는 결과를 낳아서는 안 될 것이다.

(3) 도산절차의 통합과 법률 개정의 필요성

채무자 회생 및 파산에 관한 법률은 그 내용과 용어가 지나치게 복잡하고 조문수도 너무 많다. 법률의 체계를 보면, 회생절차, 파산절차, 개인회생절차의 순으로 규정하고 있다.[85] 파산을 사이에 두고 채무자회생과 개인회생을 분리하는 것은 체제상 바람직하지 못하다. 회생을 중시하기 위해서 채무자회생절차를 파산절차보다 앞에 두었지만, 파산절차가 도산절차의 원칙적인 제도라는 점에서 파산절차를 앞에 두어야 할 것이다. 담보권, 환취권, 쌍무계약, 상계권이나 부인권 등은 통일적으로 규율할 필요가 있는데도 이를 회생절차와 파산절차에서 개별적으로 규정하고 개인회생절차에서 준용하고 있다. 또한 회생절차에서는 '회생절차개시결정'이라는 표현을 사용하는데 반하여, 파산절차에서는 '파산선고'라는 용어를 그대로 사용하고 있다. 회생절차에서는 '관리인'이라는 용어를, 파산절차에서는 '파산관재인'이라는 용어를 사용하고 있다. 파산절차에서는 '파산재단'이라는 개념이 있으나, 회생절차에서는 '회생재단'이라는 개념이 없다. 이와 같은 용어를 통일하고 공통된 내용을 통합할 필요가 있다. 현재의 법률은 "회사정리법 · 화의법 · 파산법을 통합하여야 한다는 명분에 밀려 기존의 세 법률을 물리적으로 통합한

85) 회생절차를 앞세운 것은 도산법이 회생절차를 강조한다는 메시지를 시장에 주어 채무자들이 회생절차를 편안하게 신청할 수 있도록 하기 위한 것이라고 한다. 오수근, 채무자 회생 및 파산에 관한 법률 해설, 법무자료 제272집, 법무부, 2006, 51면.

수준에 불과”하다. “도산법의 화학적 통합은 장래의 일로 미뤄두었다.” 라고 볼 수 있다.

필자는 2011년에 위와 같은 주장을 토대로 개정안을 작성하였다.[86] 법률의 명칭은 “파산 및 회생에 관한 법률”을 제안하였는데, 통합도산법 또는 도산법이라는 명칭을 써도 좋을 것이다. 법무부는 2013년 4월 채무자 회생 및 파산에 관한 법률 개정위원회를 설치하여 필자의 제안을 기초로 개정안을 작성하기도 하였는데, 장기적인 개정작업이 필요할 것으로 보인다.

4. 1998년 회사정리법 · 화의법 · 파산법 개정과 그 후의 도산 관련 입법의 의미

1998년 회사정리법 · 화의법 · 파산법은 금융위기를 극복하기 위한 입법이다. 위 세 법률은 우리 정부가 IMF에 신속하게 개정하기로 약속한 법률이기 때문이다. 위와 같은 개정으로 IMF와의 약속을 이행하였다는 점을 보여줄 수 있었다. 그리고 위 세 법률의 개정 직후에 뉴욕에서 개최된 외국인 투자설명회에서 도산법을 시장경제의 원리에 맞게 개정하였다는 점을 소개하기도 하였다고 한다.[87] 법률의 개정작업에서 장기적인 검토가 필요하다고 생각되는 부분, 도산법 통합 문제, 파산법원의 설치 문제, 속지주의 등 국제도산 문제, 금융기관의 도산 문제, 자동적 중지 또는 자동보전처분 제도의 도입 문제, 금융파생상품과 관련된 규정의 개정 문제, 소비자파산제도, 법률의 명칭을 비롯한 용어의 정비 문제 등 8개의 문제는 장래의 과제로 유보하였다.[88]

법과 경제의 관계라는 관점에서 볼 때 위 세 법률의 개정을 추진

86) 미공간.

87) 당시 투자설명회에 참석했던 송상현 교수의 진술. 한국 정부는 수십 차례의 투자설명회 등을 하였다. 정덕구(주 17), 509면.

88) 김재형(주 33), 23-27면.

하는 과정에서 법에 대한 경제의 우위현상을 볼 수 있다. 먼저 위 세 법률의 소관부처는 법무부이다. 그러나 재정경제원의 주도로 작업을 시작하였다. 필자에게 개정작업을 의뢰한 것이 재정경제원이었다. 물론 실제 개정안을 작성하는 과정에서는 법원행정처의 도움을 받았고, 법무부 법무심의관실에서 그 후의 여러 후속 작업을 계속하였다. 개정 회사정리법에서 경제성 개념을 도입하였고, 개정 화의법에 도산기업에 대한 구조조정이 필요하다는 관점에서 대기업이 화의제도를 이용하는 것을 억제하고 구사주의 경영권을 박탈하기 위한 규정들이 들어갔다.[89] 그러나 도산법의 내용이 복잡하고 법률전문가가 아닌 사람들이 쉽게 이해하기 어렵기 때문에, 경제부처의 주장이 일방적으로 관철될 수는 없었다. 가령 당시 통합도산법을 제정하겠다는 재정경제원의 발표는 실현될 수 없었고, 개정안을 구체적으로 작성하는 과정에서 경제적 요청을 그대로 반영할 수는 없었다. 경제우위의 상황에서도 경제와 법 사이의 긴장과 이를 해소하기 위한 협력과 조정이 계속되었다.

효율과 공정이라는 관점에서 볼 때 도산 3법의 개정과정에서 효율이 중요한 가치였다고 볼 수 있다. 그러나 대기업의 사주가 화의제도를 남용하여 경영권을 유지하려는 것을 막기 위한 조치를 취한 규정, 중소기업을 보호하기 위한 규정은 공정성을 보장하기 위한 것으로 볼 수 있다. 2005년 제정된 채무자 회생 및 파산에 관한 법률에서 도입한 기존 경영자 관리인제도는 효율을 중시한 대표적인 제도라고 할 수 있다. 종래 도산절차에서 채권자의 지위를 강화하는 것이 중요한 과제로 인식되었는데, 이 제도는 오히려 채무자 또는 구사주의 지위를 강화시킨 반면 금융기관 등 채권자의 지위를 약화시키는 결과가 되었다. 따라서 이 제도는 공정이나 형평의 관념에서는 받아들이기 어려운 제도이다.

89) 화의법의 이 규정에 대해서는 국회 등 정치권에서 개정 법률의 소급효를 부정하는 방법으로 개정법의 적용을 완화하려는 시도도 있었으나, 그와 같은 시도는 성공하지 못했다. 아마 경제상황이 열악한 상황이었기 때문이었을 것으로 생각된다.

그런데 이 제도를 받아들인 가장 큰 이유는 기존 경영자의 경영권을 보장해 주어야만 구사주 등이 도산절차를 많이 신청하고 이 법에 따른 도산절차에 따라 기업의 구조조정을 촉진할 수 있다는 것이다. 이 제도는 기업과 사주에게 회생절차를 신청하도록 유인함으로써 경제적 효율성을 증진시키는 대가로 채권자와 채무자 사이의 형평과 공정성이라는 가치를 희생시키고 있는 것이다.

법의 계수라는 측면에서 보면 위 도산 3법의 개정에서 미국 연방파산법, 일본 도산법, 독일의 도산법을 부분적으로 참고하였다. 가령 관리위원회제도는 미국의 U.S. Trustee의 취지를 받아들여 위원회 제도를 만든 것이다. 채권자협의회제도는 일본의 도산법에는 없었는데, 미국과 독일의 채권자위원회제도를 변형하여 받아들인 것이다. 종전의 도산법과 도산실무가 일본의 도산법을 수용하는 데 급급했지만—회사정리법·화의법·파산법을 제정할 당시 미국의 파산법이나 독일 등의 파산법과 화의법을 수용한 것은 일본을 통한 간접적 수용이었다—, 이때부터 미국의 파산법과 독일의 도산법을 직접 수용하기 시작했다고 볼 수 있다.

1999년과 2000년 도산 3법의 개정은 기업의 구조조정을 촉진하기 위한 것이다. 2001년 회사정리법 개정에서는 정리계획안 사전제출제도를 수용하였는데, 이는 미국 파산실무의 영향을 받은 것이다. 2004년 개인채무자회생법도 미국 파산법의 영향을 크게 받은 것이다. 그 후 통합도산법 제정에 관한 논의에서 미국 파산법과 독일의 도산법을 참고하였다. 「채무자 회생 및 파산에 관한 법률」에서 도입한 기존 경영자 관리인제도는 미국의 DIP제도를 변형하여 입법한 것으로 미국법의 영향을 빼놓고는 설명할 수 없다. 미국에서 이 제도를 채택하고 있지 않았다면 우리나라가 기존 경영자 관리인제도를 채택할 가능성은 거의 없었다고 보아도 좋을 것이다. 우리나라 도산법은 여전히 일본법의 영향을 압도적으로 많이 받고 있지만, 그 방향을 보면 점차 미국법을 계수하는 과정에 있다고 볼 수 있다. 파산법원을 설치하자는 주장도 미국법의 영향이다. 파산법원이 설치된다면 도산법 분야에서 미국법의 영향이 제도적으로 더욱 공고하게 될 것이다. 독일 도산법의 영향도 꾸준히 나타나고 있다. 독일의 도산법에서는 미국 파산법과는 달리 채권자의 권한이 강화되어 있다. 그리하여 '채권자자치'라는 표현을 사용하기도 한다.[90] 우리나라의 도산절차는 법원 주도형에서 점차 채무자 주도형으로 나아가고 있는데, 채권자 주도형이라고 할 수 있는 독일법은 또 다른 대안으로서 균형 잡힌 사고를 하는 데 도움이 될 것이다. 현재 「채무자 회생 및 파산에 관한 법률」을 개정하는 작업이 진행되고 있는데, 지난 15년 동안의 경험을 토대로 좀 더 완성된 형태의 도산법으로 거듭나야 할 것이다.

Ⅳ. 자산유동화법 등 이른바 '유동화법'의 제정

1. 자산유동화법의 제정

(1) 입법경위[91]

자산유동화는 재산적 가치가 있지만 유동성이 상대적으로 떨어지는 자산을 기초로 증권을 발행하는 등으로 자산의 유동성을 높이는 것을 말한다. 1997년 이전에도 금융기관에서 자산유동화를 추진한 적이 있었지만,[92] 실제로 자산유동화거래가 이루어지지는 않았다. 1997년

90) 김재형,(주 79), 47면, 58면.

91) 자산유동화법에 관하여 상세한 것은 김재형, "「자산유동화에 관한 법률」의 현황과 문제점," 민법론 Ⅰ, 박영사, 2004, 407면 이하 참조.

92) 송웅순 · 김상만, "금융자산의 증권화에 대한 고찰," 법률업무가이드초록집, 한국수출입은행 법규부, 1993. 7, 330면 이하; 신성환 · 배철호, 우리나라 은행 자산의 증권화에 관한 연구, 한국금융연구원 연구보고서, 1995; 이종구 · 오규택, "국제증권화와 금융혁신," 산업경제, 제93호(1997. 11. 15), 한국산업은행, 1면

IMF의 구제금융을 받은 이후 금융기관의 부실채권을 정리하기 위하여 자산유동화를 촉진하기로 하였다. 1998년 4월 14일 정부는 "금융·기업 구조개혁 촉진방안"을 발표하였는데, 기업구조조정방안의 일환으로 자산담보부증권의 발행을 위한 특별법을 제정하겠다고 발표하였다. 재정경제부(1998년 2월 정부조직 개편으로 재정경제원이 재정경제부로 바뀌었다)는 1998년 5월 28일 자산유동화에 관한 법률안에 관하여 입법예고를 하였고, 1998년 6월 2일 법률안에 대한 공청회를 열었으며,[93] 별도로 추진되던 주택저당채권의 유동화[94]도 통합적으로 규율하기로 하였다.[95] 이 작업은 매우 신속하게 진행되어 1998년 9월 16일 자산유동화법이 제정되었다.

자산유동화는 원래 미국에서 1970년대 이후에 비로소 발전한 것인데, 영국을 비롯하여 유럽의 여러 나라에서도 자산유동화거래가 이루어지고 있다.[96] 아시아 지역에서는 금융위기와 함께 자산유동화가 주목을 받았고, 특히 일본과 태국에서는 자산유동화를 촉진하기 위한 법률을 제정하였다.[97] 우리의 자산유동화법은 미국의 자산유동화실무와 판

이하; 김건식·이중기, "금융자산의 증권화," 상사법연구, 제17권 제2호, 한국상사법학회, 1998, 75면 이하 참조.

93) 당시의 발표와 토의내용은 박훤일, "자산유동화에 관한 법률," 월간 경영법무, 제52호, 48면 이하와 윤승한, 자산유동화의 이론과 실무, 삼일세무정보주식회사, 1998, 77면 이하에 소개되어 있다.

94) 주택저당채권유동화제도를 도입하여야 한다는 주장에 관하여는, 예컨대 한국주택은행 조사부, 주요국의 주택저당채권유동화제도, 조사자료 90, 1988; 김상열·권주안·신동수, 주택금융활성화를 위한 주택저당채권유동화제도의 연구, 1998. 5; 김상열·권주안·신동수·오규택·윤부찬, 유동화중개기관을 통한 주택저당채권 유동화 방안, 주택산업연구원, 1998. 7. 등 참조.

95) 국회 재정경제위원회, 자산유동화에 관한 법률안 심사보고서, 1998. 9, 6면.

96) Babett Gehring, *Asset-Backed Securities im amerikanischen und im deutschen Recht*, 1999, S. 1 ff.; Theodor Baums & Eddy Wymeersch ed., *Asset-backed Securitization in Europe*, 1996.

97) 일본은 1992년 "특정채권 등에 관련된 사업의 규제에 관한 법률"을 제정하였고, 1998년 "특정목적회사에 의한 특정자산의 유동화에 관한 법률"을 제정하였는데, 후자는 2000년 "자산의 유동화에 관한 법률"로 개정되었다. 태국은 1997년 "증권화를 위한 특수목적법인에 관한 법률"을 제정하였다.

례이론뿐만 아니라, 일본 등의 법률에 의해서도 많은 영향을 받은 것이다. 특히 미국에서는 자산유동화에 관하여 별도의 법률이 있는 것이 아니고 당사자들의 계약을 통하여 자산유동화거래를 하고 있는 데 반하여, 우리나라에서는 자산유동화거래를 하는 데 법적인 지원을 하기 위하여 특별법을 제정하였다는 점에서 중요한 차이가 있다.

(2) 자산유동화의 개념과 기본구조

(가) 자산유동화법은 제 1 장 총칙, 제 2 장 자산유동화계획의 등록 및 유동화 자산의 양도 등, 제 3 장 유동화전문회사, 제 4 장 유동화증권의 발행, 제 5 장 보칙, 제 6 장 벌칙으로 구성되어 있다. 제정 당시 총 42개 조문으로 되어 있었는데, 그 후 몇 차례 개정되었다.

우리나라의 자산유동화법은 증권화방식 자산유동화, 즉 자산의 증권화(Asset Securitization)를 규정하고 있다. 이것은 금융기관 등이 보유하고 있는 대출채권, 매출채권, 부동산, 유가증권, 주택저당대출채권 등 자산(이를 유동화자산이라고 한다)을 담보로 유동화증권을 발행하여 금융시장에서 유통시키는 방법으로 조기에 현금화하는 일련의 행위를 말한다. 유동화증권의 발행주체는 당해 금융기관 등이 아니라 유동화전문회사(SPC)[98] 또는 신탁회사이며, 유동화증권을 발행하여 조달된 자금으로 금융기관 등에 자산양도대금을 지급한다. 유동화증권은 흔히 자산담보부증권(ABS: Asset-Backed Securities)이라고도 하는데, 유동화전문회사 등이 금융기관 등으로부터 양도받거나 신탁받은 유동화자산을 기초로 발행하는 유가증권이기 때문이다.

(나) 자산유동화법은 제 2 조 제 1 호에서 자산유동화에 관한 정의규정을 두고 있는데, 이것은 자산유동화가 이루어지는 구조를 중심으로 자산유동화법의 적용범위를 정한 것이다. 법률이 정하고 있는 자산유동화의

98) 이것은 특수목적기구, 즉 SPV(special purpose vehicle) 또는 SPE(special purpose entity)에 해당한다. 특수목적기구의 형태가 회사인 경우를 SPC(special purpose company)라고 한다.

기본구조는 크게 세 유형으로 구분된다. 첫 번째 유형은 유동화전문회사가 유동화자산을 취득한 후 이를 기초자산으로 하여 그 회사의 지분(equity) 또는 부채(debt)를 표창하는 증서를 발행하여 유통시키는 구조이다.[99] 이것이 자산유동화의 가장 기본적인 방식이라고 할 수 있다.

두 번째 유형은 신탁을 이용한 자산유동화로 신탁회사가 유동화자산을 기초로 수익증권을 발행하는 구조이다.[100] 신탁을 이용한 유동화방식도 유동화전문회사를 이용한 유동화방식과 기본구조는 동일하다고 볼 수 있다. 세 번째 유형은 2중의 유동화 또는 다단계 특수목적기구에 의한 유동화구조이다.[101]

자산유동화는 자산보유자가 유동화전문회사 등에 자산을 양도 또는 신탁함으로써 자산을 자산보유자로부터 분리한 다음, 자산의 집단을 기초자산으로 증권을 발행하는 것이다. 이와 같은 구조를 취함으로써 자산보유자의 도산위험으로부터 유동화증권을 격리시킬 수 있기 때문

99) 자산유동화법은 "유동화전문회사가 자산보유자로부터 유동화자산을 양도받아 이를 기초로 유동화증권을 발행하고, 당해 유동화자산의 관리·운용·처분에 의한 수익이나 차입금 등으로 유동화증권의 원리금 또는 배당금을 지급하는 일련의 행위"라고 규정하고 있다.

100) 이것은 다시 두 가지 방식으로 구분된다. 하나는 신탁업법에 의한 신탁회사(신탁업무를 겸영하는 은행을 포함한다. 이하 "신탁회사"라 한다)가 자산보유자로부터 유동화자산을 신탁받아 이를 기초로 유동화증권을 발행하고, 당해 유동화자산의 관리·운용·처분에 의한 수익이나 차입금 등으로 유동화증권의 수익금을 지급하는 일련의 행위(제2조 제1호 나목)이다. 다른 하나는 신탁회사가 유동화증권을 발행하여 신탁받은 금전으로 자산보유자로부터 유동화자산을 양도받아 당해 유동화자산의 관리·운용·처분에 의한 수익이나 차입금 등으로 유동화증권의 수익금을 지급하는 일련의 행위(제2조 제1호 다목)이다.

101) 2000년 1월 21일 개정된 자산유동화법에서 자산유동화의 정의에 "유동화전문회사 또는 신탁회사가 다른 유동화전문회사 또는 신탁회사로부터 유동화자산 또는 이를 기초로 발행된 유동화증권을 양도 또는 신탁받아 이를 기초로 하여 유동화증권을 발행하고 당초에 양도 또는 신탁받은 유동화자산 또는 유동화증권의 관리·운용·처분에 의한 수익이나 차입금 등으로 자기가 발행한 유동화증권의 원리금·배당금 또는 수익금을 지급하는 일련의 행위"(제2조 제1호 라목)를 포함시켰다. 다단계 SPC를 이용한 자산유동화가 법개정 전에도 이용되었는데, 이를 명문화한 것이다.

에, 자산보유자의 신용상태가 좋지 않더라도 수익성이 높은 자산을 활용하여 자금을 조달할 수 있게 된다.

(다) 우리나라의 자산유동화제도는 미국법을 수용한 것이지만, 자산유동화는 원래 독일의 저당은행이 발행하는 저당권담보부증권(Hypothekenpfandbriefe; Pfand-briefe)제도에 기원을 둔 것이기 때문에,[102] 독일의 위 제도와 비교해볼 필요가 있다. 독일의 저당권담보부증권제도는 ① 저당권부동산의 소유자가 단독으로 등기공무원으로부터 토지채무[103]를 설정하고(이를 소유자토지채무라고 한다) 토지채무증권을 발급받아 이를 저당은행에 양도한 다음, ② 저당은행은 토지채무를 모아 이를 담보로 다시 저당권담보부증권을 발행하여 투자자에게 매각하는 것이다. 저당은행이 토지채무자에게 대출을 하고 저당권이나 토지채무를 취득한 것이든, 저당권이나 토지채무를 양도받은 것이든 상관없다. 우리나라에서는 독일의 저당은행과 달리 서류상의 회사에 불과한 유동화전문회사를 설립하여 유동화증권을 발행할 수 있도록 하였다. 그리고 대출채권을 가지고 있는 금융기관 등 자산보유자가 직접 유동화증권을 발행할 수 없고, 부동산을 소유하는 개인이 유동화전문회사 등에 직접 부동산을 양도 또는 신탁하는 것이 허용되지 않는다. 또한 유통저당이나 토지채무가 허용되지 않기 때문에, 자산을 특수목적기구에 양도하거나 신탁을 하는 방법으로 자산을 유동화하도록 하였다.

(3) 자산양도의 방식과 민법에 대한 특례 규정

(가) 자산유동화법은 자산유동화전문회사 등이 자산유동화계획을 작성하여 금융위원회(2008년 2월 29일 이전에는 금융감독위원회)에 등록하고 유동화자산을 양도 또는 신탁을 한 다음 유동화증권을 발행하도록 하

102) Baums & Wymeersch ed.(주 96), p. 87.

103) 독일의 부동산담보권은 저당권, 토지채무, 정기토지채무로 구분되는데, 대부분 토지채무를 이용하고 있다. 저당권에는 보전저당권과 유통저당권이 있는데, 유통저당권만이 저당권담보부증권의 담보로 이용될 수 있다.

고 있다. 자산유동화계획에 따른 유동화자산[104]의 양도, 신탁 또는 반환이나 유동화자산에 대한 질권 또는 저당권의 설정이 있은 때에는 지체 없이 그 사실을 금융위원회에 등록하여야 한다(제6조 제1항).

(나) 자산유동화법 제13조는 유동화자산의 양도 방식을 정하고 있다. 첫째, 유동화자산의 양도는 매매 또는 교환에 의하여야 한다(제13조 제1호). 둘째, 유동화자산에 대한 수익권 및 처분권은 양수인이 가져야 한다고 규정하고 있다(제13조 제2호 본문). 셋째, 양도인은 유동화자산에 대한 반환청구권을 가지지 아니하고, 양수인은 유동화자산에 대한 대가의 반환청구권을 가지지 아니하여야 한다(제13조 제3호). 넷째, 양수인이 양도된 자산에 관한 위험을 인수하여야 한다. 당해 유동화자산에 대하여 양도인이 일정기간 그 위험을 부담하거나 하자담보책임(채권의 양도인이 채무자의 자력을 담보한 경우에는 이를 포함한다)을 지는 경우에는 그러하지 아니하다(제13조 제4호).[105]

이 규정은 미국의 자산유동화거래에서 발전된 "진정 양도"(true sale)라는 개념을 명문화한 것이다. 유동화증권의 안전성을 확보하는 것이 자산유동화제도를 정착시키고 투자자를 보호하기 위한 선결문제라고 보아 위와 같이 명문의 규정을 두었다.

(다) 또한 자산유동화법은 자산양도와 관련하여 민법에 대한 중요한 특례를 두고 있다.

첫째, 자산유동화법 제7조는 자산유동화를 촉진하기 위하여 채권양도의 대항요건에 관한 특례를 규정하고 있다. 또한 2000년 1월 21일 자산유동화법을 개정하여 근저당권이 담보하는 채권의 확정통지제도를 신설하였다. 이는 채권을 양도하거나 신탁하는 것을 쉽게 하도록 한 것이다.

둘째, 질권 또는 저당권과 소유권의 이전에 관해서도 특례 규정을

---

104) 유동화자산을 제3자가 점유하고 있는 경우 그 제3자에 대한 반환청구권을 포함한다.

105) 이 규정의 문제점에 관해서는 김재형(주 91), 425-432면 참조.

두고 있다. 먼저 자산유동화계획에 따라 양도 또는 신탁한 채권이 질권 또는 저당권에 의하여 담보된 채권인 경우 유동화전문회사등은 제6조 제1항의 규정에 의한 등록이 있은 때에 그 질권 또는 저당권을 취득한다(제8조 제1항). 또한 한국자산관리공사(종전의 성업공사) 또는 한국토지공사가 금융기관의 부실자산정리, 부실징후기업의 자구계획지원 및 기업의 구조조정을 위하여 취득한 부동산을 자산유동화계획에 따라 유동화전문회사 등에 양도 또는 신탁한 경우 유동화전문회사 등은 제6조 제1항의 규정에 의한 등록이 있은 때에 그 부동산에 대한 소유권을 취득하도록 하고 있다(제8조 제2항). 이와 같은 규정들은 부동산에 관한 물권변동을 위하여 민법 제186조에 따른 소유권이전등기를 하는 대신 금융위원회에 자산양도의 등록으로 대체할 수 있도록 한 것이다.

2. 주택저당채권유동화회사법 등의 제정

(1) 자산유동화법 제정 당시 정부에서는 자산유동화법에 의한 유동화전문회사가 주택저당채권을 유동화하는 데 별다른 문제가 없으리라고 하였다. 그러나 장기채권인 주택저당채권의 유동화를 촉진하기 위하여 1999년 1월 29일 「주택저당채권유동화회사법」(이하 '채권유동화회사법'이라 한다)[106]을 제정하였다.[107] 그 후 몇 차례 개정되었다.

자산유동화법은 자산유동화에 관한 일반법이라는 성격을 갖고 있다. 유동화자산에는 금융기관 등이 보유하고 있는 대출채권, 매출채권, 부동산, 유가증권, 주택저당대출채권 등 모든 자산이 포함된다. 채권유동화회사법에서 규정하고 있는 채권유동화는 자산유동화의 일종이나, 주택을 담보로 한 대출채권, 즉 주택저당채권이 유동화의 대상이 되는 자산이

106) 이에 관해서는 김재형, "근저당권부채권의 유동화에 관한 법적 문제 — 주택저당채권유동화회사법을 중심으로 —," 민법론 Ⅰ, 박영사, 2004, 468면 이하.

107) 국회 재정경제위원회, 주택저당채권유동화회사법안 심사보고서, 1998. 12, 5면.

라는 점에 특징이 있기 때문에, 채권유동화회사법은 "채권유동화"라는 용어를 사용하고 있다. 채권유동화의 기본구조는 두 가지이다. 첫 번째 유형은 주택저당채권유동화회사가 금융기관으로부터 주택저당채권을 양도받아 이를 담보로 하여 주택저당채권담보부채권을 발행하고 원리금을 지급하는 행위(제2조 제1항 제1호 가목)이다. 두 번째 유형은 주택저당채권유동화회사가 금융기관으로부터 주택저당채권을 양도받아 이를 기초로 주택저당증권을 발행하고 그 주택저당채권의 관리·운용 및 처분에 의한 수익을 분배하는 행위(제2조 제1항 제1호 나목)이다.

채권유동화회사법상 채권유동화의 경우에는 유동화의 대상이 주택저당채권인데, 이것은 주택건설촉진법 제3조의 규정에 의한 주택의 구입 또는 건축에 소요된 대출자금(주택의 구입 및 건축에 소요된 자금을 보전하기 위한 대출자금을 포함한다)과 이 자금의 상환을 위한 대출자금에 대한 채권으로서 당해 주택에 설정된 저당권에 의하여 담보된 채권을 말한다(제2조 제1항 제2호).

자산유동화법에 따른 유동화증권의 발행주체는 유동화전문회사(SPC) 또는 신탁회사이지만, 채권유동화회사법에서는 채권유동화를 위한 기구로서 주택저당채권유동화회사를 설립하여야 한다고 규정하고 있다. 다만 위 두 법률에는 동일한 규정이 많다.

(2) 한편 2003년 12월 31일 한국주택금융공사를 설립하여 주택저당채권 등의 유동화와 주택금융 신용보증업무를 수행하게 하기 위하여 「한국주택금융공사법」을 제정하였다.

3. 새로운 금융거래유형으로서 자산유동화거래의 정착

자산유동화법 시행으로 자산유동화거래가 새로운 금융거래유형으로 정착하였다. 법률의 시행 직후부터 자산유동화시장이 급격하게 성장하였는데, 1999년에 6조 7,709억 원(32건), 2000년에는 49조 3,832억 원

(154건), 2001년에는 50조 9천억 원의 유동화증권이 발행되었다. 그리고 채권유동화회사법에 따라 설립된 한국주택저당채권유동화 주식회사(KoMoCo)는 2000년 4월 이래 국민주택기금에 의한 주택저당대출채권을 기초로 MBS를 발행하였다. 그런데 2003년 카드사태 등으로 자산유동화가 위기를 겪으며 발행 규모가 감소하여 2007년에는 19조 8,000억원까지 감소하였다. 그러나 다시 유동화시장이 회복되어 자산유동화증권의 발행이 증가하였다.[108] 2013년에는 자산유동화증권의 발행총액이 51조 3,000억원으로 사상 최대를 기록하였다. 또한 자산유동화법에 의하지 아니한 자산유동화[109]도 점차 증가하여 2007년에는 전체 자산유동화증권의 58%나 차지하였다.[110]

[표 1] 자산유동화증권 발행규모[111]

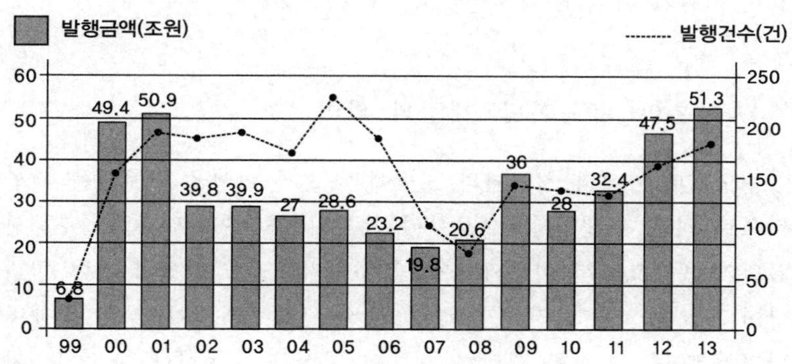

108) 이 부분은 금융감독원의 자산유동화증권의 발행현황(http://www.fss.or.kr/fss/kr/promo/bodobbs_list.jsp?page=4&s_title=자산유동화&s_kind=title) 등을 종합한 것이다.

109) 자산유동화법 제2조 제1호는 "자산유동화"에 속하는 경우를 열거하고 있으나, 이것은 자산유동화법이 적용되는 자산유동화를 정한 것에 불과하다.

110) 이에 관해서는 김용호 · 이선지 · 유이환, "비등록유동화거래의 실태와 법적 문제," 박준 · 정순섭 편, 자산유동화의 현상과 과제, 도서출판 소화, 2009, 144면.

111) 조선비즈(Chosunbiz), "작년 ABS 발행총액 51.3조원 '사상 최대'"(http://biz.chosun.com/site/data/html_dir/2014/01/22/2014012201985.html)(2014.3.16. 최종 방문).

이와 같이 유동화시장이 급격하게 성장한 이유는 자산유동화가 금융기관 등 자산보유자에게는 재무구조의 개선,[112] 유동성 제고, 금융비용의 감소 등과 같은 유리한 점이 있고, 투자자에게는 안전성 있는 고수익 투자상품을 제공하기 때문이다. 또한 신용평가기관, 회계법인, 법률가, 증권회사, 은행 등이 적극적으로 자산유동화 업무영역에 참가하고 있고, 채권수요자인 기관투자자도 유동화증권을 적극적으로 인수하고 있으므로 자산유동화시장이 급속하게 성장하였다고 볼 수 있다. 특히 우리나라의 자산유동화법은 자산유동화를 활성화하기 위한 여러 특례조항을 두고 있는데, 금융기관 등은 다른 금융거래를 이용하는 것보다 자산유동화거래를 이용하는 것이 유리한 경우가 많다. 이것도 우리나라에서 다른 나라에 비하여 자산유동화거래가 급속하게 증가하는 데 중요한 이유가 되었다.

4. 이른바 '유동화법' 제정의 의미

종래 민법학에서 저당권의 모습이 채권의 이행을 확보하는 것만을 목적으로 하는 보전저당권으로부터 투자의 수단으로서 혹은 부동산의 자금화의 방법으로서 이용되어야 할 투자저당권으로 옮겨 가야 한다는 주장이 있었다.[113] 그러나 이러한 주장은 입법화되지 않은 상태에서 저당권부채권을 포함한 다양한 형태의 자산을 유동화할 수 있는 자산유동화법이 도입되었다.

자산유동화법의 입법 당시 찬반양론이 있었다. 자산유동화는 금융, 증권, 법률, 조세, 회계 등을 넘나드는 일종의 종합예술이라는 긍정적인 평가[114]가 있는 반면에, 자산유동화법은 행정편의적인 악법이라는 부

112) 자산유동화의 경우 자산보유자의 대차대조표에서 위험자산을 제거하는 부외처리(off- balance sheet)를 할 수 있게 된다.

113) 곽윤직, 물권법, 제 7 판, 박영사, 2002, 326면.

114) 자산유동화실무연구회, 금융혁명 ABS 자산유동화의 구조와 실무, 한국경제신

정적 평가[115]도 있었다. 자산유동화법이 긍정적인 영향을 끼쳤지만,[116] 우리의 법체계에 생소한 규정을 도입하고 민법에 대한 여러 특례규정을 두고 있기 때문에 논란을 불러일으켰다고 볼 수 있다.

자산유동화는 원래 우량자산을 유동화하는 데서 효능이 크게 나타나는데도 우리나라에서는 금융기관 등의 부실채권을 정리하기 위하여 자산유동화법이 제정되었다.[117] 자산유동화법의 제정도 경제부처에서 주도하였다. 자산유동화를 활성화하기 위하여 민법에 대한 특례를 쉽게 인정하고, 그 폐해를 방지하기 위하여 자산보유자의 범위를 한정하고 금융당국에 의한 감독과 규제를 하고 있다.[118] 따라서 자산유동화법의 제정에서 경제적 고려가 중요한 요소로 작용하고 있다는 점에서 법에 대한 경제의 우위를 엿볼 수 있다.

효율과 공정의 관점에서 보면 이 법은 효율에 우선적 가치를 두고 있다. 자산유동화를 촉진하기 위하여 민법에 대한 여러 특례 규정을 두고 있다. 자산유동화거래를 할 수 있는 자산보유자는 매우 한정되어 있는데, 이 제도를 이용할 수 있는 자에게 특혜를 부여한 것으로 볼 수 있다. 자산유동화거래를 촉진한다는 목적을 위해서 공정이나 형평은 뒷전에 밀려나게 되었다. 따라서 이 법은 전반적으로 공정성보다는 효율성을 추구하고 있다고 볼 수 있다. 그러나 자산유동화거래가 정착한 현 단계에서는 공정성이나 형평성을 확보하기 위한 노력이 있어야만 자산

문사, 1999, 5면.

115) 김상용, "저당권유동화의 필요성과 그 전제조건 — 자산유동화의 입법추진과 관련하여 —," 고시계, 제43권 제 8 호(1998. 8), 39면.

116) 자산유동화거래에 관여하는 실무가들은 자산유동화법의 문제점을 지적하기도 하지만 긍정적인 평가가 압도적이다. 박준 · 정순섭 편, 자산유동화의 현상과 과제, 도서출판 소화, 2009에 수록된 좌담회와 논문 등 참조.

117) 「국가법령정보센터」에 수록되어 있는 「자산유동화에 관한 법률」 제정이유 참조.

118) 김재형(주 91), 467면("현재의 자산유동화법에서 인정하고 있는 각종 특례는 發展的으로 解體하는 방향으로 개선하는 한편, 자산유동화거래에 대한 규제와 감독도 점차 완화시켜야 할 것이다. 이를 통하여 효율적이고 공정한 자산유동화거래의 토대가 마련될 것이다.").

유동화거래가 더욱 안정적이고 일반적인 거래로 발전할 것이다.

법의 계수라는 측면에서 자산유동화법은 매우 중요한 의미가 있다. 자산유동화거래는 미국에서 발달한 것이기 때문에, 민사법에서 미국법의 계수가 시작되었다고 말할 수 있을 것이다. 가령 진정 양도는 미국법에서 논의되는 내용으로 대륙법계에서는 매우 낯선 개념이다. 그런데도 이 제도는 우리나라에서 매우 빠르게 정착해갔다. 이 법에서 대륙법에 속하는 민법체계와 미국법에서 발달한 유동화제도가 충돌하는 양상을 보이고 있다. 따라서 우리나라에서 "대륙법과 영미법의 충돌"[119]이 나타나고 있다고 볼 수 있다.

V. 결　론

1. 우리나라가 IMF의 구제금융을 받았던 약 3년 8개월 동안은 경제적으로나 정신적으로 굴욕적인 시기였다. 1997년 12월 초 구제금융을 받기로 한 순간은 국민들에게 잊을 수 없는 충격을 안겨주었다. 체면을 잃어버린(verlieren das Gesicht) 시대였다. 그 직후부터 1년 동안 이자제한법 폐지, 도산 3법 개정, 자산유동화법 제정으로 이어지는 일련의 입법과정이 있었다. 이자제한법의 폐지는 IMF의 고금리정책 요청에 따른 것이고, 대기업의 부도는 금융위기의 가장 중요한 원인이었기 때문에 도산 3법의 개정은 피할 수 없는 입법이었으며, 자산유동화법 등은 금융기관 등 부실채권을 정리하기 위한 목적으로 제정되었다. 위 세 가지 입법은 금융위기를 극복하기 위하여 필수적으로 요구되는 자금 조달과 부도 사태의 해결이라는 당면과제를 해결하는 데 기여했다고 볼 수 있다.

입법의 형식을 보면, 이자제한법은 폐지, 도산 3법은 개정, 유동화법은 제정이라는 형식을 띠고 있다. 법률의 폐지와 제정, 그리고 중요

119) 김재형(주 91), 467면.

한 개정은 오랜 시간이 걸리는 일이지만, 이것이 당시에는 매우 신속하게 이루어졌다. 나중에 이자제한법은 더욱 강화된 형태로 부활하였지만, 도산 3법의 개정은 채무자 회생 및 파산에 관한 법률의 제정으로 이어졌고, 자산유동화법은 새로운 금융거래를 선도한 법률로서 금융실무에서 중요한 위치를 차지하게 되었다.

2. 당시의 입법을 법과 경제의 관계, 공정과 효율의 관점, 법의 계수라는 시각에서 개괄적으로 검토해 보았다. 그 내용을 간략하게 표로 정리하면 다음과 같다.

[표 2] 이자제한법, 도산법, 자산유동화법의 특징

	이자제한법	도산법	자산유동화법	전체적인 방향
입법의 형식	1997년 폐지 (2007년 재입법)	1998년 개정 (2005년 제정)	1998년 제정	
법과 경제	경제의 우위	경제와 법의 긴장과 협력	경제의 우위	경제 우위
공정과 효율	효율 중시	효율 중시 부가적으로 공정성 보장 규정	효율 중시	효율 중시
법의 계수	오랜 역사를 가지고 있음 일본법과 달리 폐지(일시적)	일본법 이외에 미국법과 독일법의 영향	미국법의 계수	미국법의 계수

법과 경제의 관계라는 관점에서 보면, 이른바 IMF 민사 입법에서는 법에 대한 경제의 우위가 뚜렷하게 드러나고 있다. 위 세 가지 법을 주도한 곳이 경제부처였다. 정도의 차이는 있지만 경제논리에 의하여 법적 논리는 뒷전에 밀리는 양상이 나타났다. 공정 대 효율의 관점에서 보면 효율을 중시하게 되었다. 절차의 신속한 진행을 강조한 것도 효율을 증진하기 위한 것으로 볼 수 있다. 이 시기를 '신자유주의시대'라고

부르는 것도 이와 무관하지 않다. 이자제한법 폐지에서 드러나듯이 경제위기의 시대에 공정성은 부차적인 고려사항에 불과한 것처럼 보였다.

또한 1997년 금융위기를 계기로 미국법의 계수라고 할 수 있는 현상이 나타나기 시작하였다는 점에서도 우리나라 법의 역사에서 중요한 의미가 있다.[120] IMF의 요구에 따라 입법을 하는 경우도 있었지만, 일제강점기에 일본법을 강제로 적용한 것과 비교하면 강제적 계수가 아니라 자발적 계수라고 할 수 있다. 또한 전면적 계수가 아니라 부분적 계수이다. 우리나라가 미국법만을 계수하는 것은 아니고 외국법의 하나로서 미국법을 중요하게 참고하게 되었지만, 종전에 민사법에서 미국법의 영향이 크지 않았기 때문에, 우리나라에서 미국법의 요소가 크게 나타나고 있다고 볼 수 있다. 필자는 이에 관해서 다음과 같이 서술한 바 있다.

> "1997년 금융위기는 우리 법제도에 중대한 영향을 미치고 있다. 특히 미국에서 발달한 법제도를 도입하는 경우가 현격하게 증가하였다. 초기에는 국제통화기금(IMF) 등의 국제기구를 통하여 강요된 측면도 있지만, 이보다는 자발적으로 경제선진국의 법제도를 수용한다는 측면이 강하다. 이는 특정 분야에 한정된 것은 아니지만, 금융거래와 관련하여 그 현상이 뚜렷하다. 미국법의 영향을 받아 제정된 법률로는 자산유동화법(1998), 개인채무자회생법(2004), 채무자 회생 및 파산에 관한 법률(2005) 등을 들 수 있다. 이 법률들은 현실적 필요라는 명분에 밀려 충분한 이론적 검토 없이 도입되었음에도 불구하고 이미 중요한 법제도로 자리잡고 있다. 앞으로도 여러 법제도가 수용될 것으로 전망된다. 우리는 이러한 현상을 美國法의 繼受로 파악할 수 있을 것이다(…). 일제시대의 법계수가 강제적, 전면적 계수였던 것과 비교해본다면, 현재 이루어지고

120) 위 세 가지 법률의 제정은 법제사적 관점에서 볼 때 각기 다른 특징이 있다. 이자의 제한은 서구뿐만 아니라 우리나라에서도 고려시대부터 있었으니, 오랜 역사를 갖고 있다. 이자제한법이 법률의 형태로 도입된 것도 구한말인 1906년이었다. 도산 3법은 일본을 통하여 독일, 오스트리아, 미국의 법률이 간접적으로 수입되었는데, 금융위기 이후 미국법의 영향력이 압도적으로 커졌다. 자산유동화법은 1998년에 비로소 미국법의 영향으로 제정되었다.

있는 미국법의 계수는 자발적, 부분적, 점진적 계수라는 성격을 갖고 있다. 또한 우리나라의 기본적인 법체계가 대륙법계를 따르고 있는 상태에서 미국법에 특유한 법제도를 수용하는 것은 대륙법과 영미법의 충돌이라는 어려운 문제를 야기할 것이다."121)

미국법의 계수는 민사법 분야 이외에도 회사의 지배구조, 배심재판, 로스쿨 제도의 도입 등 광범위한 영역에서 나타나고 있다. 금융위기와 직접적인 관련이 없는 분야에서도 미국법의 영향력이 커졌다. 이에는 여러 가지 요인이 작용하였지만, 중요한 이유 중의 하나는 금융위기 이후 미국의 법과 제도에서 우리 사회의 문제를 해결하기 위한 새로운 대안을 찾을 수 있으리라는 기대 또는 믿음이 커졌기 때문이 아닌가 생각한다.

3. IMF에 의한 구제금융을 벗어나기 위한 입법은 금융위기를 타개하기 위한 비상입법 또는 위기대응입법이라고 할 수 있다. 신속한 입법으로 금융위기를 슬기롭게 극복하는 것이 미덕이었다. 대가를 기대하지 않고 법안을 작성하고 의견을 모아나갔던 것도 전에는 상상해보지 못했던, 우리나라가 망할지도 모른다는 절박함이 있었기 때문이었을 것이다. 당시 위기 속에서 만들어졌던 법률들은 위기에서 벗어난 현재에도 중요한 시사점을 던져주고 있다. 이자에 대한 규율방법에 관하여 다시 생각해볼 수 있었고, 도산법의 개정이나 통합도산법의 필요성을 일깨워주었다. 자산유동화법이라는 새로운 법영역이 개척되는 계기가 되었다. 그 밖에도 IMF에 의한 구제금융을 겪었던 경험은 가령 동산·채권 등의 담보에 관한 법률의 제정을 비롯하여 민사법에 크고 작은 영향을 미치고 있다.

1997년에 겪은 금융위기는 놀랄 만큼 빨리 지나갔다. 당시의 입법이 금융위기를 타개하는 데 어떤 영향을 미쳤는지를 정확하게 평가하

121) 김재형, "동산담보제도의 개선방안," 민법론 Ⅲ, 박영사, 2007, 295-296면.

기는 어렵다. 금융위기의 충격은 법률가와 법학자에게도 커다란 도전이었다. 그들은 신속하면서도 최대한 합리적인 결정을 하고자 노력하였으리라고 믿는다. 이제 금융위기를 극복하기 위한 입법이 우리나라의 법에 발전적으로 안착하기 위해서는 깊이와 폭을 갖춘 연구를 토대로 긍정적인 요소를 살리고 부정적인 요소를 없애려는 노력이 필요할 것이다. 그것을 잘 수행하고 있는가?

(서울대학교 法學 제55권 제1호(2014. 3), 3-57면 所載)

8. 2010년 민법 판례 동향*

Ⅰ. 서　　론

2010년 '정의'(Justice)[1]가 대중적인 용어로 자리잡은 것은, 그 이유가 어떠하든 간에, 법에 종사하는 사람으로서 반가운 일이다. 정의를 실현하는 것은 법이 담당해야 할 몫이라고 생각해 왔기 때문이다. '정의의 이론'(A Theory of Justice)[2]에 대하여 열망을 갖고 있었던 필자로서 오래 묵혀둔 숙제를 살며시 꺼내보고 싶은 마음이 들기도 하였다.

정의에 접근하는 방식에는 여러 갈래의 길이 있을 것이다. 정의에 관한 거대담론에서 출발하여 구체적 문제를 해결하려는 방식도 있고, 구체적 문제에 대한 합리적인 해결책을 찾아가면서 정의의 원칙을 발견하는 방식도 있다. 그러나 두 방식이 완전히 분리되어 있는 것이라기보다는 서로 영향을 주고받으면서 이성의 빛을 찾아가는 것이 아닐까.

2010년에도 주목할 만한 대법원 판결들이 많이 나왔다. 우선 새로운 법리를 제시하거나 사회의 변화를 알려주는 판결들이 있다. 또한 전원합의체 판결을 보면, 다수의견, 반대의견, 별개의견 또는 보충의견이 서로 논박을 벌이고 있어 대법관들 사이의 치열한 논전을 상상케 한다.

---

* 이 글은 2011년 1월 10일 개최된 대법원 민사실무연구회 제325회 연구발표회에서 발표한 내용을 수정·보완한 것이다.

1) 2010년에 베스트셀러로 화제가 되었던 마이클 샌델(Michael J. Sandel)의 「정의란 무엇인가」(이창신 옮김, 2010)는 원제가 "Justice: What's the right thing to do?"(2009)이다.

2) 대학에 다닐 때 읽었던 존 롤스(John Rawls)의 「사회정의론」(황경식 옮김, 1985)은 원제가 "A Theory of Justice"(1971)이다.

이러한 판결 앞에서는 결론에 도달한 실제 이유를 알 수 없다는 비판을 할 수 없을 것이다. 해결하기 어려운 문제에 직면하여 다양한 의견이 나오는 것은 당연한 것이지만, 독자의 입장에서도 무엇이 올바른 해결책인지 자문해보는 시간이 길어질 수밖에 없다.

새해를 맞이하여 종전과 마찬가지로 지난해에 나온 대법원 판결 중에서 4건의 전원합의체 판결을 비롯하여 중요하다고 생각되는 몇몇 판결들을 선정하여 민법전의 편별에 따라 소개함으로써, 그 의미를 생각해 볼 계기를 마련해 보고자 한다.

Ⅱ. 매매계약이 매매대금 과다로 무효인 경우 무효행위의 전환의 인정여부

1. 대판 2010. 7. 15, 2009다50308(공 2010, 1566)은 이른바 '알박기'에 관한 판결로서 주목을 끌었다. 원고는 재건축정비사업조합으로 2002. 5. 28. 조합설립인가를 받았다. 피고들은 2003. 6. 17. 서울 강동구 암사동에 있는 임야 198㎡(이하 '이 사건 토지'라고 한다)의 공유자들 중 A의 7분의 3 지분을 3억 8,000만 원(피고마다 각 1억 9,000만 원)에 공동으로 매수하여 같은 해 7. 3. 각 7분의 1.5 지분(면적으로 환산하면 42.42㎡ 또는 12.83평이다. 이하 '이 사건 각 지분'이라고 한다)에 관한 이전등기를 마쳤다. 원고는 재건축사업에 관한 사업계획승인조건에 따라 재건축사업을 계속 추진하기 위하여 2005. 4. 22. 피고들로부터 이 사건 토지 중 피고들의 7분의 3 지분을 18억 원(피고마다 각 9억 원. ㎡당 21,216,407원, 평당 70,148,090원)에 매수하는 계약(이하 '이 사건 매매계약'이라고 한다)을 체결하였다. 이 사건의 쟁점은 이 사건 매매계약이 불공정한 법률행위인지 여부와 이를 무효로 할 경우 계약상의 매매대금을 변경하여 계약의 효력을 유지할 수 있는지 여부이다.

원심은 (1) 이 사건 매매계약 중 '정당한 매매대금'을 초과하는 부분이 불공정행위로 무효이고, (2) 이 사건 각 지분에 관한 매매대금은 평당 5,000만 원으로 계산한 641,500,000원(5,000만 원×12.83평)이 정당하고, 원고 및 피고들은 이 사건 매매계약에서 정한 매매대금이 무효일 경우 위 금액을 매매대금으로 하여 이 사건 매매계약을 유지하였을 것이라고 인정된다고 판단하였다. 원심이 위 (2)와 같이 이 사건 각 지분에 관한 매매대금을 정하면서 그 사유로 ① 원고는 재건축사업의 수행을 위하여 이 사건 토지 중 이 사건 각 지분을 매수하는 것이 반드시 필요하고 피고들 역시 이제 이 사건 각 지분의 자신들 앞으로의 환원을 원하지 아니하는 점, ② 피고들은 당초 원고 조합원에 대한 보상가격인 평당 2,200만 원을 매매대금으로 요구하였고, 원고가 피고들을 상대로 제기했던 매도청구에 기한 소유권이전등기청구소송의 제1심 법원이 이 사건 각 지분 중 재건축사업에 필요한 면적인 각 7분의 0.1169 지분(약 1평)을 5,001만 원에 매도하는 내용의 조정결정을 하였음에 대하여 피고 2는 "평당 5,000만 원 선으로 조정하여 준 것에는 감사하나 다만 위 결정에서 장차 도로로 편입될 부분이 제외되어 응할 수 없다." 라는 취지로 이의신청을 한 점, ③ 이 사건 각 지분을 매수하는 과정에서의 어려움은 기본적으로 재건축사업을 추진하는 원고가 부담하여야 하는 점 등과 같은 사정을 종합적으로 고려하고 있다. 이에 대하여 원고·피고들이 상고하였으나, 대법원은 이를 기각하였는데, 위 (2) 부분에 대한 판결이유는 다음과 같다.

> "매매계약이 약정된 매매대금의 과다로 말미암아 민법 제104조에서 정하는 '불공정한 법률행위'에 해당하여 무효인 경우에도 무효행위의 전환에 관한 민법 제138조가 적용될 수 있다. 따라서 당사자 쌍방이 위와 같은 무효를 알았더라면 대금을 다른 액으로 정하여 매매계약에 합의하였을 것이라고 예외적으로 인정되는 경우에는, 그 대금액을 내용으로 하는 매매계약이 유효하게 성립한다고 할 것이다. 이때 당사자의 의사는

매매계약이 무효임을 계약 당시에 알았다면 의욕하였을 가정적(假定的) 효과의사로서, 당사자 본인이 계약 체결시와 같은 구체적 사정 아래 있다고 상정하는 경우에 거래관행을 고려하여 신의성실의 원칙에 비추어 결단하였을 바를 의미한다. 이와 같이 여기서는 어디까지나 당해 사건의 제반 사정 아래서 각각의 당사자가 결단하였을 바가 탐구되어야 하는 것이므로, 계약 당시의 시가와 같은 객관적 지표는 그러한 가정적 의사의 인정에 있어서 하나의 참고자료로 삼을 수는 있을지언정 그것이 일응의 기준이 된다고도 쉽사리 말할 수 없다. 이와 같이 가정적 의사에 기한 계약의 성립 여부 및 그 내용을 발굴·구성하여 제시하게 되는 법원으로서는 그 '가정적 의사'를 함부로 추단하여 당사자가 의욕하지 아니하는 법률효과를 그에게 또는 그들에게 계약의 이름으로 불합리하게 강요하는 것이 되지 아니하도록 신중을 기하여야 한다."

나아가 대법원은 원심판결에 대하여 "이 사건 매매계약 중 '정당한 매매대금'을 초과하는 부분만이 무효라고 하거나 '정당한 매매대금'(이 표현은 이른바 '정당한 가격(iustum pretium)'의 이론, 즉 매매대금 기타 계약상의 대가는 계약목적물의 객관적 가치에 상응하여야 하고, 그렇지 아니한 계약은 그 이유만으로 그 효력이 제한된다는 주장을 연상시킨다. 위의 이론은 교회법 등에서 논의되었으나, 우리 법이 원칙적으로 그러한 법리를 채택하지 아니하였음은 명백하다)을 새로운 계약내용의 지표로 제시하는 등 그 이유제시에 있어서 부적절한 점이 없지 아니하나, 대체로 앞서 본 법리에 좇은 것으로 이해될 수 있고 또 그 결과도 굳이 수긍할 수 없다고는 말하기 어렵다."라고 하였다.

2. 매매계약이 매매대금의 과다로 말미암아 '불공정한 법률행위'에 해당하는 경우[3]에 무효행위의 전환에 관한 민법 제138조[4]를 적용한

---

3) 이 판결에서 불공정한 법률행위에 관하여 판단한 부분은 종래의 판례를 이 사안에 적용한 것이다. 피고들이 원고의 급박한 곤궁상태를 이용하여 매수가격의 약 5배 가까이 높은 가격으로 이 사건 매매계약을 체결하였으므로, 이 사건 매매계약이 불공정한 법률행위로서 무효라고 판단한 것은 정당하다.

4) 이하에서 법명칭을 기재하지 않고 조항만으로 인용하는 경우에는 민법의 조

부분은 선례로서 중요한 의미가 있다. 특히 이 사건에서 매매대금의 과다 문제를 해결하기 위하여 무효행위의 전환에 관한 규정을 적용함으로써, 매매계약상의 매매대금보다 낮은 금액으로 매매계약이 성립하였다는 것을 인정하고 있다는 점을 주목할 필요가 있다. 계약상의 대금이나 이율이 과도하게 많은 경우에 계약 전체를 무효로 하는 것이 아니라 그 대금이나 이율 중에서 일정 한도를 초과하는 부분에 한해서만 무효를 인정하는 것을 양적 일부 무효라고 하는데, 이와 같은 문제를 해결하는 방안을 무효행위의 전환에서 찾고 있다고 볼 수 있다.

종래 법원의 실무에서 양적 일부 무효를 인정한 판결들이 적지 않다. 가령 대판 1991. 12. 13, 91다8722, 91다8739(공 1992, 503)는 변호사의 보수에 관하여 "그 약정보수액이 부당하게 과다하여 신의성실의 원칙이나 형평의 원칙에 반하는 특단의 사정이 있는 때에만 예외로서 이 경우에는 위와 같은 제반사정을 고려하여 상당하다고 인정되는 범위를 초과하는 보수액에 대하여는 그 지급을 청구할 수 없다."라고 하였다.[5] 대판(전) 2007. 2. 15, 2004다50426(집 55-1, 민 66)은 현행 이자제한법이 제정되기 전에 나온 판결인데, 금전 소비대차계약과 함께 이자의 약정을 하는 경우, 사회통념상 허용되는 한도를 초과하여 현저하게 고율로 정하여졌다면, 그와 같이 허용할 수 있는 한도를 초과하는 부분의 이자 약정은 선량한 풍속 기타 사회질서에 위반한 사항을 내용으로 하는 법률행위로서 무효라고 하였다. 대판(전) 2007. 12. 20, 2005다32159(집 55-2, 민 373)는 강행법규 위반에 관한 것으로 "부동산중개업법 관련 법령에서 정한 한도를 초과하는 부동산 중개수수료 약정은 그 한도를 초과하는 범위 내에서 무효"라고 하였다. 그런데 이와 같은 판결들에서 일정한 한도를 초과하는 부분은 무효이고 나머지는 유효라고 판단한 점에 대한 근거를 명백하게 제시하지는 않고 있다.

항을 가리킨다.

5) 동지: 대판 1992. 3. 31, 91다29804(공 1992, 1404).

그러나 대판 2008. 9. 11, 2008다32501[6]은 "이 사건 토지에 관한 위 근저당권설정약정 중 피담보채무가 20억 원을 초과하는 부분이 구 의료법 제41조 제 3 항에 위반되어 무효라고 하더라도 이미 허가받은 나머지 부분의 근저당권설정약정까지 무효가 된다고 할 수는 없다."라고 하였는데, 그 전제로서 "민법 제137조는 임의규정으로서 의사자치의 원칙이 지배하는 영역에서 적용된다고 할 것이므로, 법률행위의 일부가 강행법규인 효력규정에 위반되어 무효가 되는 경우 그 부분의 무효가 나머지 부분의 유효·무효에 영향을 미치는가의 여부를 판단함에 있어서는 개별 법령이 일부 무효의 효력에 관한 규정을 두고 있는 경우에는 그에 따라야 하고, 그러한 규정이 없다면 원칙적으로 민법 제137조가 적용될 것이나 당해 효력규정 및 그 효력규정을 둔 법의 입법 취지를 고려하여 볼 때 나머지 부분을 무효로 한다면 당해 효력규정 및 그 법의 취지에 명백히 반하는 결과가 초래되는 경우에는 나머지 부분까지 무효가 된다고 할 수는 없다."라고 하였다. 따라서 이 판결은 강행법규에 관한 것이기는 하지만, 제137조를 적용하여 양적 일부 무효를 해결하고 있다고 볼 수 있을 것이다.

그런데 제137조는 일부 무효의 경우에 전부 무효를 원칙으로 하고 있고, 예외적으로 그 무효부분이 없더라도 법률행위를 하였을 것이라고 인정될 때에는 나머지 부분을 유효로 하고 있다. 이 규정에 따라 일부 무효를 인정하려면 법률행위의 내용을 분할할 수 있어야 한다.[7] 따라서 법률행위를 분할할 수 없는 경우에는 효력유지적 축소해석 등 다른 방법으로 해결할 수 없는지 문제되고 있다.

6) 판례공보에 게재되어 있지 않으나 대한민국 법원 종합법률정보 사이트(http://glaw.scourt.go.kr/wsjo/intesrch/sjo022.do)에서 검색할 수 있다.

7) 대판 1994. 5. 24, 93다58332(공 1994, 1807)는 "법률행위의 내용이 불가분인 경우에는 그 일부분이 무효일 때에도 일부 무효의 문제는 생기지 아니하나, 분할이 가능한 경우에는 민법 제137조의 규정에 따라 그 전부가 무효로 될 때도 있고, 그 일부만 무효로 될 때도 있"다고 한다.

위 대법원 2010. 7. 15. 판결에서 위와 같은 문제에 대한 해결책으로 제시하고 있는 '무효행위의 전환'에 관해서 살펴보자. 제138조는 법률행위가 다른 법률행위의 요건을 갖추고 또 당사자가 그 무효임을 알았더라면 다른 법률행위를 의욕하였으리라고 인정될 때에는 다른 법률행위로서 효력을 가진다고 정하고 있다. 종래 무효행위의 전환이 인정되는 예로는 통상 법률행위가 방식을 갖추지 못하거나 기간이 도과되는 등 형식적 사유로 인하여 효력이 없는 경우를 들었다. 제1071조는 비밀증서에 의한 유언이 그 방식에 흠결이 있어 무효라도 그 증서가 자필증서의 방식에 적합한 때에는 이를 자필증서에 의한 유언으로서 유효하다고 정하고 있는데, 이는 명문의 규정으로 무효행위의 전환을 인정한 것이다. 婚姻外의 出生子가 아닌 사람(자연적 혈연관계가 없는 사람)에 대한 認知는 무효인데, 이는 입양의 의사로의 전환을 인정하여도 좋을 경우도 있을 것이다.[8] 나아가 제607조, 제608조에 의하여 대물반환의 약정이 무효가 됨으로써 소비대주는 차주에게 차용물에 갈음한 대물의 인도청구는 하지 못하더라도, 대부분의 경우에 제138조에 기하여 이를 통상의 담보약정으로 전환하여 그 대물을 목적물로 하는 담보권을 가지게 되어, 정산의무를 수반하는 담보권의 실행을 청구할 수 있을 것이다.[9]

이 판결에서는 매매대금이 과다하게 된 사안에서 매매계약을 불공정한 법률행위라는 이유로 무효로 보고, "당사자 쌍방이 위와 같은 무효를 알았더라면 대금을 다른 액으로 정하여 매매계약에 합의하였을 것이라고 예외적으로 인정되는 경우에는, 그 대금액을 내용으로 하는 매매계약이 유효하게 성립한다."라고 하였다. 이때 당사자의 의사는 "매매계약이 무효임을 계약 당시에 알았다면 의욕하였을 가정적 효과의사"라고 한다.[10]

---

8) 대판 1992. 10. 23, 92다29399(공 1992, 4230).

9) 이에 관해서는 양창수·김재형, 민법 Ⅰ 계약법, 박영사, 2010, 705면 이하.

10) 당사자들의 가정적 의사를 탐구하여야 한다는 점은 제137조의 일부 무효와 제138조의 무효행위의 전환의 경우에 마찬가지이다. 대판 1996. 2. 27, 95다

이 사안과 같이 매매대금의 과다 등을 이유로 불공정한 법률행위에 해당하는 경우에 일부무효에 관한 제137조에 해당하지는 않는다. 무효행위의 전환에 관한 제138조가 법률행위가 무효인 경우에 다른 종류의 법률행위로 전환할 수 있다는 취지의 규정이라면, 이 사건과 같이 동종의 법률행위로서 대금액만을 줄이는 것은 이 규정에 의하여 포섭되지 않는다고 볼 수 있다. 그러나 제138조의 문언에 따르면 무효행위와 전환된 행위가 다른 종류의 법률행위일 것을 요구하고 있지 않다. 제138조에 의하여 무효행위를 다른 종류의 법률행위로 전환할 수 있다면 동일한 종류의 법률행위 안에서 대금액만을 줄인 법률행위로 전환하는 것을 부정할 이유가 없다. 따라서 이 사안과 같이 동일한 종류의 법률행위 안에서 대금액만을 줄인 법률행위로 전환하는 것도 제138조에 포섭된다고 볼 수 있다.[11)]

3. 한편, 이 사건의 구체적인 결론에 관해서 살펴보자. 매매계약이 대금의 과다로 무효인 경우에 계약 당시에 무효임을 알았다면 매매대금으로 의욕하였을 가정적 효과의사를 정하는 것은 쉽지 않다. 대부분의 매매계약에서 매도인이 약정한 매매대금보다 낮은 가격으로 매도하였을 것이라는 의사가 있었다고 인정하기는 어렵다. 그렇다고 해서 시가를 기준으로 그 매매대금을 정할 것은 아니다.

38875(공 1996, 1095)는 제137조에 관한 것으로 "그 당사자의 의사는 실재하는 의사가 아니라 법률행위의 일부분이 무효임을 법률행위 당시에 알았다면 당사자 쌍방이 이에 대비하여 의욕하였을 가정적 의사를 말하는 것"이라고 하였다.

11) 만일 제138조가 법률행위가 무효인 경우에 다른 종류의 법률행위로 전환할 수 있다는 취지의 규정이라면, 이 사안과 같이 동종의 법률행위 내에서 대금액만을 줄이는 것을 허용하기 위해서는 유추적용이 가능한지 검토해야 한다. 이러한 경우에 제137조를 유추적용하여야 한다는 견해도 있을 수 있고, 제137조와 제138조를 함께 유추적용하여야 한다는 견해도 있을 수 있을 것이다. 필자는 처음에 "이 사안에 대하여 적어도 제138조를 유추적용하여 매매대금을 줄인 법률행위로서 효력이 있다고 볼 수 있다."라고 하였는데, 이 사건에 대하여 제138조가 적용된다는 것으로 내용을 수정한다. 이는 양창수 대법관의 지적에 따른 것이다.

그렇다면 이 사건에서 매매계약 당시에 그 무효를 알았더라면 매매계약에서 정한 대금보다 낮은 대금으로 계약을 체결하는 것을 의욕하였을 것이라는 가정적 효과의사를 도출한 이유는 무엇인가? 매수인인 원고는 재건축사업의 수행을 위하여 반드시 이 사건 토지 중 이 사건 각 지분을 매수하여야 하는 처지에 있었다. 매도인인 피고들도 이 사건 각 지분의 매수경위, 조정 당시의 상황 등에 비추어 원고에게 이를 매도하려는 의사가 있다고 볼 수 있다. 피고들이 이 사건 각 지분을 계속 보유하거나 이를 다른 사람에게 매도하려는 의사는 없었다고 볼 수 있다. 원고나 피고들이나 서로 매매계약을 체결하려는 의사는 있었으나, 다만 매매대금에 관해서만 원·피고들 사이에 의견이 일치하지 않은 상태였다고 볼 수 있다. 이와 같은 특수한 사정에서 원고 및 피고들에게는 이 사건 매매계약에서 정한 매매대금이 무효일 경우에 매매대금을 다른 금액으로 정하려는 가정적 의사가 있다는 점을 도출할 수 있다.

한편, 그 매매대금을 피고들이 당초 매매대금으로 요구하였던 원고 조합원에 대한 보상가격인 평당 2,200만 원을 기준으로 해야 할 것인지, 아니면 원고가 피고들을 상대로 제기한 매도청구에 기한 소유권이전등기청구소송에서 피고 2가 한 발언을 참고하여 평당 5,000만 원을 기준으로 해야 할 것인지는 논란의 소지가 있다. 원심판결은 후자를 기준으로 하였는데, 계약 체결 당시의 당사자들의 가정적 의사를 탐구할 때 이와 같이 계약 체결 이후의 사정을 고려할 수 있을 것이다. 물론 이 판결은 가정적 의사에 기하여 위와 같이 매매대금을 정할 수 있는 사안에 관한 것이기 때문에, 그렇지 않은 계약의 경우에까지 확대하여 무효행위의 전환에 관한 규정으로 해결할 수는 없을 것이다.

Ⅲ. 종중재산의 분배 기준

1. 종중재산의 분배 기준에 관하여 2010년에 2개의 대법원 판결이 나왔다.

가. 먼저 대판 2010. 9. 9, 2007다42310, 42327(공 2010, 1870)은 다음과 같은 기준을 제시하였다.

> "비법인사단인 종중의 토지 매각대금은 종원의 총유에 속하고, 그 매각대금의 분배는 총유물의 처분에 해당하므로(대법원 1994. 4. 26. 선고 93다32446 판결 참조), 정관 기타 규약에 달리 정함이 없는 한 종중총회의 결의에 의하여 그 매각대금을 분배할 수 있고, 그 분배 비율, 방법, 내용 역시 결의에 의하여 자율적으로 결정할 수 있다. 그러나 종중은 공동선조의 분묘수호와 제사 및 종원 상호간의 친목 등을 목적으로 하여 구성되는 자연발생적인 종족집단으로 그 공동선조와 성과 본을 같이하는 후손은 그 의사와 관계없이 성년이 되면 당연히 그 구성원(종원)이 되는 종중의 성격에 비추어, 종중재산의 분배에 관한 종중총회의 결의 내용이 현저하게 불공정하거나 선량한 풍속 기타 사회질서에 반하는 경우 또는 종원의 고유하고 기본적인 권리의 본질적인 내용을 침해하는 경우 그 결의는 무효라고 할 것이다. 여기서 종중재산의 분배에 관한 종중총회의 결의 내용이 현저하게 불공정한 것인지 여부는 종중재산의 조성 경위, 종중재산의 유지·관리에 대한 기여도, 종중행사 참여도를 포함한 종중에 대한 기여도, 종중재산의 분배 경위, 전체 종원의 수와 구성, 분배 비율과 그 차등의 정도, 과거의 재산분배 선례 등 제반 사정을 고려하여 판단하여야 한다."
>
> "총유물인 종중 토지 매각대금의 분배는 정관 기타 규약에 달리 정함이 없는 한 종중총회의 결의에 의하여만 처분할 수 있고 이러한 분배 결의가 없으면 종원이 종중에 대하여 직접 분배청구를 할 수 없다(대법원 1994. 4. 26. 선고 93다32446 판결 등 참조). 따라서 종중 토지 매각대금의 분배에 관한 종중총회의 결의가 무효인 경우, 종원은 그 결의의 무효확인 등을 소구하여 승소판결을 받은 후 새로운 종중총회에서 공정한

내용으로 다시 결의하도록 함으로써 그 권리를 구제받을 수 있을 뿐이고 새로운 종중총회의 결의도 거치지 아니한 채 종전 총회결의가 무효라는 사정만으로 곧바로 종중을 상대로 하여 스스로 공정하다고 주장하는 분배금의 지급을 구할 수는 없다."

나. 대판 2010. 9. 30, 2007다74775는 위 판결과 동일하게 판단을 하고 있으나, 남녀 성별에 따른 분배에 관하여 다음과 같은 법리를 추가하고 있다.

"공동선조와 성과 본을 같이하는 후손은 남녀의 구별 없이 성년이 되면 당연히 그 구성원(종원)이 되는 것이므로(대법원 2005. 7. 21. 선고 2002다13850 전원합의체 판결 참조), 종중재산을 분배함에 있어 단순히 남녀 성별의 구분에 따라 그 분배 비율, 방법, 내용에 차이를 두는 것은 개인의 존엄과 양성의 평등을 기초로 한 가족생활을 보장하고, 가족 내의 실질적인 권리와 의무에 있어서 남녀의 차별을 두지 아니하며, 정치·경제·사회·문화 등 모든 영역에서 여성에 대한 차별을 철폐하고 남녀평등을 실현할 것을 요구하는 우리의 전체 법질서에 부합하지 아니한 것으로 정당성과 합리성이 없어 무효라고 할 것이다."

2. 위 두 번째 판결에서 인용하고 있는 2005년 대법원 전원합의체 판결에서 성년 여성도 당연히 종원이 된다고 선언한 이후 종중재산을 어떻게 분배해야 할 것인지 논란이 있었다. 위 전원합의체 판결에서 별개의견은 "종중재산을 처분하여 이를 개인에게 귀속시킴에 있어서는 신탁의 법리를 유추하여 후손 전원에게 합리적으로 분배하고, 종원에게만 분배하는 것은 허용될 수 없는 것이다."라고 하였다. 필자는 종중재산의 분배에 관하여 다음과 같이 주장하였다.

"별개의견이 종중재산을 분배할 때 信託의 法理를 유추하여 후손 전원에게 합리적으로 분배하여야 한다고 한 점은 시사하는 바가 많다. 여기에서 종중재산 분배의 실마리를 찾을 수 있으리라 생각한다. 종중은 비법인 사단이기 때문에 그 재산은 총유에 속한다. 종중규약에 재산의 처분이나 분배에 관한 규정이 있으면 이러한 규정에 따라야 하고(민법 제275조 제2항), 그러한 규정이 없으면 민법 제276조가 적용되어 종중총회의 결의로 결정하여야 한다. 총유지분은 인정되지 않기 때문에, 종중원이 지분권을 주장할 수는 없다. 분배대상이 된 종중재산은 원칙적으로 후손 전원에게 평등하게 분배하여야 할 것이나, 종중이나 종중재산에 대한 기여 등 제반 사정을 고려하여 결정하여야 한다. 즉, 종중이 종중재산의 분배를 자율적으로 결정하되, 후손 사이의 평등한 분배를 고려하여야 한다. 다만 현실적으로 종원이 아닌 후손들은 종중재산 분배에서 불리하게 될 수 있는데, 법원이 어떠한 방식으로 관여할 수 있을지는 어려운 문제로 등장한다."[12)]

대법원은 2010년 9월에 선고한 위 두 판결을 통하여 종중재산의 분배에 관한 판단기준을 제시하고 있다. 이를 정리하면 다음과 같다. ① 종중은 정관 기타 규약에 달리 정함이 없는 한 종중총회의 결의에 의하여 자율적으로 종중재산을 분배할 수 있다. 가령 종원이 아닌 미성년의 후손에게 재산을 분배하는 것도 허용된다. ② 종중재산의 분배에 관한 종중총회의 결의 내용이 현저하게 불공정하거나 선량한 풍속 기타 사회질서에 반하는 경우 또는 종원의 고유하고 기본적인 권리의 본질적인 내용을 침해하는 경우 그 결의는 무효이다. 종중재산의 분배에 관한 종중총회의 결의 내용이 현저하게 불공정한 것인지 여부를 판단할 때 "종중재산의 조성 경위, 종중재산의 유지·관리에 대한 기여도, 종중행사 참여도를 포함한 종중에 대한 기여도, 종중재산의 분배 경위, 전체 종원의 수와 구성, 분배 비율과 그 차등의 정도, 과거의 재산분배 선례 등 제반 사정"을 고려하여야 한다. ③ 단순히 남녀 성별의 구분에 따라 종중재산의 분배에 차이를 두는 것은 남녀평등의 원칙 등에 비추

12) 金載亨, "團體로서의 宗中," 民法論 Ⅲ, 박영사, 2007, 41면.

어 허용되지 않는다. ④ 종중재산의 분배에 관한 종중총회의 결의가 무효인 경우, 종원이 곧바로 종중을 상대로 하여 스스로 공정하다고 주장하는 분배금의 지급을 구할 수는 없고, 새로운 종중총회의 결의를 통해서만 중중재산을 분배받을 수 있다.

대법원은 종중재산의 분배에서 종중의 단체로서의 자율성 또는 독자성을 인정하면서도(위 ①, ④ 부분),[13] 종중재산의 분배에 대한 내용통제를 하고 있다(위 ②, ③ 부분). 대판 2008. 10. 9, 2005다30566(공 2008, 1521)은 "종중에 대하여는 가급적 그 독자성과 자율성을 존중해 주는 것이 바람직하고, 따라서 원칙적으로 종중규약은 그것이 종원이 가지는 고유하고 기본적인 권리의 본질적인 내용을 침해하는 등 종중의 본질이나 설립 목적에 크게 위배되지 않는 한 그 유효성을 인정하여야 할 것"이라고 하였다. 종중재산 분배에 관한 판결들은 이러한 논리를 종중재산의 분배에도 적용한 것인데, 종중규약의 경우와 비교할 때 종중재산의 분배라는 성격에 맞게 현저한 불공정성 등으로 무효사유를 좀 더 넓게 설정하였다.[14]

---

13) 종중의 재산을 분배하는 데 종중의 정관 등에 따르도록 하고 종중총회의 결의를 거치도록 한 것이 이에 해당한다.

14) 한편, 대법원은 종중재산의 분배에 대한 내용통제를 하는 근거의 하나로 종중이 공동선조의 후손을 구성원으로 하는 자연발생적 단체라는 점("종중은 공동선조의 분묘수호와 제사 및 종원 상호간의 친목 등을 목적으로 하여 구성되는 자연발생적인 종족집단으로 그 공동선조와 성과 본을 같이하는 후손은 그 의사와 관계없이 성년이 되면 당연히 그 구성원(종원)이 되는 종중의 성격")을 들고 있다. 자연발생적 단체설에 대해서는 비판적인 입장을 밝힌 적이 있다. 金載亨(주 12), 18면 이하 참조. 그런데 종중의 구성원이나 목적을 고려하여 종중재산의 분배에 관한 위와 같은 판단 기준을 도출할 수도 있기 때문에, 종중을 자연발생적 단체설로 보아야만 위와 같은 법리를 도출할 수 있는 것은 아니다.

Ⅳ. 대물변제가 사해행위에 해당하는지에 관한 판단기준

1. 대판 2010. 9. 30, 2007다2718(공 2010, 1967)에서 대물변제로 채권 등을 양도한 것이 사해행위가 되는지 문제되었다. 사안은 다음과 같다. 피고가 A에 대하여 미지급 대금의 변제를 강하게 독촉함에 따라 피고와의 거래를 계속하고자 하였던 A가 전세권과 전세금반환채권을 양도하는 내용의 이 사건 양도계약을 체결하였다. 한편 A는 차량용 디브이디 플레이어 판매가 활성화되면 피고에 대한 물품대금을 변제할 수 있다고 피고를 설득하였다. 이에 피고도 A와의 거래가 중단될 경우 사업에 상당한 손실을 입게 될 가능성이 있어 A와의 거래를 지속할 예정으로 소외인에 대한 A의 채무를 대신 변제하여 주는 조건으로 전세권부 전세금반환채권을 양수한 후 A에 대한 채권회수절차의 착수를 유예하였다. 원심은, 비록 피고가 대물변제로 전세권과 전세금반환채권을 양수한 시점이 A의 자금사정이 상당히 악화되었던 시점이라 하더라도, 그러한 사정만으로는 A가 피고에 대한 채무의 변제에 갈음하여 전세권과 전세금반환채권을 양도하는 내용의 이 사건 양도계약을 체결한 행위가 다른 채권자를 해하는 사해행위라고 단정하기는 어렵다고 판단하였다. 원고가 상고하였으나, 대법원은 다음과 같은 이유로 이를 기각하였다.

> "채무자가 책임재산을 감소시키는 행위를 함으로써 일반채권자들을 위한 공동담보의 부족상태를 유발 또는 심화시킨 경우에 그 행위가 채권자취소의 대상인 사해행위에 해당하는지 여부는, 행위목적물이 채무자의 전체 책임재산 가운데에서 차지하는 비중, 무자력의 정도, 법률행위의 경제적 목적이 갖는 정당성 및 그 실현수단인 당해 행위의 상당성, 행위의 의무성 또는 상황의 불가피성, 채무자와 수익자 간 통모의 유무와 같은 공동담보의 부족 위험에 대한 당사자의 인식의 정도 등 그 행위에 나타난 여러 사정을 종합적으로 고려하여, 그 행위를 궁극적으로 일반채권자

를 해하는 행위로 볼 수 있는지 여부에 따라 최종 판단하여야 할 것이다.

다만, 채무초과의 상태에 있는 채무자가 적극재산을 채권자 중 일부에게 대물변제조로 양도하는 행위는 채무자가 특정 채권자에게 채무 본지에 따른 변제를 하는 경우와는 달리 원칙적으로 다른 채권자들에 대한 관계에서 사해행위가 될 수 있으나[인용 판결 생략], 이러한 경우에도 위에서 본 바와 같은 사해성의 일반적인 판단기준에 비추어 그 행위가 궁극적으로 일반채권자를 해하는 행위로 볼 수 없는 경우에는 사해행위의 성립이 부정될 수 있다."[15]

2. 채무의 변제는 원칙적으로 사해행위에 해당하지 않는다는 것이 판례이다.[16] 채권자가 채무의 변제를 구하는 것은 그의 당연한 권리행사로서 다른 채권자가 존재한다는 이유로 이것이 방해받아서는 아니되고, 채무자도 채무의 본지에 따라 채무를 이행할 의무를 부담하고 있어 다른 채권자가 있다는 이유로 그 채무이행을 거절하지는 못한다. 따라서 채무자가 채무초과의 상태에서 특정채권자에게 채무의 본지에 따른 변제를 함으로써 다른 채권자의 공동담보가 감소하는 결과가 되는 경

15) 나아가 대법원은 "이 사건 양도계약 당시 A의 자금사정이 매우 악화된 상황이었고, 그 계약의 목적물인 전세권과 전세금반환채권이 A의 유일한 재산이었으며, 이 사건 양도계약 직후에 이 사건 보증사고가 발생하였다고 하더라도, 그러한 사정만으로 이 사건 양도계약을 원고 등 다른 채권자를 해하는 사해행위라고 단정하기는 어렵다."라고 하였다. 그 이유로 원심이 들고 있는 사정과 더불어 다음과 같은 사정을 추가적으로 제시하고 있다. 이 사건 양도계약 당시 피고가 A의 최대 물품공급처이자 최고액 채권자였던 것으로 보인다. A로서는 이러한 피고와의 거래관계를 유지하면서 새로이 판로를 개척하는 길만이 채무초과 상태에 있던 회사의 경제적 갱생을 도모하기 위한 유일한 방안이었던 것으로 보인다. 그리하여 이 사건 양도계약을 체결하면서도 A는 피고와의 합의하에 계속해서 전세권의 목적물인 이 사건 건물을 사용할 수 있도록 대책을 마련하는 동시에 전세권근저당권에 의하여 담보되던 소외인에 대한 차용금 채무를 피고가 대신 변제하도록 조치하였다. 이 사건 양도계약 무렵 피고는 A에 대하여 최소한 10억 원 이상의 채권을 가지고 있었는데, 이 사건 양도계약 과정에서 A의 소외인에 대한 채무를 대신 갚아준 것을 감안하면 이 사건 양도계약을 통하여 피고가 양수한 전세금반환채권의 액수는 실질적으로 1억 원 상당이다.

16) 대판 1981. 7. 7, 80다2613(공 1981, 14158); 대판 1994. 6. 14, 94다2961, 2978(공 1994, 1956); 대판 2001. 4. 10, 2000다66034(공 2001, 1113).

우에도 그 변제는 채무자가 특히 일부의 채권자와 통모하여 다른 채권자를 해할 의사를 가지고 변제를 한 경우가 아닌 한 원칙적으로 사해행위가 되는 것은 아니라고 한다.

그런데 채무자가 일부 채권자에게 기존채무의 변제에 갈음하여 대물변제로 금전채권을 양도한 경우에 이를 사해행위로 볼 수 있는지에 관하여 판례가 명확하지 않았다.

다수의 대법원 판결은 이를 채무의 본지에 따른 변제(이하 '본지변제')와 동일하게 취급하여, 원칙적으로 사해성을 부정하고 다만 채무자와 수익자가 통모하여 다른 채권자를 해할 의사가 있는 예외적 경우에만 사해성을 인정하고 있었다. 즉, 대판 2003. 6. 24, 2003다1205(공 2003, 1583)는 채무의 변제가 사해행위에 해당하는지 여부에 관한 위 법리를 설시한 다음, "기존 금전채무의 변제에 갈음하여 다른 금전채권을 양도하는 경우에도 이와 마찬가지로 보아야 할 것이다."라고 하였다. 대판 2004. 5. 28, 2003다60822(공 2004, 1065)는 "채무자가 특히 일부의 채권자와 통모하여 다른 채권자를 해할 의사를 가지고 변제 내지 채권양도를 하였는지 여부는 사해행위임을 주장하는 사람이 입증하여야 할 것인데, 이는 수익자의 채무자에 대한 채권이 실제로 존재하는지 여부, 수익자가 채무자로부터 변제 내지 채권양도를 받은 액수 및 양도받은 채권 중 실제로 추심한 액수, 채무자와 수익자와의 관계, 채무자의 변제능력 및 이에 대한 수익자의 인식, 변제 내지 채권양도 전후의 수익자의 행위, 그 당시의 채무자 및 수익자의 사정 및 변제 내지 채권양도의 경위 등 제반 사정을 종합적으로 참작하여 판단하여야 할 것이다."라고 하였다.[17)]

그러나 채무초과 상태에서 대물변제로 채권을 양도한 행위에 대하여 원칙적으로 사해성을 인정하는 대법원 판결도 있었다. 가령 대판

17) 동지: 대판 2005. 3. 25, 2004다10985(공 2005, 654); 대판 2007. 5. 31, 2005다28686.

1997. 6. 27, 96다36647(공 1997, 2318)은 "이미 채무초과의 상태에 빠져 있는 채무자가 그의 적극재산인 채권을 그에 대한 채권자 중 일부에게 대물변제조로 양도하는 행위는 특별한 사정이 없는 한 다른 채권자들에 대한 관계에서 사해행위가 된다."라고 하였다.[18]

3. 위 대법원 2010. 9. 30. 판결은 사해행위를 판단하는 일반기준을 제시하고 대물변제의 경우에도 이 기준에 따라 사해행위에 해당하는지 여부를 판단하여야 한다고 하였다.[19] 대물변제의 목적물이 금전채권인지, 아니면 부동산인지는 사해행위에 관한 판단에서 아무런 영향을 미치지 않는다. 따라서 이 판결은 대물변제로 채권을 양도하는 경우에는 변제의 경우와 같이 원칙적으로 사해행위에 해당하지 않는다는 위 대법원 2003. 6. 24. 판결 등의 태도를 사실상 변경한 것으로 볼 수 있다. 채무자가 대물변제로 채권을 양도한 행위가 사해행위에 해당하는지 판단하는 단계에서 대물변제로 부동산을 양도한 경우와 다르게 보아야 할 근거를 찾을 수 없을 것이다.

한편, 대물변제로 채권을 양도한 경우와 변제를 한 경우 사이에 사해행위를 판단하는 기준을 다르게 보고 있는 판례가 타당한지도 검토할 필요가 있다.[20] 편파적인 변제행위도 채권자취소권의 대상이 된다고 보아야 할 것이다. 이 경우에도 변제를 받지 못한 채권자로서는 변제를 받는 채권자에 비하여 불리하게 취급받기 때문이다. 도산절차상 부인권의 경우에는 편파행위를 부인권의 대상에 포함시키고 있는데,[21]

---

18) 이 판결은 채무자가 부동산 등을 대물변제로 넘겨준 경우에 대한 대판 1990. 11. 23, 90다카27198(공 1991, 178); 대판 1995. 5. 26, 95다7413(공1995, 2261)을 인용하고 있다.

19) 이 판결에 대한 재판연구관의 해설로는 김미리, "사해행위의 판단 기준과 대물변제의 사해성 판단," 대법원판례해설 제85호(2010 하반기), 100면 이하.

20) 이에 대하여 梁彰洙, "채권자취소권의 피보전채권과 사해행위," 고시계 제36권 4호(1991. 4), 36면은 채무자의 자력이 심하게 결여된 경우에는 변제를 받는 채권자에게 사해의 인식만 있으면 사해행위가 된다고 한다.

21) 채무자 회생 및 파산에 관한 법률 제100조 제1항 제2호, 제3호, 제391조 제2호, 제3호. 구 파산법 제64조 제2호에 관하여 대법원은 "위기부인의 대상

도산절차 개시 여부에 따라 실제 결과가 달라지는 것은 바람직하지 않을 것이다.[22] 또한, 대물변제로 채권을 양도하는 것은 변제를 하는 경우와 경제적 차이가 크지 않다. 따라서 사해행위를 판단하는 단계에서 변제 유형을 대물변제 유형과 동일하게 볼 수는 없지만, 두 유형을 완전히 다르게 규율하는 것은 바람직하지 않다.

V. 부진정연대채무자 중 1인이 한 상계 또는 상계계약의 효력이 다른 부진정연대채무자에게 미치는지 여부

1. 대판(전) 2010. 9. 16, 2008다97218(공 2010, 1903)은 부진정연대채무자 중 1인이 한 상계 또는 상계계약의 효력이 다른 부진정연대채무자에게 미친다고 판결하였다. A회사가 1990년대 초부터 자금사정이 악화됨에 따라 1998. 11. 12. 기업개선작업절차에 들어간 후 경영이 정상화되어 2004. 10. 18. 기업개선작업절차가 종료되었다. 원고와 A회사는 위 기업개선작업절차에서 체결된 1999. 3. 29.자 기업개선작업약정에 따라, 원고의 A회사에 대한 150억 원의 기업어음 매입채권 및 13,485,000,000원의 대출금 채권(이하 위 두 채권을 함께 '이 사건 대출금 등 채권'이라고 한다)에 관하여 원고가 A회사로부터 1주당 발행가를 5,000

이 되는 '파산채권자를 해하는 행위'에는 파산자의 일반재산을 절대적으로 감소시키는 사해행위 외에 채권자간의 평등을 저해하는 편파행위도 포함된다고 할 것이고, 변제기가 도래한 채권을 변제하는 이른바 본지(本旨)변제 행위가 형식적인 위기시기에 이루어진 경우에는 불평등 변제로서 위기부인의 대상이 될 수 있다."라고 하였다. 대판 2002. 8. 23, 2001다78898(집 50-2, 민 50).

22) 민법상 채권자취소권과 도산절차상 부인권은 그 연원과 성격이 유사하기 때문에, 가능하면 통일적으로 법리를 구성하는 것이 바람직하다. 채권자취소권은 일본 민법을 통하여 채권자취소권에 관한 프랑스 민법 제1167조를 수용하여 간략하게 규정되어 있는 반면에, 채무자 회생 및 파산에 관한 법률에서 정하고 있는 부인권에 관한 규정은 독일의 구 파산법 등의 영향을 받아 상세하게 규정되어 있다. 민법 등을 개정하여 채권자취소권에 관한 규정을 정비하여야 할 것이다.

원으로 하여 신주를 발행받고 그 신주인수대금채무와 이 사건 대출금 등 채권을 상계하기로 합의하여 이 사건 대출금 등 채권을 주식으로 출자전환하였다. 원고의 A회사에 대한 이 사건 대출금 등 채권은 위와 같은 출자전환에 의하여 전액 만족을 얻어 소멸하였는데, A회사의 원고에 대한 채무(편의상 "A채무"라고 한다)와 부진정연대채무 관계에 있는 피고의 원고에 대한 손해배상채무(편의상 "B채무"라고 한다)도 소멸하는지 문제되었다. 원심은, 원고와 A회사가 이 사건 출자전환에 의하여 원고가 발행받는 주식에 대한 신주인수대금채무와 이 사건 대출금 등 채권을 상계하기로 합의함으로써 원고는 이 사건 대출금 등 채권 전액의 만족을 얻었고, 이와 같은 사유는 A채무와 부진정연대채무 관계에 있는 B채무에 절대적 효력을 미쳐 B채무도 같은 금액만큼 소멸하였다는 취지로 판단하였다. 다수의견은 원심판결을 지지하면서 다음과 같이 판단하였다.

> "부진정연대채무자 중 1인이 자신의 채권자에 대한 반대채권으로 상계를 한 경우에도 채권은 변제, 대물변제, 또는 공탁이 행하여진 경우와 동일하게 현실적으로 만족을 얻어 그 목적을 달성하는 것이므로, 그 상계로 인한 채무소멸의 효력은 소멸한 채무 전액에 관하여 다른 부진정연대채무자에 대하여도 미친다고 보아야 한다. 이는 부진정연대채무자 중 1인이 채권자와 상계계약을 체결한 경우에도 마찬가지이다. 나아가 이러한 법리는 채권자가 상계 내지 상계계약이 이루어질 당시 다른 부진정연대채무자의 존재를 알았는지 여부에 의하여 좌우되지 아니한다."

이에 대해서는 2개의 반대의견이 있는데, 첫 번째 반대의견은 기업개선작업절차에서 이루어진 출자전환행위의 해석에 관한 것이고,[23] 두

23) 대법관 신영철의 반대의견은 원고와 A회사 사이에 이 사건 출자전환에 의하여 원고가 발행받는 주식에 대한 신주인수대금채무와 이 사건 대출금 등 채권을 상계하기로 합의하였다고 볼 수 없고, 원고와 A회사는 이 사건 출자전환에 의하여 이 사건 대출금 등 채권에 관하여 그 출자전환이 이루어질 당시 원고가

번째 반대의견[24]은 부진정연대채무자 중 1인이 한 상계 또는 상계계약이 다른 부진정연대채무자에 미치는 효력에 관한 것이다.

두 번째 반대의견은 부진정연대채무자 중 1인이 한 상계 또는 상계계약이 다른 부진정연대채무자에게 효력이 미치지 않는다는 종전의 판례를 지지하는 것으로, 주요 논거는 다음과 같다. ① 부진정연대채무의 경우에는 연대채무의 경우에 관한 민법 제418조 제1항의 규정과 달리 명문의 규정이 없으므로 이에 관하여는 "합리적인 해석"에 의하여 해결할 수밖에 없다. ② "민법이 불법행위 피해자의 보호를 위하여 특별히 추가적인 책임을 인정하였음에도 불구하고 피해자는 현실적 급부를 받지 못하게 됨으로써 그렇지 않은 경우에 비하여 오히려 불리한 지위에 놓이게 되는 불합리한 결과를 낳게 된다." ③ 특히 민법 제496조와 관련하여 "고의의 불법행위 채무자와 다른 채무자가 부진정연대의 관계에 있을 경우 그 다른 채무자가 상계를 함으로써 고의의 불법행위 채무자도 자신의 채무를 면한다고 해석하게 되면 불법행위 피해자로 하여금 현실의 변제를 받지 못하도록 하는 것이고, 또한 그러한 한도에서 고의의 불법행위 채무자에 대한 제재가 이루어지지 아니하여 손해배상을 통한 불법행위 억제의 효과를 거둘 수 없게" 된다. ④ "민법은 채권자의 이중의 채권만족의 위험을 감수하면서까지도 불법행위 피해자로 하여금 현실적으로 채권의 만족을 얻게 하여 피해를 실질적으로 회복할 수 있도록 배려하고 있다." 따라서 "부진정연대채무자 중 1인의 상계에는 절대적 효력을 인정하지 아니함이 타당하고, 나아가 부진정연대채무자 중 1인이 채권자와 상계계약을 한 경우에도 상계와 달리 볼 것이 아니다."라고 한다.

발행받는 신주의 시가 상당을 대물로 변제받고 그 나머지 금액은 면제한 것으로 해석함이 상당하다고 한다.

24) 대법관 이홍훈, 전수안의 반대의견.

이에 대하여 다수의견에 대한 보충의견[25]은 상세히 반박하고 있는데, 그 주요 내용은 다음과 같다. ① "연대채무의 기본적인 성질 중의 하나는 민법 제413조가 명문으로 규정하고 있듯이 '채무자 1인의 이행으로 다른 채무자도 그 의무를 면하는 것', 즉 '급부의 1회성'이고, 이는 연대채무뿐만 아니라 불가분채무, 보증채무 등 민법이 인정하는 다수 당사자의 채무관계에 공통되는 본질적인 성질"이라고 한다. 이러한 '급부의 1회성'은 부진정연대채무에 관하여도 인정하여야 한다는 것이다. ② "부진정연대채무를 지는 채무자 중 1인이 상계를 함으로써 채무의 이행이 이루어지고 채권자의 채권은 만족을 얻게 되며, 그에 따라 다른 채무자도 자신의 채무를 면한다고 해석하여야 한다. 만약 반대의견과 같이 부진정연대채무 관계에서 상계에 절대적 효력을 인정하지 아니한다면 필연적으로 이중의 채무이행, 즉 이중의 채권만족이 일어날 수 있다."

대법관 이홍훈, 전수안의 반대의견에 대한 대법관 전수안의 보충의견은 다수의견에 대한 대법관 양창수, 민일영의 보충의견에 대하여 다시 반박하는데, 특히 "상대적 효력설이 갖는 피해자의 두터운 보호"를 강조한다.

2. 연대채무의 경우에는 제418조 제 1 항에서 채무자 1인이 상계를 함으로써 다른 연대채무자의 채무도 상계한 금액만큼 소멸한다는 이른바 절대적 효력의 취지를 규정하고 있다. 부진정연대채무의 경우에도 이와 동일하게 볼 수 있는지 문제된다.

종전의 판례는 부진정연대채무자 중 1인이 한 상계의 효력에 관하여 절대적 효력을 부정하고 있었다. 대판 1989. 3. 28, 88다카4994(공 1989, 673)는 "부진정연대채무자 상호간에 있어서 채권의 목적을 달성시키는 변제와 같은 사유는 채무자 전원에 대하여 절대적 효력을 발생하나 그 밖의 사유는 상대적 효력을 발생하는 데에 그치는 것으로서 연대채무에 관한 민법 제418조 제 1 항의 규정은 부진정연대채무에는

25) 대법관 양창수, 민일영의 보충의견.

적용되지 않는 것"이라고 판결하였다.[26] 그 후에도 이와 같은 취지의 판결들이 나왔다.[27]

그러나 다수의 학설은 위 판례에 반대하고 있다. 즉, "채권을 만족시키는 사유, 즉 변제, 대물변제, 공탁, 상계는 절대적 효력이 있다고 한다.[28] 그 이유로는 상계를 할 경우에 현실적으로 변제받은 것과 동일한 결과가 된다는 점,[29] 절대적 효력을 인정하지 않을 경우에 채권자는 부당하게 자신의 채권의 내용 이상의 이익을 얻는 결과가 된다는 점을 들고 있다.[30] 일본 최고재판소 1978(昭和 53). 3. 23. 판결[31]은 "부진정연대채무자의 1인과 채권자 사이에서 실체법상 유효한 상계가 이루어지면 이로써 채권이 소멸한 한도에서 다른 채무자의 채무도 소멸한다."라고 하였다.

한편, 대판 1999. 11. 26, 99다34499는 "상법 제724조 제2항의 규정에 의하여 인정되는 피해자의 보험자에 대한 손해배상채권과 피해자의 피보험자에 대한 손해배상채권은 별개 독립의 것으로서 병존한다고 하더라도, 위 각 채권은 피해자에 대한 손해배상이라는 단일한 목적을 위하여 존재하는 것으로서 객관적으로 밀접한 관련공동성이 있으므로 그 중 하나의 채권이 만족되는 경우에는 특별한 사정이 없는 한 다른 채권도 그 목적을 달성하여 소멸한다고 보아야 할 것인바, 보험자가 자

26) 이 판결에 찬성하는 견해로는 李鴻薰, "不眞正連帶債務者 중 1인이 한 相計의 다른 債務者에 대한 效力," 대법원판례해설, 1989년 상반기(통권 제11호), 231면.

27) 대판 1996. 12. 10, 95다24364(공 1997, 297); 대판 2008. 3. 27, 2005다75002.

28) 郭潤直, 債權總論, 제6판(중판), 박영사, 2009, 183면; 金曾漢·金學東, 債權總論, 제6판, 박영사, 1998, 242면; 金亨培, 債權總論, 제2판, 박영사, 1998, 484면; 梁彰洙, "不眞正連帶債務者 중 1人이 한 相計의 다른 債務者에 대한 效力," 民法研究 제2권(1991), 145면 이하; 李在性, "不眞正連帶債務와 各自支給의 請求," 辯護士 ─法律實務研究─ 제15집(1985), 37면. 그러나 면제의 경우에는 절대적 효력이 인정되지 않는다. 왜냐하면 면제는 채권의 만족을 얻는 것이 아니기 때문이다. 대판 1980. 7. 22, 79다11007(집 28-2, 민 201).

29) 李在性(주 28), 37면.

30) 梁彰洙(주 28), 145면 이하.

31) 判例時報 제886호, 35면.

신의 피해자에 대한 반대채권을 스스로 행사하여 상계를 한 경우에는 상계한 금액의 범위 내에서 피해자에 대한 변제가 이루어진 것과 같은 경제적 효과가 달성되어 피해자를 만족시키게 되므로 그 상계로 인한 손해배상채권 소멸의 효력은 피보험자에게도 미친다고 봄이 상당하다 할 것이다."라고 판결하였다. 이 판결은 보험자가 피해자에 대한 반대채권으로 피해자의 채권과 상계한 경우에 그 효력이 피보험자의 피해자에 대한 손해배상채무에도 미친다고 하면서, 그 근거로 '상계에 의하여 변제가 이루어진 것과 같은 경제적 효과가 달성되어 피해자를 만족시킨다'는 점을 들고 있다.

3. 다수의견은 종전의 판례를 변경하여 부진정연대채무자 중 1인이 한 상계는 다른 부진정연대채무자에게도 미친다고 함으로써 절대적 효력을 긍정하였다.[32] 상계는 변제와 마찬가지로 채권의 만족을 얻는 것과 같은 결과를 가져오는 것이기 때문에, 부진정연대채무자 중 1인이 상계를 하였으면 변제를 받은 것과 마찬가지로 다른 부진정연대채무자에게도 상계로 인한 효력이 미친다고 보아야 할 것이다. 이와 달리 상계에 상대적 효력만을 인정할 경우에는 다수의견에 대한 보충의견이 지적하듯이 "이중의 채무이행, 즉 이중의 채권만족"을 초래할 수 있다. 부진정연대채무자 중 1인의 상계로써 그의 채권자에 대한 자동채권도 소멸되는데, 채권자가 다른 부진정연대채무자로부터 만족을 얻는다면 채권자가 이중으로 만족을 얻는 결과가 되기 때문이다. 또한 부진정연대채무자 중 1인의 상계로 인한 법률관계를 명확하게 할 필요가 있다는 점에서도 절대적 효력을 인정하는 것이 바람직하다.

나아가 이 판결은 상계계약에 대해서 절대적 효력을 인정하였다는 점도 선례로서의 의미가 있다. 상계계약에 의하여 계약의 목적이 되었

32) 이 판결에 대한 재판연구관의 해설로는 민정석, "기업개선작업절차에서의 출자전환의 법적성격 및 부진정연대채무자 중 1인이 한 상계 내지 상계계약의 효력," 사법 제15호(2011), 303면 이하.

던 양채권은 대등액에서 소멸하기 때문에, 상계계약은 원칙적으로 상계와 동일한 효력이 있다. 따라서 부진정연대채무자 중 1인이 채권자와 상계계약을 체결한 경우에 그 효력이 다른 부진정연대채무자에게도 미친다고 보아야 할 것이다.

Ⅵ. 퇴직금 분할지급 약정의 효력과 상계 문제

1. 대판(전) 2010. 5. 20, 2007다90760(공 2010, 1132)은 이른바 '퇴직금 분할지급 약정 사건'에 관한 판결로서 퇴직금 분할지급 약정의 효력과 상계에 관하여 기준을 제시하였다. 사용자인 피고가 근로자인 원고들과 퇴직금 분할 약정을 체결한 후 그에 기하여 퇴직금 명목의 금원을 지급하였으나, 원고들이 퇴직 후 위 약정이 무효라고 주장하면서 퇴직금을 청구하였다. 피고는 위 약정이 무효라고 하더라도 피고의 퇴직금 명목 금원 상당의 부당이득반환채권으로 원고들의 퇴직금채권과 상계한다고 항변하였다. 원심은 위 약정이 퇴직금 중간정산으로서의 효력이나 퇴직금 지급으로서의 효력이 없고, 위 퇴직금 명목의 금원은 원고들이 피고에게 반환하여야 할 부당이득에 해당하며, 피고의 위 부당이득반환청구권과 원고들의 퇴직금 채권을 상계한다는 피고의 상계항변을 전부 받아들였다. 이에 대하여 원고들이 상고하였는데, 대법원은 퇴직금채권의 2분의 1에 해당하는 금액을 초과하는 범위 내에서만 상계가 허용된다는 이유로 원심판결을 일부 파기환송하였다.

가. 퇴직금 명목 금원의 부당이득 성립 여부

다수의견은 퇴직금 분할 약정에 기하여 퇴직금 명목의 금원을 지급한 경우에 그 약정을 강행법규 위반을 이유로 무효라고 하고, 부당이득반환의무를 인정한다. 그 논거는 다음과 같다. ① 사용자와 근로자가 매월 지급하는 월급이나 매일 지급하는 일당과 함께 퇴직금으로 일정 한 금원을 미리 지급하기로 약정(이하 '퇴직금 분할 약정'이라 한다)하였다면, 그 약정은 법[구 근로기준법. 이하 같다.] 제34조 제3항 전문 소정의 퇴직금 중간정산으로 인정되는 경우가 아닌 한 최종 퇴직 시 발생하는 퇴직금청구권을 근로자가 사전에 포기하는 것으로서 강행법규인 법 제34조에 위배되어 무효이고(대법원 2002. 7. 26. 선고 2000다27671 판결, 대법원 2007. 8. 23. 선고 2007도4171 판결 등 참조), 그 결과 퇴직금 분할 약정에 따라 사용자가 근로자에게 퇴직금 명목의 금원을 지급하였다 하더라도 퇴직금 지급으로서의 효력이 없다. ② 위 약정에 의하여 이미 지급한 퇴직금 명목의 금원은 법 제18조 소정의 '근로의 대가로 지급하는 임금'에 해당한다고 할 수 없다. ③ 사용자는 법률상 원인 없이 근로자에게 퇴직금 명목의 금원을 지급함으로써 위 금원 상당의 손해를 입은 반면 근로자는 같은 금액 상당의 이익을 얻은 셈이 되므로, 근로자는 수령한 퇴직금 명목의 금원을 부당이득으로 사용자에게 반환하여야 한다고 보는 것이 공평의 견지에서 합당하다.

이 점에 대해서는 대법관 김영란, 대법관 김능환의 별개 및 반대의견이 있다. 즉, "그 약정[퇴직금 분할 약정]에 따라 월급 또는 일당과 함께 또는 그에 포함되어 퇴직금 명목으로 근로자에게 지급되는 금원은, 첫째로 근로계약이 존속하는 동안에 지급되는 것이라는 점에서 퇴직금일 수 없고, 둘째로 그 약정에 따라 사용자가 지급의무를 져서 근로자에게 계속적·정기적으로 지급하는 것이지만 퇴직금은 아니라는 점에서 근로의 대가로 지급되는 임금의 일종이라고 볼 수밖에 없다."라고 한다.

나. 상계의 허용여부

다수의견은 사용자의 퇴직금반환채권을 자동채권으로 하여 근로자의 임금채권과 상계하는 것을 허용한다. 그 논거는 다음과 같다. ① 법

제42조 제1항 본문에 의하면 임금은 통화로 직접 근로자에게 그 전액을 지급하여야 하므로 사용자가 근로자에 대하여 가지는 채권으로써 근로자의 임금채권과 상계를 하지 못하는 것이 원칙이고, 이는 경제적·사회적 종속관계에 있는 근로자를 보호하기 위한 것인바, 근로자가 받을 퇴직금도 임금의 성질을 가지므로 역시 마찬가지이다(대법원 1990. 5. 8. 선고 88다카26413 판결 등 참조). ② 다만 계산의 착오 등으로 임금을 초과 지급한 경우에, 근로자가 퇴직 후 그 재직 중 받지 못한 임금이나 퇴직금을 청구하거나, 근로자가 비록 재직 중에 임금을 청구하더라도 위 초과 지급한 시기와 상계권 행사의 시기가 임금의 정산, 조정의 실질을 잃지 않을 만큼 근접하여 있고 나아가 사용자가 상계의 금액과 방법을 미리 예고하는 등으로 근로자의 경제생활의 안정을 해할 염려가 없는 때에는, 사용자는 위 초과 지급한 임금의 반환청구권을 자동채권으로 하여 근로자의 임금채권이나 퇴직금채권과 상계할 수 있다고 할 것이다(대법원 1993. 12. 28. 선고 93다38529 판결, 대법원 1995. 12. 21. 선고 94다26721 전원합의체 판결 등 참조). ③ 그리고 이러한 법리는 사용자가 근로자에게 이미 퇴직금 명목의 금원을 지급하였으나 그것이 퇴직금 지급으로서의 효력이 없어 사용자가 같은 금원 상당의 부당이득반환채권을 갖게 된 경우에 이를 자동채권으로 하여 근로자의 퇴직금채권과 상계하는 때에도 적용된다고 할 것이다.

다만 다수의견은 압류금지채권을 수동채권으로 한 상계에 관한 제497조[33]를 적용하여 사용자가 근로자에게 퇴직금 명목으로 지급한 금원 상당의 부당이득반환채권을 자동채권으로 하여 근로자의 퇴직금채

33) 민사집행법 제246조 제1항 제5호[구 민사집행법(2005. 1. 27. 법률 제7358호로 개정되기 전의 것) 제246조 제1항 제4호도 같다]는 근로자인 채무자의 생활보장이라는 공익적, 사회 정책적 이유에서 '퇴직금 그 밖에 이와 비슷한 성질을 가진 급여채권의 2분의 1에 해당하는 금액'을 압류금지채권으로 규정하고 있고, 민법 제497조는 압류금지채권의 채무자는 상계로 채권자에게 대항하지 못한다고 규정하고 있다.

권을 상계하는 것은 퇴직금채권의 2분의 1을 초과하는 부분에 해당하는 금액에 관하여만 허용된다고 한다.

이 점에 대해서는 대법관 양승태, 이홍훈, 양창수의 별개 및 반대 의견이 있다.

> "결국 임금이 초과 지급된 경우의 정산과 관련하여 예외적으로 상계가 허용되고 있는 주된 근거는 계산의 착오 등으로 발생하는 임금의 초과 지급인 데다가, 시기상, 절차상 일정한 제한을 가할 수 있어 근로자의 경제생활 안정을 해할 염려가 없다는 것이다. 그런데 이 사건처럼 퇴직금 지급으로서 효력을 인정할 수 없는 퇴직금 명목의 금전을 지급하여 그 금액 상당의 부당이득반환이 문제되는 때에는 계산의 착오 등으로 임금이나 퇴직금을 초과 지급한 경우에 해당한다고 볼 수 없을 뿐만 아니라, 그 수액이 정당하게 지급해야 할 퇴직금 수액에 근접할 정도로 다액인 경우가 많아, 근로자의 경제생활 안정이 위협받을 가능성이 많다. 또한 퇴직금 명목의 금전을 부당이득이라고 인정하는 것과 관련하여 당사자 사이에 다툼이 있을 수밖에 없는데, 이러한 경우에도 상계를 허용하여 사용자의 일방적 공제를 인정하게 되면 퇴직금 제도를 두고 있는 본래의 취지를 벗어나 근로자에게 부당하게 불리할 뿐만 아니라, 당초 임금의 지급과 관련하여 상계를 금지한 제도적 취지를 지나치게 형해화할 우려가 있다. 그렇다면 사용자가 근로자에게 이미 퇴직금 명목의 금전을 지급하였으나 그것이 퇴직금 지급으로서 효력이 없어 사용자가 같은 금액 상당의 부당이득반환채권을 가지게 된 경우에는 이를 자동채권으로 하여 근로자의 퇴직금채권과 상계할 수 없다고 해석함이 여러 면에서 보다 합리적이라고 할 것이다."

2. 이 판결[34]에서 퇴직금 분할 약정이 강행법규에 위반되어 무효라는 점에는 대법관들 사이에 견해가 일치되어 있다. 퇴직금의 중간 정산은 구 근로기준법 제34조에 따라 인정되는 경우에 한정된다. 그러나

34) 이 판결에 대한 평석으로는 이동진, "월급에 포함된 퇴직금 지급의 효력과 임금채권 상계제한의 범위," 민사판례연구[33-(상)], 2011, 85면 이하.

두 가지 점에서 별개 및 반대의견이 있다.

(1) 먼저 이미 지급한 퇴직금 명목의 금원이 임금에 해당하는지 여부이다. 다수의견은 이를 부정하였다. 그러나 대법관 김영란, 김능환의 별개 및 반대의견은 퇴직금 분할 약정을 '사용자가 근로자에게 매월 또는 매일 일정한 금원을 지급한다는 것'과 '그 금원의 명목을 퇴직금으로 한다는 것'으로 구분하고, 퇴직금으로 지급한다는 부분만 강행법규 위반으로 무효이고, 사용자가 근로자에게 매월 또는 매일 일정한 금원을 지급한다는 약정은 유효라고 한다.

그러나 위 금원을 임금이라고 해석할 수는 없을 것이다. 퇴직금이라는 명칭으로 금원을 지급하였다면 위 금원을 퇴직금이라고 보는 것이 통상적인 해석방법이다. 물론 임금이라는 명칭을 사용하였는지 여부와 무관하게 사용자가 근로의 대가로 근로자에게 지급한 금품이 임금이다.[35] 그러나 임금이나 퇴직금의 경우와 같이 별도의 규율대상에 해당하는 경우에는 그 명칭에 따라 법적 성질을 결정하는 것이 원칙이다. 또한 이 사건에서 사용자와 근로자 모두 퇴직금을 미리 지급하는 것으로 생각하였을 것이다. 사용자의 입장에서 퇴직금을 나중에 지급하여야 한다면 퇴직금 명목의 금원을 미리 지급하지 않았을 것이다. 물론 퇴직금이 후불적 임금으로서의 성격을 갖고 있지만, 근로기준법은 퇴직금과 임금을 구분하고 있고, 사용자와 근로자도 이를 구분하고 있기 때문에, 퇴직금을 임금 자체라고 할 수는 없다.

(2) 다음으로 상계의 허용여부에 관해서 견해가 대립하고 있다.

㈎ 법 제42조 제1항 본문은 "임금은 통화로 직접 근로자에게 그 전액을 지급하여야 한다."라고 규정하고 있었다. 이는 임금 전액지급의 원칙을 선언한 것이다. 이 규정에서 사용자가 근로자에 대하여 가지는 채권으로써 근로자의 임금채권과 상계를 하지 못한다는 법리가 도출되

35) "임금"이란 사용자가 근로의 대가로 근로자에게 임금, 봉급, 그 밖에 어떠한 명칭으로든지 지급하는 일체의 금품을 말한다. 근로기준법 제2조 제1항 제5호.

고,[36] 이 법리가 임금의 성질을 갖고 있는 퇴직금에도 적용된다. 이러한 결론에는 다수의견과 별개 및 반대의견 사이에 차이가 없다. 이 규정에서 임금을 "통화로" "직접" 근로자에게 그 "전액"을 지급할 것을 정함으로써, 지급수단, 지급방법, 지급액을 명시적으로 정하고 있다. 사용자에 의한 상계는 통화로 지급하는 것이 아니고, 직접 근로자에게 지급하는 것도 아니며, 그 전액을 지급하는 것도 아니다. 따라서 위 규정의 문언에 따르면 사용자에 의한 상계는 허용되지 않는다고 보아야 할 것이다("문언해석"). 이 규정의 입법취지나 목적도 "사용자가 일방적으로 임금을 공제하는 것을 금지하여 근로자에게 임금 전액을 확실하게 지급받게 함으로써 근로자의 경제생활을 위협하는 일이 없도록 그 보호를 도모하려는 것"에 있다고 볼 수 있으므로, 사용자에 의한 상계는 허용되지 않는다("목적론적 해석"). 입법자의 의사도 위와 같은 사용자에 의한 상계를 금지하려고 했을 것으로 보인다. 그렇지 않았더라면 위와 같은 표현을 사용하지 않았을 것이다.[37]

(나) 그런데 다수의견은 계산의 착오 등으로 임금을 초과 지급한 경

36) 대판 2001. 10. 23, 2001다25184(집 49-2, 민 190)는 구 근로기준법 제42조 제1항 본문에서 "임금은 통화로 직접 근로자에게 그 전액을 지급하여야 한다."라고 규정하여 이른바 임금 전액지급의 원칙을 선언하고 있는데, 이 규정에서 사용자가 근로자에 대하여 가지는 채권을 가지고 일방적으로 근로자의 임금채권을 상계하는 것은 금지된다는 결론을 도출하고 있다. 그 근거는 이 규정의 취지가 "사용자가 일방적으로 임금을 공제하는 것을 금지하여 근로자에게 임금 전액을 확실하게 지급 받게 함으로써 근로자의 경제생활을 위협하는 일이 없도록 그 보호를 도모하려는 데 있"기 때문이라고 한다. 그러나 "사용자가 근로자의 동의를 얻어 근로자의 임금채권에 대하여 상계하는 경우에 그 동의가 근로자의 자유로운 의사에 터잡아 이루어진 것이라고 인정할 만한 합리적인 이유가 객관적으로 존재하는 때에는 근로기준법 제42조 제1항 본문에 위반하지 아니한다고 보아야 할 것이고, 다만 임금 전액지급의 원칙의 취지에 비추어 볼 때 그 동의가 근로자의 자유로운 의사에 기한 것이라는 판단은 엄격하고 신중하게 이루어져야 한다."라고 한다.

37) 이러한 해석에 대하여 근로기준법에 사용자가 임금이나 퇴직금채권에 대하여 상계하는 것 자체를 금지하는 규정이 없다는 반론이 있을 수 있다. 그러나 상계를 하는 것이 위 법규정에 정해진 임금직접지급에 관한 위 규정에 해당되지 않는다고 보아야 할 것이다.

우에, 사용자는 위 초과 지급한 임금의 반환청구권을 자동채권으로 하여 근로자의 임금채권이나 퇴직금채권과 상계할 수 있다는 판례법리를 이 사건에 적용한다. 따라서 사용자가 근로자에게 이미 퇴직금 명목의 금원을 지급하였으나 그것이 퇴직금 지급으로서의 효력이 없어 사용자가 같은 금원 상당의 부당이득반환채권을 갖게 된 경우에 이를 자동채권으로 하여 근로자의 퇴직금채권과 상계할 수 있다고 한다. 결국 사용자가 근로자에게 이미 지급한 퇴직금 명목 금원의 반환채권으로 근로자의 퇴직금채권과 상계하는 것은 '근로자의 퇴직으로 인하여 사용자가 지급할 퇴직금액의 정산, 조정 방법의 하나'라는 것이다.

이에 반하여 대법관 양승태, 이홍훈, 양창수의 별개 및 반대의견은 이 사건에는 위와 같은 판례법리가 적용되지 않는다고 한다. 퇴직금 지급으로서 효력을 인정할 수 없는 퇴직금 명목의 금전을 지급하여 그 금액 상당의 부당이득반환이 문제되는 때에는 계산의 착오 등으로 임금이나 퇴직금을 초과 지급한 경우에 해당한다고 볼 수 없고, 그 수액이 정당하게 지급해야 할 퇴직금 수액에 근접할 정도로 다액인 경우가 많아, 근로자의 경제생활 안정이 위협받을 가능성이 많다고 한다.

다수의견은 사용자가 이미 퇴직금 명목으로 지급한 금원 상당의 부당이득반환채권과 근로자의 퇴직금채권을 상계하는 것을 허용하는 이유로 '위 두 채권이 서로 밀접 불가분의 관계에 있다'는 점을 제시한다. 그러나 위 두 채권이 밀접 불가분의 관계에 있는지에 관한 판단은 보는 관점에 따라 달라질 것이다. 사용자가 이미 퇴직금 명목으로 지급한 금액 상당의 부당이득반환채권과 근로자의 퇴직금채권은 발생 시점이나 지급방법이 다르기 때문에, 두 채권이 밀접 불가분의 관계에 있지 않다고 말할 수도 있을 것이다. 계산의 착오로 임금을 초과 지급한 후 근로자의 임금채권이나 퇴직금채권이 발생한 경우에 근로자는 초과 지급한 임금을 반환하고 사용자는 임금이나 퇴직금을 지급하는 대신 간편하게 상계를 허용하더라도 당사자들의 의사나 이익에 크게 배치되지 않는다고 볼 수 있다. 그러나 사용자가 근로자에게 이미 퇴직금 명목의 금원을 지급하였으나 그것이 퇴직금 지급으로서의 효력이 없어 사용자가 같은 금원 상당의 부당이득반환채권을 갖게 된 경우에 사용자에 의한 상계를 허용한다면 상계금지를 규정한 위 법규정의 취지에 반하는 결과를 초래할 수 있다.[38] 다만 근로자가 퇴직금을 조기에 분할 지급받기를 희망하는 경우가 많기 때문에, 다수의견과 같이 해결하는 것이 합리적이라고 생각할 수도 있으나, 사용자는 퇴직금을 지급할 경우에 근로기준법의 관련 규정에 따라 퇴직금을 중간정산하는 절차를 엄격히 따라야 할 것이다. 이 절차가 지나치게 번거로워 따르기 힘들다면 근로기준법의 개정을 통하여 퇴직금 제도를 개선하는 방식으로 문제를 해결하여야 할 것이다.

Ⅶ. 착오송금과 상계

1. 대판 2010. 5. 27, 2007다66088(공 2010, 1219)[39]에서는 착오송금의 경우에 수취은행이 수취인에 대한 대출채권 등을 자동채권으로 예금채권과 상계하는 것이 신의칙 위반 또는 권리남용에 해당하는지 여부가 문제되었다. 원고의 직원인 A가 65,680,000원을 피고 은행에 개설된 B의 예금계좌에 송금하여야 하는데도 착오로 C의 이 사건 예금계좌에 잘못 송금하였다. 이로써 C는 피고 은행에 대하여 65,680,000원 상당의 예금채권을 취득하게 되었지만, 원고가 위 금원의 반환을 요청하고 C도 위 금원의 반환에 대하여 이의가 없다는 취지의 확인서를 피고 은행에 작성·제출하였다. 그런데 피고 은행이 위 착오송금 전에 C

38) 이에 관해서는 위 별개 및 반대의견 참조.

39) 이 판결에 대한 평석으로는 오영준, "송금의뢰인의 착오송금시 수취은행의 수취인에 대한 상계의 가부," BFL 제43호(2010. 9), 82면 이하.

에 대하여 취득한 보증채권을 자동채권으로 하여 위 65,680,000원 상당의 예금채권과 상계하였다. 원심은 원고의 송금에 의하여 C의 이 사건 예금계좌에 65,680,000원이 입금된 것으로 기록됨으로써 C의 피고 은행에 대한 예금채권이 성립되었고, 그 후 C의 이 사건 예금계좌에 대한 입금취소처리가 없었으므로 피고 은행의 위와 같은 상계가 권리남용에 해당한다고 보기 어렵다고 판단하였다. 그러나 대법원은 다음과 같은 이유로 원심판결을 파기환송하였다.

"예금거래기본약관에 따라 송금의뢰인이 수취인의 예금계좌에 자금이체를 하여 예금원장에 입금의 기록이 된 때에는 특별한 사정이 없는 한 송금의뢰인과 수취인 사이에 자금이체의 원인인 법률관계가 존재하는지 여부에 관계없이 수취인과 수취은행 사이에는 위 입금액 상당의 예금계약이 성립하고, 수취인이 수취은행에 대하여 위 입금액 상당의 예금채권을 취득하고(대법원 2007. 11. 29. 선고 2007다51239 판결 등 참조), 수취은행은 원칙적으로 수취인의 계좌에 입금된 금원이 송금의뢰인의 착오로 자금이체의 원인관계 없이 입금된 것인지 여부에 관하여 조사할 의무가 없으며, 수취은행이 수취인에 대한 대출채권 등을 자동채권으로 하여 수취인의 계좌에 입금된 금원 상당의 예금채권과 상계하는 것은 신의칙 위반이나 권리남용에 해당한다는 등의 특별한 사정이 없는 한 유효하다.

그런데 송금의뢰인이 착오송금임을 이유로 거래은행을 통하여 혹은 수취은행에 직접 송금액의 반환을 요청하고 수취인도 송금의뢰인의 착오송금에 의하여 수취인의 계좌에 금원이 입금된 사실을 인정하고 수취은행에 그 반환을 승낙하고 있는 경우에는, [중략] 위와 같은 경우 수취은행이 수취인에 대한 대출채권 등을 자동채권으로 하여 수취인의 계좌에 착오로 입금된 금원 상당의 예금채권과 상계하는 것은, 수취은행이 선의인 상태에서 수취인의 예금채권을 담보로 대출을 하여 그 자동채권을 취득한 것이라거나 그 예금채권이 이미 제 3 자에 의하여 압류되었다는 등의 특별한 사정이 없는 한, 공공성을 지닌 자금이체시스템의 운영자가 그 이용자인 송금의뢰인의 실수를 기화로 그의 희생하에 당초 기대하지 않았던 채권회수의 이익을 취하는 행위로서 상계제도의 목적이나 기능을 일탈하고 법적으로 보호받을 만한 가치가 없으므로, 송금의뢰인에 대한 관계에서 신의칙에 반하거나 상계에 관한 권리를 남용하는 것이다."

2. 종래 대법원 판결 중에는 상계의 요건을 갖추었다고 보이는데도 상계권 남용을 이유로 상계를 허용하지 않는 경우가 있었다. 가령 대판 1989. 1. 31, 87다카800(집 37-1, 민 20)은 "별단예금 채권을 압류한 당해 어음채권자에 대한 관계에 있어서 그 예금을 수동채권으로 하는 은행의 상계는 상계에 관한 권리를 남용하는 것이 되어 그 효력을 인정할 수 없다."라고 하였다. 특히 대판 2003. 4. 11, 2002다59481(집 51-1, 민 144)은 "당사자가 상계의 대상이 되는 채권이나 채무를 취득하게 된 목적과 경위, 상계권을 행사함에 이른 구체적·개별적 사정에 비추어, 그것이 위와 같은 상계 제도의 목적이나 기능을 일탈하고, 법적으로 보호받을 만한 가치가 없는 경우에는, 그 상계권의 행사는 신의칙에 반하거나 상계에 관한 권리를 남용하는 것으로서 허용되지 않는다고 함이 상당하고, 상계권 행사를 제한하는 위와 같은 근거에 비추어 볼 때 일반적인 권리 남용의 경우에 요구되는 주관적 요건을 필요로 하는 것은 아니라고 할 것이다."라고 함으로써, 상계권의 행사가 신의칙에 반하거나 상계에 관한 권리남용에 해당하기 위한 요건에 관하여 일반적인 기준을 제시하였다.

3. 송금의뢰인이 착오로 자금이체의 원인관계 없이 수취인의 계좌에 금원을 입금한 경우, 수취인은 그 금원 상당의 예금채권을 취득한다.[40] 이 경우 수취인은 송금의뢰인에게 그 입금액 상당을 부당이득으로서 반환할 의무를 부담한다.[41] 그런데 수취은행이 수취인에 대한 대

40) 대판 2006. 3. 24, 2005다59673.

41) 대판 2007. 11. 29, 2007다51239(집 55-2, 민 360)는 "송금의뢰인과 수취인 사이에 계좌이체의 원인이 되는 법률관계가 존재하지 않음에도 불구하고, 계좌이체에 의하여 수취인이 계좌이체금액 상당의 예금채권을 취득한 경우에는, 송금의뢰인은 수취인에 대하여 위 금액 상당의 부당이득반환청구권을 가지게 되지만, 수취은행은 이익을 얻은 것이 없으므로 수취은행에 대하여는 부당이득반환

출채권 등을 자동채권으로 하여 수취인의 위 예금채권과 상계하는 것(이하 편의상 '수취은행에 의한 상계'라고 한다)이 유효한지 문제된다. 위 대법원 2010. 5. 27. 판결은 이 문제에 대하여 다음과 같은 세 단계의 기준을 제시하였다.

① 원칙적으로 위와 같은 상계가 허용된다.
② 예외적으로 위와 같은 상계가 송금의뢰인에 대한 관계에서 신의칙 위반 내지 권리남용에 해당한다. 송금의뢰인이 착오송금임을 이유로 수취은행에 그 송금액의 반환을 요청하고 수취인도 착오송금임을 인정하여 수취은행에 그 반환을 승낙하고 있는 경우가 이에 해당한다.
③ 위 ②에 대한 예외로서, 수취은행이 선의인 상태에서 수취인의 예금채권을 담보로 대출을 하여 그 자동채권을 취득한 것이라거나 그 예금채권이 이미 제3자에 의하여 압류되었다는 등의 특별한 사정이 있는 경우에는 그와 같은 상계가 신의칙 위반 내지 권리남용에 해당하지 않는다.

송금의뢰인이 착오로 자금이체의 원인관계 없이 수취인의 계좌에 금원을 입금한 경우에 위 금원이 송금의뢰인에게 반환되어야 한다. 수취은행이 수취인에 대한 대출채권 등을 자동채권으로 하여 수취인의 위 예금채권과 상계한다면 수취은행은 상계에 의한 채권회수라는 망외의 이득을 얻게 될 수 있다. 이와 같은 상황에서 송금의뢰인이 착오송금임을 이유로 거래은행을 통하여 혹은 수취은행에 직접 송금액의 반환을 요청하고 수취인도 송금의뢰인의 착오송금에 의하여 수취인의 계좌에 금원이 입금된 사실을 인정하고 수취은행에 그 반환을 승낙하고 있다면 수취은행을 보호할 필요성이 없다. 따라서 이와 같은 경우에는 수취은행에 의한 상계를 신의칙 위반 또는 권리남용에 해당한다고 볼 수 있다.[42]

청구권을 취득하지 아니하는 것이다."라고 하였다.

42) 그러나 이와 같은 특별히 예외적인 사정이 없는 한 원칙적으로 상계를 허용하여야 할 것이다.

한편, 상계권 남용의 경우에 권리남용의 경우와 같은 주관적 요건이 필요한지 문제되는데, 이 판결에서도 상계권 남용에 관한 기존의 판례와 마찬가지로 주관적 요건을 요구하지 않고 있다.

Ⅷ. 불법원인급여에 관한 사후적인 반환약정의 효력

1. 대판 2010. 5. 27, 2009다12580(공 2010, 1228)에서는 불법원인급여 후 급부를 이행받은 자가 별도의 약정으로 급부 그 자체 또는 그에 갈음한 대가물을 반환하기로 하는 특약을 한 경우에 그 효력이 문제되었다. 사실관계가 복잡한데, 이와 관련된 부분은 다음과 같다. 피고가 원고로부터 2000년과 2002년 네 차례에 걸쳐 합계 32억 원을 받았는데, 그 중 2000년 수수한 합계 20억 원은 정치자금이고 2002. 3.경 수수한 12억 원은 구권화폐 교환자금으로 차용한 것이다. 원심은, 피고가 2000년과 2002년 네 차례에 걸쳐 수수한 합계 32억 원 전부에 관하여 사후적으로 구권화폐 교환자금 명목이었음을 인정하였으므로 위 20억 원의 성격도 구권화폐 교환자금으로 변경되었다고 판단한 다음, 피고가 구권화폐 교환이라는 목적의 달성이 불가능해 짐에 따라 더 이상 위 금원을 보유할 수 없게 되자 어쩔 수 없이 반환약정을 하게 된 것이므로, 결국 위 반환약정에 기한 청구 역시 불법원인급여물의 반환을 구하는 것으로 봄이 상당하다고 판결하였다. 그러나 대법원은 다음과 같은 이유로 원심판결의 원고 패소 부분 중 20억 원 및 이에 대한 지연손해금 부분을 파기환송하였다.

> "불법원인급여 후 급부를 이행받은 자가 급부의 원인행위와 별도의 약정으로 급부 그 자체 또는 그에 갈음한 대가물의 반환을 특약하는 것은 불법원인급여를 한 자가 그 부당이득의 반환을 청구하는 경우와는 달리

그 반환약정 자체가 사회질서에 반하여 무효가 되지 않는 한 유효하다고 할 것이고, 여기서 반환약정 자체의 무효 여부는 반환약정 그 자체의 목적뿐만 아니라 당초의 불법원인급여가 이루어진 경위, 쌍방당사자의 불법성의 정도, 반환약정의 체결과정 등 민법 제103조 위반 여부를 판단하기 위한 제반 요소를 종합적으로 고려하여 결정하여야 하고, 한편 반환약정이 사회질서에 반하여 무효라는 점은 수익자가 이를 입증하여야 한다."

이 사건에서 피고가 2000년 수수한 정치자금 20억 원은 정치자금이라고 봄이 상당하고, 나아가 피고가 위법하게 수수한 정치자금이 문제될 수 있다는 점 등을 우려하여 이를 반환하기로 한 약정 자체가 사회질서에 반하여 무효라는 점에 관하여는 아무런 주장·증명이 없으므로, 피고는 원고에게 정치자금 20억 원의 반환약정에 따른 금원을 지급할 의무가 있다고 한다.

2. 대법원은 종전에 불법원인급여를 한 이후에 그 대가의 반환약정을 한 경우에 그 약정을 무효라고 하였다. 즉, 대판 1995. 7. 14, 94다51994(공 1995, 2799)는 "당사자의 일방이 상대방에게 공무원의 직무에 관한 사항에 관하여 특별한 청탁을 하게 하고 그에 대한 보수로 돈을 지급할 것을 내용으로 한 약정은 사회질서에 반하는 무효의 계약이라 할 것이고[인용 판결 생략], 따라서 민법 제746조에 의하여 그 대가의 반환을 청구할 수 없으며, 나아가 그 돈을 반환하여 주기로 한 약정도 결국 불법원인급여물의 반환을 구하는 범주에 속하는 것으로서 무효이고[인용 판결 생략], 그 반환약정에 기하여 약속어음을 발행하였다 하더라도 채권자는 그 이행을 청구할 수 없다."라고 하였다.

대법원은 이와 같은 판단을 하면서 대판 1991. 3. 22, 91다520(집 39-1, 민 290)을 인용하고 있다. 이 판결은 원고가 피고에게 운송사업면허취득에 관한 청탁 교제비 조로 2억원을 교부한 것이 불법원인급여에 해당한다고 보고, "원고가 위 망인에게 위 금원을 교부할 당시에 채권자가 위 면허를 취득하지 못하게 될 경우 원고에게 위 금원을 반환하여 주기로 약정하였는데, 그 후 위 면허를 취득하지 못하게 되었다 하더라도 이와 같은 약정은 결국 불법원인급여물의 반환을 구하는 범주에 속하는 약정이라 할 것이며 이는 사회질서에 반하는 법률행위로서 무효"라고 한 것이다. 이 판결에서는 불법원인급여를 할 당시 반환약정을 한 것이 사회질서에 반하는 법률행위로서 무효인지 여부에 관해서 판단을 한 것이다. 그런데 위 대법원 1995. 7. 14. 판결은 불법원인급여를 할 당시에 반환약정을 한 경우와 그 후에 반환약정을 한 경우를 구분하지 않고 모두 사회질서에 반하는 법률행위로서 무효로 본 것이다.

이에 대해서는 불법원인급여가 있은 후의 반환약정을 반환청구를 위한 새로운 보호근거로 볼 수 있고, 사후의 임의반환약정은 그 자체가 민법 제103조 또는 제104조 위반으로서 무효가 아닌 한 유효라는 견해가 있었다.[43]

3. 불법원인급여 당시의 반환약정, 가령 불법적인 청탁과 함께 금전을 교부하면서 청탁이 실패할 경우에는 이를 반환하기로 하는 약정은 당연히 무효라고 보아야 할 것이다. 이와 같은 약정은 "불법원인급여물의 반환을 구하는 범주에 속하는 것"이라고 볼 수 있다. 그러나 불법원인급여가 있은 후에 임의로 반환약정을 한 경우에는 불법원인급여 당시의 반환약정과 동일하게 볼 수 없다. 이와 같은 반환약정을 일률적으로 무효라고 볼 필요도 없다. 따라서 위 대법원 2010. 5. 27. 판결이 이와 같은 반환약정을 원칙적으로 유효라고 보고, 반환약정 자체의 무효 여부는 반환약정 그 자체의 목적, 당초의 불법원인급여가 이루어진 경위, 쌍방당사자의 불법성의 정도, 반환약정의 체결과정 등 여러 요소를 고려하여 판단하여야 한다고 한 것은 정당하다. 다만 종래의 판결과의 관계를 정리했더라면 더 좋았을 것이라고 생각된다.

---

43) 엄동섭, "불법원인급여의 임의반환약정," 민사판례연구 제19집(1997), 248면.

Ⅸ. 위법행위에 대한 금지청구권

1. 대결 2010. 8. 25, 2008마1541(공 2010, 1855)은 불법행위에 해당하는 경우에 금지 또는 예방청구권을 인정하였다. 사안은 다음과 같다. 채권자[44](엔에이치엔 주식회사)는 장기간 동안 상당한 노력과 투자에 의하여 정보검색, 커뮤니티, 오락 등의 다양한 서비스를 제공하는 국내 최대의 인터넷 포털사이트인 '네이버'(그 도메인 이름은 www.naver.com이고, 이하 '네이버'라 한다)를 구축하여 인터넷 사용자들로 하여금 위 서비스 이용 등을 위하여 네이버를 방문하도록 하고, 이와 같이 확보한 방문객에게 배너광고를 노출시키거나 우선순위 검색결과 도출서비스를 제공하는 방법 등으로 광고영업을 해 오고 있다. 채무자(네오콘소프트 주식회사)가 제공한 이 사건 프로그램을 설치한 인터넷 사용자들이 네이버를 방문하면 그 화면에 채권자의 광고 대신 같은 크기의 채무자의 배너광고가 나타나거나(이른바 '대체광고 방식'), 화면의 여백에 채무자의 배너광고가 나타나거나(이른바 '여백광고 방식'), 검색창에 키워드를 입력하면 검색결과 화면의 최상단에 위치한 검색창과 채권자의 키워드광고 사이에 채무자의 키워드광고가 나타나는(이른바 '키워드삽입광고 방식') 등으로, 채무자의 광고가 대체 혹은 삽입된 형태로 나타난다. 채권자는 채무자를 상대로 위와 같은 광고 등의 금지를 구하는 가처분신청을 하였다. 원심은 "이러한 신청인의 광고 방식은 결국 신청인의 인터넷 포털사이트의 신용과 고객흡인력을 자신의 영업을 위하여 무단으로 이용하고 신청인이 장기간의 노력과 투자에 의하여 구축한 저명한 인터넷

44) 이 사건은 임시의 지위를 정하는 가처분인데, 당사자를 채권자와 채무자로 표시하고 있다. 일반적으로 가압류나 가처분의 경우에 당사자를 채권자, 채무자로 표시하고 있는데, 임시의 지위를 정하는 가처분의 경우에는 채권자와 채무자로 기재하는 경우도 있고, 신청인과 피신청인으로 기재하는 경우도 있다. 그러나 임시의 지위를 정하는 가처분의 경우에는 당사자를 신청인과 피신청인으로 기재하는 것이 바람직할 것이다.

포털사이트라는 콘텐츠에 무임승차하려는 것으로 공정한 경쟁질서 내지 상거래 질서에 위반하는 행위라 할 것이고, 이로 인하여 신청인의 광고에 관한 영업상의 이익을 침해할 위험이 크다고 할 것이므로 이는 신청인의 인터넷 사이트에 관한 업무를 방해하는 부정경쟁행위로서 불법행위에 해당한다고 보아야 할 것"이라고 하면서 신청인의 신청 중에서 광고 등의 금지를 구하는 부분을 인용하였다.[45] 대법원도 다음과 같은 이유로 원심결정을 지지하였다.[46]

(1) 경쟁자가 상당한 노력과 투자에 의하여 구축한 성과물을 상도덕이나 공정한 경쟁질서에 반하여 자신의 영업을 위하여 무단으로 이용함으로써 경쟁자의 노력과 투자에 편승하여 부당하게 이익을 얻고 경쟁자의 법률상 보호할 가치가 있는 이익을 침해하는 행위는 부정한 경쟁행위로서 민법상 불법행위에 해당하는바, 위와 같은 무단이용 상태가 계속되어 금전배상을 명하는 것만으로는 피해자 구제의 실효성을 기대하기 어렵고 무단이용의 금지로 인하여 보호되는 피해자의 이익과 그로 인한 가해자의 불이익을 비교·교량할 때 피해자의 이익이 더 큰 경우에는 그 행위의 금지 또는 예방을 청구할 수 있다고 할 것이다.

(2) 채권자의 네이버를 통한 이러한 광고영업의 이익은 법률상 보호할 가치가 있는 이익이다. 그런데 채무자의 이러한 광고는 위와 같이 인터넷 사용자들이 네이버에서 제공하는 서비스 등을 이용하기 위하여 네이버를 방문할 때 나타나는 것이므로, 이는 결국 네이버가 가지는 신용과 고객흡인력을 무단으로 이용하는 셈이 된다. 뿐만 아니라 그 광고방식도 채권자가 제공하는 광고를 모두 사라지게 하거나(대체광고 방식) 채권자가 제공하는 검색결과의 순위를 뒤로 밀리게 하는(키워드삽입광고 방식) 등의 방법을 사용함으로써 채권자의 영업을 방해하면서 채권자가 얻어야 할 광고영업의 이익을 무단으로 가로채는 것이다. 채무자의 위와 같은 광고행위는 인터넷을 이용한 광고영업 분야에서 서로 경쟁자의 관

45) 서울고결 2008. 9. 23, 2008라618. 이 결정을 소개한 것으로는 백강진, "인터넷 포털을 대상으로 한 대체광고 등 서비스의 적법성 여부," Law & technology 제 4 권 제 5 호(2008. 11), 90면 이하.

46) 결정문의 원문과 동일한 것은 아니고 요약하여 정리한 부분이 있다.

계에 있는 채권자가 상당한 노력과 투자에 의하여 구축한 네이버를 상도덕이나 공정한 경쟁질서에 반하여 자신의 영업을 위하여 무단으로 이용함으로써, 채권자의 노력과 투자에 편승하여 부당하게 이익을 얻는 한편, 앞서 본 바와 같이 법률상 보호할 가치가 있는 이익인 네이버를 통한 채권자의 광고영업 이익을 침해하는 부정한 경쟁행위로서 민법상 불법행위에 해당한다고 할 것이다.

(3) 채무자의 위와 같은 광고행위가 일회적인 것이 아니라 이 사건 프로그램을 설치한 인터넷 사용자들이 네이버에 접속할 때마다 계속적으로 반복되는 것이다. 나아가 이 사건 프로그램에 의한 광고행위의 성질상 채권자가 인터넷 사용자들의 이 사건 프로그램의 설치현황 및 그로 인한 네이버에서의 채무자의 광고현황 등을 일일이 파악하여 대응하기가 매우 곤란할 것으로 보이는 점과 채무자의 광고내용에 따라서는 채권자의 신용, 명성 등 무형적인 가치까지도 손상시킬 수 있을 것으로 보이는 점 등을 고려할 때 채무자에게 금전배상을 명하는 것만으로는 채권자 구제의 실효성을 기대하기 어렵다고 할 것이다. 나아가 채무자의 이 사건 프로그램에 의한 네이버에서의 광고행위를 그대로 방치하는 경우 결국 네이버에서의 광고영업을 그 수익모델로 삼고 있는 채권자 회사의 존립 자체를 위협할 수 있다는 점에서 채무자의 위와 같은 광고행위를 금지함으로써 보호되는 채권자의 이익이 그로 인한 채무자의 영업의 자유에 대한 손실보다 더 크다고 할 것이다. 따라서 채권자는 채무자에 대하여, 네이버에 접속한 인터넷 사용자들의 모니터에서 이 사건 프로그램을 이용한 광고행위를 하는 것의 금지 또는 예방을 청구할 수 있다고 봄이 상당하다.

2. 소유권 등 물권에 기해서 방해의 제거 또는 예방을 청구할 수 있다는 점은 민법에서 명문으로 인정하고 있다(제214조 등). 저작권법 등 개별 법률에서 금지청구권을 인정하는 경우도 점차 늘어나고 있다. 가령 저작권법 제123조, 부정경쟁방지 및 영업비밀보호에 관한 법률(이하 '부정경쟁방지법'이라 한다) 제 4 조, 제10조 등을 들 수 있다. 인격권의 경우에는 법률에 근거규정이 없는 상태에서도 판례가 금지청구권을 인정하였다. 그 이유로 명예나 신용 등 인격권은 그 성질상 일단 침해된

후의 구제수단(금전배상이나 명예회복 처분 등)만으로는 그 피해의 완전한 회복이 어렵고 손해전보의 실효성을 기대하기 어렵다는 점을 들었다.47)

여기에서 나아가 채권 그 밖의 권리나 이익을 방해하는 경우에도 그 방해의 제거나 예방을 청구할 수 있는지 문제된다. 현행 민법이 시행되기 전에 채권에 기한 방해배제가 허용된다고 한 대법원 판결이 있다.48)

> "채권은 특정인에 대하여 특정행위를 청구하는 권리임으로 채권자는 채무자에 대하여서만 권리의 목적인 행위를 청구할 수 있고 제 3 자에 대하여 이를 청구하지 못할 것은 물론 제 3 자도 이에 응할 의무 없는 것이다. 그리고 채권은 소위 상대권으로 동일 채무자에 대하여 동일행위를 목적하는 수개의 채권이 동시에 성립할 수 있고 또 양자는 채권평등원칙에 따라 각별히 그 권리를 행사할 수 있는 것이나, 채권도 법률이 보호하는 권리인 이상 일반인은 이를 존중하여야 하며 정당한 이유 없이는 이를 침해치 못할 법률상 의무가 있다 할 것이며 만일 정당한 이유 없이 이를 침해한 때에는 채권자에 대한 불법행위가 성립되어 채권자는 그 제 3 자에 대하여 이로 인한 손해의 배상을 청구할 수 있고 또 정당한 이유 없는 제 3 자의 행위로 인하여 채무의 이행이 방해될 우려가 있을 때에는 그 제 3 자에 대하여 방해행위의 배제를 청구할 수 있을 것이다."

현행 민법 시행 이후 법원의 실무는 제 3 자에 의한 채권침해에 대하여 방해배제청구권을 부정하였다.49) 가처분 등 보전처분을 신청하려면 피보전권리가 있어야 하는데, 채권에 기하여 제 3 자에 대해서 금지청구권을 행사할 수 없다는 것이다. 가령 대판 2001. 5. 8, 99다38699(집 49-1, 민 319)는 "원고가 도로공사에 대하여 기흥주유소에 원고의 상표를 표시하고 원고의 석유제품을 공급할 권리가 있다 하더라도 이는 채

47) 대판 1996. 4. 12, 93다40614(공 1996, 1486); 대판 1997. 10. 24, 96다17851(공 1997, 3574).

48) 대판 1953. 2. 21, 4285민상129(집 1-6, 민 1).

49) 權誠 외 5인, 假處分의 硏究, 박영사, 1994, 52면.

권적 권리에 불과하여 대세적인 효력이 없으므로 피고가 기흥주유소에 현대정유의 상호와 상표를 표시하고 그 석유제품을 공급받음으로써 원고의 위 권리가 사실상 침해되었다는 사정만으로 곧 제3자인 피고에게 현대정유와 관련된 시설의 철거나 상호·상표 등의 말소 및 판매금지 등을 구할 수는 없다."라고 판단하였다. 채권에는 물권과는 달리 배타적 효력이 없기 때문에, 채권의 효력으로서 방해배제를 청구할 수 없다는 것이 우리나라의 실무라고 할 수 있었다.

그러나 제3자에 의한 채권침해가 임박한 경우에 그 금지청구를 허용하는 것이 손해배상이라는 사후적인 구제수단보다 효율적이라고 할 수 있다. 따라서 제3자가 채권을 침해하려고 하고 있고, 이를 방치한다면 회복할 수 없는 손해를 입을 우려가 있는 경우에는 금지청구를 허용해야 할 필요성이 있다. 학설에서도 제3자에 의한 채권침해의 경우에 금지청구권을 인정할 것인지에 관하여 논란이 계속되었다.50) 필자는 제3자에 의한 채권침해와 관련하여 다음과 같이 주장한 바 있다.

> "결론적으로 제3자에 의한 채권침해의 우려가 급박한 경우에는 예외적으로 방해예방 또는 금지청구를 인정하여야 한다고 생각한다. 손해가 발생할 가능성이 명백한데도 손해발생을 억제하기 위한 아무런 조치를 취하지 못하고 나중에 손해의 발생을 기다렸다가 그 배상만을 청구할 수 있도록 하는 것은 받아들이기 힘든 결론이다. 제3자에 의한 채권침해의 경우에 방해예방 또는 금지청구권을 인정한다면 물권과 채권을 준별하는 태도에 배치된다는 비판이 있을 수 있다. 그러나 물권에 기한 방해예방청구권도 물권의 절대성이나 배타성에서 선험적으로 도출된 것이라기보다는 물권에 대한 불법적인 방해를 사전적으로 예방하는 것이 합리적이라

50) 채권침해의 경우 방해배제청구권의 인정여부에 관하여 견해가 대립하고 있고, 이를 인정하는 견해는 다시 물권과 유사하게 방해배제청구권을 넓게 인정하여야 할 것인지, 아니면 부동산임차권 등에 한정하여 이를 인정할 것인지 여부를 둘러싸고 견해가 대립하고 있다. 이에 관해서는 金容漢, 債權法總論, 박영사, 1983, 117-118면; 金曾漢·金學東(주 28), 72면; 金亨培(주 28), 334-340면; 玄勝鍾, 債權總論, 일신사, 1979, 104면; 民法注解(IX), 61-63면 참조.

는 점에서 그 실질적인 이유를 찾을 수 있다. 이를 설명하는 것이 물권의 배제 권능이라는 매개개념이다. 채권의 경우에는 일반적으로 배제 권능을 인정할 수는 없다고 하더라도 채권에 대한 방해가 임박한 것이 명백한 경우에는 그 방해를 예방할 필요가 있다. 따라서 제 3 자가 계약의 실현을 방해하거나 계약 자체를 파기하도록 유도함으로써 회복할 수 없는 손해를 입힐 우려가 있는 경우에는 그 방해예방 또는 금지청구를 할 수 있다고 보아야 한다. 또한 부정경쟁이나 부당한 광고 등이 문제되는 경우에는 부정경쟁방지법 제 4 조나 표시광고의 공정화에 관한 법률 제 3 조의 규정을 적용 또는 유추적용하여 금지청구권을 도출할 수 있다."[51]

한편, 불법행위에 대한 구제수단으로 금지청구권을 인정할 것인지 문제된다. 독일에서는 채무불이행이나 불법행위로 인한 손해배상은 원상회복이 원칙이고(제249조 제 1 항), 불법행위의 경우에 물권적 청구권에 관한 규정 등 여러 법률 규정을 유추적용하여 부작위청구권을 인정하고 있다.[52] 미국에서는 불법행위를 막기 위하여 형평법상의 금지명령이 이용되는데, 반복적으로 손해가 발생할 우려가 있는 등 일정한 요건을 갖추어야 한다.[53] 우리 민법에서는 불법행위에 대한 구제수단으로 금지청구를 인정하는 규정이 없다. 그러나 입법론으로 불법행위의 구제수단으로 방해예방 또는 금지청구권을 도입하여야 한다는 주장이 있다.[54] 해석론으로 불법행위에 대한 구제수단으로 금지청구권을 인정해야 한다는 주장도 있다.[55] 우리 민법상 불법행위의 효과는 손해배상인데, 이는 손해를 사후적으로 배상하는 것에 불과하여 미리 불법행위를 막는 데는 한계가 있다. 그리하여 불법행위를 미리 막기 위하여 금

51) 金載亨, "제 3 자에 의한 채권침해," 民法論 Ⅲ, 박영사, 2007, 431면.
52) Larenz/Canaris, Lehrbuch des Schuldrechts Ⅱ/2, 13. Aufl., 1994, § 86 I 1, § 86 Ⅶ; MünchKomm/Wagner (5. Aufl., 2009), Vor § 823, Rn. 35.
53) 가령 Prosser & Keeton on Torts, 5th ed., 1984, p. 1002.
54) 梁彰洙, "損害賠償의 範圍와 方法," 民法散考, 1998, 256면.
55) 권영준, "불법행위와 금지청구권," Law & technology 제 4 권 제 2 호(2008), 55면 이하.

지청구권을 인정할 필요가 있을 것이다.

3. 위 대법원 2010. 8. 25. 결정은 물권 등 소유권이 침해되지 않았는데도 부정한 경쟁행위에 대하여 금지청구권을 인정하였다는 점에서 선례로서 매우 중요한 의미가 있다.[56] 물론 부정경쟁방지법에서 일정한 부정경쟁행위에 대하여 금지청구권을 인정하고 있으나, 대법원은 이 사건이 부정경쟁방지법상의 부정경쟁행위에 해당하는 것은 아니고 다만 민법상 불법행위를 구성할 수 있는 사안으로 보았다. 이 사건에서 신청인의 이익은 법률상 보호할 이익에 해당하고 이에 대한 침해가 위법하다고 볼 수 있기 때문에 피신청인의 행위는 민법상 불법행위에 해당한다. 또한 신청인의 이익을 보호하기 위해서 피신청인의 무단이용행위를 금지할 필요성도 충분하다. 따라서 이 결정의 결론을 지지할 수 있다.

그런데 이 판결이 제시하는 금지청구권의 요건에 관해서 생각해 볼 필요가 있다. 먼저 판결의 논리는 대체로 다음과 같이 정식화할 수 있다.

첫째, 법률상 보호할 가치가 있는 이익이 있을 것. 이 사건에서 채권자의 네이버를 통한 광고영업의 이익을 법률상 보호할 가치가 있는 이익으로 보았는데, 채권자가 상당한 노력과 투자에 의하여 구축한 성과물에 해당하기 때문이다.

둘째, 부정한 경쟁행위가 있을 것. 채무자가 상도덕이나 공정한 경쟁질서에 반하여 자신의 영업을 위하여 무단으로 이용함으로써 경쟁자의 노력과 투자에 편승하여 부당하게 이익을 얻고 경쟁자의 법률상 보호할 가치가 있는 이익을 침해한 경우에 부정한 경쟁행위가 있다고 볼 수 있다.

셋째, 부정한 경쟁행위가 계속되어 금전배상을 명하는 것만으로는

56) 이 판결에 대한 평석으로는 김상중, "불법행위의 사전적 구제수단으로서 금지청구권의 소고," 비교사법 제17권 4호(2010), 141면 이하; 김병일, "인터넷 웹페이지에서의 광고의 삽입·차단 등을 둘러싼 법적 문제," 사법 제16호(2011), 45면 이하.

피해자 구제의 실효성을 기대하기 어렵고, 무단이용의 금지로 인하여 보호되는 피해자의 이익이 그로 인한 가해자의 불이익보다 클 것. 이 사건에서는 채무자의 위와 같은 광고행위가 계속적으로 반복된다는 점, 채권자가 대응하기가 매우 곤란하다는 점, 채무자의 광고내용에 따라서는 채권자의 신용, 명성 등 무형적인 가치까지도 손상시킬 수 있을 것으로 보이는 점 등을 고려하여 채무자에게 금전배상을 명하는 것만으로는 채권자 구제의 실효성을 기대하기 어렵다고 보았다. 나아가 채무자의 이 사건 프로그램에 의한 네이버에서의 광고행위를 그대로 방치하는 경우 결국 네이버에서의 광고영업을 그 수익모델로 삼고 있는 채권자 회사의 존립 자체를 위협할 수 있다는 점에서 채무자의 위와 같은 광고행위를 금지함으로써 보호되는 채권자의 이익이 그로 인한 채무자의 영업의 자유에 대한 손실보다 더 크다고 하였다.

첫 번째와 두 번째 요건을 갖추면 불법행위가 성립한다. 이 판결은 위 두 요건에 이어서 세 번째 요건을 갖추면 금지청구권이 발생한다는 논리구성을 하고 있다고 볼 수 있다. 그러나 첫 번째 요건과 두 번째 요건을 갖추지 못한 경우에 금지청구권이 발생하지 않는다고 판결한 것은 아니다.

위 세 가지 요건을 모두 갖춘 경우에 불법행위도 성립하고 금지청구권도 발생할 것이다. 그러나 불법행위의 요건을 갖추지 못한 상태에서도 금지청구권이 인정될 수 있다고 생각한다. 이를 물권적 청구권과 비교하여 설명해 보고자 한다.

물권적 청구권은 불법행위와 직접적인 관련은 없다. 불법행위에서 일반적으로 요구되는 고의나 과실은 물권적 청구권의 요건이 아니다(제213조, 제214조). 또한 불법행위로 인한 손해배상은 손해가 발생한 경우에 이를 배상하는 것이지만, 불법행위가 성립하기 전이라도 물권에 대한 방해가 발생하거나 발생할 우려가 있으면 물권적 청구권이 성립할 수 있다(제214조 등). 이와 마찬가지로 위법행위에 대한 금지청구권은 불법행위의 요건, 특히 고의 또는 과실, 손해의 발생과 같은 요건을 갖추지 않은 경우에도 인정될 수 있다고 보아야 한다. 즉, 불법행위에 기한 손해배상청구권이 발생하기 전이라고 하더라도 위법행위에 대하여 금지청구권이 인정될 수 있고, 이 사건 가처분의 피보전권리도 불법행위에 기한 손해배상청구권이 아니라 위법행위에 대한 금지청구권이라고 보아야 한다. 따라서 금지청구권을 도출하는 근거로 불법행위를 드는 것은 부적절하고, 위법행위에 대하여 물권적 청구권에 관한 규정 등을 유추적용하여 금지청구권을 인정하야야 할 것이다. 가령 특허권 침해와 유사한 경우에는 특허법상의 관련 규정을 유추적용할 수도 있고, 부정경쟁행위와 유사한 위법행위라면 부정경쟁방지법을 유추적용하여 금지청구권을 인정할 수도 있을 것이다.

X. 宗立學校[57]의 종교교육과 불법행위

1. 대판(전) 2010. 4. 22, 2008다38288(공 2010, 897)은 유명한 강의석 사건[58]에 대한 판결이다.

원고는 학교 강제배정에 따라 피고 대광학원이 기독교 정신을 건학이념으로 하여 설립·운영하는 대광고등학교에 입학하였으나 평소 종교를 가지지 않았던 학생이었다. 대광고등학교에서는 수업이 있는 매일 아침에 담임교사의 입회 아래 5분 정도 찬송과 기도 등을 실시하는 경건회 시간을 가졌고, 매주 수요일 정규 교과시간에 강당 등에서 1시간 가량 찬송과 목사의 설교, 기도 등을 하는 수요예배를 진행하였는데 원고는 입학 이후부터 위 경건회 시간 및 수요예배에 참석하였다. 위 학교는 학생들에게 매년 3박 4일에 걸쳐 합숙하면서 각종 기도와 성경

57) 종교단체가 설립한 학교를 말한다.

58) 판례공보에 '종립 사립고교 종교교육 사건'이라는 명칭이 붙여 있다.

읽기 등을 하는 생활관 교육을 받게 하였고, 부활절에는 정규 교과시간에 부활절 예배를 진행하였으며 그로부터 3일간 정규수업시간 일부로 심령수양회라는 시간을 편성하여 설교 및 기도 등을 진행하였다. 또한 매년 반별 성가대회를 개최하였고 추수감사절에도 정규수업 대신 감사예배를 진행하였으며 성탄절에는 학생들을 교회에 출석하도록 하였다.

원고는 2003년에 위 생활관 교육, 부활절 예배, 성가대회, 추수감사절 예배에 참석하였고 성탄절에는 교회로 출석한 사실, 대광고등학교는 위와 같은 종교행사를 거행함에 있어 원고를 포함한 학생들에게 자율적 참여를 보장하지 않고 동의를 구하지도 않은 채 학생들이 경건회시간에 참석하지 아니하면 지각으로 처리하고 주의를 주기도 하였으며 수요예배가 있을 때에는 교사들이 학급을 돌아다니며 참석하지 않는 학생이 있는지 확인하여 참석하지 않는 학생들에게는 청소를 시키는 등 불이익을 주고 성탄절에 교회에 출석하였는지 여부를 확인하기도 하였다. 원고는 2002년 1학기말 학생회 부회장 선거에 출마하면서 '교회에 1년 이상 다녀야 한다.'는 학생회 회칙상의 자격요건을 시정하여 줄 것을 교목교사에게 건의한 적이 있고, 2002년 말과 2004년 초경에는 교목 및 담임교사에게 예배참가에 대한 거부감을 표시하였으나 교사들로부터 자중하고 학교방침에 따르라는 취지의 답변을 들었을 뿐이고 학교의 정책에는 아무런 변화가 없었다.

대광고등학교는 주당 1시간씩 정규수업으로 종교과목을 부과함에 있어 대체과목을 편성하지 아니하였고, 그 수업시간에 기독교 경전인 성경을 읽고 그에 관한 토론 등을 진행하였으며 학생들에게 십계명이나 사도신경을 써오도록 과제를 부과하기도 하였다. 학생의 생활기록부에 그 종교과목 이수에 대한 교사의 평가의견을 기재하도록 하였다. 대광고등학교는 학생선도위원회를 개최하여 담임교사에게 불손한 반항을 하였다는 점 등의 징계사유를 들어 먼저 원고에게 전학을 권유하여 이를 승낙하면 다른 학교로 전학을 보내고, 이를 거부하면 퇴학처분을 하기로 하는 내용의 징계결의를 하였다. 그 후 원고와 원고의 부모가 전학을 거부하자, 원고에게 이 사건 퇴학처분을 하였다.

원고는 피고 대광학원과 서울특별시를 상대로 불법행위에 기한 손해배상책임을 청구하였으나, 원심은 이를 받아들이지 않았다. 이에 대하여 원고가 상고하였는데, 대법원은 피고 대광학원에 대해서는 원심판결을 파기환송하고, 피고 서울특별시에 대해서는 원고의 상고를 기각하였다. 대법원 판결이유가 매우 상세하기 때문에, 주로 다수의견과 반대의견이 대립하는 부분에 관해서만 소개하고자 한다.

가. 기본권의 침해와 손해배상청구

대법원은 먼저 기본권 침해로 인한 손해배상청구에 관한 기본 입장을 다음과 같이 밝히고 있다.

> "헌법상의 기본권은 제1차적으로 개인의 자유로운 영역을 공권력의 침해로부터 보호하기 위한 방어적 권리이지만 다른 한편으로 헌법의 기본적인 결단인 객관적인 가치질서를 구체화한 것으로서, 사법(私法)을 포함한 모든 법영역에 그 영향을 미치는 것이므로 사인간의 사적인 법률관계도 헌법상의 기본권 규정에 적합하게 규율되어야 한다. 다만 기본권 규정은 그 성질상 사법관계에 직접 적용될 수 있는 예외적인 것을 제외하고는 사법상의 일반원칙을 규정한 민법 제2조, 제103조, 제750조, 제751조 등의 내용을 형성하고 그 해석기준이 되어 간접적으로 사법관계에 효력을 미치게 된다. 종교의 자유라는 기본권의 침해와 관련한 불법행위의 성립 여부도 위와 같은 일반규정을 통하여 사법상으로 보호되는 종교에 관한 인격적 법익침해 등의 형태로 구체화되어 논하여져야 한다."

나. 피고 대광학원에 대한 청구

(1) 종교교육과 관련한 손해배상청구

다수의견은 종립학교가 고등학교 평준화정책에 따라 강제배정된 학생들을 상대로 특정 종교의 교리를 전파하는 종파교육 형태의 종교교육을 실시하는 경우, 그 위법성의 판단 기준을 다음과 같이 제시하고 있다.

> "종립학교가 고등학교 평준화정책에 따라 학생 자신의 신앙과 무관하게 입학하게 된 학생들을 상대로 종교적 중립성이 유지된 보편적인 교양으로서의 종교교육의 범위를 넘어서서 학교의 설립이념이 된 특정의 종교교리를 전파하는 종파교육 형태의 종교교육을 실시하는 경우에는 그 종교교육의 구체적인 내용과 정도, 종교교육이 일시적인 것인지 아니면 계속적인 것인지 여부, 학생들에게 그러한 종교교육에 관하여 사전에 충분한 설명을 하고 동의를 구하였는지 여부, 종교교육에 대한 학생들의 태도나 학생들이 불이익이 있을 것을 염려하지 아니하고 자유롭게 대체과목을 선택하거나 종교교육에 참여를 거부할 수 있었는지 여부 등의 구체적인 사정을 종합적으로 고려하여 사회공동체의 건전한 상식과 법감정에 비추어 볼 때 용인될 수 있는 한계를 초과한 종교교육이라고 보이는 경우에는 위법성을 인정할 수 있다."

나아가 이 사건에서 "피고 대광학원이 시행한 종교교육은 우리 사회의 건전한 상식과 법감정에 비추어 용인될 수 있는 한계를 벗어난 것으로 원고의 종교에 관한 인격적 법익을 침해하는 위법한 행위"에 해당하고, "강제배정으로 입학한 학생들 모두가 피고 대광학원과 동일한 종교를 가지고 있지는 않을 것이라는 점은 경험칙상 분명하므로, 위와 같은 형태의 종교교육을 실시할 경우 그로 인하여 인격적 법익을 침해받는 학생이 있을 것이라는 점은 충분히 예견가능하고 그 침해는 회피가능하다고 할 것이어서 과실 역시 인정된다."라고 판단하였다.

이에 대한 대법관 안대희, 양창수, 신영철의 반대의견은 다음과 같다.

> "결국 종립학교의 종교교육이 그 허용되는 한계를 벗어나서 위법하다고 평가되어 불법행위가 성립된다고 볼 수 있으려면, 그 종교교육이

보편적이고 건전한 사회인의 양성이라는 교육목적에 전혀 어울리지 아니하는 것이 아닌 한, 학생이 자신의 종교적 신념이나 확신에 기초하여 종립학교의 종교교육을 거부한다는 의사를 명시적으로 표시하거나 또는 이와 동일하게 평가될 수 있는 행동을 하였음에도 그러한 학생에게 전학의 기회를 부여하는 등 보완책을 제시하지 아니한 채 종교의 자유를 가지는 학생의 인격적 가치를 무시하여 일방적으로 종교교육을 강제한 것임이 인정되어야 할 것이다.

그리고 위와 같은 종교교육 거부의 의사가 학생 자신의 종교적 신념이나 확신에 기초한 것인지를 판단함에 있어서는 고등학생이라는 그 연령대가 아직 감정의 기복이 심하고 인격적으로 미성숙의 성장단계임을 감안한다면 학생 본인의 의사표현만 가지고 판단할 것이 아니라 부모의 태도 등을 충분히 고려하여 본인의 진지한 성찰을 거친 것임이 명확히 확증될 수 있어야 하고, 나아가 부모도 이에 동의한 경우라야 할 것이다."

이를 토대로 피고 대광학원의 위법성을 부정하였고, 또한 피고 대광학원에 위법성이 있다고 하더라도 과실이 없다고 하였다.

(2) 징계처분으로 인한 손해배상청구

다수의견은 "학교가 그 징계의 이유로 된 사실이 퇴학 등의 징계처분의 사유에 해당한다고 볼 수 없음이 객관적으로 명백하고 조금만 주의를 기울이면 이와 같은 사정을 쉽게 알아 볼 수 있는데도 징계에 나아간 경우와 같이 징계권의 행사가 우리의 건전한 사회통념이나 사회상규에 비추어 용인될 수 없음이 분명한 경우에 그 징계는 그 효력이 부정됨에 그치지 아니하고 위법하게 상대방에게 정신적 고통을 가하는 것이 되어 그 학생에 대한 관계에서 불법행위를 구성하게 된다." 라는 판례를 전제로, "원고에 대한 이 사건 징계사유만으로는 학칙에서 정하는 퇴학처분 사유에는 해당하지 아니함이 객관적으로 명백할 뿐만 아니라 징계권자 또는 징계위원들이 조금만 주의를 기울였더라면 이러한 사정을 쉽게 알 수 있었다."라고 하면서 원고에 대한 퇴학처분이 불법행위가 된다고 하였다.

대법관 양승태, 안대희, 차한성, 양창수, 신영철의 반대의견은 "이 사건 퇴학처분의 이유가 된 사실이 퇴학처분의 사유에 해당한다고 볼 수 없음이 객관적으로 명백하고 징계권자 또는 징계위원들이 조금만 주의를 기울이면 이러한 사정을 쉽게 알아 볼 수 있음에도 징계를 한 것으로서 징계권의 행사가 우리의 건전한 사회통념이나 사회상규에 비추어 용인될 수 없음이 분명한 경우에 해당하는지 여부를 판단함에 있어서는 징계사유뿐만 아니라 그 징계양정에 참작한 비위사실 등도 종합적으로 고려하여야 한다."라고 한 다음, "이 사건 징계에서 인정된 사실이 퇴학처분을 할 정도의 사유에 해당하지 아니함이 객관적으로 명백하였거나 징계권자 또는 징계위원들이 조금만 주의를 기울였더라면 이를 쉽게 알 수 있었던 경우에 해당한다고 보기는 어렵다."라고 하였다.

다. 피고 서울특별시에 대한 청구

다수의견은 "교육감의 장학지도나 시정·변경명령 권한의 행사 등이 교육감의 재량에 맡겨져 있는 위 법률의 규정 형식과 교육감에게 그러한 권한을 부여한 취지와 목적에 비추어 볼 때 구체적인 상황 아래에서 교육감이 그 권한을 행사하지 않은 것이 현저하게 합리성을 잃어 사회적 타당성이 없는 경우에 해당하여야만 교육감의 직무상 의무를 위반한 것으로서 위법하게 된다."라고 전제한 다음, "비록 서울특별시 교육감과 담당 공무원이 한 위와 같은 조치들만으로는 피고 대광학원의 위법한 종교교육이나 퇴학처분을 막기에는 부족하여 결과적으로 원고의 인격적 법익에 대한 침해가 발생하였다고 하더라도, 교육감이 더 이상의 시정·변경명령 권한 등을 행사하지 아니한 것이 위 법리에서 말하는 것과 같이 객관적 정당성을 상실하였다거나 그와 같은 상황 아래서 현저하게 합리성을 잃어 사회적 타당성이 없다고 볼 수 있는 정도에까지 이르렀다고 하기는 어렵다."라고 판단하였다.

이에 대해서는 대법관 박시환, 이홍훈, 전수안의 반대의견이 있다. "서울특별시 교육감이 대광고등학교의 장에게 이에 대한 유효한 구제수단인 시정·변경명령 조치를 하지 않은 것 역시 조리 등에 의하여 인정되는 작위의무를 이행하지 아니한 것으로 고의 또는 과실로 법령을 위반한 것"이라고 한다.

2. 이 판결은 2010년에 나온 판결 중에서 가장 긴 판결이다. 이론적으로도 중요한 판단을 하고 있다. 먼저 대법원 판결로는 최초로 기본권의 제3자효 또는 대사인적 효력에 관하여 간접적용설을 명백하게 선언하고 있다. 헌법상의 기본권은 원칙적으로 사법상의 법률관계에 직접 적용되는 것이 아니라 간접적으로 민사법 규정을 통하여 적용된다는 것이다.

한편 세 가지 주요 쟁점에 관해서는 대법관들의 의견이 다양한 스펙트럼을 보여주고 있다. 즉, 이 사건에서 종립학교의 종교교육을 이유로 불법행위책임이 발생하는지 여부, 퇴학처분으로 불법행위책임이 발생하는지 여부, 서울특별시 교육감이 시정·변경명령 조치를 하지 않은 것이 불법행위가 되는지 여부에 관하여 대법관들의 의견이 각각 나뉘어지고 있다. 이와 같은 견해 대립은 법률론을 중심으로 전개되고 있지만, 사실관계에 대한 구체적인 판단의 차이, 적어도 법리의 사실관계에 대한 적용상의 차이에 기인한 면도 적지 않은 것처럼 보인다. 여기에서는 이 문제에 관하여 상세히 다루지 않고 종립학교의 종교교육에 관해서 간략한 언급만을 하고자 한다. 종립학교의 종교교육이나 종파교육이 무리하게 이루어질 수도 있고, 이에 대하여 학교와 동일한 종교를 갖지 않은 학생으로서는 거부감이나 반감을 가질 수 있다. 그러나 종립학교의 종교교육에 대해서 불법행위책임을 인정하는 것은 또 다른 문제이다. 피고 대광학원에 대한 청구에 관한 판단에서 다수의견은 종전의 관념에 비추어 보면 불법행위책임을 넓게 인정한 것으로 볼 수 있다. 이 사건이 발생하기 전에는 종교교육의 문제에 대하여 그 부당성을 호소하는 견해는 있었어도 불법행위법에서 그 해결책을 찾는 견해는 거의 없었다.[59] 이와 같은 문제에 대해서까지 불법행위로 규율하는 것이 바람직한 해결방안일까 하는 의문이 든다. 그렇다고 종립학교가 학생들에게 종교교육을 강제해도 좋다는 의미는 아니다.

다수의견과 반대의견은 이 사건에 관한 구체적인 판단에서 정반대의 결론을 도출하고 있지만, 종립학교의 종교교육이 위법한지를 판단하는 기준에서는 두 의견 사이에 강약의 정도에 관한 차이가 있을 뿐이다. 즉 다수의견은 "사회공동체의 건전한 상식과 법감정에 비추어 볼 때 용인될 수 있는 한계를 초과한 종교교육이라고 보이는 경우"에 위법성을 인정할 수 있다고 한다. 반대의견은 다수의견의 위와 같은 판단기준을 좀 더 엄격하게 한정하고 있는데, "종립학교의 종교교육이 그 허용되는 한계를 벗어나서 위법하다고 평가되어 불법행위가 성립된다고 볼 수 있으려면, 그 종교교육이 보편적이고 건전한 사회인의 양성이라는 교육목적에 전혀 어울리지 아니하는 것이 아닌 한, 학생이 자신의 종교적 신념이나 확신에 기초하여 종립학교의 종교교육을 거부한다는 의사를 명시적으로 표시하거나 또는 이와 동일하게 평가될 수 있는 행동을 하였음에도 그러한 학생에게 전학의 기회를 부여하는 등 보완책을 제시하지 아니한 채 종교의 자유를 가지는 학생의 인격적 가치를 무시하여 일방적으로 종교교육을 강제한 것임이 인정되어야 할 것"이

59) 다만 이 사건을 계기로 이 문제에 관한 글들이 나왔는데, 종립학교가 종교의 자유를 가질 수 있지만, 고교평준화로 학생이 학교를 선택할 수 없고 국가가 사립학교에 재정지원을 한다는 점 등을 들어 학생의 종교의 자유를 침해해서는 안 된다는 견해가 많았다. 宋基春, "宗教學校에서의 宗教教育과 學生의 宗教의 自由," 공법연구 제33집 1호(2004. 11), 329면 이하; 박종보, "사립학교에서 종교교육의 자유와 학생의 신앙의 자유," 法學論叢 제24집 3호(한양대학교, 2007), 49면 이하; 임지봉, "사립고등학교의 종교교육의 자유와 청소년의 권리," 헌법학연구 제14권 4호(2008. 12), 243면 이하 참조. 이 판결에 대한 대법원 재판연구관의 해설로는 문정일, "학생의 종교의 자유와 종립(宗立)학교의 종교교육," 사법 제13호(2010), 253면 이하.

라고 한다. 다수의견에 따르면 종립학교가 학생들에게 종교교육에 관하여 사전에 충분한 설명을 하고 동의를 구하였는지 여부나 종교교육에 대한 학생들의 태도나 학생들이 불이익이 있을 것을 염려하지 아니하고 자유롭게 대체과목을 선택하거나 종교교육에 참여를 거부할 수 있었는지 여부 등을 고려하여 위법성을 판단하여야 할 것이다.

결국 종립학교의 경우에 학생의 종교의 자유를 종립학교의 그것에 우선할 것인지, 아니면 종립학교가 종교교육의 자유를 가진다는 점에서 출발하여 이를 학생의 종교의 자유와 비교하여 종교교육의 위법성을 판단하여야 하는지 문제되는데, 어느 쪽을 선택하느냐에 따라 결론이 달라졌다고 볼 수 있다. 종립학교의 종교교육이 위법한지를 판단할 때 학생이 종교교육을 거부하는 의사를 표시하거나 이와 동일하게 평가할 수 있는 행동을 한 경우에는 그에 대한 보완책을 제시하여야 할 것이고, 종립학교가 그렇게 하지 않은 경우에는 위법성을 인정할 수 있다는 점은 쉽게 수긍할 수 있다. 여기에서 나아가 학생들의 이와 같은 의사표시를 하지 않더라도 종립학교가 종교교육을 하려면 미리 그에 관한 설명을 하고 동의를 얻어야 하는 시대로 바뀌었다는 것이 이 판결에서 다수의 대법관이 선택한 결론이라고 할 수 있다.

XI. 모델영화에 의한 명예훼손

1. 대판 2010. 7. 15, 2007다3483(공 2010, 1622)은 "영화 '실미도' 사건"에 대한 판결이다. 원고들은 1968. 4.경 북파 공작업무를 목적으로 창설된 특수부대의 훈련병이었던 이 사건 망인들의 유가족들이고, 피고 회사들은 영화 "실미도"의 공동제작사이며, 피고 강우석은 영화감독이다. 피고들은 소설 실미도를 원작으로 하여 시나리오 작업을 거친 다음 이를 토대로 위 영화를 제작하였다. 원고들은 피고들을 상대로 금지청

구[60]와 불법행위로 인한 손해배상청구를 하였다. 원심은 원고들의 청구를 받아들이지 않았다.[61] 원고들이 상고하였으나, 대법원은 다음과 같은 이유로 이를 기각하였다.

> (1) 실제 인물이나 사건을 모델로 한 영화가 허위사실을 적시하여 역사적 사실을 왜곡하는 등의 방법으로 그 모델이 된 인물의 명예를 훼손하는 경우에는 비록 그것이 예술작품의 창작과 표현 활동의 영역에서 발생한 일이라 하더라도 그 행위자에게 명예훼손으로 인한 불법행위책임 등을 물을 수 있다(대법원 2010. 4. 29. 선고 2007도8411 판결 참조).
>
> (2) 다만, 실제 인물이나 사건을 모델로 한 영화가 허위의 사실을 적시하여 개인의 명예를 훼손하는 행위를 한 경우에도 그것이 공공의 이해에 관한 사항으로서 그 목적이 공공의 이익을 위한 것일 때에는 행위자가 적시된 사실을 진실이라고 믿었고 또 그렇게 믿을 만한 상당한 이유가 있으면 그 행위자에게 불법행위책임을 물을 수 없다고 할 것인바, 그와 같은 상당한 이유가 있는지 여부를 판단함에 있어서는 적시된 사실의 내용, 진실이라고 믿게 된 근거나 자료의 확실성, 표현 방법, 피해자의 피해 정도 등 여러 사정을 종합하여 판단하여야 하고, 특히 적시된 사실이 역사적 사실인 경우 시간이 경과함에 따라 점차 망인이나 그 유족의 명예보다는 역사적 사실에 대한 탐구 또는 표현의 자유가 보호되어야 하며 또 진실 여부를 확인할 수 있는 객관적 자료의 한계로 인하여 진실 여부를 확인하는 작업이 용이하지 아니한 점 등도 고려되어야 한다(대법원 1998. 2. 27. 선고 97다19038 판결 참조). 아울러 영리적 목적 하에 일반 대중을 관람층으로 예정하여 제작되는 상업영화의 경우에는 역사적 사실을 토대로 하더라도 영화제작진이 상업적 흥행이나 관객의 감동 고양을 위하여 역사적 사실을 다소간 각색하는 것은 의도적인 악의의 표출에 이르지 않는 한 상업영화의 본질적 영역으로 용인될 수 있으며,

---

60) 피고들이 일반인으로 하여금 위 영화에 등장하는 훈련병들이 살인범 또는 사형수라고 오인하거나 용공주의자라고 오인할 수 있는 장면, 대사 및 자막을 그대로 유지하여 이를 상영하거나, 비디오테이프, 디브이디 디스크 및 인터넷 영상물 등으로 제작하여 제3자에게 인도, 임대, 양도 기타 일체의 처분을 하는 것을 금지한다는 내용이다.

61) 서울고판 2006. 12. 6, 2005나68532.

또한 상업영화를 접하는 일반 관객으로서도 영화의 모든 내용이 실제 사실과 일치하지는 않는다는 전제에서 이러한 역사적 사실과 극적 허구 사이의 긴장관계를 인식·유지하면서 영화를 관람할 것인 점도 그 판단에 참작할 필요가 있다.

(3) 영화의 내용이 특정인의 명예를 훼손하는 내용을 담고 있는지의 여부는 당해 영화의 객관적인 내용과 아울러 일반의 관객이 보통의 주의로 영화를 접하는 방법을 전제로, 영화 내용의 전체적인 흐름, 이야기와 화면의 구성방식, 사용된 대사의 통상적인 의미와 그 연결 방법 등을 종합적으로 고려하여 그 영화 내용이 관객에게 주는 전체적인 인상도 그 판단 기준으로 삼아야 하고, 여기에다가 당해 영화가 내포하고 있는 보다 넓은 주제나 배경이 되는 사회적 흐름 등도 함께 고려하여야 한다.

(4) 실제 인물이나 역사적 사건을 모델로 한 영화라 하더라도 상업영화의 경우에는 대중적 관심을 이끌어 내고 이를 확산하기 위하여 통상적으로 광고·홍보행위가 수반되는바, 영화가 허위의 사실을 표현하여 개인의 명예를 훼손한 경우에도 행위자가 그것을 진실이라고 믿었고 또 그렇게 믿을 만한 상당한 이유가 있어 그 행위자에게 명예훼손으로 인한 불법행위책임을 물을 수 없다면 그 광고·홍보의 내용이 영화에서 묘사된 허위의 사실을 넘어서는 등의 특별한 사정이 없는 한 그 광고·홍보행위가 별도로 명예훼손의 불법행위를 구성한다고 볼 수 없다. 나아가 이러한 상업영화에 있어서 그 내용의 특정 부분을 적시하지 않은 채 진실이라고 광고·홍보하였다고 하더라도 특별한 사정이 없는 한 그 영화의 모든 내용이 진실이라는 의미라고 보아서는 아니 되고 전체적으로 역사적 사실에 바탕을 두었으며 극적 허구와의 조화 속에서 확인된 사실관계를 최대한 반영하였다는 취지로 이해하여야 할 것이다.

2. 이 판결은 이른바 모델영화[62]에 의한 명예훼손에 대한 판단 기준을 제시하고 있다. 언론에 의한 명예훼손의 경우에 보도내용이 허위

62) 실제 인물이나 사건을 모델로 한 소설을 모델소설이라고 하는데, 이와 대비하여 실제 인물이나 사건을 모델로 한 영화를 편의상 모델영화라고 부를 수 있을 것이다. 모델소설에 의한 인격권 침해에 관해서는 金載亨, "모델소설과 人格權," 人權과 正義 제255호(1997. 11), 44면 이하.

라고 하더라도 공공의 이해에 관한 사항으로서 그 목적이 공공의 이익을 위한 것일 때('공익성')에는 행위자가 적시된 사실을 진실이라고 믿었고 또 그렇게 믿을 만한 상당한 이유('상당성')가 있으면 그 행위자에게 불법행위책임을 물을 수 없다.63) 이 판결은 이와 같은 언론에 의한 명예훼손에 관한 판례법리를 모델영화의 경우에 적용하고 있다.

한편, 이 사건에서 이미 사망한 사람들에 대한 명예훼손이 문제되고 있는데, 사망자의 명예훼손의 경우에는 생존자의 경우와는 다른 측면이 있다. 먼저 사망자의 명예를 훼손한 경우에는 엄격한 요건 하에서만 명예훼손책임을 인정하여야 할 것이다. 이 판결은 역사적 사실을 적시한 경우에 한정된 것이기는 하지만, 상당성 요건을 판단하는 데서 이를 반영하고 있다고 볼 수 있다. 즉, 이 판결은 상당성을 판단하는 과정에서 적시된 사실이 역사적 사실인 경우 시간이 경과함에 따라 점차 망인이나 그 유족의 명예보다는 역사적 사실에 대한 탐구 또는 표현의 자유가 보호되어야 한다고 하고 있다. 다음으로 사망자의 명예를 훼손한 경우에 금지청구권이 인정되지만, 손해배상청구권이 인정된다고 보기는 어렵다. 이 판결에서는 이 점을 구분해서 판단하고 있지 않은데, 사망자의 명예훼손이 인정되지 않는다고 보았기 때문으로 여겨진다.

또한 이 판결은 상업영화의 경우에 역사적 사실을 다소 각색하는 것은 의도적인 악의의 표출에 이르지 않는 한 상업영화의 본질적 영역으로 용인될 수 있다고 하였다. 이는 상업영화가 소설과 마찬가지로 허구를 전제로 한다는 점에 기인한 것으로 볼 수 있다.

XII. 한정승인과 담보권

1. 대판(전) 2010. 3. 18, 2007다77781(공 2010, 737)은 한정승인이

63) 대판 1988. 10. 11, 85다카29(집 36-3, 민 1) 등 다수.

이루어진 경우 상속채권자가 상속재산에 관하여 한정승인자로부터 담보권을 취득한 고유채권자에 대하여 우선적 지위를 주장할 수 없다고 하였다. 사안은 다음과 같다. A가 2002. 11. 7. 사망하자 A의 법정상속인들 중 자녀들은 상속을 포기하고 처인 B가 서울가정법원에 상속재산목록을 첨부해 한정승인신고를 하여 위 법원이 2003. 4. 30. 이를 수리하였다. 그 후 B는 2003. 5. 29. 위 상속재산목록 제1, 2 부동산(이하 '이 사건 각 부동산'이라 한다)에 관하여 상속을 원인으로 한 소유권이전등기를 마치고, 2003. 7. 28. 피고에게 채권최고액 1천만 원의 근저당권을 설정하여 주었다. 한편 A에게 금원을 대여하였던 원고는 A의 사망에 따라 B를 상대로 대여금청구의 소를 제기하여, 2004. 4. 27. 'B는 원고에게 5억 원 및 이에 대한 지연손해금을 A로부터 상속받은 재산의 한도 내에서 지급하라'는 내용의 판결을 선고받고, 위 판결의 가집행선고에 기하여 그 판결금 중 2억 원을 청구채권으로 하여 2004. 9. 16. 이 사건 각 부동산 등에 관하여 강제경매신청을 하였다. 이에 따라 강제경매절차를 진행한 경매법원은 2006. 5. 3. 배당기일에서 이 사건 각 부동산에 관하여 근저당권자인 피고가 상속채권자인 원고에 대한 관계에서 우선변제권을 주장할 수 있음을 전제로 하여, 실제 배당할 금액 중 위 근저당권의 채권최고액에 해당하는 1천만 원을 피고에게 먼저 배당하고, 나머지 금원은 원고를 포함한 일반채권자들에게 안분하여 배당하는 취지의 배당표를 작성하였다. 원고는 위 배당기일에 피고의 위 배당액에 대하여 이의를 하였다. 원심은 이 사건 각 부동산의 매각대금이 상속채권자인 원고에게 우선적으로 배당되어야 한다는 이유로 원고의 청구를 받아들여 배당표를 경정한다고 판단하였다. 그러나 대법원은 상속채권자인 원고가 이 사건 각 부동산에 관하여 한정승인자인 B로부터 근저당권을 취득한 피고에 대하여 우선적 지위를 주장할 수 없다고 하여 원심판결을 파기환송하였다. 이 판결에는 다수의견, 반대의견, 보충의견이 있다.

가. 다수의견

“민법 제1028조는 “상속인은 상속으로 인하여 취득할 재산의 한도에서 피상속인의 채무와 유증을 변제할 것을 조건으로 상속을 승인할 수 있다.”고 규정하고 있다. 이에 따라 법원이 한정승인신고를 수리하게 되면 피상속인의 채무에 대한 상속인의 책임은 상속재산으로 한정되고, 그 결과 상속채권자는 특별한 사정이 없는 한 상속인의 고유재산에 대하여 강제집행을 할 수 없다(대법원 2003. 11. 14. 선고 2003다30968 판결 참조).

그런데 민법은 한정승인을 한 상속인(이하 ‘한정승인자’라 한다)에 관하여 그가 상속재산을 은닉하거나 부정소비한 경우 단순승인을 한 것으로 간주하는 것(제1026조 제3호) 외에는 상속재산의 처분행위 자체를 직접적으로 제한하는 규정을 두고 있지 않기 때문에, 한정승인으로 발생하는 위와 같은 책임제한 효과로 인하여 한정승인자의 상속재산 처분행위가 당연히 제한된다고 할 수는 없다.

또한 민법은 한정승인자가 상속재산으로 상속채권자 등에게 변제하는 절차는 규정하고 있으나(제1032조 이하), 한정승인만으로 상속채권자에게 상속재산에 관하여 한정승인자로부터 물권을 취득한 제3자에 대하여 우선적 지위를 부여하는 규정은 두고 있지 않으며, 민법 제1045조 이하의 재산분리 제도와 달리 한정승인이 이루어진 상속재산임을 등기하여 제3자에 대항할 수 있게 하는 규정도 마련하고 있지 않다.

따라서 한정승인자로부터 상속재산에 관하여 저당권 등의 담보권을 취득한 사람과 상속채권자 사이의 우열관계는 민법상의 일반원칙에 따라야 하고, 상속채권자가 한정승인의 사유만으로 우선적 지위를 주장할 수는 없다고 할 것이다. 그리고 이러한 이치는 한정승인자가 그 저당권 등의 피담보채무를 상속개시 전부터 부담하고 있었다고 하여 달리 볼 것이 아니다.”

나. 대법관 김영란, 박시환, 김능환의 반대의견

“한정승인자의 상속재산은 상속채권자의 채권에 대한 책임재산으로서 상속채권자에게 우선적으로 변제되고 그 채권이 청산되어야 하는 것이다. 그리고 그 반대해석상, 한정승인자의 고유채권자는 상속채권자에 우선하여 상속재산을 그 채권에 대한 책임재산으로 삼아 이에 대하여 강제집행할 수 없다고 보는 것이 형평에 맞으며, 한정승인제도의 취지에 부합한다. 이와 같이, 상속채권자가 한정승인자의 고유재산에 대하여 강제집행할 수 없는 것에 대응하여 한정승인자의 고유채권자는 상속채권자에 우선하여 상속재산에 대하여 강제집행할 수 없다는 의미에서, 상속채권자는 상속재산에 대하여 우선적 권리를 가진다고 할 것이다."

"한정승인자가 상속채권자의 강제집행이 개시되기 전에 상속재산을 처분하여 그 소유권을 상실한 경우에는, [중략] 파산절차에 있어서의 부인권이나 별제권 등에 유사한 권리를 행사할 수는 없다. 이러한 의미에서 한정승인자의 상속재산 처분은 유효하고, 상속채권자가 그 재산에 추급하여 강제집행할 수 없다.

그러나 한정승인자가 그 고유채무에 관하여 상속재산에 담보물권 등을 설정한 경우와 같이, 한정승인자가 여전히 상속재산에 대한 소유권을 보유하고 있어 상속채권자가 그 재산에 대하여 강제집행할 수 있는 한에 있어서는, 그 상속재산에 대한 상속채권자의 우선적 권리는 그대로 유지되는 것으로 보아야 할 것이다."

다. 다수의견에 대한 대법관 양창수, 민일영의 보충의견

① 한정승인으로 "상속채권자에게 상속재산에 관하여 '대세적으로 우선하는 권리'를 인정할 법적 근거가 없다." 우리 민법상의 한정승인 제도는 "상속채권자의 보호보다는 상속인이 피상속인의 채무를 무한정 상속하여 파탄에 빠지는 것을 막아 상속인을 보호하려는 데 본래의 목적이 있다." 결국 반대의견은 "한정승인에 관한 현행 민법의 규정내용 및 제도 이념과 조화를 이루지 않는다." ② 반대의견은 "상속채권자의 강제집행이 개시되기 전에 한정승인자가 상속재산을 처분하여 소유권을 상실한 경우와 담보물권 등을 설정하여 준 경우를 구분하여, 후자에 관하여만 추급을 인정하여 상속채권자의 우선적 지위를 그대로 인정하고, 전자에 관하여는 이를 인정하지 않는다." 이는 "일종의 평가모순의 오류"이다. ③ 부동산에 관하여 원칙적 공시방법인 등기부에 한정승인 사실을 등기하는 방법이 마련되어 있지 않은데, "이와 같이 공시방법이 극히 미약한 상태에서 대세적으로 우선하는 권리를 해석론으로 도출하는 것은 거래의

안전을 크게 해치는 결과가 되어 가능한 한 피하는 것이 합당한 태도"이다. ④ "법률에 규정이 없고 등기부에 전혀 나타나지 않는 우선적 권리를 해석론으로 도출하려는 시도는 오히려 어떤 권리나 효력의 대세적 주장에는 원칙적으로 공시의 원칙을 요구하는 우리 법체계와 쉽사리 조화하지 않으며, 따라서 권리의 선후나 우열관계를 민법상의 일반원칙에 따라 가리려는 다수의견의 견해에 대하여 본말이 전도되었다고 비난하는 것에는 동의할 수 없다." ⑤ "결론적으로 반대의견은, 한정승인으로 상속인의 책임이 제한되긴 하지만 그로 인하여 한정승인자의 처분행위가 제한되거나 상속재산과 한정승인자의 고유재산이 완전히 분리되는 것이 아님에도 불구하고, 상속재산에 관하여 한정승인자로부터 담보물권을 취득한 사람보다 상속채권자에게 우선적 권리를 해석론으로 도출하여 인정하려는 태도라 할 것인데, 이는 우선 우리 민법상의 한정승인제도가 기본적으로 상속채권자가 아니라 상속인의 보호를 위하여 마련된 것이라는 제도적 의미를 충분히 고려하지 아니한 것이라고 할 것이고, 나아가 우리 민법이 부동산의 물권변동이나 우선변제권과 같이 이해관계인들 사이에서 우열을 따지는 첨예한 이익 대립의 국면에서는 원칙적으로 등기와 같은 대외적 표상인 공시방법에 의하여 문제를 처리하는 것을 기본적 입장으로 하고 있는 것과 배치된다고 할 것이다."

2. 한정승인이 이루어진 경우 상속채권자가 상속재산에 관하여 한정승인자로부터 담보권을 취득한 고유채권자에 대하여 우선적 지위를 주장할 수 있는지에 관해서는 민법에 명확한 규정이 없다. 따라서 이 문제는 우리 민법상의 한정승인제도의 목적을 어떻게 파악할 것인지, 부동산물권에 관한 공시제도를 어떻게 볼 것인지에 대한 태도에 따라 견해가 달라질 수 있을 것이다.

우리 민법상 한정승인제도는 1차적으로 상속인을 보호하는 데 중점이 있다. 한정승인자의 상속재산만이 상속채권자의 채권에 대한 책임재산이 되고, 한정승인자의 고유재산은 상속채권자의 채권에 대한 책임재산에 포함되지 않는다. 그러나 한정승인자가 상속재산을 처분하는 것을 막고 있지는 않다.

제 3 자가 한정승인자로부터 상속재산에 대한 소유권이나 담보권을 취득한 경우에 담보권자에게 우선권을 인정하는 것이 불합리한 결과를 초래할 수도 있지만, 그 반대로 상속채권자에게 우선권을 부여하는 것은 또 다른 불합리한 결과를 초래한다. 이와 같은 경우에는 민법의 일반원칙에 따라 권리의 선후를 정해야 할 것이다. 결국 부동산물권의 우열관계는 원칙적으로 등기의 선후에 따라 정해지기 때문에, 한정승인자로부터 상속재산에 관하여 저당권 등의 담보권을 취득한 사람에 대하여 상속채권자가 우선한다는 법규정이 없는 상태에서는 상속채권자의 우선권을 인정할 수 없을 것이다.

(민사재판의 제문제 제20권(2011), 민사실무연구회, 3-55면 所載)

9. 2011년 민법 판례 동향*

Ⅰ. 서 론

해가 바뀌는 것을 계기로 지난 1년 동안 나온 대법원 판례 중에서 몇몇 판례를 선정하여 그 의미를 탐색해 보았다. 그 사이 대법원 구성의 변화에 따라 법원의 판결에도 앞으로 어떠한 변화가 생길까 하는 궁금증이 들기도 하였지만, 학계가 한편으로는 '로스쿨 교육'에, 다른 한편으로는 민법 개정을 비롯한 '입법'에 열중하느라 몸과 마음을 빼앗겨 행여 실무의 변화를 좇아가지 못하는 것은 아닐까 하는 생각도 들었다.

민법 분야에서 중요한 전원합의체 판결 또는 결정이 나왔다. 강행법규 위반에 관한 판결, 변호사의 정보제공에 관한 판결, 성전환자의 성별정정에 관한 결정, PD수첩의 광우병 보도에 대한 정정보도에 관한 판결을 들 수 있다. 또한 형사판결이기는 하지만, 동산의 이중양도가 배임죄에 해당하는지 여부에 관한 전원합의체 판결도 민법과 밀접한 관련이 있는 판결이다. 전원합의체 판결은 아니지만, 사적 단체에서 성별에 따른 차별대우가 불법행위를 구성한다는 판결이나 위자료에 대한 지연손해금의 기산일에 관한 판결 등 선례로서 중요한 의미가 있는 여러 판결들이 나왔다.

여기에서는 지난해에 나온 대법원 판례 중에서 선례로서 중요하다고 생각되는 몇몇 판결들을 소개함으로써, 그 의미를 생각해 볼 계기를 마련해 보고자 한다.

---

* 이 글은 2012년 1월 9일 개최된 대법원 민사실무연구회 제335회 연구발표회에서 발표한 내용을 수정·보완한 것이다.

Ⅱ. 私的 團體의 구성원에 대한 평등권 침해로 인한 불법행위책임

1. 사적 단체에서 헌법상 평등권을 침해한 경우에 불법행위책임을 인정할 수 있는가?

이 문제를 다루기 전에 헌법상의 평등권이 사법상의 단체에 적용되는지 여부에 관하여 살펴보고자 한다. 이 문제는 먼저 종중에 관한 판례에서 다루어졌다. 성년여성이 종중의 구성원이 될 수 있는지 여부가 문제된 대판(전) 2005. 7. 21, 2002다1178(집 53, 민 87)에서 다수의견은 "종중은 공동선조의 분묘수호와 봉제사 및 종원 상호간의 친목을 목적으로 형성되는 종족단체로서 공동선조의 사망과 동시에 그 후손에 의하여 자연발생적으로 성립하는 것임에도, 공동선조의 후손 중 성년 남자만을 종중의 구성원으로 하고 여성은 종중의 구성원이 될 수 없다는 종래의 관습은, 공동선조의 분묘수호와 봉제사 등 종중의 활동에 참여할 기회를 출생에서 비롯되는 성별만에 의하여 생래적으로 부여하거나 원천적으로 박탈하는 것으로서, 위와 같이 변화된 우리의 전체 법질서에 부합하지 아니하여 정당성과 합리성이 있다고 할 수 없다."라고 판결하였다. 이것이 기본권의 대사인적 효력에 관하여 직접적용설을 따른 것이라고 생각할 수도 있지만, 헌법상의 평등권에서 곧바로 여성이 종원이라는 결론을 도출하고 있는 것이 아니라 헌법상의 남녀평등의 원칙을 하나의 판단요소로 고려한 것에 불과하기 때문에 직접적용설을 따른 것은 아니라고 볼 수도 있다.[1] 별개의견은 "우리 민법 제103조는 선량한 풍속 기타 사회질서에 위반한 사항을 내용으로 하는 법률행위는 무효로 한다고 규정하고 있는데, 그 당연한 이치로서 사적 자치의 적용을 받는 단체라 하더라도 선량한 풍속 기타 사회질서에 반하는 행위로 타인에게 손해를 끼쳐서는 안 되는 것이므로, 이러한 법리에 비추어 보면, 어떤

1) 金載亨, "團體로서의 宗中," 民法論 Ⅲ, 박영사, 2007, 33면.

단체가 그 단체에 대하여 중대하거나 본질적인 이해관계를 가지는 개인이 가입을 원하는 경우 합리적이고 정당한 이유 없이 가입을 거부함으로써 그 개인을 차별적으로 대우하거나 부당한 불이익을 주어서는 안 되는 것이다."라고 하였는데, 이는 간접적용설을 따른 것으로 볼 수 있다.[2] 그 후 대법원은 종중재산의 분배에 관한 종중총회의 결의에서 단순히 남녀 성별의 구분에 따라 종중재산의 분배에 차이를 두는 것은 남녀평등의 원칙 등에 비추어 허용되지 않는다고 하였다.[3]

대판 2011. 2. 24, 2009다17783(공 2011, 627)은 종중 유사단체를 종중과는 달리 사적 임의단체라고 하여 다음과 같이 판결하였다.

> "종중 유사단체는 비록 그 목적이나 기능이 고유한 의미의 종중과 별다른 차이가 없다 하더라도 공동선조의 후손 중 일부에 의하여 인위적인 조직행위를 거쳐 성립된 경우에는 사적 임의단체라는 점에서 자연발생적인 종족집단인 고유한 의미의 종중과 그 성질을 달리하므로, 그러한 경우에는 사적 자치의 원칙 내지 결사의 자유에 따라 그 구성원의 자격이나 가입조건을 자유롭게 정할 수 있음이 원칙이다. 따라서 그러한 종중 유사단체의 회칙이나 규약에서 공동선조의 후손 중 남성만으로 그 구성원을 한정하고 있다 하더라도 특별한 사정이 없는 한 이는 사적 자치의 원칙 내지 결사의 자유의 보장범위에 포함되고, 위 사정만으로 그 회칙이나 규약이 양성평등 원칙을 정한 헌법 제11조 및 민법 제103조를 위반하여 무효라고 볼 수는 없다."

2) 金載亨(주 1), 33면.

3) 대판 2010. 9. 9, 2007다42310, 42327(공 2010, 1870)은 "종중재산의 분배에 관한 종중총회의 결의 내용이 현저하게 불공정하거나 선량한 풍속 기타 사회질서에 반하는 경우 또는 종원의 고유하고 기본적인 권리의 본질적인 내용을 침해하는 경우 그 결의는 무효"라고 하였다. 나아가 대판 2010. 9. 30, 2007다74775(종합법률정보)는 "종중재산을 분배함에 있어 단순히 남녀 성별의 구분에 따라 그 분배 비율, 방법, 내용에 차이를 두는 것은 개인의 존엄과 양성의 평등을 기초로 한 가족생활을 보장하고, 가족 내의 실질적인 권리와 의무에 있어서 남녀의 차별을 두지 아니하며, 정치·경제·사회·문화 등 모든 영역에서 여성에 대한 차별을 철폐하고 남녀평등을 실현할 것을 요구하는 우리의 전체 법질서에 부합하지 아니한 것으로 정당성과 합리성이 없어 무효"라고 하였다.

종중이든 종중 유사단체든 사법상의 단체라는 점에서 헌법상의 평등권이 직접 적용되지는 않지만, 사법상의 단체라고 하더라도 자연발생적인 종중인지, 아니면 인위적인 조직행위를 거쳐 성립된 단체인지에 따라 헌법상의 평등권이 상이하게 적용될 수 있다. 종중이라고 해서 일률적으로 규율할 것은 아니고, 다른 단체와 마찬가지로 다양한 종류의 종중이 있다는 것을 인정하고 각각의 종중에 맞는 법리를 발전시켜 나가야 할 것이다.

2. 대판 2011. 1. 27, 2009다19864(공 2011, 396)에서는 사적 단체에서 헌법상 평등권을 침해한 경우에 불법행위책임을 인정할 수 있다고 판단하고 있다.

사안은 다음과 같다. 1903년에 설립된 비법인사단인 서울기독교청년회(서울 YMCA)가 남성 회원에게는 별다른 심사 없이 총회의결권 등을 가지는 총회원 자격을 부여하면서도, 여성 회원의 경우에는 지속적인 요구에도 불구하고 원천적으로 총회원 자격심사에서 배제한 것이 불법행위를 구성하는지 문제되었다(이하 '서울 YMCA' 사건이라고 한다). 원심은, 피고가 그 구성원인 회원들 중 여성에 대해서 오로지 그 성별만을 이유로 사단의 의사결정이나 기관 선출에 참여할 수 있는 지위에서 배제하는 것은 헌법 제11조가 선언한 평등원칙에 비추어 용인될 수 없는 성차별적 처우로서 우리 전체 법질서에 비추어 용인될 수 없는 위법행위에 해당하여 민법 제750조[4]의 불법행위를 구성한다고 판단하였다. 대법원은 피고의 상고를 기각하였다.

이 판결은 먼저 헌법상 기본권 규정이 사법관계에 적용되는지 여부에 관하여 종립 사립고교 종교교육 사건(또는 '강의석 사건'이라고도 한다)에 관한 대판(전) 2010. 4. 22, 2008다38288(공 2010, 897)을 인용하여 다음과 같은 법리를 전제한다.

"헌법상의 기본권은 제1차적으로 개인의 자유로운 영역을 공권력의

4) 이하 법명을 표시하지 않고 조항만을 기재한 것은 민법의 조항을 가리킨다.

침해로부터 보호하기 위한 방어적 권리이지만 다른 한편으로 헌법의 기본적인 결단인 객관적인 가치질서를 구체화한 것으로서, 사법을 포함한 모든 법 영역에 그 영향을 미치는 것이므로 사인간의 사적인 법률관계도 헌법상의 기본권 규정에 적합하게 규율되어야 한다. 다만 기본권 규정은 그 성질상 사법관계에 직접 적용될 수 있는 예외적인 것을 제외하고는 사법상의 일반원칙을 규정한 민법 제2조, 제103조, 제750조, 제751조 등의 내용을 형성하고 그 해석 기준이 되어 간접적으로 사법관계에 효력을 미치게 된다."

이것은 기본권의 대사인적 효력에 관하여 이른바 간접적용설을 명백히 한 것이다. 즉, 헌법상의 기본권규정은 그 성질상 사법관계에 직접 적용될 수 있는 예외적인 것을 제외하고는 사법상의 일반원칙을 규정한 민법 제2조, 제103조, 제750조, 제751조 등의 내용을 형성하고 그 해석기준이 되어 간접적으로 사법관계에 효력을 미친다고 한다.

나아가 이 판결은 "사적 단체를 포함하여 사회공동체 내에서 개인이 성별에 따른 불합리한 차별을 받지 아니하고 자신의 희망과 소양에 따라 다양한 사회적·경제적 활동을 영위하는 것은 그 인격권 실현의 본질적 부분에 해당"한다고 보고, "평등권이라는 기본권의 침해도 민법 제750조의 일반규정을 통하여 사법상 보호되는 인격적 법익침해의 형태로 구체화되어 논하여질 수 있고, 그 위법성 인정을 위하여 반드시 사인간의 평등권 보호에 관한 별개의 입법이 있어야만 하는 것은 아니다."라고 하였다. 이는 평등권 침해도 결국 사법상 보호되는 인격권 침해의 일종으로 파악한 것이다.[5)]

3. 이 판결은 성별에 따른 차별처우로 인한 손해배상책임의 성립 여부에 관하여 중요한 법리를 선언하고 있다.

---

5) 이 점에서는 강의석 사건에 관한 위 대법원 판결도 마찬가지인데, "피고 대광학원이 시행한 종교교육은 우리 사회의 건전한 상식과 법감정에 비추어 용인될 수 있는 한계를 벗어난 것으로 원고의 종교에 관한 인격적 법익을 침해하는 위법한 행위"에 해당한다고 하였다.

"사적 단체는 사적 자치의 원칙 내지 결사의 자유에 따라 그 단체의 형성과 조직, 운영을 자유롭게 할 수 있으므로, 사적 단체가 그 성격이나 목적에 비추어 그 구성원을 성별에 따라 달리 취급하는 것이 일반적으로 금지된다고 할 수는 없다.

그러나 사적 단체의 구성원에 대한 성별에 따른 차별처우가 사회공동체의 건전한 상식과 법감정에 비추어 볼 때 도저히 용인될 수 있는 한계를 벗어난 경우에는 사회질서에 위반되는 행위로서 위법한 것으로 평가할 수 있고, 위와 같은 한계를 벗어났는지 여부는 사적 단체의 성격이나 목적, 차별처우의 필요성, 차별처우에 의한 법익 침해의 양상 및 정도 등을 종합적으로 고려하여 판단하여야 한다."

사적 단체는 자율적 구성과 운영이 원칙적으로 인정되기 때문에,[6] 성별에 따라 구성원을 달리 대우하는 것이 일반적으로 금지되는 것은 아니다. 이 판결은 사적 단체의 구성원에 대한 성별에 따른 차별처우가 위법한 것인지를 판단하는 데 고려해야 할 세 요소로 ① 사적 단체의 성격이나 목적, ② 차별처우의 필요성, ③ 차별처우에 의한 법익 침해의 양상 및 정도를 들고 있는데, 이를 다음과 같이 정리할 수 있다.

① 사적 단체의 성격이나 목적: 대외적으로 그 단체가 사회공동체 내에서 순수하게 사적인 영역에서만 활동하는지 아니면 일정 부분 공공적 영역에서 활동하며 공익적 기능도 수행하는지와 대내적으로 그 단체의 구성원들에게 제공되는 구체적인 역무의 내용과 성격 등

② 차별처우의 필요성: 그러한 차별처우가 단체의 정체성을 유지하기 위하여 불가피한 것으로서 필요한 한도 내의 조치였는지 여부

③ 차별처우에 의한 법익 침해의 양상 및 정도: 해당 구성원의 단체 가입 목적, 이를 위한 단체 내 활동에서의 제약 정도와 기간, 그 가입목

---

6) 대판 2008. 10. 9, 2005다30566(공 2008, 1521)은 "종중에 대하여는 가급적 그 독자성과 자율성을 존중해 주는 것이 바람직"하다고 하였다. 이 판결에 관해서는 金載亨, "2008년 민법 판례 동향," 民法論 Ⅳ, 박영사, 2011, 466면 이하 참조. 위 1.에서 본 대판 2011. 2. 24, 2009다17783은 종중 유사단체의 구성에 관하여 자율성을 인정하고 있다.

적 달성을 위한 대체적 단체의 가입 가능성 유무, 가입시 단체 내 차별처우의 존재에 대한 인식 여부, 차별처우에 대한 문제제기 기간과 이에 대한 그 단체의 대응방식 등

4. 이 사건에 대한 구체적인 판단에서 대법원은 피고가 원고들을 차별대우한 것에 대하여 다음과 같은 점을 고려하여 불법행위책임을 인정하고 있다. ① 피고가 부분적으로 공공적 영역에서 활동하는 단체로서의 성격도 가지면서 그에 따른 사회봉사적 역할을 수행하였기 때문에 순수하게 사적인 영역에서만 활동하는 단체가 아니다. 또한 피고는 다른 단체로 대체될 수 없는 독자적인 정체성을 가지고 있다. ② 원고들은 이러한 피고의 활동영역과 단체적 성격에 가치를 부여하여 총회원으로 가입을 희망하고 있는데도 피고가 남성단체로 출발하였다는 연혁적 이유만으로 여성들을 차별 처우할 만한 합리적인 필요성이 있다고 볼 수 없다. ③ 피고의 정체성 또한 이미 1967년도 헌장 개정으로 규범적인 의미에서뿐만 아니라, 실제 인적 구성면에서도 남성중심 단체를 탈피하였다. 위와 같은 1967년의 헌장개정 이후에도 장기간에 걸쳐 남성중심으로 총회를 운영하는 관행이 형성·유지되었다. 2003년도 제100차 정기총회에서 단체 내 의사결정과정에 여성과 남성이 동등하게 참여하며 여러 가지 형태의 성차별적인 요인을 찾아 이를 해소하기로 하는 개선방향의 원칙을 분명하게 천명하였지만, 특별한 장애도 없이 남성단체로서의 연혁과 정체성을 들거나 헌장개정 사안이라는 이유만을 들어 실질적이고도 진지한 개선노력이 이루어지지 않았고 그 과정 중에 국가기관(국가인권위원회)으로부터 공식적으로 시정을 권고받기도 하였다. 특히 원고들은 비법인사단인 피고의 단체구성원으로서 회비를 부담하면서도 여성이라는 이유만으로 지속적으로 일반적인 사원에게 부여되는 고유하고 기본적인 권리인 총회의결권 등을 행사할 기회를 원천적으로 빼앗겨 왔다. 따라서 적어도 피고가 스스로 불합리한 총회

운영에 대한 개선노력을 천명한 2003년도 제100차 정기총회 이후에도 원고들을 총회원 자격심사에서 원천적으로 배제한 성차별적 처우는 우리 사회의 건전한 상식과 법감정에 비추어 용인될 수 있는 한계를 벗어나 사회질서에 위반되는 것으로서 원고들의 인격적 법익을 침해하여 불법행위를 구성한다.

5. 종전에는 이와 같은 사건에서 차별대우가 없었더라면 있었을 그 지위의 확인을 구하는 형태의 소를 제기하는 데 그쳤으나, 이 사건에서는 피고의 차별대우가 위법하다는 확인을 넘어서서 불법행위에 기한 손해배상청구를 하고 있다. 이 판결은 특히 사적 단체에서 성별을 이유로 차별대우를 하는 것이 불법행위를 구성할 수 있다고 보고, 그 구체적인 판단 기준 또는 그 판단을 위한 고려 요소를 일목요연하게 제시하고 있다.

이 판결의 법리를 징계해고가 무효인 경우와 비교해볼 필요가 있다. 판례는 징계해고가 무효인 경우 엄격한 요건 하에 불법행위책임을 인정하고 있다. 일반적으로 사용자의 근로자에 대한 해고 등의 불이익처분이 정당하지 못하여 무효로 판단되는 경우에 그러한 사유만에 의하여 곧바로 그 해고 등의 불이익처분이 불법행위를 구성하지는 않는다. 그러나 사용자에게 부당해고 등에 대한 고의·과실이 인정되는 경우에는 불법행위가 성립되어 그에 따라 입게 된 근로자의 정신적 고통에 대하여도 이를 배상할 의무가 있다. 이에 해당하는 경우로는 사용자가 근로자에 대하여 징계해고 등을 할 만한 사유가 전혀 없는데도 오로지 근로자를 사업장에서 몰아내려는 의도하에 고의로 어떤 명목상의 해고사유 등을 내세워 징계라는 수단을 동원하여 해고 등의 불이익처분을 한 경우, 해고 등의 이유로 된 어느 사실이 취업규칙 등 소정의 징계사유에 해당되지 아니하거나 징계사유로 삼을 수 없는 것임이 객관적으로 명백하고, 또 조금만 주의를 기울였더라면 이와 같은 사정을 쉽게 알아 볼 수 있는데도 그것을 이유로 징계해고 등의 불이익처분을

한 경우를 들 수 있다.[7]

사적 단체의 구성원에 대하여 성별에 따른 차별처우를 한 경우에도 불법행위책임이 인정되려면 성별에 따른 차별처우를 하였다는 사실만으로는 부족하고 위에서 본 바와 같이 여러 사정을 고려하여 위법성이 인정될 수 있어야 할 것이다.

Ⅲ. 변호사 정보제공에 의한 인격권 침해

1. 대판(전) 2011. 9. 2, 2008다42430(공 2011, 1997)에서는 변호사의 신상정보, 인맥지수, 승소율을 제공한 것이 인격권을 침해하는 것인지 문제되었다. 사실관계는 다음과 같다.

(1) 피고(주식회사 로마켓아시아)는 이 사건 홈페이지(lawmarket.co.kr)를 운영하고 있는데, 여러 경로를 통하여 이 사건 개인신상정보(변호사들의 이름, 출생지, 성별, 사법시험 합격연도, 사법연수원 기수, 출신 학교, 법원·검찰 근무 경력 등의 정보)를 수집하였다.

(2) 피고는 이 사건 개인신상정보를 이용하여 특정 법조인 2명 사이에 개인정보 및 경력이 일치하는 경우 일정 점수를 부여하여 합산하는 방법으로 인맥지수를 산출하였다. 그 인맥지수에 반영되는 요소로는 출생지, 고등학교, 대학교, 대학원, 외국 대학교, 사법연수원, 법원·검찰청 근무 경력 등이 있으며, 같은 반영 요소 중에서도 피고가 정한 기준에 따라 반영 비율이 달라지기도 하고, 중복되는 경력 요소에는 가산

7) 대판 1993. 10. 12, 92다43586(공 1993, 3061); 대판 1993. 12. 21, 93다11463(공 1994, 488); 대판 1996. 4. 23, 95다6823(집 44-1, 민 402). 또한 대판 2010. 7. 29, 2007다42433(공 2010, 1728)은 "기간임용제 대학교원에 대한 학교법인의 재임용거부결정이 재량권을 일탈·남용한 것으로 평가되어 그 사법상 효력이 부정된다고 하더라도 이것이 불법행위를 구성함을 이유로 학교법인에게 재산적 손해배상책임을 묻기 위해서는 당해 재임용거부가 학교법인의 고의 또는 과실로 인한 것이라는 점이 인정되어야 한다."라고 하였다.

점이 부여되어 반영 비율이 높아지기도 한다. 피고는 인맥지수를 이용하여 '가까운 법조인 찾기', '두 사람의 관계 보기', '징검다리 인물 찾기' 등의 검색서비스를 유료로 제공하였다.

(3) 피고는 1993년부터 2005년까지 대법원 홈페이지의 '나의 사건검색' 서비스를 통하여 소송 약 3,500만 건에 대한 사건번호, 사건명, 소송대리인, 종국결과 등의 이 사건 사건정보를 수집하였다. 피고는 이 사건 사건정보를 이용하여 변호사별로 '승소율'을 산출하고, 분야별로 변호사의 '전문성 지수'를 산출하였으며, 위 전문성 지수를 토대로 각 변호사가 상대적으로 많이 취급한 분야의 사건비중 등을 산출하였다. 피고는 이 사건 홈페이지에서 이 사건 사건정보 및 승소율, 전문성 지수 등을 이용하여 '10년간 소송통계', '변호사 수행정보', '변호사 전문분야', '변호사 vs 변호사', '분야별 전문가', '분야/인맥 동시 검색' 등의 검색서비스를 유료로 제공하였다.

원고(선정당사자) 및 선정자들(이하 이들 모두를 '원고들'이라고 한다)은, 이 사건 개인신상정보 및 사건정보가 원고들이 갖는 자기정보통제권의 대상이 되는 정보에 해당하는데도, 피고는 원고들로부터 아무런 동의를 받지 않고 위 정보를 수집한 후 위 정보를 자의적으로 재처리하여 불특정 다수인에게 제공함으로써 원고들의 인격권 및 자기정보통제권을 침해하였으므로, 위와 같은 서비스에 대한 금지청구를 구하였다. 이에 대하여 피고는 이 사건 개인신상정보 및 사건정보가 이미 공개되어 있던 정보로서 법령상 수집이 금지되어 있지 않으므로 피고가 위법한 방법으로 정보를 수집하였다고 볼 수 없고, 피고는 이와 같이 공개되어 있던 정보를 체계적으로 수집 정리하여 제공한 것에 불과하므로 원고들의 어떤 권리도 침해한 바가 없으며, 피고의 서비스 제공으로 인하여 원고들이 어떠한 정신적 손해를 입었다고 볼 수 없다고 하였다.

2. 원심은 피고의 이 사건 인맥지수 서비스로 인하여 원고들의 자기정보통제권이 침해되었다고 보기 어렵다고 판단하였다. 그 이유는 다

음과 같다. ① 이 사건 개인신상정보는 다른 인터넷 포털사이트 혹은 언론사 홈페이지 등을 통하여 이미 불특정 다수인에게 공개되고 있는 정보일 뿐만 아니라 원고들의 사적이고 내밀한 영역에 대한 것이 아니라 원고들이 변호사로서 영위하는 공적 활동에 관련된 것으로 일반 법률수요자들이 변호사를 선택하기 위하여 최소한도로 제공받아야 할 개인적 및 직업적 정보이므로 이러한 정보의 공개에 대하여는 원고들이 수인할 의무가 있다고 보인다. ② 이 사건 인맥지수 서비스는 두 법조인의 관계를 분석하여 실제 친소관계를 밝혀내거나 이를 추정한 것이 아니라, 이 사건 개인신상정보를 조합하여 기계적으로 산출한 결과를 제공하는 것에 불과하므로, 이 사건 개인신상정보와는 별개의 새로운 가치를 갖는 정보를 창출·공개한 것이라고 보기 어렵다. ③ 피고는 이 사건 인맥지수 서비스를 제공하면서 그 산정 방식과 산정의 근거자료까지 함께 제공하고 있어 이용자들도 위 서비스를 그와 같은 의미로 받아들이고 이용할 것으로 보인다. ④ 이 사건 인맥지수 서비스는 특정인만을 검색결과로 보여주는 것이 아니라 인맥지수가 높은 순서에 따라 여러 사람을 검색결과로 보여주고, 또한 어느 법조인과 특정 법조인 사이의 인맥지수가 높게 나왔다는 결과만으로 그 특정 법조인의 인격이나 명예가 훼손되었다고 보기는 어렵다. ⑤ 이 사건 인맥지수 서비스로 인하여 변호사 시장의 공정한 수임질서가 실제로 해쳐졌다고 볼 아무런 자료가 없고, 공공질서가 해쳐질 위험이 있을 수 있다는 추상적인 우려만으로 헌법상의 표현의 자유 내지 영업의 자유를 제한하는 것은 기본권에 대한 과도한 제한으로서 헌법상 허용될 수 없다. 이와 같은 점 등을 고려할 때, 피고가 이 사건 개인신상정보를 기반으로 한 이 사건 인맥지수 서비스를 일반인에게 제공하는 것은 국민의 알 권리를 충족하고 피고의 표현의 자유로서 보장되어야 하는 영역에 속한다고 판단된다는 것이다.

그러나 원심은 피고가 이 사건 사건정보를 이용하여 승소율이나 전문성 지수 등을 제공하는 서비스는 원고들의 자기정보통제권을 침해하는 것으로서 허용될 수 없다고 판단하였는데, 다음과 같은 점을 고려하고 있다. 이 사건 사건정보는 원고들에 대한 개인정보로서 원칙적으로 원고들의 동의 없이 이용하는 것은 허용되지 않는다. 대법원이 그 홈페이지의 '나의 사건검색' 서비스를 통하여 정보를 공개하는 것은 정당한 이해관계인에 한하여 정보를 제공하고자 함에 근본 취지가 있는 것이지 누구에게나 제한 없이 공개함을 그 취지로 하고 있지 않는 등 피고가 위 정보를 수집하는 과정에 위법성이 인정된다. 피고가 이 사건 사건정보를 이용하여 산출한 승소율이나 전문성 지수 등은 원천 자료 및 산정 방식 등에서 정보 왜곡의 가능성을 내포하고 있을 뿐만 아니라 2005년 7월경 이후부터 위 승소율 등의 산출에 반영될 소송사건 정보를 추가 수집하지 못함으로써 국민의 알 권리를 충족하는 정보로서의 역할을 더 이상 하지 못하고 있다.

3. 대법원은 원고들과 피고의 상고를 받아들여 원심판결 중 금지청구 부분을 파기환송하였는데, 원심판결과는 달리 인맥지수 서비스를 제외하고는 피고의 행위가 위법하지 않다고 보았다. 다만 이와 같은 다수의견에 대하여 피고의 인맥지수 서비스 부분도 위법하지 않다는 반대의견과 이에 대한 보충의견이 있다.

(1) 대법원은 이 사건을 "정보주체의 동의 없이 그의 개인정보를 공개하는 것"으로 파악하고, 이 경우 인격적 법익[8]과 표현행위로 보호받을 수 있는 이익[9]이 충돌한다고 하면서 다음과 같은 일반론을 제시

8) 이 판결은 "일반적 인격권이나 사생활의 비밀과 자유를 정하고 있는 헌법상 기본권 규정 역시 민법의 일반규정 등을 통하여 사법상 인격적 법익의 보장이라는 형태로 구체화될 것이다. 그러므로 정보주체의 동의 없이 그의 개인정보를 공개하는 것이 그 정보주체의 인격적 법익을 침해하는 것으로 평가할 수 있다면 위법성이 인정된다."라고 한다.

9) 이 판결은 "다른 한편으로 알 권리 또는 표현의 자유를 보장하는 헌법상 기본권 규정도 민법상의 일반규정 등의 해석기준이 되어 사인간의 법률관계를 규율하게 된다. 이러한 측면에서 보면 개인정보라 하더라도 누군가가 정보주체인

한다. 즉,

"정보주체의 동의 없이 개인정보를 공개함으로써 침해되는 인격적 법익과 정보주체의 동의 없이 자유롭게 개인정보를 공개하는 표현행위로서 보호받을 수 있는 법적 이익이 하나의 법률관계를 둘러싸고 충돌하는 경우에는 ① 개인이 공적인 존재인지 여부, ② 개인정보의 공공성 및 공익성, ③ 개인정보 수집의 목적·절차·이용형태의 상당성, ④ 개인정보 이용의 필요성, ⑤ 개인정보 이용으로 인해 침해되는 이익의 성질 및 내용 등의 여러 사정을 종합적으로 고려하여, **개인정보에 관한 인격권의 보호에 의하여 얻을 수 있는 이익(비공개 이익)과 표현행위에 의하여 얻을 수 있는 이익(공개 이익)을 구체적으로 비교 형량하여, 어느 쪽의 이익이 더욱 우월한 것으로 평가할 수 있는지에 따라 그 행위의 최종적인 위법성 여부를** 판단하여야 한다."(번호는 필자가 임의로 부가한 것임).

(2) 대법원은 이 사건 사건정보, 승소율이나 전문성 지수 등에 대하여 다음과 같은 이유로 원고들의 인격권을 침해하는 위법한 행위에 해당하지 않는다고 한다.

"이상과 같은 원고들의 공적인 존재로서의 지위, 이 사건 사건정보의 공공성 및 공익성, 이 사건 사건정보를 이용한 승소율이나 전문성 지수 등의 산출방법의 합리성 정도, 승소율이나 전문성 지수 등의 이용의 필요성, 그 이용으로 인하여 원고들의 이익이 침해될 우려의 정도 등을 종합적으로 고려하면, 피고가 **이 사건 사건정보를 이용하여 승소율이나 전문성 지수 등을 제공하는 서비스를 하는 행위**는 그에 의하여 얻을 수 있는 법적 이익이 이를 공개하지 아니함으로써 얻을 수 있는 정보주체의 인격적 법익에 비하여 우월한 것으로 보여 원고들의 개인정보에 관한 인격권을 침해하는 위법한 행위로 평가하기는 어렵다."

다른 사람의 동의 없이 그 사람의 정보를 자유롭게 공개하는 등 표현행위의 대상으로 삼을 수 있는 법적 이익도 인정될 수 있다."라고 한다.

(3) 그러나 인맥지수 서비스에 관해서는 대법관들의 의견이 나뉘고 있다. 먼저 다수의견은 인맥지수 서비스의 문제점을 상세히 지적하고 다음과 같은 결론을 내린다.

> "이상과 같은 인맥지수의 사적·인격적 성격, 그 산출과정에서의 왜곡가능성, 그 이용으로 인한 원고들의 이익 침해와 공적 폐해의 우려, 그에 반하여 그 이용으로 인하여 달성될 공적인 가치의 보호 필요성 정도 등을 종합적으로 고려하면, 피고가 이 사건 개인신상정보를 기반으로 한 인맥지수를 공개하는 서비스를 제공하는 표현행위에 의하여 얻을 수 있는 법적 이익이 이를 공개하지 아니함으로써 보호받을 수 있는 원고들의 인격적 법익에 비하여 우월하다고 볼 수 없어, 결국 피고의 이 사건 인맥지수 서비스 제공행위는 원고들의 개인정보에 관한 인격권을 침해하는 위법한 것이다."

이에 대하여 대법관 박시환, 김능환, 양창수, 박병대의 반대의견은 다수의견이 인맥지수 서비스의 위법성을 인정한 근거에 대하여 반박하면서 다음과 같이 주장한다. 즉,

> "이 사건 개인신상정보의 성격, 인맥지수 산출방법의 합리성 정도, 인맥지수 이용의 필요성과 그 이용으로 달성될 공적인 가치의 보호 필요성 정도, 그 이용으로 인한 원고들의 이익 침해와 공적 폐해의 우려의 정도 등을 종합적으로 고려하면, 이 사건 개인신상정보를 기반으로 한 인맥지수 서비스 제공이 원고들의 개인정보에 관한 인격적 이익을 침해하는 위법한 행위라고 평가하기는 어렵다."

다수의견은 "위와 같이 산출된 인맥지수는 법조인 간의 친밀도라는 사적이고 인격적인 정보를 내용으로 하는 전혀 별개의 새로운 가치를 갖는 정보"이고, "이러한 인맥지수에 의하여 표현되는 법조인 간의 친밀도는 변호사인 원고들의 공적 업무에 대한 평가적 요소와는 무관

한 사적인 영역에 속하는 정보"라고 파악한다. 이에 반하여 반대의견은 "이 사건 개인신상정보는 이미 불특정 다수인에게 공개되어 있는 정보일 뿐만 아니라, 원고들의 사적이고 내밀한 영역에 대한 것이 아니라 원고들이 변호사로서 영위하는 공적 활동에 관련된 것으로 일반 법률수요자가 변호사를 선택하기 위하여 최소한도로 제공받아야 할 개인적 및 직업적 정보"라고 하고, 이러한 정보를 기초로 산출된 정보도 피고의 표현의 자유와의 이익형량 관계에서 상대적으로 그 보호가치가 높지 않다고 한다.

또한 다수의견은 인맥지수의 산출과정에서 왜곡가능성이 있고, 그 이용으로 인한 원고들의 이익 침해와 공적 폐해의 우려를 지적한다. 특히 "인맥지수 서비스가 통용된다면 위와 같은 일반의 그릇된 인식이 심화되고 결과적으로 재판이나 수사의 공정성에 대한 불필요한 의심이 조장될 우려가 크다."라고 하고, "인맥지수 서비스는 변호사의 공정한 수임질서를 저해할 우려"가 있다고 한다. 이에 반하여 반대의견은 피고의 인맥지수 산출과 표현방법이 표현의 자유의 보장범위를 넘어설 정도로 합리성을 잃지 않았다고 하고, 인맥지수 서비스로 인한 피고의 표현의 자유 내지 영업의 자유의 보장, 나아가 법률수요자 및 일반 국민의 알 권리의 보장 등의 공적 가치의 실현이라는 측면도 고려하고 있다.

반대의견에 대한 대법관 양창수, 박병대의 보충의견은 "이 사건 인맥지수 정보에 대하여 문제를 삼는 핵심은 분석요소의 비중에 따라 가중치를 두고 그렇게 산출된 합산수치를 기준으로 연고의 정도를 나타내는 대상자의 순위를 매긴 데에 있다."라고 하고, "그러나 이 부분은 궁극적으로 어떤 '사실'에 관한 정보라기보다는 서비스 개발자 및 제공자의 주관적 평가에 의한 '의견'을 드러낸 데 지나지 않는다. 의견의 제시는 표현의 자유의 본질적 보호영역에 속하는 것이고, 시장에서 그 의견의 효용성을 인정받아 이윤추구의 수단으로 활용하는 것은 영업의 자유를 실현하는 한 모습일 뿐"이라고 한다. 또한 "이 사건 인맥지수가 우리 사회의 병폐로 지적되는 연고주의를 조장하고 부추긴다거나 사법의 공정성에 대한 신뢰에 나쁜 영향을 주는 부작용"을 발생시킬 수 있으나, "그것은 원고(선정당사자)가 이 사건 청구의 근거로 주장하는 인격적 법익과는 전혀 다른 차원의 이야기"라고 하면서 "사회적 문제에 대한 고려 때문에 표현의 자유와 영업활동의 자유를 제한해야 한다면 그것은 원칙적으로 입법부나 행정부의 몫"이라고 한다.

4. 이 사건에서 피고가 제공하는 변호사들의 개인신상정보, 인맥지수 서비스, 사건정보 및 승소율, 전문성지수 등이 변호사들의 인격권, 특히 정보에 대한 자기결정권을 침해하는지 문제되고 있다. 원심과 대법원은 위에서 본 것처럼 정반대로 판단하고 있다. 대법원은 이 사건을 개인정보를 공개함으로써 침해되는 인격적 법익과 개인정보를 공개하는 표현행위로서 보호받을 수 있는 법적 이익이 충돌하고 있는 것으로 파악하고 있다. 이러한 경우에 여러 사정을 종합적으로 고려하는 이익형량을 통하여 해결하여야 한다. 그런데 다수의견과 반대의견은 이 사건에 대한 구체적인 판단 중에서 인맥지수 서비스 부분에 관해서는 견해가 대립하고 있다. 이 사건에서 이익형량을 하는 데 고려해야 할 요소를 차례대로 검토해보면 다음과 같다.

첫째, 개인이 공적인 존재인지 여부: 원고들은 변호사로서 적어도 변호사업무와 관련해서는 공적인 존재에 해당한다. 이 판결은 변호사를 '공적인 존재'로 파악하고 있다. 모든 변호사를 유명한 사람인지 여부와 무관하게 일률적으로 공적인 인물로 보고 그의 개인정보를 공개하는 것이 허용된다고 볼 수는 없다. 그렇다고 해서 변호사의 업무와 관련된 부분까지 무조건 사적인 영역에 속하는 것으로 볼 수도 없다. 우리나라에서는 변호사법의 규정, 변호사의 사회적 위치 등을 고려해 볼 때 변호사업무와 관련된 한도에서는 변호사를 공적인 존재로 볼 수 있을 것이다. 다만 변호사의 경우에도 사생활에 관한 부분은 일반인과 마찬가지로 보호를 받아야 한다.

둘째, 개인정보의 공공성 및 공익성: 이 사건 개인신상정보는 이미 불특정 다수인에게 공개되고 있는 정보이며, 원고들의 사적이고 내밀한 영역에 대한 것이 아니라 법률 수요자들이 변호사를 선택하기 위해 제공받아야 할 직업적 정보이므로 공공성과 공익성이 인정된다. 이 사건 사건정보는 변호사의 직무수행의 영역에서 형성된 공적 정보로서의 성격을 갖고 있다. 이 사건 사건정보를 이용하여 산출한 승소율이나 전문성지수 등도 공익성이 있는 정보에 해당한다. 인맥지수의 성격에 관해서는 다수의견과 반대의견이 대립하는데, 이 사건 개인신상정보를 가공하여 수치화한 것으로 사실을 기초로 한 평가라고 볼 수 있다. 이 사건 개인신상정보는 대부분 변호사들이 스스로 공개한 내용들이고, 일반적으로 그 정보를 공개하는 것이 허용되고 있다. 피고가 이와 같은 개인신상정보를 수치화하여 인맥지수를 만들었다고 해서 그 자체로 위법한 것으로 될 수는 없다. 오히려 인맥지수는 사실이라기보다는 의견 또는 평가라고 할 수 있으므로, 표현의 자유에 의하여 넓게 보호되어야 한다. 원고들의 인맥지수로 인하여 손해를 입었거나 그러한 위험이 있다면 이를 금지할 필요가 있으나, 이 사건에서 그와 같은 손해나 위험이 나타나있지 않다.

셋째, 개인정보 수집의 목적·절차·이용형태의 상당성: 이 사건에서 공개되어 있는 정보를 수집·가공하여 인터넷을 통하여 제공한 것이기 때문에, 개인정보 수집의 목적·절차·이용형태에서 개인정보를 위법하게 침해하였다고 볼 수 없다. 개인정보를 수집한 목적이 영업을 위한 것이라고 볼 수도 있지만, 개인정보를 가공하여 일반인들에게 변호사에 관한 정보를 폭넓게 제공하기 위한 목적도 있다. 따라서 개인정보 수집의 목적·절차·이용형태가 위법하다고 볼 수 없다.

넷째, 개인정보 이용의 필요성: 이 사건 개인신상정보 등은 일반 법률수요자가 변호사를 선택하기 위하여 필요한 정보로서 개인정보를 이용할 필요성이 있다.

다섯째, 개인정보 이용으로 인해 침해되는 이익의 성질 및 내용: 이 사건에서 문제되는 법익은 개인정보에 대한 자기결정권이다. 그런데 이 사건에서 문제되는 개인정보는 이미 공개되어 있는 것이기 때문에, 원고들의 개인정보자기결정권은 그 이용방법이 위법하지 않는 한 법적으로 보호받기 어려운 내용이다.

요컨대 위에서 본 여러 사정을 종합해보면 이 사건에서 개인정보에 관한 인격권의 보호에 의하여 얻을 수 있는 이익(비공개 이익)이 표현행위에 의하여 얻을 수 있는 이익(공개 이익)보다 크지 않다고 보아 그 위법성을 부정해야 할 것으로 생각한다.

5. 이 판결에서 “이 사건 인맥지수가 우리 사회의 병폐로 지적되는 연고주의를 조장하고 부추긴다거나 사법의 공정성에 대한 신뢰에 나쁜 영향을 주는 부작용”을 발생시킬 수 있다는 점을 들어 이 사건 인맥지수에 대한 금지청구권을 인정해야 할 것인지에 관하여 견해가 대립하고 있다. 이것은 공공의 이익을 근거로 사법상 청구권의 인정여부를 결정할 수 있는가라는 문제이다. 원칙적으로 이를 부정하는 의견에 찬성한다. 공익이 사법상의 청구권을 발생시키는 근거가 될 수는 없다. 개인의 이익이나 권리와 관련이 있는 한도에서 공익을 고려할 수는 있지만, 그것과 무관하게 독자적으로 공익에서 사법상의 청구권이 나올 수는 없다. 공익을 침해한 경우에 개인이 손해배상을 청구할 수 있도록 한다면 개인에게 공익을 귀속시키는 결과가 된다. 또한 개인이나 단체의 이익이나 권리를 침해한 경우에 일정한 요건을 충족한 한도에서 그 개인이나 단체가 사법상의 금지청구권을 행사할 수 있는 것이다. 따라서 공익을 침해하였다는 이유로 자신의 이익을 침해당하지 않는 사람에게 사법상의 금지청구권을 인정할 수는 없다.[10)]

10) 위 4.의 마지막 단락과 5. 부분은 이 글이 ‘민사재판의 제문제’에 처음 공간될 당시에 편집과정에서 누락되어 있다.

Ⅳ. 강행법규 위반

1. 법률에서 일정한 규정을 위반하는 법률행위의 효력을 정하고 있으면 그에 따른다. 그러나 강행법규인지 여부를 정하지 않고 있는 경우에는 강행법규 위반 여부를 판단하는 것이 매우 어렵다. 개별 규정마다 가령 법률에서 법률행위를 무효라고 정하고 있으면 그 법률행위를 유효라고 할 수 없다. 또한 법률에서 강행규정이라고 명시하고 있는 경우에 이에 위반한 계약은 무효이다. 그러나 대부분의 경우에 그러한 사법상의 효과에 관하여 규정을 두고 있지 않기 때문에, 그 구별이 어렵다. 효력규정·단속규정의 구별의 표준에 관해서도 일반적 원칙은 없다. 행정법규(특히 경찰행정법규)에는 단순한 단속규정에 지나지 않는 것이 많겠지만, 개별 규정마다 그 규정의 종류·성질·입법목적이 무엇인지, 법률행위를 유효·무효로 함으로써 생기는 사회경제적 영향이 어떠한지, 법규의 입법취지가 법규의 규정 내용 그 자체의 실현을 금지하고 있는지 아니면 단순히 그러한 행위를 하는 것을 금지하고 있는지, 위반행위에 대한 사회의 윤리적 비난이 어느 정도인지 등을 고려하여 개별적으로 판단하여야 한다.

강행규정을 판단하는 문제에 관하여 3개의 대법원 전원합의체 판결이 있다. 대판(전) 1975. 4. 22, 72다2161(집 23-1, 민 218)에서는 외국환관리법과 그 시행령에 있는 금지규정이 강행규정인지 문제되었는데, 대법원은 "외국환관리법에 의한 위의 규정들은 원래 자유로이 할 수 있었어야 할 대외거래를 국민경제의 발전을 도모하기 위하여 과도적으로 제한하는 규정들로서 단속법규라고 해석함이 타당"하다고 하면서, 외국환관리법의 위 금지규정을 위반한 법률행위를 무효라고 한다면, 거래의 안전을 심각하게 해치는 결과를 초래할 것이라는 점도 고려하고 있다. 대판(전) 1985. 11. 26, 85다카122(집 33-3, 민 177)에서는 당시 시행되던 상호신용금고법 제17조에 위반한 차입행위의 효력이 문제되었다. 다수의견에서는 "이러한 차입 등 채무부담의 제한규정은 단순한 단속법규가 아니라 효력법규로서 이에 위반한 채무부담행위는 무효"라고 판단하면서, 상호신용금고법의 입법취지, 위와 같은 개별적 차입행위의 거래상대방인 채권자의 이익보호보다도 일반서민 거래자의 이익보호가 우선되어야 한다는 점을 그 이유로 들고 있다. 그러나 반대의견은 위 규정을 "상호신용금고의 금융업무의 건실한 경영을 확보하고 계원 및 부금자등의 이익보호를 도모하기 위한 내부적인 제약규정으로 단속규정"이라고 하고, 내부적인 절차위반에 대하여는 금고임원에 대한 민사상의 책임과 벌칙에 의한 제재로서 그 실효를 거두어야 할 것이고 그 차입행위 자체를 무효로 볼 수는 없다는 것은 거래의 안전성 보호를 위하여도 당연한 해석이라고 하였다. 이 판결은 결국 효력규정에 해당하는지 여부를 이익형량을 통하여 결정하고 있다. 대판(전) 2007. 12. 20, 2005다32159(집 55-2, 민 373)는 부동산중개업법 관련 법령에서 정한 한도를 초과하여 부동산 중개수수료를 약정한 경우에 그 약정이 유효인지 문제되었는데, 대법원은 "부동산중개업법 관련 법령에서 정한 한도를 초과하는 부동산 중개수수료 약정은 그 한도를 초과하는 범위 내에서 무효"라고 판결하였다. 그 이유로 법률의 입법목적, 부동산 중개수수료에 대한 규제의 필요성, 경제적 이익의 귀속을 방지할 필요성을 들고 있다.

2. 대판 2011. 4. 21, 2009다97079(공 2011, 993)는 강행법규에 관한 또 하나의 전원합의체 판결을 추가하고 있다. 이 사건 임대사업자인 대한주택공사가 2000. 6. 5. 입주자모집공고를 하고 원고들과 임대차계약을 체결하였다. 그 후 임대의무기간이 경과하자 대한주택공사가 원고들에게 해당 임대주택을 우선분양전환하면서 임대주택법 등 관련 법령의 분양전환가격 규정을 위반하여 분양계약을 체결하였다. 원심이 구 임대주택법 등 관련 법령에서 정한 분양전환가격 산정기준을 위반한 가격으로 체결된 분양계약은 그 산정기준의 범위 내에서만 유효하고

이를 초과하는 부분은 무효로 보아야 한다고 판단하였는데, 대법원도 이를 지지하면서 다음과 같이 판단하였다.

"위와 같이 구 임대주택법 등 관련 법령은 임대주택의 건설을 촉진하고 국민주거생활의 안정을 도모함을 입법 목적으로 하고 있고, 그 목적 달성을 위해 임대사업자에게 각종 지원과 더불어 각종 제한을 부과하면서, 특히 임대의무기간 경과 후 무주택 임차인에게 임대주택의 우선분양전환권을 인정하고 분양전환가격의 산정기준을 상세히 규정함으로써 임대사업자가 자의적으로 분양전환가격을 정하는 것을 방지하고 합리적인 분양전환가격에 임대주택의 분양이 이루어지도록 하고 있다. 그런데도 임대사업자가 위와 같은 분양전환가격 산정기준에 기속되지 않는다고 해석하게 되면, 임대사업자가 임대의무기간이 경과한 후 임의로 분양전환가격 산정기준을 초과하여 분양전환가격을 정한 다음 임차인에게 그에 따라 분양계약을 체결할 것을 통고하고 이에 응한 임차인으로부터 분양전환가격 산정기준을 초과한 분양대금을 수령하여 이를 보유하는 것이 허용되게 되어 구 임대주택법 등 관련 법령의 입법 취지를 심하게 훼손할 뿐만 아니라, 만일 임차인이 구 임대주택법 등 관련 법령이 정한 분양전환가격 산정기준에 따를 것을 요구하면서 분양계약 체결을 거절할 경우 임대사업자가 이를 이유로 임차인의 우선분양전환권을 박탈하고 임대주택을 제3자에게 매각하여 그 시세 차익을 독점할 수 있게 되는 등 임대주택제도가 임대사업자의 경제적 이익을 위한 수단으로 변질될 우려도 있다.

이는 구 임대주택법의 입법 목적을 본질적으로 침해하는 것이므로, 이를 방지하고 구 임대주택법의 입법 목적을 달성하기 위해서는 구 임대주택법 등 관련 법령에 정한 분양전환가격 산정기준을 위반하여 임대주택을 분양전환한 임대사업자에게 형사적 처벌을 가하는 것만으로는 부족하고 그 산정기준을 위반하여 정한 분양전환가격에 의한 경제적 이익이 임대사업자에게 귀속되는 것을 금지시킬 필요가 있다. 분양전환가격 산정기준에 관한 구 임대주택법 등 관련 법령의 규정들은 강행법규에 해당한다고 보아야 하고, 그 규정들에서 정한 산정기준에 의한 금액을 초과한 분양전환가격으로 체결된 분양계약은 그 초과하는 범위 내에서 무효라고 할 것이다."11)

---

11) 이와 달리 임대주택법 시행규칙에서 정한 산정기준에 위배된 분양전환가격으

이 판결은 결국 분양전환가격 산정기준에 관한 구 임대주택법 등 관련 법령의 규정들은 강행법규에 해당한다고 보아야 하고, 그 규정들에서 정한 산정기준에 의한 금액을 초과한 분양전환가격으로 체결된 분양계약은 그 초과하는 범위 내에서 무효라고 한 것이다.

이 판결은 문제된 규정이 강행법규인지 여부를 판단하면서 법률의 입법 취지와 입법 목적, 경제적 이익의 귀속을 금지할 필요성이 있는지 여부를 고려하고 있다. 이는 위 1.에서 본 전원합의체 판결들의 연장선상에 있다고 볼 수 있다. 한편 위 1975년 대법원 전원합의체 판결은 문제된 규정을 단속규정이라고 하였지만, 위 1985년 전원합의체 판결 이래 이 판결까지 3개의 전원합의체 판결이 모두 문제된 규정을 강행규정이라고 판단하고 있다는 점도 주목할 필요가 있다. 이러한 경향은 긍정적으로 평가할 수 있다. 금지법규에 위반한 법률행위는 원칙적으로 무효라고 함으로써, 한 쪽에서는 규제하고 다른 쪽에서는 허용하는 모순을 가급적 억제하여야 할 것이다.[12]

V. 제척기간과 소멸시효의 관계

— 하자담보에 기한 매수인의 손해배상청구권이 소멸시효의 대상이 되는지 여부

1. 대판 2011. 10. 13, 2011다10266(공 2011, 2339)은 제척기간과

로 분양계약을 체결하였다는 사정만으로 그 사법상의 효력까지 부인된다고 할 수는 없고, 그 분양전환가격이 지나치게 높아서 임차인의 우선분양전환권을 사실상 박탈하는 것과 같은 정도에 이르러 임대주택법의 입법 목적을 본질적으로 침해하는 경우에만 위 규정에 위배되어 허용될 수 없다고 한 대판 2004. 12. 10, 2004다33605은 이 판결의 견해에 배치되는 범위에서 변경되었다.

12) 金載亨, "法律에 위반한 法律行爲," 民法論 Ⅰ, 박영사, 2004, 60-61면.

소멸시효의 관계에 관하여 중요한 판단을 하고 있다.

사안은 다음과 같다. 원고는 1998. 7. 21. A로부터 그 소유의 부동산을, 1998. 8. 29. 망 B로부터 그 소유의 부동산을 매수하는 계약을 체결하고, A 소유의 부동산에 대하여는 1998. 9. 14. B 소유의 부동산에 대하여는 1998. 10. 16. 원고 앞으로 소유권이전등기를 마쳤다. 원고는 이 사건 부동산을 C, D에게 매도하고, 그들은 이를 다시 E에게 매도하였는데, 그 후 E는 2006. 8. 초순 이 사건 부동산 지하에 폐콘크리트 9,221t과 건설폐토석 1,680t(이하 '이 사건 폐기물'이라 한다)이 매립되어 있는 것을 발견하고, 2006. 8. 7.경 원고에게 그 사실을 통지하였다. 원고는 E로부터 위와 같은 통지를 받은 직후인 2006. 8. 17.과 2006. 8. 23. 및 2006. 8. 31. 총 3회에 걸쳐 A와 B에게 이 사건 폐기물의 발견 사실과 A 및 B가 위 폐기물을 처리하여 줄 것과 미처리 시 손해배상을 청구할 예정이라는 내용의 내용증명우편을 발송하였다. E는 이 사건 폐기물을 처리한 후 원고를 상대로 2006. 11. 9. 그 처리비용 상당의 손해배상청구의 소를 제기하였고, 원고는 위 소송에서 1억 5,000만 원 및 그 지연손해금을 지급하라는 판결을 선고받자 2008. 10. 2. E에게 위 판결금 합계 166,764,765원을 지급하였으며, 위 판결은 2009. 1. 15. 확정되었다. 원고는 2009. 8. 7. A 및 B의 상속인들인 나머지 피고들에게 하자담보책임에 기한 손해배상으로서 원고가 이 사건 폐기물의 처리비용 상당액으로 E에 기지급한 금원의 배상을 구하는 이 사건 소를 제기하였다. 원심은, 이 사건 부동산에 대하여 계약이 체결된 1998. 7. 21. 내지 1998. 8. 29.경부터 소멸시효가 진행한다는 이유로 원고의 청구를 기각하였다. 원고가 상고하였으나, 대법원은 이를 기각하였는데, 하자담보에 기한 손해배상청구권의 소멸시효에 관하여 다음과 같이 판단하고 있다.

"매도인에 대한 하자담보에 기한 손해배상청구권에 대하여는 민법 제582조의 제척기간이 적용되고, 이는 법률관계의 조속한 안정을 도모하고자 하는 데에 그 취지가 있다. 그런데 하자담보에 기한 매수인의 손해배상청구권은 그 권리의 내용·성질 및 취지에 비추어 민법 제162조 제1항의 채권 소멸시효의 규정이 적용된다고 할 것이고, 민법 제582조의 제척기간 규정으로 인하여 위 소멸시효 규정의 적용이 배제된다고 볼 수 없으며, 이때 다른 특별한 사정이 없는 한 무엇보다도 매수인이 매매의 목적물을 인도받은 때부터 그 소멸시효가 진행한다고 해석함이 상당하다."

나아가 대법원은 이 사건에서 원고의 이 사건 하자담보에 기한 손해배상청구권은 원고가 A와 B로부터 이 사건 부동산을 인도받았을 것으로 보이는 1998. 9. 14. 내지 1998. 10. 16.부터 소멸시효가 진행된다고 하고, 원고는 그로부터 10년이 경과한 2009. 8. 7.에서야 A와 나머지 피고들에게 이를 구하는 이 사건 소를 제기하였으므로, 원고의 하자담보책임에 기한 손해배상청구권은 이 사건 소 제기 이전에 이미 소멸시효 완성으로 소멸되었다고 판단하였다.[13]

2. 매도인의 하자담보책임에 관하여 제582조에서 권리행사기간을 정하고 있다. 이 규정에 의하면 제580조와 제581조에 의한 권리는 매수인이 그 사실을 안 날로부터 6월내에 행사하여야 한다. 이 규정은 제척기간으로 이해되고 있다. 판례는 위 규정에서 정한 매도인의 하자담보책임에 관한 매수인의 권리행사기간은 재판상 또는 재판 외의 권리행사기간이고 재판상 청구를 위한 출소기간은 아니라고 한다.[14] 여기에서 재판 외에서의 권리행사는 특별한 형식을 요구하는 것이 아니므로 매수인이 매도인에 대하여 적당한 방법으로 물건에 하자가 있음을 통지하고, 계약의 해제나 하자의 보수 또는 손해배상을 구하는 뜻을 표시함으로써 충분하다고 한다.[15]

---

13) 대법원은 원심의 위 판단은 적절하다고 할 수 없으나, 원고의 하자담보책임에 기한 손해배상청구권이 이들 부동산을 인도받을 때를 기준으로 하더라도 소멸시효가 완성된 이상 원심의 위와 같은 잘못은 판결 결과에 영향이 없다고 하였다.
14) 대판 1985. 11. 12, 84다카2344(집 33-3, 민 108).
15) 대판 2003. 6. 27, 2003다20190(공 2003, 1621).

그런데 이 판결에서는 매수인이 매도인에 대한 하자담보에 기한 손해배상책임을 청구하는 경우에 이것이 소멸시효의 대상이 된다고 보고, 제582조의 권리행사기간에 관한 규정이 소멸시효의 적용을 배제하지 않는다고 한다. 이 사건에서 제582조의 권리행사기간이 도과되지 않았으므로, 이 판결에서 매수인의 손해배상청구권에 관하여 소멸시효가 적용되는지 여부는 이 사건을 해결하는 데 결정적인 쟁점이었기 때문에, 이 판결은 선례로서 중요한 의미가 있다.

3. 집합건물의 소유 및 관리에 관한 법률(이하 '집합건물법'이라 한다)에서 분양자의 담보책임과 관련하여 제척기간을 정하고 있는 규정이 있는데도 이와 별도로 소멸시효에 관한 규정이 적용되는지 여부에 관하여 다수의 대법원 판결들이 나오고 있다.

대판 2008. 12. 11, 2008다12439(공 2009, 24)는 "집합건물법 제 9 조는 건축업자 내지 분양자로 하여금 견고한 건물을 짓도록 유도하고 부실하게 건축된 집합건물의 소유자를 두텁게 보호하기 위하여 집합건물의 분양자의 담보책임에 관하여 민법상의 도급인[수급인]의 담보책임에 관한 규정을 준용하도록 함으로써 분양자의 담보책임의 내용을 명확히 하는 한편, 이를 강행규정화한 것으로서 집합건물법 제 9 조에 의한 책임은 분양계약에 기한 책임이 아니라 집합건물의 분양자가 집합건물의 현재의 구분소유자에 대하여 부담하는 법정책임이므로(…), 이에 따른 손해배상청구권에 대해서는 민법 제162조 제 1 항에 따라 10년의 소멸시효기간이 적용된다."라고 판단하였다.[16] 이것은 토지·건물 등에 대한 수급인의 담보책임에 관하여 제671조에서 그 존속기간을 정하고 있는데도 소멸시효기간이 적용된다고 함으로써, 제척기간과 소멸시효기간의 병행을 인정한 것이다. 특히 대판 2009. 6. 11, 2008다9246[17]

16) 동지: 대판 2009. 2. 26, 2007다83908(공 2009, 407). 이 판결은 나아가 "하자보수에 갈음한 손해배상청구권의 소멸시효기간은 각 하자가 발생한 시점부터 별도로 진행되는 것"이라고 하였다.

17) 종합법률정보.

은 "집합건물의 하자보수에 갈음한 손해배상채권의 소멸시효기간은 각 하자가 발생한 시점부터 별도로 진행하고(…), 민법 제671조 제1항의 제척기간은 인도한 때로부터 진행되는바, 만약 2007. 9. 11.로부터 역산하여 10년 내에 이 사건 각 하자가 발생하거나 이 사건 아파트가 인도된 것이 아니라면 위 손해배상채권은 소멸시효의 완성 또는 제척기간의 도과로 소멸하게 된다."라고 함으로써, 소멸시효기간과 제척기간이 별도로 진행된다는 것을 분명히 하였다.

청구권에 관한 제척기간을 정하고 있는 규정이 있는 경우에 소멸시효에 관한 규정이 적용되지 않는다는 견해가 있다.[18] 독일 민법에서는 명문의 규정으로 제척기간과 소멸시효기간을 정하고 있는 경우[19]가 있는데, 이와 같이 제척기간과 소멸시효기간이 병존한다는 규정이 없는 경우에는 소멸시효기간과 제척기간은 양립되지 않는다고 한다.

우리 민법에서 제척기간과 소멸시효의 관계에 관하여 명문의 규정을 두고 있지 않으므로, 이 문제는 해석에 의하여 해결할 수밖에 없다. 법률의 규정만을 보면, 제척기간을 정하고 있는 권리라고 하더라도 소멸시효에 걸릴 수 있다고 볼 수 있다. 가령 제162조 제1항은 "채권은 10년간 행사하지 아니하면 소멸시효가 완성한다."라고 정하고 있고, 제2항은 "채권 및 소유권 이외의 재산권은 20년간 행사하지 아니하면 소멸시효가 완성한다."라고 정하고 있는데, 위 규정에 포섭되는 채권 등 재산권에 관하여 제척기간에 관한 규정이 있는 경우에 소멸시효가 적용되지 않는다고 정한 규정이 없기 때문이다. 그렇다면 제척기간을 규정한 입법자의 의도, 입법취지, 법규정의 체계에 비추어 제척기간과 소멸시효는 양립할 수 없다고 보아야 하는지 문제된다. 이를 부정하는 견

18) 김진우, "청구권에 관한 제척기간과 소멸시효," 財産法硏究 제26권 3호(2010. 2), 22면.

19) 독일 민법 제651조의g는 제1항에서 여행자의 여행주최자에 대한 청구권에 관하여 제척기간을 정하고, 제2항에서 위 청구권의 소멸시효에 관하여 정하고 있다.

해가 있지만,[20] 이에 관해서 민법에 명시적인 규정을 두고 있지 않은 이상 논란이 있을 수밖에 없다.

이 판결에서 문제된 사안에 관해서 살펴보고자 한다. 이 사건에서 매수인인 원고는 매도인인 피고를 상대로 제580조의 하자담보책임에 기한 손해배상책임을 추궁할 수도 있고, 제390조의 채무불이행에 기한 손해배상책임을 추궁할 수도 있다. 대부분의 경우에는 하자담보책임의 권리행사기간이 먼저 도과되겠지만, 제582조에서 하자담보책임에 의한 권리는 "매수인이 그 사실을 안 날부터" 기산하도록 하고 있으므로, 이 기간이 계속 도래하지 않을 수 있다. 이와 같이 매도인의 하자담보책임에 관한 제척기간이 도과하지 않았더라도 채무불이행에 기한 손해배상책임에 관한 소멸시효가 완성되었다면, 그 후에는 매도인의 하자담보책임에 기하여 손해배상을 청구할 수 없다고 보아야 할 것이다.

4. 한편 이 판결은 매매의 목적물에 하자가 발생한 때부터가 아니라 매수인이 매매의 목적물을 인도받은 때부터 소멸시효가 진행한다고 보고 있다. 제166조 제1항은 "소멸시효는 권리를 행사할 수 있는 때로부터 진행한다."라고 정하고 있다. 여기서 "권리를 행사할 수 있는 때"라 함은 권리를 행사함에 있어 이행기의 미도래, 조건이 성취되지 아니한 정지조건부 권리와 같이 권리의 성질상 그 자체에 내재하는 장애, 즉 법률상의 장애가 없는 경우를 말하며 이러한 상태에 있어서 권리를 행사하지 아니할 때로부터 소멸시효는 진행하는 것이며, 권리자의 개인적 사정이나 법률적 지식의 부족, 권리의 존재의 부지 또는 채무자의 부재 등 사실상 장애로 권리를 행사하지 못한 경우라 하여 시효가 진행을 하지 아니하는 것은 아니라는 것이 판례이다.[21] 소멸시효의 기산점에 관하여 '법률상 장애/사실상 장애의 기초적인 구분기준'은 '구체적

20) 위 주 18.

21) 대판 1982. 1. 19, 80다2626(공 1982, 257); 대판(전) 1984. 12. 26, 84누572 (집 32-4, 특 462) 등 다수.

법률요건 및 법률효과로써 구성되는 법규칙'으로 적용되어 왔다.[22)]

이에 대해서는 몇 가지 예외적인 판결들이 있다. 가령 보험금청구권의 소멸시효에 관하여 원칙적으로 보험사고가 발생한 때로부터 진행하지만, 객관적으로 보아 보험사고가 발생한 사실을 확인할 수 없는 사정이 있는 경우에는 보험금액청구권자가 보험사고의 발생을 알았거나 알 수 있었던 때로부터 보험금액청구권의 소멸시효가 진행한다고 한다.[23)] 또한 법인의 이사회결의가 부존재함에 따라 발생하는 제 3 자의 부당이득반환청구권처럼 법인이나 회사의 내부적인 법률관계가 개입되어 있어 청구권자가 권리의 발생 여부를 객관적으로 알기 어려운 상황에 있고 청구권자가 과실 없이 이를 알지 못한 경우에는 이사회결의부존재확인판결의 확정과 같이 객관적으로 청구권의 발생을 알 수 있게 된 때로부터 소멸시효가 진행된다고 한다.[24)]

소멸시효의 기산점에 관하여 법률적 장애가 없는 경우에 소멸시효가 진행하고 사실적 장애가 있는지 여부는 문제되지 않는다는 '법률적 장애/사실적 장애 이분론'에 대해서는 논란이 있다.[25)] 부동산 매수인이 목적물을 인도받기 전에는 목적물의 하자로 인한 손해배상책임을 청구할 수 없다고 보아야 할 것이므로, 제166조 제 1 항에서 정한 "권리를 행사할 수 있는 때"에 해당한다고 볼 수 없다. 여기에서 나아가 과연

22) 대판 2010. 5. 27, 2009다44327(공 2010, 1233).

23) 대판 1993. 7. 13, 92다39822(집 41-2, 민 189).

24) 대판 2003. 4. 8, 2002다64957, 64964(공 2003, 1079).

25) 다수설에 관해서는 郭潤直 편, 民法注解(Ⅲ), 박영사, 1992, 461면 이하(尹眞秀 집필); 金龍潭 편, 註釋 民法[總則(3)], 제 4 판, 한국사법행정학회, 2010, 572면 이하(이연갑 집필) 참조. 판례의 문제점을 지적하거나 비판적인 견해로는 金學東, "消滅時效의 起算點에 관한 판례분석," 民法의 課題와 現代法의 照明(耕巖 洪天龍博士華甲紀念), 1997, 98면; 김제완, "국가권력에 의한 특수유형 불법행위에 있어서 손해배상청구권의 소멸시효," 人權과 正義 제368호(2007. 4), 61면 이하; 권영준, "소멸시효와 신의칙," 財産法硏究 제26권 1호(2009. 6), 17면 이하; 조용환, "역사의 희생자들과 법: 중대한 인권침해에 대한 소멸시효의 적용문제," 법학평론 제 1 호(2010. 9), 20면 이하.

이 사건과 같이 매수인이 목적물을 인도받았다고 하더라도 여전히 폐기물이 매립되어 있다는 것을 알 수 없는 경우에는 권리를 행사할 수 없었다고 볼 수 있다. 그런데도 매수인이 권리를 행사할 수 있다고 보아 소멸시효의 완성을 인정하는 것이 타당할까? 이 판결의 구체적인 판단을 보면, 원고는 이 사건 폐기물이 매립되어 있는 부동산의 중간매도인으로서 최종 매수인(이 사건에서 E)에게 손해를 배상해 주었으나, 그 사이에 원고의 매도인이나 그 상속인들에 대한 손해배상청구권은 시효로 소멸하였다. 이 사건에서 최종 매수인이 원고를 상대로 손해배상을 청구했을 때 원고도 피고들을 상대로 손해배상청구의 소를 제기할 수 있었다고 볼 수 있다. 그러나 폐기물이 그보다도 늦게 발견된 때에는 폐기물의 존재를 모르는 상태에서 소멸시효가 완성될 수 있다. 이와 같은 문제를 해결하기 위하여 소멸시효의 기산점에 관한 판례를 수정하는 방안을 생각해 볼 수 있을 것이다.

5. 민법은 매도인의 담보책임에 관하여 제척기간을 정하고 있는데, 입법론으로서는 독일 민법 제477조, 제490조와 같이 이를 소멸시효기간으로 정하는 것이 바람직할 것이다. 채무불이행으로 인한 손해배상책임의 경우에는 소멸시효기간만이 적용된다. 매도인의 담보책임의 법적 성질을 채무불이행책임으로 보고 있는데, 이 경우에 굳이 제척기간을 정할 이유를 찾기 어렵다. 또한 매도인의 담보책임에서 제척기간과 소멸시효기간의 기산점을 달리할 필요성도 없다. 매도인의 담보책임에 관하여 제척기간을 정함으로써 제척기간과 소멸시효의 관계에 관한 혼란만을 초래하고 있다. 매도인의 담보책임의 효과로 손해배상책임뿐만 아니라 해제권이나 대금감액의 효과가 발생하는데, 이와 같은 형성권은 소멸시효에 걸리지 않는다고 생각할 수 있으나, 형성권에 대해서도 법률의 규정으로 소멸시효를 정할 수 있을 것이다.

Ⅵ. 동산의 이중양도

1. 대판(전) 2011. 1. 20, 2008도10479(공 2011, 482)[26]는 형사판결이지만, 민법과 밀접한 관련이 있기 때문에 여기에서 민법과 관련되는 부분을 중심으로 다루고자 한다. 이 판결에는 다수의견 외에도 반대의견과 보충의견들이 상세하게 논거를 제시하고 있는데, 민법과 관련되는 한도에서 간략하게 다루고자 한다.

이 사건 공소사실은 피고인이 이 사건 인쇄기를 A에게 135,000,000원에 양도하기로 하여 그로부터 1, 2차 계약금 및 중도금 명목으로 합계 43,610,082원 상당의 원단을 제공받아 이를 수령하였는데도 그 인쇄기를 자신의 채권자인 B에게 기존 채무 84,000,000원의 변제에 갈음하여 양도함으로써 동액 상당의 재산상 이익을 취득하고 A에게 동액 상당의 손해를 입혔다는 것이다. 원심은 피고인이 이 사건 동산매매계약에 따라 A에게 이 사건 인쇄기를 인도하여 줄 의무는 민사상의 채무에 불과할 뿐 타인의 사무라고 할 수 없으므로 위 인쇄기의 양도와 관련하여 피고인이 타인의 사무를 처리하는 자의 지위에 있다고 볼 수 없다는 이유로, 피고인에 대하여 무죄를 선고하였다. 대법원도 검사의 상고를 기각하고 원심판결을 지지하였다. 다수의견은 배임죄에서 '타인의 사무를 처리하는 자'에 관한 기존의 판례법리[27]를 요약한 후 다음

---

26) 이 판결에 대한 재판연구관의 평석으로는 신종열, "동산의 이중매매와 배임죄," 사법 제16호(2011. 6), 273면 이하.

27) "배임죄는 타인의 사무를 처리하는 자가 그 임무에 위배하는 행위로 재산상 이익을 취득하여 사무의 주체인 타인에게 손해를 가함으로써 성립하는 것이므로 그 범죄의 주체는 타인의 사무를 처리하는 지위에 있어야 한다. 여기에서 '타인의 사무를 처리하는 자'라고 하려면 당사자 관계의 본질적 내용이 단순한 채권관계상의 의무를 넘어서 그들 간의 신임관계에 기초하여 타인의 재산을 보호 내지 관리하는 데 있어야 하고, 그 사무가 타인의 사무가 아니고 자기의 사무라면 그 사무의 처리가 타인에게 이익이 되어 타인에 대하여 이를 처리할 의무를 부담하는 경우라도 그는 타인의 사무를 처리하는 자에 해당하지 아니한다(대법원 1976. 5. 11. 선고 75도2245 판결, 대법원 1987. 4. 28. 선고 86도2490 판결,

과 같이 판단하고 있다.

> "이 사건 매매와 같이 당사자 일방이 재산권을 상대방에게 이전할 것을 약정하고 상대방이 그 대금을 지급할 것을 약정함으로써 그 효력이 생기는 계약의 경우(민법 제563조), 쌍방이 그 계약의 내용에 좇은 이행을 하여야 할 채무는 특별한 사정이 없는 한 '자기의 사무'에 해당하는 것이 원칙이다. **매매의 목적물이 동산일 경우, 매도인은 매수인에게 계약에 정한 바에 따라 그 목적물인 동산을 인도함으로써 계약의 이행을 완료하게 되고 그때 매수인은 매매목적물에 대한 권리를 취득하게 되는 것이므로, 매도인에게 자기의 사무인 동산인도채무 외에 별도로 매수인의 재산의 보호 내지 관리 행위에 협력할 의무가 있다고 할 수 없다.** 동산매매계약에서의 매도인은 매수인에 대하여 그의 사무를 처리하는 지위에 있지 아니하므로, 매도인이 목적물을 매수인에게 인도하지 아니하고 이를 타에 처분하였다 하더라도 형법상 배임죄가 성립하는 것은 아니다."

이에 대해서는 반대의견이 있고, 다수의견에 대한 2개의 보충의견과 반대의견에 대한 보충의견이 있다.

2. 이 사건에서 동산의 이중양도에서 매도인이 '타인의 사무를 처리하는 자'로 볼 수 있는지 문제되고 있다.

대법원의 확립된 판례는 부동산의 매매에서 매도인이 중도금을 수령한 이후에 매매목적물을 제3자에게 처분하는 행위가 매수인을 위한 등기협력의무에 위배하는 것으로 배임죄에 해당한다고 하고 있다. 그런데 다수의견은 동산을 이중으로 양도한 경우에는 부동산의 경우와는 달리 매도인에게 "매수인의 재산의 보호 내지 관리 행위에 협력할 의무"가 있다고 볼 수 없다는 이유로 배임죄의 성립을 부정한다.

그러나 대법관 안대희, 차한성, 양창수, 신영철, 민일영의 반대의견은 부동산 이중매매에서 확립된 위와 같은 대법원의 판례가 동산 이중

대법원 2009. 2. 26. 선고 2008도11722 판결 등 참조)."

매매의 경우에도 적용된다고 한다. 그 이유는 다음과 같다. 첫째, 매매계약에서 매매목적물이 부동산이든 동산이든 매매목적물에 대한 권리의 변동은 당사자 간의 합의와 공시방법의 구비에 의하여 발생한다는 점에서 그 법적 구조가 동일하고 다만 그 공시방법이 각기 등기 또는 인도라는 점에서 차이가 있을 뿐이다. 둘째, 부동산매매에서 매도인이 등기에 필요한 서류를 매수인에게 교부하고 매수인이 그 서류를 이용하여 등기를 신청하는 것과 마찬가지로 동산매매에서도 매도인이 목적물을 인도하기 위해서는 매도인과 매수인 사이의 협력이 필요하다는 점에서 차이가 없다. 셋째, 특정물인 동산의 매매에서 중도금을 교부하여 그 계약이 계약의 내용에 좇아 이행될 것으로 기대하는 매수인의 신뢰를 형법적으로 보호해야 할 필요성은 부동산의 경우와 다르지 않다.

다수의견에 대한 대법관 김지형, 이홍훈, 김능환의 보충의견(이하 '제1보충의견'이라 한다)은 "판례가 부동산의 이중매매행위가 배임죄를 구성한다고 본 것은 종래 물권변동에 관하여 의사주의를 채택한 의용민법 아래에서 부동산의 이중매매를 범죄시 해오던 태도를 물권변동에 관하여 형식주의로 전환한 현재의 법제 아래에서도 그대로 유지한 결과 그 적용법조를 배임죄로 바꾸어 계속 처벌하려고 한 것으로 보이고, 이는 부동산의 이중매매에 관한 기존 판례가 처음부터 민사법의 기본원리와 어긋나게 배임죄에 관한 형벌법규를 해석한 것이라는 비판에 직면할 근거가 될 수 있다."라고 한다. 또한 다수의견에 대한 대법관 전수안의 보충의견은 "부동산등기절차의 고유한 특성을 매개로 타인의 재산 보호 내지 관리를 위한 협력의무의 존재를 긍정한 기존 판례의 취지를 감안하면 그와 같은 내용의 협력의무를 상정하기 어려운 동산매매의 경우에 매도인은 매수인의 사무를 처리하는 자에 해당하지 않는다고 보는 것이 단순한 채무불이행은 배임죄를 구성하지 않는다는 기본 법리에 보다 충실한 법해석"이라고 한다.

반대의견에 대한 대법관 안대희, 양창수, 민일영의 보충의견은 우리나라에서 "매수인을 보호하기 위하여 매도인의 이중양도 자체가 아예 일어나지 않도록 조치하는 것, 그리하여 그 금압의 수단으로 배임죄의 형사적 제재를 시인하는 것은 쉽사리 이해할 수 있는 일"이라고 하면서 매우 상세한 이유를 들어 보충의견들을 반박한다. 결국 매매에서 매도인의 의무의 구조는 그 목적물이 부동산이든 동산이든 전혀 다를 바 없고, 이중매매에 대하여 배임의 죄책을 인정하는 것이 그러한 의무의 위반행위 중 일정한 양태에 대한 형사법적 평가라고 한다면, 이에 관하여 부동산과 동산을 달리 취급할 이유는 없다는 것이다.

3. 위에서 본 대법관의 의견 중에는 부동산의 이중양도를 배임죄로 처벌하는 기존의 판례법리에 반대하는 견해는 없다. 다만 제1보충의견은 위 판례법리에 '법리적으로 오류'가 있으나, '판례법리가 오랫동안 판례법으로 굳어진 마당에 이를 정면으로 부정하는 입장을 택하기 어려운 측면이 있다'고 한다.

그렇다면 부동산 매도인의 의무와 동산 매도인의 의무를 다르게 취급할 것인지 문제된다. 이 문제에 관하여 반대의견, 보충의견들에서 공방을 벌이고 있지만, 반대의견에 대한 보충의견에서 상세히 설명하고 있듯이 양자를 다르게 취급할 근거는 없다. 매도인은 매수인에게 목적물의 소유권을 이전할 의무가 있다. 부동산 매도인의 경우에는 소유권이전등기를 이전하여야 하고, 동산 매도인의 경우에는 동산을 인도하여야 한다. 의용민법에서와 같이 당사자의 약정에 의하여 소유권이 이전되는 의사주의를 채택하는 경우에는 당사자의 약정에 의하여 소유권이 이전되지만, 매도인은 매수인에게 소유권이전등기를 하거나 동산을 인도함으로써 소유권을 온전히 행사할 수 있도록 할 의무를 부담한다. 따라서 매도인이 매수인으로 하여금 소유권을 취득하지 못하도록 하거나 매수인이 취득한 소유권을 박탈하는 결과를 초래하는 행위를 하는 것은 허용되지 않는다.

제1보충의견에서는 부동산의 이중양도를 배임죄로 처벌하는 것이

잘못되었다는 전제에서 현단계에서 이에 관한 판례법리를 바꿀 수 없으니, 동산의 이중양도라도 배임죄의 처벌대상에 포함시키지 않도록 하여야 한다고 판단한 것으로 보인다. 그러나 유사한 문제를 다르게 취급하는 것은 형평에 맞지 않는다. 같은 것은 같게, 다른 것은 다르게 다루어야 한다. 부동산의 이중양도, 채권의 이중양도 등 유사한 문제를 배임죄로 처벌하면서 동산의 이중양도에 관해서만 배임죄의 처벌대상에서 배제할 만한 '차이'를 찾을 수 없다.

Ⅶ. 계약 당시 예견할 수 있었던 장애사유의 불고지로 인한 채무불이행책임

대판 2011. 8. 25, 2011다43778(공 2011, 1932)에서는 계약 당시 예견할 수 있었던 장애사유를 고지하지 않은 경우 채무불이행책임을 지는지 여부가 문제되었다. 아파트건설업자인 피고는 아파트의 사전분양 공고 및 분양계약 체결 당시 장차 아파트 부지에 대한 문화재발굴조사가 진행되어 유적지 발견에 따른 현지 보존결정이 내려짐으로써 아파트 건설사업이 불가능하게 되거나 그 추진·실행에 현저한 지장을 가져올 가능성이 있음을 충분히 알았다. 그런데도 분양 공고문이나 분양계약서에 문화재 조사결과에 따라 사업계획 자체의 폐지나 그 부지가 변경될 수 있는 가능성에 관하여는 구체적인 언급이 없었다. 그 후 피고는 발굴조사가 완료되기 전에 이 사건 아파트 공사를 착공하였는데, 그로부터 얼마 후 이 사건 아파트 부지에서 고려시대 저택 유구가 발견되자 중앙문화재위원회는 문화재지도위원들의 의견에 따라 그 원형보존의 가치와 필요성을 인정하여 최종적으로 이 사건 아파트 부지에 대하여 현지 원형보존 결정을 하였고, 이에 따라 이 사건 아파트는 당초의 부지에 건축하는 것이 불가능하게 되었다. 원심은 이 사건 아파트의 분양계약에 따른 아파트 공급의무를 이행할 수 없게 된 데 대하여 그 귀책사유가 피고에게 있다고 판단하였는데, 대법원도 다음과 같은 이유를 들어 이를 지지하였다

> "계약당사자 일방이 자신이 부담하는 계약상 채무를 이행하는 데 장애가 될 수 있는 사유를 계약을 체결할 당시에 알았거나 예견할 수 있었음에도 이를 상대방에게 고지하지 아니한 경우에는, 비록 그 사유로 말미암아 후에 채무불이행이 되는 것 자체에 대하여는 그에게 어떠한 잘못이 없다고 하더라도, 상대방이 그 장애사유를 인식하고 이에 관한 위험을 인수하여 계약을 체결하였다거나 채무불이행이 상대방의 책임 있는 사유로 인한 것으로 평가되어야 하는 등의 특별한 사정이 없는 한, 그 채무가 불이행된 것에 대하여 귀책사유가 없다고 할 수 없다. 그것이 계약의 원만한 실현과 관련하여 각각의 당사자가 부담하여야 할 위험을 적절하게 분배한다는 계약법의 기본적 요구에 부합한다."

이 판결은 계약당사자 일방이 자신의 계약상 채무 이행에 장애가 될 수 있는 사유를 계약 체결 당시 알았거나 예견할 수 있었음에도 이를 상대방에게 고지하지 않은 경우, 원칙적으로 채무불이행에 대하여 귀책사유가 인정된다고 하되, 다만 그 예외로 두 가지 사유를 들고 있다. 하나는 상대방이 그 장애사유를 인식하고 이에 관한 위험을 인수하여 계약을 체결하였는지 여부이고, 다른 하나는 채무불이행이 상대방의 책임 있는 사유로 인한 것으로 평가되어야 하는 경우를 들고 있다.

이 판결은 고지의무 위반을 채무불이행책임으로 파악하고 있다는 점도 주목할 필요가 있다. 종래 대법원 판결에서 매매계약의 당사자가 고지의무를 위반한 경우에 그 법적 성질이 채무불이행책임인지 불법행위책임인지 명확히 밝히지 않거나 불법행위책임을 인정하는 경우가 많다.[28] 그러나 계약을 체결한 당사자가 계약 체결 당시 또는 그 이행과

---

28) 가령 대판 2006. 10. 12, 2004다48515.

정에서 고지의무 또는 정보제공의무를 이행하지 않은 경우에 채무불이행책임이 성립할 수 있다고 보아야 한다.[29)]

한편 제537조, 제538조에서 위험부담에 관한 규정을 두고 있고, 판례에서도 위험의 분담에 관하여 언급하고 있는 사례들이 있다.[30)] 이 판결은 "계약의 원만한 실현과 관련하여 각각의 당사자가 부담하여야 할 위험을 적절하게 분배한다."라는 것이 계약법의 기본적 요구라고 한다. 계약의 당사자가 자신의 계약상 채무 이행에 장애가 될 수 있는 사유를 계약 체결 당시 알았거나 예견할 수 있는 경우에는 이를 상대방에게 고지하여야 할 의무가 있다고 볼 수 있으나, 상대방이 그와 같은 장애사유에 관한 위험을 인수하였다면 위와 같은 사유를 고지하지 않았다고 하더라도 귀책사유를 인정할 수 없을 것이다.

Ⅷ. 낙찰자 선정 후 본계약 체결 불응에 따른 손해배상의 범위

1. 대판 2011. 11. 10, 2011다41659(공 2011, 2544)는 입찰절차에서 낙찰자를 선정한 후 본계약 체결을 불응하는 경우 손해배상의 범위에 관하여 판단하고 있다.

> "공사도급계약의 도급인이 될 자가 수급인을 선정하기 위해 입찰절차를 거쳐 낙찰자를 결정한 경우 입찰을 실시한 자와 낙찰자 사이에는

---

29) 계약이 체결된 경우에 설명의무 위반을 채무불이행의 한 유형인 부수의무위반으로 파악할 수 있다. 郭潤直 편, 民法注解(Ⅸ), 박영사, 1995, 390면(梁彰洙 집필); 金載亨, "分譲廣告와 契約," 民法論 Ⅳ, 박영사, 2011, 113면.

30) 가령 대판 2010. 2. 25, 2009다22778(공 2010, 634)은 "채권자인 원고에 대하여 보증인으로서 보증채무를 이행하여야 할 지위에 있는 피고로서는 자신의 보증금지급채무가 발생하였는지 여부를 이 사건 보증계약에서 정하여진 대로 원고가 제출하는 관련 서류 등을 검토함으로써 스스로 판단하여야 할 것이고, 그 판단에 관한 위험은 보증인 자신이 부담하여야 한다."라고 하였다.

도급계약의 본계약 체결의무를 내용으로 하는 예약의 계약관계가 성립하고, 어느 일방이 정당한 이유 없이 본계약의 체결을 거절하는 경우 상대방은 예약채무불이행을 이유로 한 손해배상을 청구할 수 있다. 이러한 손해배상의 범위는 원칙적으로 예약채무불이행으로 인한 통상의 손해를 한도로 하는데, 만일 입찰을 실시한 자가 정당한 이유 없이 낙찰자에 대하여 본계약의 체결을 거절하는 경우라면 낙찰자가 본계약의 체결 및 이행을 통하여 얻을 수 있었던 이익, 즉 이행이익 상실의 손해는 통상의 손해에 해당한다고 볼 것이므로 입찰을 실시한 자는 낙찰자에 대하여 이를 배상할 책임이 있다."

또한 이 판결은 손해액을 산정할 때 고려해야 할 요소를 상세히 들고 있다. 원심은 원고가 이 사건 입찰에 참가하기 위해 건축사사무소에 작성을 의뢰하여 받은 내역서의 일부인 공사원가계산서에 이윤으로 기재된 금액을 그대로 본계약의 체결 및 이행으로 얻을 수 있었던 이익으로 인정하였다. 대법원은 이 부분을 파기하면서 "낙찰자가 본계약의 체결 및 이행을 통하여 얻을 수 있었던 이익은 일단 본계약에 따라 타방 당사자로부터 지급받을 수 있었던 급부인 낙찰금액"이지만, "본계약의 체결과 이행에 이르지 않음으로써 낙찰자가 지출을 면하게 된 직·간접적 비용은 그가 배상받을 손해액에서 당연히 공제되어야" 한다고 하였다. 나아가 "법원은 본계약 체결의 거절로 인하여 낙찰자가 그 이행과정에서 기울여야 할 노력이나 이에 수반하여 불가피하게 인수하여야 할 사업상 위험을 면하게 된 점 등 여러 사정을 두루 고려하여 객관적으로 수긍할 수 있는 손해액을 산정하여야 한다."라고 하였다.

2. 입찰과정에서 본계약을 체결하기 전의 법률관계가 문제되는 경우가 많다. 이 판결은 공사도급계약에 관한 입찰절차에서 낙찰자가 결정된 경우의 법률관계를 분명하게 밝히고 상대방이 본계약의 체결을 거절하는 경우 손해배상의 범위와 그 산정에 관하여 명확하게 법리를 선언하고 있다는 점에서 의미 있는 판결이다.

공사도급계약에 관한 입찰절차에서 낙찰자가 결정된 경우 입찰자와 낙찰자 사이에 예약의 계약관계가 성립하고, 한 쪽이 본계약 체결을 거절하는 경우 상대방은 예약채무불이행으로 인한 손해배상책임을 진다. 이러한 손해배상의 범위에는 채무불이행으로 인한 손해배상의 경우와 마찬가지로 민법 제393조에 따라 통상손해와 특별한 사정으로 인한 손해가 포함될 것이다. 이 판결은 손해배상의 범위에 관하여 원칙적으로 예약채무불이행으로 인한 통상의 손해를 한도로 한다고 하였는데, 특별한 사정으로 인한 손해도 예견가능성이 있는 한 손해배상의 범위에서 배제되지는 않을 것이다. 한편, 이 판결은 "입찰을 실시한 자가 정당한 이유 없이 낙찰자에 대하여 본계약의 체결을 거절하는 경우라면 낙찰자가 본계약의 체결 및 이행을 통하여 얻을 수 있었던 이익, 즉 이행이익 상실의 손해는 통상의 손해에 해당한다."라고 하고 있다. 그러나 입찰과정에서 본계약의 체결을 거절함으로써 발생하는 이행이익 상실의 손해는 특별한 사정으로 인한 손해에 해당하는 경우도 있을 것이다. 채무불이행의 경우에 이행이익 상실의 손해가 통상의 손해에 해당하는 경우도 있고 특별한 사정으로 인한 손해에 해당하는 경우도 있는데, 본계약의 체결을 거절하는 경우에도 이와 동일하게 볼 수 있기 때문이다. 이와 같이 본계약의 체결을 거절함으로써 발생하는 이행이익 상실의 손해가 특별한 사정으로 인한 손해에 해당하는 경우에는 예견가능성이 있는 한도에서 손해배상의 범위에 포함될 것이다.

Ⅸ. 상속의 포기가 사해행위취소의 대상인지 여부

1. 대판 2011. 6. 9, 2011다29307(공 2011, 1376)은 상속의 포기가 사해행위취소의 대상이 되지 않는다고 판단하였다.

원고는 A를 상대로 2억 8천만 원 및 그에 대한 지연손해금의 지급을 구하는 소를 제기하여 2007. 10. 23. 승소판결을 받았고, 그 판결은 그 무렵 확정되었다. 한편 A와 피고들의 어머니인 망 B가 2009. 12. 4. 사망하였다. 그러자 망인의 공동상속인 중 A는 상속포기기간 동안인 2010. 1. 28. 서울가정법원에 상속포기의 신고를 하였고, 위 신고는 2010. 3. 15. 위 법원에 의하여 수리되었다. A를 제외한 나머지 공동상속인인 피고들은 위 상속포기의 신고와 같은 날인 2010. 1. 28. A를 제외한 채 망인의 상속재산인 이 사건 부동산의 망인 소유 지분(이하 '이 사건 상속재산'이라고 한다)에 관하여 상속재산분할협의를 한 다음 2009. 12. 4.자 협의분할로 인한 재산상속을 원인으로 하여 각 지분소유권이전등기를 마쳤다. 원고는 이미 채무초과상태에 있던 A가 2009. 12. 4. 공동상속인들인 피고들과 사이에 이 사건 상속재산 중 자신의 상속분에 관한 권리를 포기하는 내용으로 행한 상속재산분할협의는 채권자인 원고를 해하는 사해행위에 해당하므로 취소되어야 하고, 그 원상회복으로 피고들은 위 각 지분소유권이전등기의 말소등기절차를 이행할 의무가 있다고 주장하였다.

원심은 A의 법정상속분에 상당하는 지분을 포함하여 이 사건 상속재산 전부에 관하여 A를 제외한 피고들 앞으로 위 각 지분소유권이전등기가 행하여진 것은 A가 상속을 포기함으로써 그가 처음부터 상속인이 아니게 된 데서 연유한 것으로서 이를 원고의 주장과 같이 A와 피고들 사이에서 A가 자신의 상속분에 관한 권리를 포기하는 내용으로 상속재산분할협의를 한 결과로 볼 수 없다고 전제한 다음, 나아가 상속의 포기는 사해행위 취소의 대상이 된다고 할 수 없다는 이유로 원고의 청구를 기각하였다. 원고가 상고하였으나, 대법원은 다음과 같은 이유로 원고의 상고를 기각하였다.

> "한편 상속의 포기는 비록 포기자의 재산에 영향을 미치는 바가 없지 아니하나(그러한 측면과 관련하여서는 '채무자 회생 및 파산에 관한 법

률' 제386조도 참조) 앞서 본 대로 상속인으로서의 지위 자체를 소멸하게 하는 행위로서 이를 순전한 재산법적 행위와 같이 볼 것이 아니다. 오히려 **상속의 포기는 1차적으로 피상속인 또는 후순위상속인을 포함하여 다른 상속인 등과의 인격적 관계를 전체적으로 판단하여 행하여지는 '인적 결단'으로서의 성질을 가진다고** 할 것이다. 그러한 행위에 대하여 비록 상속인인 채무자가 무자력상태에 있다고 하여서 그로 하여금 상속포기를 하지 못하게 하는 결과가 될 수 있는 채권자의 사해행위 취소를 쉽사리 인정할 것이 아니다. 그리고 상속은 피상속인이 사망 당시에 가지던 모든 재산적 권리 및 의무·부담을 포함하는 총체재산이 한꺼번에 포괄적으로 승계되는 것으로서 다수의 관련자가 이해관계를 가지는 바인데, 위와 같이 상속인으로서의 자격 자체를 좌우하는 상속포기의 의사표시에 사해행위에 해당하는 법률행위에 대하여 채권자 자신과 수익자 또는 전득자 사이에서만 상대적으로 그 효력이 없는 것으로 하는 채권자취소권의 적용이 있다고 하면, 상속을 둘러싼 법률관계는 그 법적 처리의 출발점이 되는 상속인 확정의 단계에서부터 복잡하게 얽히게 되는 것을 면할 수 없다. 또한 이 사건에서의 원고와 같이 상속인의 채권자의 입장에서는 상속의 포기가 그의 기대를 저버리는 측면이 있다고 하더라도 채무자인 상속인의 재산을 현재의 상태보다 악화시키지 아니한다. 이러한 점들을 종합적으로 고려하여 보면, **상속의 포기는 민법 제406조 제1항에서 정하는 "재산권에 관한 법률행위"에 해당하지 아니하여 사해행위 취소의 대상이 되지 못한다고** 함이 상당하다."

2. 대판 2000. 7. 28, 2000다14101(공 2000, 1940)은 이혼에 따른 재산분할이 채권자취소권의 대상이 되는지 여부에 관하여 재산분할이 제839조의2 제2항의 규정 취지에 따른 상당한 정도를 벗어나는 과대한 것이라고 인정할 만한 특별한 사정이 없는 한, 사해행위로서 취소되어야 할 것은 아니지만, 상당한 정도를 벗어나는 초과부분에 대하여는 적법한 재산분할이라고 할 수 없기 때문에 이는 사해행위에 해당하여 취소의 대상으로 될 수 있다고 하였다.[31] 또한 대판 2001. 2. 9, 2000다

31) 郭潤直 편, 民法注解(Ⅸ), 박영사, 1995, 819면(金能煥 집필); 한애라, "협의

51797(집 49-1, 민 89)은 "상속재산의 분할협의는 상속이 개시되어 공동상속인 사이에 잠정적 공유가 된 상속재산에 대하여 그 전부 또는 일부를 각 상속인의 단독소유로 하거나 새로운 공유관계로 이행시킴으로써 상속재산의 귀속을 확정시키는 것으로 그 성질상 재산권을 목적으로 하는 법률행위이므로 사해행위취소권 행사의 대상이 될 수 있다."라고 판결하였다. 상속재산분할협의는 상속재산을 취득하였음을 전제로 그 재산을 분할하는 것이기 때문에, 위와 같은 결론에 반대하는 견해를 찾기 어렵다.

그런데 상속의 포기가 사해행위취소의 대상이 되는지 여부에 관해서는 논란이 있었다. 상속의 포기도 채권자취소권의 대상이 된다는 유력한 견해[32]가 있는데, 상속의 포기도 재산권을 목적으로 한 법률행위라고 하고, 특히 파산절차에서 상속인이 상속을 포기한 경우에 그 효력을 제한하고 있는 규정[33]을 들어 상속포기의 자유를 제한할 수 있다고 한다.

통설은 이를 부정하고 있는데,[34] 특히 "흔히 일신상의 사유에 의하여 상속 자체의 승인 여부가 정하여지는, 말하자면 「人的 決斷」으로서의 상속의 포기 등(그로 인하여 재산이 감소되었다면, 이는 그 부수적인 결과에 불과한 것이다)과 이미 행하여진 상속에 기하여 상속재산의 귀속을

재산분할과 사해행위취소," 人權과 正義 제271호(1999. 3.), 61면. 日最判 1983(昭和 58). 12. 19(民集 37-10, 1532)도 마찬가지이다.

32) 尹眞秀, "相續法上의 法律行爲와 債權者取消權," 民法論攷 V, 박영사, 2011, 278면 이하.

33) 채무자 회생 및 파산에 관한 법률 제386조는 파산선고 후의 상속포기에 관하여 규정하고 있는데, 제 1 항은 "파산선고 전에 채무자를 위하여 상속개시가 있는 경우 채무자가 파산선고 후에 한 상속포기도 파산재단에 대하여는 한정승인의 효력을 가진다."라고 정하고, 제 2 항은 "파산관재인은 제 1 항의 규정에 불구하고 상속포기의 효력을 인정할 수 있다. 이 경우 포기가 있은 것을 안 날부터 3월 이내에 그 뜻을 법원에 신고하여야 한다."라고 정하고 있다.

34) 최성경, "상속법상의 법률행위와 채권자취소권: 상속의 승인·포기와 포괄적 유증의 승인·포기를 중심으로," 法曹 제56권 9호(2007. 9), 223면 이하.

정하는 상속재산분할협의를 같이 취급하기는 어렵고, 아마도 부정하는 것이 타당할 것이다."라고 설명하는 견해가 있다.[35]

이 판결은 상속의 포기를 사해행위취소의 대상에서 배제하였는데, 이는 선례로서 중요한 의미가 있다. 상속재산의 분할협의에 관하여서는 재산권을 목적으로 한 법률행위라고 보아 채권자취소권의 대상이 된다고 하였으나, 이와 달리 상속의 포기에 관해서는 상속의 포기가 피상속인 또는 후순위상속인을 포함하여 다른 상속인 등과의 인격적 관계를 전체적으로 판단하여 행하여지는 '인적 결단'으로서의 성질을 가진다는 점을 강조하면서 제406조 제1항에서 정하는 "재산권을 목적으로 한 법률행위"에 해당하지 않는다고 한 것이다. 또한 상속이 개시된 때를 기준으로 본다면, 상속의 포기로 인하여 채무자인 상속인의 재산상태가 악화되지 않기 때문에 상속의 포기를 채권자취소권의 대상으로 삼을 필요성이 크다고 볼 수는 없는 반면에, 상속의 포기를 사해행위라는 이유로 취소할 경우에 법률관계가 복잡하게 될 수 있다는 점을 고려하고 있다.

채무자 회생 및 파산에 관한 법률 제386조 제1항에 따르면, 파산선고전에 채무자를 위하여 상속개시가 있는 경우, 채무자가 파산선고 후에 한 상속포기도 파산재단에 대하여는 한정승인의 효력을 가진다. 그러나 파산선고 전에 상속을 포기한 경우에 대해서는 위 법률에서 아무런 규정을 두고 있지 않고, 위 규정에 대응하는 민법 규정도 없다. 따라서 파산선고 전의 상속포기의 경우에는 채무자가 채무초과상태에 있더라도 한정승인의 효력이 있는 것이 아니고 상속포기의 효과가 그대로 발생한다. 한편, 파산선고 후의 상속포기는 위 규정에 따라 한정승인의 효력이 있기 때문에, 파산절차상 부인권의 대상으로 삼고 있지 않다.[36] 따라서 위 규정이 상속포기가 채권자취소권의 대상이 되는지

35) 양창수, "최근 중요 민사판례 동향," 민법연구 제7권, 박영사, 2005, 391면.

36) 민법상 채권자취소권에 대응하는 것은 채무자 회생 및 파산에 관한 법률 제391조 이하에서 정하고 있는 부인권이다.

를 판단하는 데 직접적인 영향을 미치지는 않는다. 또한 파산절차에서는 파산선고 후에 한 상속포기의 효력이 위 규정에 따라 명확하게 규율되고 있다고 볼 수 있다. 만일 상속의 포기를 채권자취소권의 대상이 된다고 하는 경우에는 법률관계가 명확하지는 않게 된다. 결국 이 판결은 파산절차에서 상속인이 상속을 포기한 경우에 그 효력을 제한하고 있는 위 규정에 관해서는 명시적인 판단을 하고 있지는 않지만, 파산절차가 개시되기 전에는 채무자가 자신의 의사에 따라 상속을 포기하는 데 위 규정이 아무런 영향을 미치지 않는다고 본 것이다.

X. 불법행위로 인한 위자료에 대한 지연손해금의 발생시기

1. 대판 2011. 1. 13, 2009다103950(공 2011, 319)[37]은 불법행위로 인한 위자료청구권이 인정되는 경우 그 지연손해금의 발생시기에 관하여 획기적인 판단을 하고 있다.

피고 소속 공무원인 경찰 수사관들이 1975. 2. 13. 원고 1을 강제연행하여 1개월 동안 영장 없이 불법구금하고 고문과 가혹행위를 하여 간첩혐의에 대한 허위자백을 받아내는 등의 방법으로 증거를 조작함으로써 그가 추후 구속 기소되어 유죄판결을 받고 그 형집행을 당하도록 하는 등의 불법행위를 저질렀다. 원고 1은 1975. 6. 20. 법원으로부터 징역 8년에 자격정지 8년을 선고받아 징역형의 집행을 마치고 1983. 3. 22. 만기출소하였으며, 1991. 3. 21. 자격정지형의 집행도 마쳤고, 1991. 10.경까지 사회안전법에 의한 보호관찰 등과 보안관찰법에 의한 보안관찰도 받았다. 진실·화해를 위한 과거사정리위원회에서 2008. 3. 11. 위 사건에 대한 진실규명결정을 내리자, 2008. 4. 23. 원고들은 피고를 상대로 공무원의 직무상 불법행위로 인한 국가배상청구의 일환으로 이

---

37) 대판 2011. 1. 13, 2010다53419(종합법률정보)도 같은 취지로 판결하고 있다.

사건 위자료청구의 소를 제기하였다. 원심은 피고가 그 소속 공무원들의 불법행위로 인하여 원고들이 입은 일체의 비재산적 손해에 대하여 국가배상법에 따른 위자료배상책임이 있다고 판단하고 검찰송치일인 1975. 4. 1.부터 지연손해금을 지급하여야 한다고 판결하였다. 이에 대하여 원·피고가 상고하였는데, 대법원은 원심판결을 파기환송하였다. 위자료의 산정과 그 지연손해금의 기산점에 관한 판단 부분은 다음과 같다.

> ① "물론 불법행위가 없었더라면 피해자가 그 손해를 입은 법익을 계속해서 온전히 향유할 수 있었다는 점에서 불법행위로 인한 손해배상채무에 대하여는 원칙적으로 별도의 이행 최고가 없더라도 공평의 관념에 비추어 그 채무성립과 동시에 지연손해금이 발생한다고 보아야 한다. 그런데 위자료를 산정함에 있어서는 사실심 변론종결 당시까지 발생한 일체의 사정이 그 참작대상이 될 뿐만 아니라, 위자료 산정의 기준이 되는 국민소득수준이나 통화가치 등도 변론종결 시의 것을 반영해야만 하는바, 불법행위가 행하여진 시기와 가까운 무렵에 통화가치 등의 별다른 변동이 없는 상태에서 위자료 액수가 결정된 경우에는 위와 같이 그 채무가 성립한 불법행위 시로부터 지연손해금이 발생한다고 보더라도 특별히 문제될 것은 없으나, 불법행위 시와 변론종결 시 사이에 장기간의 세월이 경과되어 위자료를 산정함에 있어 반드시 참작해야 할 변론종결 시의 통화가치 등에 불법행위 시와 비교하여 상당한 변동이 생긴 때에도 덮어놓고 불법행위 시로부터 지연손해금이 발생한다고 보는 경우에는 현저한 과잉배상의 문제가 제기된다. 왜냐하면, 이때에는 위와 같이 변동된 통화가치 등을 추가로 참작하여 위자료의 수액을 재산정해야 하는데, 이러한 사정은 불법행위가 행하여진 무렵의 위자료 산정의 기초되는 기존의 제반 사정과는 명백히 구별되는 것이고, 변론종결의 시점에서야 전적으로 새롭게 고려되는 사정으로서 어찌 보면 변론종결 시에 비로소 발생한 사정이라고도 할 수 있어, 이처럼 위자료 산정의 기준되는 통화가치 등의 요인이 변론종결 시에 변동된 사정을 참작하여 위자료가 증액된 부분에 대하여 불법행위 시로부터 지연손해금을 붙일 수 있는 근거는 전혀

없다고 할 것이기 때문이다. … 따라서 이처럼 불법행위 시와 변론종결 시 사이에 장기간의 세월이 경과됨으로써 위자료를 산정함에 있어 반드시 참작해야 할 변론종결 시의 통화가치 등에 불법행위 시와 비교하여 상당한 변동이 생긴 때에는, 예외적으로라도 불법행위로 인한 위자료배상채무의 지연손해금은 그 위자료 산정의 기준시인 사실심 변론종결 당일로부터 발생한다고 보아야만 할 것이다."

② "한편 위와 같이 불법행위로 인한 위자료배상채무의 지연손해금이 그 위자료 산정의 기준시인 사실심 변론종결 당일로부터 발생한다고 보아야만 하는 예외적인 경우에는 논리상 변론종결 시 이전에는 지연손해금을 붙일 수 없는 결과, 위자료채무가 성립한 불법행위 시로부터 지연손해금을 붙이는 원칙적인 경우와는 달리, 불법행위 시로부터 변론종결 시까지 상당한 장기간(이 사건에서는 34년) 동안 배상이 지연됨에도 그 기간에 대한 지연손해금이 전혀 가산되지 않게 된다는 사정까지 참작하여 변론종결 시의 위자료 원금을 산정함에 있어 이를 적절히 증액할 여지가 있을 수 있다.

이 사건 역시 위와 같은 점을 함께 고려하여 사실심 변론종결 시를 기준으로 위자료 원금을 다시 산정하게 하기 위하여 위자료 원금에 관한 부분을 함께 파기하기로 한다."

2. 불법행위에 기한 손해배상은 불법행위가 없었더라면 있었을 상태를 회복시키는 것이다. 판례는 "불법행위로 인한 재산상 손해는 위법한 가해행위로 인하여 발생한 재산상 불이익, 즉 그 위법행위가 없었더라면 존재하였을 재산상태와 그 위법행위가 가해진 현재의 재산상태의 차이를 말하는 것"이라고 한다.[38] 이는 재산적 손해에 관하여 차액설을 따른 것이다. 한편 비재산적 손해의 경우에 대해서 위자료를 인정하고 있는데, 이는 불법행위로 인한 정신적 고통을 금전으로 위자하는 것이다.

종래 판례[39]는 불법행위로 인한 손해배상금에 대해서는 불법행위

38) 대판 2010. 4. 29, 2009다91828(공 2010, 990); 대판 2010. 7. 8, 2010다21276(공 2010, 1540).

39) 대판 1975. 5. 27, 74다1393; 대판 1993. 3. 9, 92다48413(공 1993, 1154); 대판 2010. 7. 22, 2010다18829.

시부터 지연손해금이 발생한다고 하였다.[40] 불법행위 시를 기준으로 손해액을 산정할 경우 그때부터 지연손해금을 인정하여야 불법행위가 없었더라면 있었을 상태를 회복할 수 있다. 불법행위 시를 기준으로 산정한 손해배상액을 지급받지 못하고 있는 사이에 지연손해금에 해당하는 금원의 손실을 입고 있다고 볼 수 있기 때문이다. 따라서 불법행위 시를 기준으로 손해배상액을 산정하고 그 때부터 지연손해금을 인정하는 것은 불법행위로 인한 손해배상의 목적에 비추어 정당화될 수 있다.

그러나 위자료의 경우에는 통상 변론종결 시를 기준으로 그 액수를 정하고 있기 때문에, 그때부터 지연손해금을 인정해야 할 것이다. 그렇지 않으면 정신적 고통에 대한 위자료를 변론종결 시까지 등귀한 물가 등을 기준으로 정하였는데, 이에 더하여 불법행위 시부터 지연손해금을 인정할 경우에는 이중 배상 또는 과잉 배상의 위험이 있기 때문이다. 또한 지연손해금은 이행지체로 인한 손해에 해당하는데, 변론종결 시를 기준으로 정한 위자료를 그때까지 지급하지 않았다고 해서 그 이행을 지체한 것은 아니라고 볼 수도 있다.

3. 독일 민법에서 불법행위로 인한 손해배상액을 산정하는 기준시는 이행청구시가 원칙이다.[41] 정신적 손해에 대한 위자료를 인정하는 경우에는 소송이자에 관한 독일 민법 제291조에 따라 소송이 계속된

---

40) 제387조 제 2 항은 "채무이행의 기한이 없는 경우에는 채무자는 이행청구를 받은 때로부터 지체책임이 있다."라고 정하고 있다. 불법행위에 기한 손해배상채무도 이행기의 정함이 없는 채무라고 볼 수 있다. 이러한 견해에 따른다면 국가 공무원의 불법행위로 인하여 정신적 고통이 발생한 경우에도 이행청구를 한 때, 가령 소장송달을 한 때부터 지체책임이 있다고 볼 수 있다. 그러나 판례는 불법행위로 인한 손해배상채무의 경우에는 그 채무가 발생한 날로부터 지체책임을 진다고 하고 있다.

41) 불법행위로 인한 손해배상채권에 대해서도 채권총칙에 있는 독일 민법 제280조 이하의 규정이 적용된다. MünchKomm/Ernst (5. Aufl., 2007), § 286 Rn 5. 불법행위로 인한 손해배상에 대한 지연손해금도 독일 민법 제280조, 제286조 제 1 항에 따라 최고를 한 후에 비로소 발생하는 것이 원칙이다.

소장송달 시부터 소송이자를 지급하고 있다.[42] 다만 독일 민법 제849조에서 예외적으로 불법행위 시 또는 손해발생 시를 기준으로 지연손해금을 기산하고 있다.[43] 독일 연방대법원은 "불법행위로 인한 손해배상청구권에 대하여 그 권리가 성립한 시점으로부터 법정이율에 따라 이자가 지급되어야 한다는 일반적인 법원칙은 독일법에서는 생소하다. 독일 민법 제849조에서 오히려 이러한 '자동적인' 이자의 발생이 예외적이라는 것과 이 규정에서 규율된 물건의 침탈 또는 훼손의 경우에 한하여 적용되어야 한다는 것이 도출된다."라고 한다.[44] 독일 민법에서 이와 같이 불법행위로 인한 손해배상에 대하여 지연이자를 불법행위 시부터 기산하는 것은 예외적인 경우인데, 이러한 경우에는 불법행위 시를 기준으로 배상액을 산정하고 있다는 점에서 일관성이 있다.

불법행위로 인한 손해배상액을 불법행위 시를 기준으로 산정한다면, 그 때부터 지연손해금을 붙이는 것이 논리적으로 일관성이 있다고 볼 수 있다. 그러나 위자료와 같이 변론종결 시를 기준으로 그 금액을 산정하는 경우에는 그 이후부터 지연손해금을 붙여야 할 것이다. 불법행위 시부터 불법행위로 인한 지연손해금을 붙이려면 그때를 기준으로 손해배상액을 산정하여야 할 것이다.

4. 이 판결에서는 "불법행위 시와 변론종결 시 사이에 장기간의 세월이 경과됨으로써 위자료를 산정함에 있어 반드시 참작해야 할 변론종결 시의 통화가치 등에 불법행위 시와 비교하여 상당한 변동이 생긴 때에는, 예외적으로라도 불법행위로 인한 위자료배상채무의 지연손해금은 그 위자료 산정의 기준시인 사실심 변론종결 당일로부터 발생한다."

---

42) BGH NJW 1965, 531; NJW-RR 1987, 386; NJW 2008, 2710.

43) 독일 민법 제849조에 의하면, 물건의 침탈 또는 훼손으로 그 감소가액을 배상해야 하는 경우에 손해배상액의 지연이자는 가액결정의 기준이 되는 시기부터 이자를 청구할 수 있는데, 그 시기는 침해 또는 손해발생시기를 가리킨다. Staudinger/Vieweg (2007), § 849 Rn 9; BGH NJW 1965, 392.

44) BGH NVwZ 1994, 409.

라고 보고 있다. 이러한 경우에 불법행위 시로부터 지연손해금이 발생한다고 본다면 "현저한 과잉배상의 문제"가 생기기 때문이다. 이 사건에서는 피고 소속 공무원들에 의하여 원고 1에 대한 불법구금이 개시된 1975. 2. 13.로부터 원심의 변론종결일인 2009. 9. 25.까지 34년 이상의 오랜 세월이 경과하였기 때문에 불법행위 시부터 지연손해금이 발생한다고 보는 경우에는, 합리적인 이유 없이 현저하게 과잉된 지연배상을 허용하는 결과가 된다고 한다. 이와 같은 판단은 정당하다.

불법행위 시부터 지연손해금을 인정하는 법리는 이 판결에 의하여 사실상 부분적으로 변경되었다고 볼 수 있다. 그 계기는 이론적 탐구에서 시작되었다기보다는 이 사건의 특수성에 기인한다.

5. 그 후 이 판결과 동일한 취지로 판단한 대판 2011. 1. 27, 2010다6680에 대하여 재심이 청구되었는데, 대법원[45]은 종전 대법원 판결들[46]과 재심대상판결은 서로 다른 사안에서 불법행위로 인한 손해배상채무의 지연손해금의 기산일에 관하여 원칙과 예외에 속하는 법리를 각각 선언하고 있다고 하여 종래 대법원이 표시한 의견을 변경한 경우에는 해당하지 않는다고 하였다. 즉, 불법행위로 인한 손해배상에 있어 재산상 손해에 대한 배상액은 그 손해가 발생한 불법행위 당시를 기준으로 하여 액수를 산정하여야 하고, 공평의 관념상 별도의 이행최고가 없더라도 그 불법행위 당시부터 지연손해금이 발생하는 것이 원칙이다. 이에 비하여 정신상 손해에 대한 배상인 위자료는 사실심 변론종결 시를 기준으로 그 수액이 결정되어야 하고, 그 결과 불법행위 시부터 사실심 변론종결 시까지 사이에 장기간이 경과하고 통화가치 등에 상당한 변동이 생긴 경우에는, 그와 같이 변동된 사정까지를 참작하여 사실심 변론종결 시를 기준으로 한 위자료의 수액이 결정되어야 하는 것이므로, 사실심 변론종결일 이후의 기간에 대하여 지연손해금을 지급하도

45) 대판(전) 2011. 7. 21, 2011재다199(공 2011, 1709).
46) 위 주 39.

록 하여야 한다는 것이다.

XI. 미성년자인 자녀가 있는 성전환자의 성별정정의 허용여부

1. 대결(전) 2011. 9. 2, 2009스117(공 2011, 2087)에서는 혼인을 한 적이 있거나 미성년자인 자녀가 있는 경우 성전환자의 성별정정을 허가할 것인지 여부가 문제되었다. 신청인은 가족관계등록부상 남성으로 등재되어 있으나 학창시절부터 여성복을 즐겨 입고, 여성을 동성처럼 여기는 등 여성적 성향을 보이며 심한 성정체성 장애를 겪어 왔으며, 그 때문에 수차례 정신과 치료를 받아오다가 2006. 8. 8. 태국에서 성전환수술과 유방성형수술을 받아 여성의 외부 성기와 신체 외관을 갖추게 되었고, 그 후 현재까지 계속하여 여성호르몬제를 투약해 왔다. 신청인이 1992. 10. 21. 혼인을 한 적이 있고, 당시 부인과 사이에 1994. 11. 8.에 태어난 아들을 두었다. 원심은 신청인의 가족관계등록부상 성별을 남성에서 여성으로 정정하는 것은 신분관계에 중대한 변동을 초래한다고 하여, 이 사건 신청을 받아들이지 않았다. 대법원은 원심이 과거의 혼인경력을 들어 성별정정을 불허한 것처럼 판시한 것은 잘못이지만, 미성년자인 자녀가 있는 신청인의 성별정정신청을 기각한 조치는 그 결론에 있어 정당하다고 하였다.

2. 이 결정은 먼저 대결(전) 2006. 6. 22, 2004스42(집 54-1, 가 290)에서 확립된 법리를 재확인하고 있다.

위 2006년 대법원 결정은 성전환자의 성별정정을 허용하기 위한 요건을 다음과 같이 제시하고 있다. 첫째, 신청인이 의학적으로 성전환증(Transsexualism)의 진단을 받고 상당기간 정신과적 치료나 호르몬 치료 등을 실시하여도 여전히 위 증세가 치유되지 않으며 반대의 성에 대한 정신적·사회적 적응이 이루어져야 한다. 둘째, 신청인이 일반적인 의학적 기준에 의하여 성전환수술을 받아 외부 성기를 비롯한 신체적 성징도 반대의 성으로 변경되었을 뿐 아니라 전환된 성을 가진 사람으로서 만족감을 느끼고 공고한 성정체성의 인식 아래 그 성에 맞춘 의복, 두발 등의 외관을 하고 성관계 등 개인적인 영역 및 직업 등 사회적인 영역에서 모두 전환된 성으로서의 역할을 수행하여 주위 사람들로부터도 그 성으로 인식되는 정도에 이르러 사회통념상으로 볼 때 전환된 성을 갖추고 있다고 인정되어야 한다. 셋째, 신청인이 전환된 성을 그 사람의 성이라고 보더라도 다른 사람들과의 신분관계에 중대한 변동을 초래하지 아니하는 등 사회규범적으로도 허용될 수 있어야 한다.

요컨대 의학적으로 성전환증의 진단을 받아 그 증세가 치유되지 않고 반대의 성에 대한 정신적·사회적 적응이 이루어지고, 성전환수술을 받아 신체적 성징도 반대의 성으로 변경되었을 뿐 아니라 사회통념상으로 볼 때 전환된 성을 갖춘 것으로 인정되어야 하며, 이에 따른 성별정정이 사회규범적으로 허용될 수 있어야 한다. 이와 같은 세 가지 요건을 충족하는 성전환자의 경우에 가족관계의 등록 등에 관한 법률 제104조의 절차에 따라 가족관계등록부의 성별란 기재의 성을 전환된 성에 부합하게 수정하는 것이 허용된다.

3. 혼인 중에 있거나 미성년자인 자녀가 있는 경우 성별정정을 허가할 것인지 여부에 관하여 견해가 대립하고 있다. 다수의견은 성별정정으로 배우자나 자녀와의 신분관계에 중대한 변경을 초래하거나 사회에 미치는 부정적 영향이 현저한 경우 등 특별한 사정이 있다면, 성별정정을 허용해서는 안 된다고 하면서, 구체적으로 현재 법률상 혼인 상태에 있지 아니할 것과 미성년자인 자녀가 없어야 한다는 점을 요구하고 있다. 그 결론 부분을 옮기면 다음과 같다.

"성전환수술에 의하여 출생 시의 성과 다른 반대의 성으로 성전환은 이미 이루어졌고, 정신과 등 의학적 측면에서도 이미 그 전환된 성으로 인식되고 있다면, 전환된 성으로 개인적 행동과 사회적 활동을 하는 데에까지 법이 관여할 방법은 없다. 그러나 성전환자가 혼인 중에 있거나 미성년자인 자녀가 있는 경우에는, 가족관계등록부에 기재된 성별을 정정하여, 그 배우자나 미성년자인 자녀의 법적 지위와 그에 대한 사회적 인식에 곤란을 초래하는 것까지 허용할 수는 없으므로, 현재 혼인 중에 있거나 미성년자인 자녀를 둔 성전환자의 성별정정은 허용되지 않는다고 할 것이다."

이에 대한 대법관 양창수, 이인복의 반대의견의 결론부분은 다음과 같다.

"결국 미성년자인 자녀가 있다는 사정은 이와 더불어 그 자녀의 연령과 취학 여부, 부모의 성별정정에 대한 자녀의 이해나 동의 여부, 자녀에 대한 보호·교양·부양의 모습과 정도, 기타 가정환경 등 제반사정과 함께 그 성전환자가 사회통념상 전환된 성을 가진 자로서 인식될 수 있는지 여부를 결정하는 여러 가지 요소들의 일부로 포섭하여 법원이 구체적 사안에 따라 성별정정의 허가 여부를 결정하면 충분하고, 미성년자인 자녀가 있다는 사정을 성별정정의 독자적인 소극적 요건으로 설정할 것이 아니다."

여기에서 나아가 대법관 박시환, 김지형, 전수안의 반대의견은 "미성년자인 자녀가 있는 성전환자의 경우 그 성별정정을 허용할 것인지 여부는 입법정책의 문제에 속하는 것이며, 나아가 이미 부모의 전환된 성에 따라 자연스러운 가족관계가 형성된 경우 등에서는 그 성별정정을 허용하지 않는 것이 오히려 미성년자의 복리에 장애가 될 수 있다."라고 한다. 또한 현재 혼인 중에 있다는 사정을 성별정정의 독자적인 소극적 요건으로 보는 것에도 반대한다. 혼인 중에 있다고 하더라도, 성별정정신청 당시 그 혼인관계의 실질적 해소 여부와 그 사유, 혼인관계의 실질적 해소로부터 경과한 기간, 실질적으로 해소된 혼인관계의 부활가능성 등 제반사정을 종합적으로 고려하여 가족관계등록부상의 성별란 정정이 신분관계에 혼란을 줄 염려가 있는지를 가리고 그에 따라 성별정정 여부를 결정하면 충분하다고 한다.

4. 위 2006년 대법원 전원합의체 결정에서 성전환자의 성별정정을 허용한 것은 획기적인 결정으로 받아들여지고 있다.[47)]

독일에서는 성전환자에 대한 성별변경을 허용하지 않다가 연방헌법재판소 1978. 10. 11. 결정에서 이를 허용하였다.[48)] 그 후 1980년 성전환법(Transsexuellengesetz)[49)]을 제정하였는데, 성별변경의 요건으로 신청자가 혼인하지 않은 상태여야 할 것이 필요하다(성전환법 제8조 제1항 제2호). 만일 혼인을 하였으면 성별변경 전에 이혼을 하여야 한다고 한다. 그러나 신청자가 혼인중의 자녀 또는 혼인 외의 자녀를 갖고 있는지 여부는 중요하지 않다.[50)] 성전환자의 권리와 의무는 법원의 판단에 따라 변경된 새로운 성별에 따라 정해진다(성전환법 제10조). 성전환자의 성별이 변경되는 효과는 소급하지 않기 때문에, 성전환자의 자녀에 대한 법률관계도 변경되지 않는다(성전환법 제11조).

우리나라에서는 성전환자에 관한 법률이 없기 때문에, 성전환자가 혼인 중이거나 미성년의 자녀가 있는 경우 성별정정을 허용할 것인지가 명확하지 않다. 성전환자가 혼인 중인 경우에 성별정정을 허용할 경

---

47) 이 결정에 관해서는 민유숙, "성전환자의 호적정정의 가부," 대법원판례해설 2006년 상반기(통권 제60호), 2006, 559면 이하 참조.

48) BVerfGE 49, 286 = NJW 1979, 595. 이 결정은 "인간의 존엄과 인격의 자유로운 발현에 대한 기본권에 비추어보면, 의학적으로 회복불가능한 성전환증에 해당하고 성에 맞는 수술이 행해진 경우에는 출생부에 성전환자를 남성으로 기재한 것을 변경하여야 한다. 수술이 의학적으로 적합했다면, 그와 같이 정정하였다고 하여 양속규범을 침해하는 것이 아니다. 특별한 법규정이 없다면, 법원은 출생부의 성별기재를 변경할 헌법상 의무가 있다."라고 하였다.

49) 정식명칭은 Gesetz über die Änderung der Vornamen und die Feststellung der Geschlechts- zugehörigkeit in besonderen Fällen이다.

50) Rainer Frank(金載亨 번역), "유럽, 특히 독일에서 성별의 변경," 서울대학교 法學 제47권 1호(2006. 3), 290면. 이 글은 원래 2005년 9월 대법원 비교법실무연구회에서 발표된 것으로, 대법원 전원합의체 결정에 영향을 미쳤다.

우 동성혼을 허용하고 있지 않는 것과 부합하지 않게 된다. 따라서 이혼을 하기 전에는 성별정정을 허용할 수 없을 것이다. 그러나 미성년의 자녀가 있다고 해서 무조건 성전환자의 성별정정을 금지할 것은 아니고 성별정정을 허가하는 데 고려요소로 삼는 것으로 충분할 것이다.

(민사재판의 제문제 제21권(2012), 민사실무연구회, 3-48면 所載)

10. 2012년 민법 판례 동향*

I. 서　　론

대법원이 전원합의체를 활성화함으로써[1] 대법원의 위상을 재정립하기 위한 노력이 결실을 보여주고 있다. 2012년에 27건의 대법원 전원합의체 판결 또는 결정이 나왔는데, 이는 종전에 비하여 2배가량 증가한 것이다. 그중 민법에 관한 대법원 전원합의체 판결은 7건이다. 민법의 구석구석에 있는 문제에 관한 사건에서도 대법원은 매우 상세한 논거를 밝히고 있다는 점도 주목을 끈다.

법원의 통계를 보면, 민사사건이 차지하는 비중이 매우 높다는 것을 확인할 수 있다. 2012년도에 전국법원에 접수된 소송사건은 6,318,042건인데, 그중 민사사건이 4,403,094건으로 69.7%를 차지하고 형사사건이 1,670,018건으로 26.4%를 차지하고 있다.[2] 가사, 소년·가정보호, 행정, 특허, 선거 사건은 모두 합쳐 4%를 넘지 않는다. 중요도가 높은 본안사건이나 공판사건을 비교해보더라도 이와 같은 비율은 유지되고 있다. 즉, 2012년에 민사본안사건은 1,110,770건이고 형사공판사건이 378,058건이므로,[3] 민사본안사건이 형사공판사건의 약 3배 가까이 된다.

---

* 이 글은 2013년 1월 14일 대법원 민사실무연구회 제345회 연구발표회에서 발표한 내용을 수정·보완한 것이다.

1) "평생법관제 정착·전원합의체 활성화," 법률신문 2012. 9. 26.자, 3면.

2) 2012년 사법연감, 514면. 2011년도에 전국법원에 접수된 소송사건은 6,287,823건인데, 그중 민사사건이 4,351,411건으로 69.2%를 차지하고 형사사건이 1,702,897건으로 27.1%를 차지하고 있다. 2011년 사법연감, 529-530면.

3) 2012년 사법연감, 524면, 565면. 2011년도에는 민사본안사건이 1,048,963건이고, 형사공판사건이 368,304건이다. 2011년 사법연감, 540면, 580면.

10년 전인 2002년에는 민사사건이 3,210,247건, 형사사건이 2,347,563건 접수되었므로,[4] 최근 10년 사이에 민사사건은 약 120만건 정도 늘어났고 형사사건은 66만건 이상 줄어들었다. 우리나라 국민들의 일반적인 관념 속에는 여전히 형사재판이 사법 업무의 중심에 있는 것처럼 여겨지지만, 민사재판의 비중은 점점 커져왔다. 앞으로도 민사사건은 계속 늘어날 것으로 전망된다. 최근에 민사에 관한 대법원 전원합의체 판결이 많이 나온 데는 대법원 구성의 변화를 비롯하여 여러 가지 원인이 있겠지만,[5] 민사사건의 양적 증가[6]도 중요한 배경이라고 볼 수 있다. 민사재판이 많아져서 대법원 판결의 모순이 드러날 기회도 늘어났기 때문이다. 이와 같이 민사사건과 판결이 많아진 것을 보면, 우리 사회에서 개인의 자율적인 영역, 즉 사적 자치의 원칙에 의하여 규율되는 영역이 증가하고 있다고 말할 수 있을 것이다.

여기에서는 2012년에 나온 많은 판결들 중에서 민사재판의 정점에 있는 대법원 전원합의체 판결을 비롯하여 선례로서 중요하다고 생각되는 몇몇 판결들을 소개함으로써, 그 의미를 생각해 볼 계기를 마련해 보고자 한다.

4) 2011년 사법연감, 615면, 661면.

5) 판례 변경의 세 가지 원인으로 사회의 변화, 법관의 형평감각과 새로운 법리의 발견을 들 수 있다. 金載亨, "채권편," 민사판례연구회 편, 2000년대 민사판례의 경향과 흐름, 박영사, 2012, 397-398면 참조.

6) 2002년부터 2011년까지 10년 동안 민사사건이 30% 가량 증가하였다. 주 2, 4 참조.

Ⅱ. 물권적 청구권의 이행불능으로 인한 전보배상청구권의 성부

1. 대판(전) 2012. 5. 17, 2010다28604(공 2012, 1064)에서는 물권적 청구권의 경우에 이행불능으로 인한 전보배상청구권이 성립하는지 여부가 문제되었다.

이 사건 토지에 관하여 1974. 6. 26. 피고(대한민국) 앞으로 소유권보존등기가 되었고, 이 사건 토지 중 각 5,109분의 2,554.5 지분에 관하여 1997. 12. 2.자 매매를 원인으로 하여 1998. 1. 22. A와 B 앞으로 각 소유권이전등기가 되었다. 원고가 피고를 상대로 위 소유권보존등기의, A와 B를 상대로 위 소유권이전등기의 각 말소등기를 청구한 사건에서 법원은 2009. 4. 2.에 피고에 대한 청구는 인용하고, A와 B에 대해서는 등기부취득시효가 완성되었다는 이유로 그 청구를 기각하는 판결을 선고하였다. 이 판결은 2009. 4. 30.에 최종 확정되었다(이하 '선행소송'이라고 한다). 그 직후 원고가 피고를 상대로 손해배상을 청구하는 이 사건 소를 제기하였다.

원심은, 피고가 이 사건 토지의 소유권을 상속한 원고에게 위 소유권보존등기의 말소등기절차를 이행할 의무가 있는데, 선행소송에서 A와 B 명의의 소유권이전등기가 취득시효 완성을 이유로 유효한 것으로 인정됨에 따라 피고의 위 말소등기절차 이행의무는 결국 이행불능이 되었으므로, 그 손해를 배상할 의무가 있다고 판결하였다.

그러나 대법원은 피고의 상고를 받아들여 원심판결을 파기환송하였는데,[7] 다수의견은 다음과 같다.

7) 대법원은 원심판결이 처분권주의를 위반하였다는 점도 지적하고 있다. 즉, 원고의 청구원인은 피고의 불법행위로 인한 소유권 상실의 손해배상을 구하는 것이다. 그런데도 원심은, 원고의 청구원인을 '소유권보존등기 말소등기절차 이행의무의 이행불능'으로 인한 손해배상청구라고 함부로 파악하고, 그 손해배상책임을 인정하였다. 따라서 원심판결에는 처분권주의에 위반하여 당사자가 신청하지

"소유자가 자신의 소유권에 기하여 실체관계에 부합하지 아니하는 등기의 명의인을 상대로 그 등기말소나 진정명의회복 등을 청구하는 경우에, 그 권리는 물권적 청구권으로서의 방해배제청구권(민법 제214조)의 성질을 가진다. 그러므로 **소유자가 그 후에 소유권을 상실함으로써 이제 등기말소 등을 청구할 수 없게 되었다면,** 이를 위와 같은 청구권의 실현이 객관적으로 불능이 되었다고 파악하여 등기말소 등 의무자에 대하여 그 권리의 이행불능을 이유로 **민법 제390조상의 손해배상청구권을 가진다고 말할 수 없다.** 위 법규정에서 정하는 채무불이행을 이유로 하는 손해배상청구권은 계약 또는 법률에 기하여 이미 성립하여 있는 채권관계에서 본래의 채권이 동일성을 유지하면서 그 내용이 확장되거나 변경된 것으로서 발생한다. 그러나 위와 같은 등기말소청구권 등의 물권적 청구권은 그 권리자인 소유자가 소유권을 상실하면 이제 그 발생의 기반이 아예 없게 되어 더 이상 그 존재 자체가 인정되지 아니하는 것이다. 이러한 법리는 이 사건 선행소송에서 이 사건 소유권보존등기의 말소등기청구가 확정되었다고 하더라도 그 청구권의 법적 성질이 채권적 청구권으로 바뀌지 아니하므로 마찬가지이다(굵은 글씨는 강조를 위하여 필자가 가한 것임. 이하 같다)."

다수의견은 물권적 청구권인 말소등기청구권의 이행불능으로 인한 전보배상청구권을 부정하고,[8] 다만 "원고가 불법행위를 이유로 소유권 상실로 인한 손해배상을 청구할 수 있음은 별론"으로 한다고 하여 불법행위책임은 인정될 수 있다고 한다.

이에 대하여 별개의견은 "청구권이 발생한 기초가 되는 권리가 채권인지 아니면 물권인지와 무관하게 이미 성립한 청구권에 대하여는

아니한 사항에 대하여 판결한 위법이 있다.

8) 원고의 청구원인은 피고의 불법행위로 인한 소유권 상실의 손해배상을 구하는 것인데도, 원심은 원고의 청구원인을 '소유권보존등기 말소등기절차 이행의무의 이행불능'으로 인한 손해배상청구라고 함부로 파악하고 손해배상책임을 인정하였다. 대법원은 원심판결에는 물권적 청구권의 이행불능으로 인한 전보배상에 관한 법리를 오해하였을 뿐만 아니라 처분권주의를 위반하여 당사자가 신청하지 아니한 사항에 대하여 판결한 위법이 있다고 지적하였다.

그 이행불능으로 인한 전보배상을 인정하는 것이 법리적으로 불가능하지 아니하며, 이를 허용할 것인지는 법률 정책적인 결단이므로, 이미 대법원에서 이를 허용하여 채권에 못지않게 물권을 보호하는 견해를 취한 것은 구체적 타당성 면에서 옳고, 확정판결을 거쳐 기판력이 발생되어 있는 경우에는 더욱 그러하다고 보이며, 장기간 이와 같은 견해를 유지하여 온 판례들을 뒤집어 물권 내지는 물권자의 보호에서 후퇴하여야 할 이론적·실무적인 필요성이 없다."라고 한다. 그러나 다수의견에 대한 보충의견은 매우 상세하게 별개의견을 반박하면서 물권적 청구권의 경우에는 이행불능으로 인한 전보배상을 청구할 수 없다고 한다.

2. 물권적 청구권은 물권 내용의 실현을 방해받거나 또는 방해받을 염려가 있는 경우에 물권자가 방해자에 대하여 그 방해의 배제 또는 예방을 청구할 수 있는 권리이다. 물권적 청구권에 채권편의 규정이 적용 또는 준용되는지 문제된다. 일반적으로 채권편의 규정은 '성질에 반하지 않는 한' 물권적 청구권에 준용된다고 한다.[9] 물권적 청구권에 준용되는 규정으로 이행지체, 수령지체, 변제에 관한 규정을 들고 있다. 그런데 이 사건에서 문제되고 있는 이행불능에 관한 규정이 물권적 청구권, 특히 소유물반환청구권에 적용될 수 있는지 여부에 관하여 부정하는 견해가 있다.[10]

종전의 대법원 판결들은 물권적 청구권에 채권에 관한 민법 제390조[11]의 규정을 준용할 수 있는 근거를 구체적으로 설시하지 않은 채 그 규정을 그대로 준용하여 물권적 청구권의 이행불능으로 인한 전보

9) 독일에서는 소유권에 기한 반환청구권에 대하여 채권적 청구권에 관한 규정이 적용될 수 있는지 여부와 관련하여 물권법적인 특별 규정이 없고 그 적용이 물권법의 원칙에 반하지 않는 경우에만 적용할 수 있다고 한다. Baur/Stürner, Sachenrecht, 18. Aufl., 2009, §11 C I 3 (S. 128).

10) 郭潤直 편, 民法注解(Ⅴ), 1992, 188-189면(梁彰洙 집필); 金濟完, "契約取消時 所有權移轉登記 抹消義務의 履行不能으로 인한 塡補賠償請求權의 消滅時效 起算點," 民事裁判의 諸問題 제15권, 2006, 102면 이하.

11) 이하에서 민법의 조항을 인용할 때에는 조항만으로 표시하기로 한다.

배상청구권을 인정하였다. 이러한 판결들에는 두 유형이 있다. 첫 번째 유형은 무권리자가 타인 소유의 부동산에 관하여 임의로 소유권보존등기를 마친 후 그 부동산을 제 3 자에게 처분하였는데, 제 3 자의 등기부 취득시효가 완성되어 소유자가 소유권을 상실하게 된 경우[12)]이다. 두 번째 유형은 증여계약 등 원인행위에 의하여 소유권이전등기가 마쳐졌다가 나중에 그 원인행위가 강박에 의한 의사표시 등으로 취소되었으나, 부동산에 관하여 선의의 제 3 자 명의로 소유권이전등기가 되어 소유권이전등기의 말소가 집행불능에 이르게 된 경우이다.[13)]

이 판결에서 다수의견은 물권적 청구권의 이행불능을 이유로 한 전보배상청구권은 인정할 수 없다고 한다. 그 이유로 제390조에서 정하는 채무불이행을 이유로 하는 손해배상청구권은 계약 또는 법률에 기하여 이미 성립하여 있는 채권관계에서 본래의 채권이 동일성을 유지하면서 그 내용이 확장되거나 변경된 것으로서 발생하는데 반해, 등기말소청구권 등의 물권적 청구권은 그 권리자인 소유자가 소유권을 상실하면 이제 그 발생의 기반이 아예 없게 되어 더 이상 그 존재 자체가 인정되지 않는다는 점을 들고 있다.[14)]

이에 대하여 별개의견은 물권적 청구권에도 이행불능으로 인한 채무불이행책임에 관한 규정이 준용된다고 한다. 그 이유를 정리해보면 다음과 같다. 첫째, 청구권은 특정인에 대하여 일정한 작위 또는 부작위를 청구할 수 있는 권리이므로, 그 발생의 근거가 채권인지 아니면 물권인지와 무관하게 그 권리의 내용인 그 작위 또는 부작위라는 급부 및 이에 대한 이행의무가 생기게 된다. 이에 따라 물권적 청구권의 경

---

12) 대판 2008. 8. 21, 2007다17161; 대판 2009. 6. 11, 2008다53638.

13) 대판 2005. 9. 15, 2005다29474(공 2005, 1608); 대판 2006. 3. 10, 2005다55411.

14) 다수의견에 찬성하는 견해로는 지원림, "물권적 방해배제청구의 이행불능과 전보배상," 법률신문 제4038호(2012. 6. 11), 13면; 윤진수, "소유물 반환의무 위반으로 인한 손해배상책임의 법적 성질," 법률신문 제4055호(2012. 8. 13), 13면.

우에도 채권의 경우와 마찬가지로 그 급부 이행의무에 대한 이행지체 및 이행불능의 문제가 발생될 수 있다. 둘째, 소유물에 대한 점유 또는 등기 명의의 반환청구권은 소유권에 기초하여 발생되지만, 청구권이라는 점에서 물권과는 다른 독자성이 인정될 수 있으므로, 일단 그 청구권이 발생되었다면 그 후에는 반드시 소유권의 소멸과 운명을 같이 한다고 새길 것은 아니다. 셋째, 물권의 대상인 목적물이 소멸되었거나 소유자가 그에 대한 권리를 상실하였다고 하여 이미 발생된 목적물이나 그 소유권에 대한 반환의무 및 그에 대한 이행불능을 부정하는 것이 논리필연적이라거나 법리적으로 불가피하다고 볼 필요는 없다.

3. 이 판결은 물권적 청구권의 법적 성질을 들어 물권적 청구권에는 이행불능으로 인한 전보배상이 인정되지 않는다고 하였다. 나아가 이 판결에 의하여 변경하지 않은 판결들을 포함하여 물권적 청구권에 준용되거나 유추적용되는 채권법 규정의 범위에 관하여 재검토해야 한다는 과제를 던져주고 있다.

물권의 방해와 침해에 대한 구제수단은 물권적 청구권과 불법행위책임이고 채권채무관계에 있는 당사자 사이의 구제수단은 채무불이행책임이다. 채권채무관계가 없는 경우에는 채무불이행책임이 성립하지 않는다는 것은 민법의 기본원칙이라고 할 수 있다.

물권적 청구권에 대해서는 물권편에서 규정하고 있다(제213조, 제214조 등). 물권적 청구권은 물권에 기한 청구권이기 때문에 그 성질에 반하지 않는 한 채권편의 규정이 준용된다고 하지만, 이에 해당하는 명문의 규정은 없다. 따라서 물권적 청구권의 상대방이 그 이행을 할 수 없는 경우에 채무불이행으로 인한 손해배상책임이 인정되는지 여부는 물권적 청구권의 경우에 제390조의 유추적용 문제로 귀결된다고 할 수 있다.

물권적 청구권은 물권에서 나오는 것으로, 물권을 상실하면 물권적 청구권도 소멸한다.[15] 이행불능으로 인한 손해배상책임은 채권의 존속

15) 대판(전) 1969. 5. 27, 68다725(집 17-2, 민 103).

을 전제로 채무자의 채무가 이행할 수 없는 상태에 이른 경우에 전보배상을 인정하는 것인 반면에, 소유권 등 물권 자체가 소멸한 경우에는 물권적 청구권이 소멸하는 것이지 그 이행이 불가능하게 되었다고 볼 수 없다. 이 사건에서 A와 B가 부동산에 관한 등기부취득시효의 완성으로 원고가 부동산에 대한 소유권을 상실하였고, 이에 따라 원고의 피고에 대한 소유권보존등기의 말소등기청구권도 소멸되었다. 즉, 원고의 피고에 대한 물권적 청구권이 이행불능상태로 된 것이 아니라 물권적 청구권이 소멸한 것이다.

물권적 청구권이 있는 경우에 물권자가 수령지체에 빠지거나 상대방이 그 이행을 지체하는 때에는 물권적 청구권이 존속하고 있기 때문에, 채권자지체나 수령지체에 관한 규정은 물권적 청구권에 적용될 수 있다. 다만 이 경우에도 물권법에 별도의 규정이 있는 경우에는 물권법의 규정에 따라야 할 것이다. 또한 변제에 관한 규정 등도 이와 동일한 이유로 채권편의 규정이 적용될 수 있다. 따라서 이행지체나 채권자지체 또는 변제에 관한 규정이 물권적 청구권에 준용된다고 해서 이행불능으로 인한 전보배상청구권도 인정된다고 볼 수는 없다.

피고가 위법하게 이 사건 부동산에 관한 소유권보존등기를 하고 A와 B에게 소유권이전등기를 함으로써 이 사건 부동산에 대한 등기부취득시효가 완성되도록 하였으므로 피고의 위법한 행위로 말미암아 원고가 이 사건 부동산에 대한 소유권을 상실하였다. 따라서 원고는 피고를 상대로 불법행위에 기한 손해배상책임을 청구할 수 있다(제750조). 실제로 이 사건에서 파기환송 후 원심법원은 원고가 피고를 상대로 불법행위에 기한 손해배상청구를 인정하고 있다.[16] 따라서 적어도 이 사건에

16) 피고 대한민국은 이 사건 토지의 사정명의인 및 그 상속인의 생존 여부 등을 확인하거나 무주부동산 공고 등 민법상 국가귀속절차를 거치지 않은 채 아무런 권원 없이 소유권보존등기를 마치는 위법한 행위를 저질렀고, 피고가 위와 같이 위법한 소유권보존등기를 마치지 않았더라면 원고가 이 사건 토지의 소유권을 상실하지 않았을 것이어서 상당인과관계가 인정되므로, 피고는 원고에게 이 사건

서는 이행불능을 이유로 채무불이행책임을 인정할 실익을 찾기 어렵다. 물론 별개의견에서 지적한 바와 같은 소멸시효 등의 문제로 불법행위에 기한 손해배상책임을 청구할 수 없는 경우에는 채무불이행책임을 인정할 실익이 있을 것이다. 그러나 물권을 가지고 있던 사람이 물권 자체를 상실한 경우에 대해서는 부당이득이나 불법행위에 의한 규율만이 문제된다고 보아야 한다. 이것이 민법에서 물권과 채권을 준별하고 있는 기본적 태도에 합치된다. 만일 물권의 침해에 대한 구제수단으로 물권적 청구권, 부당이득, 불법행위 이외에 채무불이행에 대한 구제수단을 인정한다면 법률관계의 혼란을 초래할 것이다.

그런데 별개의견에서는 채권의 효력으로 인정되는 전보배상책임을 물권적 청구권에서 부정한다면, 이는 오히려 물권에 대한 보호를 채권보다 더 소홀히 하는 셈이 되어 납득하기 어렵다고 한다. 소유권 등 물권에는 대세적 효력이 인정된다는 점에서 물권자가 채권자보다 강력한 권리를 갖는다고 말할 수 있지만, 소유자의 방해자에 대한 권리가 채권자의 채무자에 대한 권리보다 항상 강력한 것은 아니다.[17] 가령 채권자가 채무불이행을 이유로 계약을 해제하는 경우에 원상회복의 범위는 소유자가 점유자에 대해서 갖는 권리보다 더 클 수 있는 것이다. 물권적 청구권의 내용은 법률의 규정에 따라 정해지는 것이고, 채권자에서 인정되는 모든 권능을 포함하고 있어야 하는 것은 아니다.

토지 소유권 상실로 인한 손해를 배상할 책임이 있다고 하여 불법행위에 기한 손해배상책임을 인정하였다. 나아가 소유자가 제3자를 상대로 제기한 등기말소청구 소송이 패소 확정될 때에 그 손해의 결과발생이 현실화된다고 하여 위 등기의 말소등기청구소송의 패소확정시부터 손해배상청구권의 소멸시효기간이 진행된다고 보아 소멸시효항변을 배척하였다. 서울고판 2012. 10. 18, 2012나41306.

17) 다수의견에 대한 보충의견.

Ⅲ. 공동 명의로 가등기를 마친 채권자들의 매매예약완결권의 귀속형태

1. 대판(전) 2012. 2. 16, 2010다82530(공 2012, 442)에서는 여러 채권자가 채권 담보를 위해 채무자와 채무자 소유 부동산에 관하여 자신들을 공동매수인으로 하는 1개의 매매예약을 체결하고 공동명의로 가등기를 마친 경우에, 채권자들이 매매예약완결권을 어떻게 행사하여야 하는지 문제되었다.

사안은 다음과 같다. 원고는 2005. 3. 11. 피고에게 1억 원을 대여하면서 이를 담보하기 위하여 피고에 대한 다른 채권자들인 소외 1, 2, 3, 4, 5와 공동명의로 피고와 이 사건 부동산 중 피고 소유의 1,617분의 1,607 지분(이하 '이 사건 담보목적물'이라고 한다)에 관하여 매매예약을 체결하였다. 이에 따라 이 사건 담보목적물에 관하여 원고는 2,498,265분의 241,050 지분(이하 '이 사건 지분'이라 한다), 소외 1은 2,498,265분의 1,205,250 지분, 소외 2는 2,498,265분의 795,465 지분, 소외 3은 2,498,265분의 120,525 지분, 소외 4는 2,498,265분의 72,315 지분, 소외 5는 2,498,265분의 48,210 지분(위 각 지분은 원고 등 6인 각자의 채권액의 비율에 따라 산정되었다)으로 특정하여 이 사건 가등기를 마쳤다.

원심은, 원고를 포함한 6인의 채권자가 각자의 지분별로 별개의 독립적인 매매예약완결권을 갖는 것으로 보아, 채권자 중 1인인 원고는 단독으로 이 사건 담보목적물 중 이 사건 지분에 관하여 매매예약완결권을 행사할 수 있고, 이에 따라 단독으로 이 사건 지분에 관하여 가등기에 기한 본등기절차의 이행을 구할 수 있다고 판단하였다. 대법원은 다음과 같은 이유로 피고의 상고를 기각하고 원심을 지지하였다.

> ① "수인의 채권자가 각기 그 채권을 담보하기 위하여 채무자와 채무자 소유의 부동산에 관하여 수인의 채권자를 공동매수인으로 하는 1개

의 매매예약을 체결하고 그에 따라 수인의 채권자 공동명의로 그 부동산에 가등기를 마친 경우, 수인의 채권자가 공동으로 매매예약완결권을 가지는 관계인지 아니면 채권자 각자의 지분별로 별개의 독립적인 매매예약완결권을 가지는 관계인지는 **매매예약의 내용**에 따라야 하고, 매매예약에서 그러한 내용을 명시적으로 정하지 않은 경우에는 수인의 채권자가 공동으로 매매예약을 체결하게 된 동기 및 경위, 그 매매예약에 의하여 달성하려는 담보의 목적, 담보 관련 권리를 공동 행사하려는 의사의 유무, 채권자별 구체적인 지분권의 표시 여부 및 그 지분권 비율과 피담보채권 비율의 일치 여부, 가등기담보권 설정의 관행 등을 종합적으로 고려하여 판단하여야 한다."

② "공동명의로 담보가등기를 마친 수인의 채권자가 각자의 지분별로 별개의 독립적인 매매예약완결권을 가지는 경우, **채권자 중 1인은 단독으로 자신의 지분에 관하여** 가등기담보 등에 관한 법률이 정한 청산절차를 이행한 후 소유권이전의 본등기절차이행청구를 할 수 있다고 할 것이다."

2. 이 사건에서 1인의 채무자에 대한 여러 채권자의 채권을 담보하기 위하여 그 채권자들과 채무자가 채무자 소유의 부동산에 관하여 그 채권자들을 권리자로 하는 1개의 매매예약을 체결하고 그에 따른 가등기를 마쳤다. 이러한 경우에 채권자 전원이 공동으로 매매예약완결권을 행사하여야 하는지, 아니면 그중 1인이 매매예약완결권을 행사할 수 있는지 문제되고 있다.

먼저 이 전원합의체 판결로써 변경된 판례들을 살펴보자. 기존의 판례는 "1인의 채무자에 대한 수인의 채권자의 채권을 담보하기 위하여 그 수인의 채권자와 채무자가 채무자 소유의 부동산에 관하여 수인의 채권자를 권리자로 하는 1개의 매매예약을 체결하고 그에 따른 가등기를 마친 경우에, 매매예약의 내용이나 매매예약완결권 행사와 관련한 당사자의 의사와 관계없이 언제나 수인의 채권자가 공동으로 매매예약완결권을 가진다고 보고, 매매예약완결의 의사표시도 수인의 채권자 전원이 공동으로 행사하여야 한다."라고 하였다.[18] 이를 '공동행사설'이라고 한다.

위 판례의 논리는 두 부분으로 나누어 볼 수 있다. 첫째, 당사자의 의사와 관계없이 언제나 여러 채권자가 공동으로 매매예약완결권을 가진다고 하고 이를 준공유로 설명하였다. 그러나 그와 같이 판단한 이유에 관해서는 명확히 밝히지 않았다. 둘째, 이와 같이 여러 채권자가 공동으로 매매예약완결권을 가진다고 보는 경우에 매매예약완결의 의사표시를 여러 채권자 전원이 공동으로 행사하여야 한다고 하였다. 그 이유로는 매매예약완결권의 행사 즉 채무자에 대한 매매예약 완결의 의사표시 및 이에 따른 목적물의 소유권이전의 본등기를 구하는 소의 제기는 매매예약완결권의 보존행위 또는 관리행위가 아니라[19] 매매예약완결권의 처분행위라는 점을 들었다.[20]

그러나 2002년의 대법원 판결은 위 판결들과는 달리 판결하였다. 즉, "공유자가 다른 공유자의 동의 없이 공유물을 처분할 수는 없으나 그 지분은 단독으로 처분할 수 있으므로, 복수의 권리자가 소유권이전청구권을 보전하기 위하여 가등기를 마쳐 둔 경우 특별한 사정이 없는 한 그 권리자 중 한 사람은 자신의 지분에 관하여 단독으로 그 가등기에 기한 본등기를 청구할 수 있다. 이는 명의신탁해지에 따라 발생한 소유권이전청구권을 보전하기 위하여 복수의 권리자 명의로 가등기를 마쳐 둔 경우에도 마찬가지이며, 이때 그 가등기 원인을 매매예약으로 하였다는 이유만으로 가등기권리자 전원이 동시에 본등기절차의 이행을 청구하여야 한다고 볼 수 없다."라고 판단하였다.[21] 이 판결은 소유권이전등기청구권을 보전하기 위한 가등기에 관한 사안에 관한 것이기

18) 대판 1984. 6. 12, 83다카2282(집 32-3, 민 81); 대판 1985. 5. 28, 84다카2188(공 1985, 908); 대판 1985. 10. 8, 85다카604(공 1985, 1477); 대판 1987. 5. 26, 85다카2203(집 35-2, 민 44).

19) 대판 1985. 5. 28, 84다카2188(공 1985, 908); 대판 1985. 10. 8, 85다카604(공 1985, 1477).

20) 대판 1984. 6. 12, 83다카2282(집 32-3, 민 81).

21) 대판 2002. 7. 9, 2001다43922, 43939(공 2002, 1908).

는 하지만, 복수의 권리자가 소유권이전청구권 보전을 위한 가등기를 마친 경우 그중 한 사람이 자신의 지분에 관하여 단독으로 가등기에 기한 본등기를 청구할 수 있다고 판단한 점에서 위에서 본 종전의 판결들과 달리 판단한 것이다. 그 근거를 공유지분을 단독으로 처분할 수 있다는 점에서 찾고 있다. 이는 '단독행사설'을 따른 것이라고 할 수 있다.

3. 기존의 판결 중 공동행사설을 따른 판결들에 대하여 반대하는 견해들이 있었다. 먼저 공동명의로 가등기를 한 매매예약자들이 본등기를 단독으로 할 수 있는지 여부는 당사자들의 의사에 따라 판단하여야 한다는 견해가 있다.[22] 즉, "매매예약의 준공유이론은 여러 형태의 매매예약에 관한 법률관계를 일관성 있게 설명할 수 없"고, "매매예약완결권을 복수의 권리자 공동으로 행사하여야 할지 여부는 결국 당사자의 의사에 달려 있다."라고 한다. 당사자의 의사가 명백하지 않을 경우에는 의사의 해석 문제로서 매매예약의 내용과 성질에 따라 당사자의 의사를 추지할 수밖에 없는데, 특정 부동산을 수인이 장차 공동으로 사용수익할 것을 목적으로 그 매수를 예약하는 유형이라면 복수의 권리자 전원이 목적물 전부에 관하여 예약완결권을 행사하기로 하는 의사이고, 채권담보의 목적으로 채무자 (또는 물상보증인) 소유 부동산에 관하여 여러 채권자와 채무자 사이에 매매예약을 하는 유형이라면 각 채권자가 일정지분에 관하여 단독으로 예약완결권을 행사하게 할 의사였다고 추단함이 타당하다고 한다. 담보목적으로 공동명의의 가등기가 된 경우에도 채권자 중 1인은 자신의 지분에 관하여 단독으로 완결의 의사표시를 하고 또 그 지분에 관하여 가등기에 기한 본등기를 청구할 수 있다고 한다.[23]

---

22) 梁承泰, "共同名義로 假登記한 數人의 賣買豫約者의 法律關係," 民事判例研究(Ⅶ), 1985, 25면.

23) 梁承泰(주 22), 25-26면.

한편, 여러 채권자에 의한 매매예약완결권의 귀속형태가 준공유라고 하더라도 매매예약완결권의 행사는 공유물의 처분행위가 아니기 때문에 반드시 공동으로 행사할 필요는 없다는 견해가 있다.[24] 이 견해에 의하면 공유자는 그 지분을 처분할 수 있고 자신의 지분의 비율에 따라 공유물을 사용·수익할 수 있으므로, 복수의 채권자 중 1인은 자신의 지분 범위 내에서 예약완결권을 행사할 수 있다고 한다. 다만 매매예약의 내용 중 예약완결권을 공동행사하기로 하는 특약이 있는 경우, 그 매매예약의 성질이나 체결경위에 비추어 단독으로 행사하는 것이 상당하지 아니하다고 보이는 경우, 매매예약 채권자 사이의 내부적 관계가 긴밀하여 공동으로만 행사할 필요가 있는 경우에는 그 예외를 인정하여야 할 것이라고 한다.[25]

여러 채권자 명의로 가등기가 되어 있는 경우에 매매예약완결권을 행사하여 가등기에 기한 본등기를 청구하는 것을 공유물의 사용·수익행위라고 볼 수 있는지 문제되고 있다. 공동행사설을 따른 기존의 대법원 판결이 채택한 처분행위설에 대하여 반대하는 견해에서는 매매예약완결의 의사표시에 의하여 매매예약완결권의 존재 자체는 소멸되지만, 이로 인하여 완결권 자체가 처음부터 존재하지 아니한 상태로 돌아가는 것이 아니라 오히려 매매예약완결권이 지향하는 '본계약의 성립'이라는 목적달성에 인하여 소멸하는 것이므로 이는 처분행위가 아니라고 한다.[26] 그러나 가등기에 기한 본등기절차의 이행을 청구하는 것을 공유물을 사용·수익하는 행위라고 볼 수는 없다. 매매예약완결권의 성격이 형성권이고, 예약완결의 일방적인 의사표시로 매매계약 체결의 효과가 발생함과 동시에 매매예약완결권은 소멸한다. 또한 가등기에 기하여 본등기를 함으로써 부동산소유권을 취득할 수 있게 된다. 이와 같이 형

---

24) 尹瓊, "共同名義의 假登記權者가 賣買豫約이 完結된 賣買目的物에 대한 本登記의 履行을 구하는 訴의 形態," 法曹 제555호(2002. 12), 220-225면.

25) 尹瓊(주 24), 224면.

26) 尹瓊(주 24), 221면.

성권의 행사로 권리가 변동되는 경우에는 처분행위로 보아야 한다.[27)] 따라서 매매예약완결권의 행사를 사용·수익행위로 보는 것은 타당하지 않다.

그렇다면 여러 권리자가 공동으로 가지고 있는 매매예약완결권의 행사를 공유물의 처분행위로 보아 공유물의 처분행위에 관한 규정에 따라 공유자 전원이 행사하여야 하는가? 공유자는 그 지분을 자유롭게 처분할 수 있으므로(제263조), 매매예약완결권을 준공유한다고 보는 경우에도 그중 1인이 그 지분 범위 내에서 본등기절차의 이행을 청구할 수 있다고 보아야 할 것이다. 공유관계에 기한 소송은 필수적 공동소송이지만, 공유지분에 기한 소송은 공유자가 지분권에 기해서 단독으로 할 수 있다.[28)] 따라서 매매예약완결권의 행사가 공유물의 사용·수익행위인지 처분행위인지는 중요한 문제가 아니다.

4. 이 판결은 여러 채권자가 각기 그 채권을 담보하기 위하여 채무자와 채무자 소유의 부동산에 관하여 여러 채권자를 공동매수인으로 하는 1개의 매매예약을 체결하고 그에 따라 여러 채권자 공동명의로 그 부동산에 가등기를 마친 경우, 여러 채권자가 공동으로 매매예약완결권을 가지는 관계인지 아니면 채권자 각자의 지분별로 별개의 독립적인 매매예약완결권을 가지는 관계인지는 매매예약의 내용에 따라야 한다고 하고 있다.

매매예약에 기하여 여러 채권자 명의로 가등기가 되어 있는 경우에 예약완결권의 귀속형태와 행사방법이 어떻게 되는지는 매매예약과 그 공시방법인 가등기를 구분하여 생각해 볼 필요가 있다. 먼저 계약자유의 원칙에 따라 매매예약에 정한 대로 예약완결권의 귀속형태나 행사방법이 달라질 것이다. 여러 채권자가 당사자들의 의사와 무관하게 매매예약완결권을 항상 공동으로 행사해야만 한다고 보는 것은 계약자

---

27) 郭潤直·金載亨, 民法總則, 제9판, 박영사, 2013, 267면.

28) 金載亨, "共有物에 대한 保存行爲의 範圍," 民法論 Ⅰ, 박영사, 2004, 232면.

유의 원칙에 반한다. 여러 채권자 공동명의로 그 부동산에 가등기를 마쳤다고 해서 그들의 관계가 갑자기 매매예약완결권을 공동으로 행사해야 하는 관계로 전환된다고 볼 수 없다. 가등기에서 매매예약완결권의 귀속형태나 행사방법에 관하여 달리 공시하고 있지 않은 이상 당사자들이 약정한 내용에 따라서 매매예약완결권의 귀속형태나 행사방법이 정해진다고 보아야 한다. 이는 가등기가 담보목적의 가등기인지 아니면 순위 보전을 목적으로 하는 가등기인지에 따라 결론을 달리 할 이유가 없다. 다음으로 가등기의 등기내용을 어떻게 취급할 것인지 문제된다. 가등기에서 지분을 특정하여 등기를 한 경우에는 각각의 채권자에게 그 지분이 귀속된다고 볼 수 있다. 이러한 경우에는 특별한 사정이 없는 한 각각의 채권자들이 그 지분에 따라 매매예약완결권을 행사한다는 것이 공시되어 있다고 보아야 할 것이다. 가등기에서 지분을 정하지 않고 등기를 하고 있는 경우에는 각각의 채권자들이 균등한 지분을 갖고 있는 것으로 추정될 것이다. 이러한 경우에는 가등기의 목적과 매매예약의 내용 등을 고려하여 매매예약완결권의 귀속형태나 행사방법을 정해야 할 것이다.

여러 채권자가 각자의 지분별로 별개의 독립적인 매매예약완결권을 가지는 경우에, 채권자 중 1인은 단독으로 자신의 지분에 관하여 소유권이전의 본등기절차의 이행을 청구할 수 있다고 보아야 한다. 등기부에 이를 공시하는 데도 아무런 문제가 없다.[29] 한편, 매매예약완결권을 준공유한다고 볼 수 있는 경우에도 공유자는 그 지분을 자유롭게 처분할 수 있으므로, 원칙적으로 그중 1인이 자신의 지분에 관하여 본등기절차의 이행을 청구하는 것도 가능하다고 보아야 할 것이다.

매매예약완결권을 공동으로 행사하여야 하는지 여부는 공유물의

29) 현재의 등기실무에서는 하나의 가등기에 관하여 여러 사람의 가등기권자가 있는 경우에, 가등기권자 모두가 공동의 이름으로 본등기를 신청하거나, 그중 일부의 가등기권자가 자기의 가등기지분에 관하여 본등기를 신청할 수 있다. 가등기에 관한 업무처리지침(등기예규 제1057호, 2002. 8. 14. 제정).

처분행위 또는 사용·수익행위에 해당하는지에 따라 일률적으로 결정할 문제가 아니라 결국 매매예약의 내용에 따라 결정해야 한다고 보아야 할 것이다. 이 판결은 매매예약완결권의 행사를 처분행위가 아니라고 한 것은 아니고 매매예약의 내용을 좀 더 자세하게 검토하여 여러 채권자가 공동으로 매매예약완결권을 가지는 관계인지 아니면 채권자 각자의 지분별로 별개의 독립적인 매매예약완결권을 가지는 관계인지를 파악하여야 한다고 본 것이다. 이 사건에서는 채권자들이 지분별로 권리를 행사하기로 약정하였다고 볼 수 있다. 특히 이 사건에서는 여러 채권자가 각자의 채권액 비율에 따라 지분을 정하여 가등기를 하였다는 점을 주목할 필요가 있다. 이와 같이 여러 채권자가 각자의 채권액 비율에 따라 지분을 정하여 가등기를 마친 경우에는 원칙적으로 각자가 지분별로 매매예약완결권을 갖는 것이라고 보아야 할 것이다.[30]

만일 당사자의 의사와 가등기로 공시된 내용이 합치하지 않는 경우에 매매예약의 내용에 따를 것인지, 아니면 가등기의 내용에 따를 것인지 문제된다.[31] 이러한 경우에는 당사자의 의사를 그대로 관철할 수 없고 원칙적으로 가등기로 공시된 내용에 따라 그 법률관계가 달라진다고 보아야 한다.

Ⅳ. 관습상 법정지상권과 가압류

1. 대판(전) 2012. 10. 18, 2010다52140(공 2012, 1877)은 토지 또는 그 지상 건물의 소유권이 강제경매로 인하여 그 절차상 매수인에게

30) 한편 여러 채권자 명의로 가등기를 하면서 그 지분을 등기부에 기록하지 않은 경우에도 그들의 관계가 준공유관계에 있다고 볼 수 있다면 그 지분이 균등한 것으로 추정된다고 보아야 할 것이다(제262조).

31) 그러나 이 사건에서는 매매예약의 내용과 가등기의 내용이 일치하고 있기 때문에, 그 둘이 일치하지 않는 경우에 발생하는 법률관계는 쟁점이 아니다.

이전된 경우에 관습상 법정지상권의 성립 요건인 '토지와 그 지상 건물이 동일인 소유에 속하였는지'를 판단하는 기준시기는 매각대금 완납시가 아니라 압류 또는 가압류의 효력 발생시라고 하였다. 이 판결은 그 이유를 명료하게 제시하고 있다.

사안은 다음과 같다. 원고는 2005. 6. 13. 소외 1, 소외 2로부터 그들 소유의 이 사건 토지를 매수하여 2005. 11. 30. 원고 명의로 소유권이전등기를 마쳤다. 한편 소외 3은 2003. 1. 3. 당시 소외 1 등의 소유이던 이 사건 토지 위에 건립되어 있던 이 사건 건물에 관하여 자기 명의로 소유권보존등기를 마쳤다. 그 후 이 사건 건물에 관하여는 2003. 10. 20. 소외 3의 채권자인 A를 위한 가압류등기가, 2004. 9. 18. 위 가압류를 바탕으로 강제경매개시결정의 등기가 되었다. 원고는 위 경매절차가 진행 중이던 2005. 11. 29. 소외 3으로부터 이 사건 건물을 매수하여 2005. 12. 12. 원고 명의로 소유권이전등기를 마쳤으나, 그 경매절차에서 이 사건 건물이 2006. 6. 9. 피고에게 매각되어 그 대금이 완납되고 이를 원인으로 하여 2006. 6. 15.에 원고 명의의 위 소유권이전등기가 말소되고 피고 명의로 소유권이전등기를 마쳤다. 원심은 피고가 매각대금을 완납한 시점을 기준으로 동일인이 이 사건 토지와 그 지상 건물을 소유하였는지 여부를 따져서 이 사건 건물의 강제경매로 이 사건 건물을 위한 관습상 법정지상권이 성립한다고 판단하였다.

그러나 대법원은 원고의 상고를 받아들여 원심판결을 파기환송하였다. 먼저 압류가 있는 경우에는 압류의 효력이 발생하는 때를 기준으로 판단하여야 한다고 보았는데, 그 이유는 다음과 같다.

> "그런데 부동산강제경매절차에서 목적물을 매수한 사람의 법적 지위는 다른 특별한 사정이 없는 한 그 절차상 압류의 효력이 발생하는 때를 기준으로 하여 정하여지고, 매수신청인·담보권자·채권자·채무자 기타 그 절차에 이해관계를 가지는 여러 당사자는 그와 같이 하여 정하여지는

법적 지위를 전제로 하여 자신의 이해관계를 계산하고, 나아가 경매절차에의 참여, 채무이행, 대위변제 기타의 재산적 결정에 이르게 된다. 이는 토지와 지상 건물 중 하나 또는 그 전부가 경매의 목적물이 된 경우에 그 경매로 인하여 종국적으로 소유자가 달라지면 이제 토지가 건물의 소유를 위한 사용권의 부담을 안게 되고 건물은 계속 유지되어 존립할 수 있는지와 같이 이해관계인에게 중요한 의미가 있는 사항에 관련하여서도 다를 바 없다고 할 것이다."[32]

나아가 경매의 목적이 된 부동산에 대하여 가압류가 있고 그것이 본압류로 이행되어 경매절차가 진행된 경우에는 애초 가압류가 효력을 발생하는 때를 기준으로 토지와 그 지상 건물이 동일인에 속하였는지 여부를 판단할 것이라고 한다.[33] "강제경매개시결정 이전에 가압류가 있는 경우에는, 그 가압류가 강제경매개시결정으로 인하여 본압류로 이행되어 가압류집행이 본집행에 포섭됨으로써 당초부터 본집행이 있었던 것과 같은 효력이 있"기 때문이다.[34]

이 사건에서 위 경매의 목적물인 이 사건 건물에 대하여는 이 사건 강제경매개시결정 이전에 A의 가압류가 있었고 그 후 그 가압류가 본압류로 이행하였으므로, 위 경매절차상의 매수인인 피고가 관습상 법정지상권을 취득하는지 하는 문제에서 피고가 그 매각대금을 완납한 2006. 6. 9.이 아니라 위 가압류가 효력을 발생한 2003. 10. 20.을 기준으로 이 사건 토지와 그 지상의 이 사건 건물이 동일인에게 속하였는지를 판단하여야 한다고 한다.

32) 이 판결은 또한 "강제경매개시결정의 기입등기가 이루어져 압류의 효력이 발생한 후에 경매목적물의 소유권을 취득한 이른바 제3취득자는 그의 권리를 경매절차상 매수인에게 대항하지 못하고, 나아가 그 명의로 경료된 소유권이전등기는 매수인이 인수하지 아니하는 부동산의 부담에 관한 기입에 해당하므로(민사집행법 제144조 제1항 제2호 참조) 매각대금이 완납되면 직권으로 그 말소가 촉탁되어야 하는 것이어서, 결국 매각대금 완납 당시 소유자가 누구인지는 이 문제맥락에서 별다른 의미를 가질 수 없다는 점"도 들고 있다.

33) 대판 1990. 6. 26, 89다카24094(집 38-2, 민 118).

34) 대결 2002. 3. 15, 2001마6620(공 2002, 951).

2. 종래 대법원 판례는 관습상 법정지상권[35]을 폭넓게 인정하고 있다. 토지와 건물이 동일한 소유자에게 속하였다가 건물 또는 토지가 매매 그 밖의 원인으로 각각 소유자가 다르게 될 때에 그 건물을 철거한다는 특약이 없는 한 건물소유자는 토지소유자에 대하여 그 건물을 위한 관습상 법정지상권을 취득한다.[36] 토지와 그 지상 건물의 소유자가 달라진 원인이 강제경매 또는 국세징수법에 의한 공매인 경우에도 관습상 법정지상권이 성립한다.[37] 다만 이 판결에서는 동일인의 소유에 속하고 있던 토지와 그 지상 건물이 강제경매 또는 국세징수법에 의한 공매 등으로 인하여 소유자가 다르게 된 경우에는 그 건물을 철거한다는 특약이 없는 한 건물소유자는 토지소유자에 대하여 그 건물의 소유를 위한 관습상 법정지상권을 취득한다고 판단하고 있다. 이 판결의 사안은 강제경매에 의하여 토지와 건물의 소유권이 달라진 경우에 대한 것이라서, 매매 등 법률행위에 의하여 토지와 건물의 소유자가 달라진 경우에 대해서는 판단할 필요가 없다.

그런데 관습상 법정지상권이 성립되기 위해서는 토지와 건물 중 어느 하나가 처분될 당시에 토지와 그 지상 건물이 동일인의 소유에 속하였으면 족하고 원시적으로 동일인의 소유였을 필요는 없다.[38] 이 판결에서는 건물에 대한 가압류가 있는 경우에 토지와 지상 건물이 언제 동일인 소유이어야 하는지 여부가 쟁점이 되었다. 종전에 강제경매의 목적이 된 토지 또는 그 지상 건물의 소유권이 강제경매로 인하여 그 절차상의 매수인에게 이전된 경우에 토지와 그 지상 건물이 동일인

35) 이에 관해서는 관습상 지상권, 관습상 법정지상권, 관습법상의 법정지상권이라는 용어가 혼용되고 있다.

36) 대판 1960. 9. 29, 4292민상944("위 관습은 법적 효력이 있는 일반관습으로서 현저한 사실"이라고 하면서 조선고등법원 판례를 참조하고 있다); 대판 1966. 2. 22, 65다2223(집 14-1, 민 86).

37) 대판 1967. 11. 28, 67다1831(집 15-3, 민 323); 대판 1970. 9. 29, 70다1454(집 18-3, 민 119).

38) 대판 1995. 7. 28, 95다9075, 9082(공 1995, 2975).

에 속하였는지 여부는 그 매수인이 소유권을 취득하는 매각대금의 완납시를 기준으로 판단한 대법원 판결도 있었고,[39] 가압류 시를 기준으로 판단한 대법원 판결도 있었다.[40] 그러나 이 전원합의체 판결은 가압류 시를 기준으로 해야 한다고 하여 판례를 통일하였다.[41]

부동산에 가압류등기를 하면 채무자가 당해 부동산에 관한 처분행위를 하더라도 이로써 가압류채권자에게 대항할 수 없다.[42] 이와 같은 가압류의 처분금지효에 따라 부동산에 대한 가압류가 있고 그것이 본압류로 이행되어 경매절차가 진행된 경우에 목적물을 매수한 사람의 법적 지위는 그 절차상 가압류의 효력이 발생하는 때를 기준으로 정해진다. 그러므로 관습상 법정지상권에서 '토지와 그 지상 건물이 동일인에 속하였는지 여부'는 매각대금 납부시가 아니라 가압류의 효력이 발생하는 때를 기준으로 판단하여야 할 것이다.

이 사건 건물에 대한 가압류 당시 토지와 건물의 소유자가 소외 1, 2와 소외 3으로 각각 달랐으나, 그 후 원고가 소외 1, 2로부터 토지를 매수하고 소외 3으로부터 건물을 매수하여 토지와 건물의 소유자가 동일하게 되었다. 위 가압류에 기하여 본압류로 이행되고 경매절차가 진행되어 토지와 건물의 소유자가 달라지게 되었더라도 건물에 대한 가압류채권자는 가압류 당시 건물을 위한 관습상 법정지상권이 성립할 것이라는 기대를 하였다고 볼 수 없다. 그 후 토지와 건물의 소유자가 동일하게 되었다고 해서 가압류채권자의 기대를 보호할 필요는 없고, 위 가압류에 기하여 진행된 경매절차에서 건물을 매수한 사람도 관습

39) 대판 1970. 9. 29, 70다1454(집 18-3, 민 119); 대판 1971. 9. 28, 71다1631(집19-3, 민 19).

40) 대판 1990. 6. 26, 89다카24094.

41) 배병일, "관습법상 법정지상권과 가압류," 저스티스 제129호(2012. 4), 98면은 가압류시설에 찬성하면서 가압류 이후 처분행위로 인한 등기는 장차 말소될 운명에 있기 때문에, 말소될 운명에 있는 등기를 근거로 관습법상 법정지상권에서 동일한 소유자인지 여부를 결정할 수 없다고 한다.

42) 대판 2011. 11. 24, 2009다19246(공 2012, 4).

상 법정지상권을 취득할 것이라는 기대를 하지 못했다고 보는 것이 합리적이다.

3. 한편 관습상 법정지상권에 대해서는 비판하는 견해가 많다.[43] 관습상 법정지상권은 건물이 철거되는 것을 막고 건물로서의 가치를 계속 유지하게 하는 것이 사회경제적으로 바람직하다는 점에 근거를 두고 있다. 그러나 동일인에 속하였던 토지와 건물 중 어느 하나를 매매나 증여 등으로 양도할 때에는 임대차계약을 맺거나 지상권을 설정하는 등의 조치를 하여야 할 것이고, 이와 같은 조치를 취하지 않은 경우에는 건물 철거의 위험을 감수하여야 한다. 따라서 매매 등으로 토지와 건물의 소유자가 달라진 경우에 건물의 소유자를 위하여 관습상 법정지상권을 인정하는 것은 합리적인 제도라고 할 수 없다. 또한 관습상 법정지상권은 등기 없이 토지소유권을 취득한 제 3 자에 대해서도 주장할 수 있기 때문에,[44] 부동산거래의 안전을 해치는 결과를 초래한다.[45]

만일 위와 같은 이유를 들어 입법론이나 해석론으로 관습상 법정지상권을 일반적으로 부정하는 견해를 채택한다면, 관습상 법정지상권에 관한 수많은 판례 법리는 무의미하게 될 것이다. 그러나 이 사건과 같이 건물에 대한 강제경매 등으로 인하여 토지와 건물의 소유자가 달라진 경우에는 당사자들이 지상권이나 임차권을 설정할 기회가 없었기

---

43) 郭潤直, 物權法, 제 7 판, 2002, 244면; 李英俊, 物權法, 전정신판, 2009, 700-701면.

44) 관습상 법정지상권은 법률행위로 인한 물권의 취득이 아니고 관습법에 의한 부동산에 관한 물권의 취득이므로 등기를 필요로 하지 아니하고 지상권취득의 효력이 발생하는 것이며, 이 관습상 법정지상권은 물권으로서의 효력에 의하여 이를 취득할 당시의 토지 소유자나 이로부터 그 토지소유권을 전득한 제 3 자에게 대하여도 등기 없이 위 지상권을 주장할 수 있다. 대판 1971. 1. 26, 70다2576(집 19-1, 민 28); 대판 1984. 9. 11, 83다카2245(집 32-4, 민 10).

45) 관습상 법정지상권에 관해서는 민법개정안이 나오기도 하였다. 2004년 법무부의 민법개정안에서는 제279조의2를 신설하여 "동일한 소유자에 속하는 토지와 그 지상 건물이 법률행위에 의하여 그 소유자를 달리하게 되는 때에는 그 건물 소유자를 위하여 존속기간의 정함이 없는 지상권설정계약이 체결된 것으로 추정한다."라는 규정을 둘 것을 제안하였다.

때문에, 법률의 규정에 의한 지상권을 인정할 필요가 있다. 제366조는 저당권에 기한 경매로 토지와 건물의 소유자가 달라지는 경우에 법정지상권이 성립한다는 규정을 두고 있는데, 강제경매나 공매의 경우에 이 규정을 준용하는 규정을 신설하여야 할 것이다. 그와 같은 준용규정이 신설되기 전에는 강제경매 또는 공매로 토지와 건물의 소유자가 달라지는 경우에 제366조의 규정을 유추적용하여 법정지상권을 인정하여야 할 것이다. 이러한 경우는 저당권의 실행으로 토지와 건물의 소유자가 달라지는 경우와 이익상황이 유사하기 때문이다. 따라서 가압류와 압류에 관한 이 판결의 법리는 관습상 법정지상권이 폐지된 이후에도 여전히 의미를 가지게 될 것이다.

V. 채권자대위권의 행사로 인한 처분금지효와 채무불이행으로 인한 계약해제

1. 대판(전) 2012. 5. 17, 2011다87235(공 2012, 1080)에서는 채권자대위권의 행사로 인한 처분금지효가 계약의 해제에도 미치는지 여부가 문제되었다.

원고는 2007. 12. 10. A에게 금원을 대여하면서 그 이자조로 A가 향후 취득할 이 사건 토지를 2008. 2. 28.까지 A로부터 이전받기로 약정하였다. A는 2007. 12. 12. 피고로부터 이 사건 토지를 대금 15억원에 매수하기로 하고, 양도소득세 상당액도 피고에게 지급하기로 하는 내용으로 매매계약을 체결하였다. 그러나 A는 양도소득세 상당액을 지급하지 못했다. 그리하여 원고는 2009. 4. 14. 피고와 A를 상대로 이 사건 소를 제기하여 ① A에 대한 채권자로서 A를 대위하여 피고에게 이 사건 토지에 관한 소유권이전등기절차를 이행하고 ② A를 상대로 원고에게 이 사건 토지에 관한 소유권이전등기절차를 이행할 것을 구하였으며, 이 사건 소장은 2009. 5. 1. A에게, 2009. 6. 17. 피고에게 송달되었다. 이에 대하여 피고는 A의 채무불이행으로 인하여 이 사건 매매계약이 2009. 8. 31. 무렵 실효되었다고 항변하였고, 원고는 이 사건 매매계약을 해제하는 것은 A의 소유권이전등기청구권을 처분하는 결과를 초래하므로, 피고는 이로써 원고에게 대항할 수 없다고 주장하였다.

원심은 이 사건 소 제기 이후 A의 채무불이행 및 2009. 2. 25.자 특약에 따라 이 사건 매매계약이 실효되었지만, 이 사건 소가 제기되기 전부터 A는 대금지급의무를 이행하지 않고 있었고, 2009. 2. 25.자 특약 역시 이 사건 소 제기 전에 체결된 점을 감안하면, 이를 채무자인 A의 '처분행위'로 평가할 수 없다고 판단하였다. 원고가 상고하였으나, 대법원은 다음과 같은 이유로 이를 기각하였다.

> "채무자의 채무불이행 사실 자체만으로는 권리변동의 효력이 발생하지 않아 이를 채무자가 제3채무자에 대하여 가지는 채권을 소멸시키는 적극적인 행위로 파악할 수 없는 점, 더구나 법정해제는 채무자의 객관적 채무불이행에 대한 제3채무자의 정당한 법적 대응인 점, 채권이 압류·가압류된 경우에도 압류 또는 가압류된 채권의 발생원인이 된 기본계약의 해제가 인정되는 것과 균형을 이룰 필요가 있는 점 등을 고려할 때 **채무자가 자신의 채무불이행을 이유로 매매계약이 해제되도록 한 것을 두고 민법 제405조 제2항에서 말하는 '처분'에 해당한다고 할 수 없다.**
>
> 따라서 채무자가 채권자대위권행사의 통지를 받은 후에 채무를 불이행함으로써 통지 전에 체결된 약정에 따라 매매계약이 자동적으로 해제되거나, 채권자대위권행사의 통지를 받은 후에 채무자의 채무불이행을 이유로 제3채무자가 매매계약을 해제한 경우 제3채무자는 그 계약해제로써 대위권을 행사하는 채권자에게 대항할 수 있다고 할 것이다. 다만 형식적으로는 채무자의 채무불이행을 이유로 한 계약해제인 것처럼 보이지만 실질적으로는 채무자와 제3채무자 사이의 합의에 따라 계약을 해제한 것으로 볼 수 있거나, 채무자와 제3채무자가 단지 대위채권자에게 대항할 수 있도록 채무자의 채무불이행을 이유로 하는 계약해제인 것처

럼 외관을 갖춘 것이라는 등의 특별한 사정이 있는 경우에는 채무자가 그 피대위채권을 처분한 것으로 보아 제3채무자는 그 계약해제로써 대위권을 행사하는 채권자에게 대항할 수 없다고 할 것이다."

이 사건에서 위 2009. 2. 25.자 특약이 실질적으로는 A와 피고 사이의 합의 해제로 볼 수 있다거나, A와 피고가 채무자의 채무불이행을 이유로 하는 계약해제인 것처럼 외관을 갖춘 것이라고 볼 만한 특별한 사정을 발견할 수 없으므로, 채무자의 채무불이행 및 위 2009. 2. 25.자 특약에 따라 이 사건 매매계약이 실효된 것을 들어, 채무자인 A가 채권자대위권행사의 통지를 받은 후 제3채무자인 피고에 대한 소유권이전등기청구권을 '처분'한 것이라고 할 수 없다.

2. 제405조 제2항은 채무자가 채권자대위권 행사의 통지를 받은 후에는 그 권리를 처분하여도 이로써 채권자에게 대항하지 못한다고 정하고 있다. 이는 채무자가 채권자대위권 행사사실을 통지받은 후에 그 권리를 처분함으로써 대위권행사를 방해하는 것을 막기 위한 것이다.[46] 채무자가 통지를 받지 못했지만 대위권 행사사실을 안 경우에도 처분행위를 할 수 없다고 한다.[47] 그러나 채무자가 처분행위가 아니라 관리 또는 보존행위를 하는 것은 이 규정에 따른 제한을 받지 않는다.[48]

그런데 채무자와 제3채무자 사이의 계약이 채무불이행으로 해제되거나 또는 합의 해제된 경우에 제405조 제2항에서 정한 처분에 해당하는지 문제된다. 종래의 판례는 위 두 경우 모두 처분에 해당한다고 보았다. 먼저 합의 해제에 관하여 대법원은 "채무자가 채권자대위권 행사 사실을 알게 된 이후에 그 매매계약을 합의 해제하여 채권자대위권의 객체인 소유권이전등기청구권을 소멸시켰다 하더라도 이로써 채권

---

46) 대판 1990. 4. 27, 88다카25274, 25281(집 38-1, 민 244).
47) 대판 1993. 4. 27, 92다44350(공 1993, 1551).
48) 대판 1989. 4. 11, 87다카3155(집 37-1, 민 216); 대판 1990. 4. 27, 88다카25274, 25281(집 38-1, 민 244).

자에게 대항할 수 없고, 제 3 채무자 역시 그 계약해제로써 채권자에게 대항할 수 없다."라고 하였다.[49] 다음으로 채무불이행으로 인한 해제에 관하여 대법원은 채무자가 채권자대위권 행사사실을 통지받은 후에 채무자의 채무불이행을 이유로 매매계약이 해제되도록 한 것이 언제나 채무자가 그 피대위채권을 처분하는 것에 해당하므로 이를 가지고 대위권을 행사하는 채권자에게 대항할 수 없고, 그 결과 제 3 채무자 또한 그 계약해제로써 채권자에게 대항할 수 없다고 판결하였다.[50]

그러나 이번 전원합의체 판결로 채무불이행으로 인한 해제에 관한 위 판례를 변경하여 채무자가 자신의 채무불이행을 이유로 매매계약이 해제되도록 한 것이 제405조 제 2 항에서 말하는 '처분'에 해당하지 않는다고 하였다. 이로써 합의 해제는 처분에 해당하지만, 채무불이행으로 인한 해제는 처분에 해당하지 않게 되었다. 채무자의 채무불이행을 이유로 제 3 채무자가 계약을 해제할 수 있도록 한 것을 채무자의 '처분'에 해당한다고 보는 것은 '처분'이라는 법개념의 왜곡이라는 비판이 있었는데,[51] 이 견해가 대법원 판결로 나타난 것이다. 채무자의 채무불이행은 채무자가 적극적인 행위를 하는 것도 아니기 때문에 처분 개념에 포섭되지 않는다. 기존의 판례는 압류 또는 가압류의 경우에 기본계약의 해제를 허용하는 것과 균형이 맞지 않고, 제 3 채무자의 해제권 행사를 부당하게 제한하는 결과를 초래한다. 따라서 이 전원합의체 판결이 타당하다.[52]

---

49) 대판 1996. 4. 12, 95다54167(공 1996, 1516); 대판 2007. 6. 28, 2006다85921(공 2007, 1162).

50) 대판 2003. 1. 10, 2000다27343(공 2003, 562).

51) 梁彰洙, "債權者代位에 의한 處分禁止效가 第 3 債務者가 債務者의 債務不履行을 이유로 賣買契約을 解除하는 것에도 미치는가?," 民法硏究 제 7 권, 박영사, 2003, 365면.

52) 재판연구관의 해설인 김상훈, "채권자대위권행사 통지 후의 해제와 민법 제405조 제 2 항의 '처분'," 자유와 책임 그리고 동행(안대희 대법관 재임기념), 사법발전재단, 2012, 452면 참조.

그런데 이 판결은 중요한 예외를 인정하고 있다. 즉, "형식적으로는 채무자의 채무불이행을 이유로 한 계약해제인 것처럼 보이지만 실질적으로는 채무자와 제 3 채무자 사이의 합의에 따라 계약을 해제한 것으로 볼 수 있거나, 채무자와 제 3 채무자가 단지 대위채권자에게 대항할 수 있도록 채무자의 채무불이행을 이유로 하는 계약해제인 것처럼 외관을 갖춘 것이라는 등의 특별한 사정이 있는 경우"에는 제405조 제 2 항에서 말하는 '처분'에 해당한다는 것이다. 따라서 판례는 처분의 개념을 형식적으로 판단할 것이 아니라 실질적으로 판단하고 있다고 볼 수 있다.

한편, 채권을 가압류 또는 압류한 경우에는 그 채권의 발생원인인 법률관계에 대한 채무자와 제 3 채무자의 처분까지도 구속되는 것은 아니므로 기본적 계약관계인 매매계약 자체를 해제할 수 있다. 나아가 채무자와 제 3 채무자가 아무런 합리적 이유 없이 채권의 소멸만을 목적으로 계약관계를 합의 해제한다는 등의 특별한 경우를 제외하고는, 제 3 채무자는 채권에 대한 가압류가 있은 후라고 하더라도 채권의 발생원인인 법률관계를 합의 해제하고 이로 인하여 채권이 소멸되었다는 사유를 들어 가압류채권자에 대항할 수 있다고 한다.[53] 따라서 채권자대위권을 행사하는 경우에 가압류·압류를 하는 경우와 마찬가지로 채무불이행으로 인한 해제는 원칙적으로 허용된다. 그러나 채권자대위권을 행사하는 경우에 합의 해제는 허용되지 않지만, 가압류·압류를 하는 경우에는 합의 해제가 허용되므로, 이 점에서는 두 경우가 여전히 다르다.

채무자와 제 3 채무자 사이의 합의 해제는 채무불이행으로 인한 해

53) 대판 2001. 6. 1, 98다17930(공 2001, 1482). 이에 대하여 가압류 또는 압류를 한 후 제 3 채무자가 채무불이행 등에 의한 법정해제권이나 약정해제권을 행사하는 것은 인정하여야 하지만, 채무자가 제 3 채무자와 매매계약 등 일시적 계약을 합의하여 해제하는 것은 원칙적으로 허용되지 않는다는 견해가 있다. 梁彰洙, "債權假押留 후 債務者와 第3債務者 간의 契約關係 消滅에 관한 合意의 效力," 民法硏究 제 5 권, 박영사, 1999, 453-455면.

제, 즉 법정해제와는 달리 일반적으로는 제405조 제2항에서 말하는 처분에 해당할 것이다. 그러나 채무불이행으로 인한 해제와 합의 해제를 완전히 다르게 취급하여야 하는지는 의문이다. 가령 채무불이행으로 인한 해제의 요건을 갖추었지만 채권자가 법정해제를 하지 않고 법률관계를 명확하게 정리하기 위하여 합의 해제의 형식을 취한 것에 불과한 경우라면 위 규정에 의하여 제한되는 처분이 아니라고 볼 수 있을 것이다. 이것이 법정해제의 경우에 처분 개념을 실질적으로 판단하는 것에 상응하는 것이다. 다만 법정해제와 합의 해제를 동일하게 취급하여야 한다는 의미는 아니다. 법정해제의 경우에는 원칙적으로 처분에 해당하지 않지만, 예외적으로 처분과 동일하게 보아야 할 것이다. 합의해제의 경우에는 이와 달리 원칙적으로 처분에 해당하지만, 예외적으로 제405조 제2항에 의하여 제한되는 처분에 포함되지 않는다고 보아야 할 것이다.

Ⅵ. 압류된 채권의 상계

1. 대판(전) 2012. 2. 16, 2011다45521(공 2012, 444)은 채권압류명령을 받은 제3채무자가 압류채무자에게 반대채권을 가지고 있는 경우, 상계로써 압류채권자에게 대항하기 위한 요건에 관하여 판단하고 있다.

이 판결의 쟁점인 상계와 관련된 사실관계는 다음과 같다. A회사는 피고에 대하여 공사대금 채권을 갖고 있고, 원고는 A회사에 대하여 하도급 공사대금 채권을 갖고 있다. 원고는 위 하도급공사대금 중 일부를 받지 못하게 되자, A회사의 피고에 대한 위 공사대금 채권(최종 변제기는 2008. 6. 10.)을 가압류하였고, 이 가압류 결정은 2008. 6. 30. 피고에게 송달되었다. 그 후 원고는 위 가압류를 본압류로 전이하면서, 위 공사대금 중 215,758,495원의 추심을 명하는 채권압류 및 추심명령을 받았고, 피고에게 추심금을 청구하였다. 피고는 2008. 4. 22.경 A회사에 대한 약속어음 관련 대여금 채권(변제기 2008. 7. 25.)을 갖고 있었는데, 위 약속어음 관련 대여금채권(이하 '이 사건 반대채권'이라 한다)으로 피압류채권인 위 공사대금 채권과 상계한다는 항변을 하였다.

원심은 피고의 상계항변을 받아들였다. 금전채권에 대한 가압류를 본압류로 전이하는 압류 및 추심명령이 있는 때 제3채무자가 채권이 가압류되기 전에 가압류채무자에게 대항할 수 있는 사유로써 나중에 압류채권자에게 대항할 수 있기 때문에, 제3채무자가 가압류 효력 발생 당시 이미 반대채권을 취득한 이상 그의 상계에 대한 기대는 합리적이고 정당하므로, 그 당시 양 채권이 상계적상에 있지 아니하고 반대채권의 변제기도 도래하지 아니하였다 하더라도, 양 채권의 변제기 선후를 불문하고 그 후에 상계적상에 이르면 상계로써 압류채권자에게 대항할 수 있다고 하였다. 그리하여 이 사건에서 가압류의 효력 발생일은 2008. 6. 30.이고, 피압류채권인 공사대금채권의 변제기는 2008. 6. 10.경이며, 이 사건 반대채권인 액면금 1억 원의 약속어음 관련 대여금채권의 변제기는 공사대금채권의 변제기 후인 2008. 7. 25.이지만, 이 사건 반대채권이 가압류 효력 발생 당시 이미 취득되어 있었던 이상, 피고로서는 위 약속어음이 부도나더라도 이 사건 반대채권과 공사대금채권을 상계함으로써 자신의 채권을 확보할 수 있으리라는 합리적이고 정당한 기대를 할 수 있으므로, 이 사건 반대채권과 공사대금채권의 상계로써 압류채권자인 원고에게 대항할 수 있다고 판단하였다.

그러나 대법원은 원고의 상고를 받아들여 원심판결을 파기환송하였다. 다수의견은 다음과 같다.

> "민법 제498조는 "지급을 금지하는 명령을 받은 제3채무자는 그 후에 취득한 채권에 의한 상계로 그 명령을 신청한 채권자에게 대항하지 못한다."라고 규정하고 있다. 위 규정의 취지, 상계제도의 목적 및 기능,

채무자의 채권이 압류된 경우 관련 당사자들의 이익상황 등에 비추어 보면, 채권압류명령 또는 채권가압류명령(이하 채권압류명령의 경우만을 두고 논의하기로 한다)을 받은 제3채무자가 압류채무자에 대한 반대채권을 가지고 있는 경우에 상계로써 압류채권자에게 대항하기 위하여는, 압류의 효력 발생 당시에 대립하는 양 채권이 상계적상에 있거나, 그 당시 반대채권(자동채권)의 변제기가 도래하지 아니한 경우에는 그것이 피압류채권(수동채권)의 변제기와 동시에 또는 그보다 먼저 도래하여야 할 것이다(대법원 1982. 6. 22. 선고 82다카200 판결, 대법원 2003. 6. 27. 선고 2003다7623 판결 등 참조)."

"이 사건에서 가압류의 효력이 발생할 당시 피압류채권인 공사대금채권은 이미 변제기가 도래하였으나 이 사건 반대채권은 변제기가 도래하지 아니하였기 때문에 그 당시 양 채권이 상계적상에 있었다고 할 수 없고, 나아가 이 사건 반대채권의 변제기가 공사대금채권의 변제기보다 나중에 도래하므로, 피고는 이 사건 반대채권에 의한 상계로써 압류채권자인 원고에게 대항할 수 없다고 보아야 한다."

이에 대하여 반대의견, 다수의견에 대한 보충의견과 반대의견에 대한 보충의견이 서로 공방을 벌이고 있다.

2. 제498조는 "지급을 금지하는 명령을 받은 제3채무자는 그 후에 취득한 채권에 의한 상계로 그 명령을 신청한 채권자에게 대항하지 못한다."라고 정하고 있다. 이 규정에서 '지급을 금지하는 명령'에는 채권압류 또는 채권가압류의 명령을 가리킨다(민집 제223조, 제280조).[54] 따라서 이 규정의 문언에 의하면 '제3채무자가 압류명령 이후에 새롭게 취득한 채권'을 자동채권으로 한 상계로써 그 명령을 신청한 채권자에게 대항하지 못한다는 것은 분명하다. 그런데 제3채무자가 압류명령 이전에 취득한 채권을 자동채권으로 하여 상계하는 것은 이 규정에 따른 제한을 받지 않는 것인지 문제되어 왔다.

초기의 판례는 양 채권이 상계적상에 있다고 하더라도 아직 그에 기

54) 이하에서는 가압류와 압류를 편의상 압류라고 한다.

한 상계의 의사표시가 있기 전에 수동채권에 대하여 압류명령 또는 전부명령이 있었으면 제3채무자는 상계를 하지 못한다고 하였다.[55] 그러나 대법원 전원합의체 판결로 전부명령이 있기 전에 두 채권이 상계적상에 있었으면 전부명령 후에 한 상계로써 전부채권자에게 대항할 수 있다고 바뀌었다.[56] 이때 두 채권의 변제기가 모두 도래한 경우만을 말하는 것은 아니고, 자동채권의 변제기가 도래하였으면 수동채권에 대해서는 아직 변제기가 도래하지 않은 경우에도 상계로써 압류채권자에게 대항할 수 있는 것으로 보았다.[57] 그 후에 대법원 판결은 압류 당시에는 상계적상에 있지 않더라도 "자동채권의 변제기가 수동채권의 변제기와 동시에 또는 그보다 먼저 도래하는 경우"에는 상계적상에 도달한 후에 상계를 함으로써 압류채권자에게 대항할 수 있다고 수정되었다.[58] 대법원 판례가 몇 차례 바뀌었는데, 현재의 판례를 '변제기기준설'이라고 한다.

독일 민법 제392조 후단은 제3채무자의 채권이 압류 후에 비로소 변제기에 도달하는 경우에는 그 변제기가 피압류채권의 변제기보다 후인 때에는 상계를 할 수 없다고 정하고 있다. 그러나 우리 민법의 규정은 독일 민법과는 달리 변제기에 따른 구별을 하고 있지 않지만, 판례는 변제기기준설을 따르고 있다. 이 문제에 관해서는 여러 견해가 있을 수 있는데,[59] 종래 판례의 변제기기준설을 지지하는 견해가 많지만,[60] 압류명령 이전에 취득한 채권에 대해서는 아무런 제한 없이 상계

55) 대판 1972. 12. 26, 72다2117.
56) 대판(전) 1973. 11. 13, 73다518(집 21-3, 민 155).
57) 대판 1980. 9. 9, 80다939(집 28-3, 민 45).
58) 대판 1982. 6. 22, 82다카200(집 30-2, 민 157); 대판 1987. 7. 7, 86다카2762(집 35-2, 민 264); 대판 1989. 9. 12, 88다카25120(공 1989, 1402).
59) 종래의 우리나라와 일본의 학설을 개관한 것으로는 우선 郭潤直 편, 民法注解(XI), 1995, 424-428면(尹容燮 집필) 참조.
60) 金亨培, 債權總論, 제2판, 1998, 772면; 정동윤, "압류와 상계," 변호사 제7집, 1976, 193면; 李在性, "轉付命令과 相計의 抗辯," 李在性判例評釋集(Ⅶ), 1988, 한국사법행정학회, 361-365면; 梁彰洙, "破産節次上의 相計," 民法研究 제7권(2003), 207-208면.

로써 압류채권자에게 대항할 수 있다는 무제한설[61] 등이 제시되었다.

3. 다수의견과 반대의견, 그리고 각각의 보충의견이 찬반양론에 대하여 상세한 논거를 제시하고 있고, 이에 관한 판례평석이나 해설이 상세히 나와 있다.[62] 여기에서는 몇 가지 쟁점에 관하여 간략하게 살펴보고자 한다.

가. 문리해석의 문제

제498조의 해석에 관하여 견해가 대립하고 있는데, 반대의견은 이 규정의 문언에 대한 해석에서 출발한다.

> "이 규정에 의하여 제3채무자의 상계가 금지되는 것은 제3채무자가 지급을 금지하는 명령을 받은 이후에 새롭게 취득한 채권을 자동채권으로 하여 상계하는 것뿐이고, 그 반대해석상 제3채무자가 그 이전에 이미 취득하여 보유하고 있던 채권을 자동채권으로 한 상계는 이 규정에 의하여 금지되지 아니하고 오히려 허용된다고 보는 것이 당연한 논리적 귀결이다. 그 채권이 제3채무자가 지급을 금지하는 명령을 받을 당시에 이미 이행기가 도래하였는지 여부는 문제될 여지가 없다."[63]

---

61) 李英秀, "被押留債權을 受動債權으로 한 第三債務者의 相計," 司法論集 제4집, 1973, 226면; 金炳宰, "第3債務者가 假押留債務者에 대한 反對債權으로써 相計할 수 있는 要件," 民事判例研究(Ⅹ), 90-91면; 尹眞秀, "金融機關의 受信去來와 與信去來," 民法論攷 Ⅲ, 2008, 300-301면; 李相勳, "押留된 債權과 相計," 司法研修院 教授論文集 제5집 淸硏論叢, 2008, 149-158면.

62) 이 판결에 대한 재판연구관의 해설로 이상주, "압류된 채권에 대한 상계의 허용요건," 자유와 책임 그리고 동행(안대희 대법관 재임기념), 사법발전재단, 2012, 361면 이하가 있고, 다수의견에 찬성하는 평석으로 김상수, "압류와 상계," 민사법학 제60호(2012. 9), 273면 이하, 특히 303-306면; 정구태, "피압류채권을 수동채권으로 한 제3채무자의 상계권 행사의 허용범위," 고려법학 제66호(2012. 9), 381면 이하, 특히 405-420면 참조.

63) 반대의견은 또한 "우리 민법은 그 기준을 양 채권의 변제기 도래의 선후에 두는 입법례를 채택하지 아니하고 지급을 금지하는 명령과 제3채무자의 반대채권의 취득시기의 선후에 두는 입법례를 채택하여 민법 제498조에 규정한 것"이라고 한다. 그리고 반대의견에 대한 안대희 대법관의 보충의견도 제498조에 관한 문언해석을 강조하고 있다.

이에 반하여 다수의견과 그 보충의견은 위 규정의 입법취지, 이익 형량을 통하여 결론을 도출하고 있다. 다수의견에 대한 보충의견은 "민법 제498조가 채권 압류의 사실로써 제3채무자가 가지는 상계와 관련한 이익상황에 일정한 변화를 주어 위와 같은 법문제에 관하여는 이제 압류채권자의 채권 만족의 이익 등에도 배려하지 않으면 안 된다는 태도를 입법적으로 취하였다."라고 파악하고, "앞서 본 우리 판례의 태도는 민법 제498조의 명문에 반한다고 할 수 없고, 오히려 그 입법취지를 밀고나가 이를 적절하게 실현하였다."라고 한다. 따라서 법률의 해석에 관한 접근방법이 법률의 문언을 중시하는 반대의견과 입법취지를 중시하는 다수의견, 특히 그 보충의견으로 나누어지고 이것이 결론에 영향을 미치고 있다고 볼 수도 있다. 그러나 반대의견도 문언해석에서 그치는 것이 아니라 상계의 기능 등을 고려하고 있으므로, 다수의견과 반대의견이 법률의 해석에 관한 견해의 차이에서 결론이 달라졌다고 단정할 수는 없다.

그런데 이 규정에서 '제3채무자가 압류명령 이후에 새롭게 취득한 채권'을 자동채권으로 한 상계로 압류채권자에게 대항하지 못한다는 것은 분명하지만, 이 규정이 제3채무자가 압류명령 이전에 취득한 채권을 자동채권으로 한 상계로 압류채권자에게 대항할 수 있다고 정하고 있는 것은 아니다. 제3채무자가 압류명령 이전에 취득한 채권을 자동채권으로 한 상계로 압류채권자에게 대항할 수 있다는 것은 위 규정에 관한 반대해석이라고 할 수 있다. 따라서 이와 달리 제3채무자가 압류명령 이전에 취득한 채권을 변제기를 기준으로 구분하여 그중 일부에 관해서만 자동채권으로 한 상계로 압류채권자에게 대항할 수 있다고 하는 것은 위 규정의 문언 자체에 반하는 것이 아니라 위 규정의 반대해석에 반하는 것에 불과하다. 따라서 제3채무자가 압류명령 이전에 취득한 채권을 자동채권으로 한 상계로 압류채권자에게 대항할 수 있는지 여부는 이 규정에 관한 문언해석만으로 단정할 수는 없다.[64] 나아가 이미 많은 경우에 민법의 규정을 그 문언과는 달리 해석하거나 보충해 가면서 새로운 법리를 형성해 왔다.[65] 따라서 채권가압류가 있는 경우에 가압류권자와 상계권을 행사하는 제3채무자를 각각 어느 정도로 보호하는 것이 타당한 것인지에 관한 검토를 한 다음 결론을 내려야 할 것이다.

나. 상계의 담보적 기능

반대의견은 상계의 담보적 기능을 강조하고 있다. 즉, 상계권을 행사하는 채권자는 채무자의 변제자력이 충분하지 못한 때에도 자기의 자동채권에 관하여는 확실하고도 충분한 변제를 받은 것과 같은 이익이 보장된다는 것이다. 이와 같이 상계권을 행사하는 채권자는 '사실상 담보권자와 유사한 지위'를 갖는데, 이러한 지위가 압류가 있다고 하여 부정되어야 할 이유가 없다고 한다.

다수의견에 대한 보충의견은 상계의 담보적 기능에 관하여 "상계를 하려는 채권자의 앞서 본 상계기대의 정당한 이익과 압류채권자를 포함하는 다른 채권자들이나 채권양수인 등의 채권 만족의 이익을 균형 있게 고려하여 그 범위를 정함으로써 이에 적절한 제한을 가하는 것이 바람직하다."라고 한다.

상계권을 행사하는 채권자가 담보권을 가지고 있는 것은 아니지만, 상계를 함으로써 담보권자와 유사하게 우선변제를 받는 결과가 된다. 그러나 상계권을 행사하는 채권자가 어느 범위에서 어느 정도로 담보

64) 한편, 법률의 해석에서 문언해석과 함께 입법자의 의사도 중요한 고려사항인데, 민법 제정당시 반대의견과 같은 의견은 많지 않았기 때문에(일본의 판례에 관해서는 이상주(주 62), 406면 이하 참조), 입법자의 의사가 반대의견과 동일한 것으로 볼 수는 없다.

65) 법률의 문언과 달리 해석하는 경우에 관해서는 우선 김재형, "황금들녘의 아름다움: 법해석의 한 단면," 민법론 Ⅳ, 박영사, 2011, 172-175면 참조.

권자와 유사한 지위를 갖는 것인지는 상계의 요건과 효과에 관한 민법 규정을 어떻게 파악할 것인지에 따라 달라질 것이다.[66] 따라서 상계의 담보적 기능에서 곧바로 이 문제의 결론을 선험적으로 도출할 수는 없다. 민법의 규정이나 그 해석을 통하여 상계의 담보적 기능이 강화될 수도 있고 이와 반대로 약화될 수도 있다.

다. 이익형량

이 문제는 결국 반대채권으로써 상계할 수 있는 제3채무자와 지급을 금지하는 명령을 신청한 채권자 중 누구를 보호할 것인지에 따라 달라질 수밖에 없다. 다수의견과 반대의견 모두 이 문제에 관해서 정도의 차이가 있는데다가 정반대의 결론으로 이어지고 있지만, 두 당사자 사이의 이익을 비교·형량하고 있다는 점은 공통적이다.

반대의견은 제3채무자를 보호하여야 한다고 한다. "지급을 금지하는 명령을 신청한 채권자의 지위는 원래부터 불확실하고 불안정한 것임에 비하여, 제3채무자는 담보권자와 유사한 지위를 가지는 것이므로 제3채무자의 상계권의 행사가 보장되어야 한다."라는 것이다. 그러나 위 (2)에서 본 것처럼 지급을 금지하는 명령이 있는 경우에 제3채무자에게 담보권자와 유사한 지위에 있다는 이유만으로 제3채무자의 상계권을 보장해야 한다는 결론이 당연히 나오는것은 아니다.

압류가 있는 경우에 자신의 채무를 이행하지 아니하여 상계적상에 도달한 제3채무자를 압류채권자보다 우선하여 보호하는 것은 제3채무

---

66) 다수의견에 대한 양창수 대법관의 보충의견은 "그러한 지위는 반대의견이 강조하는 우리 법의 명문 어디에도 규정되어 있지 않으며, 단지 법이 먼저 상계의 요건과 그 효과를 다양한 관련 이익 등을 고려하면서 타당하게 해석·획정한 결과로 간이한 결제수단이라는 상계제도 본래의 취지에 부수하여 상계권 있는 채권자가 일정한 범위에서 사실상 위와 같이 우선변제를 얻게 되는 것과 같은 법상태를 가리키는 것일 뿐이다. 따라서 그와 같이 '사실상 담보권자와 유사한 지위'를 미리 설정·시인하고 이를 내세워 상계의 구체적인 요건, 나아가 그 효과를 재단하는 것은 본말이 전도된 태도라고 생각된다."라고 한다.

자를 지나치게 보호하는 것이라고 볼 수 있다. 다수의견에 대한 보충의견은 "우리 판례의 태도는 첨예하게 대립하는 이익의 내용 등을 충분히 고려한 다음 채택된 타당한 해결"이라고 하는데, "제 3 채무자가 자기 채무의 이행을 늦추고 있다가 후에 그 이행기가 도래함으로써 가능하게 된 상계를 가지고 압류채권자에게 대항하여 자기 채권의 우선적 만족을 얻고 압류채권자의 채권 실행을 좌절시킬 수 있다는 것은 상계의 담보적 기능을 지나치게 강조하는 것으로서 부당하다."라고 하면서 채권자 평등의 원칙이나 파산절차상의 상계 제한 등을 고려하여 변제기를 기준으로 압류채권자와 제 3 채무자의 이해를 조정하려는 이유를 상세히 제시하고 있다. "상계의 담보적 기능은 어디까지나 앞서 본 상계의 간편한 변제수단으로서의 기능에 부수적으로만 인정되는 것으로서 이를 무한정으로 수긍할 것은 아니며, 상계를 하려는 채권자의 앞서 본 상계기대의 정당한 이익과 압류채권자를 포함하는 다른 채권자들이나 채권양수인 등의 채권 만족의 이익을 균형 있게 고려하여 그 범위를 정함으로써 이에 적절한 제한을 가하는 것이 바람직하다."라는 것이다.67) 이 사건에서는 반대채권의 변제기가 피압류채권의 변제기로부터 1개월 15일 정도밖에 떨어져 있지 않고 그 사이에 가압류가 송달되었기 때문에, 상계를 허용하는 것이 형평에 맞는 것처럼 보이는 점이 있지만, 그 기간이 많이 떨어져 있는 경우에는 상계를 허용하는 것이 부당하게 여겨질 것이다. 한편, 변제기 이외의 기준으로 이 문제를 판단하는 방안도 생각할 수 있으나, 이는 법적 불확실성을 초래할 것이다. 따라서 변제기를 기준으로 구분하여 제 3 채무자를 압류채권자보다 우선하여 보호할 것인

67) 그러나 반대의견에 대한 대법관 안대희의 보충의견은 "제 3 채무자가 변제기가 도래한 피압류채권을 이행하지 아니한 채무불이행에 대한 제재로는 우리 민법이 통상 예정한 대로 제 3 채무자에 대하여 지연손해금 등의 손해배상책임을 부담시키는 것으로 충분하다고 할 수 있고, 더 나아가 채무를 불이행하는 동안 상계적상에 이르렀다는 이유로 상계권 행사마저 제한하는 것은 제 3 채무자에 대한 지나치게 과도한 제재"라고 한다.

지 여부를 정하는 것을 수긍할 수 있지 않을까 한다.

Ⅶ. 채권양도의 통지와 하자담보추급권의 제척기간 준수

1. 대판(전) 2012. 3. 22, 2010다28840(공 2012, 619)는 채권양도 통지가 하자담보추급권의 제척기간 준수사유가 되는지에 관하여 판단하고 있다.

사안은 다음과 같다. 원고 입주자대표회의가 구 집합건물법 제 9 조에 의한 하자담보추급권에 기하여 손해배상을 직접 청구할 수 있다고 주장하여 피고를 상대로 이 사건 아파트의 하자로 인한 손해배상청구의 소를 제기하였다가 그 소송 계속 중 위 아파트의 구분소유자들 1,240세대 가운데 2007. 11.경 1차로 1,002세대로부터, 2008. 3.경 2차로 29세대로부터 각 하자보수에 갈음하는 손해배상청구권을 양도받았고, 그 채권양도통지는 원고 입주자대표회의가 구분소유자들의 위임을 받아 1차 채권양도의 경우 2007. 11. 9.에, 2차 채권양도의 경우 2008. 3. 11.에 이루어졌다. 위 1차 채권양도 세대들 중 967세대는 1997. 11. 10. 이후 아파트를 인도받았고, 8세대는 그 인도일이 1997. 11. 10. 이후일 가능성이 크나 이를 구체적으로 알 수 있는 자료가 없으며, 2차 채권양도 세대들 가운데 8세대는 1998. 3. 12.(원심판결의 2008. 3. 12.은 오기임이 명백하다) 이후 아파트를 인도받았다. 원고는 2008. 4. 25. 제 1 심법원에 위 채권양수를 청구원인으로 하는 청구취지 및 청구원인 변경신청서를 제출하였다.

원심은 구분소유자들의 위와 같은 채권양도통지는 피고에게 하자담보책임에 따른 의무이행을 최고한 것으로서 각 하자 부분에 대한 자신들의 권리인 하자보수에 갈음하는 손해배상청구권을 재판외에서 행사한 것이고, 위 1차 채권양도 세대 중 967세대와 2차 채권양도 세대

중 8세대는 그 권리행사가 아파트를 인도받은 날부터 10년의 제척기간 내에 이루어졌으므로 위 각 세대의 하자보수에 갈음하는 손해배상청구권은 제척기간 만료로 소멸하였다고 보기 어려우며, 1차 채권양도 세대 중 위 8세대의 경우 그 권리행사가 제척기간 도과 후에 이루어졌다고 인정할 증거가 없다고 보아 피고의 제척기간 도과 주장을 배척하였다.

대법원은 다음과 같은 이유로 피고의 상고를 받아들여 원심판결을 파기환송하였다.

> “구 집합건물의 소유 및 관리에 관한 법률(2003. 7. 18. 법률 제6925호로 개정되기 전의 것, 이하 ‘구 집합건물법’이라 한다) 제 9 조에 의하여 준용되는 민법 제667조 내지 제671조에 규정된 하자담보책임기간은 재판상 또는 재판외의 권리행사기간인 제척기간이므로 그 기간의 도과로 하자담보추급권은 당연히 소멸한다(대법원 2004. 1. 27. 선고 2001다24891 판결, 대법원 2009. 5. 28. 선고 2008다86232 판결 등 참조).
>
> 한편 채권양도의 통지는 그 양도인이 채권이 양도되었다는 사실을 채무자에게 알리는 것에 그치는 행위이므로, 그것만으로 제척기간의 준수에 필요한 권리의 재판외 행사에 해당한다고 할 수 없다.
>
> 따라서 집합건물인 아파트의 입주자대표회의가 스스로 하자담보추급에 의한 손해배상청구권을 가짐을 전제로 하여 직접 아파트의 분양자를 상대로 손해배상청구 소송을 제기하였다가, 그 소송 계속 중에 정당한 권리자인 구분소유자들로부터 그 손해배상채권을 양도받고 분양자에게 그 통지가 마쳐진 후 그에 따라 소를 변경한 경우에는, 그 채권양도통지에 채권양도의 사실을 알리는 것 외에 그 이행을 청구하는 뜻이 별도로 덧붙여지거나 그 밖에 구분소유자들이 재판외에서 그 권리를 행사하였다는 등의 특별한 사정이 없는 한, 위 손해배상청구권은 입주자대표회의가 위와 같이 소를 변경한 시점에 비로소 행사된 것으로 보아야 할 것이다(대법원 2008. 12. 11. 선고 2008다12439 판결 등 참조).”

이 판결은 이 사건 아파트의 구분소유자들이 이 사건 아파트에 관한 하자담보추급에 의한 손해배상채권을 단순히 원고에게 양도하고 이를 피고에게 통지하였다는 것만으로는 그 채권을 행사하였다고 볼 수 없다고 하였다. 그러나 채권양도통지에 이행청구의 뜻이 포함되어 있었다면 재판외에서 권리를 행사하였다고 볼 수 있기 때문에, 이에 관하여 심리하여야 한다고 하였다.

이에 대하여 대법관 박일환, 박병대, 김용덕의 반대의견이 있다. 반대의견은 "제척기간의 준수사유가 되는 행위의 태양은 그 성질상 소멸시효의 중단사유보다는 넓게 새겨야" 한다는 입장에 서 있다. 즉, 제척기간의 대상인 권리가 채권인 경우에는 "상대방에 대하여 직접 이행청구를 하는 경우뿐 아니라 채권의 다른 권능을 행사하는 등으로 그 채권 내지 청구권을 행사·실현하려는 행위를 하거나 이에 준하는 것으로 평가될 수 있는 객관적 행위 태양이 존재하면 제척기간을 준수한 것으로 보는 것이 제도의 취지에 맞다."라고 한다. 이 사건에서 문제된 채권양도의 통지에 관해서 제척기간 준수사유로 보는 이유를 다음과 같이 설명한다.

> "채권의 양도는 그 자체로 채권자의 권리실행 행위에 준하는 것으로 볼 여지가 있고, 더구나 채권자가 그 양도에 관하여 채무자에게 승낙을 구하거나 양도통지를 하는 경우에는 자신의 처분행위에 대한 대항력의 취득이라는 법적 효과를 획득하기 위하여 채무자를 상대로 채권 자체가 가지는 권능을 행사하는 것에 해당한다고 볼 수 있다. 특히 채권양도의 통지는 양도인이 채무자에 대하여 당해 채권을 양도하였다는 사실을 알리는 것으로서 이론적으로는 이른바 관념의 통지에 불과하지만, 양도인으로서는 이를 통하여 자신이 채무자에 대하여 채권을 보유하고 있었던 사실과 이를 양도하여 그 귀속주체가 변경된 사실, 그리고 그에 따라 채무자는 이제 그 채무를 채권양수인에게 이행해야 할 의무를 부담한다는 사실을 함께 고지하는 것이므로, 이는 채무자에 대하여 권리의 존재와 그 권리를 행사하고자 하는 의사를 분명하게 표명하는 행위를 한 것으로 평가하기에 충분하다. 따라서 비록 그것이 이행청구나 최고와 같이 시효중단의 효력이 인정될 정도의 사유는 아니라고 하더라도 제척기간 준수

의 효과가 부여될 수 있는 권리행사의 객관적 행위 태양이라고 인정하는 데에는 부족함이 없다."

2. 이 판결에서는 채권양도 통지만으로 제척기간 준수에 필요한 '권리의 재판외 행사'가 이루어졌다고 볼 수 있는지 여부가 문제되고 있는데, 이를 부정하는 다수의견과 이를 긍정하는 반대의견이 대립하고 있다. 종전에 채권양도의 통지를 한 때에 소멸시효가 중단된다고 본 판결도 있으나,[68] 양수금채권을 청구한 때에 소멸시효가 중단되거나 제척기간에서 말하는 권리행사가 있다고 인정한 판결들이 많았다.[69]

먼저 제척기간의 준수사유가 되는 행위의 태양을 그 성질상 소멸시효의 중단사유보다는 넓게 새겨야 하는지 문제된다. 그러나 제척기간의 준수사유는 일반적으로 권리행사인데, 이를 소멸시효 중단사유보다 넓게 해석해야 할 근거를 찾기 어렵다. 제척기간의 목적은 권리관계를 조속하게 확정하려는 데 있다. 따라서 소멸시효 중단사유 중에는 채무의 승인(제168조 제3호)과 같이 제척기간 준수사유인 권리의 행사로 보기 어려운 경우도 있지만, 권리의 행사와 관련해서는 소멸시효 중단사유보다 좀 더 엄격하게 제척기간 준수사유를 인정해야 할 것이다.

제척기간 준수사유인 권리의 행사가 무엇을 의미하는지 문제된다. 소멸시효의 중단사유인 이행의 청구가 권리의 행사에 해당하는데, 권리자가 자신에게 권리가 있다는 것을 채무자에게 알리는 것은 이행을 청구하는 것이 아님은 분명하다. 채권자가 자신에게 권리가 있다는 것을 알리는 것에서 나아가 이행할 것을 청구하여야 비로소 권리를 행사하였다고 볼 수 있다.

이 판결에서 채권양도의 통지를 어떻게 파악할 것인지 문제된다. 반대의견은 채권양도의 통지는 채무자에 대하여 권리의 존재와 권리를 행

68) 대판 2009. 2. 26, 2007다83908(공 2009, 407); 대판 2009. 4. 9, 2008다29178.
69) 대판 2008. 12. 11, 2008다12439(공 2009, 24); 대판 2008. 12. 24, 2008다48490; 대판 2009. 5. 28, 2008다86232 등.

사하고자 하는 의사를 분명하게 표명하는 행위를 한 것으로 평가할 수 있다고 한다. 그러나 채권양도의 통지는 채권양도를 채무자 또는 제 3 자에 대한 대항력을 갖추기 위한 요건이다. 따라서 채권양도의 통지는 채권의 귀속에 관한 것이지 채권을 행사하는 것은 아니라고 할 것이다. 이를 동산이나 부동산에 대한 물권의 양도와 비교해보면, 물권을 양도하고 등기나 점유를 이전하는 것과 유사하다고 볼 수 있다. 다만 채권양도의 통지는 채권의 귀속에 관한 것이기는 하지만, 채무자에게 통지하는 것이기 때문에, 채무자에 대하여 채권을 행사하는 것과 중첩되는 측면이 있다. 이 지점에서 반대의견이 나온 것이라고 볼 수 있다. 그러나 채권자가 채권을 행사하였다고 볼 수 있으려면 채권양도의 통지 이외에(또는 그 안에) 이행을 청구하려는 의사가 포함되어 있다고 볼 수 있어야 할 것이다. 즉, 채권양도의 경우에는 양도인이 채권양도의 통지를 한 후 양수인이 그 이행을 청구하여야 권리를 행사하였다고 볼 수 있고 단순히 양도인이 채권양도의 통지를 했다는 것만으로 권리를 행사한 것이라고 볼 수 없는 것이다.70)

3. 그런데 이 사건에서 아파트 입주자대표회의가 하자담보추급에 의한 손해배상청구권을 가짐을 전제로 분양자를 상대로 손해배상을 청구하는 소를 제기하였고, 그 소송 계속 중 구분소유자들에게서 손해배상청구권을 양도받고 양도통지가 이루어진 후 양수금청구로 소를 변경하였다. 이러한 경우에 채권양도의 통지에 권리를 행사할 것이라는 사정이 나타나 있고 조만간 이행을 청구할 것이라는 것을 채무자가 알 수 있었다고 볼 수도 있겠지만, 다수의견은 채권양도의 통지에 이행청

---

70) 독일 민법에서는 채권양도를 하지 않았거나 효력이 없는 때에 채권양도통지가 문제되는데, 이 경우에 채권자에 의한 소 제기를 시효중단사유로 설명하고 있다. 독일 연방대법원은 채권자가 채무자에게 채권양도의 통지를 하였으나 채권양도가 이루어지지 않았거나 무효이고 채무자가 제 3 자에게 지급을 하지 않았을 경우에, 채권자는 통지의 철회에 대한 표현양수인의 동의를 얻지 못하였더라도 소를 제기하여 시효를 중단시킬 수 있다고 한다. BGH NJW 1975, 1160.

구의 뜻이 포함되어 있었는지 여부를 살펴보아야 한다고 하고 있다. 따라서 채권양도의 통지에 시효중단을 위한 최고의 효력이나 제척기간 준수의 효력이 있다고 하려면 그 통지에 이행청구의 의사가 포함되어 있는지를 심리하여야 할 것이다. 앞으로 당사자들은 이 판결의 결론에 따라 채권양도의 통지를 하고 제척기간이나 소멸시효기간을 준수하기 위한 권리의 행사를 하게 될 것이다.

반대의견은 이 사건에서 구체적 타당성을 중시한 반면, 다수의견은 법적 안정성을 중시한 것이라고 할 수 있다. 소멸시효기간이나 제척기간의 준수여부는 명확하게 결정하는 것이 바람직하다는 점에서 채권양도 통지가 가지고 있는 본래의 의미에 충실하게 결론을 내린 다수의견에 찬성할 수 있다.

Ⅷ. 공동수급체의 법적 성격과 그 채권의 귀속형태

1. 공동이행방식의 공동수급체의 법적 성격이 무엇인지, 공동수급체의 구성원들이 도급인에 대하여 출자지분 비율에 따라 공사대금채권을 직접 취득하는지 여부가 문제되는 경우가 많아지고 있다.

대판(전) 2012. 5. 17, 2009다105406(공 2012, 1057)은 이 문제에 대한 명확한 결론을 제시하고 있다. 이 판결은 먼저 공동이행방식의 공동수급체의 법적 성질을 종래의 판례와 마찬가지로 민법상의 조합으로 파악하고 있다.[71] 따라서 공동수급체가 공사를 시행함으로 인하여 도급인에 대하여 가지는 채권은 원칙적으로 공동수급체의 구성원에게 합유적으로 귀속된다고 한다. 그 결과 위 채권에 관해서는 조합채권에 관한 법리가 적용된다.[72]

71) 대판 2000. 12. 12, 99다49620(공 2001, 276).

72) 구성원 중 1인이 임의로 도급인에 대하여 출자지분의 비율에 따른 급부를 청

2. 그런데 공사도급계약에서 공동수급체의 구성원 각자에게 그 지분비율에 따라 채권을 귀속시키는 것이 허용되는지 문제된다. 이 판결은 공사도급계약의 내용으로 "공사도급계약과 관련하여 도급인에 대하여 가지는 채권이 공동수급체의 구성원 각자에게 그 지분비율에 따라 구분하여 귀속될 수도 있"다는 점을 인정한다.[73] 그 예로 공동이행방식의 공동수급체와 도급인이 공사도급계약에서 발생한 채권과 관련하여 공동수급체가 아닌 개별 구성원으로 하여금 그 지분비율에 따라 직접 도급인에 대하여 권리를 취득하게 하는 약정을 하는 경우를 든다. 그리고 위와 같은 약정은 명시적으로는 물론 묵시적으로도 이루어질 수 있다고 한다.

이 사건 공동수급체의 구성원들은 적어도 피고에 대한 관계에서는 각 지분비율에 따라 각자에게 구분하여 귀속하는 공사대금채권을 취득하였다는 점에서 대법관들의 견해가 일치한다. 다만 그 이유에 관해서는 다수의견과 별개의견으로 나누어진다. 다수의견은 공동이행방식의 공동수급체의 구성원들이 기성대가 등을 공동수급체의 구성원별로 직접 지급받기로 하는 공동수급협정을 도급인에 대한 관계에서 공사대금채권을 공동수급체의 구성원 각자가 그 출자지분의 비율에 따라 구분하여 취득하기로 하는 구성원 상호간의 합의라고 본다. 나아가 공동수급체와 도급인 사이에서 공동수급체의 개별 구성원으로 하여금 공사대금채권에 관하여 그 출자지분의 비율에 따라 직접 도급인에 대하여 권리를 취득하게 하는 묵시적인 약정을 넓게 인정한다. 즉, 공동수급체의 대표자가 도급인(개정된 공동도급계약운용요령 제11조에 따라 공동수급체 구성원 각자에게 공사대금채권을 지급할 것을 예정하고 있다)에게 위와 같은 공

구할 수 없고, 구성원 중 1인에 대한 채권으로써 그 구성원 개인을 집행채무자로 하여 공동수급체의 도급인에 대한 채권에 대하여 강제집행을 할 수 없다. 대판 1997. 8. 26, 97다4401(공 1997, 2821); 대판 2001. 2. 23, 2000다68924(공 2001, 762).

73) 참조판결: 대판 2002. 1. 11, 2001다75332.

사대금채권의 구분 귀속에 관한 공동수급체 구성원들의 합의가 담긴 공동수급협정서를 입찰 참가 신청서류와 함께 제출하고, 도급인이 별다른 이의를 유보하지 않은 채 이를 수령한 다음, 공동도급계약을 체결하게 되면, 위와 같은 묵시적 약정이 이루어졌다고 본다.[74] 이에 대하여 대법관 김능환, 민일영, 이인복의 별개의견에서는 공동이행방식의 공동수급체와 도급인이 개별 구성원으로 하여금 지분비율에 따라 직접 도급인에 대하여 공사대금채권을 취득하게 하는 약정은 기성대가 또는 준공대가를 구성원 각자에게 구분하여 직접 지급하도록 규정하고 있는 1996. 1. 8. 개정 이후의 공동도급계약운용요령 제11조가 공동도급계약의 내용에 편입된 경우에만 그 존재가 인정된다고 하고, 이 사건의 구체적인 사실관계에 비추어 위 공동도급계약운용요령 제11조가 이 사건 공사도급계약에 편입되었다고 보고 있다.

공동이행방식의 공동수급체는 2인 이상이 서로 출자하여 공동사업을 경영할 것을 약정함으로써 성립하므로, 민법상 조합에 해당한다. 조합의 법적 성격에 관해서는 논란이 있으나, 우리 민법은 조합을 계약의 일종으로 규율하고 있다. 조합계약에도 계약자유의 원칙이 적용되므로, 그 구성원들은 자유로운 의사에 기하여 조합계약의 내용을 정할 수 있다.[75] 따라서 조합에 관한 민법규정은 대부분 임의규정으로서 당사자 사이에 특별한 의사표시가 있으면 그 의사표시가 민법 규정에 우선하여 적용되어야 한다.[76] 이 판결에서 대법원이 공동이행방식의 공동수급체를 조합계약으로 보면서 공사도급계약에서 공동수급체의 구성원

74) 대판 2000. 11. 24, 2000다32482는 이와 달리 기성대가 등을 공동수급체 구성원 각자에게 구분하여 직접 지급하는 내용으로 개정된 공동도급계약운용요령 제11조가 시행된 1996. 1. 8. 이후에 기성대가 등을 공동이행방식의 공동수급체 구성원별로 직접 지급받기로 하는 약정 내용이 기재된 공동수급협정서가 제출되어 체결된 공동도급계약에 관한 사안에서 공사대금채권이 공동수급체의 구성원들에게 합유적으로 귀속한다고 판결하였는데, 이 판결로 변경되었다.

75) 郭潤直 편, 民法注解(XVI), 1997, 33면(金載亨 집필).

76) 대판 1988. 3. 8, 87다카1448(공 1988, 657).

각자 그 지분비율에 따라 채권의 귀속을 정하는 것이 허용된다고 본 것은 계약자유의 원칙에 따라 당연한 것으로 볼 수 있다. 이 경우에 위와 같은 약정을 넓게 인정할 것인지 여부가 논란이 되고 있다. 이 사건에서는 공동수급체와 도급인 사이에서 공동수급체의 개별 구성원으로 하여금 공사대금채권에 관하여 그 출자지분의 비율에 따라 직접 도급인에 대하여 권리를 취득하게 하는 묵시적인 약정이 있었다고 인정할 수 있을 것으로 생각된다.

Ⅸ. 금융실명제 하에서 출연자와 예금명의자의 관계

1. 대판 2012. 2. 23, 2011다86720(공 2012, 515)에서는 금융실명거래 및 비밀보장에 관한 법률(이하 '금융실명법'이라 한다) 시행 이후 금융기관이 출연자에게 예금을 지급한 경우에 예금명의자가 출연자를 상대로 부당이득반환청구를 할 수 있는지 여부를 다루고 있다.

A는 2002. 12. 12.경 B에 자신의 아들 소외 2의 자녀로서 자신의 손자녀인 원고들 명의로 그들의 실명확인을 거쳐 투자신탁계약에 의한 수익증권계좌(이하 '이 사건 계좌'라 한다)를 개설한 뒤 자신의 자금으로 각 3,000만 원을 입금하였는데, 이 사건 계좌는 모두 A 명의의 인장을 이용하여 개설되었고, 개설 이후 A가 사망한 2007. 4. 30. 전까지 A가 이 사건 계좌의 통장과 인장을 관리하면서 B로부터 원고들 명의로 이 사건 계좌에 입금된 돈을 인출하기도 하였다. A의 딸인 피고는 A의 사망 후에 이 사건 계좌의 통장과 인장을 이용하여 2007. 7. 23. 이 사건 계좌에 있던 수익증권을 전부 매도한 후 같은 달 24일 그 매도대금을 전액 출금하여 B에 피고 명의로 개설된 수익증권계좌에 입금하였다. 원심은, 원고들이 금융기관인 B에 대한 관계에서 이 사건 계좌의 수익증권에 관한 권리가 귀속되는 투자신탁계약의 당사자라고 하여 피

고의 부당이득반환의무를 인정하였다. 그러나 대법원은 다음과 같은 이유로 원심판결을 파기환송하였다.

> "금융실명거래 및 비밀보장에 관한 법률 시행 이후 예금주 명의의 신탁이 이루어진 다음 출연자가 사망함에 따라 금융기관이 출연자의 공동상속인들 중 전부 또는 일부에게 예금채권을 유효하게 변제하였다면, 그 변제된 예금은 출연자와 예금명의자의 명의신탁약정상 예금명의자에 대한 관계에서는 출연자의 공동상속인들에게 귀속되었다고 봄이 상당하다 할 것이므로, 이러한 경우 예금명의자는 예금을 수령한 공동상속인들의 전부 또는 일부를 상대로 예금 상당액의 부당이득반환을 구할 수 없다고 할 것이다. 또한 명의신탁관계는 반드시 신탁자와 수탁자 간의 명시적 계약에 의하여서만 성립되는 것이 아니라 묵시적 합의에 의하여서도 성립될 수 있는 것이다(대법원 2001. 1. 5. 선고 2000다49091 판결 등 참조)."

대법원은 A가 원고들에게 이 사건 계좌와 관련된 자금이나 권리를 증여하였다고 볼 만한 뚜렷한 자료가 없는 이 사건에서 A가 원고들에게 적어도 묵시적으로나마 이 사건 계좌의 명의를 신탁한 것이고, 이와 같이 이 사건 계좌의 명의신탁이 이루어진 다음 A가 사망함에 따라 B가 이 사건 계좌의 통장과 인장을 소지한 A의 공동상속인 중 1인인 피고에게 이 사건 계좌에 있던 수익증권의 매도대금을 유효하게 변제하였다고 볼 여지가 충분히 있다고 한다. 이러한 경우 그 변제된 매도대금은 출연자인 A와 예금명의자의 명의신탁약정상 원고들에 대한 관계에서 A의 공동상속인들에게 귀속되었다고 할 것이어서, 결국 원고들은 피고를 상대로 위 매도대금 상당액의 부당이득반환을 구할 수 없다고 한다.

이 사건에서 원심판결은 원고들의 피고에 대한 부당이득반환청구권을 인용하면서 그 근거로 투자신탁계약의 당사자가 원고들이라는 점을 들고 있다. 원심판결이 이 계약의 당사자가 누구인지를 판단한 부분은 대판(전) 2009. 3. 19, 2008다45828(공 2009, 456)에서 금융실명법에 의하여 예금명의자에 대한 실명확인 절차를 거쳐 그의 명의로 예금계약이 이루어진 사안에서 "금융기관과 출연자 등 사이에서 예금명의자와의 예금계약을 부정하여 예금명의자의 예금반환청구권을 배제하고 출연자 등과 예금계약을 체결하여 출연자 등에게 예금반환청구권을 귀속시키려는 명확한 의사의 합치가 있다고 인정되는 극히 예외적인 경우"에 한하여 출연자 등을 예금주로 인정하여야 한다고 선언한 법리를 따른 것이다.

그러나 대법원은 투자신탁계약의 당사자가 누구인지 여부를 따지지 않고 있다. 예금주 명의의 신탁이 이루어진 다음 출연자가 사망함에 따라 금융기관이 출연자의 공동상속인들 중 전부 또는 일부에게 예금채권을 유효하게 변제하였다면, 그 변제된 예금은 출연자와 예금명의자의 명의신탁약정상 예금명의자에 대한 관계에서는 출연자의 공동상속인들에게 귀속되었다고 한다.

2. 이 판결에서 예금채권이 유효하게 변제되었다는 것을 전제로 판단하고 있는데, 이것이 무엇을 의미하는지는 명확하지 않다. 금융기관이 출연자에게 예금채권을 유효하게 변제하는 경우는 예금주가 출연자인 경우도 있고, 출연자가 예금주는 아니지만 채권의 준점유자에 대한 변제에 해당하는 경우도 있기 때문이다.

또한 금융기관이 예금주에게 변제한 예금이 출연자와 예금명의자의 명의신탁약정상 예금명의자에 대한 관계에서는 출연자의 공동상속인들에게 귀속되었다고 판단한 부분도 검토가 필요하다. 이 사건에서 예금명의자가 이 사건 예금의 존재를 알았는지 여부, 나아가 출연자와 예금명의자 사이에 명의신탁약정이 있었는지 여부가 불분명한데도, 대법원은 출연자와 예금명의자 사이에 묵시적으로나마 명의신탁약정이 있었다고 판단하고 있다. 한편 출연자와 예금명의자 사이에 명의신탁약정을 인정하는 것은 예금명의자와 금융기관 사이에서는 그 예금이 예금명의자에게 귀속된다는 것을 전제로 한 것으로 볼 수 있을 것이다. 그러나 예금이 예금명의자와 금융기관 사이에서는 예금명의자에게 귀속하고 있고 출연자와 예금명의자 사이에서는 출연자의 공동상속인들에게 귀속된다는, 이른바 예금의 상대적 귀속을 인정하는 것이 정당한 것인지는 의문이다. 예금은 예금명의자에게 귀속하고 있고, 출연자 또는 그 상속인은 예금명의자에게 계약관계나 그 밖의 법률관계에서 나오는 권리만을 보유한다고 보아야 할 것이다.

이 문제는 세 경우로 구분하여 살펴볼 필요가 있다. 첫째, 출연자가 예금주로 인정되는 경우에는 현재의 판례에 따르면 금융기관은 출연자에게 예금을 반환하여야 할 것이다. 둘째, 예금명의자가 예금주라면 금융기관은 예금명의자에게 예금을 반환하여야 할 것이다. 이 경우 금융기관이 출연자에게 예금을 반환하더라도 원칙적으로 유효한 변제가 아니기 때문에, 예금명의자는 여전히 금융기관을 상대로 예금채권을 행사할 수 있다. 셋째, 금융기관이 출연자에게 예금을 반환한 것이 채권의 준점유자에 대한 변제가 되는 경우에는 금융기관의 예금반환채무는 소멸한다. 이 경우 예금명의자와 출연자 사이의 법률관계는 그들 사이의 내부관계에 기하여 해결하여야 할 것이다.77) 이 판결에서는 위에서 본 바와 같이 그들 사이에 명의신탁약정이 있었다고 인정하고 있는데 그와 같은 약정을 인정할 수 있는지는 의문이다. 명의신탁에 관한 의사의 합치가 있다고 보기 어렵기 때문이다. 또한 그들 사이에 명의신탁약정이 있었다고 해서 무조건 예금명의자에 대한 관계에서 출연자에게 예금이 귀속되었다고 볼 수는 없을 것이다.

X. 부작위에 의한 불법행위

1. 대판 2012. 4. 26, 2010다8709(공 2012, 841)에서는 부작위에 의한 불법행위, 특히 방조에 관하여 매우 상세하게 판단하고 있다.

77) 金載亨, "金融去來의 當事者에 관한 判斷基準," 民法論 Ⅲ, 박영사, 2007, 66면.

"부작위로 인한 불법행위가 성립하려면 작위의무가 전제되어야 하지만, 작위의무가 객관적으로 인정되는 이상 의무자가 그 의무의 존재를 인식하지 못하였더라도 불법행위의 성립에는 영향이 없다. 이는 고지의무 위반에 의하여 불법행위가 성립하는 경우에도 마찬가지이므로 당사자의 부주의 또는 착오 등으로 고지의무가 있다는 것을 인식하지 못하였다고 하여 위법성이 부정될 수 있는 것은 아니다."

"민법 제760조 제 3 항은 교사자나 방조자는 공동행위자로 본다고 규정하여 교사자나 방조자에게 공동불법행위자의 책임을 부담시키고 있는바, 방조라 함은 불법행위를 용이하게 하는 직접·간접의 모든 행위를 가리키는 것으로서 작위에 의한 경우뿐만 아니라 작위의무 있는 자가 그것을 방지하여야 할 여러 조치를 취하지 아니하는 부작위로 인하여 불법행위자의 실행행위를 용이하게 하는 경우도 포함한다(대법원 2007. 6. 14. 선고 2005다32999 판결 등 참조). 여기서 작위의무는 법적인 의무이어야 하므로 단순한 도덕상 또는 종교상의 의무는 포함되지 않으나 작위의무가 법적인 의무인 한 그 근거가 성문법이건 불문법이건 상관이 없고 또 공법이건 사법이건 불문하므로, 법령, 법률행위, 선행행위로 인한 경우는 물론이고 기타 신의성실의 원칙이나 사회상규 혹은 조리상 작위의무가 기대되는 경우에도 법적인 작위의무는 있다(대법원 1996. 9. 6. 선고 95도2551 판결 등 참조). 다만 신의성실의 원칙이나 사회상규 혹은 조리상의 작위의무는 혈연적인 결합관계나 계약관계 등으로 인한 특별한 신뢰관계가 존재하여 상대방의 법익을 보호하고 그에 대한 침해를 방지할 책임이 있다고 인정되거나 혹은 상대방에게 피해를 입힐 수 있는 위험요인을 지배·관리하고 있거나 타인의 행위를 관리·감독할 지위에 있어 개별적·구체적 사정 하에서 그 위험요인이나 타인의 행위로 인한 피해가 생기지 않도록 조치할 책임이 있다고 인정되는 경우 등과 같이 상대방의 법익을 보호하거나 그의 법익에 대한 침해를 방지하여야 할 특별한 지위에 있음이 인정되는 자에 대하여만 인정할 수 있는 것이고, 그러한 지위에 있지 아니한 제 3 자에 대하여 함부로 작위의무를 확대하여 부과할 것은 아니다."

이 사건에서 원심은 피고가 아파트개발사업 시행대행자인 주식회사 뉴훼미리(이하 '뉴훼미리'라고 한다)와 함께 이 사건 사업을 주도하면서 뉴훼미리가 원고들에게 정확한 정보를 제공하지 아니하고 원고들과 이 사건 조합원가입계약을 체결한다는 사정을 알았음에도 이를 용인·방치하였다는 이유로 피고가 뉴훼미리의 부작위에 의한 기망행위를 방조하였다고 판단하였다. 그러나 대법원은 위와 같은 법리를 내세워 원심판결을 파기환송하였다.

2. 방조에 관해서는 형법에서 많이 다루어졌다. 이 판결은 기본적으로 형법상의 방조에 관한 법리를 따르지만, 민법과 형법에서 과실을 다르게 취급하고 있기 때문에 방조에 관한 법리에도 차이가 발생하고 있다. 민법상 불법행위에서는 손해의 전보를 목적으로 하는데, 형법과 달리 원칙적으로 과실을 고의와 동일하게 취급하고 있다. 부작위에 의한 불법행위의 경우에 객관적으로 작위의무가 인정되는 것으로 충분하고, 의무자가 그 의무의 존재를 인식하지 못한 경우에도 불법행위가 성립할 수 있다. 또한 민법의 해석으로서는 불법행위의 방조는 과실에 의해서도 가능하다.[78)]

그러나 법령, 법률행위, 선행행위로 인한 경우는 물론이고 기타 신의성실의 원칙이나 사회상규 혹은 조리상 작위의무가 기대되는 경우에도 법적인 작위의무가 인정된다는 점은 형법과 마찬가지이다. 나아가 이 판결은 신의성실의 원칙이나 사회상규 혹은 조리상의 작위의무의 내용과 한계를 명확히 하고 있다. 이 판결에서 위와 같은 작위의무가 인정되는 경우로는 첫째, 혈연적인 결합관계나 계약관계 등으로 인한 특별한 신뢰관계가 존재하여 상대방의 법익을 보호하고 그에 대한 침해를 방지할 책임이 있다고 인정되는 경우, 둘째, 상대방에게 피해를 입힐 수 있는 위험요인을 지배·관리하고 있거나 타인의 행위를 관

78) 대판 1998. 12. 23, 98다31264(공 1999, 222); 대판 2007. 6. 14, 2005다32999(공 2007, 1045). 대판 2007. 1. 25, 2005다11626(집 55-1, 민 3)은 저작권법이 보호하는 복제권의 침해를 방조하는 행위에 관해서도 "복제권 침해행위를 미필적으로만 인식하는 방조도 가능함은 물론 과실에 의한 방조도 가능하다."라고 한다.

리·감독할 지위에 있어 개별적·구체적 사정 하에서 그 위험요인이나 타인의 행위로 인한 피해가 생기지 않도록 조치할 책임이 있다고 인정되는 경우 등을 들고 있다. 이 판결은 작위의무를 위와 같이 구체적으로 제시하면서 작위의무의 확대를 경계하고 있다. 부작위에 의한 불법행위를 인정할 것인지 여부는 판단하기 어려운 문제인데, 이 판결은 작위의무의 판단에 관한 기준을 제시하고 있다는 점에서 중요한 의미가 있다.

XI. 개인정보의 유출로 인한 정신적 손해

1. 개인정보의 유출 문제가 심각한 문제로 등장하고 있다. 이에 대한 민사상 구제수단으로는 금지청구권과 손해배상청구권을 들 수 있다. 개인정보 유출에 대하여 인격권에 기한 금지청구권이 쉽게 인정될 것이다. 여기에서 나아가 채무불이행 또는 불법행위에 기한 손해배상책임이 인정될 것인지 문제된다.

대판 2012. 12. 26, 2011다59834, 59858, 59841(공 2013, 219)은 '고객정보 유출 손해배상청구 사건'에 대한 것으로, 고객의 개인정보를 대량으로 유출함으로써 관리업체의 불법행위에 기한 손해배상책임이 성립하는지 여부가 문제되었다.

피고 지에스칼텍스 주식회사(이하 '피고 지에스칼텍스'라 한다)는 주유 관련 보너스카드 회원으로 가입한 고객들의 개인정보를 데이터베이스로 구축하여 관리하고, 위 데이터베이스에서 추출한 개인정보를 이용하여 고객서비스센터를 운영하고 있으며, 피고 지에스넥스테이션 주식회사(이하 '피고 지에스넥스테이션'이라 한다)는 피고 지에스칼텍스로부터 고객서비스센터 운영업무 및 관련 장비 유지·보수 업무를 위탁받아 수행하고 있다. 피고 지에스넥스테이션의 관리팀 직원인 A는 2008. 7. 8. 경부터 같은 달 20.경까지 관리팀 사무실에서 자신의 사무용 컴퓨터로

업무상 알고 있던 계정명과 비밀번호를 입력하여 고객서비스센터 서버에 접속한 후 원고들을 포함한 이 사건 보너스카드 회원 11,517,125명의 성명, 주민등록번호, 주소, 전화번호, 이메일 주소 등 고객정보를 위 사무용 컴퓨터로 전송받아 76개의 엑셀파일 형태로 저장하였다. 그 후 A 등은 위 엑셀파일을 DVD나 USB에 저장하여 변호사 사무실 사무장이나 기자, 피디 등에게 유출하였다. 그러나 A 등이 소지하고 있던 고객정보가 수록된 DVD 등은 곧 모두 압수·임의제출되거나 폐기되었다.

원심은 원고들에게 정신적 손해가 발생하였다고 보기는 어렵다고 판단하여 원고들의 청구를 받아들이지 않았고, 대법원도 다음과 같이 판단하면서 원심판결을 지지하였다.

> "개인정보를 처리하는 자가 수집한 개인정보를 그 피용자가 해당 개인정보의 정보주체의 의사에 반하여 유출한 경우, 그로 인하여 그 정보주체에게 위자료로 배상할 만한 정신적 손해가 발생하였는지 여부는, ① 유출된 개인정보의 종류와 성격이 무엇인지, ② 개인정보의 유출로 정보주체를 식별할 가능성이 발생하였는지, ③ 제3자가 유출된 개인정보를 열람하였는지 또는 제3자의 열람 여부가 밝혀지지 않았다면 제3자의 열람 가능성이 있었거나 앞으로 그 열람 가능성이 있는지, ④ 유출된 개인정보가 어느 범위까지 확산되었는지, ⑤ 개인정보의 유출로 추가적인 법익침해의 가능성이 발생하였는지, ⑥ 개인정보를 처리하는 자가 개인정보를 관리해온 실태와 개인정보가 유출된 구체적인 경위는 어떠한지, ⑦ 개인정보의 유출로 인한 피해의 발생 및 확산을 방지하기 위하여 어떠한 조치가 취하여졌는지 등 여러 사정을 종합적으로 고려하여 구체적 사건에 따라 개별적으로 판단하여야 한다."(원문자는 필자가 편의상 부가한 것임)

2. 이 사건에서 개인정보가 대량으로 유출되었는데도 위자료로 배상할 만한 정신적 손해를 인정하지 않고 있다. 그 이유는 이 사건의 사실관계에 나타난 특수성에 기인한다. 이 사건 개인정보는 A에 의하여 유출된 후 편집과정을 거쳐 판매처 물색 부탁을 위한 목적으로 공범들

과 P에게 CD, DVD, USB, 외장형 하드디스크 등 저장매체에 저장된 상태로 전달 또는 복제되었고, 이후 집단소송을 위한 사전작업으로서 언론제보 명목으로 기자를 비롯한 언론관계자 등에게 유출되었다. 그러나 언론보도 직후 이 사건 개인정보가 저장된 저장매체 등을 소지하고 있던 사건 관련자들로부터 그 저장매체와 편집 작업 등에 사용된 컴퓨터 등이 모두 압수, 임의제출되거나 폐기되었다. 이 사건 범행을 공모한 A 등이 이 사건 개인정보를 시중에 또는 변호사에게 판매할 것을 계획하고 이를 위한 사전작업을 하는 과정에서 위와 같이 한정된 범위의 사람들에게 이 사건 개인정보가 전달 또는 복제된 상태에서 이 사건 범행이 발각되어 이 사건 개인정보가 수록된 저장매체들이 모두 회수되거나 폐기되었고, 그 밖에 이 사건 개인정보가 유출된 흔적도 보이지 아니하여 위에서 열거한 사람들 외의 제3자가 이 사건 개인정보를 열람하거나 이용할 수는 없는 것으로 보인다. 이 사건 개인정보가 저장된 저장매체가 유출되었다가 회수되거나 폐기되기까지 A 등 개인정보를 유출한 범인들이나 언론관계자들이 이 사건 개인정보 중 일부를 열람한 적은 있으나, 범인들의 열람은 이 사건 개인정보를 저장·편집·복사하는 과정에서 이루어진 것으로서 그들 스스로 이 사건 개인정보의 내용을 지득하거나 이용할 의사가 있었다고 보기 어렵고, 언론관계자들도 언론보도를 위한 취재 및 보도과정에서 이 사건 개인정보의 존재 자체와 규모, 그 정확성을 확인할 목적으로 열람한 것이어서 이 사건 개인정보의 구체적 내용을 인식한 것으로는 보이지 아니하며, 이 사건 개인정보의 종류 및 규모에 비추어 위와 같은 열람만으로 특정한 개인정보를 식별하거나 알아내는 것은 매우 어려울 것으로 보인다. 이 사건 개인정보 유출로 인하여 원고들에게 신원확인, 명의도용이나 추가적인 개인정보 유출 등 후속 피해가 발생하였음을 추지할 만한 상황이 발견되지 않는다. 이러한 사정을 고려하여 이 사건 개인정보의 유출로 인하여 원고들에게 위자료로 배상할 만한 정신적 손해가 발생하였다고 보기는 어렵다고 한 것이다.

3. 이 판결은 개인정보를 처리하는 자가 수집한 개인정보를 그 피용자가 해당 개인정보의 정보주체의 의사에 반하여 유출한 경우, 그로 인하여 그 정보주체에게 위자료로 배상할 만한 정신적 손해가 발생하였는지 여부를 여러 사정을 종합적으로 고려하여 개별적으로 판단하여야 한다고 하면서 7개의 고려요소를 제시하고 있다. 여기에서 제시된 요소를 보면, 가해자의 과실에 관한 사항도 있고, 피해자의 정신적 손해의 발생이나 손해액에 관한 사항도 있다.

위 고려요소를 중심으로 이 사건에서 피해자의 정신적 손해의 발생을 긍정할 수 있는 요소로는 ① 유출된 정보가 개인정보로서 주민등록번호와 같이 함부로 유출되어서는 안 되는 정보에 해당한다는 점, ② 이와 같은 개인정보로 정보주체를 식별할 수 있다는 점, ③ 개인정보를 처리하는 자가 개인정보를 허술하게 관리하고 그 피용자가 개인정보를 유출한 점, ④ 기자나 피디 등 언론관계자에게 개인정보가 유출되었는데, 제 3 자에게 개인정보가 유출되었고 제 3 자가 열람하였다고 볼 수 있는 점을 들 수 있다. 이에 반하여 피해자의 정신적 손해의 발생을 부정할 수 있는 요소로는 ① 앞으로 유출된 개인정보를 열람할 가능성이 없어진 점, ② 개인정보가 언론관계자 등 한정된 범위의 사람들에게만 유출되었을 뿐이고 널리 확산되지 않은 점, ③ 개인정보의 유출로 추가적인 법익침해의 가능성이 발생하지 않은 점, ④ 개인정보의 유출로 인한 피해의 발생 및 확산을 방지하기 위하여 신속하고 적절한 조치를 취한 점을 들 수 있다.

대법원 판결이 인용한 원심판결은 피해자들에게 정신적 손해가 발생하지 않았다고 판단하고 있다. 그러나 대법원 판결에서는 "이 사건 개인정보의 유출로 인하여 원고들에게 위자료로 배상할 만한 정신적 손해가 발생하였다고 보기는 어렵다."라고 판단하고 있어 정신적 손해가 발생하였다고 하더라도 위자료로 배상할 만한 것은 아니라고 읽을 수도 있다. 따라서 대법원 판결만으로는 정신적 손해가 없다는 것인지, 아니면 정신적 손해가 경미하여 배상할 만한 정도에 이르지 않았다고 판단한 것인지 불분명하다.

개인정보가 한정된 범위에서 유출된 경우에 피해자들의 정신적 손해 자체가 발생하지 않았다고 볼 수 있는지는 의문이다. 자신도 모르는 사이에 사진이 찍힌 것만으로도 정신적 손해를 인정할 수도 있기 때문이다. 대판 1998. 7. 24, 96다42789(공 1998, 2200)는 보안사의 민간인 사찰에 관하여 국가배상책임을 인정하였는데, "피고 산하 국군보안사령부가 군과 관련된 첩보 수집, 특정한 군사법원 관할 범죄의 수사 등 법령에 규정된 직무범위를 벗어나 민간인인 원고들을 대상으로 평소의 동향을 감시·파악할 목적으로 지속적으로 개인의 집회·결사에 관한 활동이나 사생활에 관한 정보를 미행, 망원 활용, 탐문채집 등의 방법으로 비밀리에 수집·관리하였다면, 이는 헌법에 의하여 보장된 원고들의 기본권을 침해한 것으로서 불법행위를 구성한다."라고 판결하였다.[79] 이 판결은 개인의 사생활에 속하는 사항을 제3자에게 공개하지 않았는데도 국가기관이 그 직무범위를 벗어나 비밀리에 사생활에 속하는 사항을 수집, 관리한 것은 불법행위에 해당한다고 하였다.

이번 지에스칼텍스 사건에서 주민등록번호와 같은 정보가 이메일과 함께 범죄를 저지르려는 사람의 손에 들어갔다면 그 자체로 손해가 발생할 수 있다고 볼 여지가 있다. 주민등록번호는 숫자에 성별, 출생지 등 많은 정보를 포함하고 있는 것으로, 가령 미국에서 통용되는 사회보장번호에 비하여 훨씬 민감한 정보에 속한다. 인터넷 등의 발달로

79) 이 판결은 공적 인물에 대하여는 사생활의 비밀과 자유가 일정한 범위 내에서 제한되어 그 사생활의 공개가 면책되는 경우도 있을 수 있으나, 이는 공적 인물은 통상인에 비하여 일반 국민의 알 권리의 대상이 되고 그 공개가 공공의 이익이 된다는 데 근거한 것이므로, 이 사건과 같이 일반 국민의 알 권리와는 무관하게 국가기관이 평소의 동향을 감시할 목적으로 개인의 정보를 비밀리에 수집한 경우에는 그 대상자가 공적 인물이라는 이유만으로 면책될 수 없다고 한다.

주민등록번호가 악용될 위험성도 더욱 커지고 있다. 그러나 우리 사회에서 주민등록번호와 같은 개인정보가 불필요하게 많이 사용·유통되고 있으며, 이에 대한 국민들의 인식도 매우 관대한 편이다. 다만 개인정보 보호법 등 관련 법령의 시행 이후에 — 다행스럽게도 — 주민등록번호의 사용을 억제하거나 금지하려는 조치가 취해지고 있는데, 이에 따라 주민등록번호 등 개인정보에 관한 일반관념과 이에 대한 법적 대응도 차차 바뀌어 갈 것으로 생각한다.

이 사건 개인정보가 유출된 후에 피고 등이 손해의 발생 또는 확대를 막기 위하여 필요한 조치를 하였고, 이와 같은 조치로 인하여 이 사건 개인정보의 유출이 확산되지 않았던 것으로 보인다. 불법행위가 성립하더라도 일정한 경우에는 손해억지의무 또는 손해감경의무를 이행하였다고 보아 그 책임을 감경하거나 면제할 수 있다고 볼 수 있을 것이다. 이 사건과 같은 경우에도 손해 자체를 부정하는 방법으로 해결하는 것보다는 손해억지의무 또는 손해감경의무를 이행하였다고 보아 손해배상책임을 감면하는 방법으로 해결하는 것이 바람직하지 않을까 한다. 우리 민법에서는 다른 나라와는 달리 정신적 손해에 대한 위자료를 쉽게 인정하고 있는데다가 위자료의 산정단계에서도 법원의 폭넓은 재량을 인정하고 있기 때문에, 개인정보의 유출에 대해서 정신적 손해 자체를 부정하는 것은 정합성이 없다는 비판이 있을 수 있다. 또한 개인정보의 대량유출과 같은 사고가 발생한 경우에 손해억지의무 또는 손해경감의무를 인정하는 방법이 손해의 발생여부에 따라 문제를 해결하는 것보다는 좀 더 유연하게 문제를 해결할 수 있다. 이 대법원 판결은 개인정보의 유출로 인한 손해배상책임을 부정하면서 고려요소들을 제시하고 있기 때문에, 이와 같은 방법을 배제하고 있다고 볼 수 없다.

(민사재판의 제문제 제22권(2013), 민사실무연구회, 3-51면 所載)

판례색인

[대 법 원]

[헌법재판소]

[하 급 심]

사항색인

저자약력

서울대학교 법과대학 졸업
법학박사(서울대학교)
서울지방법원 판사 등 역임
독일 뮌헨대학교와 미국 콜럼비아 로스쿨에서 법학연구
現 서울대학교 법과대학 · 법학대학원 교수

주요 저서·역서
根抵當權研究(2000)
民法論 Ⅰ · Ⅱ(2004) · Ⅲ(2007) · Ⅳ(2011)
언론과 인격권(2012)
계약법[민법 Ⅰ](제 2 판 2015)(共著)
민법총칙〔민법강의 Ⅰ〕(제 9 판 2013)(共著)
물권법〔민법강의 Ⅱ〕(제 8 판 보정 2015)(共著)
民法注解(XVI)(1997)(分擔執筆)
주석 민법 — 물권 제 4 권(2011)(分擔執筆)
기업회생을 위한 제도개선방향(2001)
채무불이행과 부당이득의 최근 동향(2013)(共編)
金融去來法講義 Ⅱ(2001)(共編)
倒產法講義(2005)(共編)
統合倒產法(2006)(共編)
한국법과 세계화(2006)(共編)
Lando · Beale 편, 유럽계약법원칙 제1 · 2부(2013)

民法論 V

초판인쇄　2015년 5월 20일
초판발행　2015년 5월 30일

지은이　김재형
펴낸이　안종만

편　집　김선민·이승현
기획/마케팅　조성호
표지디자인　김문정
제　작　우인도·고철민

펴낸곳　(주) 박영사
서울특별시 종로구 새문안로3길 36, 1601
등록 1959. 3. 11. 제300-1959-1호(倫)
전　화　02)733-6771
f a x　02)736-4818
e-mail　pys@pybook.co.kr
homepage　www.pybook.co.kr
ISBN　979-11-303-2666-5 94360
978-89-6454-613-0(세트)

정　가　32,000원